上海市高校法学高原学科环境资源法建设项目

专利实务指南与司法审查

PATENT PRACTICE GUIDE AND JUDICIAL REVIEW

曹阳 著

法律出版社
LAW PRESS · CHINA

前言

一些学者的研究表明专利制度在某些领域的负效应非常显著。但作为一种解决技术创新“公共产品”问题人为创设的制度，其对社会的整体福利改善的意义是毋庸置疑的，特别是在国家仍处于技术发展的“自主创新”阶段。然而，专利制度的发展与实践不能脱离国家的经济发展现实，脱离经济发展现实的专利立法与司法无疑会导致专利制度异化，损害本国的国家利益与技术创新。

本书是作者研究中国知识产权原理、规范与实践系列著作的第二部，以中国的经济与技术现实为依托，分析中国专利立法与司法实践中的创新理论与实践。笔者收集了国内外专利法司法实践中具有影响的上千个案例，分析逻辑与经验之间的互动与问题，正本清源，对诸多被误读的规则与错误的经验进行了分析并提出了解决方案。

本书既有原理的解释，又有案例对原理的解读；既有对已然问题的探讨，也提出了一些需要思考的问题；试图为中国专利制度的发展与变革提供全景的描述。

本写作得以顺利完成需要感谢我的家人。没有家人的支持，这一切皆无可能。另外，没有上海政法学院环境法高原学科的支持，本书的面世可能还需一段时间。特别感谢王文革教授的支持，感谢其对本书出版的无私支持。

本书所提出的许多问题还需要进一步探讨与分析，欢迎各位同仁批评与指正。

曹　阳

2018 年 7 月于上海寓所

目录

Chapter 1

第一章

专利制度概述

第一节 专利制度相关概念

一、专利

“专利”的英文“patent”为“letters patent”的缩写。该词源自拉丁文“literae patentes”,意指君主授予的有关特权的公开文件。中世纪的英国,国王常常通过一种所谓的“letters patent”对臣民加封官爵、颁发大赦以及赐予各种特权。该文件加盖国王印玺,可以任意打开阅读。其名为文件,实为某种特权的象征,后发展为“patent”。汉语“专利”一词在我国最早见于《国语》。西周大夫芮良夫指出:“匹夫专利,犹谓之盗,王者行之,其归鲜矣。”这里所说的“专利”指的是通过垄断而牟取暴利的行为。

现代意义上的专利一般意指享有某种国家授予的排他性权利的发明创造。

二、专利权

专利权是知识产权的重要组成部分,是指法律赋予专利权人对其获得专利的发明创造在一定范围内依法享有的排他性权利。与无形财产和其他知识产权相比,其主要具备以下特征:

(一)专利权具有鲜明的排他性

首先,专利权是一种对世权,即专利人为权利主体,其他人均为义务主体;其次,专利权为一种具有排他性质的权利,即发明创造一旦被授予专利,除法律另有规定外,其他任何单位和个人不得以营利为目的实施该专利。值得注意的是,专利赋予的排他性权利是严格限定在技术领域内的。多数情况下,这种权利并不会转成像经济学家所称的“垄断权”,因为技术领域很少与经济产品市场共同扩张。①

另外,这种排他性权利实质上是一种消极权利。首先,专利并不直接授予权利人为某种行为的积极权利。例如,获得专利的药品仍需通过依法审查后方可合法销售。其次,一项发明本身可能被先前的某项专利所涵盖。在此种情况下,发明改进专利的权利人有权禁止包括先前的宽泛专利权人在内的任何人使用其

---

① [美]罗伯特·P.墨杰斯等:《新技术时代的知识产权法》,齐筠等译,中国政法大学出版社2003年版,第902页。

改进的技术,同时除非获得宽泛专利权人的授权,该改进专利权人也不得使用此项改进技术。①

依据著作权法,如果两个人分别就同样的主题创作了即使是相同的表达,只要其表达都具有独创性,他们就都可以获得保护。然而,如果一个发明人就一个技术方案获得了专利,其他人即使是独立研发出相关技术,也不能再获得专利保护。

(二)专利权客体的公开性

从某种意义上讲,专利制度实际上是一种发明人与社会间订立的契约,按照该契约,发明人以公开其最新的发明创造为代价来换取社会对其专利权的承认。申请人要想取得专利,就必须在专利申请文件中完整、清楚地公开其发明创造。通过向社会公开相关的发明创造,相关的技术信息得以在社会传播,从而促进技术的流转与创新,并最终促进人类的科技进步和经济发展。另外,专利权客体的公开也是向社会展示其专利权的权利边界,从而有利于公众了解专利的范围,从而避免可能的侵权发生。

(三)专利权效力的限制性

专利权作为国家专利主管机构依照法定程序审查批准授予的专有权利,其效力具有一定的局限性。首先,专利权具有地域性。也就是说,专利只有在授权国家或地区有效,并不存在所谓的欧洲专利、世界专利;其次,专利权还具有时间性。发明专利权的期限为20年,实用新型专利权和外观设计专利权的期限为10年,均自申请日起计算;另外,专利权的权能也存在一定限制。基于平衡专利权人与社会公众的利益,各国都对专利权的权利行使规定了众多的例外,如非为营利目的的使用、权利行使不违反反垄断法等。

三、专利类型

2008年修订的《专利法》第2条规定,本法所称的发明创造是指发明、实用新型和外观设计。

发明,是指对产品、方法或者其改进所提出的新的技术方案。

实用新型,是指对产品的形状、构造或者其结合所提出的适于实用的新的技术方案。

外观设计,是指对产品的形状、图案或者其结合以及色彩与形状、图案的结合

① [美]罗伯特·P. 墨杰斯等:《新技术时代的知识产权法》,齐筠等译,中国政法大学出版社2003年版,第108~109页。

所作出的富有美感并适于工业应用的新设计。

值得注意的是，中国专利法将外观设计纳入专利法的保护范畴，这与许多国家将外观设计纳入专门的工业设计法的做法并不一致。一些国家建立专门的外观设计法的主要考量是外观设计与一般意义上的发明并不具有多大的相似性。外观设计是对产品的美学设计的保护，其并不涉及对产品技术方案、功能等的保护，主要由功能特征所决定的设计不能获得外观设计保护。当产品具有可供选择的变化设计时，该产品的外观就不是仅仅由功能决定的。因而，虽然中国专利法将外观设计纳入专利的保护范畴，但其获取条件、保护范围、保护期限等与发明与实用新型专利是完全不同的。

另外，即使对技术方案本身，专利法也提供了不同的保护模式以供申请者进行选择。专利法对发明专利提供了更长的保护期，但授权条件较为严格，而对实用新型专利而言，专利法所规定的授权标准较低，程序相对简单，但保护期限较短。

四、专利与商标、著作权

商标是对区别性标识的保护，著作权是对独创性表达的保护，发明与实用新型是对技术方案的保护，外观设计是对产品新设计的保护。商标保护强调标识的区别性，强调消费者将该标识作为商品或服务的来源，因而，产生了区别性的作品可以作为商标获得法律保护，但发明与实用新型所保护的技术方案不能获得商标权保护，但外观设计在某些情况下可能可以获得商标权保护。发明与实用新型所保护的技术方案从某种意义上讲是一种抽象的思想，因而，其不能作为商标权的客体，当然也不能作为著作权的客体。外观设计是对产品新设计的保护，这种新设计如果产生了区别性，其应该可以获得商标权保护。

因而，专利、商标与著作权的交集主要体现在对三维客体的保护上。专利可以对三维物体的新设计提供外观设计保护，商标法对三维物体的区别性提供商标权保护，而著作权法可以对三维物体的独创性表达提供著作权保护。

（一）专利与著作权

专利与著作权具有各自独立的保护范围。但二者之间也存在一定的交叉。比如计算机软件、具有独创性的产品外观设计可以同时获得专利与著作权保护，但二者的保护范围并不一致。如果申请外观设计保护的图案等侵权了他人的在先著作权，其申请可能被驳回。如果产品的外观设计同时获得了著作权与外观设计专利的保护，在外观设计专利到期后，其能以著作权侵权为由阻止他人使用相关外观设计吗？

案例 1-1-1 谢新林与叶根木等著作权侵权纠纷上诉案*

2001 年 9 月 12 日案外人谢瑞林将食品包装袋(老谢榨菜)向国家知识产权局申请外观设计专利,并取得专利号为 01344419.0 的外观设计专利,2006 年 2 月 15 日该外观设计专利权因未缴年费而终止。同年 8 月 30 日,案外人谢瑞林与谢新林所经营的桐乡市屠甸晏城酱制品厂签订著作权转让合同,约定谢瑞林将专利号为 01344419.0 的老谢榨菜食品包装袋作品的著作财产权无偿转让给桐乡市屠甸晏城酱制品厂。该包装袋内容如下:正面由"老谢榨菜"文字及榨菜图片组合而成,"老谢榨菜"文字及拼音组合位于包装袋中间,榨菜图片位于包装袋左下方,图片内容系盆装榨菜条,左右分别有葱段及辣椒,图片与文字之间有"去皮菜条"文字,"老谢榨菜"文字上方左侧系菱形注册商标。包装袋背面中间系"老谢榨菜"文字及拼音组合,拼音下方为"去皮菜条"文字,"老谢榨菜"文字上方左侧系菱形注册商标。

2012 年 12 月 12 日,谢新林向叶根木经营的临安市根木酱菜批发部购买一箱标有"海宁市明扬食品有限公司"生产的榨菜,共计价款 27 元,并支出公证费 1500 元。该榨菜包装袋内容如下:正面由"老榭榨菜"文字拼音组合及榨菜图片组合而成,榨菜图片位于包装袋左下方,图片内容系白底蓝花盆装榨菜条,左右分别有葱段及辣椒,图片右下方有"去皮菜条"文字,"老榭榨菜"文字左上方有圆形商标,并标有萬缘文字及拼音。包装袋背面中间系"老榭榨菜"文字及拼音组合,"老榭榨菜"文字上方左侧系圆形注册商标,并标有萬缘文字及拼音。

2013 年 3 月 12 日,谢新林以叶根木、明扬公司对被控侵权的食品包装袋图案的使用行为侵犯了其享有的著作权为由,诉至原审法院。

本院认为:谢新林与谢瑞林之间签订的《著作权转让合同》的合同标的为谢瑞林曾经申请的专利号为 01344419.0 的外观设计专利中的外观设计图片的著作权,现受让人谢新林主张叶根木、明扬公司对被控侵权的食品包装袋图案的使用行为侵犯了其享有的著作权,因此,本案争议焦点在于叶根木、明扬公司是否存在侵犯谢新林著作权的行为。

"鼓励发明创造,推动发明创造的应用"是我国专利法的立法宗旨之一。通过专利权的授予,专利权人享有独占实施其专利,并禁止他人未经许可实施其专利的权利,亦应当承担向公众公开其专利及缴纳年费的义务。在专利权因保护期届满

---

* 浙江省嘉兴市中级人民法院民事判决书(2013)浙嘉知终字第 5 号。提请读者注意的是,本书所选案例裁判文书均根据所述问题有所删节。

或其他原因如专利权人怠于履行缴纳年费义务、自愿放弃其专利权而导致终止后，该专利便进入公有领域，成为社会公众均可以自由利用的公共财富。

根据《专利法》第四十四条之规定，专利权在期限届满前终止的，由国务院专利行政部门登记和公告。社会公众基于对国务院专利行政部门专利公告之公示效力所享有的信赖利益亦应当受到法律的保护。本案中，专利号为 01344419.0 的外观设计专利已于 2006 年 2 月 15 日因未缴纳年费而终止。因此，社会公众有理由相信该专利已经进入公有领域，可以自由利用。若仍允许以享有外观设计专利中的外观设计图片的著作权为由阻碍他人实施已经进入公有领域的专利，因著作权自作品创作完成之日起即产生，故公众无法得知其对已经进入公有领域的专利的利用是否会受到著作权人的追究，这显然有损社会公众的信赖利益，亦与专利法之宗旨相悖。

被控侵权的食品包装袋图案使用在榨菜食品的包装袋上，与专利号为 01344419.0 的外观设计专利产品相同，经比对，两者在整体视觉效果上并无差异，谢新林亦认为两者相同。叶根木、明扬公司对被控侵权的食品包装袋图案的使用行为，属于对已经进入公有领域的专利号为 01344419.0 的外观设计专利的实施。受让人谢新林在受让外观设计专利中的外观设计图片的著作权时，已经知道该外观设计专利权已经终止，理应知道其对受让权利的行使应当受到专利制度的限制。因此，即便谢瑞林对该专利图片享有著作权，且该著作权尚在保护期内，谢新林亦不得以此为由阻碍他人对已经进入公有领域的自由技术的实施。

思考与评论

外观设计权终止后，权利人能否享有对其设计的著作权？按照本案法院的解释，权利人是可以对保护期届满的外观设计享有著作权，但其行使著作权的方式要受到限制。这种限制意味着该设计的著作权人无权阻止他人在外观设计意义上使用该设计。

（二）专利与商标

外观设计专利到期后能否获得商标保护呢？美国最高法院认为专利一旦过期，外观设计便进入公共领域，外观设计的外形不能获准商标注册。[①] 一般认为，如果后续的商标保护构成了对先前外观设计的替代保护，此时该失效的外观设计不能获得商标保护。基于外观设计专利与商标不同的保护要求，在某些情况下失效的外观设计可能可以获得商标保护。

---

① *Kellogg Co. v. National Biscuit Co.*

案例1-1-2 微亚达公司与中韩晨光公司等申请再审案*

2002年7月19日，中韩晨光公司向国家知识产权局申请了名称为“笔”（事务笔）的外观设计专利，该专利于2003年2月19日获得授权公告，专利号为ZL02316156.6，该专利当前的状态为终止。经对比，中韩晨光公司的K-35型按动式中性笔的外观与前述外观设计专利相同。

2004年9月21日，中韩晨光公司经受让取得注册商标“晨光”，商标注册证号为第1815587号，注册有效期自2002年7月28日至2012年7月27日，核定使用商品为第16类的笔、笔记本等。2005年1月，“晨光”商标被上海市工商行政管理局认定为上海市著名商标，有效期自2005年起至2007年止。2005年12月30日，国家工商行政管理总局商标局认定在第16类笔商品上的“晨光”注册商标为驰名商标。此外，“晨光”牌中性笔于2003年和2007年还多次获得“名牌”产品称号，中韩晨光公司对其产品也进行了广告宣传。

中韩晨光公司生产的晨光牌K-35型按动式中性笔的外观由揿头、笔套夹、装饰圈、笔杆、笔颈、护套、尖套组成。揿头是直径为6毫米、顶部为圆球状的圆柱体空心零件，采用透明塑料制造，可以看到内部按动结构零件的颜色。笔套夹为圆柱体与半圆梯形组合成的三维立体形状，半圆梯形的最高处连接有一个7毫米宽的笔夹，笔夹面呈弧形曲面向内收敛，笔套夹上部有两条半环形镂空，套身上有大圆弧缺口，笔夹与半圆梯形结合处有一个6.5毫米长的腰形孔，笔套夹的颜色与笔芯颜色相同，笔夹面上印有“M&G”及产品型号“K-35”等字样。装饰圈位于笔套夹下方，其弧度与笔套夹和笔杆的曲线相吻合，材质为经过电镀处理的工程塑料。笔杆是直径为11.6毫米的空心圆柱体，由透明塑料制造，在其与笔颈连接处贴有环形不干胶，上面印有注册商标“晨光”、产品型号“K-35”等字样。笔颈是一个上端与笔杆连接，下端与尖套连接的空心圆柱体状零件。笔颈外套有护套，该护套外形呈中间小两头略大的哑铃型，护套颜色与笔芯墨水颜色相同。尖套为弧形圆锥体状零件，其表面经过电镀，颜色与装饰圈的色泽相同。

被控侵权的681型水笔由微亚达制笔公司和微亚达文具公司生产、销售，该笔的结构与上述K-35型按动式中性笔相同，笔夹上印有“WEIYADA”“681”等字样，环形不干胶上印有“WEIYADA”“E681”等字样，从整体上看，两者外观基本相同。2007年6月4日，中韩晨光公司在成硕工贸公司处购买了681型水笔一盒，并委托上海市黄浦

* 最高人民法院（2010）民提字第16号。

区第一公证处对上述购买行为进行了公证。在本案中,微亚达制笔公司主要从事681型水笔的生产活动,微亚达文具公司主要从事681型水笔的销售活动。

中韩晨光公司自2002年3月26日起即开始销售K-35型按动式中性笔。该公司为本案支出的合理费用,包括律师费和公证费共计人民币32,000元。

本院认为,本案当事人在申请再审中争议的主要法律问题在于:获得外观设计专利的商品外观在专利权终止后能否再依据反不正当竞争法获得保护;形状构造类装潢获得知名商品特有装潢保护的条件。

关于获得外观设计专利的商品外观在专利权终止后能否再依据反不正当竞争法获得保护的问题,如下所述。

多数情况下,如果一种外观设计专利因保护期届满或者其他原因导致专利权终止,该外观设计就进入了公有领域,任何人都可以自由利用。但是,在知识产权领域内,一种客体可能同时属于多种知识产权的保护对象,其中一种权利的终止并不当然导致其他权利同时也失去效力。同时,反不正当竞争法也可以在知识产权法之外,在特定条件下对于某些民事权益提供有限的、附加的补充性保护。就获得外观设计专利权的商品外观而言,外观设计专利权终止之后,在使用该外观设计的商品成为知名商品的情况下,如果他人对该外观设计的使用足以导致相关公众对商品的来源产生混淆或者误认,这种在后使用行为就会不正当地利用该外观设计在先使用人的商誉,构成不正当竞争。因此,外观设计专利权终止后,该设计并不当然进入公有领域,在符合反不正当竞争法的保护条件时,它还可以受到该法的保护。具体而言,由于商品的外观设计可能同时构成商品的包装或者装潢,因而可以依据反不正当竞争法关于知名商品特有包装、装潢的规定而得到制止混淆的保护。此时,该外观设计应当满足以下条件:(1)使用该设计的商品必须构成知名商品;(2)该设计已经实际具有区别商品来源的作用,从而可以作为知名商品的特有包装或者装潢;(3)这种设计既不属于由商品自身的性质所决定的设计,也不属于为实现某种技术效果所必需的设计或者使商品具有实质性价值的设计;(4)他人对该设计的使用会导致相关公众的混淆或者误认。不过,外观设计专利权的终止,至少使社会公众收到了该设计可能已经进入公有领域的信号,因而主张该设计受到知名商品特有包装、装潢保护的权利人应提供更加充分的证据来证明有关设计仍应受法律保护。

思考与评论

本案中最高人民法院明确指出外观设计专利期限届满后可以获得商标(知名的装潢本质上是一种未注册商标)保护,但最高人民法院要求权利人提供更加充分的证据来证明有关设计仍应受法律保护。这里的更充分证据意指该设计经过长期使用后产生了识别商品来源的作用。

第二节 专利制度的基础

建立专利制度的理论依据是什么,其正当性和合理性何在,各种理论流派看法不一。我国有学者将其概括为自然权利论、受益权论、激励论以及契约论。① 而外国占主导地位的理论主要是自然权理论与激励论。

一、激励论

激励论的典型描述是美国已故总统林肯对专利制度的评价:"专利制度是为天才之火添加利益之油。"在大多数情况下,技术发明更多是一种公共产品,具有消费或使用上的非竞争性和受益上的非排他性。这种公有产权的形式使人们难以看到从事发明的收益,导致技术进步缓慢。由于没有相应的收益对发明活动进行补偿,所以尽管发明创造活动对社会进步有积极推动作用,人们还是不愿意为此努力。针对发明的这种外部经济性,需要设计一种制度将外部经济内部化,以促进技术创新,获得更多的潜在收益。专利制度就是为了克服这一问题而诞生的制度,它通过让社会强制性地保护发明人对发明的独占权来实现收益的内部化,从而实现激励技术创新的目的。②

《美国宪法》第一条第八款规定:国会有权为促进科学和实用技艺的进步,对作家和发明家的著作和发明,在一定期限内给予专利权的保障。

授权国会可以赋予专利和版权的条款背后的经济学原理是:深信它是通过科学和实用技术领域的作者和发明家的才智提高公共福利的最佳方式。为这种创造活动牺牲的日子应该得到与所付出的劳动相当的报酬。③

我国《专利法》第一条规定:为了保护专利权人的合法权益,鼓励发明创造,推动发明创造的应用,提高创新能力,促进科学技术进步和经济社会发展,制定本法。

---

① 徐棣枫等编著:《知识产权法——制度・理论・案例・问题》,科学出版社 2005 年版,第 7 ~ 8 页。

② 吴欣望:《专利经济学》,社会科学文献出版社 2005 年版,第 38 ~ 39 页。

③ *Mazer v. Stein* 347 U. S. 201(1950).

二、自然权利论

所谓自然权利,是指一种自然而然的、理所当然的权利,这是无须论证的,通常被理解为是一种源于神、自然法或者人的理性、天性中的权利,是先验的。自然权利论认为,发明人对其发明具有获得保护的"固有的"也就是"自然的"权利,专利法就是为了保护这种自然权利而制定的。1791年《法国专利法》的序言中就声称,如果工业发明不被认为是发明人的财产,从实质上讲,那是违反人权的。

案例1-2-1 约翰·洛克(政府论)

所以只要他使任何东西脱离自然所提供的和那个东西所处的状态,他就已经掺进他的劳动,在这上面掺加他自己所有的某些东西,因而使它成为他的财产。既然是由他来使这件东西脱离自然所安排给它的一般状态,那么在这上面就由他的劳动加上了一些东西,从而排斥了其他人的共同权利。因为,既然劳动是劳动者的无可争议的所有物,那么对于这一有所增益的东西,除他以外就没有人能够享有权利,至少在还留有足够的同样好的东西给其他人所共有的情况下,事情就是如此。

思考与评论

洛克关于财产的观点主要适用于有形物的获取,当其适用于知识产权等无形物时,主要的障碍是什么?其如何解决独立的发明只能授予在先申请人的问题?如何解决知识产权的期限问题?

有学者认为,在洛克看来,劳动在私有财产形成过程中的作用仅限于富饶的自然状态时期。一个人所创造物品的价值,由市场中其他人的主观需求所决定。而在较短时期,对财产的分配主要依靠公约进行,用洛克的话说,就是通过契约和协议进行。① 一般认为,劳动创造了财产的价值,但无形资产的价值并不是取决于劳动者的劳动行为,而是由市场中的第三方界定的。那么,在更重视知识产权的价值的当下,洛克的自然权利理论的适用该如何修正?

在实体物的环境下,近似的劳动产生的实体物的价值基本相似,但在无体物情况下,近似的劳动与成果的价值可能不成比例,如何修正自然权利理论以处理此类情况?

---

① [澳]彼得·德霍斯:《知识财产法哲学》,周林译,商务印书馆2008年版,第64页。

三、人格权理论

案例 1-2-2　黑格尔(法哲学)

人有权把他的意志体现在任何物中,因而使该物成为我的东西。人具有这种权利作为他的实体性的目的,因为物在自身中不具有这种目的,而是从我意志中获得它的规定和灵魂的。这就是人对一切物据为己有的绝对权利。由此,财产是自由的第一体现,本身也是一个实质性目标。

一个人拥有的,并感觉是自身延续体的一部分的所有离散单位,在一定程度上,都是个人财产。①

思考与评论

人格权理论是讨论财产的正当性还是对财产作出解释?有学者认为,诗歌、故事、小说等作品是“人格的天然容器”,而其他对象,诸如专利、核心机密等显然不像是个体人格的表现。因而,人格权理论在解释专利制度的正当性方面存在不足。

四、受益论

受益权论认为,发明人通过创造性劳动对社会作出了有益的贡献,社会理应对发明人给付报酬。

五、契约论

契约论认为发明人以公开其最新的发明创造为对价,来换取社会对其专利权的承认。

关于专利正当性的辩论至今还时有发生。就上述的几种观点而言,难以证明一种理论比另一种高明。例如对激励论不能理解为它否定发明人对其发明的天然权利;对自然权利论也不能机械理解为它反对专利制度仅给发明人有限时间的独占权。②

我国《专利法》第一条规定,专利制度的目的在于保护专利权人的合法权益,鼓励发明创造,推动发明创造的应用,提高创新能力,促进科学技术进步和经济社会发展。激励理论体现了专利制度促进技术进步与经济发展的目标,然而,这一目标

---

① [美]罗伯特·P. 墨杰斯等:《新技术时代的知识产权法》,齐筠等译,中国政法大学出版社 2003 年版,第 8 页。

② 刘春田主编:《知识产权法》,法律出版社 2009 年版,第 141 ~142 页。

的实现需要平衡发明人与社会公众之间的利益，而利益平衡的方式就是通过发明人和公众之间建立"契约"予以实现。而这一"契约"的内容包括发明的公开、发明权的限制等。

第三节　专利制度的功能与反思

对专利制度的功能描述虽然存在不同的看法，然而现今学术界的基本共识是专利制度通过要求权利人公开发明信息而换取一定期限的对该发明的独占性排他性权利，权利人享有这种独占性权利从而可以获取某种意义上的超额利润，这种超额利润将激励发明人创造出更多的技术成果。

一、激励技术创新

所谓的激励技术创新，是指专利法为发明创造的利用设置一定期限的排他性权利，使得权利人可以收回其对发明的投入从而激励其积极进行发明创造，促进社会整体福利的提升。

案例1-3-1　国家发展和改革委员会行政处罚决定书*

当事人：高通公司（Qualcomm Incorporated）

根据《中华人民共和国反垄断法》等法律法规，本机关于2013年11月立案，依法对当事人滥用在CDMA、WCDMA和LTE无线通信标准必要专利（以下简称无线标准必要专利）许可市场及CDMA、WCDMA和LTE无线通信终端基带芯片（以下简称基带芯片）市场的支配地位，实施垄断行为进行了调查。本机关的调查情况和处理决定如下：

一、当事人在无线标准必要专利许可市场和基带芯片市场具有市场支配地位

本机关对当事人的调查涉及无线标准必要专利许可市场和基带芯片市场，当事人在上述相关市场具有市场支配地位。

（一）当事人在无线标准必要专利许可市场具有市场支配地位

无线通信技术标准是由产业界以合作方式共同制定的标准化技术方案，以实

* 发改办价监处罚[2015]1号。

现网络互联互通，使不同无线通信终端制造商的产品可以接入同一无线蜂窝网络。CDMA（包括 CDMA IS－95 和 CDMA 2000）、GSM、WCDMA、TD－SCDMA 和 LTE 均为当前主流的无线通信技术标准。电信网络运营商需获得相应网络运营牌照，并投入大量资金建设符合特定无线通信技术标准的网络，无线通信终端制造商和基带芯片生产商也需进行大量投入开发符合特定无线通信技术标准的产品，不同的无线通信技术标准之间替代成本很高。同时，同代际无线通信技术标准实现的网络服务水平基本相同，相互替代没有技术必要性。不同代际的无线通信技术标准存在演进关系，但电信网络运营商升级到新一代无线通信技术标准时，为了保证长达数年的网络升级过程中的代际兼容性，普遍要求无线通信终端必须同时支持上一代无线通信技术标准。因此，已广泛应用的不同无线通信技术标准之间不存在现实可行的替代关系。本案调查涉及的 CDMA、WCDMA 和 LTE 技术标准当前均不存在现实可行的替代性标准。

业界通常将实施技术标准所必须使用的专利称为标准必要专利。无线通信技术标准作为高度复杂的技术方案，包括大量的标准必要专利。一项无线通信专利因被纳入 CDMA、WCDMA 和 LTE 技术标准而成为无线标准必要专利，该专利具有了唯一性和不可替代性，排除了其他竞争性的专利。由于无线标准必要专利是实现特定无线通信技术标准必须要实施的专利，无线通信终端制造商生产销售符合相关技术标准的产品必须获得无线标准必要专利许可。从需求替代分析，无线通信终端制造商生产特定的无线通信终端，纳入相关技术标准的每一项无线标准必要专利都不可或缺，都是必须要实施的技术专利，任何一项无线标准必要专利的缺失，都会导致无线通信终端不能完全符合相关技术标准，不能满足市场需求。从供给替代分析，每一项无线标准必要专利都具有唯一性，在被相关无线通信技术标准采纳并发布和实施后，不存在实际的或者潜在的替代性供给。因此，每一项无线标准必要专利许可均单独构成一个独立的相关产品市场。在本案中，由于当事人将持有的无线标准必要专利进行组合许可，相关产品市场为当事人持有的各项无线标准必要专利许可单独构成的相关产品市场的集合。

由于专利授权、使用和保护均具有地域性，单独构成一个独立相关产品市场的每一项无线标准必要专利的地域市场均为一个特定的国家或者地区。在本案中，当事人将持有的不同国家和地区的无线标准必要专利进行组合许可，无线标准必要专利许可的相关地域市场为当事人持有的各项无线标准必要专利的国家或者地区市场的集合。

本机关查明，在 CDMA、WCDMA 和 LTE 无线通信技术标准中，当事人均持有

数量不等的无线标准必要专利。当事人在无线标准必要专利许可市场具有市场支配地位,主要事实和理由如下:

1. 当事人在相关市场占有100%的市场份额。在当事人持有的每一项无线标准必要专利许可独立构成的相关产品市场,当事人均占有100%的市场份额。同时,当事人分别持有构成CDMA、WCDMA和LTE无线通信技术标准的多项无线标准必要专利,相关无线标准必要专利相互叠加,构成了覆盖特定无线通信技术标准的无线标准必要专利组合,当事人在该无线标准必要专利组合许可市场占有100%的市场份额,不存在市场竞争。根据《中华人民共和国反垄断法》第十九条第一款第一项的规定,可以推定当事人在无线标准必要专利许可市场具有市场支配地位。

2. 当事人具有控制无线标准必要专利许可市场的能力。由于当事人持有覆盖CDMA、WCDMA和LTE技术标准的无线标准必要专利组合,无线通信终端制造商生产销售符合CDMA、WCDMA和LTE技术标准的无线通信终端,需从当事人处获得相关无线标准必要专利组合许可,否则不能进入市场参与竞争,并可能面临当事人提起的专利侵权诉讼和禁令救济等风险,潜在被许可人与当事人达成相关无线标准必要专利组合许可协议是唯一的选择。有证据表明,当事人拥有超过200家无线标准必要专利被许可人,且绝大多数被许可人与当事人签订的专利许可协议中的许可条件是当事人单方面确定的,被许可人缺乏制约当事人市场力量的客观条件和实际能力。因此,当事人在较大程度上具有控制专利许可费、许可条件以及阻碍、影响其他经营者进入相关市场的能力。

3. 无线通信终端制造商对当事人的无线标准必要专利组合许可高度依赖。无线通信终端制造商生产销售符合CDMA、WCDMA和LTE技术标准的产品,必须使用当事人的无线标准必要专利组合。由于当事人的每一项无线标准必要专利覆盖相关技术标准的不同方面,每一项无线标准必要专利对无线通信终端制造商均不可或缺,任何一项无线标准必要专利的缺失,均可能导致无线通信终端不能与网络互通,不能满足客户需求和获得监管部门的入网许可。因此,无线通信终端制造商对当事人的无线标准必要专利组合许可高度依赖,当事人具有支配性的市场力量。

4. 其他经营者进入相关市场难度较大。无线通信技术标准是实现无线通信终端兼容、互联和互通的技术规范,在一项专利成为CDMA、WCDMA和LTE技术标准的无线标准必要专利的同时,其他竞争性技术则可能被排除在该技术标准之外。CDMA、WCDMA和LTE技术标准被实施后,任何被纳入标准的技术若要改变,通常会给运营商和相关制造商带来难以承受的成本,其他竞争性技术客观上难以被纳入该技术标准。因此,其他经营者难以进入当事人持有的无线标准必要专利组合许可构成的相关市场。

在本案调查过程中，当事人未提出证据证明当事人在无线标准必要专利许可市场不具有市场支配地位。

根据《中华人民共和国反垄断法》第十八条的规定，本机关依据上述因素，认定当事人在无线标准必要专利许可市场具有市场支配地位。

……

二、当事人滥用市场支配地位的行为

在本案中，考虑到当事人将持有的相关国家和地区的无线标准必要专利进行组合许可，本机关决定调查与中华人民共和国境内市场竞争和消费者利益密切相关的当事人针对无线通信终端在中华人民共和国境内制造时或者在中华人民共和国境内销售时所实施的无线标准必要专利的许可行为和基带芯片销售行为。本机关查明，当事人滥用市场支配地位，实施了《中华人民共和国反垄断法》禁止的垄断行为。具体事实、理由和依据如下：

（一）当事人滥用在无线标准必要专利许可市场的支配地位，收取不公平的高价专利许可费

1. 对过期无线标准必要专利收取许可费

本机关查明，截至 2014 年 1 月 1 日，在当事人持有的无线标准必要专利中，有部分相关专利已经过期，且包含一定数量的重要无线标准必要专利。CDMA 技术于 1995 年开始商业应用，当事人此前申请的很多核心 CDMA 无线标准必要专利已经过期，而当事人与被许可人签订的 CDMA 和 WCDMA 专利许可协议，均包括相关过期的核心 CDMA 无线标准必要专利。尽管当事人不断有新的专利加入到专利组合中，但当事人未能提供证据证明新增专利价值与过期无线标准必要专利价值相当。同时，当事人不向被许可人提供专利清单，且与被许可人签订的长期甚至无固定期限的许可协议中约定了一直不变的专利许可费标准。当事人的过期无线标准必要专利包含在对外许可的专利组合中，被许可人未能获得公平协商的机会以避免对当事人的过期专利支付许可费。

以上事实，有《基于专利存续的 Qualcomm 重要标准必要专利包价值研究报告》《用户单元许可协议》《调查询问笔录》《对国家发改委关注问题的陈述性答复》等材料作为证据。

在本案调查过程中，当事人提出，虽然每年都有一些专利到期，但有更大数量的新专利进入到专利包中，不存在对过期专利收取专利许可费的问题。

本机关认为，不论当事人对外许可的专利组合有无变化，以及是否有新的专利

不断加入到专利组合中，当事人进行长期甚至无固定期限许可的同时，不提供专利清单本身都不具有合理性。即使如当事人主张，不断有新的专利加入到专利组合中，并且总体上专利组合中的专利数量有所增加，但专利组合中的专利数量并不必然反映其价值。因此，当事人提出的新增专利能够补充过期专利价值的主张不能得到证实。当事人对新增加的专利是否为被许可人所必需以及是否具有价值均不予评估和明示，不衡量和分析过期专利和新补充专利的价值对比和变化，而以不断有新专利加入专利组合为由，笼统地对专利组合持续多年收取同样的许可费，实际上模糊了被许可人获得专利许可的具体标的，被许可人需要对当事人的过期无线标准必要专利继续支付许可费。

本机关认为，当事人应当给予被许可人公平的机会进行协商，避免对过期专利继续收取专利许可费。

2. 要求被许可人将专利进行免费反向许可

本机关查明，当事人在无线标准必要专利许可中，强迫某些被许可人将持有的相关非无线标准必要专利向当事人进行许可；强迫某些被许可人免费进行反向许可；要求某些被许可人不能就持有的相关专利向当事人及当事人的客户主张权利或者提起诉讼。当事人在某些无线标准必要专利许可谈判中并不实质性地考虑和评估被许可人专利的价值，拒绝向被许可人就反向许可的专利支付合理的对价。

以上事实，有《用户单元许可协议》《调查询问笔录》《对国家发改委关注问题的陈述性答复》和被许可人提供的相关材料等作为证据。

在本案调查过程中，当事人就免费获得被许可人的专利反向许可提出三方面理由：一是当事人从被许可人获得专利反向许可是为了保护当事人的业务及基带芯片客户免受专利侵权的困扰；二是当事人要求免费反向许可是与被许可人总体价值交换的一部分；三是许多中国被许可人不拥有在实质价值上能够交换的专利组合。

本机关认为，当事人提出的上述理由不成立，要求被许可人进行专利免费反向许可不公平。当事人向被许可人谋求专利反向许可本身并不违反相关法律，但获得专利反向许可的需求并不是在所有情况下免费获得专利反向许可的理由。当事人获得被许可人专利反向许可应当尊重被许可人的创新成果，对被许可人反向许可的专利价值予以考虑，特别是部分中国被许可人同样持有高价值的专利组合。当事人不能出于保护当事人业务及基带芯片客户免受专利侵权困扰的考虑，而完全否定中国被许可人所持有专利的价值，利用在无线标准必要专利许可市场和基带芯片市场的支配地位，要求被许可人将持有的相关专利向当事人及当事人客户进行免费许可，并限制被许可人就持有的相关专利主张权利或者提起诉讼。当事人未能提供有效证据证明，当事人在专利许可中对某些被许可人反向许可的专利支付了相应的对价。当事人提出的免费反向许可是与被许可人总体价值交换的一部分，缺乏事实和证据支持。因此，根据调查取得的证据，当事人提出的主张与事实不符，不能证明当事人要求专利免费反向许可具有公平性。

本机关认为，当事人利用在无线标准必要专利许可市场的支配地位，强迫被许可人向当事人进行专利免费反向许可，在专利许可费中不抵扣被许可人反向许可的专利价值或者支付其他对价。

此外，在本案调查中，本机关还查明，在当事人对外许可的专利组合中，无线标准必要专利具有核心价值，非无线标准必要专利不必然对所有的无线通信终端具有价值，无线通信终端制造商不必然需要获得当事人的非无线标准必要专利许可。当事人的无线标准必要专利主要涉及无线通信技术，而不涉及无线通信终端的外壳、显示屏、摄像头、麦克风、扬声器、电池、内存和操作系统等。当事人在将无线标准必要专利和非无线标准必要专利进行一揽子许可的同时，以无线通信终端的整机批发净售价作为计算专利许可费的基础。

本机关认为，当事人对外许可的专利组合中包含了具有核心价值的无线标准必要专利和对被许可人价值并不确定的非无线标准必要专利。对于被迫接受当事人一揽子专利许可的被许可人，当事人在坚持较高许可费率的同时，以超出当事人持有的无线标准必要专利覆盖范围的整机批发净售价作为计费基础，显失公平，导致专利许可费过高。

本机关综合分析当事人的上述行为认为，当事人直接或者间接地收取了不公平的高价专利许可费。当事人要求专利免费反向许可，抑制了被许可人进行技术创新的动力，阻碍了无线通信技术的创新和发展，排除、限制了无线通信技术市场的竞争。同时，要求专利免费反向许可使当事人相对其他基带芯片生产商获得了不正当的竞争优势，无线通信终端制造商采购其他基带芯片生产商的产品将会负担更高的知识产权成本，削弱了其他基带芯片生产商竞争力，损害了市场竞争。当事人收取不公平高价专利许可费增加了无线通信终端制造商的成本，并最终传导到消费终端，损害了消费者的利益。

本机关认定，当事人违反《中华人民共和国反垄断法》第十七条第一款第一项关于禁止具有市场支配地位的经营者以不公平的高价销售商品的规定。

（二）当事人滥用在无线标准必要专利许可市场的支配地位，在无线标准必要专利许可中，没有正当理由搭售非无线标准必要专利许可

本机关查明，无线通信终端制造商必须向无线标准必要专利持有人寻求专利

许可,没有其他选择;非无线标准必要专利不是强制实施的专利,无线通信终端制造商可以进行规避设计,或者根据专利技术的优劣及其他因素,在不同的竞争性替代技术中进行自由选择。因此,非无线标准必要专利与无线标准必要专利性质不同、相互独立,分别对外进行许可并不影响上述两种不同专利的应用和价值。当事人在进行专利许可时,不对无线标准必要专利与非无线标准必要专利进行区分,不向被许可人提供专利清单,而是采取设定单一许可费并进行一揽子许可的方式,将持有的非无线标准必要专利进行搭售许可。

以上事实,有《用户单元许可协议》《调查询问笔录》《对国家发改委关注问题的陈述性答复》和被许可人提供的相关材料等作为证据。

在本案调查过程中,当事人就搭售非无线标准必要专利许可行为的合理性,提出三个方面的理由:一是当事人提供了只许可无线标准必要专利的选择,被许可人大多自主选择整体的专利组合;二是无线标准必要专利和非无线标准必要专利很难区分,被许可人只获得无线标准必要专利许可,可能面临诉讼风险;三是搭售非无线标准必要专利许可不会限制市场竞争,被许可人同样可以选择竞争者的技术。

本机关认为,当事人提出的上述理由不成立,在无线标准必要专利许可中搭售非无线标准必要专利许可没有正当理由。根据众多被许可人提供的证据材料,当事人所称一直提供只许可无线标准必要专利的选择与事实不符。本机关在调查中发现,尽管一些被许可人可能会主动选择寻求当事人整体专利组合许可,但部分被许可人为了获得当事人无线标准必要专利许可而不得不接受非无线标准必要专利许可。被许可人是否与当事人签订一揽子专利许可协议,应当在当事人提供无线标准必要专利和非无线标准必要专利清单的前提下,由被许可人自主做出选择。当事人一直拒绝向被许可人提供专利清单,并通常不向被许可人提供只包含无线标准必要专利的许可要约。无线标准必要专利与非无线标准必要专利可以进行区分并分别进行许可,并且通过合同条款在许可协议中对标准必要专利的范围进行界定是一种惯常做法。即使分别提供无线标准必要专利与非无线标准必要专利许可要约需要一定的成本,并可能增加专利许可谈判的复杂性,但这不能构成将与无线标准必要专利性质不同的非无线标准必要专利进行搭售许可的合理理由。

本机关认为,当事人利用在无线标准必要专利许可市场的支配地位,在无线标准必要专利许可中没有正当理由搭售非无线标准必要专利许可。对于非无线标准必要专利,被许可人本可以考量包括侵权和诉讼风险在内的各种因素,自由决定是否寻求以及向哪个专利权人寻求获得许可。由于当事人强制搭售非无线标准必要专利许可,被许可人必须从当事人获得非无线标准必要专利许可并支付许可费,理性的被许可人通常不会额外承担费用进行规避设计或者寻求替代性技术。这使得与当事人持有的非无线标准必要专利具有竞争关系的其他替代性技术失去了参与竞争的机会和可能，严重排除、限制了相关非无线标准必要专利许可市场的竞争，阻碍、抑制了技术创新，最终损害了消费者的利益。

本机关认定，当事人没有正当理由，在无线标准必要专利许可中搭售非无线标准必要专利许可，违反《中华人民共和国反垄断法》第十七条第一款第五项关于禁止具有市场支配地位的经营者没有正当理由搭售商品的规定。

思考与评论

从本案来看，专利制度似乎并没有产生激励创新的作用，反而成为权利人获取不当利益的工具。事实上，专利制度的激励作用可能是有限的，在某些领域，如药品研发其可能具有非常重要的作用，但在一些基础研发领域，其激励作用可能就非常有限。另外，专利权人的滥用专利权的行为也会损坏专利法所促进的激励作用。专利权人的垄断行为可能对创新具有负激励作用，如某种专利技术的权利人基于其市场地位可能阻止某种更新、更有效率技术的研究与使用；专利权人的实施专利所带来的负外部性，如增加的社会成本可能损坏其他领域的创新等。你认为该如何规制专利法所带来的负面激励效果？如何事先防范本案中高通公司的这种行为？

二、促进信息公开与传播

专利制度的一项重要功能是促进信息的公开与流动。一般认为，如果没有专利制度，发明人可能倾向于采取商业秘密的方式来保护其技术发明。专利制度通过赋予发明人独占权来换取其对技术的早日公开，这不但有利于避免重复研发，也有利于相关机构在他人发明基础上进行进一步创新研发。

各国专利法都要求申请人在专利申请文件中“充分公开”其发明专利的内容。这种充分公开不但有利于信息的流动，也有利公众充分了解发明创造的内容，以使公众知悉专利保护的范围，避免侵犯专利权人的专利权。

当然，申请人公开技术信息与提供专利保护之间是否存在必然的联系呢？答案可能是否定的。在机械制造、化工等领域，发明人如果将产品投放市场，其产品相关信息会很容易地被他人获取。因而，对于易于采取商业秘密方式保护的技术而言，专利制度对促进早日公开技术方案可能具有价值。另外，即使专利制度要求申请人“充分公开”其发明技术方案，但在实践中，申请人会采取各种方式隐藏其技术方案，从而使得竞争者并不能生产出与其技术方案一致的产品。

三、促进专利技术的实施

专利法的目的并不仅仅在于促进发明人发明更多的技术，其更重要的目标是促进发明技术的商业化，将技术转换成社会所需要的最终产品，从而满足社会发展的需要。现行的专利法并不利于发明技术的商业化，有学者提出建立所谓的“商业化专利”来解决这一问题。①

中国现行专利法也不利于专利技术的商业化努力，中国大量的专利只是写在文字中的技术，并没有给社会带来任何益处。因而，促进专利技术的实施是下一步专利法修订必须要解决的问题。在2015年国务院法制办公布的《中华人民共和国专利法修订草案（送审稿）》中就专门规定了专利的实施和运用相关内容。

四、专利与健康

专利制度对于促进公民的健康意义重大。WTO《关于TRIPs与公共健康的宣言》认为，专利保护对于发展新药具有重要作用。专利保护对药品行业发展非常重要。但严格的专利保护可能对药品价格产生影响，从而损害成员国公共健康。

白血病患者陆勇因为他帮助很多白血病的病友从印度购买一种仿制的便宜的抗癌药物涉嫌销售假药罪被逮捕。格列卫这款药是在1998年进入了临床期的研究。三年之后在美国上市。据说这个期间，研究经费达到10亿美元。格列卫这款药在世界各地所卖的价格，在中国内地是23,000元到25,800元一盒，在香港是17,000元到19,000元，而在美国合人民币13,600元一盒，在日本合人民币16,000元一盒，在韩国只需要人民币9700元一盒。而印度仿制药的价格只是正常价格的1/20。

专利对新药研发至关重要，但研发的新药由于过于昂贵导致病人不可能负担其医药费。如何解决这种困境呢？是专利制度导致的这种困境吗？事实上，没有专利制度，就不可能有“格列卫”等原研药的开发与运用，更不能出现所谓的“格列卫”仿制药。因而，以促进仿制药发展来解决公众健康问题可能是舍本逐末的做法，反而会损害公众健康。

在毒胶囊事件中，网友发现有人将毒胶囊的制备方法申请了专利。一件专利申请号为91108955.1，为1991年提出的发明专利申请，名称为“铬鞣皮废料酶法制备食用明胶的工艺方法”，该申请并未获得专利权；另一件专利申请的专利申请号

① Sichelman, Ted M., “Commercializing Patents”, *Stanford Law Review*, Vol. 62, No. 2, pp. 341 - 413, 2010. Available at SSRN: http://ssrn.com/abstract = 1395558.

为98112702.9,为1998年提出的发明专利申请,名称为"一种制备高铬明胶的方法",该申请于2000年9月13日获得专利权。

在专利审查中,是否需要考虑公众的健康问题?是否所有对健康有害的专利都不应获得授权?专利审查中的健康关注如何考量?

ZMaPP是一种三种抗体混合的药物。美国政府持有ZMapp中的一种抗体的专利,其研发获得了美国和加拿大军方研究机构的支持。天广实的首席执行官李锋和他的同事利用ZMapp专利的信息,在三个月内复制了ZMapp的有效部分,然后利用公司的特制细胞制造抗体。一个月后,在中国药厂海正药业的帮助下,生产出100剂MIL77抗埃博拉病毒药物。李锋表示,公司是希望去应对一场全球急难,并且与ZMapp的知识产权持有者签署了授权协议。但如果中国科学家试图在中国以外地区销售MIL77,却没有与拥有ZMapp知识产权的美国小型公司Mapp生物制药达成协议的话,他们或许已经侵犯了专利。

埃博拉病毒爆发,专利权人可以阻止第三方使用其专利来治疗该疾病吗?当公共健康危机发生时,专利的价值在何处?

第四节　专利制度发展史

一、专利制度起源

古希腊就曾有向发明者授予奖励或专有权的激励机制以鼓励发明者向社会公开新的与有用的发明。存在于公元前720~前510年的意大利南部的希腊殖民地西巴利斯就曾颁布法律,向发明了特定烹饪方法的人授予独占权。①

然而,直到文艺复兴时期才有了第一个真正的专利以及专利法。1421年,佛罗伦萨共和国向著名建筑师Flippo Brunelleschi发明的配备有起重机的石料运输船授予专利。1474年3月威尼斯共和国颁布的法案被认为是世界上第一部接近现代专利制度的法律,其主要内容如下:

本元老院特规定,任何在本城市做出了在本城邦未曾制造的新颖而精巧的装置者,当其发明已臻完善从而能够使用与操作,其应向市政厅报告。以后10年内,辖区内的任何人,未经发明者许可或授权不得制作任何与发明相同或类似的事物。如果有人以违法的方式制作该物,上述作者或发明人有权向本城官员控告,而长官

---

① Donald S. Chisum, et al., *Principles of Patent Law*, Foundation Press, 2004, p.7.

应令侵权人付发明人100金币,且立即销毁伪造品。然而,在政府的权力与抉择范围内,政府的活动可以向专利权人那样使用专利。

这部诞生于五百多年前的法律之所以被称为现代专利法的萌芽,其主要理由是:

(1)该法明确了专利授予的条件必须是新颖、精巧的,同时还必须是能够使用与操作的。这与现代专利制度的新颖性、创造性与实用性的要求基本相当。

(2)规定了发明的期限限制以及政府对发明专利的控制权。

(3)另外,其明确了专利权人所享有权利的内容。这也与现代专利的内容基本相当。

二、现代专利制度的确立与发展

14世纪,英国国王为了排除行会的干预,使外国的先进技术和投资能在英国经营,并将技术传授于英国工人,常向外国技工颁发专利证书,授予垄断权。但是到伊丽莎白一世(1558~1603年)时期,这种制度被滥用,王室或为虚假申请所欺骗,或用来对身边宠臣,如对瓦尔特·罗利爵士进行封赏,或以此作为王室敛财的工具,甚至有时还对公知技术授予专利,这受到了国民的强烈谴责。随后发生的Darcy v. Allin案[①]确认垄断是违反普通法的行为,这在某种程度上遏制了专利制度的滥用。然而在詹姆士一世(1603~1625年)统治时期,其又开始滥用专利制度向不该授予专利的技术授予垄断权,如其曾授予出口小牛皮的独占权等。这导致了公众的极大不满,最终导致议会于1624年通过了《垄断法规》。虽然该法主要是对国王授予的垄断权进行规范,但是在其第六部分明确允许授予专利权:

先前提及的任何宣告不能延及授予真正的第一个做出发明创造(manufacture)的发明人保护期为14年或以下的专利以及授予的特权,该权利由在王国内独占(sole)的制造(make)或实施(work)新发明构成。

《垄断法规》第六部分规定的例外构成了现代专利制度的基石。[②] 该法规定了专利权的主体、客体,可以取得专利权的发明创造,以及取得专利的条件,专利的期限以及专利权被视为无效等情形。

英国专利制度的诞生标志着现代专利制度进入正式发展阶段。此后,美国于1790年、法国于1791年、德国于1877年、日本于1885年先后颁布了专利法。到

---

① 该案又称“垄断案”。

② Martin Adelman, et al., *Cases and Materials on Patent Law*, 2003, West Group, p.9.

1900 年,世界上已有四十多个国家建立了专利制度。目前,世界上绝大多数国家都建立了专利制度。

最初的专利法只对本国发明给予保护,或虽给外国人保护,但附加了严格的限制条件。专利技术的公共产品属性以及无形特征使得专利权人对于专利的跨国利用与保护非常重视。随着技术进步与国际贸易的迅猛发展,专利技术跨国利用中的搭便车现象非常突出,因而出现了协调统一专利法的需求。1883 年签署的《保护工业产权巴黎公约》是专利国际协调制度的开端,其明确规定了“国民待遇原则、优先权原则以及专利独立原则”,为发明人到其他成员国申请专利创造了条件。

第二次世界大战后,专利制度国际化趋势更加明确。1967 年签订的《成立世界知识产权组织公约》、1970 年签订的《专利合作条约》以及 1973 年签订的《欧洲专利公约》等,使得专利制度的国际化速度进一步加快,也促使专利制度更趋于完善。

1994 年签署的《与贸易有关的知识产权协议》(以下简称 TRIPs)是当今最重要的国际知识产权协议,其对各国专利法规定了专利的最低保护标准,并将专利相关的争端纳入世界贸易组织争端解决机制之下,这必然对各国专利制度的变革造成深远的影响。

现今许多发达国家希望建立全球统一专利法、专利局以及专利法庭,以实现一次申请就能获得一个全球适用的专利,在世界任何角落都可以获得专利保护。然而,一个国家的专利制度必须与其政治、经济与文化相适应,过高的保护标准不利于一个国家的经济发展与技术创新。在专利制度的一体化方面,欧盟的进展值得关注。欧洲统一专利法院以及具有统一效果的专利创设是自 1977 年 10 月生效的《欧洲专利公约》以来在欧洲专利制度中发生的最重要的变化。这将为欧洲专利一体化铺平道路。

三、中国专利制度的建立与发展

(一)我国专利制度的产生与形成

我国古代历史上并无专利的概念。直到 19 世纪中期,专利制度的相关思想才传入我国。第一个主张建立专利制度的是太平天国时期的洪仁玕。1859 年在《资政新篇》中,洪仁玕主张,“倘若能造如外邦火轮车,一日夜能行七八千里,准以自专其利,限准他人仿效”。他主张鼓励机器发明创造以“益民”为原则,“器小者赏五年,大者赏十年,益民多者年数加多,无益之物,有责无赏,限满准他人仿做”。由于太平天国革命失败,上述建立专利制度的改革建议没能实现。

我国近代史上第一部专利法规是光绪皇帝于1898年颁布的《振兴工艺给奖章程》。该章程因戊戌变法失败未能付诸实施。

1912年国民政府颁布了《奖励工艺品暂行章程》,这部章程是我国历史上第一部实际实施的专利法。1944年5月当时的国民党政府颁布了中国历史上第一部以“专利法”命名的比较完整的现代意义的专利法。该法共分4章133条,其保护对象包括发明、实用新型与新式样专利,同时该法还规定了专利申请的主体、条件以及专利审查审批程序等。该法于1949年1月1日实施。

(二)新中国专利法的发展

中华人民共和国成立后不久,中央人民政府政务院于1950年通过了《保障发明权与专利权暂行条例》,同年政务院财政经济委员会颁布了该条例的实施细则。《暂行条例》采取前苏联的发明证书与专利证书双轨制的保护模式,申请人可以自由选择对其发明申请发明权或专利权。如果申请了发明权,则发明的采用和处理属于国家,发明人享有荣誉和奖金的权利。如果获得专利权,则专利权人有独占实施的权利。1963年国务院发布《发明奖励条例》,取代了先前的条例,同时用发明奖励制度取代了发明保护制度。

1978年7月,中共中央在批准的外交部、对外贸易部、对外经济联络部的一份报告中提到我国应建立专利制度。1979年3月国务院批准起草《专利法》,同年11月颁布《自然科学奖励条例》,正式开始受理发明奖励申请。1980年1月,专利局成立。1984年3月12日,第六届全国人民代表大会常务委员会第四次会议通过了《中华人民共和国专利法》(以下简称《专利法》)。该法共分8章69条,自1985年4月1日其施行。1992年12月21日,国务院批准颁发了《中华人民共和国专利法实施细则》。

《专利法》的颁布和施行是我国专利制度建立并开始运作的主要里程碑,标志着我国专利制度已进入一个新的时期。随后,我国专利局颁布了《中国单位和个人向外国申请专利的办法》《关于我国学者在国外完成的发明创造申请专利的规定》《个人申请专利费用减缓办法》《专利管理机关处理专利纠纷办法》《专利代理条例》《企业专利工作办法》等部门规章,以配合专利法的贯彻执行。最高人民法院也发布了一系列司法解释,解决了专利司法过程中存在的问题。我国并分别于1992年、2000年以及2008年对《专利法》进行了修订。

(三)专利法的修订与完善

1. 1992年的第一次修订

1992年9月4日,第七届全国人民代表大会常务委员会第二十七次会议通过了《关于修改〈中华人民共和国专利法〉的决定》,定于 1993 年 1 月起施行。同时,国务院批准修订的《中华人民共和国专利法实施细则》于 1992 年 12 月 21 日由中国专利局公布。

第一次修订的主要内容:

(1)扩大了专利保护范围,将食品、饮料、调味品、药品和用化学方法获得的物质给予保护。扩大了对专利方法的保护,把方法专利的保护对象从原《专利法》仅保护生产方法扩大到对生产方法和依照该方法生产的产品本身均予以保护。

(2)延长了专利保护期限,发明的保护期限为 20 年,实用新型与外观设计的保护期限为 10 年。

(3)强化了对专利权的保护力度,增设了进口权,并将对方法专利的保护延伸到用该方法所直接获得的产品,修改了强制许可的条件,完善了对冒充专利的处罚。

(4)改进了审批程序,用授权后的撤销程序代替授权前的异议程序,并增设了本国优先权。

2. 2000 年的第二次修订

2000 年 8 月 25 日在第九届全国人民代表大会常务委员会第十七次会议通过了《关于修改〈中华人民共和国专利法〉的决定》,对《专利法》进行了第二次修改。修改后的《专利法》于 2001 年 7 月 1 日起施行。

第二次修订的主要内容:

(1)为与社会主义市场经济的发展和国有企业改革相适应,取消了全民所有制单位对专利“持有”的规定,修改后的专利法明确了国有企事业单位在申请和取得专利方面与其他经济成分享有相同的地位。

(2)为适应科技体制改革和创新形势要求,对职务发明重新进行了合理界定,并明确规定了对职务发明人应当给予奖励和报酬。

(3)加大了专利保护力度,完善了司法和行政执法规定。增加了许诺销售权,增设了诉前临时措施,增加了关于侵权赔偿额计算方法,规定了对假冒他人专利行为的行政处罚。

(4)优化、完善了专利审批和纠纷处理程序。取消了撤销程序,简化了流程,规定了对实用新型和外观设计的复审和无效的司法审查,简化了转让专利权和向外国申请专利的手续。

3. 2008 年的第三次修订

2008 年 12 月 27 日第十一届全国人民代表大会常务委员会第六次会议通过了

《关于修改〈中华人民共和国专利法〉的决定》,第三次修订了《专利法》,新修订的《专利法》于2009年10月1日实施。

此次修订是实施《国家知识产权战略纲要》的重要举措,为我国自主创新能力的提高、促进经济社会发展提供了更有力的制度支撑。

第三次修订的主要内容:

(1)提高了专利的授权标准,明确了专利授权的绝对新颖性标准,提高了外观设计专利授权的门槛。

(2)完善了专利强制许可制度。对涉及公共健康危险的药品、不实施专利、影响公共利益以及妨害竞争的专利,规定了强制许可。

(3)对于利用生物遗传资源申请的专利,加入了遗传资源披露义务。

(4)完善了专利行政执法,加强了专利行政部门查处假冒专利的权限。

(5)简化了专利申请以及审批手续,取消了涉外代理机构的限制,鼓励向国外提出专利申请。

(6)完善了专利侵权诉讼中的证据保全制度和诉前禁令制度。

我国《专利法》迄今为止已经进行了三次修订,其修订的频率之快,反映了《专利法》呼应社会经济、技术发展的紧迫性。当然,中国《专利法》的修改也部分反映了西方世界的诉求,特别是在TRIPs签订后,中国的《专利法》保护水平逐步向西方发达国家靠拢。当然,在《专利法》修订过程中,也加入了许多具有中国特色的制度,使得现今的中国《专利法》既具有国际视野,又反映了本土诉求。经过三次修订,中国已经建成了比较完备的与国际接轨的适用中国社会现状的专利制度。

4. 拟议中的专利法第四次修订

2015年《中华人民共和国专利法修改草案(送审稿)》涉及实质性修改的条文共33条,新增"专利的实施和运用"一章,其中对现有条文修改18条,新增14条,删除1条。另有适应性文字修改或调整的条文4条。修订内容主要包括:

(1)加大专利保护力度,维护权利人合法权益。进一步完善具有中国特色的专利保护制度,实行严格的专利保护制度,围绕加强专利保护、加大执法力度,针对专利权人普遍反映的专利维权举证难、周期长、成本高、赔偿低、效果差等问题,提出相应措施,建立健全打击专利侵权长效机制,促进专利行政执法和司法保护有效衔接,提高执法效率,降低专利维权成本,营造公正公平、规范透明的法治和市场环境。主要建议包括:为解决"举证难"问题,完善相关证据规则;为解决"周期长"问题,明确行政调解协议的效力;为解决"赔偿低"问题,增设对故意侵权的惩罚性赔偿制度;为解决"成本高、效果差"问题,增加对群体侵权、重复侵权等故意侵权行为的查处，加大对假冒专利的处罚力度，完善行政执法手段，明确间接侵权责任和网络服务提供者的法律责任，建立专利权保护信用信息档案。（第六十条至第六十三条、第六十六条至第六十八条、第七十四条）

（2）促进专利的实施和运用，实现专利价值。完善职务发明制度，解决专利创造、管理和运用中的突出问题，健全以市场需求为导向的专利技术转化机制，更好地激励创新并推动专利的实施和运用。主要建议包括：为充分调动发明人、设计人的积极性，促进技术创新，明确职务发明创造的范围，规定利用本单位物质技术条件完成的发明创造的权属适用约定优先原则；为解决国家设立的研究机构、高等院校专利技术转化率低的问题，允许发明人或者设计人根据与单位的协议实施专利技术，并获得相应收益；为解决专利许可供需信息不对称问题，借鉴国外经验，引入当然许可制度，降低专利许可成本；为处理好标准与专利的关系，规定标准必要专利默示许可制度；增加防止专利权滥用的原则性规定。（第六条、第十四条、第十六条、第八十一条至第八十五条）

（3）落实政府职能法定要求，建设服务型政府。按照依法治国、职能法定要求，加快政府部门职能转变，明确国家和地方专利行政部门的职责，强调专利行政部门在加强市场监管、提供专利公共服务、促进专利运用等方面的责任。（第三条、第二十一条、第七十五条、第七十九条）

（4）完善专利审查制度，提升专利质量。适应我国经济发展和创新需求，结合国际发展趋势，适当扩大专利保护客体范围，增加对局部外观设计的保护，延长外观设计专利保护期限；从方便申请人、提高专利质量角度出发，优化专利申请、审查、复审和无效程序，增加外观设计国内优先权制度，完善有关优先权要求的规定，明确专利复审和无效宣告程序的依职权审查原则。（第二条、第十九条至第二十条、第二十九条至第三十条、第四十一条至第四十二条、第四十六条）

（5）完善专利代理法律制度，促进知识产权服务业健康发展。根据实践发展需求，进一步完善专利代理法律制度，规定专利代理机构、专利代理师的执业基本准则，加强事中事后监管，制止“黑代理”行为，对专利代理行业组织作出明确规定，营造有利于合法经营、诚实守信、有序竞争的法治环境；明确专利行政部门鼓励和规范专利信息市场化服务和专利运营活动的责任，积极培育形成一批市场化、专业化和国际化的专利信息服务机构，为创新主体提供专利战略规划、专利分析预警、海外维权等高层次服务。（第十九条、第七十五条、第七十九条、第八十八条）

此外，还对部分条文进行了完善和适应性修改。（第二十五条、第四十七条、第六十四条、第八十六条）

Chapter 2

第二章

可专利主题

第一节 立法体例

我国《专利法》第二条规定:“本法所称的发明创造是指发明、实用新型和外观设计。”依据我国立法,专利权的客体是发明创造,而发明创造又包括发明、实用新型与外观设计。可见,在我国专利有三种形式:发明、实用新型与外观设计。从立法体例来说,中国采用了“三合一”的立法模式,即用一部专利法同时调整三种不同客体。

《美国专利法》虽然保护发明、工业品外观设计和植物新品种,但没有实用新型的保护。[①] 其中发明专利最为重要,专利法的大多数规定都是围绕发明专利而制定。至于外观设计专利和植物新品种,除非有特别规定,一般都适用发明专利的规定。

《欧洲专利公约》中的专利是指对任何技术领域的发明,只要是新的、有创造性步骤的并能在工业中应用的,授予欧洲专利。[②] 据此,《欧洲专利公约》所保护的专利只是技术领域的发明。欧盟成员国对实用新型的保护主要由国内法规定。目前,法国、丹麦、比利时、德国、西班牙、爱尔兰、意大利、瑞士、奥地利、葡萄牙以及芬兰等国对实用新型提供保护。[③] 由于欧盟不同的成员国文化和哲学观念的不同,对外观设计的定义和保护制度存在差异。一些具有大陆法背景的国家强调将设计作为实用艺术品给予版权保护,像英国这样的国家则否认工业品设计的版权保护,而对工业品外观设计给予特别权保护。[④]

与我国一样,《俄罗斯专利法》对发明、实用新型与外国设计进行一体保护;而日本专利制度实行发明专利、实用新型和外观设计分别单独立法的模式。

第二节 发明与实用新型

一、发明的概念与特征

专利法所谓的发明与我们日常生活中所说的发明有所区别。我们日常生活中

---

① 李明德:《知识产权法》,法律出版社 2008 年版,第 109 页。

② 参见《欧洲专利公约》第 52 条第 1 款。

③ 李明德等:《欧盟知识产权法》,法律出版社 2010 年版,第 394 页。

④ 李明德等:《欧盟知识产权法》,法律出版社 2010 年版,第 397 页。

所说的某人“发明”了一种新的扑克牌的玩法，某运动员“发明”一种新的跳水动作与专利法的“发明”并不一致。专利法意义上的“发明”是指利用自然规律所进行的具有一定高度的技术性创造。[①] 世界知识产权组织认为发明是人脑的一种思维活动，是利用自然规律解决生产、科研、实验中各种问题的技术解决方案。德国学者认为，所谓发明，是通过技术表现出来的人的精神创造，是征服自然而产生一定效果者。

有些国家如美国采取正面列举的方法来定义发明。《美国专利法》第 101 条列举了发明包括新颖而实用的方法、机器、产品、物质组合或新颖而实用之改进。美国最高法院认为国会选择了扩展性的用语来列举可获专利发明，表明了国会毫无疑问地打算专利法应该被赋予宽泛的保护范围。[②] 专利法中直接对发明下定义并不多见，一般也不正面列举受专利法保护的发明范围，而是在专利法明确规定不属于专利保护的发明的领域，如《俄罗斯专利法》《法国知识产权法》等。

专利法保护的发明必须具有以下特征：

1. 发明必须是技术领域的创造。发明必须是能够解决一定技术问题，并产生实际技术效果的创造性技术思想。发明必须是新的技术方案。而技术方案则是指为了解决一定技术问题，采用的特定的技术特征的集合，是发明创造的技术构思的具体体现。

2. 发明必须运用自然规律所创造的技术方案。自然规律是人类揭示或总结出来的“自然”领域中的规律，如万有引力定律等。而人们根据推理，或纯属于通过智力活动所发现的或创造出的规律，如数学运算方法、经济学上的规律以及人为的规定，如体育比赛规则等就不属于自然规律。发明必须利用了自然规律，而非仅仅是对自然规律的发现和揭示。存在于客观世界的自然规律的发现可能对人类进步有重要意义，但是这种规律不应当被独占使用。

二、发明的分类

依据我国《专利法》的规定，发明可以分为产品发明、方法发明和改进发明。

（一）产品发明

产品发明是指一切有形问题的发明。这种产品是自然界从来未有的，是人们利用自然规律作用于特定事物的结果。按照发明对象的不同，产品发明包括制造

---

① 参见《日本专利法》第 2 条。

② Bilski v. Kappos, 561 U. S. 593(2010).

品的发明、材料物的发明等。

（二）方法发明

方法发明是指把一种物品或物质改变成另一种状态或另一种物品或物质所利用的手段或步骤的发明。方法发明包括所有利用了自然规律的方法，即对加工方法、制造方法、测试方法或产品的使用方法所做出的发明。目前各国专利法对方法发明的保护程度不同。有的国家只保护方法发明本身，不保护使用方法发明生产的产品，如美国；有的国家的专利法既保护方法发明，也保护依该方法发明产品、制造的产品，如德国、中国。

有学者将产品新用途的发明归为产品发明。① 已知产品的新用途发明，是指将已知产品用于新的目的的发明。② 显然，无论是新物质或已知物质，其性能是物质本身固有的，用途发明的本质不在于物质本身，而在于物质性能的运用。因此，用途发明是一种方法发明。③

（三）改进发明

改进发明是指在利用自然规律基础上形成的，与现有产品、方法的技术改进相关的创造性技术思想。严格说来，改进发明应当是或属于产品发明，或属于方法发明。然而《专利法》将改进发明单独列举，表明其有自己独特的价值。改进发明与产品、方法发明的区别在于它是对已有产品或方法的革新。这种革新性技术方案的提出，或者使得原有产品和方法发生了重大的新变化，或者使得原有产品或方法产生了显著的新特性。

三、实用新型的概念与特征

实用新型是指对产品的形状、构造或者其结合所提出的适于实用的新的技术方案。④

实用新型专利制度最早见于英国。后来英国将以实用目的的产品设计纳入外观设计的保护范围。1891 年制定的《德国实用新型保护法》被人们称为实用新型法的鼻祖。日本于 1905 年仿效德国制定了《日本实用新型法》。1911 年《巴黎公约》将实用新型确认为工业产权的一种，但是否保护，完全由成员国自己决定。世界贸易组织的 TRIPs 未将实用新型列入成员必须保护的范围。

---

① 吴汉东主编：《知识产权法》，中国政法大学出版社 2009 年版，第 142 页。

② 参见《专利审查指南（2010）》第二部分第四章第四条、第五条。

③ 徐棣枫等编著：《知识产权法——制度 · 理论 · 案例 · 问题》，科学出版社 2005 年版，第 19 页。

④ 参见《专利法》第 2 条第 3 款。

实用新型保护的是创造性较低的“小发明”,可填补因创造性条件不够而不能获得发明专利的空白。对“小发明”进行保护,对技术水平较低的发展中国家和发达国家的中小企业尤为重要。

实用新型所涉及的对象限于具有确定形状和构造,可用于产业上重复制造的产品,而方法不属于实用新型保护的对象。实用新型相关的技术方案只能是形状、构造方面的技术特征而不能是产品材料相关的技术特征。

实用新型所保护的产品形状必须是可以从外部观察到的确定的空间形状。产品的构造是指产品的各个组成部分的安排、组织和相互关系。产品的构造可以是机械构造,也可以是线路构造。

值得注意的是,实用新型所保护的技术方案一定是对产品的形状、构造或其结合产生变化的技术方案。例如,如果车身的形状、构造或其结合本身未发生任何变化,仅仅是因为车身采用了新型材料而降低了汽车的阻尼,其不能获得实用新型保护。如果是车身形状发生了变化导致了汽车阻尼的减低,车身形状可以申请实用新型专利或发明专利。

根据1989年12月中华人民共和国专利局(现为知识产权局)发布的第二十七号公告,对下列各项发明创造不授予实用新型专利权:

(1)各种方法,产品的用途;

(2)无确定形状的产品,如气态、液态、粉末状、颗粒状的物质或材料;

(3)单纯材料替换的产品,以及用不同工艺生产的同样形状、构造的产品;

(4)不可移动的建筑物;

(5)仅以平面图案设计为特征的产品,如棋、牌等;

(6)由两台或两台以上的仪器或设备组成的系统,如网络系统、上下水系统、采暖系统、楼房通风空调系统、数据处理系统、轧钢机、连铸机等;

(7)单纯的线路,如纯电路、电路方框图、气动线路图、液压线路图、逻辑方框图、工作流程图、平面配置图以及实质上仅具有电功能的基本电子电路产品(如放大器、触发器等);

(8)直接作用于人体的电、磁、光、声、放射或其结合的医疗器具。

由于1989年后专利法已经进行了三次修改,上述关于不得授予实用新型的范围有些可能存在问题,比如医疗器具等依照修订后的专利法就可以授予专利。

实用新型的主要特征包括:

(1)实用新型必须是一种具有形状或构造的产品。也就是说,实用新型必须是产品,制造产品的工艺方法不是实用新型。同时,该产品必须具有确定的形状或构造或二者的结合,即应具有特定的立体外形和相应的功能。

(2)实用新型必须具有应用性技术特征,即具有实用价值,可以实施,并可以工业方法再现。

(3)实用新型必须具有一定的创新性,即属于一种新的技术方案,它与现有技术方案相比具有创造性。

四、实用新型专利和发明专利的区别

虽然实用新型与发明都是技术方案,都对产品提供保护。然而,这两种制度存在着较大的差异化,主要表现在以下几方面:

1. 实用新型的产品必须具有形状或构造。发明的产品没有要求具备的形状或构造特征。

2. 实用新型只能适用于产品专利,而发明专利既可以用于产品专利,也可以适用于方法专利。

3. 实用新型的创造性要求较低。发明的创造性要求与现有技术相比,具有突出的实质性特点和显著的进步,而实用新型的创造性只要求具有实质性特点和进步。

4. 申请实用新型不需要实质审查,因而实用新型专利从申请到授权的期限较短。而对发明专利申请需要进行实质审查。

5. 实用新型保护期仅为10年,而发明专利保护期为20年,均自申请日起算。

事实上,一项关于产品的技术发明可能可以同时获得发明与实用新型专利保护,申请人可以根据实际情况选择需要保护的类型。

案例2-2-1　济宁无压锅炉厂诉专利复审委员会专利无效纠纷案*

本院经审理认为,本案讼争主要涉及以下两个问题:一是本案中92106401.2号发明专利与91211222.0号实用新型专利是否属于同样的发明创造;二是如果涉案两个专利属于同样的发明创造,本案发明专利的授权是否违反了禁止重复授权原则,即在同一申请人就同样的发明创造既申请实用新型专利又申请发明专利时,如何理解和适用专利法上的禁止重复授权原则。

(一)关于涉案两个专利是否属于同样的发明创造

涉案发明专利与实用新型专利是否属于1992年《专利法实施细则》第十二条

---

* 最高人民法院行政判决书(2007)行提字第4号。

第一款规定的同样的发明创造,是本案应否适用禁止重复授权原则的事实基础。

1992年《专利法实施细则》第十二条第一款和2001年《专利法实施细则》第十三条第一款均规定了禁止重复授权原则,即"同样的发明创造只能被授予一项专利"。禁止重复授权的目的在于防止对于同样的发明创造有两项或者两项以上的专利权同时存在而导致专利权之间的冲突或者不必要的重叠,只要两项专利申请或者专利要求保护的内容不同,即可以达到防止重复授权的目的。因此,1992年《专利法实施细则》第十二条第一款和2001年《专利法实施细则》第十三条第一款所称的同样的发明创造,应当是指保护范围相同的专利申请或者专利;在判断方法上,应当仅就各自请求保护的内容进行比较即可。对于发明和实用新型而言,应当将两件发明或者实用新型专利申请或专利的权利要求书的内容进行比较,而不是将权利要求书与专利申请或专利文件的全部内容进行比较。被比对的两项权利要求所要求保护的范围相同的,应当认为是同样的发明创造;要求保护的范围不同的,不论二者的说明书内容是否相同,均不属于同样的发明创造。对于一个专利申请或者专利要求保护的范围完全落入并小于另一专利申请要求保护的范围的情形,即权利要求保护范围部分重叠的,也不能认为属于同样的发明创造而依据禁止重复授权原则拒绝授予其中一项申请以专利权,而是应当根据对新颖性、创造性等其他专利授权条件的审查来决定是否授予专利权。《审查指南公报》第6号以及之后的《专利审查指南》对于同样的发明创造的概念界定和判断方法逐渐清晰,现行《专利审查指南》的相关规定更加明确。

就本案而言,涉案两个专利分别只有一项权利要求。按照前述的判断方法,应当通过对这两项权利要求所确定的保护范围的比较来判断两个专利是否属于同样的发明创造。对于发明或者实用新型专利权的保护范围的确定,按照我国专利法的规定,应当以其权利要求的内容为准,说明书及附图可以用于解释权利要求。在使用说明书及附图解释权利要求时,不应当将仅反映在说明书及附图中而未记载在权利要求书中的技术特征读入到权利要求之中,用于限制专利权的保护范围;也不能直接以仅在说明书附图中所反映出的具体结构来限定权利要求中相应技术特征的含义。

本案发明专利权利要求为:"一种立式或卧式双层炉排平面波浪型反烧炉排锅炉,其特征是上层水管反烧炉排是平面波浪型布置。"涉案实用新型专利权利要求为:"1. 一种主要由反烧炉排[2]、正烧炉排[1]和炉体[3]构成的高效节能双层炉排反烧锅炉,本实用新型的特征在于正烧炉排[1]和反烧炉排[2]的各个炉条是间隔的一上、一下分两层构成波浪形排列。"发明专利不论在其权利要求书还是在说明书中,均并未对下层炉排的具体结构作出特别的限定或者说明,只是在说明书中唯一一个附图中显示的下层炉排是平面一字排开的炉条。

根据涉案两个专利的权利要求,结合各自的说明书及附图,可以看出,两个专利所要求保护的技术方案均涉及一种由反烧炉排(上层炉排)、正烧炉排(下层炉排)和炉体构成的双层炉排反烧锅炉,二者只是在对上下层炉排结构的限定上有所不同。发明专利要求保护的是上层炉排为平面波浪形排列的双层炉排反烧锅炉;实用新型专利要求保护的是上下层炉排均为波浪形排列的双层炉排反烧锅炉。按照前述权利要求的解释方法,在该发明专利权利要求并未对下层炉排的具体结构作出特别限定的情况下,不能仅依据说明书附图中有关下层炉排的表示来限定其具体结构,该发明专利的下层炉排不排除也可以是平面波浪形排列的炉排。由此可见,本案中发明专利在保护范围上不仅包含了实用新型专利,而且大于实用新型专利的保护范围。相对而言,可以将实用新型专利看作发明专利的一种具体实施方式,实用新型专利在保护范围上完全落入了发明专利的保护范围之内,并且小于发明专利的保护范围。按照前述关于同样的发明创造的判断原则和方法,涉案两个专利的保护范围并不相同,二者不属于同样的发明创造。

需要指出的是,同样的发明创造与相同主题的发明创造是两个不同的概念,本案中无效请求人和一、二审法院均混淆使用了这两个概念。我国专利法在禁止重复授权问题上使用"同样的发明创造"的概念,在优先权问题上使用了"相同主题"的发明创造的概念。应当说,就发明和实用新型而言,这两个概念在本质上都是指比对对象之间在技术领域、所解决的技术问题、技术方案和预期效果上相同。《专利审查指南》对有关概念的界定在不同时期的文字表述上略有不同,实质上均体现了这一基本含义。但是基于不同的立法目的和操作需要,两个概念分别具有不同的法律意义,各自的对比判断方式因比对对象不同而有所不同,不能混同或者替换使用。优先权制度的目的在于为同一申请人的国际或国内专利申请提供便利,将在优先权期限内提出的相同主题的在后申请看作在首次申请的申请日提出。在判断方式上,"相同主题"的发明或者实用新型是以在后申请的权利要求所要求保护的技术方案与首次申请中的全部内容(包括权利要求书和说明书)进行对比。这与新颖性的判断方式基本相同,但与同样的发明创造仅就权利要求书进行比对的方式明显不同。

本案中,济宁无压锅炉厂的无效理由是本案发明专利不符合1992年《专利法实施细则》第十二条第一款的规定,但其在专利复审委员会审查程序中陈述意见时却认为本案所涉两个专利属于相同主题的发明创造,这属于概念不清。一审法院对此认为,“从独立权利要求书所载明的内容来看,第三人舒学章在后申请的发明专利的必要技术特征只涉及上层炉排的技术特征,而其在先申请并被授权的实用新型专利的必要技术特征涉及上、下两层炉排的技术特征。发明专利技术特征包含在实用新型专利技术特征中,故舒学章的发明专利与实用新型专利属于相同的发明主题,是同样的发明创造”。一审法院关于“发明专利技术特征包含在实用新型专利技术特征中”的表述,本身语义不清,甚至错误,不能因为有共同的技术特征就认定技术特征之间有包含关系,而应当是对要求保护的技术方案之间有无包含关系作出认定。同时,以两个专利属于相同的发明主题进而认定二者属于同样的发明创造,属于概念混淆。而且,“相同的发明主题”本身不是一个规范用语,应当是指“相同主题”的发明创造。二审法院对此认为,“同样的发明创造是指技术领域、所要解决的技术问题和技术方案实质上相同的发明创造……”同时又认为,“舒学章在先申请并被授权的实用新型专利与其在后申请的发明专利符合上述相同主题的发明或者实用新型的定义,故原审判决认定舒学章的发明专利与实用新型专利属于相同主题的发明创造是正确的”;“舒学章在后申请的92106401.2号发明专利因与91211222.0号实用新型专利系相同主题的发明创造……”该院复查驳回再审申请的有关理由与一审法院相同。可见,二审法院也未对同样的发明创造与相同主题的发明创造的概念作出严格区分,亦属概念混淆。

本案无效请求人和一、二审法院虽然均混淆了同样的发明创造与相同主题的发明创造的概念,但实质上均认为涉案两个专利属于同样的发明创造。专利复审委员会第3209号无效宣告请求审查决定虽然没有明确认定涉案两个专利属于同样的发明创造,但其结论却是两个专利并非共同存在,不违反禁止重复授权的法律规定。其逻辑起点实际上也是认可两个专利属于同样的发明创造。否则,就无需判定是否违反禁止重复授权规定的问题。根据以上分析,通过对涉案两个专利的权利要求的比对,涉案两个专利并不属于同样的发明创造,无效请求人济宁无压锅炉厂的有关主张不能成立,一、二审法院的有关认定有误;专利复审委员会和舒学章在本案再审中提出的涉案两个专利不属于同样的发明创造的意见应予支持,有关申请再审理由基本成立。

此外,当事人对判决未提出上诉不表明其对该判决认定的事实以及有关判理的当然认可。本案不能以当事人对一审判决有关涉案两个专利属于同样的发明创造的认定未提出上诉而推定当事人对该认定的承认。同时,对专利权保护范围的确定涉及对经法定程序形成的专利权利要求书和说明书的解释和运用,不仅包括事实认定,也涉及法律适用问题。有关的事实认定和法律适用必须依据具有法律效力的专利文件，而不能仅以专利权人事后的个别言辞或者误解作为认定事实的依据。当然，这并不影响专利权人在行使权利时主动放弃其部分或全部权利内容。本案中舒学章在二审庭审中有关涉案两个专利“实际上是同一专利”的表述与其上诉主张明显矛盾，不能构成有效自认，其表述也不能改变专利权保护范围的客观状态。因此，济宁无压锅炉厂有关舒学章对涉案两个专利属于同样的发明创造构成自认的答辩意见不能成立，二审法院复查驳回再审申请的有关理由亦欠妥当。

（二）关于禁止重复授权原则的理解

本案涉案两个专利本不属于同样的发明创造，即不存在适用禁止重复授权原则的前提事实。但同一申请人就同样的发明创造既申请实用新型专利又申请发明专利的作法是否符合专利法上的禁止重复授权原则，始终是本案当事人争议的焦点之一，一、二审判决对此也各执一词，引起了社会上的普遍关注。

本案一审判决认为，禁止重复授权应理解为，“同样的发明创造不能同时有两项或两项以上处于有效状态的授权专利存在”。二审判决认为，“重复授权是指同样的发明创造被授予两次专利权，基于同样的发明创造的两项专利权同时存在并不是构成重复授权的必要条件”。二审判决实际上是认为同样的发明创造只能被授予一次专利权。

1992 年《专利法实施细则》第十二条第一款和 2001 年《专利法实施细则》第十三条第一款规定的“同样的发明创造只能被授予一项专利”，可以理解为是指同样的发明创造不能有两项或者两项以上的处于有效状态的专利权同时存在；在现行的制度安排下，同一申请人就同样的发明创造既申请实用新型专利又申请发明专利的，只要两项专利权不同时存在，就不违反禁止重复授权原则。首先，《专利审查指南》允许同一申请人同时或先后就同样的发明创造既申请实用新型专利又申请发明专利，这种作法的形成有其历史原因，虽不尽完善，但客观上有利于申请人选择对其发明创造最为有利的保护方式。其次，专利法关于先申请原则和新颖性判断中的抵触申请制度的规定，可以解决不同申请人就同样的发明创造分别提出专利申请的冲突问题。但对同一申请人就同样的发明创造分别提出实用新型和发明专利申请的情形未作规定，立法上为同一申请人保留了一个比较宽松和方便的专利申请选择途径。应当说，《专利审查指南》对于禁止重复授权原则的解释和国务院专利行政部门过去十多年来的有关做法，未违背专利法的基本立法精神，未造成专利权人和社会公众利益的重大失衡。相反，这有利于鼓励发明人尽早公开有关发明创造，有利于及时保护有关发明创造，有利于他人避免重复研究和在此基础上及时进行改进创新。最后，这种做法在我国已经实际执行了十多年，如果简单地否定其合法性和合理性，涉及众多的相关专利的效力，显然不利于对已有的专利或者专利申请的保护。

此外，如果把重复授权理解为是指同样的发明创造被授予两次专利权，也会造成专利审查与授权的实践操作困难。如在一项发明专利申请提出后公布前的时间段内，他人若就同样的发明创造提出实用新型专利申请并获得授权，此时，如果简单地认为同样的发明创造只能被授予一次专利权，则该发明专利申请就不能被授权，这显然违背了专利授予的先申请原则；如果必须将实用新型专利无效后再授予发明专利权，也会造成实际操作上的困难。

允许同一申请人就同样的发明创造既申请实用新型专利又申请发明专利的作法也存在一些有待完善的问题。如按照《审查指南公报》第6号的规定，沿用在后申请本身的申请日计算专利保护期，将可能导致对同一技术的专利保护期限变相延长。又如现行《专利审查指南》要求前一专利权自申请日起予以放弃，该专利权视为自始不存在，这在实际上产生了相当于前一专利权被认定无效的后果，将导致曾依据被放弃的专利权而行使权利行为的法律效力的确认等复杂问题，可能会造成当事人的诉累和权利保护上的实际困难。这些问题，应当通过修改有关规定和进一步明确有关规则加以解决。

在多数情况下专利权的终止会导致该技术进入公有领域，但作为一种排他权的专利权，其终止仅表明权利人不能再就该技术向他人行使该专利权，并不表示在该技术上已经不存在任何其他权利，不能得出一项专利权一旦终止有关技术就进入了公有领域的结论。如从属专利在期限届满前的终止并不意味着从属专利技术就当然进入公有领域，如果基本专利仍然有效存在，他人仍然不能自由实施该从属专利技术。在允许同一申请人对同样的发明创造既申请实用新型专利又申请发明专利的情况下，申请人应审查要求放弃一项在先的实用新型专利权时，该发明专利申请处于临时保护期，也不能认为有关技术已经进入公有领域。因此，二审判决关于“一项专利一旦权利终止，从终止日起就进入了公有领域，任何人都可以对该公有技术加以利用”的结论，过于武断。即使本案两个专利属于同样的发明创造，则情况亦与前述分析的情形类似，只是在本案发明专利授权时，实用新型专利已经过期，按照当时的《审查指南公报》第6号的操作规定，不存在由申请人选择放弃实用新型专利的可能和必要，但该发明专利申请在实用新型专利过期前已经处于临时保护期，不能认为有关技术已经进入公有领域。

造成本案实用新型专利过期后发明专利申请才授权的主要原因在于对专利申请的审查周期过长。从这一点上看，也不宜让申请人承担由于专利局的审查原因而造成的不利后果。同时,这也不会对社会公众造成不公。任何理性的市场经营者不仅应当认识到某一项专利权的终止并不当然意味着其可以自由使用所涉及的专利技术,而且应当能够注意到本领域所有已经公开的专利文件,而不能仅关注某一份文件即下结论并据此鲁莽行事。

专利申请人确实可以利用本国优先权制度在优先权期限内实现发明和实用新型专利申请的转换,这与允许同一申请人就同样的发明创造既申请实用新型专利又申请发明专利的作法在功能上存在一定的重合,但二者所针对的问题和功能并不完全相同,如前所述在判断方式上的比对对象不同,其他一些具体条件的操作也不同,相互不能够完全替代。优先权制度主要解决在后申请使用在先申请的申请日问题,即将判断在后申请的新颖性和创造性的时间标准提前。当申请人要求本国优先权时,作为本国优先权基础的中国首次申请,自中国在后申请提出之日起即被视为撤回。此外,优先权制度有优先权期间的限制以及在申请时即应提出要求优先权的书面声明的手续要求。

允许同一申请人就同样的发明创造既申请实用新型专利又申请发明专利,主要是考虑为发明创造提供及时的专利保护。两份申请可以具有各自不同的判断新颖性和创造性的申请日;不存在前一申请被自动视为撤回的问题,而是由申请人或专利权人选择放弃其一;在后申请的提出时间以在先申请未公开为限;尚未规定申请人的声明义务。根据上述分析,济宁无压锅炉厂提出将重复授权理解为"同样发明创造不能同时有两项或者两项以上处于有效状态的授权专利存在"将会削弱我国专利法规定的本国优先权制度的主张,理由并不充分。申请人可以自由选择其认为最为有利的制度或者做法,不能因为有本国优先权制度的存在,而否定允许同一申请人就同样的发明创造既申请实用新型专利又申请发明专利这一做法存在的意义。

综上所述,本案92106401.2号发明专利与作为对比文件的91211222.0号实用新型专利并不属于同样的发明创造;专利法上的禁止重复授权,是指同样的发明创造不能有两项或者两项以上的处于有效状态的专利权同时存在,而不是指同样的发明创造只能被授予一次专利权。本案原审认定事实和适用法律均有错误,原判依法应予撤销。

思考与评论

专利法无疑允许申请人可以选择技术方案保护的方法。选择何种保护方法取决于申请人的具体要求。但专利法不允许申请人对同样的发明创造既享有发明专利权又享有实用新型专利权。你认为如何判断两种技术方案构成"同样的发明创造”呢？最高人民法院认为，专利法禁止重复授权是指同样的发明创造不能有两项或者两项以上的处于有效状态的专利权同时存在，而不是指同样的发明创造只能被授予一次专利权。另外，2008年的《专利法》修订前，“抵触申请”仅限于他人的申请，并不包括本人的申请，这使得同一人很容易对同样的发明创造获取发明和实用新型专利权保护。2008年的《专利法》将本人申请纳入“抵触申请”后，申请人选择保护方式可能需要更加谨慎，否则可能导致其在后申请因为存在“抵触申请”而缺乏新颖性。当然，申请人此时可以采取同时申请的方法，依据《专利法》第9条的规定，同样的发明创造只能授予一项专利权。但是，同一申请人同日对同样的发明创造既申请实用新型专利又申请发明专利，先获得的实用新型专利权尚未终止，且申请人声明放弃该实用新型专利权的，可以授予发明专利权。这样申请人可以通过实用新型专利对其技术进行及时保护，在知道其技术可以获得发明专利授权后，放弃实用新型专利权，从而为自己的技术发明提供更强的保护。

五、发明（实用新型）的技术性

发明是指对产品、方法或者其改进所提出的新的技术方案，这是对可申请专利保护的发明客体的一般性定义，不是判断新颖性、创造性的具体审查标准。实用新型是指对产品的形状、构造或者其结合所提出的适于实用的新的技术方案。

技术方案是指对要解决的技术问题所采取的利用了自然规律的技术手段的集合。技术手段通常是由技术特征来体现的。未采用技术手段解决技术问题，以获得符合自然规律的技术效果的方案，不属于专利法规定的客体。气味或者诸如声、光、电、磁、波等信号或者能量也不属于专利法规定的客体。但利用其性质解决技术问题的，则不属此列。技术方案的三要素包括技术手段、技术问题与技术效果，一般认为，只要确定一个要素是否具有技术性，即可得出全部要素是否具有技术性的结论，进而得出整个方案是否是技术方案的结论。

产品的形状以及表面的图案、色彩或者其结合的新方案，没有解决技术问题的，不属于实用新型专利保护的客体。产品表面的文字、符号、图表或者其结合的新方案，不属于实用新型专利保护的客体。例如，仅改变按键表面文字、符号的计算机或手机键盘；以十二生肖形状为装饰的开罐刀；仅以表面图案设计为区别特征的棋类、牌类，如古诗扑克等。

一个申请专利的发明是否属于技术方案需关注专利的权利要求与说明书而不能仅仅是申请的主题名称，应当注意整体和客观判断，避免仅仅根据说明书描述的问题和效果是非技术性的，就直接得出方案不属于技术方案的结论。在判断某一发明是否属于技术方案，需要事先对权利要求进行解释。另外，一个发明是否为技术方案还必须关注技术方案在发明中的意义与价值。如果技术方案仅仅是为了满足专利的技术方案要求所需，其对发明目的实现并不具有价值与实质意义，其可能不构成专利法意义上的技术方案。

案例 2-2-2　张伟民与国家知识产权局专利复审委员会发明专利申请驳回复审行政纠纷上诉案*

经审理查明：本案涉及申请号为 200710177235.8，名称为“身份证替代票证服务系统”的发明专利申请（本申请）。

……

本院认为：本案焦点问题是被本申请是否属于对产品、方法或者其改进所提出的新的技术方案，是否符合 2001 年《专利法实施细则》第二条第一款的规定。2001 年《专利法实施细则》第二条第一款规定：“专利法所称发明，是指对产品、方法或者其改进所提出的新的技术方案。”技术方案是对要解决的技术问题所采取的利用了自然规律的技术手段的集合。技术手段通常是由技术特征来体现的。未采用技术手段解决技术问题，以获得符合自然规律的技术效果的方案，不属于专利法实施细则第二条第一款规定的客体。

本申请独立权利要求 1、4 的解决方案是使用公知的计算机/网络设备和公知的计算机/网络数据处理和传输技术来帮助系统实现提供身份证替代票证服务的过程。在实现提供身份证替代票证服务的过程中，并没有因为使用了上述公知设备和技术而对现有的计算机/网络的数据处理和传输能力等带来任何技术上的改进，也没有给计算机/网络设备的构成和功能带来任何技术上的改变。本申请技术方案所要解决的问题是如何提供身份证替代票证的服务，并不构成技术问题；采用的手段是利用将票证信息与付费方的身份信息相关联的方式，以此以身份证代替票证来实现票证购买中的付费和身份验证，上述手段是对提供票证服务的票证购买和验证环节的流程的改进，并不属于技术手段；且其获得的技术效果也仅是减少票证购买方所花费的时间和经济成本，并减少提供票证所存在的安全隐患的商业效果而非技术效果。因此，原审判决及第 57576 号决定关于本申请权利要求 1、4 的方案并非专利法意义上的技术方案，不符合专利授权的条

* 北京市高级人民法院行政判决书(2014)高行终字第 470 号。

件的认定正确,依法应予支持。张伟民关于原审判决及第57576号决定认定本申请不符合2001年《专利法实施细则》第二条第一款规定属于错误认定的上诉主张不能成立,本院不予支持。

在本申请权利要求1、4不符合2001年《专利法实施细则》相关规定的情况下,本申请权利要求2、3、5、6、7也没有克服相关缺陷,同样不符合《专利法实施细则》第二条第一款的规定。

思考与评论

本案中法院在认定申请主题是否为技术方案时采取了三要素的分析方法,你认为三要素之间的关系如何?如果一个发明专利申请不能解决技术问题或发明的实现不是通过技术手段,抑或是发明的效果不是技术效果就不构成技术方案,还是说必须满足同时满足三要素才构成技术方案?判断是否构成技术方案,一般需要从权利要求出发,对权利要求进行分析,说明书与附图也能起到辅助判断作用。在解释权利要求时,必须进行整体判断,综合考虑发明申请的主题与内容。本案的发明实质是"如何提供身份证替代票证的服务",从某种意义上讲,这其实是一种商业方法发明。法院认为仅仅使用公知的计算机/网络设备和公知的计算机/网络数据处理和传输技术来帮助系统实现提供身份证替代票证服务的过程不构成技术方案。那么什么样的服务与网络的结合可以构成技术方案呢?

请比较本案的判决与下面的比尔斯基案的判决,你认为中美之间在判断方法可专利的方法上是否一致?

案例2-2-3 Bilski v. Kappos*

伯纳德·比尔斯基(Bernard Bilski)与兰德·沃萨(Lander Vosa)于1997年4月10日向美国专利商标局提出专利申请。该申请含有11项权利要求,其中第1项权利要求如下:

一种管理由货物供应商以固定价格销售货物的消费风险成本的方法,包括如下步骤:

①在该货物的供应商及消费者之间进行一系列交易,消费者按照历史平均水平所确定的利率购买上述商品,上述固定利率和上述消费者的风险状况相对应;

②就该货物确定对于该消费者而言处于抗风险地位的市场参与者;

---

* U. S. Supreme Court;561 U. S. 593(2010).

③再次确定利率，在该货物供应商和该市场参与者之间进行一系列交易，该一系列市场参与者的交易将能平衡该一系列消费者的交易风险状况。

实质上，该权利要求是在商品交易领域的一种对冲风险的方法。

专利审查员根据《美国专利法》第 101 节驳回了第 1 ~ 11 项权利要求。审查员认为，该发明不是在特定装置上实施，而是仅仅运用了抽象观念，解决了一个纯数学问题，缺乏任何限定的实际运用，因此该发明未指向技术工艺（technological art）。在复审中，复审委员会支持了专利审查员的决定，但理由却完全相异。复审委员会认为可获专利保护的方法必须与技术领域相关或必须在机器上实施的观点是错误的。复审委员会基于以下两个理由驳回了专利申请：首先是本发明仅仅涉及思维步骤而没有转化成具有物理形态的主题；其次是本发明指向一个抽象概念。

鉴于此案的重大争议，美国联邦巡回上诉法院全体法官参加庭审并作出判决。联邦巡回上诉法院认为如果一个方法满足以下条件之一就能成为专利的主题：

①联接于特定机器或设施；

②将特定的物体转化成特定的状态或物体。

这就是所谓的“机械与转化”标准。而本案的发明未满足上述条件，因而不是可获专利的主题。

最高法院于 2009 年 6 月 1 日同意调审此案。这是最高法院自 1981 年“戴蒙德诉迪尔”案以来，首次审理有关计算机软件技术的可专利性问题，具有十分重大的意义。最高法院认为，涉案专利申请的权利要求 1 与 4 解释了套期保值或风险控制的基本概念。权利要求 1 描述了套期保值的概念，权利要求 4 将之转变为数学方程，这些显然是不可获得专利的抽象概念。而涉案专利的其他权利要求是套期保值在商品与能源市场运用的广泛示例。将抽象概念限定于某个领域的使用或增加象征性的事后解决成份（postsolution component）并不能让抽象观念获得专利。而这正是本案权利要求的实质。最高法院基于涉案专利为抽象概念，驳回了比尔斯基的上诉请求。

思考与评论

在 1970 年的马斯格雷夫上诉案[①]中，法院认为，一种操作步骤序列要成为《美国专利法》第 101 节下的可专利主题，其必须是技术领域的东西，这样才符合宪法推动有用技艺（art）的目标。其后，在托马上诉案中，法院再次确认技术的存在是方

---

① 431 F. 2d 882（CCPA 1970）.

法可专利性的要求。[①] 方法专利的技术要求在美国专利制度下存在了将近25年。在1995年的朗格案[②]中，美国专利上诉与干涉委员会以3:2的结果决定废除方法专利的技术要求，认为方法专利的技术要求已经过时。在反对意见中，法官史密斯认为方法专利的技术要求是宪法的要求，技术技艺是宪法中有用技术的现代表述。史密斯法官认为按照大多数法官的观点，基本上任何能被作为方法专利申请的东西都满足《美国专利法》第101节的规定，这将开启对人类所进行的任何活动授予专利的闸口。

美国联邦巡回上诉法院认为技术工艺与技术这两个词的含义模糊，易随着时间发生改变。技术是应用科学，是涉及科学运用的原则、方法以及命名法。美国专利商标局认为技术是将科学与工程运用到机器或程序的发展上以便提升或改善人类条件，或者至少在某些方面提高人类效率。按照这些观点，人类的活动如果无涉科学或科学的应用就不是技术活动。然而，也有人对技术采取更加宽泛的定义，其认为技术仅仅指知识的应用。按照这种观点，技术远不仅是应用科学知识，技术是在一个有效方式逻辑内的人类经验的工具排序或是智慧的实际执行。按照这种宽泛的定义，在美国法下可以获得专利保护，而在中国可能不能获得专利保护的方法，如吃药的方法等可能属于技术的范畴。

在道富银行案[③]中，联邦巡回上诉法院认为方法如果能产生有用的、具体的与有形的结果，那么该方法就是可专利的。同时，该案明确否定了"商业方法除外原则"。在随后的美国电话电报公司案中，美国联邦巡回上诉法院再次确认任何有用的方法都可以申请专利，即使该方法没有将物质或能量转化为另一种状态。[④] 道富银行案后授予的方法专利，有的非常可笑，甚至荒谬，如美国专利商标局对出售专家建议的方法，证券交易的方法，甚至对获得专利的方法也授予专利。

Freeman Walter Abele 测试认为方法专利可专利性需满足两个步骤：首先需决定该方法专利的权利要求是否引用了本森案意义下的"算法"，其次决定该算法是否是以某种方式应用于物理因素或程序步骤。[⑤] 该测试法意图对方法专利进行某种限制，要求某种方法必须运用于具体的物理因素或程序步骤。然而，该测试法的主要问题是，一般情况下，专利法下对可专利主题的分析应不涉及具体的单个权利

---

① 575 F. 2d 872(CCPA 1978).

② No. 2003 -2008,2004 W. L. 3561262(Bd. Pat. App & Interf. 2004).

③ *State Street Bank & Trust Co. v. Signature Financial Group, Inc.*, 149 F. 3d 1368(Fed. Cir. 1998).

④ *AT&T Corp. v. Excel Communications, Inc.*, 172 F. 3d 1352(Fed. Cir. 1999).

⑤ *In re Abele*, 684 F. 2d at 905 -907.

要求,对专利主题的分析应整体对待。①

比尔斯基案法院提出了判断方法可专利性的新的原则:机械与转化标准。这一标准推翻了道富银行案所确立的标准。美国联邦巡回上诉法院认为,如果一个方法满足以下条件之一,其必然是可专利的:

①如果该方法与特定的机器或设备相连(tied to);

②如果该方法将一个特定的物体转化(transform)为不同的状态(state)或事物(thing)。

在上述比尔斯基案中,美国联邦巡回上诉法院明确拒绝要求方法获得专利保护必须归属技术领域。

在欧洲,任何的方法欲获得专利保护,必须具有技术特征。除欧洲专利公约明文规定外,一般都认为必须具有技术特征(technical character)的发明才具有可专利性,而与实体的过程或装置无关的商业方法是不具备技术特征的。② 商业方法在美国仍旧是可专利的,在欧洲不能获得专利保护。

在1986年的维康姆案中,欧洲专利局技术申诉委员会认为,对于一个发明是否可专利,关键是在权利要求书中所定义的发明作为一个整体,相对于在先技术所做出的技术贡献(technical contribution)。英国法院也在1989年采纳了欧洲专利局的这一主张,在美林证券申请案中,上诉法院采纳了欧洲专利局在维康姆案的判决,其认为相对于在先技术而言,发明必须以一种新的结果方式,呈现出某种技术进步。在1997年的富士通专利申请案中,英国上诉法院甚至认为被专利法排除的客体如果要想获得专利保护,其必须是一个技术贡献,这是专利法的核心。在日立案中,欧洲专利局认为如果对纯粹的商业方法进行修正且目的在于规避技术问题而不是通过技术手段解决技术问题,那么这样的商业方法不能认为给该主题带来技术特征,因而不是可专利的主题。据此,对于英国专利局驳回的如管理债务回收程序的系统、分享关于半导体产品设计信息的系统等的方法专利,欧洲专利局认为不能仅仅因为其为计算机程序就认定其具有技术特征,来源于由程序发出的指令的执行而产生的对硬件的物理修改不能满足技术特征要求。法院认为,一个计算机程序产品如果在计算机上运行,产生了一个进一步的技术效果,而不仅仅是程序与计算机的正常物理互动,那么这一程序可能具有专利性。

---

① Flook, 437 U. S. at 594.

② [德]汉斯·高得、克里斯·阿贝尔特:《欧洲专利公约指南》,王志伟译,世界图书出版公司2003年版,第346页。

根据中国《专利法》第二条第二款的规定,专利法所称的发明是指对产品、方法或者其改进所提出的新的技术方案。专利法所称的技术方案,是指对要解决的技术问题所采取的利用了自然规律的技术手段的集合。技术手段通常是由技术特征来体现的。涉及计算机程序的发明专利申请只有构成技术方案才是专利保护的客体。如果一项权利要求除其主题名称之外,对其进行限定的全部内容仅仅涉及一种算法或者数学计算规则,或者程序本身,或者游戏的规则和方法等,则该权利要求实质上仅仅涉及智力活动的规则和方法,不属于专利保护的客体。

第三节　外 观 设 计

一、外观设计的概念与特征

外观设计保护起源于14世纪的欧洲。一般认为法国是世界上对工业品外观设计最早单独立法给予保护的国家。《巴黎公约》1883年文本将外观设计列为工业产品保护对象。TRIPs将工业品外观设计的保护列为成员的最低义务。

各国对工业品外观设计的保护模式、标准与内容不尽相同,如加拿大、荷兰、韩国等单独立法将工业品外观设计作为工业产权进行保护;英国将工业品外观设计作为工业版权进行保护;美国将外观设计纳入专利法保护;法国等则利用版权法保护外观设计。

好的设计是将自己产品与竞争对手产品区分开的最重要方法。[①] 产品外观的商业价值日益重要,因而创建法律对之进行有效保护成为必然选择。

外观设计是对产品的形状、图案或者其结合以及色彩与形状、图案的结合所作出的富有美感并适于工业应用的新设计。[②] 根据该定义,外观设计保护的对象应是美学设计,这不同于发明和实用新型所保护的技术方案。

外观设计的特征主要包括:

1. 产品要素。外观设计必须与产品结合,必须以产品为载体。不能重复生产的手工艺品、农产品、畜产品、自然物不能作为外观设计的载体。

2. 设计要素。外观设计的设计要素是产品的形状、图案或者其结合以及色彩与形状、图案的结合。产品的色彩不能独立构成外观设计,除非产品色彩变化的

---

① 侯章良、陈赣峰编著:《视觉营销》,中华工商联合出版社2006年版,第22页。

② 参见《专利法》第2条第4款。

本身已形成一种图案。可以构成外观设计的组合有：产品的形状，产品的图案，产品的形状和图案，产品的形状和色彩，产品的图案和色彩，产品的形状、图案和色彩。

3. 美感要素。富有美感是指在判断是否属于外观设计专利权的保护客体时，关注的是产品的外观给人的视觉感受，而不是产品的功能特性或者技术效果。然而如何判断富有美感确实是一个难题。其实，大多数国家并未明确要求富有美感，实际上只要求与同类产品的外观设计有差异。

4. 工业应用要素。适于工业应用是指该外观设计能应用于产业上并形成批量生产。例如，体育馆造型不能申请外观设计专利，因为其不能在产业上批量生产、通过机械方式重复再现。无产品依托的设计可能受到著作权法保护。

二、外观设计与发明、实用新型的区别与联系

外观设计与发明、实用新型之间存在巨大的区别：

1. 外观设计保护的对象是产品外表的新设计，不涉及产品本身的技术性能；而发明和实用新型专利保护的范围既涉及产品的外形和外部结构，也涉及产品的内部结构。

2. 外观设计的目的是利用美学原理达到美感，不重视技术效果；但发明和实用新型作为技术方案，旨在实现一定技术效果。例如，如果汽车车身的设计主要是为了美观，就可以获得外观设计保护。如果该汽车车身的设计主要是为了解决阻尼问题，其可以获得发明或实用新型专利。

3. 外观设计把产品作为载体对其外表进行独特设计；而发明与实用新型的创造性方案与产品本身融为一体，体现于产品本身。

4. 实用新型产品必须以固定的立体形态存在；而外观设计产品既可以是立体的，也可以是平面。

然而在有些情况下，外观设计可能与发明融为一体，不可分离。例如汽车车身在某些情况下，其既可能满足外观设计专利的要求，也可以满足实用新型或发明专利的要求。因此，外观设计有时与发明或实用新型有交叉。

三、外观设计的功能性

外观设计一般兼具装饰性和实用性。从外观设计制度的目标来看，其更关注的是产品外观的装饰性创新，而不是功能上的开发，具备装饰性的目的对外观设计而言是不可或缺的。由功能唯一限定的外观设计被排除在外观设计的保护范围之外。

案例 2-3-1 深圳市联科通网络技术有限公司与深圳市普联技术有限公司侵犯外观设计专利权纠纷上诉案*

普联公司于2006年11月3日向国家知识产权局提出了名称为“无线宽带路由器”的外观设计专利申请，并于2007年12月26日获得授权公告，其专利号为ZL200630154296.9。该专利目前属于授权的有效状态。普联公司专利的设计要点在于：一种路由器产品，有凸出的前镜，前镜中部有一椭圆长条形指示灯带，分布八个指示灯，产品顶面是长方形面板，产品侧面是长条形散热格栅，产品背面均匀分布一电源插孔、五个端口插孔以及一圆形插孔，右端还有一天线。

本院认为：本案属于侵犯外观设计专利权纠纷。

关于本案普联公司的外观设计专利是否由其功能所决定的唯一设计问题。由产品的功能所限定的特定形状对整体视觉效果通常不具有显著的影响，外观设计专利权不应当保护主要由功能因素所限定的设计。为了实现产品的功能所能采用的唯一的外观设计不受外观设计保护。本案中，联科通公司上诉称原审法院仅基于专利产品与被控侵权产品在惯常性以及功能性设计的相似而做出两者相近似的判断，但没有提交依据来得出涉案外观设计为实现产品的技术功能所能采用的外观设计是“唯一的”的结论，即不能说明涉案专利的形状和图案完全由该产品的功能所决定，因此，联科通公司称本案外观设计专利属于功能性外观设计依据不足，本院不予采信。

思考与评论

由功能唯一限定的外观设计特征是指在功能和形状之间的绝对对应关系，选取特定产品形状的目的在于实现某一功能，而不在于装饰，另外，该产品形状不存在其他替代设计的可能性。也就是说，功能性外观设计可以获得外观设计保护，而由功能所决定的唯一的外观设计不能获得外观设计保护。你认为本案的路由器的功能是什么？普联公司所申请的路由器的外观设计是由功能性所决定的唯一选择吗？《最高人民法院关于审理侵犯专利权纠纷案件应用法律若干问题的解释》第十一条第一款规定：“人民法院认定外观设计是否相同或者相近似时，应当根据授权外观设计、被诉侵权设计的设计特征，以外观设计的整体视觉效果进行综合判断；对于主要由技术功能决定的设计特征以及对整体视觉效果不产生影响的产品的材料、内部结构等特征，应当不予考虑。”这意味着主要由技术功能决定的设计特征不

* 广东省高级人民法院民事判决书(2009)粤高法民三终字第116号。

能获得法律保护，这似乎与上述的“功能决定的唯一设计特征”之间存在一定的差异。最高法院在一个案件中认为，对于极柱式接触器、断路器这类产品而言，受其功能影响，极柱表面均会有凸起的波纹，但是波纹的具体形状、疏密以及波纹在极柱表面的分布并不是由该类产品的功能所唯一决定的，故在判断该类产品是否相同或者相近似时，对于波纹的具体设计变化也应予以考虑。① 你认为上述案件中极柱表面均凸起的波纹是由“功能所限定的唯一设计”吗？

第四节　不授予专利权的发明创造

发明创造是专利法保护的对象，但并非所有的发明创造都可以被授予专利权，成为专利权的客体。我国《专利法》根据本国具体情况和国际公约以及国际专利保护制度发展趋势，对违反法律、社会公德或妨害公共利益的发明创造，不属于专利法所称的发明创造以及暂不授予专利权的发明创造作出了明确规定。

一、科学发现

科学发现是指对自然界中客观存在的物质、现象、变化过程及其特性和规律的揭示。科学理论是对自然界认识的总结，是更为广义的发现。它们都属于人们认识的延伸。这些被认识的物质、现象、过程、特性和规律不同于改造客观世界的技术方案，不是专利法意义上的发明创造，因此不能被授予专利权。例如，发现卤化银在光照下有感光特性，这种发现不能被授予专利权，但是根据这种发现制造出的感光胶片以及此感光胶片的制造方法则可以被授予专利权。又如，从自然界找到一种以前未知的以天然形态存在的物质，仅仅是一种发现，不能被授予专利权。人们从自然界找到以天然形态存在的物质，仅仅是一种发现，属于《专利法》第二十五条第一款第（一）项规定的“科学发现”，不能被授予专利权。但是，如果是首次从自然界分离或提取出来的物质，其结构、形态或者其他物理化学参数是现有技术中不曾认识的，并能被确切地表征，且在产业上有利用价值，则该物质本身以及取得该物质的方法均可依法被授予专利权。未经人类的任何技术处理而存在于自然界的微生物由于属于科学发现，所以不能被授予专利权。只有当微生物经过分离成为纯培养物，并且具有特定的工业用途时，微生

---

① 最高人民法院(2014)民提字第193号。

物本身才属于可给予专利保护的客体。

人们从自然界找到以天然形态存在的基因或DNA片段,仅仅是一种发现,属科学发现,不能被授予专利权。但是,如果是首次从自然界分离或提取出来的基因或DNA片段,其碱基序列是现有技术中不曾记载的,并能被确切地表征,且在产业上有利用价值,则该基因或DNA片段本身及其得到方法均属于可给予专利保护的客体。

案例2-4-1 AMP v. Myriad *

Myriad遗传公司通过研究识别和定位了BRCA基因(BRCA1和BRCA2)在人类基因组中的物理位置,成功分离BRCA基因并确定其确切的核苷酸序列。由于BRCA基因突变可以显著增加罹患乳腺癌和卵巢癌的风险,该公司又开发出检BRCA基因突变的方法,向妇女提供基因检测诊断服务,评估患者的患癌风险。Myriad遗传公司围绕BRCA基因及其检测方法向USPTO提出了7项专利申请并获授权。根据这7项专利,Myriad遗传公司在分离BRCA基因、合成BRCA cDNA(complementary DNA)和提供BRCA基因检测诊断服务方面享有排他性的权利。

2009年5月,美国分子病理学学会和研究者、患者等19名原告向纽约南部地方法院起诉USPTO和Myriad遗传公司等。原告所挑战的专利主要涉及跟DNA组合物(composition)有关的专利,为美国专利号5,747,282号专利(以下简称282号专利)的第1、2、5请求项,其内容分别为:

1. 一可转录转译成BRCA1多肽链的单离去氧核醣核酸,该多肽链中所包含之胺基酸序列记载于SEQ ID NO:2中。

2. 权利项1中所提到的单离去氧核醣核酸,该去氧核醣核酸的核甘酸序列记载于SEQ ID NO:1中。

5. 权利项1中所提及是单离去氧核醣核酸至少含有15个核甘酸。

本案于联邦上诉巡回法院中主要的争议点之一为:究竟这个将DNA片段自原生DNA中分离的行为算不算得上是一件具有创造性的发明,使该段DNA序列可被专利?

最高法院认为,Myriad没有创造或转换任何BRCA1/2基因上所携带的遗传讯息这点是毋庸置疑的,其基因位置与核甘酸排列顺序也属于一种自然现象,Myriad

---

* 569 U.S. 576(2013).

所做的仅为发现一重要且有用的基因而已，而这个发现并不会使得 BRCA 基因因此具有组合物之专利适格性。

另外，最高法院也认为从化学结构不同的角度来看同样不能使 Myriad 的权利项具有适格性和可专利性，因 Myriad 的权利项中并没有特别强调该 DNA 分子的结构，也没有强调因分子结构的改变而造成该单离 DNA 与原生 DNA 有任何不同之处。反之，该权利项内容将重点放在该单离 DNA 所能表现出的独特遗传讯息，也就是与乳癌及卵巢癌高度相关的 BRCA1/2 基因这个部分。最高法院认为，若 Myriad将其可专利性建立于创造一崭新独特的分子上，则潜在侵权者可很容易以些微改造序列的方式来避开侵权诉讼，例如在 DNA 序列末端加上生化修饰的核甘酸等，但很显然地 Myriad 并非以其化学结构为诉讼标的，而是该序列内所携带之遗传资讯。

Myriad 仍尝试以美国专利局一贯的作业方式来维护自身的专利，但最高法院认为，国会已不认可美国专利局的立场，故前例已不可循，新的判准是：单离 DNA 非《美国专利法》第 101 条所保护之专利标的。

最后最高法院重述了其对 cDNA 的看法，他们认为，cDNA 并未面临与单离 DNA 同样的专利适格性问题，因其以 mRNA 作为模板合成时并不包括原生 DNA 和单离 DNA 中皆有的内含子，而只包含目前正在表现的外显子部分。但原告仍然对 cDNA 具有专利适格性一点表达不认同，因其所携带之遗传信息源自原生 DNA，而并非由人类所创造。最高法院表示，的确 cDNA 是由原生 DNA 衍生而来，但 cDNA不论是在结构或携带遗传信息上均与原生 DNA 有显著性的不同，故非属于自然产物此一例外，而具有专利适格性。最高法院同时加注了例外状况：某些序列较短的原生 DNA 中并无内含子，因此其 mRNA 所反转录形成的 cDNA 便无法与原生 DNA 有显著不同。

思考与评论

依据美国最高法院的判决，经过修改后的 DNA 可以获得专利保护。有人认为，单纯从基因组中分离 DNA 片段已足够达到专利保护所要求的修改要求，因为分离 DNA 需要切断 DNA 与周围片段相连的化学键。然而，这种对发明的理解可能存在着误解，发明并不是指花费时间与精力找到了现存的物质，专利法意义上的发明必须是人造的东西。美国最高法院认为，cDNA 是由原生 DNA 衍生而来，但 cDNA 不论是在结构或携带遗传信息上均与原生 DNA 有显著性的不同，故非属于自然产物此一例外，而具有专利适格性。澳大利亚高等法院在 2015 年 10 月的类似案件中指出，[1]BRCA1 基因并不是人所生产的东西(a manner of manufacture)，因而不能获得专利保护。

发明和发现虽有本质不同，但两者关系密切。通常，很多发明是建立在发现的基础之上的，进而发明又促进了发现。发明与发现的这种密切关系在化学物质的“用途发明”上表现最为突出，当发现某种化学物质的特殊性质之后，利用这种性质的“用途发明”则应运而生。你认为发现某种化学物质的特殊性质是“发现”还是“发明”？一种产品的新用途可以申请专利。用途发明，是指将公知产品用于新的目的的发明。如果产品的新用途，能够产生预料不到的技术效果，则这种用途具有突出的实质性特点和显著的进步，该发明具备创造性。例如将作为木材杀菌剂的五氯酚制剂用作除草剂而取得了意想不到的效果，该发明具备创造性。但是，如果新的用途，仅仅是使用了已知材料的公知的性质，则不具备创造性。例如将作为润滑油的公知组合物在同一技术领域中用作切削剂，则不具备创造性。[2]《专利审查指南》认为，人们从自然界找到以天然形态存在的物质，仅仅是一种发现，属于“科学发现”，不能被授予专利权。但是，如果是首次从自然界分离或提取出来的物质，其结构、形态或者其他物理化学参数是现有技术中不曾认识的，并能被确切地表征，且在产业上有利用价值，则该物质本身以及取得该物质的方法均可依法被授予专利权。按照《专利审查指南》的字面含义，cDNA 可以获得专利保护吗？《德国专利法》规定，自然中已经存在的、利用技术方法从自然环境中分离或制造的生物材料，可以作为发明的对象。

某专利的权利要求如下：

一种练习本，其特征在于：其制作采用黄色纸张，该黄色纸张的反射光波频谱为波长 550 ~ 610 纳米的色光。

本专利说明书记载了如下内容：“本发明的目的在于提供一种防近视的书簿，通过改善视觉环境来防治近视。为了实现上述目的，本发明采用如下技术方案：一种防近视的书簿，其特征在于改变用白色纸张印制书簿的传统做法，改用特定黄色纸张印制，该黄色纸张的反射光为波长 550 ~ 610 纳米内的色光。……实施例：本发明的书簿主要是教学用的教科书和练习本，用黄色纸张代替原来的白色纸张印制，该黄色纸张的反射光为波长 550 ~ 610 纳米内的色光。”

有公司认为本专利请求保护的练习本具有防近视的效果仅仅属于科学发现，

---

① *D' ARCY v. MYRIAD GENETICS INC & ANOR*[2015] HCA 35.

② http://www.sipo.gov.cn/zsjz/cjwt/200804/t20080402_367740.html.

因此不属于专利法予以保护的客体。陆乃炽认为利用科学发现制造成的产品是可以获得专利法保护的客体。

专利复审委员会认为：本专利请求保护一种练习本，该练习本具有防近视的功能，本专利是利用陆乃炽发现的在一定频谱范围内的黄色纸张的反射光相对安全舒适来防治近视，因此本发明是利用科学发现所制成的产品，其是可以获得专利保护的。

你认为上述专利申请是“发明”还是“发现”？为什么？

二、智力活动的规则和方法

智力活动是指人的思维运动，它源于人的思维，经过推理、分析和判断产生出抽象的结果，或者必须经过人的思维运动作为媒介，间接地作用于自然产生结果。智力活动的规则和方法是指导人们进行思维、表述、判断和记忆的规则和方法。由于其没有采用技术手段或者利用自然规律，也未解决技术问题和产生技术效果，因而不构成技术方案。

如果一项权利要求仅仅涉及智力活动的规则和方法，则不应当被授予专利权。如审查专利申请的方法，组织、生产、商业实施和经济等方面的管理方法及制度，交通行车规则、时间调度表、比赛规则，演绎、推理和运筹的方法，图书分类规则、字典的编排方法、情报检索的方法、专利分类法，日历的编排规则和方法，不授予专利权的申请，各种语言的语法、汉字编码方法，计算机的语言及计算规则，速算法或口诀，数学理论和换算方法，心理测验方法，教学、授课、训练和驯兽的方法，各种游戏、娱乐的规则和方法，统计、会计和记账的方法，乐谱、食谱、棋谱，锻炼身体的方法，疾病普查的方法和人口统计的方法，信息表述方法，计算机程序本身等智力活动的规则和方法不能被授予专利。

值得注意的是，与技术相结合的智力活动的规则和方法在某些情况下是可以获得专利保护的。修改前的《指南》(2010 年)规定，商业实施等方面的管理方法及制度作为智力活动的规则和方法，属于不授予专利权的客体。随着互联网技术的发展，涉及金融、保险、证券、租赁、拍卖、投资、营销、广告、经营管理等领域的商业模式创新不断涌现，这些新商业模式市场运行效果好、用户体验佳，提升了资源配置和流动效率，节约了社会成本，增进了社会福利，因此应当对此类商业模式创新中的技术方案给予积极鼓励和恰当保护，不能仅仅因为技术方案包含商业规则和方法就不授予专利权。涉及商业模式的权利要求，如果既包含商业规则和方法的内容，又包含技术特征，则不应当依据《专利法》第二十五条排除其获得专利权的可能性。

[19] 中华人民共和国国家知识产权局　　　　[51] Int. Cl^7
G08G 1/01

[12] 发明专利申请公开说明书

[21] 申请号 01813063.1

[43] 公开日 2003年9月17日　　　　[11] 公开号 CN 1443347A

[22] 申请日 2001.7.17　[21] 申请号 01813063.1
[30] 优先权
[32] 2000.7.19 [33] DE [31] 10035501.3
[32] 2001.7.6 [33] DE [31] 10133001.4
[86] 国际申请 PCT/EP01/08237 2001.7.17
[87] 国际公布 WO02/07125 德 2002.1.24
[85] 进入国家阶段日期 2003.1.20
[71] 申请人 大众汽车有限公司
地址 德国沃尔夫斯堡
[72] 发明人 R·维伦布罗克

[74] 专利代理机构 中国专利代理(香港)有限公司
代理人 郑立柱 张志醒

权利要求书3页 说明书6页 附图3页

[54] 发明名称 确定交通状况信息的方法
[57] 摘要

描述了一种在交通网内部借助于移动探测器、特别是随机选择的车辆、确定交通状况信息的方法。根据本发明至少移动探测器(1)的行驶速度(V_i)与移动探测器(1)在一个路段(A－B)上的平均速度(V_m)的标准偏差 σ 和/或在该路段(A－B)上停顿时间的和(S)用作确定交通状况的信息。

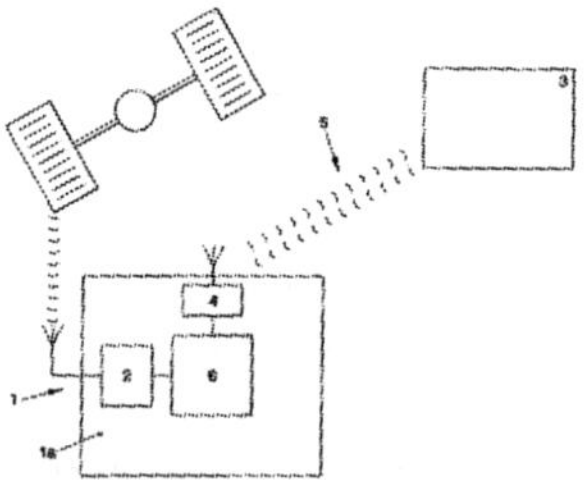

ISSN1008-4274

知识产权出版社出版

图2－1

路段（A-B）上的平均速度确定边界曲线。

6. 按照权利要求1至5之一的方法，其特征在于，至少一个边界曲线（G）具有滞后（H）。

7. 按照权利要求1至6之一的方法，其特征在于，依赖于街道类型确定边界曲线（G）以便定义交通状态。

8. 按照权利要求1至7之一的方法，其特征在于，线路独立地确定边界曲线（G）。

9. 按照权利要求1至8之一的方法，其特征在于，依赖基本设施确定边界曲线（G）。

10. 按照权利要求1至9之一的方法，其特征在于，依赖时间地确定边界曲线（G）。

11. 按照权利要求1至10之一的方法，其特征在于，可以改变边界曲线（G）。

12. 按照权利要求1至11之一的方法，其特征在于，至少依赖于在一个路段（A-B）上允许的最高速度实现依赖于作为平均速度（v_m）的函数的标准偏差（σ）和/或依赖于作为平均速度（v_m）的函数的、停顿时间的和确定交通状况。

13. 按照权利要求1至12之一的方法，其特征在于，至少依赖基本设施实现依赖于作为平均速度（v_m）的函数的标准偏差（σ）和/或依赖于作为在一个路段（A-B）上平均速度（v_m）的函数的、停顿时间的和确定交通状况。

14. 按照权利要求1至13之一的方法，其特征在于，为了确定交通状况附加考虑移动探测器（1）的加速特性。

15. 按照权利要求1至14之一的方法，其特征在于，在一个指挥中心（3）内实施交通状况确定，该指挥中心至少获得至少一个移动探测器（1）的位置的时间数据。

16. 按照权利要求1至14之一的方法，其特征在于，在移动探测器（1）的终端设备（1a）中实施交通状况确定并且把交通状况的数据发送和/或移交给指挥中心（3）。

17. 按照权利要求16的方法，其特征在于，指挥中心给移动探测器（1）发送一个期望的交通状况数据并且移动探测器（1）主要仅仅在期望的交通状况改变时把确定的交通状况数据传递给指挥中心。

图2-2

思考与评论

上述专利的审查员认为，相对于现有技术，权利要求 1－21 的发明点在于边界曲线 G 的确定，而边界曲线 G 是一种经验曲线，它的确定需要人们对采集到的数据信息进行积累、分类和识别，最终经过思维判断后得到结果，因而上述权利要求属于智力活动的规则和方法。而专利复审委员会认为，本申请权利要求 1 的方案可分成两个部分。第一部分确定移动探测器(1)在所处的行使路段(A－B)上的行使速度(vi)和停顿时间；第二部分要求取该移动探测器(1)在所处的行使路段(A－B)的平均速度(vm)、标准偏差和停顿时间的和，将所求取的标准偏差和/或停顿时间的和与一预定的边界曲线比较，根据比较的结果确定该路段的交通状况。复审委认为，第一部分利用了技术手段，并且其获取的数据具有技术含义；第二部分属于一种通过执行计算机程序实现外部数据处理的解决方案。

本案的发明点在于边界曲线 G 的确定，这本质上确实是一种智力活动的方法。然而，本案中的智力活动的方法是通过技术手段来实现的，你认为在何种情况下，技术手段与智力活动的规则与方法的结合才可以获得专利保护？

下图 2－3 和图 2－4 是电子货币系统专利，你认为是一种纯粹的智力活动规则，还是一种可专利的主题？

[19]中华人民共和国国家知识产权局

[51]Int. Cl[7]
G06F 15/30 G07F 19/00
G06K 19/00

[12]发明专利说明书

[21] ZL 专利号　92113147. X

[45]授权公告日　2002 年 12 月 18 日

[11]授权公告号 CN 1096644C

[22]申请日　1992.11.12　[21]申请号　92113147. X
[30]优先权
[32]1991.11.15　[33]US [31]07/794,112
[73]专利权人　美商·花旗银行
地址　美国纽约州纽约市
[72]发明人　休龙 S·罗森
审查员　钟　强

[74]专利代理机构　上海专利商标事务所
代理人　沈昭坤

权利要求书 28 页 说明书 75 页 附图 68 页

[54]发明名称　电子货币系统
[57]摘要

本发明系提供一种完整的货币系统其具有可与传统纸币交换的电子货币包含(1)发行银行或金融机构其可连至一货币产生装置处以产生并发行给用户电子通用货币,或电子信用授权的电子货币;(2)往来银行其可接收或分配电子货币;(3)多数个交易装置其可被用户使用以储存电子货币,与参与银行的线上系统实施货币交易;(4)柜员机装置,以对交易装置进行程序处理并接界至发行及往来银行,并供发行与往来银行本身间的接界之用;(5)一安全配置以保持系统的整体性;以及(6)核对及结算程序俾监看及决算货币系统。

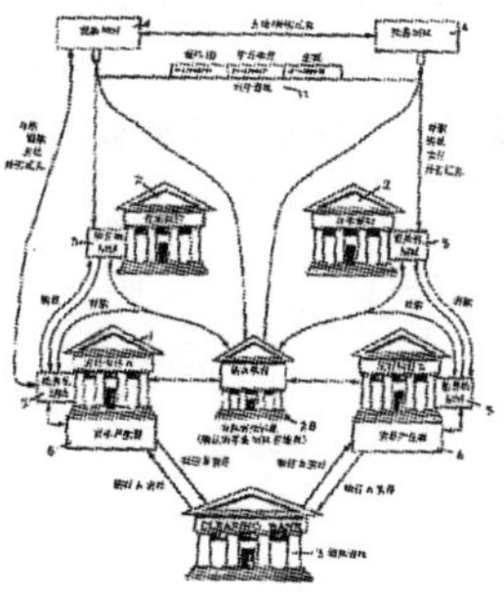

ISSN1008-4274

知识产权出版社出版

图 2-3

92113147.X　　　　权 利 要 求 书　　　　第1/28页

1. 一种电子货币系统，包含：

一具有线上会计系统的发行银行；

记入所述线上会计系统作为所述发行银行当前债务的通货电子表征；

一与所述发行银行联接的货币产生器模组，用以产生所述通货电子表征；

一与所述发行银行联接的柜员机模组，能存储所述通货电子表征，并对包含所述通货电子表征的银行交易活动起中间媒介作用；

一交易模组，能存储所述通货电子表征，与所述发行银行进行线上交易，并与另一些处于离线交易的交易模组进行所述通货电子表征的兑换；

其中，各所述通货电子表征包括由所述货币产生模组产生的原始货币对价物；

所述柜员机和交易模组具有处理器，在所述模组用作移转模组以把所述通货电子表征之一移转给受转模组时，产生一个具有被移转货币对价物的传票记录，并把传票记录包括在所述被移转的通货电子表征中。

2. 如权利要求 1 所述的电子货币系统，其特征在于，每个所述交易模组和所述柜员机模组具有一个票据指引，以保持追踪存储在其内的各所述通货电子表征的当前货币对价物。

3. 如权利要求 1 所述的电子货币系统，其特征在于，记录在所述移转模组的所述票据指引内并与存储在其内的所述通货电子表征之一关联的所述当前货币对价物在把所述被移转通货电子表征移转到所述受转换模组时减去所述被移转货币对价物。

2

图 2－4

图 2 - 5 的鸽子驯养方法为什么不是技术方案?

权 利 要 求 书

1、一种鸽子的驯养方法，是在距观赏点2公里以上的地方设置鸽子饲养地，在饲养地建鸽舍，首先将鸽子在饲养地喂养至熟悉饲养地，然后将鸽子空腹带到观赏点，让鸽子在观赏点进食，进食后，鸽子会自然地回到熟悉的饲养地；重复将鸽子空腹带到观赏点，直至鸽子自己会到观赏点进食为止。

2、如权利要求1所述的一种鸽子的驯养方法，其特征是：饲养地距观赏点的距离以2～4公里为最佳。

3、如权利要求1所述的一种鸽子的驯养方法，其特征是：首先将鸽子在饲养地喂养至熟悉饲养地的时间是二至三个月。

4、如权利要求1所述的一种鸽子的驯养方法，其特征是：重复将鸽子空腹带到观赏点，直至鸽子自己会到观赏点进食为止需要的时间是一个月之内。

-1-

图 2 - 5

一般认为,计算机的算法本身作为一项基础发现,授予其专利保护可能导致对算法用途的垄断。但对算法的利用可以获得专利的保护。但美国最高法院同时认为,将抽象概念限定于某个领域的使用或增加象征性的事后解决成分(postsolution component)并不能让抽象观念获得专利。值得注意的是,“计算机程序本身”不同于“涉及计算机程序的发明”,后者允许采用“介质 + 计算机程序流程”的方式撰写权利要求从而可以获得专利保护。计算机产品的特点在于软件与硬件是两个协同工作的组成部分,都可以进行改进和创新。涉及计算机程序的发明专利申请的权利要求可以写成一种方法权利要求,也可以写成一种产品权利要求。根据修改前的《专利审查指南》(2010 年),装置权利要求的撰写方式容易将程序流程理解为限定硬件的方法或功能。为了引导申请人直接明确地描述其发明创造中涉及的程序流程方面的改进,新的《专利审查指南》(2017 年)明确"程序"可以作为装置权利要求的组成部分。

案例 2-4-2 赵红与中华人民共和国国家知识产权局专利复审委员会发明专利申请驳回复审行政纠纷上诉案*

本案中,本申请的权利要求 1 请求保护一种无创型健康评估模型的通用建立方法,其表述为建立一种精确度较高的无创型健康评估模型的具体步骤,实质则是表现为一种计算机程序数据库,并通过本申请权利要求 4,即个人计算机或微计算机、健康评估个体、无创型生物信息传感器、模拟/数字转换器的相互结合,从而实现对人体进行健康评估的目的。首先,根据本申请权利要求书的记载,执行该计算机程序的目的在于利用数据库中收集和统计的健康评估模型对某一个具体的人体进行健康评估,这一过程属于健康管理的范畴,不存在所要解决的技术问题;其次,本申请所要保护的无创型健康评估模型,其所采用的积累多个个体案例的建立方法属于已有技术或公知常识;最后,该技术方案的实质仅仅是通过计算机、传感器和人体的连接,通过收集人体的相关信息,按照计算机数据库中收集的健康评估资料对该个体进行健康评估,其并没有给计算机的内部性能如数据传输、内部资料管理等带来改进,也没有给计算机的构成或功能带来任何技术上的改变,本申请的技术方案只是执行计算机程序所产生的结果,不属于符合自然规律的技术效果。因此,本申请权利要求 1-5 的方案未采用技术手段解决技术问题,以获得符合自然规律的技术效果,不属于《专利法》第二条第一款规定专利法所保护的客体。

思考与评论

在上述案件中,法院认为,专利申请并没有给计算机的内部性能如数据传输、内部资料管理等带来改进,也没有给计算机的构成或功能带来任何技术上的改变,本申请的技术方案只是执行计算机程序所产生的结果,不属于符合自然规律的技

* 北京市高级人民法院行政判决书(2013)高行终字第 1202 号。

术效果。你认为此案的观点与美国最高法院在比尔斯基案的观点是否一致？你认为下述专利申请是纯粹智力活动规则还是可以获得专利保护的发明？

一种以自定学习内容的方式学习外语的系统：

申请内容概述：

现有计算机辅助学习系统的学习内容都是由系统预先确定的，因此用户必须学习这些预先确定的内容，而不能根据自己的外语水平需求自行确定学习内容。发明专利申请能够使用户根据自己的需求选择学习资料，并将资料输入到系统中，系统程序将资料中的句子分割为多个句子单元，用户将分割的句子单元重组并输入给系统，系统程序将用户重组的句子与原句子进行比较，并根据预先确定的评分标准给出得分分数，然后将分数输出给学习者。

申请的权利要求：

一种以自定学习内容的方式学习外语的系统，其特征在于包括：

学习机，将选择出的学习资料输入给该学习机；

文件接收模块，接收用户所传送的语言文件；文件分割模块，将所述语言文件分割成至少一个独立句子；

句子分割模块，将所述独立句子分割成多个分割单元；造句式语言学习模块，将所述分割单元输出给用户，并接受用户自己重组的句子，将所述独立句子与用户自己重组输入的句子进行比较，根据预先确定的评分标准给出得分分数，将分数输出给所述学习者。

三、疾病的诊断和治疗方法

疾病的诊断和治疗方法是指以有生命的人体或者动物体为直接实施对象，进行识别、确定或消除病因或病灶的过程。出于人道主义的考虑和社会伦理的原因，医生在诊断和治疗过程中应当有选择各种方法和条件的自由。另外，这类方法直接以有生命的人体或动物体为实施对象，无法在产业上利用，不属于《专利法》意义上的发明创造。因此疾病的诊断和治疗方法不能被授予专利权。物质的医药用途如果是用于诊断或治疗疾病，其也不属于可专利的主题。但值得注意的是，《中华人民共和国专利法修改草案（征求意见稿）》规定，涉及养殖动物的疾病的诊断和治疗方法可以授予专利，但在送审稿中该内容被删除。另外，用于实施疾病诊断和治疗方法的仪器或装置，以及在疾病诊断和治疗方法中使用的物质或材料属于可被授予专利权的客体。

请思考以下的权利要求是否属于疾病的诊断方法。

一种胰腺癌血清差异蛋白的检测方法,其特征在于:

(1)采集病人手术前的血清,使用1×磷酸盐缓冲液稀释50倍后制成待测血清样品;

(2)将已知浓度的人血浆凝溶胶蛋白标准品,按照一定浓度梯度与所述待测血清样品共同经十二烷基硫酸钠-聚丙烯酰胺凝胶电泳分离,其中,每块含有所述待测血清样品的胶上至少含有4个泳道连续浓度的所述人血浆凝溶胶蛋白标准品;

(3)通过电转移将经过分离的蛋白质从所述的胶上转移至聚偏氟乙烯膜上,该膜经脱脂牛奶封闭后,用抗人凝溶胶蛋白抗体进行免疫印迹反应,反应信号经化学发光、放大,并在暗室内对X光片曝光,形成凝溶胶蛋白印迹结果X光片;

(4)使用扫描仪对凝溶胶蛋白印迹结果X光片扫描,用图像分析软件根据已知凝溶胶蛋白标准品含量信号强度绘制标准曲线,并在标准曲线的线性范围内计算出同一块胶上所述待测血清样品中未知的凝溶胶蛋白含量。

案例2-4-3 中国医学科学院肿瘤研究所诉国家知识产权局专利复审委员会专利复审行政纠纷案*

根据《专利法》第二十五条第一款第(三)项的规定,疾病的诊断和治疗方法不授予专利权。本院认为,诊断方法是指为识别、研究和确定有生命的人体或动物体病因或病灶状态的过程。本案中,根据权利要求1的内容可知,本发明的权利要求1涉及一种胰腺癌血清差异蛋白的检测方法,该方法包括采集病人手术前的血清,然后经十二烷基硫酸钠-聚丙烯酰胺凝胶电泳分离、电转移、免疫印迹反应、X光片扫描的步骤,获得所述待测血清样品中未知的凝溶胶蛋白含量。同时结合说明书内容可知,本申请是针对目前现有的用血清肿瘤标志物辅助诊断胰腺癌的方法的必要性和现有方法的局限性提出的,该检测方法的直接目的是通过检测血清中凝溶胶蛋白含量来辅助诊断胰腺癌,判断患胰腺癌的风险度。因此,权利要求1的方法实质上仍属于《专利法》第二十五条第一款第(三)项规定的疾病诊断方法。被告关于本申请不符合《专利法》第二十五条第一款第(三)项规定的认定合法,本院予以支持。

对于原告主张本申请不属于疾病诊断方法的各项理由,本院认为,虽然其形式上是以离体样品的血清为检测对象,但是属于离体样本的检测本身并不必然导致

* 北京市第一中级人民法院行政判决书(2012)一中知行初字第282号。

一种检测方法必然不属于诊断方法；尽管胰腺癌的确诊需要多种诊断方法结合使用，但是其中每种方法都可以提供有关是否患病的风险度，帮助医生判断患者是否患有某种疾病，每种方法也都是以获得疾病诊断结果和健康状况为直接目的。关于原告认为根据血清中凝溶胶蛋白含量不能唯一地、确定地得出患者患有胰腺癌的结论，也不能评价患胰腺癌风险的大小，对此本院认为，无论涉及导致血清中凝溶胶蛋白含量变化的因素是否还包括诸如非过敏性哮喘、疟疾以及多种其他肿瘤等疾病，并不能否定本申请是以获得患者的健康状况为直接目的，血清凝溶胶蛋白含量明显降低可以作为一个血清学标志。本领域技术人员可以根据本申请检测结果作出判断，如果血清中凝溶胶蛋白含量明显降低，则患者患有恶性肿瘤的风险度高，从而判断患者患胰腺癌风险的程度。因此，原告主张本申请不属于疾病诊断方法的理由均不成立，本院不予支持。

四、动物和植物品种

动物和植物是有生命的物体。根据《专利法》规定，动物和植物品种不能被授予专利权。动物和植物品种可以通过专利法以外的其他法律法规保护，例如，植物新品种可以通过《植物新品种保护条例》给予保护。然而，对动物和植物品种的生产方法，可以授予专利权。但这里所说的生产方法是指非生物学的方法，不包括生产动物和植物主要是生物学的方法。我国于 1997 年 3 月 20 日颁布了《植物新品种保护条例》，并于 2006 年 12 月 25 日由最高人民法院发布了《关于审理侵犯植物新品种权纠纷案件具体应用法律问题的若干规定》。

转基因动物或植物是通过基因工程的重组 DNA 技术等生物学方法得到的动物或植物。其本身仍然属于“动物品种”或“植物品种”的范畴，根据《专利法》第二十五条第一款第（四）项规定，不能被授予专利权。

在 Diamond v. Chakrabarty 案中，美国最高法院认为，阳光下任何人造物都可以获得专利保护。该判决确认了人造微生物获得专利保护的可能。依据该判决的逻辑，类似哈佛鼠这样的转基因动物在美国获得专利保护就不存在任何法律障碍。但加拿大联邦最高法院认为上述发明并非专利法意义的上的“Manufacture”或“Composition of matter”，因而不能获得专利保护。你认为在美、加两国可专利主题基本一致的背景下，为什么法院会作出不同的判定？你认为类似哈佛鼠的发明在中国能获得专利保护吗？

在编码类黄酮途径酶的遗传序列及其应用专利申请案中，专利复审委员会认为，本申请部分权利要求保护的对象是一种转基因切花，虽然切花不是整个植株，但其仍然构成植物品种,因而不能授予专利。一般认为,可以借助光合作用,以水、二氧化碳和无机盐等无机物合成碳水化合物、蛋白质来维系生存的植物的单个植株及其繁殖材料(如种子等),属于“植物品种”的范畴。植物的细胞、组织和器官如果不具有上述特性,则其不能被认为是“植物品种”。因而,凡是可以发育为独立植株的种子、根、茎、叶等繁殖材料,以及通过嫁接、转基因、组培等技术手段获得的植物都属于专利法意义上的“植物品种”。

五、原子核变换方法和用该方法获得的物质

原子核变换方法以及用该方法所获得的物质关系到国家的经济、国防、科研和公共生活的重大利益,不宜为单位或私人垄断,因此不能被授予专利权。现今世界,除美国、日本等少数国家,大多数国家均不授予这种发明专利权。为实现核变换方法的各种设备、仪器及其零部件等,均属于可被授予专利权的客体。

六、对平面印刷品的图案、色彩或者二者的结合作出的主要起标识作用的设计

我国每年授予的外观设计中,有相当数量涉及的是瓶贴和平面包装袋的主要起标识作用的图案设计。这既不利于激励对产品本身外观设计的创新活动,也会增加外观设计权和商标权的之间的交叉和重叠。“平面印刷品”主要指平面包装袋、瓶贴、标贴等用于装入被销售的商品或用于附着于其他产品之上、不单独向消费者出售的二维印刷品。“主要起标识作用”是指二维印刷品的图案、色彩或二者的结合主要是用于让消费者识别被装入的商品或被附着的产品的来源或生产者,而不是用于使被装入的商品外观或被附着的产品外观本身“富有美感”而吸引消费者。

平面设计的产品包括很多种类,例如标贴、纺织品、壁纸等。对于标贴、平面包装袋等产品,如果平面产品的外观设计的主要用途在于使公众识别所涉及的产品、服务的来源等,则所述产品的外观设计将会被认为是主要起标识作用的。但是,纺织品、壁纸通常具有装饰性,因此,不属于不授予专利权的客体。值得注意的时,《专利审查指南》(2010 年)规定,产品通电后显示的图案不能授予外观设计专利。而随着中国的计算机电子产业的发展,尤其是以手机客户端为特征的移动互联网的兴起,中国专利实践排除了对通电后显示图案的保护,可能会影响行业的创新,不利于行业的健康发展。《国家知识产权局关于修改〈专利审查指南〉的决定》(第 68 号)明确图形用户界面(GUI)产品的外观设计给予专利保护无疑将促进相关产业的健康发展。

因而，如果一件外观设计专利申请同时满足下列三个条件，则不能被授予专利权：

①使用外观设计的产品属于平面印刷品；

②该外观设计是针对图案、色彩或者二者的结合而作出的；

③该外观设计主要起标识作用。

案例 2－4－4　苹果公司与专利复审委员会外观设计专利申请驳回复审行政纠纷上诉案*

2010 年 7 月 26 日，苹果公司向中华人民共和国国家知识产权局（以下简称国家知识产权局）提出名称为“便携式显示设备（带图形用户界面）”的外观设计专利申请（简称本申请）。本申请的申请号为 201030255255.5，优先权日为 2010 年 1 月 27 日。本申请简要说明载明：“产品名称为便携式显示设备（带图形用户界面），其可用于显示信息（例如书本），也可用作媒体装置或通讯工具等，分类号为 14－01、14－02、14－03；设计要点在于产品的形状和图案。”

2011 年 6 月 16 日，国家知识产权局原审查部门驳回了本申请，理由是：本申请视图表达的内容包含产品通电后显示的图案，属于不授予外观设计专利权的情形，不符合 2008 年修正的《中华人民共和国专利法》（以下简称《专利法》）第二条第四款的规定。

本院认为：

《专利法》第二条第四款规定，外观设计，是指对产品的形状、图案或者其结合以及色彩与形状、图案的结合所作出的富有美感并适于工业应用的新设计。根据《专利法》第二条第四款的规定，满足以下四个法律要件的外观设计，可以成为我国外观设计专利权的保护客体：（一）以工业产品为载体；（二）是对产品形状、图案或者其结合以及色彩与形状、图案结合所作出的新的设计；（三）适于批量化生产的工业应用；（四）富有美感。

本案中，本申请为便携式显示设备（带图形用户界面），是对便携式显示设备产品在整体形状和图案上所作出的外观设计。虽然本申请还包括了在产品通电状态下才能显示的图形用户界面，但并不能以此否定本申请在实质上仍是对便携式显示设备在产品整体外观方面所进行的设计。同时，本申请亦能满足外观设计专利

---

* 北京市高级人民法院（2014）高行（知）终字第 2815 号行政判决书。

在工业应用和美感方面的要求,故可以成为我国外观设计专利权的保护客体。原审法院认为本申请可以成为外观设计专利权的授权客体,并无不当。专利复审委员会上诉主张本申请不能成为外观设计专利权授权客体,缺乏事实和法律依据,应当不予支持。

虽然产品整体外观设计包括了通电后才能显示的图形用户界面可以成为外观设计专利权的客体,但是,为了便于准确确定外观设计的内容,专利申请人应当在图片或照片中,或者在简要说明中,通过恰当的方式指明图片或照片中的哪些部分属于通电后才能显示的图案。在本申请中,苹果公司并没有明确指出图片或照片中的哪些部分是通电后才能显示的图案,虽然专利复审委员会和苹果公司在诉讼程序中对哪些部分是通电后才能显示的图案没有争议,但外观设计专利权具有公示性,仅仅是国家知识产权局和专利申请人知道哪些部分是通电后才能显示的图案,并不足以使相关的公众也清楚地知道图片或照片中的哪些部分是通电后才能显示的图案,因此本申请在这个方面存在问题。

专利复审委员会上诉主张,《专利审查指南》在"外观设计专利申请的初步审查"部分,即第一部分第三章第7.4节中规定,产品通电后显示的图案,例如电子表表盘显示的图案、手机显示屏上显示的图案、软件界面等属于不授予外观设计专利权的情形。对此本院认为:第一,《专利审查指南》仅是部门行政规章而非法律或行政法规,人民法院在判断本申请中的外观设计是否属于我国外观设计专利权的客体时,仍应以《专利法》第二条第四款的规定为基础予以考虑。第二,尽管《专利审查指南》规定"产品通电后显示的图案"属于不授予外观设计专利权的情形,但结合《专利法》第二条第四款及上述分析可知,该规定不应被扩大解释为只要是包含了产品通电后所显示图案的外观设计申请,均应被排除在授予外观设计专利权的范围之外。换言之,产品通电后显示的图案并非全部不能享有外观设计专利权保护,如本案之情形,若产品通电后显示的图形用户界面属于产品整体外观设计的一部分,或产品整体外观设计包括了图形用户界面,则由于此种外观设计专利申请实质上仍属于对产品整体外观所进行的设计,并不应以不符合《专利法》第二条第四款规定为由而被驳回。

专利复审委员会上诉主张,本申请的通电图案不是一直存在,随通电与否变化,如果对其进行保护,保护范围难以确定。对此本院认为,对于变化状态产品,应当以其使用状态所示的外观设计作为与对比设计进行比较的对象,其判断结论取决于对产品各种使用状态的外观设计的综合考虑。《最高人民法院关于审理侵犯专利权纠纷案件应用法律若干问题的解释》第十一条第二款规定,产品正常使用时容易被直接观察到的部位相对于其他部位,通常对外观设计的整体视觉效果更具有影响。因此,产品使用时所具有的状态也是相关外观设计专利权纠纷中应当予以考察的重要方面。对于与本申请情况相似的包含了图形用户界面的产品外观设计申请而言,不仅应当考虑非通电状态下的产品整体外观设计,产品通电后所显示的富有设计美感的图形用户界面或因此而呈现出的使用状态同样也是设计者智力创造成果的直接体现,而且往往在同类产品非通电状态下整体外观相同或相近的情况下,成为吸引消费者并影响其购买决策的重要因素,相关产品亦可因不同的图形用户界面设计而形成区分。如果只保护电子产品在非通电状态下的整体外观设计,而不保护其中所包含的在通电状态下才显示的图形用户界面,则并不足以对设计者在此过程中所付出的创造性劳动给予充分保护,没有充分考虑到此类电子产品相较于其他产品的特殊性,也无法对相关设计产业形成有效的激励和促进,故应当对产品通电后才能显示的图形用户界面予以考虑。专利复审委员会的相关上诉主张,应当不予支持。

专利复审委员会上诉主张,无法确定本申请中的若干小方块的具体功能,因此本申请所示的外观设计属于未完成的设计,不符合《专利法》第二条第四款规定的"产品"要件。对此本院认为:第一,在我国现行专利制度之下,产品通电后显示的图案享有外观设计专利权保护的前提,确实应当是以特定工业产品为载体,相关申请文件亦应完整揭露且充分显示该工业产品的整体外观设计,脱离了特定工业产品的通电后显示的图案并不属于我国外观设计专利权的客体范围。第二,根据《专利法》第五十九条第二款的规定,外观设计专利权的保护范围以表示在图片或者照片中的该产品的外观设计为准。本案中,本申请主视图仅体现了图形用户界面的整体图标布局设计,而不涉及具体的图标样式,苹果公司亦在口审时明确其没有提交的图案并不申请给予外观设计专利保护,故本申请所请求保护的只是对图形用户界面中整体图标布局的设计。而且,此种图标布局设计能够在使用状态下稳定、可见地呈现给消费者,不会因使用者或使用方式的不同而发生变化。因此,专利复审委员会上诉主张本申请属于未完成的设计因此不应获得授权,缺乏事实和法律依据,应当不予支持。

专利复审委员会还上诉主张,本申请的通电图案不是一直存在,随通电与否变化,因此保护范围难以确定;即使按照国家知识产权局第68号令的规定,本申请仍然应当被排除在外观设计专利授权范围之外;本申请中的若干图标作横竖排列,并非申请人首创。对此本院认为,本案只讨论包括图形用户界面的产品外观设计是否能够成为我国外观设计专利权的客体,在将本申请纳入外观设计专利权授权客体之后，对于其是否能被授予外观设计专利权，还应由专利审查部门根据《专利法》规定的相关授权条件作进一步审查。所有包含通电后才能显示的图案的外观设计要获得外观设计专利授权，应当以恰当的方式明确指出图片或照片中哪些部分是通电后才能显示的图案。本申请在这个方面存在问题，专利审查部门在重新进行审查时应当注意此问题。

思考与评论

本案是涉及图形用户界面这一新类型客体能否作为外观设计专利申请对象的专利授权行政案件。法院在本案中明确了图形用户界面可以成为外观设计授权客体的法律依据，以及该类外观设计申请所需满足的条件。法院指出，虽然《专利审查指南》(2010 年)作出了“产品通电后显示的图案属于不授予外观设计专利权的情形”的规定，但图形用户界面能否作为外观设计专利的保护客体，仍应当以《专利法》第二条第四款的规定为法律依据。以图形用户界面提出外观设计专利申请时，为便于准确确定外观设计的内容，申请人应当在图片、照片或者简要说明中，通过恰当的方式指明哪些部分属于通电后才能显示的图案。《专利审查指南》(2014 年)删除了“产品的图案应当是固定的、可见的，而不应是时有时无的或者需要在特定的条件下才能看见的”以及“产品通电后显示的图案”不能获得专利授权的规定，这为图形界面的外观设计保护扫清了障碍。

七、违反法律的发明创造

违反法律是指外观设计专利申请的内容违反了由全国人民代表大会或者全国人民代表大会常务委员会依照立法程序制定和颁布的法律。

例如，带有人民币图案的床单的外观设计，因违反《中国人民银行法》而不能被授予专利权。

但需注意的是，违反法律的发明创造不包括仅其实施为法律所禁止的发明创造。

八、违反社会公德

社会公德是指公众普遍认为是正当的、并被接受的伦理道德观念和行为准则。它的内涵基于一定的文化背景，随着时间的推移和社会的进步不断地发生变化，而且因地域不同而各异。中国专利法中所称的社会公德限于中国境内。例如，带有暴力凶杀或者淫秽的图片或者照片的外观设计、非医疗目的的人造性器官或者其替代物、人与动物交配的方法、改变人生殖系遗传同一性的方法或改变了生殖系遗传同一性的人、克隆的人或克隆人的方法、人胚胎的工业或商业目的的应用、可能导致动物痛苦而对人或动物的医疗没有实质性益处的改变动物遗传同一性的方法等,上述发明创造违反社会公德,不能被授予专利权。

〔19〕中华人民共和国专利局　　　　[11]公开号　CN 1059082A

〔12〕发明专利申请公开说明书

[21]　申请号　　91108955.1　　　　[51] Int.Cl^5
A23J　3/34

〔43〕公开日　1992年3月4日

[22]申请日　91.9.19
[71]申请人　王润成
地址　050061 河北省石家庄市高柱小区 51—4—201
共同申请人　李怀然　徐长林
[72]发明人　王润成　李怀然　徐长林

[74]专利代理机构　石家庄市专利事务所
代理人　张　强

A23J　3/06　A23J　1/10　A23L　1/0562
C12S　3/16

说明书页数:　6　　　附图页数:

[54]发明名称　铬鞣皮废料酶法制备食用明胶的工艺方法

[57]摘要

本发明提供了一种利用铬鞣皮废料酶法制备食用明胶的工艺方法,该工艺采用稀硫酸浸泡脱铬和过氧化氢氧化脱铬相结合的脱铬方法,用中性或碱性蛋白酶进行酶解,并经高温缩胶后于 pH5.0–7.0、60–85℃溶胶。

该工艺方法脱铬、胶解完全,生产周期短,明胶收率高于 50%,产品全部为食用明胶。

<02>

(BJ)第1456号

图 2 – 6

思考与评论

上述发明名称为铬鞣皮废料酶法制备食用明胶的工艺方法。根据《食品添加剂明胶生产企业卫生规范》，制革厂鞣制后的废料不能用作食用明胶原料。你认为上述发明是违反法律还是违反社会公德，抑或是妨害了公共利益，抑或是合法的发明？值得注意的是，发明具有负面影响并不必然导致该发明具有违法性而不能获得专利。

九、妨害公共利益

妨害公共利益是指发明创造的实施或使用会给公众或社会造成危害，或者会使国家和社会的正常秩序受到影响。

发明创造以致人伤残或损害财物为手段的，如一种使盗窃者双目失明的防盗装置及方法，不能被授予专利权；发明创造的实施或使用会严重污染环境、严重浪费能源或资源、破坏生态平衡、危害公众健康的，不能被授予专利权；专利申请的文字或者图案涉及国家重大政治事件或宗教信仰、伤害人民感情或民族感情或者宣传封建迷信的，不能被授予专利权。

但是，如果发明创造因滥用而可能造成妨害公共利益的，或者发明创造在产生积极效果的同时存在某种缺点的，例如对人体有某种副作用的药品，则不能以“妨害公共利益”为理由拒绝授予专利权。

案例 2-4-5　烟灰缸专利无效案*

本无效宣告请求涉及国家知识产权局于2009年8月19日授权公告的、专利号为200830177984.6外观设计专利，其产品名称为“烟灰缸”，申请日为2008年9月16日，专利权人为蒋峻峰。

针对上述外观设计专利权（以下简称本专利），重庆市合川区健力玻璃器皿厂（以下简称请求人）于2010年7月29日向专利复审委员会提出了无效宣告请求，其理由是：本专利不符合《专利法》第五条第一款的规定，请求宣告本专利无效。

……

二、决定的理由

1. 法律依据

基于请求人提出的无效宣告请求的理由和证据，合议组依据《专利法》第五条

---

* 专利复审委员会决定书WX16730号。

第一款的规定对本案进行审理。

《专利法》第五条第一款规定:“对违反法律、社会公德或者妨害公共利益的发明创造,不授予专利权。”

2. 证据认定

请求人提交的附件2是清华大学出版社出版的《奥运,看场馆》的封面、版权信息页、第2、3页的局部页面及封底复印件,属于公开出版物。口头审理中,请求人提交了含有附件2的《奥运,看场馆》的整本原件,专利权人未对该附件的真实性发表意见。附件2的复印件与原件相符,且其上明确记载图书再版编号、出版发行单位等信息,合议组对附件2的真实性予以采信。

3. 关于《专利法》第五条第一款

本专利要求保护的是烟灰缸,其授权公告图片包括产品的主视图、后视图、左视图、右视图、俯视图和仰视图六幅视图,无简要说明。从图片上观察,所示烟灰缸主体呈上大下小的近似碗状,该主体上部呈跑道状开口,底部封闭,其整体外壁由交织线构成,类似鸟巢特有的交织形式。

国家体育场整体为鸟巢造型,该鸟巢形体育场是2008年8月8日至24日在北京举办的奥运会主会场,其是奥运会一座独特的标志性建筑,在我国乃至世界具有极高的知名度,并且所采用的鸟巢造型具有特有的设计风格及极高的艺术价值。

首先,就本专利与国家体育场两者整体造型而言,合议组认为,本专利的主要线条几乎原封不动地复制了国家体育场的设计,两者均采用网格状的构架,外观看上去仿若树枝织成的鸟巢,故两者整体形状十分近似;其次,国家体育场为著名的建筑物,本专利将众所周知且著名的建筑物——奥运主场馆的鸟巢形设计用于其烟灰缸上,显然属于仿造行为,无实质性创新内容。因此,本专利烟灰缸外观设计的实施或使用会给公众或社会造成危害,其明显妨害了公共利益。因此,本专利不符合《专利法》第五条第一款的规定。

思考与评论

你认为本案中公共利益是什么?另外,北京市一中院于2011年6月20日作出判决认为国家体育场享有对“鸟巢”建筑作品的著作权,“盛放鸟巢”烟花产品的制造和销售行为侵犯了国家体育场的著作权。北京一中院的判决确认了“鸟巢”建筑的私权属性。其是否与本案认定的“公共利益”存在冲突?对以下的权利要求授予专利是否会损害公共利益呢?为什么?

1. 一种治疗性克隆植入前胚胎的制备方法,其特征在于,该方法包括以下步骤:

(1)提供去核的非人哺乳动物供质卵母细胞和用于供核的人体细胞;

(2)用显微注射法,将用于供核的人体细胞直接注射入所述的去核供质卵母细胞,形成重构卵;或者将用于供核的人体细胞直接注射入非人哺乳动物的卵周隙中,再用电刺激法使人体细胞融合进卵母细胞内,形成重构卵;

(3)对所述的重构卵进行激活处理,形成激活的重构卵;

(4)将所述的激活的重构卵移植到非人寄母动物的输卵管中,作短暂培养,再回收发育的早期胚胎。

2. 一种获得重构卵的制备方法,其特征在于,该方法包括以下步骤:

(1)提供去核的非人哺乳动物供质卵母细胞和用于供核的人体细胞;

(2)用显微注射法,将用于供核的人体细胞直接注射入所述的去核供质卵母细胞,形成重构卵;或者将用于供核的人体细胞直接注射入非人哺乳动物的卵周隙中,再用电刺激法使人体细胞融合进卵母细胞内,形成重构卵;

(3)对所述的重构卵进行激活处理,形成激活的重构卵。

Chapter 3

第三章

实用性

第一节 基本原理

一、实用性定义

发明创造要想获得专利保护,必须是能够适合于实际应用的技术方案,而不能仅仅是理论描述,也就是说其必须具有实用性。专利法要求授予专利权的发明和实用新型应当具备新颖性、创造性和实用性。实用性意指该发明或者实用新型能够制造或者使用,并且能够产生积极效果。

发明或实用新型专利申请是否具备实用性,应当在新颖性和创造性审查之前进行判断。这主要源于如果发明或实用新型缺乏实用性,审查员就可以直接得出不能授予专利的结论,没有必要再进行检索,从而节约时间与成本。

二、有益实用性(beneficial utility)

所谓有益实用性,是指发明对人类社会而言并不是无意义的。[①] 中国专利法将有益实用性定义为能够产生积极效果。能够产生积极效果,是指发明或者实用新型专利申请在提出申请之日,其产生的经济、技术和社会的效果是所属技术领域的技术人员可以预料到的。这些效果应当是积极的和有益的。明显无益、脱离社会需要的发明或者实用新型专利申请的技术方案不具备实用性。例如提供新的产品、提高产品的质量、增加产品的功能、节省能源或原材料、改善劳动条件、防治环境污染、有助于改善社会风尚等。明显无益、严重污染环境或严重浪费能源的发明或实用新型,则缺乏积极效果而不能授予专利。

值得注意的是,有益实用性可能与可专利主题的合法性密切相关。一个可能损害公共利益的发明可能也不具有有益实用性。

三、可操作性与具体的实用性(specific utility)

可操作性是指如果发明令人难以相信或不能被该技术领域的普通技术人员使用现存的方法进行复制,其就不具有实用性。美国专利局就认为曲速引擎旅行的应用令人难以置信,只存在理论上的可能性,因而不具有实用性。[②] 中国专利法也

---

① *Lowell v. Lewis*, 15 F. Cas. 1018, 1019(D. Mass. 1817).

② Final Office Action on Application No. 10/182, 373.

有可操作性的要求,其要求发明必须在产业上能够制造或使用。所谓产业,包括工业、农业、林业、水产业、畜牧业、交通运输业以及文化体育、生活用品和医疗器械等行业。在产业上能够制造或者使用的技术方案,是指符合自然规律、具有技术特征的任何可实施的技术方案。这些方案并不一定意味着使用机器设备或者制造一种物品,还可以包括例如驱雾的方法,或者将能量由一种形式转换成另一种形式的方法。

授予专利权的发明或者实用新型,必须是能够应用的发明或者实用新型。换句话说,如果申请的是一种产品(包括发明和实用新型),那么该产品必须在产业中能够制造,并且能够解决技术问题;如果申请的是一种方法(仅限发明),那么这种方法必须在产业中能够使用,并且能够解决技术问题。只有满足上述条件的产品或者方法申请专利才可能被授予专利权。

而具体实用性要求申请人指明该发明的实际或在真实世界的用途。例如,如果申请人将化学物组合成新的具有创造性的物质,除非其能指出该物质的具体与实质的用途,其才可能获得专利授权。也就是说,申请专利的物质必须具有某种用途,仅仅合成该物质并不能当然获得专利。具体实用性是主要针对化学与生物技术领域的发明而设置的特殊要求,因为在其他领域某种发明的用途一般都比较清楚,通常不存在争议。很多情况下,申请人合成了一种物质,但其并不知晓其具体的用途。你认为,在此种情况下对该物质授予专利存在何种问题?

案例 3-1-1　Brenner v. Manson*

案件事实:1957 年 12 月,Howard Ringold 与 George Rosenkranz 对一种据称是制造某些已知的类固醇的新方法提出专利申请。1960 年 1 月,Manson 对与 Howard 等人提出的方法完全相同的方法提出专利申请。Manson 通过证据证明其是该方法的在先发明人,然而专利局驳回了 Manson 的申请,专利局的复审委员会维持了驳回决定,其主要理由是该发明没能揭示该方法所生产的化合物的任何用途。

主要争议:什么是化学方法发明的"实用性"?

美国最高法院观点:无论鼓励披露和抑制保密应被赋予多大价值,我们相信一项更重要的考虑是:如果没有发展出具体的实用性,化学领域的方法专利会导致知

* 383 U. S. 519(1966).

识垄断。除非方法用以制造确实有用的产品，否则该垄断权的边界将无法准确界定。该权利要求可能独占一大片未知或不可知的领域。专利可能赋予专利权人阻碍整个领域的科学发展的能力，而没有给予公众回报。宪法和国会所预期的授予专利垄断权的基本对价，是公众从具有实质性用途的发明中获得益处。除非方法已经被改进到存在立即可用的具体益处的程度，否则没有理由许可申请人独占一片可能很宽泛的领域。

思考与评论

本案中，Manson 认为，一个新的化学方法只要产生了期望的产品且其并不是有害的，其就具有可专利性。其同时认为，任何方法如果其产生了正在探寻中的潜在用途组合物就应具有实用性。而美国专利及商标局认为，虽然 Manson 提供的证据表明有文章认为有研究正在对包含争议化合物在内的一类类固醇对老鼠肿瘤的可能的抑制效果进行筛选；而且，与 Manson 的类固醇接近的一个同系物已被证实具有上述效果，但是，不能仅仅因为一个产品刚好与另外一个已知有用的化合物密切相关，就推定该产品满足了实用性的法定要求。你认为在化学生物领域，为什么必须满足具体实用性要求，为什么生产出期望的产品仍不能获得专利保护？本案中能否用相近的同系物的用途来推定发明具有用途呢？

案例 3-1-2　In re Fisher*

本案所涉及的专利是关于若干纯化的核酸序列，又称为“expressed sequence tags”或简称为“ESTs”。从 Fisher 申请 643 专利项第 1 项记载的内容来看，Fisher 事实上并不知道基因确实的功能或结构。在专利审查期间，审查委员以独立项第 1 项欠缺实用性，以及构成实施例披露不完整而驳回申请。而后，Fisher 上诉到专利局上诉委员会，上诉委员会维持了原决定。Fisher 再向联邦上诉法院提起上诉，而后联邦上诉法院仍维持原判而确定。

法院重申 1966 年美国最高法院在 Brenner v. Manson 案所建立的实用性标准：申请的发明必须具有特定（specific）与实质（substantial）实用性以符合《美国专利法》第 101 条的要件。为了满足“实在”用途的要求，申请人所宣传的应用必须证明所要保护的发明对公众而言，必须具有重要的且立即可得的好处。

法院认为虽然在专利请求项每一段 EST 都与经由转录而来的每一个基因相对

* 421 F. 3d 1365（2005）.

应,但是并未指出基因的功能。Fisher 虽然在专利申请中指出七种用途,但是没有一个功能与基因有关。最后法院认为,专利申请人所主张的 ESTs 不过是研究中间物,其有助于科学家分离特殊的基因,可以进一步进行基因实验。法院也拒绝 Fisher 将 EST 比喻为显微镜,因为显微镜具有光学功能并能显现被观察物体之结构,但是 EST 只能侦测与 EST 具有相同结构的物质,因此不能类比。

思考与评论

依据美国专利及商标局的《实用性指南》,具体实用性是指所要求保护的客体的独特用途,而不是一个宽泛类别的发明所具有的用途。一项实在用途是指一项现实的应用。如果用途是需要进一步研究以确定或证实其现实用途,则其不具有实质实用性。请思考,实质实用性与具体实用性之间存在区别吗?你认为法院所界定的“立即可得的好处”的含义如何?

四、实用性与充分公开

值得注意的是,实用性的判断必须结合申请文件进行判断,而不能仅仅关注申请专利的主题。充分公开与实用性虽然是相互独立的专利获取条件,但是否具有实用性与申请文件中公开的内容具有一定相关性。最高人民法院认为,《专利法》第二十六条第三款要求说明书应当对发明或者实用新型作出清楚、完整的说明,以所属技术领域的技术人员能够实现为准。符合该款关于技术方案的能够“实现”请求保护的技术方案不同于判断不具备实用性的“不能够制造或者使用”的标准。“能够制造或者使用”是指发明或者实用新型的技术方案具有在产业中被制造或使用的可能性,如果技术方案违背了自然规律,就不存在可以实施的技术方案,无法在工业上制造或使用,并且产生积极的效果,这与是否在说明书中公开了相关的具体信息并无关系。① 也就是说,即使说明书的公开并不充分,但该专利可能仍具有实用性。

但实用性的判断与充分公开之间并非全无关系。如果申请人对于实用性的披露不够,无法让该领域的一般技术人员实施该发明,则该申请就不能满足实用性的要求。充分公开要求该发明具有实现的可能(enablement),也就是说,要求申请人披露关于技术方案足够的信息以使该技术领域的一般技术人员可以制造与使用该发明。不满足可操作性或特定实用性的权利要求不可能满足“实现可能”要求中的

① 顾庆良、彭安玲与国家知识产权局专利复审委员会再审行政裁定书最高人民法院(2016)最高法行申 789 号。

“使用”标准。

中国专利法的充分公开要求是该技术领域的普通技术人员能够实现该专利。《专利审查指南》认为,所属技术领域的技术人员能够实现,是指所属技术领域的技术人员按照说明书记载的内容,就能够实现该发明或者实用新型的技术方案,解决其技术问题,并且产生预期的技术效果。但这里的“实现”是否包含制造以及使用的含义则并不明确。

第二节　发明和实用新型的实用性的判断

一、实用性的判断原则

审查发明或者实用新型专利申请的实用性时,应当遵循下列原则:

1. 以申请日提交的说明书(包括附图)和权利要求书所公开的整体技术内容为依据,而不仅仅局限于权利要求所记载的内容。

2. 能否实施是以所属领域的技术人员能否实现为标准。

3. 实用性与所申请的发明或者实用新型是怎样创造出来的或者是否已经实施无关。

二、实用性的判断基准

专利法所说的“能够制造或者使用”是指发明或者实用新型的技术方案具有在产业中被制造或使用的可能性。满足实用性要求的技术方案不能违背自然规律并且应当具有再现性。因不能制造或者使用而不具备实用性是由技术方案本身固有的缺陷引起的,与说明书公开的程度无关。不具备实用性的情况主要包括:

(一)无再现性

再现性是指所属技术领域的技术人员,根据公开的技术内容,能够重复实施专利申请中为解决技术问题所采用的技术方案。这种重复实施不得依赖任何随机的因素,并且实施结果应该是相同的。

200410013211.5　　　　**权　利　要　求　书**　　　　第1/1页

1、一种诱发水稻抗氯磺隆体细胞突变体的方法，它包括下列步骤：

A、配制培养基，诱导培养基：基本培养基中加入 2mg/L 二氯苯氧乙酸和 20-30mg/L5-溴尿嘧啶；继代培养基：培养基中加入 2mg/L 2,4-D 和 0.2mg/L6-苄基氨基嘌呤；筛选培养基：培养基中加入 2mg/L2，4-D 和 0.2mg/L6-BA 及 25-50mg/L 氯磺隆；分化培养基：培养基中加入 2mg/6-BA 和 0.5mg/L 萘乙酸；再分化培养基：培养基中加入 2mg/L6-BA 和 0.5mg/LNAA 及 50-60mg/L 氯磺隆；

B、 培养时间：诱导、继代、筛选培养，将已消毒的成熟胚材料接于诱导培养基上，置于黑暗条件下进行诱导愈伤组织培养，并加入 5-溴尿嘧啶诱变剂培养 18-20 天；继代培养：将诱导培养基上的愈伤组织转入继代培养基上培养 18-20 天，扩大愈伤组织抗氯磺隆细胞群体；筛选培养：将继代培养获得的愈伤组织切割成直径为 1.5-2.0 毫米，转入筛选培养基上培养 18-20 天；

C、分化、再分化培养时间：在光照条件下愈伤组织进行再分化绿苗培养，12-14 小时的光周期，分化培养，将筛选培养基上已成活的愈伤组织转入分化培养基上培养 15-16 天分化绿块；15-16 天后进入再分化培养，将已分化的愈伤绿块转入再分化培养基上培养 15-16 天，筛选抗氯磺隆除草剂再生植株苗；

D、诱导、继代、筛选、分化培养温度控制在 26-27°C。

2

图 3－1

结合基因突变的相关知识，思考上述发明是否具有“再现性”。

（二）违背自然规律

具有实用性的发明或者实用新型专利申请应当符合自然规律。违背自然规律的发明或者实用新型专利申请是不能实施的，因此不具备实用性。那些违背能量守恒定律的发明或者实用新型专利申请的主题，例如永动机，必然是不具备实用性的。

[19]中华人民共和国国家知识产权局

[51]Int. Cl⁷

H02K 55/00

[12]发明专利申请公开说明书

[21]申请号 01112505.5

[43]公开日　2002年11月6日

[11]公开号 CN 1378328A

[22]申请日 2001.3.30　[21]申请号 01112505.5

[71]申请人 高 步

地址 115109 辽宁省大石桥市永安乡东田村

[72]发明人 高 步

权利要求书1页 说明书2页 附图1页

[54]发明名称 低温电能发电机

[57]摘要

本发明根据超导体电阻为零和完全抗磁性。用超导体冻结磁通线圈或永磁体磁场与超导体脉冲线圈或交流半波线圈产生的磁场叠加，使超导筒相变磁场进出超导筒，切割超导筒内超导能量输出线圈对外界输出电能。本发明只输入一焦耳的电能，就可对外界输出一万焦耳电能。本发明可用作发电以及一切运输加工机械的动力源。

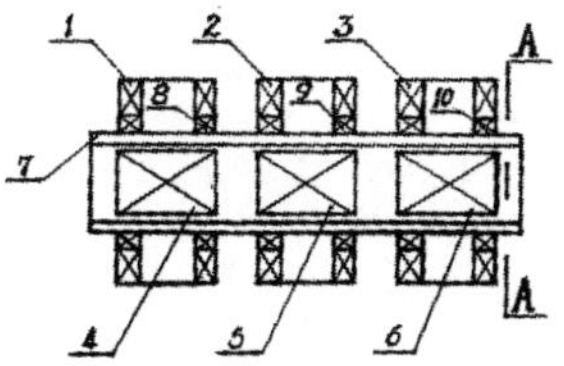

ISSN1008-4274

知识产权出版社出版

图 3-2

01112505.5　　**权 利 要 求 书**　　第1/1页

1、一种低温电能发电机，其特征在于超导筒使用方法中超导筒(7)超导筒(7)有1种使用方法 第1种超导筒（7）结构是用超导箔卷成或用溅射法制成，超导箔可使用Hc2和Hc2超导材料，Hc2超导材料抗磁可达几十万高斯.利用超导材料临界态使超导体相变使磁场进出超导筒切割能量输出线圈对外界输能量. 超导体箔卷筒(7)层与层之间有绝缘层(5)。超导箔卷筒(7)卷的层数是整数即N=1...N1N2N3。

在超导筒(7)外有三个超导体冻结磁通线圈(1)(2)(3)或永磁铁和超导体脉冲线圈或交流半波线圈(8)(9)(10)。在超导筒(7)内有三个超导能量输出线圈(4)(5)(6)也可以用普通线制成放在杜瓦瓶外面室温内，脉冲线圈或交流线圈(8)(9)(10)也可以用普通线制成装在杜瓦瓶外面室温内. 超导冻结磁通线圈(1)(3)与(2)磁场相反，超导冻结磁通线圈(1)(3)磁能量相加等于超导冻结磁通线圈(2)磁能量.

2

图3－3

思考与评论

你认为上述低温发电机是否具有实用性？为什么？

（三）利用独一无二的自然条件的产品

具备实用性的发明或者实用新型专利申请不得是由自然条件限定的独一无二的产品。利用特定的自然条件建造的自始至终都是不可移动的唯一产品不具备实用性。应当注意的是，不能因为上述利用独一无二的自然条件的产品不具备实用性，而认为其构件本身也不具备实用性。

一项发明涉及利用东北长白山特有的石英砂为原料制备光学纤维，虽然该发明所使用材料来源独特，但该发明仍具有实用性。原因在于该发明不是利用特定的自然条件建造。所谓利用特定自然条件建造，是指该发明的实施必须利用特定的自然条件。

（四）人体或者动物体的非治疗目的的外科手术方法

外科手术方法包括治疗目的和非治疗目的的手术方法。以治疗为目的的外科手术方法属于不授予专利权的客体；非治疗目的的外科手术方法，由于是以有生命的人或者动物为实施对象，无法在产业上使用，因此不具备实用性。例如，为美容而实施的外科手术方法，或者采用外科手术从活牛身体上摘取牛黄的方法，以及为辅助诊断而采用的外科手术方法，例如实施冠状造影之前采用的外科手术方法等。

（五）测量人体或者动物体在极限情况下的生理参数的方法

测量人体或动物体在极限情况下的生理参数需要将被测对象置于极限环境中，这会对人或动物的生命构成威胁，不同的人或动物个体可以耐受的极限条件是不同的，需要有经验的测试人员根据被测对象的情况来确定其耐受的极限条件，因此这类方法无法在产业上使用，不具备实用性。

第三节 外观设计专利的实用性判断

一项外观设计必须富有美感并适于工业应用。富有美感是指在判断是否属于外观设计专利权的保护客体时，关注的是产品的外观给人的视觉感受，而不是产品的功能特性或者技术效果。不具有美感的外观设计不是专利意义上的外观设计，因而美感应属于外观设计实用性的组成部分。但需注意的是，这种美感的标准不同于美术作品或艺术品中所体现出的美感，因为外观设计除了应当具有良好的视觉效果外还必须不影响产品的应用价值。适于工业应用意味着该外观设计能应用于产业上并形成批量生产。

也有学者认为,只要产品是实用的,外观设计的实用性就蕴含其中。假如某个外观设计不具有实用性,能够与产品的功能性或实用性分离出来,那也就不再是外观设计而是作品了。①

① 李明德:《知识产权法》,法律出版社 2008 年版,第 132 页。

Chapter 4

第四章

新颖性

第一节　新颖性概念与功能

申请专利的发明或实用新型应当具有新颖性，才能被授予专利，这是由专利制度的性质所决定的。国家之所以对一项发明创造授予专利，为专利权人提供一定期限的独占权，是因为其向社会公众提供了前所未有的发明。对于已知公有技术而言，公众有自由使用的权利，任何人都无权将它纳入专利独占权的范围之内，否则就损害了公众利益。规定新颖性条件的目的就在于防止将公知技术批准为专利，它是授予发明和实用新型专利权的最为基本的条件。不具有新颖性，其他条件就根本不用考虑了。①

新颖性是指该发明或者实用新型不属于现有技术；也没有任何单位或者个人就同样的发明或者实用新型在申请日以前向专利局提出过申请，并记载在申请日以后（含申请日）公布的专利申请文件或者公告的专利文件中。据此，一项发明或实用新型必须满足以下两个条件才具有新颖性：（1）该发明或实用新型没有落入现有技术的范围；（2）没有同样的发明或实用新型在申请日以前向专利局提出过申请，并记载在申请日以后公布的专利申请文件或者公告的专利文件中（通称为抵触申请）。

从各国立法规定来看，判断新颖性是以已经公开的现有技术为标准。现有技术是指申请日以前在国内外为公众所知的技术。现有技术包括在申请日（有优先权的，指优先权日）以前在国内外出版物上公开发表、在国内外公开使用或者以其他方式为公众所知的技术。

第二节　现 有 技 术

现有技术是申请日以前在国内外为公众所知的技术。从上述定义来看，构成现有技术的"技术"必须满足：一是申请日前的技术；二是为公众所知的技术。在现行专利法采取了绝对新颖性标准后，公开的地域范围不再是判断现有技术的考量因素。

---

① 国家知识产权局条法司：《新专利法详解》，知识产权出版社2001年版，第129页。

一、申请日

以申请日为标准意味着将提出有效的专利申请之日作为判断新颖性的基准时间。只要在申请日之前,技术方案未被公开就具有新颖性。现有技术的时间界限是申请日,享有优先权的,则指优先权日。除《专利法》第二十八条和第四十二条规定的情形外,专利法所称申请日,有优先权的,指优先权日。

广义上说,申请日以前公开的技术内容都属于现有技术,但申请日当天公开的技术内容不包括在现有技术范围内。①

国务院专利行政部门收到专利申请文件之日为申请日。如果申请文件是邮寄的,以寄出的邮戳日为申请日。

二、优先权

优先权原则源于《巴黎公约》,依照该公约的规定,在申请专利或商标等工业产权时,各缔约国要相互承认对方国家国民的优先权。我国专利法也明确规定了优先权原则,我国的优先权概念分为外国优先权与本国优先权。

(一)外国优先权

申请人自发明或者实用新型在外国第一次提出专利申请之日起12个月内,或者自外观设计在外国第1次提出专利申请之日起6个月内,又在中国就相同主题提出专利申请的,依照该外国同中国签订的协议或者共同参加的国际条约,或者依照相互承认优先权的原则,可以享有优先权。这种优先权就是外国优先权。

享有外国优先权的专利申请应当满足以下条件:

(1)申请人就相同主题的发明创造在外国第一次提出专利申请(以下简称外国首次申请)后又在中国提出专利申请(以下简称中国在后申请)。

(2)就发明和实用新型而言,中国在后申请之日不得迟于外国首次申请之日起12个月。

(3)申请人提出首次申请的国家或政府间组织应当是同中国签有协议或者共同参加国际条约,或者相互承认优先权原则的国家或政府间组织。

享有外国优先权的发明创造与外国首次申请审批的最终结果无关,只要该首次申请在有关国家或政府间组织中获得了确定的申请日,就可作为要求外国优先权的基础。

---

① 《专利审查指南》(2010年)第二部分第三章第2.1.1条。

申请人在外国首次申请后，就相同主题的发明创造在优先权期限内向中国提出的专利申请，都看作在该外国首次申请的申请日提出的，不会因为在优先权期间内，即首次申请的申请日与在后申请的申请日之间任何单位和个人提出了相同主题的申请或者公布、利用这种发明创造而失去效力。

此外，在优先权期间内，任何单位和个人可能会就相同主题的发明创造提出专利申请。由于优先权的效力，任何单位和个人提出的相同主题发明创造的专利申请不能被授予专利权，即由于有作为优先权基础的外国首次申请的存在，使得从外国首次申请的申请日起至中国在后申请的申请日中间由任何单位和个人提出的相同主题的发明创造专利申请因失去新颖性而不能被授予专利权。

(二)本国优先权

申请人自发明或者实用新型在中国第一次提出专利申请之日起12个月内，又向国务院专利行政部门就相同主题提出专利申请的，可以享有优先权。这种优先权被称为本国优先权。

享有本国优先权的专利申请应当满足以下条件：

(1)只适用于发明或者实用新型专利申请。

(2)申请人就相同主题的发明或者实用新型在中国第一次提出专利申请(以下简称中国首次申请)后又向专利局提出专利申请(以下简称中国在后申请)。

(3)中国在后申请之日不得迟于中国首次申请之日起12个月。

被要求优先权的中国在先申请的主题有下列情形之一的，不得作为要求本国优先权的基础：

(1)已经要求外国优先权或者本国优先权的，但要求过外国优先权或者本国优先权而未享有优先权的除外。

(2)已经被授予专利权的，其包括已经办理了登记手续的在先申请。①

(3)属于按照《专利法实施细则》第四十二条规定提出的分案申请。应当注意，当申请人要求本国优先权时，作为本国优先权基础的中国首次申请，自中国在后申请提出之日起即被视为撤回。

本国优先权可以让申请人在优先权期限内实现发明和实用新型专利申请的互相转换，同时申请人可以利用本国优先权制度延长保护期限。另外，在符合单一性条件下，申请人可以通过要求本国优先权，将若干在先申请合并在一份在后申请

---

① 东莞瑞柯电子科技股份有限公司诉国家知识产权局，北京知识产权法院行政判决书(2015)京知行初字第2822号。

中，从而减少以后缴纳的年费。

值得注意的是，《中华人民共和国专利法修改草案（送审稿）》明确外观设计在中国第一次提出专利申请之日起六个月内，又向国务院专利行政部门就相同主题提出专利申请的，可以享有优先权。

专利权人主张本国优先权时，应当承担相应的举证责任和说明义务。未能提交与本国优先权主题相关的在先申请文件，亦未能证明所涉专利与在先申请属于相同主题的发明创造，不能依据在先申请日享有本国优先权。①

（三）相同主题的发明创造

要求优先权的在先申请的主题必须与在后申请主题一致，否则，在先申请不能获得优先权保护。在专利申请实践中，如何判断是否两个申请的主题相同是实践中的难题。最高法院认为，同样的发明创造与相同主题的发明创造是两个不同的概念，案例4-1-1中无效请求人和一、二审法院均混淆使用了这两个概念。② 我国专利法在禁止重复授权问题上使用“同样的发明创造”的概念，在优先权问题上使用了“相同主题”的发明创造的概念。应当说，就发明和实用新型而言，这两个概念在本质上都是指比对对象之间在技术领域、所解决的技术问题、技术方案和预期效果上相同。《专利审查指南》对有关概念的界定在不同时期的文字表述上略有不同，实质上均体现了这一基本含义。但是基于不同的立法目的和操作需要，两个概念分别具有不同的法律意义，各自的对比判断方式因比对对象不同而有所不同，不能混同或者替换使用。优先权制度的目的在于为同一申请人的国际或国内专利申请提供便利，将在优先权期限内提出的相同主题的在后申请看作在首次申请的申请日提出。在判断方式上，“相同主题”的发明或者实用新型是以在后申请的权利要求所要求保护的技术方案与首次申请中的全部内容（包括权利要求书和说明书）进行对比。这与新颖性的判断方式基本相同，但与同样的发明创造仅就权利要求书进行比对的方式明显不同。③

---

① (2015)民申字第188号。

② 最高人民法院行政判决书(2007)行提字第4号。

③ 济宁无压锅炉厂诉国家知识产权局专利复审委员会、第三人舒学章发明专利无效纠纷提审案(2007)行提字第4号的判决。

案例4-2-1 "纤维增强水泥烟气道的制作方法"的发明专利权无效案*

专利复审委员会于2000年5月17日作出的无效宣告请求审查决定涉及的是中国专利局于1996年12月18日授权公告的、名称为"纤维增强水泥烟气道的制作方法"的发明专利权，其申请日为1994年5月11日，优先权日为1993年5月29日，申请号为94110260.2，专利权人为王瑾。

针对本发明专利，请求人向专利复审委员会提出了宣告专利权无效请求，请求人提出的无效理由是在申请（优先权）日（1993年5月29日）以前已有相同的技术由他人向专利局提出过申请，因此本专利不具有新颖性，不满足《专利法》第二十二条的有关规定。请求人同时提交了一篇对比文件：

对比文件1:93228332.2号实用新型专利说明书，申请日为1993年5月26日，授权公告日为1994年3月2日。

专利权人于1999年3月22日作出了意见陈述，指出请求人提交的对比文件1第93228332.2号专利其申请人已变更为王瑾，与本专利的申请人相同，因此，根据《专利法》第二十二条第二款的规定以及《专利审查指南》（2010年）第二部分第三章第2.2节的规定，前后两个专利申请人相同的，在先申请不能破坏后一申请的新颖性，因此，请求人提交的对比文件不能破坏本专利的新颖性。况且，对比文件1公开的是一种产品，而第94110260.2号专利请求保护的是这种产品的生产方法，技术内容是根本不相同的。

合议组经过核实，确认对比文件1的申请人已变更为与本专利申请人相同的王瑾。在此基础上合议组认为：由于本发明要求了1993年5月29日申请号为93111189.7的优先权，对比文件1的申请日早于本发明的优先权日，公开日晚于优先权日，又早于本发明的申请日，故合议组对其优先权进行了核实，确认本发明的权利要求3、6、9、11、12限定的技术方案在优先权文本中没有记载，因此，权利要求3、6、9、11、12不能享受优先权，权利要求1、2、4、5、7、8和10可以享受优先权。

由于权利要求3、6、9、11、12不能享受优先权，这五项权利要求的申请日应当是本发明的申请日，即1994年5月11日。对比文件1的公开日早于本发明的申请日，因此，其上记载的技术内容已构成其现有技术。对于权利要求1、2、4、5、7、8和10来说，对比文件1的申请日早于这些权利要求的优先权日，而公开日在这些权利要求的优先权日之后，但由于对比文件1的申请人已经变更为王瑾，即与本实用新

---

* 最高人民法院行政判决书（2007）行提字第4号。

型的申请人相同，根据《专利法》第二十二条第二款以及《专利审查指南》(2010 年)第二部分第三章第 2.2 节的规定，影响新颖性的抵触申请不包含申请人本人在申请日以前提出的同样的发明或实用新型，因此，对比文件 1 不能用来评价权利要求 1、2、4、5、7、8 和 10 的新颖性。

思考

对于同一发明下的不同权利要求，为什么有的能享有优先权？而有的不能享有优先权？本案中权利要求 3、6、9、11、12 不能享受优先权的原因何在？按照现行专利法的规定，本案的申请还具有新颖性吗？为什么？

三、现有技术的范畴

现有技术范围的确定对新颖性判断至关重要。现有技术只包括所属技术领域的技术还是包括相近或相关技术领域以及所有公知的技术呢？最高法院认为，发明专利和实用新型专利的创造性标准不同，因此技术比对时所考虑的现有技术领域也应当有所不同，这是体现发明专利和实用新型专利创造性标准差别的一个重要方面。评价实用新型专利创造性时，一般应当着重比对该实用新型专利所属技术领域的现有技术；但在现有技术已经给出明确技术启示的情况下，也可以考虑相近或者相关技术领域的现有技术；相近技术领域一般指与实用新型专利产品功能以及具体用途相近的领域，相关技术领域一般指实用新型专利与最接近的现有技术的区别技术特征所应用的功能领域。①

技术领域是要求保护的发明或者实用新型所属或者应用的具体技术领域，不是上位的或者相邻的技术领域，也不是发明或者实用新型本身。确定发明或者实用新型所属的技术领域，应当以权利要求所限定的内容为准，一般根据专利的主题名称，结合技术方案所实现的技术功能、用途加以确定。②

值得关注的是，专利法并没有区分发明专利和实用新型专利的新颖性判断标准，按照最高法院的逻辑，这是否意味着二者在判断新颖性时所依据的现有技术的范围是一致的呢？是否需要考虑不同领域的现有技术呢？从实用新型专利角度看，如果将不同技术领域的技术纳入现有技术的范畴会导致新颖性判断严格于创造性判断，这违反了专利法逻辑。对于发明专利而言，不纳入不同技术领域的现有技术也不会损害公众利益，主要原因是发明专利在创造性判断是可以纳入不同的技术

---

① 最高人民法院(2011)知行字第 19 号。

② 最高人民法院行政判决书(2012)行提字第 7 号。

领域,而且其可以采取多份现有技术结合对比的方法,因而即使在新颖性阶段未将不同技术领域的现有技术纳入,这也不会影响专利的授权与否。因而,在判断新颖性时,现有技术的范围应是相同或相近技术领域的现有技术。

判断新颖性的对比文件包含的现有技术必须满足对比文件公布的技术特征与权利要求限制的“一一对应”(strict identity)关系,也就是说,在单一的对比文件中清楚或隐含地披露了权利要求中的每一个限制。

四、公开标准

新颖性判断的公开标准需要考虑公开的内容、对象以及方式等。

(一)现有技术公开的内容

美国专利法有所谓的预知(anticipate)发明制度,其含义是对比文件已早先披露权利要求的内容,但要构成预知,一个单一文件必须披露发明的所有技术特征。但这不能排除根据外部证据来证明这个单一文件到底向该领域的普通技术人员披露了什么技术特征。[①] 如果该技术特征对于所属技术领域的普通技术人员来说能够从对比文件的教导中理解得到,属于该类产品所必不可少的技术特征,则可以认为该技术特征隐含在该对外文件中。[②] 如果对比文件中仅公开产品的结构图形但没有文字描述的,可以结合其结构特点和本领域技术人员的公知常识确定其含义。[③] 另外,权利要求的技术特征被对比文件公开,不仅要求该对比文件中包含有相应的技术特征,还要求该相应的技术特征在对比文件中所起的作用与权利要求中的技术特征所起的作用实质相同。[④] 专利法意义的公开在内容上必须满足“充分公开”的要求,即公开了技术方案的实质内容让公众知晓。如果公开的内容使得该领域的普通技术人员结合自己的知识能够实施该发明,这样的公开才是“充分公开”。[⑤]

(二)同样的发明

按照新颖性判断规则,如果单一对比文件披露了与申请专利同样的发明,其构

---

① Donald Chisum, et al., *Principles of Patent Law*, Foundation Press, 2004, p. 416.

② 国家知识产权局专利复审委员会编著:《专利复审委员会案例诠译——现有技术与新颖性》,知识产权出版社 2005 年版,第 325 页。

③ “一种带法兰的铸型尼龙管道”实用新型专利权无效行政纠纷案:最高人民法院(2012)行提字第 25 号。

④ “快进慢出型弹性阻尼体缓冲器”实用新型专利权无效行政纠纷案:最高人民法院(2012)知行字第 3 号。

⑤ Donald Chisum, et al., *Principles of Patent Law*, Foundation Press, 2004, p. 417.

成破坏专利申请新颖性的现有技术。值得注意的是,如果对比文件中包含的现有技术与申请专利构成同样的发明,其不仅破坏新颖性,也能禁止申请人申请不同类型的专利。专利法明确规定,新颖性是指该发明或者实用新型不属于现有技术;也没有任何单位或者个人就同样的发明或者实用新型在申请日以前向国务院专利行政部门提出过申请,并记载在申请日以后公布的专利申请文件或者公告的专利文件中。

同样的发明创造只能授予一项专利权。但是,同一申请人同日对同样的发明创造既申请实用新型专利又申请发明专利,先获得的实用新型专利权尚未终止,且申请人声明放弃该实用新型专利权的,可以授予发明专利权。

在新颖性判断与重复授权判断中,专利法虽然都使用了同样的发明的概念,但同样的发明的范畴似乎存在一点差异。新颖性判断中的"同样的发明"是将权利要求所述的技术方案与对比文件中所公布的全部内容进行比较;而在判断是否重复授权时,只需将权利要求所述的技术方案与其他专利(申请)权利要求的技术方案相比较即可。

《专利审查指南》认为,被审查的发明或者实用新型专利申请与现有技术或者申请日前由任何单位或者个人向专利局提出申请并在申请日后(含申请日)公布或公告的(以下简称申请在先公布或公告在后的)发明或者实用新型的相关内容相比,如果其技术领域、所解决的技术问题、技术方案和预期效果实质上相同,则认为两者为同样的发明或者实用新型。需要注意的是,在进行新颖性判断时,审查员首先应当判断被审查专利申请的技术方案与对比文件的技术方案是否实质上相同,如果专利申请与对比文件公开的内容相比,其权利要求所限定的技术方案与对比文件公开的技术方案实质上相同,所属技术领域的技术人员根据两者的技术方案可以确定两者能够适用于相同的技术领域,解决相同的技术问题,并具有相同的预期效果,则认为两者为同样的发明或者实用新型。

(三)充分公开

有学者认为,如果对比文件公开了申请文件的每一个技术特征,但其并不能被该技术领域的技术人员实施,其不能破坏专利申请文件的新颖性。[①] 美国专利法实践中区分了新颖性判断中对比文件"充分公开"的要求与专利申请人在专利说明书的"充分公开"要求。前者不需要公开如何使用该发明,而后者必须公开如何制造与使用该发明。中国专利法并没有明确规定在判断现有技术是否破坏新颖性时,

① Amy Landers, Understanding Patent Law, Lexis Nexis, 2008, p. 155.

其必须达到充分公开的水平，以使得该技术领域的普通技术人员能够实施该专利。但也有人认为，中国专利法要求在进行新颖性和创造性评价时，只需要按照审查指南规定的新颖性和创造性的判断原则进行比对就可，对于创造性判断，首先要站在所属技术领域人员的角度，判断从对比文件公开的内容是否有启示，结合现有技术得到发明所要保护的内容。有些情况下作为现有技术的对比文件即使存在某一部分公开不充分的问题，所属技术领域的普通技术人员仍然可以从中获得其所需要的有用的技术启示，并将其与其他现有技术结合从而获得解决某一技术问题的技术方案。在面对审查员针对发明的创造性提出质疑时，申请人应强调所属领域技术人员从对比文件公开的内容是否有启示，并结合现有技术得到发明的技术方案，而非强调对比文件能否实现的问题。① 2006 年版《审查指南修订导读》中对有关对比文件的内容的修订内容作了如下说明：本次修订删除了原审查指南如下的内容："一份清楚、完整地公开了发明或者实用新型专利申请的技术方案的对比文件，是损害该发明或者实用新型专利申请的新颖性的文件。"原审查指南这样的表述方式容易使人误解为只有满足了专利法意义上的充分公开要求的对比文件，才能作为评判新颖性的对比文件。这种理解显然是不恰当的，因为在新颖性判断过程中应当按照新颖性的审查原则判断两者是否为同样的发明或者实用新型。依照新颖性审查原则，是否为同样的发明或者实用新型的判断方法是对两者的技术方案、技术领域、所解决的技术问题和预期效果进行比较，如果实质上相同，则是同样的发明或者实用新型，从而不具备新颖性；如果不同，则不是同样的发明或者实用新型，就具备新颖性。所以，我们只需要按照判断是否是同样的发明或者实用新型的方法将申请文件与对比文件进行比较，如果得到两者属于同样的发明或者实用新型这样的结果，则对比文件就能用来破坏申请的新颖性，而无须首先将对比文件视作一份专利申请对其进行是否充分公开的审查。由此可见，在新颖性判断时除上述例外情形之外，无须考虑对比文件的公开程度。

案例 4－2－2 任文林与国家知识产权局专利复审委员会发明专利权无效行政纠纷上诉案*

任文林于 1997 年 9 月 9 日向原中国专利局提出了名称为"一种防盗门"的发明

① http://www.cnipr.net/article_show.asp? article_id = 9060.

* 北京市高级人民法院行政判决书(2008)高行终字第 709 号。

专利申请，国家知识产权局于2004年1月7日授权公告，专利号为97109235.4，专利权人为任文林，其授权公告的权利要求为：

1. 一种防盗门，它包括锁头、面板，面板由金属材料制成，其特征是锁头装在门上，位于面板之内，面板上锁头位置有小于锁头外端横截面的钥匙插入孔。

2. 一种防盗门，它包括锁头、面板，锁头装在门上，其特征是面板上有凸罩位于锁头前，凸罩上有小于锁头外端横截面的钥匙插入孔。

对比文件1涉及一种适用于各种木门、钢门的门锁安全加固装置，其主要目的是保护锁芯，其采用的技术方案是：该装置由外护盖、活动锁盖和加固板组成，外护盖和保护板为两块钢板并相互压焊，并在中间装有活动锁盖，外护盖在中间位置开有孔，活动锁盖中间开有钥匙孔并可在外护盖内自由转动，外护盖内焊有内螺帽，螺钉与内螺帽相连，将加固板和门锁固定在门上。从对比文件1可知，外护盖和保护板上均有小于锁头外端横截面的钥匙插入孔。

任文林向专利复审委员会提交意见陈述书，针对王力公司2004年11月22日提出的无效宣告请求进行了答辩，认为：(1)对比文件1公开不充分，不能作为对比文件，且对比文件1所公开的结构不适用于防盗门，从对比文件1到本专利需要付出创造性的劳动，对比文件2也存在同样的问题；(2)对比文件3已经放弃，不能证明本专利属于重复授权；(3)本专利具有创造性。

北京高院认为：

……

二、关于本专利权利要求2、4的新颖性

新颖性，是指在申请日以前没有同样的发明或者实用新型在国内外出版物上公开发表过、在国内公开使用过或者以其他方式为公众所知，也没有同样的发明或者实用新型由他人向国务院专利行政部门提出过申请并且记载在申请日以后公布的专利申请文件中。

本专利权利要求2要求保护的技术方案为一种防盗门，包括锁头、面板，锁头装在门上，其特征是面板上有凸罩位于锁头前，凸罩上有小于锁头外端横截面的钥匙插入孔。对比文件5公开的是一种门锁防盗装置，系一种钢质防护门门锁保护器，保护器安装在双层钢制防护门上，由壳体、固定圈和防护套组成，壳体装在门扇前锁头位置处，固定圈装在门扇中间起支撑紧固作用，防护套覆盖在锁壳上；壳体为一个中部为空心圆柱的圆台，空心圆柱的半径与锁头大小配合，圆台上表面上钻有一个用作钥匙孔的圆孔；固定圈中部凸起成有盖空心圆柱，空心圆柱上有一个与圆台上表面上的钥匙孔相对的大孔，周围是圆环结构，圆环焊接在门扇外层的内壁上;防护套是根据门锁外形制成的倒角长方体壳盒;锁头装在固定圈上,壳体中部的空心圆柱与锁头装配。通过附图8可知,壳体上的钥匙孔小于锁头外端的横截面。

将本专利权利要求2与对比文件5所公开的技术内容相比较可知,对比文件5中的前锁头和壳体即为权利要求2中的锁头和凸罩,对比文件5已经公开了本专利权利要求2的所有技术特征,由于对比文件5所公开的技术方案和本专利权利要求2所述的技术方案都是通过将锁藏于门面板上凸罩内的方式来提供一种防盗门门锁保护结构,二者解决的技术问题和获得的技术效果相同,因此对比文件5已经公开了权利要求2的技术方案,权利要求2相对于对比文件5不具备新颖性,不符合《专利法》第二十二条第二款的规定。权利要求4引用权利要求2,其附加技术特征是"凸罩与面板固定连接",该技术特征也已经被对比文件5公开,因此权利要求4相对于对比文件5不具备新颖性,不符合《专利法》第二十二条第二款的规定。任文林关于本专利权利要求2、4具有新颖性的上诉主张没有事实和法律依据,本院不予支持。

思考与评论

本案中任文林提出对比文件公开不充分,不能作为判断新颖性的对比文件。复审委认为对比文件公开是否充分与其作为评价本专利新颖性、创造性的证据所要证明的事实没有关联性。北京一中院认为,在评判一项专利权是否具有新颖性、创造性时,作为对比文件而言必须具备的条件是记载了相应的技术方案。对比文件是否公开充分,与其是否能够作为证据评价本专利的新颖性和创造性之间没有必然联系。对原告关于对比文件公开不充分,不能作为证据使用的主张,不予支持。你认为对比文件是否充分公开,与其是否能够作为证据评价专利的新颖性与创造性存在必然联系吗?

(四)公开的对象

"为公众所知"是指有关技术已经处于为公众、即非特定人能够得到的状态。公开是指处于不特定公众想要得知该技术方案即可得知的状态。公开必须是面向"公众"的公开。"公众"的含义不是数量意义上的人群,而是不受特定条件限制的人群。具有明示或默示保密义务者属于公众中的特定人。保密义务不仅包括受保密规定或协议约束的情形,还包括社会观念或者商业习惯上被认为应当承担保密义务的情形。例如发明人与其代理律师之间显然存在默示的保密义务。

案例 4-2-3 如皋市爱吉科纺织机械有限公司诉国家知识产权局专利复审委员会、第三人王玉山实用新型专利无效行政纠纷案*

……

（一）关于企业标准备案是否当然构成专利法意义上的公开

我国现行的法律、行政法规和部门规章以及江苏省的地方政府规章虽然规定了企业标准特别是企业产品标准的发布、备案和公告制度，但均未对备案的企业标准对外公开的具体内容作出明确规定或者限制。这并不意味着备案的企业标准当然会被备案管理机关予以全部公开，从而构成专利法意义上的公开。企业标准作为一种技术要求，构成企业的科技成果，虽并非必然但绝不排除可以包含企业的技术秘密。国家机关对在执法活动中获得的他人的技术秘密依法负有保密义务。对于备案的企业标准，备案管理机关以及其他有机会接触该企业标准的执法机关（如解决产品质量争议的执法机关）和检验、鉴定机构等中介组织，应当注意到其中可能包含企业的技术秘密，应当依法予以保护，除非具有明确的法律依据，不得擅自予以公开。

进一步考察对有关企业标准备案管理的实践操作情况，企业标准的发布实质上是指企业标准在制定完成后在企业内部发布实施，不同于国家标准、行业标准、地方标准的向社会发布，企业标准是否向社会公开发布属于企业自主行为；对于备案的企业标准，备案管理机关一般只公告标准的代号、编号、名称和备案企业名称，并不公告标准的具体内容；公众能够向管理标准档案的机构借阅的标准只能是国家标准、行业标准、地方标准、国际标准等，不包括企业标准；除了法院等特定执法机关，企业标准备案管理部门一般也不对外提供对备案企业标准具体内容的查询服务。

结合现有法律规定和实践操作情况，企业标准的备案并不意味着标准的具体内容要向社会公开发布，企业标准的备案也不意味着公众中任何人即可以自由查阅和获得，企业标准并不因备案行为本身而构成专利法意义上的公开。

思考与评论

专利法意义的公开应是指不特定的人可以接触到技术方案而不是不特定人已经接触到该技术方案。也就是说，该技术已经处于向公众开放的状态，对该技术感兴趣的公众都可以通过正常途径获得该技术。值得注意的是，不负保密义务的人

---

* 最高人民法院（2007）行提字第3号。

获知技术方案并不等于该技术方案已经公开。你认为企业标准备案是一种面向公众的公开吗?

案例 4-2-4　福建省闽发铝业股份有限公司与国家知识产权局专利复审委员会外观设计专利权无效行政纠纷上诉案*

专利法意义上的公开,是指发明创造处于公众想得知就能够得知的状态,此处的“公众”应当是指不特定人,而不以人数的多寡作为判断是否属于公众的依据。虽然《铝合金建筑型材标准图样图册》标准的制定过程历时长、参加企业范围广、参加的技术人员多,但有关征集图纸的会议是行业性的专门会议,参会人员并非不特定的公众,且召开会议的中国有色金属工业总公司标准计量研究所和编制组已明示,参会各方对收到的图纸负有保密义务。同时,证据 10~15 均未附有型材图样,闽发铝业公司也未提供证据证明证据 7~9 记载的型材图样在该会议上已经公开。所以闽发铝业公司不能证明证据 7~9 记载的型材图样于 1998 年 6 月已经处于公众想得知就能够得知的状态。因此,闽发铝业公司的证据不足以证明本专利在申请日之前就已公开。

思考与评论

你认为只要是特定的人,不管人数多少都不构成专利法意义上的公开吗? 为什么? 本案中法院认为技术只要处于不特定人想得知即可知的状态就构成现有技术。美国司法实践认为,在关键日之前,至少对于那些对该技术感兴趣的公众而言,该文献是充分可接触的,并且一个人通过阅读该文献能够实施该发明而无须做进一步的实验,这构成出版物公开。你认为中美两国的标准一致吗?

案例 4-2-5　中铁二十四局集团新余工程有限公司与胡麓山专利无效宣告案**

对于第二组证据所指向的郑州项目中所采用的“桥式盾构技术”是否在本专利申请日之前构成使用公开。经查,证据 5 上并未记载有公开时间和来源,虽然专利权人对请求人声称的证据 5 是 2005 年发表于老庄河现场学术交流会上的论文表示

---

* 北京市高级人民法院行政判决书(2009)高行终字第 334 号。

** 无效宣告请求审查决定书第 19287 号。

认可,但是请求人并未举证证明所述老庄河现场学术交流会的性质、参加会议的人员以及该论文的具体发表时间,因此,仅凭证据5不能确定其所记载的郑州项目所采用的"盾构顶进"施工技术已于本专利的申请日(2005年10月31日)之前公开;请求人还提供证据6-2、证据9和证据11用于佐证所述项目在本专利申请日之前已竣工,且处于公众想得知即可得知的状态,经查,证据6-2为在本专利的申请日之后2005年10月25日发行的《郑州晚报》,在其第A16版刊载了一篇名为《郑汴借力快速通道"融为一体"》的文章,该文章公开了穿京港澳高速公路分立式立交将采用"桥式盾构顶进法"施工,并指出该方法在郑州项目就已成功实施,并提到"'桥式盾构顶进法'采用网格式的原理,盾构的横向截面呈桥梁形,其外廓尺寸与箱涵外廓尺寸基本相同;盾构机由墩柱、主梁、盾壳、子盾构、液压推进系统、辅助机构6大部分组成,具有保护掘进面、平衡侧向土压力、水平位移控制等作用"。由上可知,证据6-2只是对郑州项目的事后描述,虽然其提到"桥式盾构顶进法"所采用盾构的组成部分,但其并未披露盾构各组成部分的结构、位置以及之间的相互关系,更未披露"桥式盾构顶进法"的具体施工步骤,因此,证据6-2不能作为郑州项目中所采用的"桥式盾构顶进法"已在本专利的申请日之前被公众所获知的证据;证据9是中铁四局五公司和专利权人签订的《合同书》,根据合同约定,在郑州项目中,专利权人向中铁四局五公司提供桥式盾构法技术的服务,包括桥式盾构法技术在郑州项目中的应用以及该技术所需相关设备的设计、制作和拆装等工作,甲方中铁四局五公司在乙方履行并完成了相关的职责后,向专利权人支付一定的服务费;在《合同书》第五项5.2中规定,"本工程为甲、乙双方联合施工,施工业绩属于双方共有,接待媒体采访需双方同意"。因此根据合同约定,乙方仅就"桥式盾构法"在郑州项目中的具体应用提供服务,在该项目中仅施工业绩归双方共有,并未约定双方共享此项技术或者乙方授权甲方使用该项技术,虽然合同中并未明确约定甲方在该项目的实施过程中或者之后须尽到保密的义务,但是根据该合同的内容和性质可知,"桥式盾构顶进法"来源于专利权人,专利权人将此技术应用于郑州项目中是其唯一的服务内容,这项技术是专利权人获得经济利益的来源和基础,根据交易习惯和诚实信用原则,作为合同相对人方的乙方理应知道并遵守附属于合同的保密义务。因此,中铁四局五公司(包括其员工陈鹏)作为专利法意义上的特定人,不属于公众,因此证据9不能作为郑州项目中采用的"桥式盾构顶进法"已在本专利申请日之前被公众所知的证据;证据11来源中国中铁四局集团第五工程有限公司新闻中心的网页,作为图片新闻,它在示出了郑州项目顶进施工过程的照片的同时,还附有"业主多次组织各市政施工单位进行现场参观"的说明,对此,合议组认为,本专利要求保护的是一种箱型桥梁的桥式盾构施工方法,该施工方法在实际工程的应用中具有阶段性和一定的难度,其所采用的设备盾构本身也属于大型设备,因此与结构相对简单的产品或者较为简单的方法的相比,即使在该方法的实施过程中,相关人员进行了参观,也不能说明参观人员必定能够知晓所述的"桥式盾构"施工法施工的全过程,同时请求人也未提供证据证明参观者对工程的介入程度,就证据11本身而言,无论其文字还是图片均未公开具体的桥式盾构方法,并且根据其中所述的"目前左孔箱涵已预制完毕,预计7月份可以顶进到位"可知,在发布该新闻之前,该项目的顶进工程并未实际完成,因此证据11不足以认定郑州项目中所采用的"桥式盾构顶进法"在本专利申请日前处于使用公开的状态。

因此,请求人提供的第二组证据不足以证明其所披露的技术构成本专利的现有技术。

思考

本案中复审委认为合同中存在着默示的保密义务,为什么?你认为合理吗?如何不存在默示的保密义务,该技术是否公开呢?

(五)公开方式

技术方案的公开方式主要有三种:

1. 出版物公开

专利法意义上的出版物是指记载有技术或设计内容的独立存在的传播载体,并且应当表明或者有其他证据证明其公开发表或出版的时间。符合上述含义的出版物可以是各种印刷的、打印的纸件,例如专利文献、科技杂志、科技书籍、学术论文、专业文献、教科书、技术手册、正式公布的会议记录或者技术报告、报纸、产品样本、产品目录、广告宣传册等,也可以是用电、光、磁、照相等方法制成的视听资料,例如缩微胶片、影片、照相底片、录像带、磁带、唱片、光盘等,还可以是以其他形式存在的资料,例如存在于互联网或其他在线数据库中的资料等。出版物不受地理位置、语言或者获得方式的限制,也不受年代的限制。出版物的出版发行量多少、是否有人阅读过、申请人是否知道是无关紧要的。

印有"内部资料""内部发行"等字样的出版物,确系在特定范围内发行并要求保密的,不属于公开出版物。

案例 4-2-6 国家知识产权局专利复审委员会复审请求审查决定*

本实用新型专利授权公告的权利要求书如下：

“1. 一种易开罐头盒，由马口铁制成，包括上盖、罐体、下盖、开罐匙，罐体卷曲成圆形、方形、长方形、椭圆等形状，其特征在于：罐体下部外表面制有 2~3 条平行于下盖的开口线，上下开口线之间为开口条，开口耳朵自生于开口条上，从开口条的一端延伸到罐体外面，开罐匙一端有开口孔，可套入开口耳朵中；罐体的封口采用铜丝高频焊接。

2. 根据权利要求 1 所述的一种易开罐头盒，其特征在于：罐体下部外表面上的开口线深度为罐体厚度的 50%~70%，上、下开口线间距 4~10mm。”

针对本专利，重庆九龙制罐厂（以下简称第二撤销请求人）于 2001 年 4 月 22 日向中国专利局提出撤销请求，其理由是本专利不具备《专利法》第二十二条第三款所规定的创造性，并提交如下附件作为证据：

附件 9：《罐头工业手册》，轻工业出版社出版，1980 年 1 月第一版第一次印刷、1986 年 5 月第一版第四次印刷，封面、版权页及相关页复印件共计 13 页；（以下简称对比文件 9）

附件 10：《罐头工业空罐生产检验》，上海市食品工业公司编，上海市翔文印刷厂印刷，1986 年 12 月第一版，封面、版权页及相关页复印件共计 8 页；（以下简称对比文件 10）

附件 11：《罐头工业空罐生产技术知识》，上海市食品工业公司编，上海市翔文印刷厂印刷，1983 年 4 月第 1 版，1986 年 1 月第二次出版印刷，封面、版权页及相关业复印件共计 16 页；（以下简称对比文件 11）

对比文件 10 的前言部分记载有“遵照轻工业部（83）轻劳字第 24 号文关于编写四十九个专业教学计划，教学大纲的通知，委托上海市轻工业局负责牵头制定有十七个专业，由我公司承担组织编写食品、发酵工业罐头（分空罐、实罐）、糖果、啤酒、味精、酵母、柠檬酸、酶制剂九个专业的技工学校、在职工人技术培训教学计划、教学大纲和中级技工培训教材，经全国各专业会议审议通过，轻工业部批准颁布试行……本书适用于空罐专业中等技术学校、技工学校和在职工人中级技工培训教学使用，也可作为空罐机械工程技术人员的参考”。另外对比文件 10 的封底载有：“内部发行、不得翻印”的字样。

对比文件 11 的前言部分记载有“遵照轻工业部（83）轻劳字第 24 号文关于编

* 决定号第 10641 号。

写四十九个专业教学计划，教学大纲和技工教材的通知，委托上海市轻工业局负责牵头制定有十七个专业，由我公司承担组织编写罐头（分空罐、实罐）、糖果、啤酒、味精、酒精、酵母、柠檬酸、酶制剂九个专业技工学校、在职工人技术培训的教学计划、教学大纲和技工教材，经各专业全国代表会议审议通过，轻工业部批准颁布试行……本书适用于罐头工业在职生产工人中级技工培训技术学习和有关工程技术人员参考，也是技工学校制罐专业工艺技术的教材”。另外对比文件11的封底载有：“内部发行、不得翻印”的字样。

思考

如果上述对比文件都公开了申请专利的技术方案，请问，哪些对比文件构成现有技术？为什么？

2. 使用公开

由于使用而导致技术方案的公开，或者导致技术方案处于公众可以得知的状态，这种公开方式称为使用公开。使用公开的方式包括能够使公众得知其技术内容的制造、使用、销售、进口、交换、馈赠、演示、展出等方式。只要通过上述方式使有关技术内容处于公众想得知就能够得知的状态，就构成使用公开，而不取决于是否有公众得知。但是，未给出任何有关技术内容的说明，以致所属技术领域的技术人员无法得知其结构和功能或材料成分的产品展示，不属于使用公开。

如果使用公开的是一种产品，即使所使用的产品或者装置需要经过破坏才能够得知其结构和功能，也仍然属于使用公开。此外，使用公开还包括放置在展台上、橱窗内公众可以阅读的信息资料及直观资料，例如招贴画、图纸、照片、样本、样品等。

3. 以其他方式公开

为公众所知的其他方式，主要是指口头公开等。例如，口头交谈、报告、讨论会发言、广播、电视、电影等能够使公众得知技术内容的方式。口头交谈、报告、讨论会发言以其发生之日为公开日。公众可接收的广播、电视或电影的报道，以其播放日为公开日。

当无效请求人将在先使用行为所确定的技术方案作为对比文件，用以无效专利权时，无效请求人应当提供充分的证据证明已存在使用公开的事实。该相关证据的证明标准不能限于使用公开的事实极有可能存在的程度，而是应当达到使用公开的事实已经确定的程度。①

---

① 福州斯狄·t.电热水器有限公司与国家知识产权局专利复审委员会实用新型专利权无效行政纠纷上诉案：北京市高级人民法院行政判决书（2012）高行终字第1308号。

第三节　抵 触 申 请

所谓抵触申请，是指在发明、实用新型、外观设计新颖性的判断中，由任何单位或者个人就同样的发明、实用新型、外观设计在申请日以前向专利局提出并且在申请日以后（含申请日）公布的专利申请文件或者公告的专利文件损害该申请日提出的专利申请的新颖性。根据《专利法》第二十二条第二款的规定，在发明或者实用新型新颖性的判断中，由任何单位或者个人就同样的发明或者实用新型在申请日以前向专利局提出并且在申请日以后（含申请日）公布的专利申请文件或者公告的专利文件损害该申请日提出的专利申请的新颖性。在判断新颖性时，将这种损害新颖性的专利申请，称为抵触申请。

抵触申请还包括满足以下条件的进入了中国国家阶段的国际专利申请，即申请日以前由任何单位或者个人提出、并在申请日之后（含申请日）由专利局作出公布或公告的且为同样的发明或者实用新型的国际专利申请。

另外，抵触申请仅指在申请日以前提出的，不包含在申请日提出的同样的发明或者实用新型专利申请。

抵触申请是相对一个在后申请而言而存在，不能单独存在。其可以从两个方面来理解：一是时间要件，在先申请的公开日晚于在后申请的申请日；二是实质要件，在先申请与在后申请属于专利法意义上的"同样的发明创造"。只有满足这两个要件，在先申请才会破坏在后申请的新颖性。2000 年的《专利法》第二十二条中，抵触申请的要件还有一个"主体"要件，即在后申请是与在先申请不是"同一人"，而是"他人"。2008 年《专利法》将"他人"删掉，这扩大了抵触申请的适用范围。

抵触申请不属于现有技术，所以不能评价创造性问题，如果也不能用来评价新颖性问题，则可能出现前后两个"同样的发明创造"，都可能被授予专利权，这破坏了专利法的基石——先申请原则。

假设甲乙两个人各自完成了同样的发明，分别向国家知识产权局提出了发明专利申请，甲申请在先，乙申请在后。如果两个人的申请都符合专利法的规定，按照先申请原则，专利权应当授予甲。如果甲的申请在乙的申请的申请日（或者优先权日）以后没有公布就撤回了，乙的申请无论根据上述哪一条规定，都可以被授予专利权。如果甲的申请是在乙的申请的申请日以后公布了再撤回的，乙的申请虽然按照先申请原则可以被授予专利权，但因丧失了新颖性，所以不能被授予专利权。

在抵触申请中,甲申请案中的技术不属于现有技术。因为在申请人乙提出自己的申请案时,不知道甲申请中的技术。只是随着专利局日后的公开,甲申请案中的技术才浮现出来,为在后申请人和社会公众知悉。但是,如果忽略甲申请案中的技术,又有可能出现"双重专利"的情况下。为解决这个问题,专利法将甲申请案中的技术视为现有技术。只要甲申请案的技术得以公开,就视为在后申请人乙在提出申请之时已经知悉该技术,从而将相同的乙的申请案驳回。

确定是否存在抵触申请,不仅要查阅在先专利或专利申请的权利要求书,而且要查阅其说明书(包括附图),应当以其全文内容为准。

构成抵触申请的发明或者实用新型虽然不是在后申请的申请日以前已经公开的技术,不能按照现有技术的概念影响在后申请的新颖性,但是如果对申请日不同但内容相同的两份申请都授予专利权,就会导致对同样的发明创造重复授予专利权的结果,这不符合"禁止重复授权原则"。规定存在抵触申请的发明或者实用新型专利申请也不具备新颖性,不能被授予专利权,是落实"禁止重复授权原则"的重要举措。值得注意的是,采用《专利法》第二十二条第二款有关抵触申请的规定防止重复授权与依据《专利法》第九条第一款的规定防止重复授权,两者在效果上是不同的。对前者而言,依照本条规定应当采用新颖性的判断方式,即判断在后发明或者实用新型专利申请的权利要求书所要求保护的技术方案是否被抵触申请的整个申请文件披露,除了抵触申请的权利要求书之外,还包括其说明书和附图;对后者而言,只需要判断先后两份发明或者实用新型专利申请是否要求保护相同的技术方案,也就是仅对两份专利申请的权利要求书的内容进行比较。也就是说,对于发明或实用新型,《专利法》第九条或《专利法实施细则》第四十一条中所述的"同样的发明创造"是指两件或两件以上申请(或专利)中存在的保护范围相同的权利要求。在先申请构成抵触申请或已公开构成现有技术的,应根据《专利法》第二十二条第二款、第三款,而不是根据《专利法》第九条对在后专利申请(或专利)进行审查。

第四节 新颖性判断原则

审查新颖性时,应当根据以下原则进行判断:

一、同样的发明或者实用新型

被审查的发明或者实用新型专利申请与现有技术或者申请日前由任何单位或

者个人向专利局提出申请并在申请日后(含申请日)公布或公告的(以下简称"申请在先公布或公告在后的")发明或者实用新型的相关内容相比,如果其技术领域、所解决的技术问题、技术方案和预期效果实质上相同,则认为两者为同样的发明或者实用新型。

需要注意的是,在进行新颖性判断时,审查员首先应当判断被审查专利申请的技术方案与对比文件的技术方案是否实质上相同,如果专利申请与对比文件公开的内容相比,其权利要求所限定的技术方案与对比文件公开的技术方案实质上相同,所属技术领域的技术人员根据两者的技术方案可以确定两者能够适用于相同的技术领域,解决相同的技术问题,并具有相同的预期效果,则认为两者为同样的发明或者实用新型。①

二、对比文件范围

对比文件既包括现有技术,也包括抵触申请。

三、单独对比

判断新颖性时,应当将发明或者实用新型专利申请的各项权利要求分别与每一项现有技术或申请在先公布或公告在后的发明或实用新型的相关技术内容单独地进行比较,不得将其与几项现有技术或者申请在先公布或公告在后的发明或者实用新型内容的组合、或者与一份对比文件中的多项技术方案的组合进行对比,即判断发明或者实用新型专利申请的新颖性适用单独对比的原则。这与发明或者实用新型专利申请创造性的判断方法有所不同。② 因而,在新颖性判断时,有时也需要对权利要求进行解释。③ 对权利要求解释的方法,我们将在侵权部分进行阐释。

案例 4-4-1 Schering Corp. V. Geneva Pharm*

美国新泽西的区法院在即决判决中认定美国第 4,659,716 号专利(716 号专利)的权利要求 1 和 3 无效。区法院正确认定,美国 4,282,233 号专利(233 号专

① 参见《专利审查指南》(2010 年)第二部分第三章第 3.1 条。

② 参见《专利审查指南》(2010 年)第二部分第三章第 3.1 条。

③ Stephen M. McJohn, *Examples & Explanations: Intellectual Property*, Fourth Edition, at 329.

* 339 F. 3d 1373(2003).

利）必然预见（inherently anticipates）到716号专利的权利要求1和3，本院予以维持。

美国233号专利披露了氯雷他定抗组胺剂，其是Schering公司销售的药物开瑞坦的活性成分。而Schering公司随后申请的716号专利覆盖一种叫着地洛他定（DCL）的氯雷他定的代谢物。服用的药物在消化过程中会发生化学变化，形成一种新的代谢物。代谢物DCL也是一种不引发瞌睡的抗组胺剂。从结构上看，氯雷他定和其代谢物的唯一区别在于：氯雷他定的氮环上有一个一氧羰基团（COOEt），而DCL在该氮环上有一个氢原子：

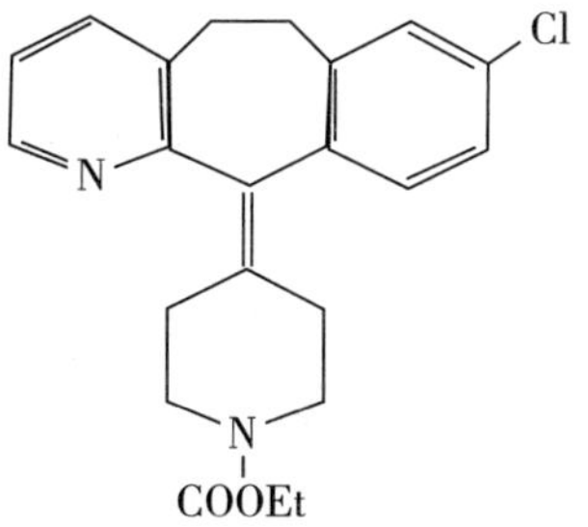

Loratadine（'233 patent）

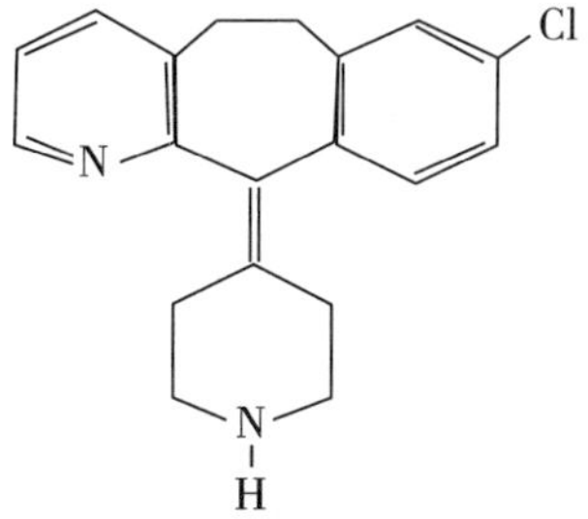

DCL（'716 patent）

716号专利的权利要求1涵盖DCL（当X = Cl时），它的氟取代物，以及它的盐；权利要求3仅涵盖DCL和它的盐。

……

233号专利因此是716号专利的在先技术，233号专利披露了包括氯雷他定在内的一系列化合物。233号专利在权利要求7中对氯雷他定提出保护要求，但233号专利没有明确披露DCL，也没有提及氯雷他定的代谢物。

地区法院对716号专利权利要求1与3的解释认为其还涵盖所有形式的DCL，包括通过人体的新陈代谢以及通过纯化与分离形式的合成等。在此基础上，地区法院认为，233号专利并没有直接清楚地披露DCL，但是通过实施233号专利所揭示的程序，DCL作为代谢物将必然形成。

二审时，Schering公司认为必然预见需在现有技术中获得察觉（recognition）。但联邦巡回上诉法院认为，必然预见并不需要该技术领域的技术人员觉察到内在的披露。法院注意到当氯雷他定被吸收后，DCL并不是偶然形成或在非常条件下形成。相反，在正常条件下，作为病人服用氯雷他定的必然后果，DCL将必然形成。因而，尽管233号专利并没有披露任何可以识别为DCL的化合物，但法院认为存在必然的预见。

思考

美国法中的“必然预见”含义如何？中国法在判断新颖性时是否需要考虑“必然预见”的现有技术呢？新颖性判断以技术方案为对比单元。如果一个权利要求中包含多个技术方案，其新颖性该如何判断呢？

案例 4－4－2　中山日盈礼品制造有限公司与专利复审委员会、银图国际有限公司实用新型专利权无效行政纠纷再审案*

法院认为，新颖性的判断是将发明或者实用新型专利申请或者专利的权利要求所要求保护的技术方案与现有技术中公开的技术方案单独进行比较。对于仅包含单个技术方案的一项权利要求，只有当该权利要求中记载的所有技术特征都被现有技术中单独一项技术方案公开，才能得出该权利要求不具备新颖性的结论。对于包含多个并列技术方案的一项权利要求，在进行新颖性判断时，应当将该项权利要求中限定的多个并列技术方案以各自的技术方案为单元，分别与现有技术中披露的技术方案进行单独比对。如果其中的某个技术方案被现有技术公开，则该技术方案没有新颖性，但不影响其他没有被现有技术公开的技术方案的新颖性判断。第 15211 号无效决定在评价涉案专利权利要求 4、5、6、7、8 的新颖性时，按照权利要求中的各个技术方案分别与对比文件中的技术方案单独对比的方式，对该权利要求所包含的两个或多个并列的技术方案分别进行了评价，其评价方式和结论均无不当。一、二审判决对此评价方式予以支持，适用法律正确。日盈公司提出第 15211 号无效决定对于权利要求 8 与权利要求 4、5、7 评价标准不同，该主张与事实不符。日盈公司申请再审主张评价专利的新颖性不应当以权利要求中的每个技术方案作为基本单位，于法无据，法院不予支持。

第五节　新颖性审查基准

一、相同内容的发明或者实用新型

如果要求保护的发明或者实用新型与对比文件所公开的技术内容完全相同，或者仅仅是简单的文字变换，则该发明或者实用新型不具备新颖性。另外，上述

* 最高人民法院行政裁定书（2012）知行字第 84 号。

相同的内容应该理解为包括可以从对比文件中直接地、毫无疑义地确定的技术内容。例如一件发明专利申请的权利要求是"一种电机转子铁心,所述铁心由钕铁硼永磁合金制成,所述钕铁硼永磁合金具有四方晶体结构并且主相是. $d_2Fe_{14}B$ 金属间化合物",如果对比文件公开了"采用钕铁硼磁体制成的电机转子铁心",就能够使上述权利要求丧失新颖性,因为该领域的技术人员熟知所谓的"钕铁硼磁体"即指主相是. $d_2Fe_{14}B$ 金属间化合物的钕铁硼永磁合金,并且具有四方晶体结构。

二、具体(下位)概念与一般(上位)概念

如果要求保护的发明或者实用新型与对比文件相比,其区别仅在于前者采用一般(上位)概念,而后者采用具体(下位)概念限定同类性质的技术特征,则具体(下位)概念的公开使采用一般(上位)概念限定的发明或者实用新型丧失新颖性。例如,对比文件公开某产品是"用铜制成的",就使"用金属制成的"同一产品的发明或者实用新型丧失新颖性。但是,该铜制品的公开并不使铜之外的其他具体金属制成的同一产品的发明或者实用新型丧失新颖性。反之,一般(上位)概念的公开并不影响采用具体(下位)概念限定的发明或者实用新型的新颖性。例如,对比文件公开的某产品是"用金属制成的",并不能使"用铜制成的"同一产品的发明或者实用新型丧失新颖性。又如,要求保护的发明或者实用新型与对比文件的区别仅在于发明或者实用新型中选用了"氯"来代替对比文件中的"卤素"或者另一种具体的卤素"氟",则对比文件中"卤素"的公开或者"氟"的公开并不导致用氯对其作限定的发明或者实用新型丧失新颖性。

三、惯用手段的直接置换

如果要求保护的发明或者实用新型与对比文件的区别仅仅是所属技术领域的惯用手段的直接置换,则该发明或者实用新型不具备新颖性。例如,对比文件公开了采用螺钉固定的装置,而要求保护的发明或者实用新型仅将该装置的螺钉固定方式改换为螺栓固定方式,则该发明或者实用新型不具备新颖性。

思考

惯常手段的直接置换是新颖性问题还是创造性问题?为什么中国《专利审查指南》将惯常手段的直接替换纳入新颖性的判断?

案例4-5-1 专利复审委员会与黄孟柱专利无效行政纠纷二审案*

本院认为,专利复审委员会第6210号无效决定认为,本专利权利要求1与对比文件1相比,其主要区别特征在于接头的密封方式不同,即本专利权利要求1中采用了"O"形密封圈和密封脂作径向密封和轴向端面密封,而对比文件1中仅公开了采用密封胶粘接层的轴向端面密封。

对此本院认为:本专利与对比文件1均涉及管道间的密封连接,通过密封达到真空的技术效果。实践中,管道间的密封连接方式有多种,如密封胶、密封垫、"O"形密封圈、麻丝、油灰、生胶带等,上述密封技术属于公知技术常识。为了达到好的密封效果,上述密封材料可以相互替换,亦可同时进行轴向和径向密封。虽然本专利权利要求1的技术方案中采用的密封方式与对比文件1公开的密封方式不同,但上述区别属于本领域普通技术人员惯用的直接置换的技术手段。因此,权利要求1相对于对比文件1不具有新颖性。

思考与评论

上述案件是新颖性问题还是创造性问题?在美国的专利实践中,法院认为破坏新颖性的"预见"要求在单一的现有技术中披露所要保护的发明的权利要求中的全部技术特征,如果一份现有技术披露只是"几乎"满足了这一标准,可依据创造性问题予以驳回,但这不是新颖性问题。①

四、数值和数值范围

如果要求保护的发明或者实用新型中存在以数值或者连续变化的数值范围限定的技术特征,例如部件的尺寸、温度、压力以及组合物的组分含量,而其余技术特征与对比文件相同,则其新颖性的判断应当依照以下各项规定。

1. 对比文件公开的数值或者数值范围落在上述限定的技术特征的数值范围内,将破坏要求保护的发明或者实用新型的新颖性。如专利申请的权利要求为一种铜基形状记忆合金,包含10% ~35%(重量)的锌和2% ~8%(重量)的铝,余量为铜。如果对比文件公开了包含20%(重量)锌和5%(重量)铝的铜基形状记忆合金则上述对比文件破坏该权利要求的新颖性。

2. 对比文件公开的数值范围与上述限定的技术特征的数值范围部分重叠或者

---

* 北京市高级人民法院行政判决书(2005)高行终字第38号。

① *Structural Rubber Products Company v. Park Rubber Co.*,749 F.2d 707,723(Fed. Cir. 1984).

有一个共同的端点，将破坏要求保护的发明或者实用新型的新颖性。

3. 对比文件公开的数值范围的两个端点将破坏上述限定的技术特征为离散数值并且具有该两端点中任一个的发明或者实用新型的新颖性，但不破坏上述限定的技术特征为该两端点之间任一数值的发明或者实用新型的新颖性。

4. 上述限定的技术特征的数值或者数值范围落在对比文件公开的数值范围内，并且与对比文件公开的数值范围没有共同的端点，则对比文件不破坏要求保护的发明或者实用新型的新颖性。

五、包含性能、参数、用途或制备方法等特征的产品权利、要求

对于包含性能、参数、用途、制备方法等特征的产品权利要求新颖性的审查，应当按照以下原则进行。

1. 包含性能、参数特征的产品权利要求

对于这类权利要求，应当考虑权利要求中的性能、参数特征是否隐含了要求保护的产品具有某种特定结构和/或组成。如果该性能、参数隐含了要求保护的产品具有区别于对比文件产品的结构和/或组成，则该权利要求具备新颖性；相反，如果所属技术领域的技术人员根据该性能、参数无法将要求保护的产品与对比文件产品区分开，则可推定要求保护的产品与对比文件产品相同，因此申请的权利要求不具备新颖性，除非申请人能够根据申请文件或现有技术证明权利要求中包含性能、参数特征的产品与对比文件产品在结构和/或组成上不同。例如，专利申请的权利要求为用 X 衍射数据等多种参数表征的一种结晶形态的化合物 A，对比文件公开的也是结晶形态的化合物 A，如果根据对比文件公开的内容，难以将两者的结晶形态区分开，则可推定要求保护的产品与对比文件产品相同，该申请的权利要求相对于对比文件而言不具备新颖性，除非申请人能够根据申请文件或现有技术证明，申请的权利要求所限定的产品与对比文件公开的产品在结晶形态上的确不同。

2. 包含用途特征的产品权利要求

对于这类权利要求，应当考虑权利要求中的用途特征是否隐含了要求保护的产品具有某种特定结构和/或组成。如果该用途由产品本身固有的特性决定，而且用途特征没有隐含产品在结构和/或组成上发生改变，则该用途特征限定的产品权利要求相对于对比文件的产品不具有新颖性。例如，用于抗病毒的化合物 X 的发明与用作催化剂的化合物 X 的对比文件相比，虽然化合物 X 用途改变，但决定其本质特性的化学结构式并没有任何变化，因此用于抗病毒的化合物 X 的发明不具备新颖性。但是，如果该用途隐含了产品具有特定的结构和/或组成，即该用途表明产

品结构和/或组成发生改变,则该用途作为产品的结构和/或组成的限定特征必须予以考虑。例如“起重机用吊钩”是指仅适用于起重机的尺寸和强度等结构的吊钩,其与具有同样形状的一般钓鱼者用的“钓鱼用吊钩”相比,结构上不同,两者是不同的产品。

3. 包含制备方法特征的产品权利要求

对于这类权利要求,应当考虑该制备方法是否导致产品具有某种特定的结构和/或组成。如果所属技术领域的技术人员可以断定该方法必然使产品具有不同于对比文件产品的特定结构和/或组成,则该权利要求具备新颖性;相反,如果申请的权利要求所限定的产品与对比文件产品相比,尽管所述方法不同,但产品的结构和组成相同,则该权利要求不具备新颖性,除非申请人能够根据申请文件或现有技术证明该方法导致产品在结构和/或组成上与对比文件产品不同,或者该方法给产品带来了不同于对比文件产品的性能从而表明其结构和/或组成已发生改变。例如,专利申请的权利要求为用X方法制得的玻璃杯,对比文件公开的是用Y方法制得的玻璃杯,如果两个方法制得的玻璃杯的结构、形状和构成材料相同,则申请的权利要求不具备新颖性。相反,如果上述X方法包含了对比文件中没有记载的在特定温度下退火的步骤,使得用该方法制得的玻璃杯在耐碎性上比对比文件的玻璃杯有明显的提高,则表明要求保护的玻璃杯因制备方法的不同而导致了微观结构的变化,具有了不同于对比文件产品的内部结构,该权利要求具备新颖性。

值得注意的是,这里的审查基准同样适用于创造性判断中对该类技术特征是否相同的对比判断。

第六节 外观设计的新颖性

授予专利权的外观设计,应当不属于现有设计,也没有任何单位或者个人就同样的外观设计在申请日以前向国务院专利行政部门提出过申请,并记载在申请日以后公告的专利文件中。现有设计是指申请日(有优先权的,指优先权日)以前在国内外为公众所知的设计。现有设计包括申请日以前在国内外出版物上公开发表过、公开使用过或者以其他方式为公众所知的设计。

外观设计的新颖性规定排除了与现有设计相比整体视觉效果上实质相同的外观设计,包括与该现有设计完全相同的外观设计,也包括仅在非设计要点上与现有设计相比有局部细小区别的外观设计。①

授予专利权的外观设计与发明和实用新型都必须满足新颖性要求,但在内容上有所差异。

一、判断客体

在确定判断客体时,对于外观设计专利,除应当根据外观设计专利的图片或者照片进行确定外,还应当根据简要说明中是否写明请求保护色彩、“平面产品单元图案两方连续或者四方连续等无限定边界的情况”等内容加以确定。

二、判断主体

判断外观设计的新颖性时,应当基于专利产品的一般消费者的知识水平和认知能力进行评价。不同种类的产品具有不同的消费者群体。

最高法院认为,对外观设计进行相近似判断时,应当基于外观设计专利产品的一般消费者的知识水平和认知能力,对外观设计专利与在先设计的整体视觉效果进行整体观察、综合判断。一般消费者是为了使得判断结论更为客观、准确而确立的抽象判断主体,其具有特定的知识水平和认知能力。从知识水平的角度而言,一般消费者对于与外观设计专利产品相同或者相近类别的产品具有常识性的了解,其通晓申请日之前相关产品的外观设计状况,熟悉相关产品上的惯常设计。从认知能力的角度而言,一般消费者对于形状、色彩、图案等设计要素的变化仅具有一般的注意力和分辨力,其关注外观设计的整体视觉效果,不会关注外观设计专利与对比设计之间的局部细微差别。所谓整体观察、综合判断,是指一般消费者从整体上而不是仅依据局部的设计变化,来判断外观设计专利与对比设计的视觉效果是否具有明显区别;在判断时,一般消费者对于外观设计专利与对比设计可视部分的相同点和区别点均会予以关注,并综合考虑各相同点、区别点对整体视觉效果的影响大小和程度。② 产品正常使用时容易被直接观察到的部位相对于其他部位,授权外观设计区别于现有设计的设计特征相对于授权外观设计的其他设计特征,对于外观设计的整体效果更具影响。

三、产品是否相同或属于相近种类

外观设计新颖性的判断仅限于相同或者相近种类的产品外观设计。确定外观

---

① 国家知识产权局条法司编:《〈专利法〉第三次修改导读》,知识产权出版社2009年版,第54页。

② 最高人民法院行政判决书(2011)行提字第1号。

设计专利产品类别,应以具有独立存在形态、可以单独销售的产品的用途为依据;外观设计专利的保护范围限于相同或者相近种类产品的外观设计。①

对于产品种类不相同也不相近的外观设计,不进行专利与现有设计是否实质相同的比较和判断,即可认定该外观设计与对比设计不构成实质相同,例如毛巾和地毯的外观设计。相近种类的产品是指用途相近的产品。例如玩具和小摆设的用途是相近的,两者属于相近种类的产品。应当注意的是,当产品具有多种用途时,如果其中部分用途相同,而其他用途不同,则二者应属于相近种类的产品。如带 MP3 的手表与一般手表都具有计时的用途,二者属于相近种类的产品。

案例 4-6-1 越远食品有限公司诉维多利食品有限公司专利侵权纠纷案*

维多利食品有限公司申请再审称:(一)涉案专利"工艺品(凤梨拼盘)"(专利号 200630000974.6)与被诉侵权产品"旺来拼盘吸冻"分属两个不同的类别,不具有可比性。涉案专利是《国际外观设计分类表》第 11 类装饰类中的"11-02",即小装饰品、桌子、壁炉台和墙的装饰、花瓶和花盘。用途是装饰,功能是装点居室、美化环境。被诉侵权产品的名称为果冻,用途是食用,功能是作为一种甜品、零食,在《国际外观设计分类表》属于 01-99 其他杂类项。二者的售卖渠道不同,消费人群不同,且被诉侵权产品具有保质期。一审判决认定两者用途不同、产品功能不同,且在国际外观设计分类表中属于不同的类别,是正确的。但二审判决却认定被诉侵权产品也可以作为装饰陈列、摆放,进而认定是相近种类,存在严重错误。(二)被诉侵权产品与涉案专利产品的外观并不相似,涉案专利产品为规整的圆柱体,球状物整齐排列。被诉侵权产品为不规整的椭圆状,球状物是错落排列。(三)如果专利权人申请专利的保护范围包括食品的类别,根据《专利审查指南》(2010 年)的规定,对于多类别产品,多个分类号之间用分号分隔的规定,其可以将食品类别一并列入专利的保护范围,以分号分隔。但涉案专利只是列了"11-02"类别。二审判决将果冻列入涉案专利的保护范围,变相扩大了专利的保护范围,于法无据。而且,专利权人在明知涉案专利是装饰品,与食品没有关系的情况下,将涉案专利许可给被申请人,明显是为了达到恶意诉讼需要。请求本院撤销二审判决,对本案进行再审。

---

① 弓箭国际与兰之韵厂侵犯外观设计专利权纠纷案:最高人民法院(2012)民申字第 41 号、第 54 号。

* 最高人民法院(2013)民申字第 1658 号。

越远食品有限公司提交意见称:被诉侵权产品与涉案专利产品用途相同,属于同类产品,而且被诉侵权产品外观与本专利产品的外观设计相近似。维多利食品有限公司的再审申请缺乏事实与法律依据,请求予以驳回。

本院认为,本案争议焦点为涉案外观设计专利"工艺品(凤梨拼盘)"(专利号200630000974.6)与被诉侵权产品"旺来拼盘吸冻"的种类是否相近、外观设计是否近似;二审判决认定的涉案外观设计专利权的保护范围是否存在错误。

(一)关于产品种类是否相近的问题

《国际外观设计分类表》是专利管理部门对外观设计专利申请文件和文献资料进行管理的工具,仅是判断产品种类的参考因素之一,并不是作为确定产品种类的唯一依据。确定产品种类相同或相近的依据是产品是否具有相同或相近似的用途,而产品销售、实际使用的情况是认定用途的参考因素。根据一、二审法院查明的事实,被诉侵权产品的外形自上而下由三部分构成,顶层是叶子,叶子朝上伸展;中间层是由若干颗粒捆扎而成的圆柱形果实,圆柱形果实的内部填充了具有可食用性的果冻,每一粒果实大小一致,紧密排列;底层是带底座的托盘。销售时,顶层的装饰物、底层的托盘与中间层的圆柱型果实一同销售。被诉侵权产品通过三层组合,整体造型为承载在托盘上的凤梨。根据产品实际使用情况,被诉侵权产品除供食用外,消费者购买后也可以将其作为贡品和摆设,达到装饰的效果。尽管被诉侵权产品的果实中盛装了果冻,具有食用的功能,但由于其与涉案专利产品具有相同的装饰用途,根据《最高人民法院关于审理侵犯专利权纠纷案件应用法律若干问题的解释》第九条的规定,被诉侵权产品与涉案外观设计专利产品种类相近。维多利食品有限公司就二审法院认定被诉侵权产品具有装饰用途错误的主张,与事实不符,其关于被诉侵权产品与涉案外观设计专利产品属于不同类别的理由,本院不予支持。

思考与评论

本案中,最高法院认为,《国际外观设计分类表》是专利管理部门对外观设计专利申请文件和文献资料进行管理的工具,仅是判断产品种类的参考因素之一,并不是作为确定产品种类的唯一依据。确定产品种类是否相同或相近的依据是产品是否具有相同或相近似的用途,产品销售、实际使用的情况可以作为认定用途的参考因素。最高法院相关司法解释认为,人民法院应当根据外观设计产品的用途,认定产品种类是否相同或者相近。确定产品的用途,可以参考外观设计的简要说明、国际外观设计分类表、产品的功能以及产品销售、实际使用的情况等因素。

你认为产品相同或近似的判断方法是什么?你认为可以借鉴商标法中关于相同或类似商品的判断方法吗?

四、设计既要"不相同",还要"不相近似"

人民法院应当以外观设计专利产品的一般消费者的知识水平和认知能力,判断外观设计是否相同或者近似。人民法院认定外观设计是否相同或者近似时,应当根据授权外观设计、被诉侵权设计的设计特征,以外观设计的整体视觉效果进行综合判断;对于主要由技术功能决定的设计特征以及对整体视觉效果不产生影响的产品的材料、内部结构等特征,应当不予考虑。

下列情形,通常对外观设计的整体视觉效果更具有影响:

(1)产品正常使用时容易被直接观察到的部位相对于其他部位;

(2)授权外观设计区别于现有设计的设计特征相对于授权外观设计的其他设计特征。

被诉侵权设计与授权外观设计在整体视觉效果上无差异的,人民法院应当认定两者相同;在整体视觉效果上无实质性差异的,应当认定两者近似。

外观设计相同是指被对比外观设计专利与对比设计是相同种类产品的外观设计,并且被对比设计的全部外观设计要素与对比设计的相应设计要素相同,其中外观设计要素是指形状、图案以及色彩。如果涉案专利与对比设计仅属于常用材料的替换,或者仅存在产品功能、内部结构、技术性能或者尺寸的不同,而未导致产品外观设计的变化,二者仍属于相同的外观设计。在确定产品的种类时,可以参考产品的名称、国际外观设计分类以及产品销售时的货架分类位置,但是应当以产品的用途是否相同为准。相同种类产品是指用途完全相同的产品。例如机械表和电子表尽管内部结构不同,但是它们的用途是相同的,所以属于相同种类的产品。

如果一般消费者经过对涉案专利与对比设计的整体观察可以看出,二者的区别仅属于下列情形,则涉案专利与对比设计实质相同:

(1)其区别在于施以一般注意力不能察觉到的局部的细微差异,例如,百叶窗的外观设计仅有具体叶片数不同;

(2)其区别在于使用时不容易看到或者看不到的部位,但有证据表明在不容易看到部位的特定设计对于一般消费者能够产生引人瞩目的视觉效果的情况除外;

(3)其区别在于将某一设计要素整体置换为该类产品的惯常设计的相应设计要素,例如,将带有图案和色彩的饼干桶的形状由正方体置换为长方体;

(4)其区别在于将对比设计作为设计单元按照该种类产品的常规排列方式作重复排列或者将其排列的数量作增减变化,例如,将影院座椅成排重复排列或者将其成排座椅的数量作增减;

(5)其区别在于互为镜像对称。

相近似的外观设计是指相同或相近种类的产品,其外观设计相近似;或相近种类的产品,其外观设计相同。

因而无论是相同的外观设计,还是相近似的外观设计,也不论申请人是否为同一申请人,均应只授予一项专利权。

五、判断方式

认定外观设计是否相同或者近似时,应当根据授权外观设计、被诉侵权设计的设计特征,以外观设计的整体视觉效果进行综合判断;对于主要由技术功能决定的设计特征以及对整体视觉效果不产生影响的产品的材料、内部结构等特征,应当不予考虑。

一般应当用一项对比设计与涉案专利进行单独对比,而不能将两项或者两项以上对比设计结合起来与涉案专利进行对比。

在对比时应当通过视觉进行直接观察,不能借助放大镜、显微镜、化学分析等其他工具或者手段进行比较,不能由视觉直接分辨的部分或者要素不作为判断的依据。

在新颖性判断时应当仅以产品的外观作为判断的对象,考虑产品的形状、图案、色彩这三个要素产生的视觉效果。对比时应当采用整体观察、综合判断的方式。所谓整体观察、综合判断,是指一般消费者从整体上而不是仅依据局部的设计变化,来判断外观设计专利与对比设计的视觉效果是否具有明显区别;在判断时,一般消费者对于外观设计专利与对比设计可视部分的相同点和区别点均会予以关注,并综合考虑各相同点、区别点对整体视觉效果的影响大小和程度。

另外,整体观察,综合判断的标准也是指在产品正常使用状态下的可视整体外观,不应当将产品整体予以拆分、改变原使用状态后,对产品的部分外观设计进行对比。

案例 4-6-2 **珠海格力电器股份有限公司与广东美的电器股份有限公司、申请再审人珠海格力电器股份有限公司与被申请人广东美的电器股份有限公司、二审上诉人国家知识产权局专利复审委员会外观设计专利权无效行政纠纷案***

本院认为:对外观设计进行相近似判断时,应当基于外观设计专利产品的一般

* 最高人民法院行政判决书(2011)行提字第1号。

消费者的知识水平和认知能力，对外观设计专利与在先设计的整体视觉效果进行整体观察、综合判断。一般消费者是为了使得判断结论更为客观、准确而确立的抽象判断主体，其具有特定的知识水平和认知能力。就知识水平的角度而言，一般消费者对于与外观设计专利产品相同或者相近类别的产品具有常识性的了解，其通晓申请日之前相关产品的外观设计状况，熟悉相关产品上的惯常设计。从认知能力的角度而言，一般消费者对于形状、色彩、图案等设计要素的变化仅具有一般的注意力和分辨力，其关注外观设计的整体视觉效果，不会关注外观设计专利与对比设计之间的局部细微差别。所谓整体观察、综合判断，是指一般消费者从整体上而不是仅依据局部的设计变化，来判断外观设计专利与对比设计的视觉效果是否具有明显区别；在判断时，一般消费者对于外观设计专利与对比设计可视部分的相同点和区别点均会予以关注，并综合考虑各相同点、区别点对整体视觉效果的影响大小和程度。

涉案专利与在先设计均由位于中央的轮毂以及轮毂两侧呈中心对称分布的两个扇叶组成。将二者的扇叶相比较，均包括圆弧状的外侧和内侧、外侧与内侧连接处的凸起、位于前侧的尖角和直线部分，以及位于前侧的类似刀口的加厚增强层等结构。单个扇叶的形状基本相同，两个扇叶的对称分布形态亦基本相同。二者的主要区别是：(1)扇叶的旋转方向成180°反向(一审判决认定的区别3)；(2)涉案专利的扇叶突出轮毂主体一小部分，并且涉案专利的扇叶比在先设计中的扇叶厚(一审判决认定的区别4)。关于上述相同点、区别点对整体视觉效果的影响，首先，由于对称分布的两个扇叶占据了产品的主要视觉部分，更容易被一般消费者所关注，因此，基本相同的扇叶形状以及对称分布形态对整体视觉效果具有显著的影响。其次，扇叶的旋转方向系由风轮的旋转功能所决定，因此，区别3对整体视觉效果不具有显著影响。再次，由于一般消费者施以一般的注意力和分辨力难于观察到二者的扇叶厚度的细微差异，因此，扇叶厚度的区别对整体视觉效果不具有影响；涉案专利的扇叶虽突出于轮毂主体一小部分，但相对于整个扇叶而言，该突出部分所占比例较小，而且在使用状态下，该突出部分位于风轮安装面一侧，难于被一般消费者观察到，因此，区别4对整体视觉效果亦不具有显著影响。

将涉案专利与在先设计的轮毂进行比较，二者的轮毂均由一圆台状结构构成，轮毂与扇叶的连接处均有一对呈渐开线方式延伸的圆弧状轮毂壁，轮毂壁的形状均由圆弧和直线结合形成，轮毂与扇叶内侧均由轮毂壁由下至上倾斜连接，连接方式基本相同。二者的主要区别在于，在先设计的轮毂壁延伸得更长，包围的面积更大，轮毂壁圆弧与直线边形成尖角，涉案专利没有形成尖角(一审判决认定的区别1、2)。对于位于产品中央的设计变化，应当综合考虑其在产品整体中所占的比例、变化程度的大小等因素,确定其对整体视觉效果的影响。位于中央的设计变化并不必然对整体视觉效果具有显著影响。涉案专利的轮毂虽位于中央,但相对于扇叶而言,所占面积明显较小,相对于在先设计轮毂的变化亦相对有限,在涉案专利与在先设计的轮毂及其轮毂壁还具有前述诸多相同点的情况下,上述区别对整体视觉效果不具有显著影响。事实上,涉案专利的轮毂是在在先设计的较大的轮毂的基础上,舍弃了一部分,使得轮毂壁延伸长度减少,围成的面积减少,形成的夹角发生变化。在进行相近似判断时,如果外观设计专利的改进仅仅体现为在现有设计的基础上省略局部的设计要素,这种改进通常不能体现出外观设计专利所应当具有的创新性,亦不应对整体视觉效果带来显著影响,就这个角度而言,亦应认定涉案专利轮毂的设计变化对整体视觉效果不具有显著影响。

应当指出的是,《中华人民共和国专利法实施细则》(2001 年修订)第二条第四款规定:"专利法所称外观设计,是指对产品的形状、图案或者其结合以及色彩与形状、图案的结合所作出的富有美感并适于工业应用的新设计。"2008 年修改专利法后,修改后的《专利法》第二条第四款亦作基本相同的规定。根据上述规定,一项产品的外观设计要获得外观设计专利权的保护,其必须具备专利法意义上的美感,即在实现产品的特定功能的基础上,对产品的视觉效果作出创新性的改进,使得产品能够体现出功能性和美感的有机结合。仅仅具有功能性而不具有美感的产品设计,可以通过申请发明或者实用新型专利权予以保护,而不应当通过外观设计专利权予以保护。与本领域普通技术人员总是从技术角度考虑问题所不同,一般消费者在进行相近似判断时,其主要关注于外观设计的视觉效果的变化,而不是功能或者技术效果的变化。一般消费者也不会基于设计要素变化所伴随的技术效果的改变,而对该设计要素变化施以额外的视觉关注。因此,对于美的公司有关单纯地讨论美感没有实际意义,区别 1、2、4 能够显著提高风轮的工作效率,一般消费者对于所述区别更加敏感,所述区别对整体视觉效果具有显著影响的主张,本院不予支持。

综上所述,将涉案专利与在先设计相比较,综合考虑二者的相同点、不同点以及对整体视觉效果的影响,应认定二者的整体视觉效果不具有明显区别,属于相近似的外观设计。一审、二审判决未考虑二者的相同点对整体视觉效果带来的显著影响,仅关注于涉案专利与在先设计的区别点,就区别 1、2、4 对整体视觉效果带来的影响的认定亦有不当,以致错误认定涉案专利与在先设计不相近似,适用法律错误,应予纠正。

思考与评论

最高法院认为,从认知能力的角度而言,一般消费者对于形状、色彩、图案等设计要素的变化仅具有一般的注意力和分辨力,其关注外观设计的整体视觉效果,不会关注外观设计专利与对比设计之间的局部细微差别。所谓整体观察、综合判断,是指一般消费者从整体上而不是仅依据局部的设计变化,来判断外观设计专利与对比设计的视觉效果是否具有明显区别;在判断时,一般消费者对于外观设计专利与对比设计可视部分的相同点和区别点均会予以关注,并综合考虑各相同点、区别点对整体视觉效果的影响大小和程度。

在外观设计近似的判断中,是否需要考虑设计要素的功能性特征?本案中,最高法院认为,一般消费者在进行相近似判断时,其主要关注外观设计的视觉效果的变化,而不是功能或者技术效果的变化。一般消费者也不会基于设计要素变化所伴随的技术效果的改变,而对该设计要素变化施以额外的视觉关注。你认同吗?

案例 4-6-3 国家知识产权局与张迪军、鑫隆公司外观设计专利权无效行政纠纷案*

本院认为,本专利申请日在 2009 年 10 月 1 日前,应该适用 2000 年修订的《中华人民共和国专利法》及其实施细则的规定。结合申请再审人的再审申请、被申请人的答辩以及庭审情况,本案的争议焦点在于:原二审判决是否违背了整体观察、综合判断的判断方法;技术性设计特征和装饰性设计特征是否可分及其区分条件和作用;本专利与在先设计的区别设计特征是否属于功能性设计特征;本专利与在先设计是否相同或者相近似。

(一)关于原二审判决是否违背了整体观察、综合判断的判断方法

所谓整体观察、综合判断的方法,是指在判断外观设计专利与在先设计是否相同或者相近似时,应该从外观设计专利产品的一般消费者的知识水平和认知能力出发,综合评估两者的相同点和区别点对整体视觉效果的影响,在此基础上对两者的整体视觉效果是否相同或者相近似作出判断。在这个过程中,既要注意二者的相同点对整体视觉效果的影响,又要注意二者的区别点对整体视觉效果的影响。实际上,只要把外观设计专利与在先设计是否相同或者相近似的判断落脚到二者整体视觉形象的相同或者相近似上,就必然需要对两者的相同点和不同点对整体视觉形象的影响程度进行综合考量。本案中,原二审判决在对比本专利与在先设计的基础上,认定了二者存在两点设计区别,并进而认定上述区别能够对二者的整

* 最高人民法院行政判决书(2012)行提字第 14 号。

体视觉效果产生显著影响。可见,虽然原二审判决将重点放在了两者的区别对整体视觉效果的影响上,但是并非没有注意二者的相同点对整体视觉效果的影响。专利复审委员会主张,原二审判决仅观察了不同点对整体带来的视觉效果,而对相同点对整体视觉效果的影响却视而不见。这一主张不能成立,本院不予支持。

(二)关于技术性设计特征和装饰性设计特征是否可分及其区分标准和作用

专利复审委员会认为,设计特征可以区分为功能性特征和装饰性特征。

功能性特征基于对产品功能、性能、经济性、便利性、安全性等方面的技术性要求而设计;装饰性特征则基于产品的视觉效果美观而设计。功能性特征所达到的效果是客观的,不受主体的审美取向、社会文化感受影响;装饰性特征实现的效果是审美的,不同主体因不同的审美取向、社会文化等因素得到不同的主观感受。功能性特征则受到产品功能或技术条件的限制,不具有可选择性或者选择性受到功能需求或技术规格的限定;装饰性特征不受功能或技术的制约,由于审美的不确定性而具有可选择性。这就涉及功能性设计特征和装饰性设计特征是否可分及其区分标准和意义等问题。对此,本院评述如下:

首先,关于功能性设计特征与装饰性设计特征的区分。任何产品的外观设计通常都需要考虑两个基本要素:功能因素和美学因素。即产品必须首先要实现其功能,其次还要在视觉上具有美感。可以说,大多数产品都是功能性和装饰性的结合。就某一外观设计产品的具体某一设计特征而言,同样需要考虑功能性和美感的双重需求,是技术性与装饰性妥协和平衡的产物。因此,产品的设计特征的功能性或者装饰性通常是相对而言的,绝对地区分功能性设计特征和装饰性设计特征在大多数情况下是不现实的。只有在特殊的情形下,某种产品的某项设计特征才可能完全由装饰性或者功能性所决定。因此,至少存在三种不同类型的设计特征:功能性设计特征、装饰性设计特征以及功能性与装饰性兼具的设计特征。

其次,关于功能性设计特征的区分标准。功能性设计特征是指那些在该外观设计产品的一般消费者看来,由所要实现的特定功能所唯一决定而并不考虑美学因素的设计特征。功能性设计特征与该设计特征的可选择性存在一定的关联性。如果某种设计特征是由某种特定功能所决定的唯一设计,则该种设计特征不存在考虑美学因素的空间,显然属于功能性设计特征。如果某种设计特征是实现特定功能的有限的设计方式之一,则这一事实是证明该设计特征属于功能性特征的有力证据。不过,即使某种设计特征仅仅是实现某种特定功能的多种设计方式之一,只要该设计特征仅仅由所要实现的特定功能所决定而与美学因素的考虑无关,仍可认定其属于功能性设计特征。如果把功能性设计特征仅仅理解为实现某种功能的唯一设计,则会过分限制功能性设计特征的范围,把具有两种或者两种以上替代设计的设计特征排除在外,进而使得外观设计申请人可以通过对有限的替代设计分别申请外观设计专利的方式实现对特定功能的垄断,不符合外观设计专利保护具有美感的创新性设计方案的立法目的。从这个角度而言,功能性设计特征的判断标准并不在于该设计特征是否因功能或技术条件的限制而不具有可选择性,而在于在一般消费者看来,该设计特征是否仅仅由特定功能所决定,从而不需要考虑该设计特征是否具有美感。

最后,关于区分不同类型设计特征的意义。不同类型设计特征对于外观设计产品整体视觉效果的影响存在差异。功能性设计特征对于外观设计的整体视觉效果通常不具有显著影响;装饰性特征对于外观设计的整体视觉效果一般具有影响;功能性与装饰性兼具的设计特征对整体视觉效果的影响则需要考虑其装饰性的强弱,其装饰性越强,对整体视觉效果的影响可能相对较大一些,反之则相对较小。当然,以上所述仅仅是一般原则,一种设计特征对于外观设计产品整体视觉效果的影响最终需要结合案件具体情况进行综合评判。

(三)关于本专利与在先设计的区别设计特征是否属于功能性设计特征

第13912号决定和原一审、二审判决均认定,本专利与在先设计相比,存在两点区别:在先设计的上部粗柱有矩形凹槽,本专利没有(区别特征一);两者下部的引脚位置不同,本专利五只引脚均在底座的一个侧面上,在先设计只有三只引脚设置在底座的一个侧面上,另外两只引脚设置在底座的另一个相对的侧面上(区别特征二)。本案各方当事人对上述区别无异议,本院对此予以确认。

关于区别特征一,本专利上部粗柱无矩形凹槽,而在先设计的上部粗柱存在矩形凹槽。首先,由于在先设计的专利文件本身并未对专利产品是单轴还是双轴结构、是否能够双轴旋转、矩形凹槽具有何种作用等进行任何说明,在此情况下,难以判断在先设计专利产品的结构以及矩形凹槽的功能。其次,第13912号决定本身并未认定在先设计的上部粗柱的矩形凹槽属于功能性设计,专利复审委员会仅仅在本案申请再审阶段才提出该矩形凹槽属于功能性设计的主张。对此,专利复审委员会应该提供充分的证据予以证明。最后,专利复审委员会提交本院作为参考的、名称为"一种双轴编码器"的中国实用新型专利的申请日晚于本专利,且其权利要求6记载的外轴芯上的槽的功能系便于与外部电器连接安装,与专利复审委员会的主张不尽一致,难以据此判断在先设计上部粗柱上的矩形凹槽的功能。因此,基于本案现有证据,无法确定在先设计产品是双轴可旋转的编程开关,亦无法确定其矩形凹槽用于与旋钮配合实现调节信号输出。专利复审委员会关于在先设计在中间环形轴上设置缺口是为了实现不同的信号控制功能，区别特征一是功能性设计特征的主张依据不足，本院不予支持。

关于区别特征二，本专利和在先设计两者下部的引脚位置不同。本案各方当事人均确认，本专利产品涉及的编码开关的引脚数量是特定的，其分布需要与电路板节点相适配。可见，引脚的数量与位置分布是由与之相配合的电路板所决定的，以便实现与不同电路板上节点相适配。在本专利产品的一般消费者看来，无论是引脚的位置是分布在底座的一个侧面上还是分布在两个相对的侧面上，都是基于与之相配合的电路板布局的需要，以便实现两者的适配与连接，其中并不涉及对美学因素的考虑。因此，区别特征二是功能性设计特征，其对本专利产品的整体视觉效果并不产生显著影响。专利复审委员会关于区别特征二是功能性设计特征的申请再审理由成立，本院予以支持。

（四）关于本专利与在先设计是否相同或者相近似

前已述及，本专利与在先设计相比，存在两项区别特征。其中区别特征二是功能性设计特征，对于本专利与在先设计的整体视觉效果不具有显著影响。对于区别特征一而言，现有证据不能充分证明在先设计上部粗柱具有矩形凹槽属于功能性设计特征。同时，该矩形凹槽比较明显，与整体设计相比并不属于细微变化。尽管如此，结合本院查明的事实，编码开关上部粗柱无矩形凹槽是一种普通的、常见的设计。日本 ALPS 公司《2006 开关/编码器》产品样本图册第 171 页至第 194 页的编码器图片也辅助印证了这一点。作为一种普通的、常见的设计，本专利上部粗柱无矩形凹槽对于整体视觉效果不具有显著影响，不足以导致本专利与在先设计在整体视觉效果上出现明确差异。在两项区别设计特征对于本专利的整体视觉效果均无显著影响的情况下，本专利与在先设计的相同之处对于整体视觉效果的影响更大，二者构成相近似的外观设计。原一审、二审判决认定二者不构成相同或相近似外观设计，适用法律错误，应予纠正。专利复审委员会的相应申请再审理由成立，应予支持。专利复审委员会第 13912 号决定认为本专利与在先设计的区别特征一相对于整体形状而言属于局部的细微变化，认定事实虽有所失当，但关于本专利与在先设计构成相近似的外观设计的结论正确，应予维持。

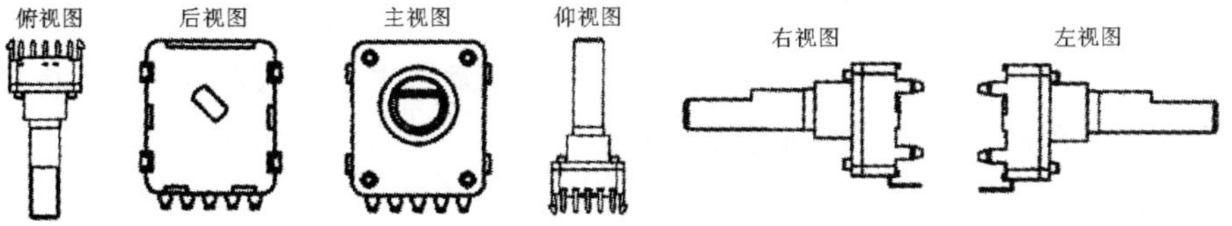

图 1　涉案专利

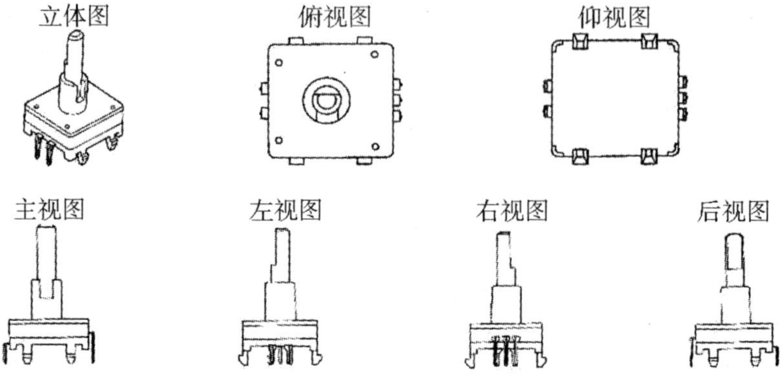

图2　证据7

思考与评论

本案中，复审委员会认为，一般而言，当某一区别的作用是基于对产品功能、性能、经济性、便利性、安全性等方面的技术性要求而设计，则该区别应该被认定为功能性的；当某一区别的作用是为了使产品达到视觉效果美观、特别、引人注目，则该区别应该被认为是装饰性的。装饰性设计不受功能或技术的制约，由于审美的不确定性而具有可选择性；功能性设计则受到产品功能或技术条件的限制，不具有可选择性或者选择性受到功能需求或技术规格的限定。而最高人民法院采取了扩展的“唯一限定原则”。你认为哪种标准更为合理？而在一审、二审中，法院都以混淆作为侵权判断的标准，而在北京高院的《专利侵权判断指南》第75条中，北京高院认为，不应以构成一般消费者混淆、误认为标准。你认为这种变化的原因何在？

案例4-6-4　蔡绍基与温瀚泉侵害外观设计专利权纠纷上诉案*

本院认为，原告是ZL200830349168.9“加湿器”外观设计专利权人，原告的专利权应受法律保护，他人未经许可，不得为生产经营目的制造、销售该专利产品。

根据(2011)粤穗广证内经字第125415号《公证书》，原告的委托代理人在公证员的监督下，在“广州市解放南路39号万菱广场四层4A045铺(外有“鑫特电子”字样)”处购买了被诉产品，而被告经营的广州市越秀区加霖工艺品商行，位于广州市解放南路39号万菱广场4层自编A045铺，被告在诉讼中亦确认涉案公证封存的被诉产品是其所销售，故本院对此予以认定。

* 广东省高级人民法院(2014)粤高法民三终字第37号民事判决书。

外观设计专利的保护范围以表示在图片或者照片中的该产品的外观设计为准。对于外观设计专利侵权与否的判断，应当以普通消费者的眼光从整体上观察被控侵权产品与专利的差别，对于产品的整体视觉效果是否具有显著影响为尺度，且产品正常使用时容易被直接观察到的部位相对于其他部位对外观设计的整体视觉效果更具有影响。如果将被诉侵权设计与授权外观设计专利公报上的图片进行对比，两者在主视图及整体视觉效果上无差异或无实质性差异，应当认定两者相同或近似，被诉侵权设计落入授权外观设计的保护范围。本案中，被诉侵权产品的工作原理是将液体转化为水雾状，与原告获得授权的涉案专利的加湿器，均为雾化器，属同类产品。将被诉产品与涉案专利设计进行对比，两者形状相同，仅图案有差别，而原告将可乐罐的形状用至涉案的授权专利，使其形状成为涉案授权外观设计的主要设计特征，其对涉案外观设计的整体视觉效果更具影响，故应认定被诉产品与涉案专利设计两者整体视觉效果无实质性差异，构成相近似。

被告未经原告许可，销售与原告涉案专利近似的产品，其行为已构成对原告专利权的侵犯，应承担停止侵权和赔偿损失等民事责任。由于被告确认是其被诉产品的销售者，故应推定其尚有库存侵权产品，现其未能举证证实其销毁库存侵权产品，因此，被告停止侵权应包括停止销售行为，并销毁库存的侵权产品。

思考与评论

如何进行整体观察、综合判断似乎法院之间存在不同的看法，有的认为需要关注主视图部分，有的认为需要关注产品的局部特征，还有的法院认为需要关注区别特征。你认为是否存在统一的进行整体观察、综合判断的方法？

六、设计特征与新颖性

案例 4－6－5　本田株式会社“汽车”外观设计专利权无效案*

本田株式会社是 01319523.9 号“汽车”外观设计专利权的专利权人。双环公司与新凯公司先后就本专利向专利复审委员会提出无效宣告请求，并提交在先设计的对比证据。两设计在前大灯、雾灯、前护板、格栅、侧面车窗、后组合灯、后保险杠、车顶轮廓等局部有差异，设计的整体轮廓及各部门的比例相同。

专利复审委员会认为，本专利与在先设计的产品在外观上的上述区别均属于

* 最高人民法院（2010）行提字第 3 号。

局部的差别，根据整体观察、综合判断的原则，上述差别对于汽车的整体视觉形状和风格而言属于较细微的差别，不足以使普通消费者产生明显不同的视觉效果。而将两者认定为具有不同款式的产品，而两者的主体部分的相同之处却使普通消费者易于将两者混同。据此，专利复审委员会作出无效宣告请求审查决定。随后，北京一中院及高院以同样的理由驳回了本田的起诉与上诉。

最高人民法院认为，基于被比设计产品的一般消费者的知识水平和认知能力，对被比设计与在先设计进行整体观察，综合判断两者的差别对于产品外观设计的视觉效果是否具有显著影响，是《专利审查指南》规定的判断外观设计是否相同或者相近似的基本方法。根据《专利审查指南》的规定，一般消费者的特点是，对被比设计产品的同类或者相近类产品的外观设计状况具有常识性的了解，对外观设计产品之间在形状、图案以及色彩上的差别具有一定的分辨力，但不会注意到产品的形状、图案以及色彩的微小变化。所谓“常识性的了解”，是指通晓相关产品的外观设计状况而不具备设计的能力，但并非局限于基础性、简单性的了解；所谓“整体”，包括产品可视部分的全部设计特征，而非其中某特定部分；所谓“综合”，是指对能够影响产品外观设计整体视觉效果的所有因素的综合。

本案中，诉争类型汽车外观设计的“整体”，不仅包括汽车的基本外形轮廓以及各部分的相互比例关系，还包括汽车的前面、侧面、后面等，应当予以全面观察。在综合判断时，应当根据诉争类型汽车的特点，权衡诸部分对汽车外观设计整体视觉效果的影响。就本案诉争的汽车类型而言，因该类汽车的外形轮廓都比较接近，故该共性设计特征对于此类汽车一般消费者视觉效果的影响比较有限。相反，汽车的前面、侧面、后面等部位的设计特征的变化，则会更多地引起此类汽车一般消费者的注意。本案中，本专利所示汽车的外观设计与证据1所示汽车的外观设计相比，在前大灯、雾灯、前护板、格栅、侧面车窗、后组合灯、后保险杠、车顶轮廓等装饰性较强部位均存在差别。特别是，本专利的汽车前大灯采用近似三角形的不规则四边形设计，配合带有小护牙的倒U形的前护板和中间带有横条的格栅；汽车侧面后车窗采用不规则四边形设计，且后窗玻璃与后组合灯之间由窗框所分离，配合车身上部与下部的平滑过渡；汽车后面采用后组合灯从车顶附近开始一直延伸至后保险杠翘起部的“上窄下宽”的柱形灯设计，配合带有护牙的U形后保险杠，都比较突出、醒目，具有较强的视觉冲击力。显然，这些差别对于本案诉争类型汽车的一般消费者而言是显而易见的，足以使其将本专利图片所示汽车外观设计与证据1所示汽车外观设计的整体视觉效果区别开来。因此，上述差别对于本专利与证据1汽车外观设计的整体视觉效果具有显著的影响，二者不属于相近似的外观设计。

本案中，专利复审委员会的决定以及原一审、二审判决虽然都认定了两外观设计之间的差别，但都以该差别属“细微差别”为由，将该部分的设计特征从汽车外观设计的“整体”中排除，实质上只着重对两外观设计的整体外形轮廓进行比较，并认为汽车的整体外形轮廓对于汽车、而非诉争类型汽车的一般消费者视觉感受的影响最为显著，以致错误地认定本专利与证据1外观设计相近似、本案专利权无效。

思考与评论

最高人民法院认为，在判断外观设计是否相同或者相近似时，因产品的共性设计特征对于一般消费者的视觉效果的影响比较有限，应关注更多地引起一般消费者注意的其他设计特征的变化。你认为上述标准是否符合整体观察、综合判断的准则？在外观设计的近似性判断中，需要特别关注产品的区别特征，还是从产品整体上进行把握呢？

另外，本案裁判进一步明确对于外观设计近似性的判断应基于被比设计产品的一般消费者的知识水平和认知能力，对被比设计与在先设计进行整体观察，综合判断两者的差别对于产品外观设计的视觉效果是否具有显著影响。

七、设计空间与新颖性

案例4－6－6　申请再审人国家知识产权局专利复审委员会、浙江今飞机械集团有限公司与被申请人浙江万丰摩轮有限公司专利无效行政纠纷案*

万丰公司不服专利复审委员会于2009年7月23日作出的第13657号无效宣告请求审查决定（以下简称第13657号无效决定），在法定期限内向北京市第一中级人民法院提起行政诉讼称：(1)第13657号无效决定对消费群体范围认定错误。万丰公司拥有的专利号为200630110998.7、名称为“摩托车车轮(82451)”的外观设计专利（以下简称本专利）涉及摩托车中间产品车轮，该产品与企业的专业人员之间的联系最为密切，并不与一般消费者直接接触。因此，购买和使用该产品的应当是终端产品组装制造商、经销商及其所属专业人员等。而一般消费者购买的都是终端产品摩托车，不会购买中间产品。因此，本领域企业和专业人员才是车轮产品的消费者。专利复审委员会在本案中没有区分消费群体而是以一般消费者的眼光来分析判断本专利和对比文件的行为是错误的。(2)第13657号无效决定对受功

* 最高人民法院行政判决书(2010)行提字第5号。

能限定的产品的判断方式错误。本专利产品车轮属于功能限定的一类产品,因功能上的特定要求,车轮必须要有圆形的轮辋、放射状的辐条、中心部的轮毂。对于如此受功能限定的产品,已无法在宏观上进行大型变动,只能进行局部上的改进。由于这些专业人员对车轮产品的外观设计要求会非常严格、专业,对车轮产品的区分识别能力明显强于一般消费者。因此,局部设计的改变就显得尤为重要,对专业人员的视觉感观都会产生显著影响。这才是本类车轮产品的外观设计特点。而专利复审委员会在本案中却采取了从车轮整体视觉效果进行判断的方式,显然没有考虑本领域车轮产品受功能限定以及专业消费者对车轮产品的观察部位等特点,其得出的结论也不可能正确。(3)专利复审委员会对产品外观描述不清或不完整,本专利外观设计与附件13公开的产品外观相比,既不相同也不近似,消费者不会产生混淆,专利复审委员会认为两者属于相近似的结论错误。综上所述,万丰公司认为,专利复审委员会在第13657号无效决定中认定事实错误,适用法律不当,请求人民法院依法予以撤销。

……

(二)关于本专利产品摩托车车轮的设计空间大小本案一审、二审判决在有关本专利与在先设计相同或相近似的判断中,均以摩托车车轮的设计空间有限为前提,并在此基础上得出了本专利与在先设计的区别足以对整体视觉效果产生显著影响的结论。

设计空间是指设计者在创作特定产品外观设计时的自由度。设计者在特定产品领域中的设计自由度通常要受到现有设计、技术、法律以及观念等多种因素的制约和影响。特定产品的设计空间的大小与认定该外观设计产品的一般消费者对同类或者相近类产品外观设计的知识水平和认知能力具有密切关联。对于设计空间极大的产品领域而言,由于设计者的创作自由度较高,该产品领域内的外观设计必然形式多样、风格迥异、异彩纷呈,该外观设计产品的一般消费者就更不容易注意到比较细小的设计差别。相反,在设计空间受到很大限制的领域,由于创作自由度较小,该产品领域内的外观设计必然存在较多的相同或者相似之处,该外观设计产品的一般消费者通常会注意到不同设计之间的较小区别。可见,设计空间对于确定相关设计产品的一般消费者的知识水平和认知能力具有重要意义。在外观设计专利与在先设计相同或相近似的判断中,可以考虑设计空间或者说设计者的创作自由度,以便准确确定该一般消费者的知识水平和认知能力。

在考虑设计空间这一因素时,应该认识到,设计空间的大小是一个相对的概念。在设计空间极大的产品领域和设计空间受到极大限制的产品领域这两个极端之间，存在设计空间由大到小的过渡状态。同时，对于同一产品的设计空间而言，设计空间的大小也是可以变化的。随着现有设计增多、技术进步、法律变迁以及观念变化等，设计空间既可能由大变小，也可能由小变大。因此，在专利无效宣告程序中考量外观设计产品的设计空间，需要以专利申请日时的状态为准。本案从专利复审委员会提供的证据《摩托车技术》(2003 年第 8 期)(第 13657 号无效决定中的附件 3，相关图片见附图 3)来看，即使摩托车车轮均由轮辋、辐条和轮毂组成，且受到设定功能限制的情况下，其辐条的设计只要符合受力平衡的要求，仍可以有各种各样的形状，存在较大的设计空间。本案一审、二审判决认定摩托车车轮的设计空间较小，缺乏证据支持。因此，本案一审、二审判决以摩托车车轮的设计空间有限为前提得出本专利与在先设计的区别致使两者不相同也不相近似的结论，缺乏事实依据，应予纠正。

思考与评论

人民法院在认定一般消费者对于外观设计所具有的知识水平和认知能力时，一般应当考虑被诉侵权行为发生时授权外观设计所属相同或者相近种类产品的设计空间。设计空间较大的，人民法院可以认定一般消费者通常不容易注意到不同设计之间的较小区别；设计空间较小的，人民法院可以认定一般消费者通常更容易注意到不同设计之间的较小区别。本案的外观设计专利产品为摩托车车轮，你认为其一般消费者是谁？设计空间是否影响近似性判断？如果产品的设计空间有限，这意味着产品较为成熟或受到功能的限制，这时是否需要给予其专利保护呢？

八、设计功能与新颖性

案例 4-6-7 天津威科真空开关有限公司、张春江与洛阳晨诺电气有限公司、天津市智合电器有限公司侵害外观设计专利权纠纷案*

……

关于被诉侵权设计与涉案专利设计是否相近似问题

《最高人民法院关于审理侵犯专利权纠纷案件应用法律若干问题的解释》第十一条第一款规定："人民法院认定外观设计是否相同或者相近似时，应当根据授权外观设计、被诉侵权设计的设计特征，以外观设计的整体视觉效果进行综合判断；

* 最高人民法院(2014)民提字第 193 号。

对于主要由技术功能决定的设计特征以及对整体视觉效果不产生影响的产品的材料、内部结构等特征,应当不予考虑。”将被诉侵权设计与涉案专利设计进行比对,其相同点是:1. 产品整体由极柱区和箱体两部分组成;2. 极柱区均由三根并列、等大呈圆柱形的极柱组成,极柱表面均有凸起的波纹;3. 在极柱的顶端和中部均有凸起的呈长方形的导电端子,导电端子上均有接线螺栓,中部的导电端子均连接在极柱伸出的一段固定臂的凹槽内;4. 箱体整体形状均为立方体,箱体正面均无图案且有孔洞,箱体侧面均可见圆形锁孔;5. 极柱与箱体均通过连接板连接。不同点是:1. 被诉侵权设计极柱高度接近箱体高度的两倍,涉案专利设计极柱高度与箱体高度接近;2. 被诉侵权设计各极柱整体为圆柱体,涉案专利设计各极柱沿高度方向各部分的直径逐渐变小,后视图可见极柱顶端有一圆形凸起;3. 被诉侵权设计极柱上下均有波纹,涉案专利设计仅极柱上半部有波纹;4. 被诉侵权设计极柱上部凸起的波纹数量比涉案专利设计多、波纹间距小、波纹上下尺寸较小;5. 被诉侵权设计位于极柱中部向外水平延伸的臂状结构整体较为短粗,涉案专利设计的臂状结构整体较为细长;6. 被诉侵权设计的连接板在左右视图中均为下宽上小的梯形,在主视图和后视图中则两端均呈倒“1”形嵌入箱体中;而涉案专利设计的连接板四边垂直、正面边缘向上翻转,在左视图中呈向极柱倾斜的“1”形,并直接放置在箱体上;7. 被诉侵权设计在箱体正面偏右上部有一圆形小孔,涉案专利设计在箱体正面右侧下部有一跑道形孔洞;8. 被诉侵权设计在箱体右侧右上角有一圆形锁孔,涉案专利设计在左视图箱体侧面右上角有一类似椭圆形结构的锁孔;9. 涉案专利设计箱体下部有一薄形底盘,被诉侵权设计箱体下部没有底盘。

在确定被诉侵权设计与涉案专利设计的上述相同点与不同点后,判断被诉侵权设计是否与涉案专利设计相同或者相近似,须遵循整体观察、综合判断的原则。对于极柱式接触器、断路器这类产品而言,产品整体由等大极柱和类似立方体的箱体组成是惯常设计,且受其功能影响,极柱表面均有凸起的波纹。因此,被诉侵权设计与涉案专利设计在上述方面的相同点不会对产品的整体视觉效果产生显著影响,对该类产品的整体视觉效果具有显著影响的应是极柱区和箱体的具体设计,这也是该类产品通常可以进行设计变化的部位。从本院查明的事实来看,被诉侵权设计与涉案专利设计虽然在导电端子的形状、位置、极柱与箱体通过连接板连接上相同,但在极柱与箱体的比例、极柱的形状、波纹的分布、疏密和形状、臂状结构的具体形状、箱体上部连接板的具体形状及与箱体的具体连接方式、箱体上孔洞的具体形状和位置以及箱体底部是否有底盘等方面均存在不同,这些具体设计上的差别,足以对两者的整体视觉效果产生显著影响,使该类外观设计产品的一般消费者将两者区别开来,因而被诉侵权设计与涉案专利设计既不相同也不相近似。

威科公司和张春江认为,涉案专利设计产品的使用者不是一般的消费者,而是具有高压电器操作使用技能与资格的特殊群体,因而会对诸如极柱顶部、极柱中部的接线端子、极柱与箱体的连接形式、箱体表面的具体设计施以特别的注意。本院认为,《最高人民法院关于审理侵犯专利权纠纷案件应用法律若干问题的解释》第十条规定:“人民法院应当以外观设计专利产品的一般消费者的知识水平和认知能力,判断外观设计是否相同或者近似。”根据该规定,作为外观设计侵权判断主体的一般消费者,应对该类产品的外观设计及其常用设计手法具有常识性的了解,对于外观设计产品之间在形状、图案以及色彩上除微小变化之外的区别具有一定的分辨力,因而作为本案所涉外观设计产品的一般消费者,不仅能够注意到该类产品接线端子的具体形状、极柱与箱体的连接方式、箱体表面具体设计上的变化,也能够注意到极柱与箱体的比例、极柱的具体形状、波纹的分布、具体形状、疏密、有无底盘等方面的变化,并在整体观察的基础上,对两者是否相同或者近似作出综合判断。威科公司、张春江的上述主张系仅从该类产品的专业技术人员进行操作使用的角度对两者是否相同或者近似作出判断,在判断主体上没有从一般消费者的角度出发,在判断方式上没有遵循整体观察、综合判断的原则,故该判断结论不能成立。

威科公司、张春江认为,极柱上波纹的设计属于功能性设计,因此对于由此而带来的被诉侵权设计与涉案专利设计的区别,在判断两者是否相同或者近似时应该不予考虑。本院认为,对于极柱式接触器、断路器这类产品而言,受其功能影响,极柱表面均会有凸起的波纹,但是波纹的具体形状、疏密以及波纹在极柱表面的分布并不是由该类产品的功能所唯一决定的,故在判断该类产品是否相同或者相近似时,对于波纹的具体设计变化也应予以考虑,威科公司、张春江的上述主张不能成立。

思考与评论

外观设计一般不对产品的功能性特征提供保护,仅仅具有功能性而不具有美感的产品设计,不应当通过外观设计专利权予以保护。一般消费者进行外观设计相近似判断时,主要关注外观设计的整体视觉效果的变化,不会基于设计要素变化所伴随的技术效果的改变而对该设计要素变化施以额外的视觉关注。然而,不是由产品功能唯一决定的设计特征,应当在判断外观设计是否相同或相近似时予以考虑。这意味着产品的功能性特征在某种情况下可以通过外观设计的方式予以保护。

九、近似性与混淆可能

案例4-6-8 金红叶纸业集团有限公司与安徽合顺纸业有限公司侵害外观设计专利权纠纷案*

金红叶纸业(苏州工业园区)有限公司于2008年3月4日向国家知识产权局提出名为“包装纸(清风BOOB马蹄莲)”外观设计专利申请,2009年4月8日被授予专利权,授权公告日为同一天,专利号为ZL200830022898.8。“包装纸(清风B00B马蹄莲)”外观设计专利设计要点为:中部无色,正中突出“清风”注册商标,该注册商标左上角有一个近似圆形的图案,右下角有文字和图形组合的图案,上述内容的左右两侧分别以金色曲线作为分割线,划分成两个区域,区域内图案底色为蓝色,由上至下分布有几朵马蹄莲图案。

原审庭审中,合顺公司认可涉案被控侵权产品系其生产。将该产品与金红叶公司的专利外观设计相此对,涉嫌侵权实物与金红叶公司外观设计专利文件展示的外观特征相同之处在于:中部无色,正中突出注册商标的文字,注册商标的左上角有一个近似椭圆形的图案,右下角有文字和图形组合的图案,以上内容的左右两侧分别以金色的曲线作为分割线,划分成两个区域,区域内有花的图案;不同之处在于:专利图案区域部分是蓝色,被控侵权产品是绿色,专利图案蓝色区域部分内是马蹄莲花,被控侵权产品绿色区域部分是百合花,两者注册商标左上角、右下角的图案略有差别。

……

本院认为,综合双方当事人的举证、质证及诉辩意见,本案二审中的争议焦点为:一、合顺公司生产、销售的涉案无芯卷筒卫生纸外包装是否侵犯了金红叶公司的外观设计专利权;二、原审判决合顺公司赔偿金红叶公司损失及合理支出25,000元是否适当。

关于争议焦点一。根据《专利法》的规定,外观设计专利权的保护范围以表示在图片或照片中的该外观设计专利产品为准。根据金红叶公司专利文件展示的图片和该专利设计说明,其外观设计专利特征为:主视图正面由两条S型金色曲线分割成三个部分,中部无色,正中突出“清风”注册商标,该注册商标左上角有一个黄色心形图案;该注册商标下方有“Breeze”文字和汉字,右下角是数字和文字的组合;

---

* 安徽省高级人民法院民事判决书(2015)皖民三终字第00060号。

左右两个区域图案底色为蓝色，由上至下分布有几朵乳白色马蹄莲图案。主视图底部无色，无金色曲线延伸，从左至右分为“清风”注册商标、与主视图正面左上角相同的心形图案、以小号蓝色字体标明的生产厂家、电子识别码等信息。

合顺公司的被控侵权产品外观设计特征为：包装袋正面由两条S型金色曲线分割成三个部分，中部无色透明，正中突出“花样生活”注册商标，该注册商标左上角有一个黄色心形图案，右下角有一个绿色圆形图案，圆形图案中下部上下排列“柔韧三层”和“超强吸水”两行文字；左右两个区域图案底色均为绿色，左侧区域中部有两朵白色百合花，右侧区域的百合花图案与左侧图案上下镜像对称；两条金色曲线自然向下延伸，将底部也分割成：左、中、右三个部分：左侧底色为绿色，有“10卷”字样、货号及电子识别码等信息；中部无色，有“花样生活”注册商标；右侧底色为绿色，以小号白色字体标明生产厂家等信息；包装袋背面有白色和无色的小方格图案。

涉案授权外观设计的主视图与被诉侵权包装袋的正面设计均呈现如下特征：以两条S型金色曲线将正面分割成左、中、右三个部分，中部无色，正中突出注册商标的文字，注册商标的左上角有一个黄色心形图案，右下角有文字和图形组合的图案；左右两侧区域内有花的图案。不同之处在于：涉案授权外观设计专利主视图中间“清风”注册商标右下角排列两行蓝色文字，左右两侧区域底色为蓝色，各分布几朵乳白色马蹄莲花；被控侵权外观设计包装袋正面的中间“花样生活”注册商标右下角有一个金边围成的绿色圆形图案，圆形图案中下部上下排列“柔韧三层”和“超强吸水”文字，左右两侧底色为绿色，各分布两朵白色百合花；包装袋背面有白色和无色的小方格图案。

《最高人民法院关于审理侵犯专利权纠纷案件应用法律若干问题的解释》第十一条第一款规定：“人民法院认定外观设计是否相同或者近似时，应当根据授权外观设计、被诉侵权设计的设计特征，以外观设计整体视觉效果进行综合判断……”外观设计专利权保护的是专利权人富有美感的智力成果，而不是区别商品来源，被诉侵权设计是否侵犯授权外观设计，不以是否造成一般消费者混淆为标准。根据《最高人民法院关于审理侵犯专利权纠纷案件应用法律若干问题的解释》第十一条第二款第一项的规定，产品正常使用时容易被直接观察到的部位通常对外观设计的整体视觉效果更具有影响。涉案授权外观设针与被诉侵权设计的产品在正常使用情况下，普通消费者更容易观察到的是主视图部分，故判断本案被诉侵权设计是否落入授权外观设计的保护范围，应当以两者主视图是否相同或者近似为准，以一般消费者的知识水平和认知能力，通过整体观察、要部比较和综合判断，被诉侵权设计与涉案授权外观设计虽然在色彩、花形图案、标识注册商标的艺术字字体等方面存在差异，但在主视图区域划分、图案分布方面完全一致，在图案搭配方面近似，被诉侵权外观设计与金红叶公司的授权外观设计在整体视觉效果上无实质性差异，构成近似，故被控侵权外观设计落入金红叶公司“包装纸（清风 BOOB 马蹄莲）”外观设计专利权的保护范围，合顺公司关于其不存在侵权上诉理由不能成立。

关于争议焦点二。公司以营利为目的生产、销售了落入金红叶公司专利保护范围内的产品，侵犯了金红叶公司的外观设计专利权，依法应当承担停止侵权、赔偿损失的法律责任。关于赔偿损失的数额，由于金红叶公司未能举证证明其因被侵权所受到的实际损失以及合顺公司因侵权获得的利益，原审法院根据合顺公司侵权行为的情节、类别、影响和金红叶公司为制止侵权行为所支付的合理开支，酌定合顺公司赔偿金红叶公司 25,000 元并无不当，合顺公司此节上诉理由亦不能成立。

思考与评论

与商标侵权判断不同，外观设计的近似性判断一般不需要考虑混淆的可能，外观设计的近似性判断以外观设计构成实质性相似为依据。你认为混淆可能在外观设计的近似性判断中有无价值？另外，本案中，法院认为，故判断本案被诉侵权设计是否落入授权外观设计的保护范围，应当以两者主视图是否相同或者近似为准，以一般消费者的知识水平和认知能力，通过整体观察、要部比较和综合判断，被诉侵权设计与涉案授权外观设计虽然在色彩、花形图案、标识注册商标的艺术字字体等方面存在差异，但在主视图区域划分、图案分布方面完全一致，在图案搭配方面近似，被诉侵权外观设计与金红叶公司的授权外观设计在整体视觉效果上无实质性差异，构成近似，故被控侵权外观设计落入金红叶公司“包装纸（清风 BOOB 马蹄莲）”外观设计专利权的保护范围。你认为本案中法院以主视图是否相同或近似作为判断外观设计近似的标准是否合适？另外，在判断是否近似的方法上，法院要求进行要部比较，你认为进行要部比较是否会影响到近似性判断的结果？

十、不得与他人在先权利相冲突

一项外观设计专利权被认定与他人在申请日（有优先权的，指优先权日）之前已经取得的合法权利相冲突的，应当宣告该项外观设计专利权无效。

案例 4-6-9　国家知识产权局专利复审委员会与白象食品股份有限公司、陈朝晖外观设计专利权无效行政纠纷申请再审案*

陈朝晖于2000年10月16日向国家知识产权局提出产品名称为“食品包装袋”的外观设计专利(以下简称涉案专利)申请,并于2001年5月2日被授权公告。白象公司持有的第1506193号“白象”商标(以下简称白象商标)的申请日为1997年12月12日,核准注册于2001年1月14日。2009年8月4日,白象公司针对涉案专利,以其与在先的白象商标权冲突为由,向国家知识产权局专利复审委员会(以下简称专利复审委员会)提出无效宣告请求。专利复审委员会以白象商标的核准注册日在涉案专利申请日之后,不属于合法的在先权利为由,决定维持涉案专利权有效。白象公司不服,提起行政诉讼。北京市第一中级人民法院以白象商标的核准注册日早于涉案专利的授权公告日,白象商标构成在先权利为由,撤销无效决定。专利复审委员会不服,提起上诉。北京市高级人民法院以白象商标的申请日早于涉案专利的申请日,白象商标的商标申请权构成在先权利为由,二审判决驳回上诉、维持原判。专利复审委员会不服,向最高人民法院申请再审。最高人民法院审查认为,商标申请权不能作为《专利法》第二十三条所称的在先取得的合法权利。但是,商标申请权对于判断外观设计专利权和注册商标专用权是否构成权利冲突具有重要意义。只要商标申请日在外观设计专利申请日之前,在先申请的注册商标专用权就可以对抗申请日在后的外观设计专利权。白象商标获得注册后,涉案专利的实施客观上会与其产生权利冲突,应当依照保护在先权利的原则,认定申请日在先的白象注册商标专用权可用于对抗陈朝晖的外观设计专利权。据此驳回专利复审委员会的再审申请。

思考与评论

《专利法》第二十三条明确规定,授予专利权的外观设计不得与他人在申请日以前已经取得的合法权利相冲突。这里的合法权利是指依照中华人民共和国法律享有并且在涉案专利申请日仍然有效的权利或者权益。包括商标权、著作权、企业名称权(包括商号权)、肖像权以及知名商品特有包装或者装潢使用权等。相冲突,是指未经权利人许可,外观设计专利使用了在先合法权利的客体,从而导致专利权的实施将会损害在先权利人的相关合法权利或者权益。以授予专利权的外观设计与他人在申请日以前已经取得的合法权利相冲突为理由请求宣告专利权无效的,

* 最高人民法院行政裁定书(2014)知行字第4号。

请求人限于在先权利人或者利害关系人。

在具体冲突的判断中,不同类型的权利冲突具有不同的方法。一般认为,在判断外观设计与商标权是否构成冲突时,应以该外观设计专利权一旦行使将会侵犯在先商标权为依据。同理,判断外观设计与著作权是否冲突,也需以该外观设计的行使将会侵犯著作权为依据。一言以概之,所谓外观设计不得与他人的在先权利相冲突,其判断标准是如果授予该设计以外观设计专利权,未来该外观设计专利权的行使是否会侵害他人的合法权利,因而,在冲突判断时,需以相关在先权利侵权判断的方法来判断是否存在冲突性。

本案中在先申请人在申请外观设计时,商标权人其实并不享有商标权,但享有某种商标申请权。最高人民法院认为其可以用于评价权利冲突,你认为是否合适?另外,商标权保护标志的显著性,外观设计保护的是设计的美学特征。因而,如果一个标志被注册为商标,是否意味着其总是对抗他人对其标志的外观设计注册呢?另外,如果一个标志被注册为外观设计,其是否意味着其总能禁止他人的商标注册申请呢?欧盟商标异议机构认为,外观设计获得知识产权保护并不是基于其是一个商业标识或贸易标志。因而,外观设计下获得保护的标志并不是商标法意义下的标识。因而,其不能阻止他人的商标注册。①

第七节　不丧失新颖性的公开

一般而言,发明创造在申请日前公开,就丧失新颖性,不可能获得专利保护。但这一原则也有例外。在某些特殊情况下,在申请日以前公开了发明创造,仍然一概认为丧失新颖性,有时就显得不太公正,也不利于技术交流。因此,各国法律都规定有丧失新颖性的例外情况。

根据我国《专利法》第二十四条的规定,申请专利的发明创造在申请日以前6个月内,有下列情形之一的,不丧失新颖性:

一、在中国政府主办或者承认的国际展览会上首次展出

中国政府主办的国际展览会,包括国务院、各部委主办或者国务院批准由其他机关或者地方政府举办的国际展览会。中国政府承认的国际展览会,是指国际展

① Decision of 07/09/2010 Ruling On Opposition, No. B 1 530 875.

览会公约规定的在国际展览局注册或者由其认可的国际展览会。所谓国际展览会，即展出的展品除了举办国的产品以外，还应当有来自外国的展品。

二、在规定的学术会议或者技术会议上首次发表

规定的学术会议或者技术会议是指国务院有关主管部门或者全国性学术团体组织召开的学术会议或者技术会议，不包括省以下或者受国务院各部委或者全国性学术团体委托或者以其名义组织召开的学术会议或者技术会议。在后者所述的会议上的公开将导致丧失新颖性，除非这些会议本身有保密约定。

三、他人未经申请人同意而泄露其内容

他人未经申请人同意而泄露其内容所造成的公开，包括他人未遵守明示或者默示的保密信约而将发明创造的内容公开，也包括他人用威胁、欺诈或者间谍活动等手段从发明人或者申请人那里得知发明创造的内容而后造成的公开。

应当注意的是，申请专利的发明创造在申请日以前 6 个月内，发生上述的三种情形之一的，该申请不丧失新颖性。这三种情况不构成影响该申请的现有技术。所说的 6 个月期限，称为宽限期或者优惠期。

四、宽限期与优先权

宽限期和优先权的效力是不同的。它仅仅是把申请人（包括发明人）的某些公开，或者第三人从申请人或发明人那里以合法手段或者不合法手段得来的发明创造的某些公开，认为是不损害该专利申请新颖性和创造性的公开。实际上，发明创造公开以后已经成为现有技术，只是这种公开在一定期限内对申请人的专利申请来说不视为影响其新颖性和创造性的现有技术，并不是把发明创造的公开日看作是专利申请的申请日。所以，从公开之日至提出申请的期间，如果第三人独立地作出了同样的发明创造，而且在申请人提出专利申请以前提出了专利申请，那么根据先申请原则，申请人就不能取得专利权。当然，由于申请人（包括发明人）的公开，使该发明创造成为现有技术，故第三人的申请没有新颖性，也不能取得专利权。

五、宽限期与现有技术

依据专利法的定义，宽限期内所披露的技术似乎构成现有技术，然而，如果宽限期的技术被认为是现有技术，在中国专利法明确规定侵权诉讼可以使用现有技术抗辩的情况下，这可能导致即使专利权人因为宽限期的存在而获得专利权，但被

控侵权人却可以利用所谓的现有技术而免于承担责任,这导致专利权人所获得的专利没有任何价值与意义。因而,正确的解读是宽限期内的披露构成其他申请的现有技术而不能构成本案申请的现有技术。德国专利法就明确规定,在考虑现有技术时,不能将宽限期内披露的技术纳入。

Chapter 5

第五章

创造性

第一节 创造性概念

专利的创造性要求是专利制度的核心,从许多方面来说,也是专利申请人面临的最主要的障碍。① 如果新颖性的目的是防止将现有技术授予专利的话,那么创造性则是为了避免毫无创意的、平庸的技术方案甚至是改头换面的现有技术授予专利保护。

英、美等国称为"非显而易见性",《欧洲专利公约》的成员国多使用"创造性"或"进步性"概念。

创造性是指与现有技术相比,该发明具有突出的实质性特点和显著的进步,该实用新型具有实质性特点和进步。

第二节 创造性标准

发明的创造性标准高于实用新型的创造性标准。这种区别体现在同申请日以前的现有技术相比,实用新型只要求"实质性特点和进步",而发明则不仅要求有实质性特点和进步,还要求其是"突出的"和"显著的"。

发明有突出的实质性特点是指对所属技术领域的技术人员来说,发明相对于现有技术是非显而易见的。如果发明是所属技术领域的技术人员在现有技术的基础上仅仅通过合乎逻辑的分析、推理或者有限的试验可以得到的,则该发明是显而易见的,也就不具备突出的实质性特点。

发明有显著的进步是指发明与现有技术相比能够产生有益的技术效果。例如,发明克服了现有技术中存在的缺点和不足,或者为解决某一技术问题提供了一种不同构思的技术方案,或者代表某种新的技术发展趋势。

一般情况下,发明是很容易满足"显著的进步性"这一标准的;同理,实用新型也更容易满足"进步"标准。② 如果发明提供了一种新的技术方案,解决了技术问

---

① Donald S. Chisum, et al. , *Principles of Patent Law*, Foundation Press, 2004, p. 532.

② 国家知识产权局专利复审委员会编著:《专利复审委员会案例诠释:创造性》,知识产权出版社2006年版,第1页。

题,或者在某一方面具有明显的技术效果,都应当认为具有显著的进步性。[①]

实用新型专利创造性的有关内容包括创造性的概念、创造性的审查原则、审查基准以及不同类型发明的创造性判断等内容,与发明创造性的判断方法基本相同。但是,实用新型专利创造性的标准应当低于发明专利创造性的标准。

两者在创造性判断标准上的不同,主要体现在现有技术中是否存在"技术启示"。在判断现有技术中是否存在技术启示时,发明专利与实用新型专利存在一定区别,对此问题我们将在后面进行详述。

第三节 创造性审查方法

创造性判断需要考虑现有技术、判断主体以及如何判断等方面的情况。

一、现有技术

(一)现有技术的内容

这里的现有技术的概念,与新颖性判断中的现有技术概念完全一致。在申请日以前由任何单位或个人向专利局提出过申请并且记载在申请日以后公布的专利申请文件或者公告的专利文件中的内容,不属于现有技术,因此在评价发明创造性时不予考虑。有学者认为,由于新颖性审查采用单个技术方案的全要素对比,几乎不可能出现损害新颖性却不在同一技术领域的在先技术。但创造性判断采用不同的方法,其既不要求单个技术方案的一一比对,也不要求全要素对比。于是,可能出现在先技术包含了发明方案的部分特征,但整体上并不和发明技术出于同一技术领域。因此,在创造性判断中,对于现有技术的范围有一定的限制,要求其与发明处于相同领域或与发明所要解决的问题合理相关比较恰当。[②]

与新颖性判断的时间标准一样,创造性判断的时间标准也是申请日。

(二)现有技术与充分公开

用对比文件判断发明或者实用新型的新颖性和创造性等时,应当以对比文件公开的技术内容为准,该技术内容不仅包括明确记载在对比文件中的内容,而且包

---

① 国家知识产权局专利复审委员会编著:《专利复审委员会案例诠释:创造性》,知识产权出版社2006年版,第90页。

② 崔国斌:《专利法原理与案例》,北京大学出版社2012年版,第288页。

括对于所属技术领域的技术人员，隐含的且可直接地、毫无疑义地确定的技术内容。《专利审查指南》第二部分第十章第5.1节规定：“专利申请要求保护一种化合物的，如果在一份对比文件里已经提到该化合物，即推定该化合物不具备新颖性，但申请人能提供证据证明在申请日之前无法获得该化合物的除外。这里提到的含义是：明确定义或者说明了该化合物的化学名称、分子式（或结构式）、理化参数或制备方法（包括原料）。”除上述提及的化合物新颖性评价时出现的例外情形外，《专利审查指南》均未对在新颖性和创造性的评价过程中引用的对比文件公开的程度作出明确规定。

对于创造性判断时引用的对比文件的公开程度，审查指南并未给出明确规定，而是从创造性的概念、判断原则、方法对对比文件公开的内容提出要求。《专利法》第二十二条第三款规定：创造性，是指与现有技术相比，该发明具有突出的实质性特点和显著的进步，该实用新型具有实质性特点和进步。根据《专利审查指南》的规定，在具体判断时，通常由所属技术领域的普通技术人员将一份或者多份现有技术（对比文件）中的不同的技术内容组合在一起，如果仅仅通过合乎逻辑的分析、推理或者有限的试验判断可以得到要求保护的发明，则该发明不具有突出的实质性特点或实质性特点。因此，创造性判断考虑的是所属技术领域的技术人员是否能从现有技术得到技术启示，结合现有技术得到要求保护的发明。在创造性判断时，有些情况下作为现有技术的对比文件即使存在某一部分公开不充分的问题，所属技术领域的普通技术人员仍然可以从中获得其所需要的有用的技术启示，并将其与其他现有技术结合从而获得解决某一技术问题的技术方案，从这一角度来说现有技术公开的程度并不必然影响所属技术领域的普通技术人员利用其来评价发明的创造性。①

但也有学者认为，只有包含实质性技术知识的内容才能构成现有技术，对比文件的内容在涉案专利的申请日前不属于充分公开且可实现的部分，未构成现有技术，不能用于评价新颖性，但当现有技术中存在可以对该内容进行补充或清楚解释的其他证据时，可以用于评价创造性。②

---

① 程跃新：《关于评价新颖性和创造性的对比文件的公开程度》，载 http://www.iprchn.com/Index_NewsContent.aspx?newsId=31042，同时参见寇飞、周明新：《现有技术公开不充分对新颖性/创造性评价的影响》，载《中国发明与专利》2014年第8期。

② 布文峰、姚丽华、王扬平、吴全伟：《新颖性/创造性审查与对比文件的充分公开》，载中华全国专利代理人协会编：《全面提升服务能力建设知识产权强国：2015中华全国专利代理人协会年会第六届知识产权论坛优秀论文集》，知识产权出版社2015年版。

案例 5-3-1 四川天一诉复审委、天成碳一专利权行政纠纷案*

本院经审理查明：

第 14019 号决定涉及国家知识产权局于 2007 年 1 月 3 日授权公告的 200410022020.5 号、名称为“用甲醇生产二甲醚的方法”的发明专利（本专利），其申请日是 2004 年 3 月 15 日，专利权人为天一公司。本专利授权公告的权利要求1 的内容为：

“1. 用甲醇生产二甲醚的方法，包括如下步骤：

a. 甲醇含量为 70~99.99wt%，杂质以水为主的原料甲醇和从二甲醚精馏塔塔釜采出的以甲醇和水为主要成份的混合液在汽化提馏塔中汽化分离，从塔顶出来的甲醇蒸汽送入甲醇脱水反应系统，从汽化提馏塔塔釜釜液连续排出系统；

b. 脱水反应系统的以二甲醚、甲醇和水为主的反应产物从中、下部进入二甲醚精馏塔，从二甲醚精馏塔塔顶或塔上部侧线采出口采出纯度为 80~99.99wt% 的二甲醚产品，二甲醚精馏塔塔釜中的混合液送入汽化提馏塔进行汽化分离。”

本专利说明书第 1 页第 5 自然段记载：“现有方法的特点之一是设有甲醇回收塔”，第 3 页 7 自然段记载：“本发明采用兼有汽化原料甲醇、以及分离回收二甲醚精馏塔塔釜混合液中的甲醇双重功能的汽化提馏塔，不但省去甲醇回收塔及其配套设备的投资，还使回收二甲醚精馏塔塔釜混合液中的甲醇的能耗大幅度降低”，第 4 页第 2 自然段记载：“原料甲醇 11 纯度为 70.0%~99.99%（wt%），杂质以水为主要组分时，每吨产品二甲醚所消耗的水蒸气可减少 0.3~0.6 吨”。

2009 年 4 月 10 日，碳一公司以本专利权利要求 1 不符合《专利法》第二十二条第二款、第三款、《专利法实施细则》第二十一条第二款、权利要求 2-8 不符合《专利法》第二十二条第三款的规定为由，向专利复审委员会提出无效宣告请求，并提交了证据 1-6。

……

本院认为：

……

二、证据 1 是否可以作为评价本专利创造性的对比文件

原告天一公司主张证据 1 的技术方案，由于在系统中没有出水口，水分会在系统中累积并循环，最终导致无法产出二甲醚，因此证据 1 存在明显缺陷，不能作为评

---

* 北京市第一中级人民法院行政判决书（2010）一中知行初字第 977 号。

价本专利创造性的对比文件。原告天一公司同时提出了检验证据1是否能够持续生产二甲醚的鉴定申请。对此本院认为,首先,证据1所标示的精馏塔塔釜液应当包含甲醇脱水反应的生成物水,因此塔釜液应当为甲醇和水的混合物,对此事实本院予以确定。其次,证据1图1为甲醇气相脱水制二甲醚工艺流程简图,依其直接地、毫无疑义地确定的内容,系统中并无出水口。由于本领域技术人员公知甲醇气相制二甲醚为生成水的反应,因此本领域技术人员能够认识到该技术方案存在水分在系统中累积而导致甲醇转化率逐渐降低、最终无法持续产出二甲醚的缺陷,原告的技术鉴定申请所欲证明事项与所属技术领域技术人员能够从证据1图1中得出的结论并无冲突,故本案并无进行技术鉴定的必要。再次,判断本专利权利要求1是否具有创造性的关键是与现有技术相比,是否具有突出的实质性特点和显著的进步,现有技术中是否存在技术启示。现有技术中的一项技术内容存在缺陷,并不影响该份现有技术中其他技术内容所给出的技术启示。此外,虽然证据1图1所描绘的技术方案存在未给出排出水分的技术内容的缺陷,但是正是由于该技术缺陷的存在,本领域技术人员有动机寻求技术改进,从而在证据1的基础上结合证据3的技术方案寻找解决该技术问题的技术方案。综上,原告的相应主张不能成立,本院不予支持。

思考与评论

本案中法院显然认为对比文件的充分公开与否对创造性、新颖性的判断并无关联性。但以下的复审决定似乎存在不同的观点。你认为哪种观点更符合专利法的目的?为什么?

案例5-3-2 "人参黄芪型核酸复合剂及其生产方法和用途"发明专利申请复审案*

一、案由

本复审请求涉及申请日是1992年3月16日,名称为"人参黄芪型核酸复合剂及其生产方法和用途"的发明专利申请,其申请号是93103201.6,公开日为1994年9月21日,申请人是杨秉渊(以下简称复审请求人)。

1999年9月3日,专利局原审查部门针对请求人于1999年5月31日提交的权利要求1~8,以该申请上述权利要求不符合《专利法》第二十二条第三款和第二十

* 专利复审委员会复审请求审查决定第2147号。

五条第一款的规定为由,驳回了该申请。

驳回决定所涉及的权利要求书共有8项权利要求,其中的独立权利要求如下:

"1.一种人参黄芪型核酸复合剂,其特征在于,该复合剂由以下组份按重量百分比配制而成:核酸复合剂40%~80%、人参10%~30%、黄芪10%~30%。

5.一种人参黄芪型核酸复合剂的生产方法,其特征在于,发酵温度比一般型核酸复合剂高1~2℃,发酵时间比一般型核酸复合剂缩短1~2小时,发酵用酶制剂比一般型核酸复合剂多100%~400%。

8.一种人参黄芪型核酸复合剂的用途,其特征在于,该复合剂可作为高级营养剂、保健食品、保健饮料。"

驳回决定中引用了对比文件1(CN1063414A),其申请日为1991年12月5日,公开日为1992年8月12日。

驳回决定所涉及的主要理由是:

权利要求1所要求保护的技术方案与对比文件1所公开的技术内容相比,其区别仅在于"对已知对比文件1的一般型NA-21复合剂进行改进,增加了核酸的含量,并增加了人参与黄芪"。在对比文件1的基础上,增加人参与黄芪后,根据现有技术的教导,产生本发明所述的作用,是本领域普通技术人员预料之中的。权利要求1与现有技术相比不具备突出的实质性特点,不具备创造性。

权利要求5的生产方法与现有技术相比,不能说明本发明的工艺条件的改变带来了有益效果。权利要求5的方法与现有技术相比没有实质性区别,不具备创造性。

权利要求8的用途属于方法类型的权利要求,其所述的营养、保健均属于预防疾病的方法,因此,不符合《专利法》第二十五条第一款第三项的规定。

请求人不服该驳回决定,于1999年12月14日向国家知识产权局专利局专利复审委员会请求复审。经形式审查合格后,专利复审委员会受理了该请求,并就本案成立合议组对其予以审查。

原审查部门对此案进行了前置审查。审查员仍坚持原来的审查意见。

合议组经审查合议后,于2000年9月1日发出复审通知书。该复审通知书中指出,权利要求8不符合《专利法》第二十五条第一款第三项的规定。如果上述权利要求中的缺陷不能克服,合议组将维持原判驳回决定。

请求人于2000年11月14日对上述复审通知书作出意见陈述,并对权利要求书及说明书作出修改。该权利要求书中删除了权利要求6-8,同时将说明书第一页中的发明题目修改为"人参黄芪型核酸复合剂及其生产方法"。

至此,合议组认为本案事实已经清楚,可以作出审查决定。

二、决定的理由

1. 根据《专利法》第二十二条第三款，发明专利申请的创造性是指同申请日以前已有的技术相比，该发明有突出的实质性特点和显著的进步。

其中所述已有的技术，是指在专利申请日以前在国内出版物上公开发表、在国内公开使用或者以其他方式为公众所知的技术。专利法意义上的已有技术，应当是在一项申请的申请日以前公众能够得知的技术，也就是说，所属已有技术必须是在该申请的申请日之前处于能够为公众获得的状态，并且能够使公众从中得知实质性技术知识。如果一份在该申请的申请日之前公开的对比文件中公开了一项技术方案，但其中一项关键性的技术措施是该申请的申请日之前没有公开的，也就是说，该对比文件中公开的技术方案是在该申请的申请日之前本领域技术人员无法实施的，则该对比文件中公开的技术方案不能作为该评价该申请的已有技术，也不能用于判断该申请的新颖性和创造性。

就本复审请求案而言，本申请的申请日为1993年3月16日，作为本申请的对比文件1公开日为1992年8月12日，是在本专利申请日之前公开的一份专利申请说明书。该对比文件公开了一种核酸复合剂，该复合剂是由核酸、发酵花粉以及维生素、氨基酸、微量元素配制而成。对于其中所述的发酵花粉，该专利指出，发酵花粉是由花粉100份、NA－21酶制剂（另案申请）1～20份、蜂蜜20～40份、水30～60份，在发酵温度33～50℃时，经30～70小时发酵获得。对于其中所述的NA－21酶制剂该专利申请说明书中没有进一步说明。因此，根据对比文件1中公开的技术内容可以看出，如果没有证据表明在本申请日之前NA－21酶制剂已经被公开的话，对比文件1中所述核酸复合剂就是相对于本申请申请日时本领域技术人员无法实现的技术方案，也就不能作为本申请的已有技术看待，因而也不能用于评价本专利申请的新颖性和创造性。

从对比文件1所述有关NA－21酶制剂的另案申请看，该申请的申请号为91111350.9，公开日为1993年6月9日，其公开在本专利申请的申请日之后。因此，即使该有关NA－21酶制剂的另案申请中公开了NA－21酶制剂，对比文件1中对该另案申请也给出了明确指引，该文献依然也不能作为评价本申请的已有技术，其中所公开的技术情报也不能与对比文件1相结合用于评价本专利申请的新颖性和创造性。

……

二、判断主体

发明是否具备创造性，应当基于所属技术领域的技术人员的知识和能力进行评价。所属技术领域的技术人员,也可称为本领域的技术人员,是指一种假设的"人",假定他知晓申请日或者优先权日之前发明所属技术领域所有的普通技术知识,能够获知该领域中所有的现有技术,并且具有应用该日期之前常规实验手段的能力,但他不具有创造能力。如果所要解决的技术问题能够促使本领域的技术人员在其他技术领域寻找技术手段,他也应具有从该其他技术领域中获知该申请日或优先权日之前的相关现有技术、普通技术知识和常规实验手段的能力。

三、审查原则

审查发明是否具备创造性,应当审查发明是否具有突出的实质性特点,同时还应当审查发明是否具有显著的进步。

在评价发明是否具备创造性时,审查员不仅要考虑发明的技术方案本身,而且还要考虑发明所属技术领域、所解决的技术问题和所产生的技术效果,将发明作为一个整体看待。

与新颖性"单独对比"的审查原则不同,审查创造性时,应将一份或者多份现有技术中的不同的技术内容组合在一起对要求保护的发明进行评价。

如果一项独立权利要求具备创造性,则不再审查该独立权利要求的从属权利要求的创造性。

四、审查基准

对于创造性的判断方式,各国有所不同。我国基本上采用了欧洲专利局"问题—解决"的判断原则,将其演化为"三步法"的审查基准。①

(一)确定最接近的现有技术

最接近的现有技术是指现有技术中与要求保护的发明最密切相关的一个技术方案,它是判断发明是否具有突出的实质性特点的基础。最接近的现有技术,例如可以是与要求保护的发明技术领域相同,所要解决的技术问题、技术效果或者用途最接近和(或)公开了发明的技术特征最多的现有技术,或者虽然与要求保护的发明技术领域不同,但能够实现发明的功能,并且公开发明的技术特征最多的现有技术。应当注意的是,在确定最接近的现有技术时,应首先考虑技术领域相同或相近

① 国家知识产权局专利复审委员会编著:《专利复审委员会案例诠释:创造性》,知识产权出版社2006年版,第4页。

的现有技术。

在选择最接近的现有技术时，不能片面、机械地理解《专利审查指南》的相关规定，而是应该深入理解确定最接近的现有技术在整个“三步法”评价中与其他两个步骤之间的关系、以及在评价方法中所起的作用。具体而言，判断创造性的“三步法”中的第1步，确定最接近的现有技术，其并不是单独存在的，其与第2步和第3步共同组成了一个完成的创造性的评价方法。而在创造性的评价过程时，评价是否显而易见，一般情况下即指多篇现有技术之间是否存在结合的可能性和合理性，这是说理最重要的部分，因此在通常情况下，哪篇最有利于后续评述，最容易说服申请人，就应该确定哪篇作为最接近的现有技术，而不应该仅仅拘泥于哪篇公开的技术特征最多，或者是哪篇与本申请领域相同。

一般而言，衡量创造性时最接近的现有技术一般为某现有技术文献，其公布的主题目的与要求权利的发明相同，而且都有着最相关的技术特征，例如只要求对结构作最低限度的修改。选择最可能出发点的进一步要件为技术问题的相似性。由此确定最接近现有技术是一项客观而非主观的工作，应基于理性的技术人员对现有技术候选项目中主题、目标和特征的客观比较。最接近现有技术是通过已有使用为公众所知的特征。衡量最接近现有技术时，应基于要求权利的发明提交之日或优先权日前技术人员的观点来进行。

审查过程中，由于审查员所认定的最接近的现有技术可能不同于申请人在说明书中所描述的现有技术，因此基于最接近的现有技术重新确定的该发明实际解决的技术问题，可能不同于说明书中所描述的技术问题；在这种情况下，应当根据审查员所认定的最接近的现有技术重新确定发明实际解决的技术问题。

重新确定的技术问题可能要依据每项发明的具体情况而定。作为一个原则，发明的任何技术效果都可以作为重新确定技术问题的基础，只要本领域的技术人员从该申请说明书中所记载的内容能够得知该技术效果即可。

案例5-3-3　斯倍利亚株式会社与中华人民共和国国家知识产权局专利复审委员会专利无效行政纠纷申请再审案*

再审申请人日本斯倍利亚社股份有限公司申请再审称：（一）一审、二审法院认为本专利权利要求1涉及的是产品权利要求，因而在判断创造性时不需要考虑用途

* 最高人民法院行政裁定书（2014）知行字第84号。

差异的观点，混淆了专利权的保护范围和创造性的概念。本专利权利要求1与证据1虽然都涉及无铅的钎焊料合金，但本专利适用于喷流焊接法，证据1适用于凸块焊接法，本发明所要解决的是喷流焊接法的特性问题而非软钎焊料合金的共性问题，二者在技术思想上存在明显差异。本发明要解决的技术问题在证据1中并不存在，因此证据1不能作为最接近的对比文件来评判本专利的创造性。斯倍利亚社在本案中一直坚持本专利适用于喷流焊接法，根据禁止反悔原则，斯倍利亚社已经从本专利权的保护范围中放弃了凸块焊接法部分，因此专利确权判断亦应与权利救济协调一致。

……

专利复审委员会提交意见称：（一）根据《中华人民共和国专利法》第五十九条的规定，发明专利权的保护范围以其权利要求的内容为准，因此创造性评价的基础是基于本专利权利要求记载的技术方案进行的。说明书可以解释权利要求，但是没有记载在说明书中的内容是不能影响对专利权保护范围的评价的。（二）任何试图利用本专利申请日后的理论、实施例和试验结果来证明本专利具有创造性并以此要求本专利具有自其申请日起的权益都是不被允许的。因此，斯倍利亚社提交的本专利申请日后发表的资料不能作为证明本专利创造性的证据使用。（三）第15158号决定认定事实清楚、适用法律正确，一审、二审法院予以维持是正确的。

……

一、关于本专利权利要求1是否具有创造性问题

本专利权利要求1的内容是："无铅的焊料合金，其特征在于，含有0.3～0.7wt% Cu，0.04～0.1wt% Ni，其余为Sn。"证据1公开了一种用于半导体的合金连接材料，其中表19示出了形成合金线的合金的各自组成，在该表中披露的第17种合金组成为包括0.5wt%的Cu、0.5wt% Ni、余量为Sn。本专利权利要求1相对于证据1的区别是Ni的含量不同。

斯倍利亚社认为，本专利权利要求1与证据1虽然都涉及无铅的钎焊料合金，但本专利适用于喷流焊接法，证据1适用于凸块焊接法，本发明要解决的技术问题在证据1中并不存在，因此证据1不能作为最接近的对比文件来评判本专利的创造性。本院认为，判断一项现有技术是否可以作为最接近的对比文件使用，需要从所属技术领域、所要解决的技术问题、技术效果或者用途、是否能够实现发明的功能以及公开发明的技术特征的多少等方面进行判断。如果一项现有技术与要求保护的发明技术领域相同，且公开发明的技术特征最多，或者是与要求保护的发明技术领域不同，但能够实现发明的功能，且公开发明的技术特征最多，则均可以作为最

接近的现有技术来评价要求保护的发明的创造性。而技术领域的确定，应当以权利要求所限定的内容为准，一般根据专利的主题名称，结合技术方案所实现的技术功能、用途加以确定。本专利权利要求1请求保护一种无铅的焊料合金，证据1公开了一种用于半导体的合金连接材料，二者均属于软钎焊料合金领域，技术领域相同，且证据1公开了权利要求1的无铅焊料合金的各组份以及Cu的含量和Sn为余量的技术特征，故证据1可以作为最接近的对比文件来评价本专利的创造性。此外，本专利权利要求1请求保护的是一种无铅钎焊料合金产品，在该权利要求中并未限定其用途，故斯倍利亚社所述二者适用的技术领域不同，证据1不能用以评价本专利创造性的申请再审理由不能成立。

思考与评论

本案中，最高人民法院认为，判断一项现有技术是否可以作为最接近的对比文件使用，需要从所属技术领域、所要解决的技术问题、技术效果或者用途、是否能够实现发明的功能以及公开发明的技术特征的多少等方面进行判断。如果一项现有技术与要求保护的发明技术领域相同，且公开发明的技术特征最多，或者是与要求保护的发明技术领域不同，但能够实现发明的功能，且公开发明的技术特征最多，则均可以作为最接近的现有技术来评价要求保护的发明的创造性。因而，最接近的现有技术并不必然要求与本专利的技术领域相同，技术领域相同也不要求技术方案、解决的技术问题、达到的技术效果完全一致。而技术领域的确定，应当以权利要求所限定的内容为准，一般根据专利的主题名称，结合技术方案所实现的技术功能、用途加以确定。按照上述观点，你认为最接近的现有技术是否是唯一的？在具体判断方法上，是否存在因技术领域不同而产生的差异性？另外，同一案件中确定不同的最接近的现有技术是否会影响到创造性判断的结果？

（二）确定发明的区别特征和发明实际解决的技术问题

在创造性判断时，应当客观分析并确定发明实际解决的技术问题。为此，首先应当分析要求保护的发明与最接近的现有技术相比有哪些区别特征，然后根据该区别特征所能达到的技术效果确定发明实际解决的技术问题。从这个意义上说，发明实际解决的技术问题，是指为获得更好的技术效果而需对最接近的现有技术进行改进的技术任务。

1. 区别特征的确定

案例 5-3-4　北京亚东生物制药有限公司与国家知识产权局专利复审委员会、山东华洋制药有限公司发明专利权无效行政纠纷案*

……

一审、二审法院审理查明：亚东制药公司于2005年1月11日向国家知识产权局申请了名称为“治疗乳腺增生性疾病的药物组合物及其制备方法”的发明专利，并于2009年4月1日获得授权，专利号为200510000429.1。本专利授权公告的权利要求书如下：“1. 一种治疗乳腺增生性疾病的药物组合物，由以下重量份的原料药制成：橘叶412.5g、丹参412.5g、皂角刺275g、王不留行275g、川楝子275g、地龙275g；其制备方法如下：(1)将橘叶、丹参、皂角刺、川楝子加水煎煮二次，每次煎煮1小时，合并煎液，滤过，滤液浓缩至相对密度为1.28，温度为85℃，放冷，将所得浓缩液备用；(2)地龙和王不留行用70%乙醇回流提取二次，第一次提取2小时，第二次提取1小时，滤过，合并滤液，将所得滤液备用；(3)将步骤(1)所得的浓缩液和步骤(2)所得的滤液合并，调整乙醇量达70%，搅拌均匀，静置，回收乙醇并浓缩成稠膏，加入蔗糖500g与淀粉、糊精适量，混匀，制成颗粒，干燥即得。2. 权利要求1所述药物组合物在制备治疗乳腺增生、乳房胀痛疾病药物中的用途。3. 如权利要求1所述的药物组合物在制备具有抗炎作用药物中的应用。”

2010年3月10日，华洋公司针对本专利向专利复审委提出无效宣告请求，并提交如下证据：

证据1：《中华人民共和国药典(2000年版一部)》，化学工业出版社，2000年1月第1版。其公开了“乳块消片”的功能主治为舒肝理气、活血化淤、消散乳块，用于肝气郁结、气滞血淤、乳腺增生、乳房胀痛。处方为：橘叶825g、丹参825g、皂角刺550g、王不留行550g、川楝子550个、地龙550g。制法为：以上六味，除地龙、王不留行外，其余橘叶四味加水煎煮二次，每次1小时，合并煎液，滤过，滤液浓缩至相对密度为1.25～1.30(85℃)，放冷，备用；地龙、王不留行用70%乙醇回流提取二次，第一次2小时，第二次1小时，滤过，合并滤液，加入上述浓缩液中，调整乙醇量达70%，搅拌均匀，静置，回收乙醇并浓缩至稠膏状，减压干燥成干浸膏，粉碎，加辅料适量，混匀，制成颗粒，干燥，压制成1000片，包糖衣，即得。

---

* 最高人民法院行政裁定书(2013)知行字第77号。

证据2:《中药制药工艺技术解析》,人民卫生出版社,2003年12月第1版。其公开了制备不同类型颗粒时,应如何处理与选择原料及辅料的内容。

证据3:《中华人民共和国药典(2000年版一部)》附录7,化学工业出版社,2000年1月第1版。其记载:"除另有规定外,药材应按各该品种项下规定的方法进行提取、纯化、浓缩至规定相对密度的清膏,喷雾制粒或喷雾干燥,制成细粉,加适量的辅料,混匀,制成颗粒;或加适量的辅料或药材细粉,混匀,制成颗粒,干燥。"

……

本院认为,本案争议的焦点问题为,第15409号决定对于区别技术特征、发明实际解决的技术问题以及技术效果的认定是否存在错误,本专利是否具备创造性。

(一)第15409号决定对区别技术特征的认定是否存在错误

亚东制药公司申请再审称本专利与证据1相比,本专利提取的丹酚酸b的含量不同,故药物活性成分与现有技术存在本质区别。本院认为,认定权利要求与最接近现有技术之间的区别技术特征,应当以权利要求记载的技术特征为准,将权利要求中记载的技术特征与最接近的现有技术公开的技术特征进行逐一对比,未记载在权利要求中的技术特征不能作为对比的基础,因此,也不可能构成区别技术特征。将本专利权利要求1与证据1公开的技术内容进行对比,二者的中药组分和配比相同,区别在于本专利省略了减压干燥步骤,并在证据1记载的滤液浓缩1.25~1.30的相对密度范围内限定了1.28的相对密度。因此,第15409号决定对区别技术特征的认定并无不当,且在一审庭审中,亚东制药公司也曾对第15409号决定认定的本专利权利要求1与证据1存在上述区别技术特征明确表示不持异议。亚东制药公司以本专利提取的药物活性成分不同为由,强调本专利与现有技术的区别在于产品活性成分的组成不同。本院认为,影响中药原料中活性成分含量的因素较多,如药材的产地、气候、土壤等自然环境以及采集时间、工艺条件等,但在中药原料的组分和配比相同,且提取条件相同、提取溶剂相同的情况下,提取的活性成分一般不会出现实质性的不同。虽然第15409号决定将中药组分表述为活性成分,认定本专利权利要求1与证据1的活性成分以及活性配比相同,存在用语不够严谨的瑕疵,但对区别技术特征的认定并不存在错误。

亚东制药公司主张,本专利中的丹酚酸b的含量构成权利要求1与现有技术的区别技术特征。对此,本院认为,本专利权利要求1限定的是原料药的组分、配比、制备方法,并未限定最终制备形成的药物组合物产品的活性成分及含量。而且,本专利权利要求以及说明书中,也未记载丹酚酸b的功能、效果等技术内容。因此,在阅读本专利权利要求和说明书后,本领域的技术人员无法得知请求保护的技术方案是提高丹酚酸b的提取物含量,以及该含量与本专利解决的技术问题有关联。因此,亚东制药公司以丹酚酸b的含量作为区别技术特征,主张第15409号决定以及二审判决认定区别技术特征错误的申请再审理由,本院不予支持。

……

思考与评论

本案中,最高人民法院指出,认定权利要求与最接近现有技术之间的区别技术特征,应当以权利要求记载的技术特征为准,并将其与最接近的现有技术公开的技术特征进行逐一对比。具体操作时,通常是把专利要求保护的技术方案分成若干技术特征,然后判断最接近的现有技术公开了哪些技术特征,哪些技术特征与专利相应的技术特征相当,哪些技术特征是区别技术特征。但比对时应当注意,发明是一个整体,技术方案中的技术特征之间并不是孤立的,不能割裂特征之间的关系,忽视特征在整体技术方案中所发挥的作用。尤其是涉及机械结构领域的发明创造,可能由于两个技术方案整体的技术构思、工作方式、技术效果不同,结构或位置等形式上看似类似的部件在整个技术方案中实际上起到完全不同的作用。因此,在判断区别特征时,可能需要考虑它们在各自技术方案中所起的作用。① 但未记载在权利要求中的技术特征不能作为对比的基础,当然也不能构成区别技术特征。专利申请人在申请专利时提交的专利说明书中公开的技术内容,是国务院专利行政部门审查专利的基础;专利申请人未能在专利说明书中公开的技术方案、技术效果等,一般不得作为评价专利权是否符合法定授权确权标准的依据。② 因而,要对区别特征做出正确认定,理论上讲其必然涉及权利要求的解释。解释权利要求的目的是识别出权利要求所记载的技术特征。值得注意的是,确定区别技术特征时并不意味着只看技术特征本身或技术方案本身,对于技术术语和技术特征本质含义以及权利要求的范围,以及比对证据或对比文件技术方案的范围,需要根据各自全文内容来理解。

---

① 再审申请人展通公司与被申请人泰科公司及一审被告、二审被上诉人专利复审委员会发明专利权无效行政纠纷案:最高人民法院(2014)知行字第43号。

② 湘北威尔曼公司“抗β-内酰胺酶抗菌素复合物”专利无效行政案:最高人民法院(2011)行提字第8号。

案例 5－3－5　国家知识产权局专利复审委员会等与利尔生公司发明专利权无效行政纠纷上诉案*

本专利系利尔生公司于1999年8月11日向中华人民共和国国家知识产权局申请的名称为“碳水化合物混合物”的发明专利，其优先权日为1998年8月11日，授权公告日为2003年4月16日，专利号为第99809500.1号。本专利授权公告的权利要求书如下：

“1. 用于营养食品和药剂并含有多种碳水化合物的碳水化合物混合物，其特征在于，它含有或由两种基本上溶解的不同碳水化合物A和B组成，它们在胃肠道中不会消化，在到达大肠之前不会被重吸收，碳水化合物组分A由至少一种含2~6个单糖单元的低聚糖或两种或多种所述糖的混合物或者一种或多种单糖与一种或多种低聚糖的混合物组成，碳水化合物组分B由一种含7个或多个单糖单元的多糖或两种或多种多糖的混合物组成，碳水化合物组分B的碳水化合物/糖最多达100单糖单元，碳水化合物组分A占碳水化合物组分A+B总量（=100%重量）的5%~95%重量，碳水化合物组分B占碳水化合物组分A+B总量（=100%重量）的5%~95%重量，碳水化合物组分A和B中至少80%重量的碳水化合物/糖起前生物作用，构成碳水化合物组分A的碳水化合物/糖具有与构成碳水化合物组分B的碳水化合物/糖不同的结构。”

……

本专利说明书有如下记载：“本发明的任务是制备一种改进的碳水化合物混合物，这种混合物可加入营养食品和药剂中，且除了营养作用以外还能刺激自然存在于大肠中的有益健康的微生物；在本发明中起前生物作用的碳水化合物被理解为未消化地进入大肠（因此不能在小肠中被重吸收）且选择性促进大肠中一种或一定数目种类细菌的生长和/或活性从而有益于健康的碳水化合物；通过有目的地组合低聚物和多糖，从而同时存在碳水化合物组分A和碳水化合物组分B，可以比仅用一种这类碳水化合物组分更有效地促进大肠中有益于健康的微生物。”

2008年10月29日，美赞臣公司针对本专利向专利复审委员会提出无效宣告请求，并提交了下述证据：

证据1：公开号为EP07556828A1的欧洲发明专利申请公开文本，公开日为1997年2月5日，复印件共5页及其中文译文共7页。证据1公开了一种含有纤维

---

* 北京市高级人民法院行政判决书（2011）高行终字第735号。

的营养组合物，该纤维由15～50wt.%的可溶性非淀粉多糖、15～45wt.%的不溶性非淀粉多糖及8～70wt.%的低聚糖和/或抗性淀粉组成（参见证据1的中文译文第3页第2～4行），这些纤维不被人肠道的酶消化，即在小肠中不被吸收并因此进入大肠（结肠）的食物部分（参见证据1中文译文的第3页第14～16行），同时还公开了该营养组合物适于肠内给药，能够通过向肠内菌丛提供粪便块和底物维持肠功能并清除毒性化合物，保持肠壁的良好环境（参见证据1中文译文第2页第3～4行）。

……

思考与评论

本案中，专利复审委员会认为，将权利要求1中涉及含有组分A和组分B的技术方案与证据1相比，其区别仅在于权利要求1中对组分A和B的单糖单元数量进行了限定，同时还限定了组分A中至少60%重量的糖是半乳低聚糖，组分B中至少60%重量的糖是果多糖类。而专利权人认为区别在于：证据1没有明确记载本专利中的组分B，没有公开或暗示具有7～100个单糖单元以及不同结构的低聚糖，更没有公开或暗示上述多糖和低聚糖的结合。你认为本案的区别特征是什么？不同的区别特征对创造性判断的影响如何？

案例5－3－6 泰科电子瑞侃有限公司与中华人民共和国国家知识产权局专利复审委员会行政纠纷案*

本案涉及专利号为96194851.5，名称为“闭锁装置”的发明专利（以下简称本专利），其申请日是1996年4月23日，授权公告日为2002年1月2日，专利权人原为NV雷伊化学有限公司，后变更为泰科公司。本专利授权公告的权利要求书如下：

1.一种物件与过中心闭锁装置，该物件包括可闭锁在一起的第一部分和第二部分（2,3），该过中心闭锁装置用于实现所述闭锁，所述过中心闭锁装置（6）包括一个以可绕枢轴转动方式连接到一个以可绕枢轴转动方式安装在物件的第一部分（2）的臂上的杠杆（11），该杠杆（11）的一个自由端具有一个与物件的第二部分（3）接合的接合表面（21），并当杠杆（11）处于其使用中的过中心位置时，将物件的两部分（2,3）紧固在一起，其特征在于，该杠杆（11）在其所述自由端上具有一个沿着杠杆（11）的长度方向延伸到接合表面（21）之外的延长段（15），而且该延长段

* 北京市高级人民法院行政判决书（2013）高行终字第1795号。

(15)设置成可以与物件的第二部分(3)协同作用,以在闭锁该物件的开始阶段提供初始闭锁杠杆作用,而且在闭锁的最后阶段可使该接合表面(21)与物件的第二部分(3)相接触,以提供最终的杠杆闭锁作用。

针对本专利,展通公司于2010年6月28日向专利复审委员会提出无效宣告请求,其理由为本专利不符合《中华人民共和国专利法》(以下简称《专利法》)第二十二条第二款的规定,请求宣告本专利权利要求全部无效,同时提交了如下证据:

证据1:公告日为1994年5月24日、授权公告号为US5315489A的美国发明专利申请说明书全文复印件,共10页。

北京市第一中级人民法院认为:证据1公开了一种可释放的夹具,与本专利权利要求1相比,证据1中的A、B部分相当于本专利权利要求1中的第一部分、第二部分,8A相当于本专利较佳实施例中的9,杠杆11A相当于本专利权利要求1中的杠杆(11),在夹具夹紧的过程中,杠杆11A通过与设置在B部分上的枢纽9A的协同作用,使A、B部分相互靠拢,实现最初的杠杆闭锁作用,这个过程与本专利权利要求1中通过延长段(15)与第二部分(3)协同作用提供初始闭锁杠杆作用的过程相同。因此,杠杆11A与枢纽9A结合作用的部分相当于本专利权利要求1中的延长段(15)。此外,由于证据1在夹紧的过程中,杠杆11A与枢纽9A的协同作用最终还将使得设置在B部分上的销钉25A与设置在杠杆11A上的凹口24A相接触,并通过二者的相互协调,从而产生最终的杠杆闭锁作用。因此,凹口24A相当于本专利权利要求1中设置在自由端上与第二部分(3)相接触的接合表面(21)。

根据上述论述,将本专利权利要求1与证据1相比,其区别技术特征在于本专利权利要求1中杠杆(11)上具有一个自由端,且接合表面(21)设置在该自由端上,而证据1并没有自由端,与接合表面(21)对应的凹口24A位于杠杆11A的侧部。该区别技术特征的技术效果在于通过位于自由端上的接合表面(21)与第二部分(3)的接触实现最终的杠杆闭锁作用。

北京高级人民法院认为,比较本专利权利要求1和证据1的技术方案,本专利权利要求1的杠杆11具有自由端,而证据1的杠杆11A不具有自由端,其一端围绕枢轴9A旋转。本专利权利要求1中的延长段与物件的第二部分协同作用,在闭锁的开始阶段提供初始闭锁杠杆作用,由于其延长段位于杠杆11的自由端上,因此,其闭锁杠杆作用是通过与第二部分分离的延长段与第二部分协同完成的。而证据1中的杠杆11A延长到凹口24A之外的延伸部分提供的杠杆闭锁作用是通过该部分围绕枢轴9A旋转实现的。本专利权利要求1中的接合表面位于自由端上,其提供的最终的杠杆闭锁作用是由其与物件的第二部分相接触实现的，而证据1凹口24A虽然也具有提供闭锁作用的功能，但其实现该功能需要借助物件第二部分B上设置的销钉25A以及对销钉25施加偏压而使其延凸轮面进入凹口24A的弹簧15A，只有在销钉25A及弹簧15A的作用下，凹口24A才能与该第二部分B相互接合，从而提供闭锁作用。因此，虽然本专利权利要求1的技术方案与证据1的技术方案均能实现闭锁的杠杆作用，但两者的实现方式不同，第16394号决定及原审判决未考虑本专利权利要求1的延长段及结合表面与证据1中沿着杠杆11A的长度方向具有相对于第二枢轴转动18A延伸到凹口24A之外的延伸部分以及凹口24A在实现相应功能时的技术手段的差异，而此种差异足以成为两种技术方案中的区别技术特征。因此，第16394号决定及原审判决在区别技术特征的认定上存在错误，泰科公司的此项上诉理由成立，本院予以支持。

思考

你认为上述两法院在认定区别特征上的主要争议何在？你认为哪一法院的方法更准确？为什么？

2. 技术问题的确定

在采用“三步法”判断权利要求是否具备创造性时，确定权利要求保护的发明实际要解决的技术问题是判断该发明相对于现有技术是否具有显而易见的基础和前提。在创造性的判断中，通常情况下，确定发明实际解决的技术问题，要在发明相对于最接近的现有技术存在的区别技术特征的基础上，由本领域技术人员在阅读本专利说明书后，根据该区别技术特征在权利要求请求保护的技术方案中所产生的作用、功能或者技术效果等来确定。

《专利审查指南》规定确定技术问题的依据是区别技术特征所能达到的技术效果。需要注意的是，确定技术问题，是以技术手段达到的技术效果为基础，而不是以技术手段（区别技术特征）为基础。换言之，所确定的技术问题，要体现的是技术效果，而不是技术手段。当发明所要求保护的技术方案与最接近的现有技术相比存在多个区别技术特征时，确定发明实际解决的技术问题应当基于发明整体技术方案进行考虑。当发明所要求保护的技术方案与最接近的现有技术相比存在多个区别技术特征时，需要考虑这些区别技术特征之间是否存在相互关联、相互作用，综合判断它们在发明的整体技术方案中所起的技术效果，从而正确地确定发明实际解决的技术问题。为避免“事后诸葛亮”，在确定发明实际解决的技术问题时，不应带有本发明为解决该技术问题而提出的技术解决手段，或对该技术手段的指引。

在申请号为200610068231.1的复审案件中，发明权利要求1所要求保护的内燃机与最接近现有技术的区别主要在于：A发明中低压增压装置被限定为单独的模块安置在单独的框架上，并与发动机及高压增压装置分离，B高压涡轮机与低压涡轮机以及低压压缩机与高压压缩机分别通过柔性连接导管连接。而最接近现有技术中的高压涡轮机和低压涡轮机被整合在一个涡轮壳体单元，以使结构紧凑。驳回决定未考虑上述区别技术特征在发明中的作用及发明实际解决的技术问题，直接认定区别技术特征均是本领域的公知常识，从而认定发明不具备创造性。但是实际上，发明采用上述区别技术特征使发明具有如下技术效果：可使高压侧与低压侧的振动相互解耦。即发明实际解决的技术问题是，消除多级涡轮增压对内燃机的强度和振动性能产生的不利影响。而现有技术中并没有给出采用这样的技术手段来解决“高压侧与低压侧的振动相互解耦”这一技术问题的技术启示，也没有证据表明采用这一手段解决这一问题属于所属领域的公知常识，据此第37419号复审决定撤销了驳回决定。由此可见，在创造性评判中，是否根据区别技术特征在整个发明中所起的作用，并恰当地确定发明实际解决的技术问题，对于创造性的评判结论具有实质性影响。①

案例5－3－7　国家知识产权局专利复审委员会与深圳市理邦精密仪器股份有限公司等发明专利无效行政纠纷案*

根据《中华人民共和国专利法》（以下简称《专利法》）第二十二条第一款的规定，申请专利的发明和实用新型具备创造性是授予其专利权的必要条件之一。判断要求保护的发明是否具有创造性，就是要判断对本领域技术人员来说，该发明相对于现有技术是否显而易见。在这一判断过程中，要确定现有技术整体上是否存在某种启示，以促使本领域技术人员在面对所述技术问题时，有动机改进最接近的现有技术并获得要求保护的发明。如果现有技术不存在这种技术启示，则发明是非显然易见的，即具有创造性。本案中，本专利权利要求1请求保护一种便携超声诊断仪，而证据1公开了一种便携式超声诊断仪。根据证据1公开的具体内容，本专利权利要求1相对于证据1的区别特征①是：本专利权利要求1限定了电源板竖

① 于萍：《创造性评价中实际解决技术问题的确定》，载http://www.nipso.cn/onews.asp?id=19909。

* 最高人民法院行政裁定书（2014）知行字第6号。

直设置于所述主机架的一侧，主板与探头板竖直设置于主机架的另一侧；而证据1中，信号处理板432、发射/接收板430竖直安装于金属结构402内，电源板426竖直安装于金属结构402后下部。由区别特征①可知，本专利权利要求1实际要解决的技术问题是，在便携超声诊断仪中减小电源板对探头板的干扰以及避免机器重心的偏差。证据1中防止各组件之间的电磁干扰主要是通过设置封闭的屏蔽隔室的技术手段来实现的。证据2公开了电子设备防干扰控制的空间分离方法、元器件布局技术；证据11记载了超声诊断设备的结构设计要尽量做到外形美观、整体轻便。证据2和证据11所记载的上述内容，并没有具体披露本专利相对于证据1的区别特征①所要实际解决的技术问题的具体技术手段，也即现有技术没有给出将区别特征①应用到证据1以实现本专利实际要解决的技术问题的技术启示。因此，本专利权利要求1对本领域技术人员来讲并非显而易见，实现本专利的技术效果需要本领域技术人员付出创造性劳动。

理邦公司主张，根据本专利说明书关于背景技术的记载可知，对于采用CRT显示器的超声诊断仪而言，将电路板布置在CRT显示器两侧是常规技术手段，本专利实际要解决的技术问题只是三块电路板在两侧如何具体摆放的问题，这对本领域技术人员而言是显而易见的。本院认为，发明实际解决的技术问题，是指为获得更好的技术效果而需对最接近的现有技术进行改进的技术任务。发明实际解决的技术问题的确定，是将其与最接近的现有技术相比较而得出的，而不是以其背景技术的记载为依据，因此理邦公司的上述主张不能成立。

思考与评论

本案中，最高人民法院明确，技术问题的确定不能以背景技术为依据，而是以与最接近的现有技术的比较得出的。因而，创造性判断的技术问题与说明书中所记载的技术问题是不同的概念。最高人民法院认为，《专利法实施细则》第二十条第二款所称的“技术问题”，是指说明书中记载的专利所要解决的技术问题，是申请人根据其对说明书中记载的背景技术的主观认识，在说明书中声称其要解决的技术问题。当说明书中明确记载本案专利能够解决多个技术问题时，独立权利要求中应当记载能够同时解决上述技术问题的全部必要技术特征。[①]《专利法实施细则》第二十条第二款所称的“技术问题”，不同于在判断权利要求是否具有创造性时，根据权利要求与最接近的现有技术的区别技术特征，重新确定的专利实际解决

① 中华人民共和国国家知识产权局专利复审委员会与（瑞士）埃利康亚洲股份公司其他审判监督行政判决书：最高人民法院（2014）行提字第13号。

的技术问题。在创造性判断中,确定发明实际解决的技术问题,通常要在发明相对于最接近的现有技术存在的区别技术特征的基础上,由本领域技术人员在阅读本案专利说明书后,根据该区别技术特征在权利要求请求保护的技术方案中所产生的作用、功能或者技术效果等来确定。其理由是:其一,在判断权利要求是否具有创造性时,重新确定技术问题的目的,是规范自由裁量权的行使,使得对现有技术中是否存在技术启示的认定更为客观,对专利是否具有创造性的认定更为客观。该目的与《专利法实施细则》第二十一条第二款的立法目的存在本质区别。其二,在判断创造性时,随着与权利要求进行对比的最接近的现有技术不同,认定的区别技术特征往往也会有所差异,重新确定的技术问题也会随之改变。因此,重新确定的技术问题是动态的、相对的,并且通常不同于说明书中记载的专利所要解决的技术问题。因此,在认定权利要求是否缺少必要技术特征时,不能以重新确定的技术问题为基础。

(三)判断要求保护的发明对本领域的技术人员来说是否显而易见

在此步骤中,要从最接近的现有技术和发明实际解决的技术问题出发,判断要求保护的发明对本领域的技术人员来说是否显而易见。判断过程中,要确定的是现有技术整体上是否存在某种技术启示,即现有技术中是否给出将上述区别特征应用到该最接近的现有技术以解决其存在的技术问题(发明实际解决的技术问题)的启示,这种启示会使本领域的技术人员在面对所述技术问题时,有动机改进该最接近的现有技术并获得要求保护的发明。如果现有技术存在这种技术启示,则发明是显而易见的,不具有突出的实质性特点。

此外,中国专利法还要求在创造性判断中加入显著的进步的判断。在评价发明是否具有显著的进步时,主要应当考虑发明是否具有有益的技术效果。以下情况,通常应当认为发明具有有益的技术效果,具有显著的进步:

(1)发明与现有技术相比具有更好的技术效果,例如,质量改善、产量提高、节约能源、防治环境污染等;

(2)发明提供了一种技术构思不同的技术方案,其技术效果能够基本上达到现有技术的水平;

(3)发明代表某种新技术发展趋势;

(4)尽管发明在某些方面有负面效果,但在其他方面具有明显积极的技术效果。

在"非显而易见性"判断中,审查员必须关注在现有技术中是否存在技术启示,其不能在没有技术启示的情况下想当然地认为该专利申请不具有创造性。这一规定的主要目的是防范所谓的“事后诸葛亮”问题。申请专利的发明绝大部分是所谓的改进发明,其是否具有创造性可能就在一念之间,许多发明在事后看来都非常简单,并不是什么复杂的技术进步。如果从事后的角度来看待专利申请,那么可能导致绝大部分专利申请都不会有创造性。因而,专利创造性判断中必须要求现有技术做出明确的启示。判断发明或实用新型对本领域的技术人员来说是否显而易见,要确定的是现有技术整体上是否存在某种技术启示,即现有技术中是否给出将该发明或者实用新型的区别技术特征应用到最接近的现有技术以解决其存在的技术问题的启示,这种启示会使本领域的技术人员在面对相应的技术问题时,有动机改进最接近的现有技术并获得该发明或者实用新型专利技术。当上述区别技术特征为公知常识或为与最接近的现有技术相关的技术手段,或者为另一份对比文件披露的相关技术手段,且该技术手段在该对比文件中所起的作用与该区别技术特征在要求保护的发明或者实用新型中为解决相关技术问题所起的作用相同,通常可以认定存在相应的技术启示。

值得注意的是,区别技术特征是区别于对比文件的技术特征。这与必要技术特征是不同的概念。必要技术特征是解决发明创造技术问题的技术方案中必不可少的特征。缺乏任一必要技术特征,技术问题不能获得有效解决。

案例 5-3-8 香港美艺金属制品厂诉中国专利局专利复审委员会确认“惰钳式门”发明专利权纠纷上诉案*

北京市高级人民法院认为:根据《专利法》第二十二条第三款的规定,创造性是指同申请日以前已有的技术相比,该发明有突出的实质性特点和显著的进步。所谓“突出的实质性特点”,就是从该技术领域技术发展的历史角度来看,该发明与已有的技术相比,具有技术实质内容的突破,使该领域技术产生突出的实质性变化。所谓“显著的进步”,是指该发明与最为接近的现有技术相比,具有长足的进步,它通常表现为克服了现有技术的不足和缺点,或者具有明显的技术效果。本案的发明与已有技术相比,具有突出的实质性特点和显著的进步。理由是:

第一,“惰钳式门”发明专利独立权利要求包括前序和特征两个部分,将该发明的技术解决方案与现有技术相比,对比文献 1 披露了该发明专利独立权利要求前序

* 最高人民法院公报案例 1992 年第 2 期,载 https://www.chinacourt.org/article/detail/2002/11/id/20495.shtml。

部分的全部技术特征,而对比文献 2 并未进一步披露该发明专利独立权利要求中特征部分的区别技术特征。“惰钳式门”发明专利独立权利要求的特征部分是:“在销轴的端部装有沿轴的横向为 H 型截面的衬套,立柱直杆的突边安装在 H 型截面衬套的凹槽中。”这是该发明专利整体结构中各主要部件相互结合关系的最本质技术特征。正是这种 H 型衬套及 H 型衬套与各立柱直杆之间的组合关系,使该发明具有了突出的实质性特点。而对比文献 2 披露的是一种可伸缩拉门的中间车轮装置,其中涉及的拉门与该发明“惰钳式门”是两种结构完全不同的门。在对比文献 2 所述的车轮装置中虽然也采用了 H 截面的滑动套,但这种 H 截面的滑动套仅仅是装在一对销轴与中间车轮架上的一对 C 状杆的连接部位,上下自由滑动,并可与 C 状杆上的锁定装置配合,使中间车轮起到支撑拉门的作用。即该 H 型截面滑动套与整个伸缩拉门的刚度及构成门的各主要运动部件之间的配合并无直接关系。可见,对比文献 2 中的 H 型截面滑动套与该发明中的 H 型衬套在各自发明中所起的作用有着实质性差别。作为本领域的普通技术人员不可能从对比文献 1 出发,结合对比文献 2,获得对该发明有用的技术教导,而必须经过创造性思维劳动才可能获得。因此,该发明的技术解决方案与现有技术相比,对所属技术领域的普通技术人员是非显而易见的。

第二,结合“惰钳式门”发明的目的及效果,进一步证明该发明比现有技术具有突出的实质性特点。原审法院认为,在判断一项发明是否具有突出的实质性特点时,不仅要考虑该发明技术解决方案本身的创新程度,而且还要考虑该发明的目的和实际技术效果,将其作为一个整体来看待,这是正确的。“惰钳式门”发明的目的是提出一种惰钳式门,其连接斜杆与立柱直杆的装置不仅结构简单,同时提高了门的刚度,使开关门的运动轻便且噪声小。正是为了达到这一目的,该发明的技术解决方案采用了在门的各销轴与立柱直杆的连接处装有 H 型截面的衬套。使用 H 型衬套的目的是便于销轴在立柱直杆的凹口突边上滑动或转动,而且还可以有效地填补构成整个门的各主要运动部件之间的机构间隙。它与门的连接方式是:在连接门的各格栅斜杆与各第二立柱直杆的每个销轴的端部都装有 H 型截面的衬套,将立柱直杆的突边安装在 H 型截面衬套的凹槽中。该发明采用 H 型衬套的作用,不仅仅是滑动或转动,而且达到了制造组装方便,提高了整个门的刚度,使门的开关运动平稳轻便且噪声小的技术效果,从而实现了整个发明的目的。相比之下,对比文献 1 的发明目的是要解决带有折叠档板的拉闸门需要由大量不同的零部件组成,且需要手工铆接进行组装的问题。其技术解决方案虽然覆盖了“惰钳式门”发明独立权利要求中前序部分的全部技术特征,但是,因其不具备发明的区别技术特征，所以，显然也不具备该发明的技术效果。对比文献2描述的是一种用于庭院的栅栏门中间位置的车轮装置。在该车轮装置上虽然也采用了H型截面的滑动套，但其目的是便于销轴在门的附加装置即中间车轮架上的两个C状杆上滑动，并可与C状杆上的销定装置配合，使中间车轮起到支撑拉门的作用，以达到解决由于庭院门前因地面高低不平而使中间车轮承受栅栏的重荷，使开关栅栏门方便和延长轮子使用寿命的发明目的。由此可见，“惰钳式门”发明专利的发明目的与已有技术截然不同。由于发明目的不同，采用的技术方案有实质性差别，其所达到的技术效果也不相同。这种技术效果，对所属该领域的普通技术人员来说是意想不到的。因此，将“惰钳式门”发明的技术解决方案同发明目的与技术效果三者结合起来与现有的技术对比，其突出的实质性特点是明显的。

第三，“惰钳式门”发明与现有的技术对比，克服了现有技术中存在的缺点和不足，具有显著的进步。对于这一点，专利复审委员会和香港美艺厂均无异议。

综上所述，专利复审委员会根据对比文献1和对比文献2认定“惰钳式门”发明专利已不具备创造性，作出宣告第85101517号“惰钳式门”发明专利权无效的决定，缺乏充分的证据。原审法院判决撤销专利复审委员会第112号无效宣告请求审查决定是正确的。但原审法院的判决书在描述事实和作出创造性判断时，有些语言文字用法欠妥。如在判决书中将该发明说明书中的个别技术构成内容作为该发明权利要求的技术构成与现有技术对比；对比文献2的发明目的表述不准确；将该发明与对比文献2中的H型“衬套与斜杆的连接方式”等不相关的内容也作为该发明与已有技术的区别等，是不妥的，应予以纠正。但这些并不影响原审判决结论的正确。就全案而言，原审判决事实清楚，适用法律并无不当。该院依照1989年《行政诉讼法》第六十一条第一项的规定，于1992年3月4日判决：驳回上诉，维持原判。

思考与评论

本案首次明确，在判断一项发明是否具有突出的实质性特点时，不仅要考虑该发明技术解决方案本身的创新程度，而且还要考虑该发明的目的和实际技术效果，将其作为一个整体来看待，摒弃了简单地将对比文件的技术特征结合起来轻率地否定一项发明的创造性的做法，而是将发明的技术方案、目的和效果作为一个整体来看待。

1. 发明与实用新型现有技术启示判断的区别

在判断现有技术中是否存在技术启示时，发明专利与实用新型专利存在区别，这种区别体现在下述两个方面。

(1)现有技术的领域

对于发明专利而言,不仅要考虑该发明专利所属的技术领域,还要考虑其相近或者相关的技术领域,以及该发明所要解决的技术问题能够促使本领域的技术人员到其中去寻找技术手段的其他技术领域。对于实用新型专利而言,一般着重于考虑该实用新型专利所属的技术领域。但是现有技术中给出明确的启示,例如现有技术中有明确的记载,促使本领域的技术人员到相近或者相关的技术领域寻找有关技术手段的,可以考虑其相近或者相关的技术领域。

(2)现有技术的数量

对于发明专利而言,可以引用一项、两项或者多项现有技术评价其创造性。对于实用新型专利而言,一般情况下可以引用一项或者两项现有技术评价其创造性,对于由现有技术通过“简单的叠加”而成的实用新型专利,可以根据情况引用多项现有技术评价其创造性。

案例 5-3-9　国家知识产权局专利复审委员会与赵东红、张如一无效宣告(专利)再审案*

1997 年 5 月 28 日,赵东红、张如一向国家知识产权局提出名称为“握力计”的实用新型专利申请。1998 年 9 月 23 日,国家知识产权局授予其专利权,即涉案专利。

本院认为,专利法的立法宗旨是为了保护专利权人的合法权益,鼓励发明创造,推动发明创造的应用,提高创新能力,促进科学技术进步和经济社会发展。可见,专利制度不仅要维护专利权人的合法权益,还要充分考虑社会公众的合法权益,进而实现两者之间的平衡。为了实现上述平衡,就需要设置合理的专利授权标准。对于发明或者实用新型专利而言,需要设立合理的创造性判断标准。如果创造性标准设置得太低,就会导致创新程度不高的专利申请较容易获得授权或者很难被宣告无效,势必会限制技术的传播和利用,不利于科技进步和社会发展,损害社会公众利益。如果创造性标准设置得太高,专利申请获得授权的难度就会大大提高,将会减损专利法对技术创新的激励作用。《专利法》第二十二条规定,发明的创造性,是指与现有技术相比,该发明具有突出的实质性特点和显著的进步;实用新型的创造性,是指该实用新型具有实质性特点和进步。专利法规定的实用新型专

* 最高人民法院行政裁定书(2011)知行字第 19 号。

利的创造性标准低于发明专利的创造性标准。判断发明创造是否具有创造性，应当基于所属技术领域的技术人员的知识和能力，并通过将发明创造的技术方案与现有技术进行比对来判断。发明专利和实用新型专利的创造性标准不同，因此技术比对时所考虑的现有技术领域也应当有所不同，这是体现发明专利和实用新型专利创造性标准差别的一个重要方面。

技术领域，应当是要求保护的发明或者实用新型技术方案所属或者应用的具体技术领域，而不是上位的或者相邻的技术领域，也不是发明或者实用新型本身。涉案专利是名称为“握力计”的实用新型专利，判断其是否具有创造性，首先应当确定握力计所属的技术领域以及相关和相近的技术领域。技术领域的确定，应当以权利要求所限定的内容为准，一般根据专利的主题名称，结合技术方案所实现的技术功能、用途加以确定。专利在国际专利分类表中的最低位置对其技术领域的确定具有参考作用。相近的技术领域一般指与实用新型专利产品功能以及具体用途相近的领域，相关的技术领域一般指实用新型专利与最接近的现有技术的区别技术特征所应用的功能领域。涉案专利技术功能属于测力装置，具体用途为测人手的握力。

由于技术领域范围的划分与专利创造性要求的高低密切相关，考虑到实用新型专利创造性标准要求较低，因此在评价其创造性时所考虑的现有技术领域范围应当较窄，一般应当着重比对实用新型专利所属技术领域的现有技术。但是在现有技术已经给出明确的技术启示，促使本领域技术人员到相近或者相关的技术领域寻找有关技术手段的情形下，也可以考虑相近或者相关技术领域的现有技术。所谓明确的技术启示，是指明确记载在现有技术中的技术启示或者本领域技术人员能够从现有技术直接、毫无疑义地确定的技术启示。

本案中，涉案专利权利要求 1 的技术方案与最接近的现有技术证据 7(一种体力测定器)公开的内容相比，区别技术特征在于测力传感器不同，测力传感装置为涉案专利的相关技术领域。为了评价测力传感器的创造性，专利复审委员会考虑了证据 2(手提式数字显示电子秤，用于测重力)，将其测力传感器与涉案专利的传感器进行比对。虽然握力计和电子秤都是测力装置，但二者分别具有不同的特定用途。同时，重力和人手的握力相比较，施力对象不同，施力方向也不同，重力单纯向下，人手的握力不是单纯向下而是从四周向中心，所以二者不属于相同技术领域。但涉案专利与手提式数字显示电子秤功能相同，用途相近，二者测力传感器的测力原理基本相同，可以将手提式数字显示电子秤视为涉案专利的相近技术领域。但是，由于现有技术并未给出明确的技术启示，专利复审委员会在评价涉案专利的创造性时考虑手提式电子秤的测力传感器属于适用法律错误。

2. 技术启示的判断方法

(1)技术启示与现有技术组合

案例 5-3-10 YKK 株式会社与专利复审委员会、第三人广州嘉绩拉链机械有限公司发明专利权无效行政纠纷上诉案*

经审理查明:本专利系名称为“在拉链牙链带中用于啮合元件金属线性材料的进给单元”的发明专利,其专利号为 200610059425.5,申请日为 2006 年 3 月 2 日,优先权日为 2005 年 3 月 2 日,授权公告日为 2009 年 12 月 9 日,专利权人为 YKK 株式会社。

本院认为:本案的焦点问题在于证据 4 和证据 5 的组合是否足以破坏本专利权利要求 1 的创造性。根据《专利法》第二十二条第三款的规定,创造性,是指同申请日以前已有的技术相比,该发明有突出的实质性特点和显著的进步。

将本专利权利要求 1 与证据 4 公开的技术方案进行比较,证据 4 中的线材供给辊和导向辊相当于本专利权利要求 1 中的金属线性材料的进给单元。本专利权利要求 1 和证据 4 相比的区别特征为:本专利权利要求 1 中包括两对辊子(第七和第八辊、第九和第十辊),其中一对辊子由可移动的辊子支撑部件的两端可旋转地支撑,辊子支撑部件绕其中心被可旋转地支撑,并且沿垂直于连接第七和第八辊的辊轴中心的直线的方向而由推压装置弹性地推压。该区别特征是为了保持第七和第八辊与第九和第十辊间的压力平衡,减小所供给线性材料的扭曲,防止线材从辊子之间滑出。各方当事人对上述区别技术特征以及该区别技术特征所取得的技术效果均无异议,本院予以认可。

由证据 5 公开的技术方案可见,证据 5 的发明目的是方便在两对第 1 滚柱和第 2 滚柱之间安装电线,将铰接在托架 154a 上的两个第 2 滚柱安装在摆动拨叉 154 上,因此,只要使摆动拨叉 154 旋转,就可使两个第 2 滚柱分别同时脱离两个第 1 滚柱,从而能够比较方便的安装电线。由此可见,证据 5 中摆动拨叉 154 的作用是使两对第 1 滚柱和第 2 滚柱保持接触或释放脱离的作用,两个第 2 滚柱在释放时围绕着摆动拨叉的一端 155 旋转,拉伸弹簧 160 的作用也是将摆动拨叉 154 上的吊环

* 北京市高级人民法院行政判决书(2012)高行终字第 1088 号。

161 钩挂在夹头 162 上，从而保持两对第 1 滚柱和第 2 滚柱的接触工作状态。

如上所述，本专利权利要求 1 中上述区别技术特征的作用是为了保持第七和第八辊与第九和第十辊间的压力平衡，减小所供给线性材料的扭曲，防止线材从辊子之间滑出。为实现上述发明目的，在正常状态下，基于"辊子支撑部件沿垂直于连接第七和第八辊的辊轴中心的直线的方向而由推压装置弹性地推压"这一技术特征的作用，辊子支撑部件被推压装置（压缩弹簧 61b）沿垂直于连接第七和第八辊的辊轴中心的直线的方向，弹性地推向第七和第八辊，从而使得"第九和第十辊 45，46 通过不规则形状的金属线性材料 **W** 均等地压在第七和第八辊 43，44 上"；另外，在线性材料以轻微的扭曲状态进给的情况下，线性材料的扭曲部位将会对第九和第十辊施加一个与其原来承受的弹性推压力相反的反作用力，并使其向与推压方向相反的方向——离开第七和第八辊的方向移动，以利于修正金属线性材料的扭曲状态。

在线性材料以轻微扭曲状态从下往上进给的过程中，当发生在下部的扭曲部位进给到位于进给单元下方的第八和第十辊之间的夹持点时，其将会向可移动的第十辊施加一个反作用力，该反作用力克服第十辊所承受的弹性推压力而使其向离开第八辊的方向移动，这种移动可能会削弱第八和第十辊原来所形成的对线性材料的有效夹持状态，并使线性材料滑出。由于本专利采用"用来支撑第九和第十辊的辊子支撑部件绕其中心被可旋转地支撑"这一技术特征，线性材料扭曲部位所施加的反作用力将会通过第十辊而作用于辊子支撑部件的一端，并推动辊子支撑部件绕其中心旋转，从而避免使辊子支撑部件的另一端所支撑的第九辊，也与第十辊一样做同方向、等距离的移动，这样，第九辊就可以继续保持其对线性材料的原有正常夹持状态。即在此情形中，尽管第十辊向离开第八辊的方向，做削弱该两辊之间的原有夹持状态的移动，而第九辊却通过辊子支撑部件的旋转，而继续保持其对线性材料的有效夹持。

根据上述分析，证据 5 中虽然也具有两对辊子以及摆动拨叉、托架，但是，这些部件的连接关系、所实现的功能、效果均与本专利权利要求 1 中区别技术特征不同。因此，证据 5 没有给出为了保持第七和第八辊与第九和第十辊间的压力平衡，减小所供给线性材料的扭曲，防止线材从辊子之间滑出而设置上述区别技术特征的技术启示。证据 4 和 5 的组合不足以破坏本专利权利要求 1 的创造性。原审判决及第 15524 号决定关于证据 5 公开了本专利权利要求 1 相对于证据 4 的区别特征的认定错误，本院予以纠正。

本院注意到，本专利权利要求 2 的附加技术特征包括释放和接触装置，用于使第九和第十辊连同辊子支撑部件一起相对于第七和第八辊释放和接触。该附加技术特征所实现的功能与证据5中通过吊环与夹头的配合与释放,实现摆动拨叉以及其上两个第2滚柱相对于两个第1滚柱的释放和接触的功能是相同的。此外,证据5中为了实现发明目的,既可以使用一组辊柱、也可以使用两组或两组以上的辊柱,而本专利权利要求1中仅仅只能使用两组辊柱。这从另一方面说明了证据5中的诸多部件的功能仅仅是释放和接触装置,并不能实现本专利权利要求1中保持两对辊列之间的压力平衡,减小所供给线性材料的扭曲,防止线材从辊子之间滑出的发明目的。YKK株式会社关于原审判决及第15524号决定对"辊子支撑部件绕其中心被可旋转地支撑"这一技术特征的解释错误以及证据5不能用来否定本专利权利要求1的创造性的上诉主张成立,本院予以支持。

鉴于第15524号决定就区别技术特征与证据5相应技术特征的结构、功能、实现的效果事实认定错误,导致错误地评述了本专利权利要求1的创造性,进而影响到其他权利要求创造性的评述,原审判决予以维持不当,本院对原审判决及第15524号决定均予以撤销,专利复审委员会应当在正确认定事实的基础上重新作出无效宣告请求审查决定。

思考与评论

专利创造性判断是一个相对较为主观的过程,特别是判断是否存在技术启示时。当用两篇以上对比文件组合判断专利创造性时,应当根据所确定的区别技术特征准确界定另一份对比文件的相关技术手段。如果所述区别特征为另一份对比文件中披露的相关技术手段,该技术手段在该对比文件中所起的作用与该区别特征在本专利中为解决技术问题所起的作用相同,即可认定现有技术提供了将最接近现有技术与其他现有技术结合起来的教导或启示,使人相信本领域普通技术人员有理由、有机会想出要求保护的发明。本案中,法院认为,本专利权利要求1和证据4相比的区别特征为:本专利权利要求1中包括两对辊子。证据5中虽然也具有两对辊子以及摆动拨叉、托架,但是,这些部件的连接关系、所实现的功能、效果均与本专利权利要求1中区别技术特征不同。因此,证据5没有给出为了保持第七和第八辊与第九和第十辊间的压力平衡,减小所供给线性材料的扭曲,防止线材从辊子之间滑出而设置上述区别技术特征的技术启示。你认为在何种情况下证据5才会给出现有技术的启示?

美国联邦巡回上诉法院(CAFC)认为,认为大多数发明源于已有要素的组合,每一个已有要素都能存在于现有技术中。然而,在发明中识别出现有技术并不能有效地反驳作为组合发明作为整体的可专利性。对于由已知要素组合而成的发明来说,要驳斥其专利的非显而易见性,审查员或法院必须清楚指明其做出显而易见结论的基础。实践中,这要求审查员或法院解释该领域的普通技术人员会受到明确清晰的教导或启示来选择这样的对比文件从而将它们组合起来。但是教导、启示与将现有技术教导组合在一起的动机并不需要无误地存在于现有技术中。CAFC认为,动机、启示与教导(TSM)也许暗含于作为整体的现有技术中,而不是明白无误地表述于对比文件中,动机、启示与组合的教导也可能存在于普通技术人员的知识以及作为整体的待解决问题对于该领域普通技术人员的启示中。从CAFC实践来看,无论是以待解决问题的性质;或是现有技术的明确教导;抑或是普通技术人员的知识来判断是否存在组合的动机,法院必须清楚地发现存在以发明的方式将现有技术组合在一起的动机。采用这样的标准,公众、专利申请人、专利权人可以事先预测到专利局审查和法院审理的结果,从而将非显而易见性判断的主观随意性减少到最低限度。[①] TSM标准可以有效阻止审查员以及法官"事后诸葛亮",该标准要求提供"动机—教导—启示"存在的确定证据,如果仅仅是因为发明者的披露导致审查员或法院将现有技术组合在一起,而缺乏其他明确证据,是不能否认其可专利性的。

美国现行的非显而易见性标准由最高法院在KSR v. Teleflex案[②]中确立。Teleflex案涉及一个可调整的油门踏板装置与固定在支架上的踏板位置电子感应器的组合权利要求。该组合权利要求由两个出现在先的技术组成:一个是可调节的汽车汽油踏板,一个是可控制发动机的电子踏板感应器。CAFC认为,地方法院并没有对具体的教导启示以及动机的事实进行认定从而来表明通过现有技术的启示可以在可调控踏板上安装电子控制系统,KSR公司提供的证据可以表明其有将电子元件与可调控踏板装置结合的动机,并表明该元件"可能已经"安装在踏板装置的固定支架上,但并没有表明存在具体的确定的将电子装置元件与固定支架结合的动机,因而不能判定涉案专利为显而易见而无效。CAFC裁定联邦地方法院在判断涉案专利的权利要求4时,错误地运用了TSM标准。2006年6月26日美国最高法院对KSR案签发调令,审查CAFC所确立的TSM标准是否违法。2007年4月30日,美国最高法院作出判决,撤销CAFC作出的判决,认定CAFC在运用TSM标准时过于狭窄、严格与僵硬,与最高法院先前所确立的判例并不一致,对于一般的发明授予专利并不是专利法下独占权的主题,如果一般创新的结果被授予专利,将

---

① 尹新天:《专利权的保护》,知识产权出版社2006年版,第556页。

② *KSR Int' l Co. v. Teleflex, Inc.*, 550 U. S. 398(2007).

会阻碍而不是促进技术的进步。

美国最高法院要求在判断组合专利的非显而易见性时，必须找到一个将已知要素按发明的权利要求方式组合在一起的明显理由，但是法院清楚地表明TSM标准的非显而易见测试不需要表明存在发明权利要求特定（specific）主题的精确（precise）教导，最高法院认为，该领域的普通技术人员应该能够将在先技术的汽车脚踏板与踏板位置电子感应器以该专利权利要求4的方式组合在一起，同时其也能看到这样组合的益处。最高法院认为对非显而易见性的判断应采取一种扩张的、具有灵活性的方法：

1. 在确定组合动机的理由时，需考虑在该发明做出时在专利权人所尝试的领域可知的以及专利所提及的任何需求以及问题，而不仅仅是专利权人正试图解决的问题。美国最高法院认为CAFC要求法院或审查员在判断非显而易见时仅仅考虑专利权人正试图解决的问题，这显然是错误的。最高法院强调问题不是这一组合是否对专利权人是非显而易见的，而是这一组合是否对该领域普通技术人员是非显而易见的。正确的分析方法应是在该发明做出时在专利权人所尝试的领域可知的以及专利所提及的任何需求以及问题都可以作为将已知要素按专利权利要求所提及方式组合在一起的理由。

2. 将普通技术人员解释为具有一般创造性的人。美国最高法院认为CAFC假定一个尝试解决问题的普通技术人员将仅仅会被导向到那些用于解决同一问题的在先技术要素。在先技术ASANO专利的主要目的是解决惯常频率问题，于是CAFC就得出结论，一个考虑将传感器放置于可调节踏板的发明者不会有理由考虑将其置于ASANO的踏板上。然而事实上，法院认为一个普通技术人员能够将多个专利的教导匹配（fit）在一起，一个普通技术人员也是一个具有一般创造性的人，他不是一个机器人。

3. “显而易见尝试”可以作为证明非显而易见性的标准。美国最高法院认为当存在设计需求以及解决问题的市场压力，并且有一些可识别、可预测的解决方案时，那么存在组合是显而易见的尝试的情况也许可以证明存在103条的非显而易见性。KSR案告诉我们如果只存在对一问题特定的一些有限（finite）已知解决方案，当组合在一起的在先技术以一种可预料的方式运作，那么尝试不同组合直到得到专利权利要求的东西对于普通技术人员来说就不是非显而易见的。

4. 在判断非显而易见性时不但可以从文献资料中寻找现有技术，同时还可以从常识以及普通技术人员的知识中寻找相关的现有技术。美国最高法院认为CAFC在适用TSM标准以阻止法院以及审查员受事后偏见的影响上太僵硬、严格，这样的方式是错误的。法院认为CAFC僵硬的使用TSM标准排除法院向在常识中寻求相关的现有技术,这既无必要也与判例不符。在最高法院发出调卷令前,由24位法学教授向法院提出的法庭之友意见认为,CAFC所采纳的非显而易见标准要求审查员以及法院以显而易见的文献证据作为分析的基础,这对他们来说在很大程度上是不可能得到的。

(2)技术启示与公知常识

案例5-3-11 临海金利隆鞋业有限公司诉国家知识产权局专利复审委员会、第三人浙江省三门县胶带制品厂、临海市保田履带制造有限公司专利权无效行政纠纷案*

1998年1月16日,金利隆公司向国家知识产权局提出名称为"一种橡胶履带的制造方法"的发明专利申请,2002年2月13日被授予专利权,专利权人为金利隆公司,专利号为98110611.0。

最高人民法院经审查认为:本案的焦点在于,本案专利相对于现有技术是否具有突出的实质性特点和显著的进步,是否符合《中华人民共和国专利法》第二十二条第三款关于创造性的规定。

关于权利要求1的创造性的审查:

1.关于预成型工作台的问题。本案专利权利要求1记载,"首先用整根钢丝在呈悬臂结构的预成型工作台上缠绕出两匝钢丝帘线……松开张紧装置就可将橡胶履带取出套入预成型工作台,移走中间模具后,就可从预成型工作台取出橡胶履带"。由于松开张紧装置将橡胶履带取出套入预成型工作台,移走中间模具后从预成型工作台取出橡胶履带的技术特征中,预成型工作台的功能均为套入和取出,其与呈悬臂结构的预成型工作台的技术手段及功能作用是相同的。因此,权利要求1中的预成型工作台均是呈悬臂结构的装置。原审法院认为两者并无差别,实际是同一装置亦并无不当。证据11已经公开了在成形模上缠绕钢丝,导致显而易见地联想到在呈悬臂预成型工作台缠绕和取出钢丝,本案专利采用的结构设置是本领域普通技术人员容易想到的,属于常规技术结构设置。

2.关于连接方式的问题。证据11针对现有履带内部抗张力芯体的重叠接头部分的技术缺陷,提出了"由于抗张力芯体由设在各横向增强构件和本体外圈表面之

* 最高人民法院(2006)行监字第32-2驳回再审申请通知书。

间呈螺旋状配置的抗张力筋构成，不必像现有履带在本体内埋设抗张力芯体，将其两端相互重叠结合，因此能够免去履带上抗张力芯体的重叠接头部分”的技术方案，给出了使抗张力芯体无接头化，两个端部不相互重叠的技术启示。对于如何解决固定的技术问题，证据2给出了将钢丝绳两头与相邻一圈钢丝绳用夹板、螺栓、螺母固定在一起，使其构成封闭的无接头抗张力芯体的技术方案。由于焊接和用螺栓螺母连接均属于本领域的惯用固定和连接手段，在证据11和证据2的结合启示下，本领域技术人员为了使钢丝连接处平整而选择焊接的技术手段来解决不重叠封闭的技术问题是显而易见的，无需付出创造性的劳动。

3. 关于模具的问题。证据11的技术特征中涉及的模具为上下模具组成的对合模具。证据11的图8及图9中披露的技术方案，需要将模压的材料放在上下模具之间。本案专利的模具是由上模板、下模板、中间模板组成的复合模具，需要将模压的材料放在上、中模具以及中、下模具之间。由于模具的作用是为合拢进行硫化，其功能是合模进行压模硫化以及开模取出硫化物。不论采用复合模具还是对合模具，其作用都是两个模具进行配合，本专利模压的效果也没有产生意想不到的效果。而且，第三人在原审中提交的《橡胶工业手册》记载有环形制品压模的模具结构以及合模的运动关系，其中V带颚式平板硫化机就有上热板、中热板、下热板的装置。第三人在原审提交的《橡胶机械设计》也公开了框式液压传动平板硫化机中存在上中下加热板的技术装置。根据上述工具书披露的技术内容，本案专利采用的上中下的复合模具为公知常识。现有技术存在使用组合模具的技术启示，第5292号无效决定认定模具的设置及运动方式对所属领域的技术人员是显而易见的并无不当。至于金利隆公司提出的中间模具平移可变换工位方便取出履带的问题，第三人在原审提交的《橡胶机械设计》以及《橡胶工厂设备》在平板硫化机一节中记载了“模具自动地移入硫化机中，并开始硫化进程。当硫化完毕，硫化机自动打开，柱塞下降，当柱塞下降至一定位置，触动模型更换机构的推杆，模具便从平板硫化机的加热板中自动拉出并敞开以便卸料及重装”。因此，第5292号无效决定关于虽然证据11没有明确披露取出橡胶履带的步骤，但这是必然的也是容易想到的步骤，属于常规技术范畴的认定并无不当。

4. 关于帘线、橡胶板、芯金的放置问题。证据11公开的图5中，在成形模上卷橡胶板垫，然后在缠绕的抗张力芯体6上卷橡胶板垫，然后在橡胶板上用压包辊滚压，使抗张力芯体完全包在两幅橡胶板垫之间，然后脱模。在现有技术的启示下，帘线、橡胶和芯金的放置顺序属于逻辑上的自然处理步骤，否则帘线无法较好地承受履带的拉力。至于是否公开了两次硫化步骤的问题。证据11公开了“将无接头抗张力芯体 6 约 1/4 圈长度的两条对边放入第 1 次硫化金属模中,将构成本体 2 和牵引突缘 3 的橡胶材料以及横向增强构件 4 进行组合硫化……第 1 次硫化完成后,对剩下的约 1/4 圈长度的两条对边进行第 2 次硫化。其方法同前述步骤",即已经公开了两次硫化的工序。原审法院认定帘线与橡胶板、芯金的放置步骤和位置以及两次硫化工序已经被证据 11 公开并无不当。

思考与评论

最高人民法院认为,至于如何判断相关现有技术是否给出技术启示,主要是分析这些区别特征是否为公知常识,是否在其他相关技术中披露过且其所起的作用与该区别特征在要求保护的发明中为解决该重新确定的技术问题所起的作用是否相同。本案中,最高人民法院认为本案专利采用的组合模具为公知常识,现有技术存在使用组合模具的技术启示。你认为何种知识构成公知常识?

(3)技术启示与取得意料不到的技术效果

发明的技术效果是判断创造性的重要因素。如果发明相对于现有技术所产生的技术效果在质或量上发生明显变化,超出了本领域技术人员的合理预期,可以认定发明具有预料不到的技术效果。在认定是否存在预料不到的技术效果时,应当综合考虑发明所属技术领域的特点尤其是技术效果的可预见性、现有技术中存在的技术启示等因素。通常,现有技术中给出的技术启示越明确,技术效果的可预见性就越高。

案例 5-3-12 新日铁住金不锈钢株式会社与知识产权局专利复审委员会、李建新发明专利权无效行政纠纷上诉案*

经审理查明:名称为"耐腐蚀性优良的不锈钢、耐间隙腐蚀性和成形性优良的铁素体系不锈钢、以及耐间隙腐蚀性优良的铁素体系不锈钢"的发明专利权(本专利),其专利号为 200780016464.X。

本院认为:根据《专利法》第二十二条第三款的规定,发明的创造性,是指同申请日以前已有的技术相比,该发明有突出的实质性特点和显著的进步。当技术主题涉及化学混合物或组合物时,各组分及其含量均属于必要技术特征,均应当在独立权利要求中限定。在此类技术方案中,各组分或其含量的变化会引起相应的物理化学反应,可能会导致整体技术方案在效果上的变化。因此,涉及化学混合物或

* 北京市高级人民法院行政判决书(2013)高行终字第 1754 号。

组合物的创造性判断中，当本领域技术人员可以预测技术方案中组分及其含量的变化所带来的效果时，运用三步法判断创造性是可以的。但是，当本领域技术人员难以预测技术方案中组分及其含量的变化所带来的效果时，不能机械地适用三步法，应当根据技术方案是否取得预料不到的技术效果作为判断是否具备创造性的方法。

本案中，本专利权利要求7要求保护一种耐间隙腐蚀性优良的铁素体系不锈钢，属于由诸多金属元素及其含量作为必要技术特征的合金领域。附件4作为最接近的现有技术，公开了一种高温强度优异的铁素体系不锈钢。两者比对，本专利权利要求7各组分与附件4的技术方案中各组分相同，本专利权利要求7各组分除Mn和Ti外，其含量数值范围均与附件4相应组分含量数值范围有共同的一个端点，另一端点也落入附件4所述范围之内，其中，权利要求7中Mn和Ti的含量范围完全落入附件4所述范围之内。由此可见，权利要求7的技术方案均落入附件4的技术方案之中。在此情况下，权利要求7具备创造性的前提是权利要求7属于附件4技术方案的选择发明。在进行选择发明创造性判断时，该选择所带来的预料不到的技术效果是考虑的主要因素。

根据本专利说明书的记载，权利要求7的发明目的在于合成一种具有耐间隙腐蚀性铁素体系不锈钢，从本专利说明书载明的实验数据可知，本专利实施例中C1的最大侵蚀深度为516μm，而对比例C16的最大侵蚀深度为925μm。对比例C16属于落入附件4中而未落入权利要求7中的具体技术方案。从效果上看，本专利实施例的最大侵蚀深度比对比例C16的效果提高了44%，可以认为本专利权利要求7取得了预料不到的技术效果，具备创造性。原审法院及专利复审委员会关于本专利权利要求7相对于附件4不具备创造性的认定有误，本院予以纠正。新日铁住金会社关于本专利权利要求7相对于附件4具备创造性的上诉主张成立，本院予以支持。

鉴于原审判决及第18653号决定对本专利权利要求7的评述有误，本院对原审判决及第18653号决定予以撤销，专利复审委员会应当重新作出无效宣告请求审查决定。

思考与评论

三步测试法是判断创造性的主要方法。但三步测试法在具体适用时可能会存在一定的僵化，导致创造性判断的误差。如在涉及化学混合物或组合物的创造性判断中，当本领域技术人员难以预测技术方案中组分及其含量的变化所带来的效果时，不能机械地适用三步法，应当根据技术方案是否取得预料不到的技术效果作为判断是否具备创造性的方法。此时，可能需要对三步测试法进行一定的修正。本案涉及一种选择发明，所谓选择发明，是指从现有技术公开的较大范围中，有目的地选出现有技术中未提到的小范围或个体的发明。也就是说，构成选择发明必须满足：(1)该技术方案在现有技术公开的技术方案的范围之内；(2)没有被现有技术具体公开。选择发明的技术效果是考察创造性的主要参考因素。最高人民法院认为，在判断权利要求是否具备创造性时，应当考虑其选择的数值范围与现有技术相比是否取得了预料不到的技术效果。① 本案中权利要求7的技术方案均落入附件4的技术方案之中。如果权利要求的技术方案均落入现有技术中，那么在何种情况下权利要求才具有创造性？区别特征与意外不到的技术效果之间有关联性吗？在创造性判断中，是考量整个技术方案具有预料不到的技术效果，还是区别特征具有预料不到的技术效果？

欧洲专利局上诉委员会认为，根据现有技术从技术上判断是否具备创造性是无可替代的专利创造性判断方法。在T645/94、T 877/99等案件中，欧洲专利局上诉委员会认为，只有在有疑问的案件中，例如，对现有技术启示的客观分析仍然不能提供清晰的结论时，包括意料不到技术效果等辅助因素才具有重要性。这就意味着，预料不到的技术效果只是补救性的创造性判断考量因素。在我国常用的专利创造性判断的三步法中，预料不到技术效果主要在判断是否存在技术启示的过程中发挥作用。如果已经认定诉争技术方案取得了预料不到技术效果，则该因素对于认定现有技术是否给出了采用区别特征的技术启示具有非常重要的作用。②

(4)技术启示与克服技术偏见

案例5-3-13　阿瑞斯塔生命科学北美有限责任公司与专利复审委员会专利行政纠纷申诉案*

本院审查认为，本案争议在于本专利申请是否符合《专利法》第二十二条第三款的规定具有创造性。

本院认为，克服现有技术中存在的技术偏见，是判断一项发明创造性的重要辅助性审查标准。如果发明克服了技术偏见，采用了人们由于技术偏见而舍弃的技

① 最高人民法院行政裁定书(2014)知行字第84号。

② 石必胜：《意料不到技术效果是创造性判断的“辅助”因素吗?》，载http://www.zhichanli.com/article/11321，最后访问日期：2017年10月2日。

* 最高人民法院行政裁定书(2013)知行字第31号。

术手段,从而解决了技术问题,则这种发明具有突出的实质性特点和显著的进步,具备创造性。现有技术中是否存在技术偏见,应当结合现有技术的整体内容来进行判断。本专利申请涉及了一种使用单一化合物作为除草剂的技术方案,要求保护在谷类作物中选择性控制至少一种杂草的方法,所述杂草选自冰草属、燕麦属、芸苔属、荠属、黑麦草属、芥属、遏蓝菜属、婆婆纳属及其组合。该方法包括将有效量的式(I)化合物和/或式(I)化合物的盐施用于所述谷类作物和/或其环境中,此外还限定了其中对至少一种所述杂草的药效百分比为70%~100%。对比文件2记载:"出人意料地,发现来自一系列芳基磺酰基氨基羰基三唑啉酮的一些已知的活性化合物当与来自各种物质类别的已知的除草剂活性化合物一起使用时,其在除草活性方面显示出显著的增效作用,并且可以特别有利地用作选择性控制有用植物作物,例如小麦中的杂草的广谱结合物制剂","上述第一组和第二组化合物的活性化合物组合的除草活性比单一化合物效果的总和明显要高。这表示,不仅存在互补效应,也存在不可预知的协同效应"。虽然对比文件2表A-2的数据表明,单独使用与本专利申请完全相同的式(I)化合物的钠盐(I-2,Na盐),与其和赛克津组合使用的协同作用效果相比,显示的效果差。但对比文件2并没有披露式(I)化合物的钠盐(I-2,Na盐)不能用于对比文件2所述的施用作物范围和除草范围。相反,对比文件2表A-2的数据表明,单独使用式(I)化合物的钠盐(I-2,Na盐)时,针对风草和狗尾草的药效百分比分别达到了60%和90%。阿瑞斯塔公司主张本专利申请克服了技术偏见而具备创造性前提必须是其能够证明这种技术偏见是客观存在的,由于其提交的证据尚不能证明单独选择使用单一化合物式(I)化合物(I-2,Na盐)作为谷类作物选择性的控制杂草是本领域技术人员舍弃的技术方案。因此,对于阿瑞斯塔公司关于本专利申请克服了技术偏见的主张,本院不予支持。阿瑞斯塔公司亦未提供证据证明对比文件2记载的式(I)化合物在除草方面存在何种具体的活性缺陷或不足,从而导致本领域技术人员不去考虑单独使用式(I)化合物来去除任何杂草。其提出对比文件2具有反面教导的理由,本院亦不予支持。

对比文件2记载了包含式(1)化合物或其盐的组合物可应用于小麦等作物中防治冰草属、燕麦属、荠属、黑麦草属、芥属、婆婆纳属等杂草;同时,在表A-2中还公开了作为本专利申请的已知单一化合物(1-2,Na盐)施用于风草和狗尾草的效果,与含式(I)化合物的钠盐和赛克津的组合物相比,针对风草测试植物破坏或有效百分比,前者为60%,后者为98%;针对狗尾草测试植物破坏或有效百分比,前者为90%,后者为100%。对比文件2中已经提到了活性化合物组合可用于双子叶杂草类和单子叶杂草类。针对实施例,对比文件2还记载有"所述新型活性化合物组合良好的除草活性，在单一活性化合物在除草活性方面显示出弱点时，所述组合物毫无例外地显出非常好的除草活性，该活性超过了简单的叠加效应”。虽然对比文件2的表A-2是用于说明式(I)化合物的钠盐(I-2,Na盐)与其他活性物质混合使用的效果好于单独使用式(I)化合物的钠盐(I-2,Na盐)，但观察到的对比结果表明，单独使用式(I)化合物的钠盐(I-2,Na盐)在风草和狗尾草上也有一定的技术效果。因此，将式(I)化合物和其他化合物组合使用的技术方案与单独使用式(I)化合物的技术方案并不属于两个完全对立的技术方案。对本领域技术人员而言，存在将式(I)化合物的钠盐(I-2,Na盐)应用于对比文件2所述的施用作物范围和除草范围的技术启示。

本专利申请权利要求1限定式(I)化合物对权利要求1的杂草具有70%~100%的药效百分比。对比文件2表A-2中公开了式(I)化合物的钠盐(I-2,Na盐)单独施用时，针对风草和狗尾草的药效百分比分别为60%和90%，还公开了式(I)化合物的钠盐(I-2,Na盐)的施用比率为15g/ha。本专利申请说明书中多个实施例的最小用量是30g/ha。尽管除草剂对特定杂草的除草效果是由除草剂自身性质决定的，并不完全是剂量越高，除草的效果越好，但药物效果也与药物剂量存在相当程度的关联性，在药效达到阈值之前，剂量的增加一般会增强药物效果。在没有证据表明表A-2中的施用比例15g/ha达到了阈值的情况下，为了提高除草活性而适当增加施用量，以有限次实验获得预期的效果，对于本领域技术人员而言，是显而易见的。阿瑞斯塔公司关于第11964号复审请求审查决定以及一审、二审法院将对比文件2的对立技术方案与本专利申请权利要求1请求保护的技术方案进行比较，错误确定区别技术特征的申诉理由，与事实不符。其关于对本专利申请的创造性评价违反《专利审查指南》(2010年)的主张，本院不予支持。

本专利申请权利要求1限定“其中对至少一种杂草的药效百分比为70%~100%”，这一特征是本发明所要达到的效果特征，是该发明所限定的技术方案解决技术问题带来的技术效果，在评价创造性时，应当将该效果特征与导致该效果的其他技术特征综合考虑，不能割裂技术特征之间的关系。不能简单地以该药效百分比的两个端值没有被完全公开就认为其具有创造性。阿瑞斯塔公司以“药效百分比”技术特征的限定作用主张本专利申请权利要求1具有创造性评价的申诉理由，本院不予采纳。

本专利申请权利要求2、3、4、6为权利要求1的从属权利要求，其附加技术特征是对作物或杂草的种类作进一步的限定。由于这些附加技术特征已经在对比文件2说明书中被公开，因此，在权利要求1不具备创造性的基础上，从属权利要求2、3、

4、6也不具有创造性。

权利要求5为引用权利要求1的从属权利要求，其附加技术特征限定了式(I)化合物和/或其盐的施用比例是30g/ha至60g/ha。由于对比文件2公开的施用量是15g/ha，而且所属领域的技术人员知道，增加用量会提高除草活性。权利要求5中限定的施用比例并不具有意料不到的技术效果。因此，在对比文件2的基础上，为了提高除草活性而适当增加施用量对所属领域技术人员来说是显而易见的。因此，在权利要求1不具备创造性的基础上，该从属权利要求5也不具有创造性。

权利要求7是权利要求6的从属权利要求，其附加技术特征限定以70WP或70WG的配方施用。由于本专利申请对于70WP或70WG的配方被施用所带来的技术效果没有记载，无法确定该附加技术特征是否为权利要求7的技术方案带来了意想不到的技术效果。在对比文件2说明书公开了WP的基础上，所属领域的技术人员能够想到和确定以70WP或70WG的配方施用。因此，在权利要求6不具备创造性的基础上，从属权利要求7也不具有创造性。

思考与评论

所谓技术偏见，应该是指某段时间内、某个领域中，技术人员对某个技术问题普遍存在的、偏离客观事实的认识，它引导人们不去考虑其他方面的可能性，阻碍人们对技术领域的研究和开发。《专利审查指南》(2010年)并未规定技术偏见必须是申请日或者优先权日之前存在的，其甚至可以在申请日或者优先权日之后仍然存在，关键是如何证明技术偏见的存在。值得注意的是，偏见需在优先权日已经存在，任何优先权日之后出现的偏见则与衡量创造性无关。对于克服技术偏见的发明创造性而言，发明人应当将技术偏见明确记载在专利申请文件中，并说明该发明创造对克服技术偏见作出的贡献之所在。克服技术偏见可以作为创造性条件满足的重要证据。技术偏见中的技术启示是对所属领域技术人员的反向教导，因而，克服了技术偏见一般认为是判断创造性的重要因素。

一般来说，无法在单一专利说明书的陈述中证明存有偏见，因单个专利说明书或科学文献中的技术信息可能是基于特定前提或作者的个人观点。但这一原则不适用于该领域中的标准作品或代表公知常识的教科书。所提出克服偏见的解决方案必须与现行的该领域技术指示相左，也就是说与所代表的一致经验和理念相左，而非仅仅引用个别的专家或公司的相左意见。某个缺点获接受或偏见被忽略的事实，并不意味着某个技术偏见被克服。

你认为是否存在申请的技术方案克服了技术偏见，仍可能不具有创造性的情况?

另外，相反技术启示是判断显而易见性的重要考虑因素。当现有技术存在相反技术启示时，通常会认为本领域技术人员会向着与本专利相反的方向前进，并认定本专利具有创造性，除非有明确的证据证明本领域技术人员会沿着本专利的方向探索，改进最接近的现有技术并获得要求保护的发明，从而可以认定本专利不具有创造性。

(5)技术启示与商业成功

商业成功在判断是否存在技术启示时是一个典型的辅助因素。现有技术中是否给出将上述区别特征应用到该最接近的现有技术以解决其存在的技术问题(发明实际解决的技术问题)的启示不太明确时，商业上的成功可以被认为是不存在技术启示的辅助考量因素。最高人民法院认为，一般情况下，只有利用"三步法"难以判断技术方案的创造性或者得出无创造性的评价时，才将商业上的成功作为创造性判断的辅助因素；对于商业上的成功的考量应当持相对严格的标准，只有技术方案相比现有技术作出改进的技术特征是商业上成功的直接原因的，才可认定其具有创造性。①

案例 5-3-14 斯倍利亚株式会社与中华人民共和国国家知识产权局专利复审委员会专利无效行政纠纷申请再审案*

……

本院认为：本案争议问题是，本专利权利要求 1-4 是否具有创造性。

一、关于本专利权利要求 1 是否具有创造性问题

本专利权利要求 1 的内容是："无铅的焊料合金，其特征在于，含有 0.3～0.7wt% Cu，0.04～0.1wt% Ni，其余为 Sn。"证据 1 公开了一种用于半导体的合金连接材料，其中表 19 示出了形成合金线的合金的各自组成，在该表中披露的第 17 种合金组成为包括 0.5wt% 的 Cu、0.5wt% Ni、余量为 Sn。本专利权利要求 1 相对于证据 1 的区别是 Ni 的含量不同。

斯倍利亚社认为，本专利权利要求 1 与证据 1 虽然都涉及无铅的钎焊料合金，但本专利适用于喷流焊接法，证据 1 适用于凸块焊接法，本发明要解决的技术问题在证据 1 中并不存在，因此证据 1 不能作为最接近的对比文件来评判本专利的创造

① 最高人民法院(2012)行提字第 8 号。

* 最高人民法院行政裁定书(2014)知行字第 84 号。

性。本院认为,判断一项现有技术是否可以作为最接近的对比文件使用,需要从所属技术领域、所要解决的技术问题、技术效果或者用途、是否能够实现发明的功能以及公开发明的技术特征的多少等方面进行判断。如果一项现有技术与要求保护的发明技术领域相同,且公开发明的技术特征最多,或者是与要求保护的发明技术领域不同,但能够实现发明的功能,且公开发明的技术特征最多,则均可以作为最接近的现有技术来评价要求保护的发明的创造性。而技术领域的确定,应当以权利要求所限定的内容为准,一般根据专利的主题名称,结合技术方案所实现的技术功能、用途加以确定。本专利权利要求1请求保护一种无铅的焊料合金,证据1公开了一种用于半导体的合金连接材料,二者均属于软钎焊料合金领域,技术领域相同,且证据1公开了权利要求1的无铅焊料合金的各组份以及Cu的含量和Sn为余量的技术特征,故证据1可以作为最接近的对比文件来评价本专利的创造性。此外,本专利权利要求1请求保护的是一种无铅钎焊料合金产品,在该权利要求中并未限定其用途,故斯倍利亚社所述二者适用的技术领域不同,证据1不能用以评价本专利创造性的申请再审理由不能成立。

斯倍利亚社主张,调节Ni的添加量能够起到改善钎焊料流动性的技术效果在证据1中既没有直接记载也没有间接提示,本领域技术人员根据证据1的记载无法直接推论出这种技术效果,得不到技术启示。本院认为,本专利权利要求1与证据1的区别技术特征仅为Ni的含量不同。在此情况下,判断本专利权利要求1是否具有创造性,则应当考虑该数值范围与现有技术相比的技术效果是否产生了质的变化,具有新的性能,或者产生了量的变化,超出人们的预期。斯倍利亚社虽主张调节Ni的含量能够改善熔融焊料合金的流动性,但从其据以佐证的本专利说明书第7页附表所示试验数据的记载来看,该组数据不能证明权利要求1限定的Ni的含量范围相较于证据1公开的技术方案,以及包含有该技术方案的修改前的技术方案中Ni的含量范围,在改善流动性方面具有预料不到的技术效果,也不能说明焊料合金的伸长率仅仅是由Ni的含量决定的,更不能确定或教导焊料合金中Ni的含量不同和伸长率有何必然联系,且本专利说明书中亦未记载附表中的伸长率与熔融焊料合金的流动性的线性关系。因此,本专利权利要求1对于Ni含量的选择,是本领域技术人员通过有限的试验就可以得到的,并未取得意料不到的技术效果,其相对于证据1而言是显而易见的,不具有突出的实质性特点和显著的进步,专利复审委员会认定其没有创造性,一审、二审法院予以维持是正确的。斯倍利亚社认为证据1对本领域技术人员不存在技术启示,本专利权利要求1具有创造性的申请再审理由不能成立。

……

三、关于本专利权利要求 4 是否具有创造性问题

本专利权利要求 4 的内容是:“无铅钎焊料合金,其特征在于,含有 0.3 ~ 0.7wt% Cu,0.004 ~ 0.1wt% Ni,0.001 ~ 1wt% 的 Ge,其余为 Sn。”其与证据 1 的区别在于,在权利要求 4 保护的技术方案中还添加有 0.001 ~ 1wt% 的 Ge。本专利说明书记载:“锗在合金凝固时使晶粒细化。锗出现在晶界上,防止晶粒变得粗大。添加锗可以防止在合金溶解过程中氧化物发展。”证据 8 公开了一种焊料合金,披露了在钎焊料合金中添加 0.001 ~ 0.05wt% Ge,以抑制该焊料在熔融时的氧化物的产生,并且改善钎焊性(润湿性、剪切性、伸缩性等)的技术效果。由此可见,证据 8 给出了在焊料中添加锗以防止合金在溶解过程中氧化物发展的技术启示,故在证据 8 中公开的也是 Sn 基钎焊料合金,并且其明确记载了 Ge 在该合金中所起的作用情况下,本领域技术人员能够从证据 8 中得到添加 Ge 可抑制氧化物产生并改善焊料合金钎焊性的技术启示,从而将证据 8 和证据 1 相结合得到本专利权利要求 4 的技术内容。同时,本专利说明书中也没有提供数据证明添加权利要求 4 所述范围的锗,在抑制氧化物产生方面具有预料不到的技术效果,因此该技术手段不能给权利要求 4 带来创造性。

斯倍利亚社认为,锗除了具有防止合金在溶解过程中氧化物发展的作用外,还具有在合金凝固时使晶粒细化的作用,从而使本专利的合金更好地适用于喷流焊接用途,该作用是证据 8 无法预期的。本院认为,斯倍利亚社在无效宣告请求审查程序中认可在焊料中添加锗使晶粒细化的作用属于理论上的探讨,且本专利说明书也未通过试验数据等证明这种晶粒细化的技术效果。因此,斯倍利亚社基于锗具有在合金凝固时使晶粒细化的作用,认为权利要求 4 具有预料不到技术效果的主张不能成立,本院不予支持。

四、关于斯倍利亚社的其他申请再审理由是否成立问题

关于斯倍利亚社所述应允许其补充提交试验数据以及该试验数据的证明力问题。本院认为,由于专利制度是以公开换保护为前提的,因此对专利权的保护应当与其相较于现有技术作出的技术贡献相适应,在此情况下,请求保护的发明创造的技术贡献应当充分公开并记载在说明书中,未记载在说明书中的技术贡献不能作为请求获得专利权保护的基础,也即如果申请人在申请日后提交的技术文献或实验数据所要证明的事实在原始提交的申请文件中没有记载,则因上述证据不能证明所述发明已经在申请日前完成,故通常不能作为判断该发明创造能否获得授权的依据。具体到本案,由于本专利说明书中没有记载权利要求 1 请求保护的产品中

Ni 的含量范围相较于证据 1 产生了预料不到的技术效果，因此斯倍利亚社于申请日后提交的附件 9 和附件 10 所要证明的内容均不属于明确记载在本专利说明书中的内容，且在针对史天蕾提出的无效宣告请求审查过程中，斯倍利亚社也未将上述附件作为证据材料提交，故斯倍利亚社的该项申请再审理由不能成立，本院不予支持。

关于斯倍利亚社所述商业成功问题。本院认为，斯倍利亚社在本案无效宣告请求审查阶段提交了主张商业成功的证据材料，但这些证据材料并不能证明 Sn100c 产品的商业业绩与本专利之间的关联性，且商业成功只是判断一项技术方案是否具有创造性的辅助因素，而不是唯一决定性条件，故本院对于斯倍利亚社的该项主张不予支持。

思考与评论

本案中法院认为，专利制度是以公开换保护为前提，你如何理解？商业成功在创造性判断中有何意义？《专利审查指南》(2010 年)第二部分第四章规定，当发明的产品在商业上获得成功时，如果这种成功是由于发明的技术特征直接导致的，则一方面反映了发明具有有益效果，同时也说明了发明是非显而易见的，因而这类发明具有突出的实质性特点和显著的进步，具备创造性。但是，如果商业上的成功是由于其他原因所致，例如由于销售技术的改进或者广告宣传造成的，则不能作为判断创造性的依据。因此，法院在审理专利无效行政案件时可以将发明产品在商业上获得成功作为判断发明具有创造性的一个辅助考虑因素。

五、不同类型发明的创造性判断

(一)开拓性发明

开拓性发明，是指一种全新的技术方案，在技术史上未曾有过先例，它为人类科学技术在某个时期的发展开创了新纪元。开拓性发明同现有技术相比，具有突出的实质性特点和显著的进步，具备创造性。

(二)组合发明

组合发明，是指将某些技术方案进行组合，构成一项新的技术方案，以解决现有技术客观存在的技术问题。在进行组合发明创造性的判断时通常需要考虑：组合后的各技术特征在功能上是否彼此相互支持、组合的难易程度、现有技术中是否存在组合的启示以及组合后的技术效果等。

1. 显而易见的组合

如果要求保护的发明仅仅是将某些已知产品或方法组合或连接在一起，各自以其常规的方式工作，而且总的技术效果是各组合部分效果之总和，组合后的各技术特征之间在功能上无相互作用关系，仅仅是一种简单的叠加，则这种组合发明不具备创造性。

此外，如果组合仅仅是公知结构的变型，或者组合处于常规技术继续发展的范围之内，而没有取得预料不到的技术效果，则这样的组合发明不具备创造性。

2. 非显而易见的组合

如果组合的各技术特征在功能上彼此支持，并取得了新的技术效果；或者说组合后的技术效果比每个技术特征效果的总和更优越，则这种组合具有突出的实质性特点和显著的进步，发明具备创造性。其中组合发明的每个单独的技术特征本身是否完全或部分已知并不影响对该发明创造性的评价。

（三）选择发明

选择发明，是指从现有技术中公开的宽范围中，有目的地选出现有技术中未提到的窄范围或个体的发明。在进行选择发明创造性的判断时，选择所带来的预料不到的技术效果是考虑的主要因素。

（1）如果发明仅是从一些已知的可能性中进行选择，或者发明仅仅是从一些具有相同可能性的技术方案中选出一种，而选出的方案未能取得预料不到的技术效果，则该发明不具备创造性。

（2）如果发明是在可能的、有限的范围内选择具体的尺寸、温度范围或者其他参数，而这些选择可以由本领域的技术人员通过常规手段得到并且没有产生预料不到的技术效果，则该发明不具备创造性。

（3）如果发明是可以从现有技术中直接推导出来的选择，则该发明不具备创造性。

（4）如果选择使得发明取得了预料不到的技术效果，则该发明具有突出的实质性特点和显著的进步，具备创造性。

案例 5-3-15 第一三共株式会社等与中华人民共和国国家知识产权局专利复审委员会其他二审行政判决书*

本案涉及一项专利号为01815108.6、优先权日为2000年7月6日、申请日为2001年7月3日、授权公告日为2005年8月10日、名称为“氢化吡啶衍生物酸加成盐”的发明专利权（以下简称本专利），专利权人为三共会社和宇部会社。本专利授

* 北京市高级人民法院(2015)高行(知)终字第2879号。

权公告的权利要求如下:

1.2-乙酰氧基-5-(α-环丙基羰基-2-氟苄基)-4,5,6,7-四氢噻吩并[3,2-c]吡啶的盐酸盐。

2.2-乙酰氧基-5-(α-环丙基羰基-2-氟苄基)-4,5,6,7-四氢噻吩并[3,2-c]吡啶的马来酸盐。

3.含有权利要求1或2的盐化合物作为有效成分的药物。

……

本院认为:

根据证据2或证据3的教导,现有技术中实际已经给出了普拉格雷游离碱及其可药用盐化合物的方案,本专利选择了其中两种盐,属于选择发明,因此判断本专利的创造性需要证明其选择具有预料不到的技术效果。这种选择的创造性判断应当是将本专利技术方案与其他普拉格雷可药用盐效果进行比较,专利复审委员会对此认定正确。但是现有技术中并没有提供具体的普拉格雷可药用盐的明确效果,而证据2或证据3给出的是通式化合物及其可药用盐,优选化合物中包括普拉格雷,本领域技术人员基于通常的认知可以预测,普拉格雷及其可药用盐有基本相同的技术效果,因此本专利说明书将本专利限定的普拉格雷盐酸盐、马来酸盐与普拉格雷游离碱的效果进行对比,以说明本专利在技术上的进步性,符合将本专利技术方案与最接近现有技术进行对比的方法。专利复审委员会认为本专利应当与普拉格雷可药用盐的技术效果进行对比以确定其创造性,虽然并无不当,但是其将普拉格雷和普拉格雷可药用盐的技术效果加以区分,缺乏事实依据,也违背了本领域技术人员通常的认知,本院对此予以纠正。

鉴于专利复审委员会在对普拉格雷可药用盐的技术效果方面的认定缺乏事实基础,进而其要求将本专利技术方案与普拉格雷可药用盐的技术方案进行对比缺乏可操作性且违背本领域技术人员通常的认知,因此其对本专利说明书中记载的本专利技术方案相对于普拉格雷游离碱或者本领域技术人员通常认知的与其效果等同的可药用盐本身是否具有预料不到的技术效果没有进行认定,因此其应当重新对此进行认定再作出本专利技术方案是否具备创造性的决定,据此本院对本专利是否具有创造性的理由不再评述。

(四)转用发明

转用发明,是指将某一技术领域的现有技术转用到其他技术领域中的发明。在进行转用发明的创造性判断时通常需要考虑:转用的技术领域的远近、是否存在相应的技术启示、转用的难易程度、是否需要克服技术上的困难、转用所带来的技术效果等。

1. 如果转用是在类似的或者相近的技术领域之间进行的，并且未产生预料不到的技术效果，则这种转用发明不具备创造性。

2. 如果这种转用能够产生预料不到的技术效果，或者克服了原技术领域中未曾遇到的困难，则这种转用发明具有突出的实质性特点和显著的进步，具备创造性。

（五）已知产品的新用途发明

已知产品的新用途发明，是指将已知产品用于新的目的的发明。在进行已知产品新用途发明的创造性判断时通常需要考虑：新用途与现有用途技术领域的远近、新用途所带来的技术效果等。

1. 如果新的用途仅仅是使用了已知材料的已知的性质，则该用途发明不具备创造性。

2. 如果新的用途是利用了已知产品新发现的性质，并且产生了预料不到的技术效果，则这种用途发明具有突出的实质性特点和显著的进步，具备创造性。

（六）要素变更的发明

要素变更的发明，包括要素关系改变的发明、要素替代的发明和要素省略的发明。在进行要素变更发明的创造性判断时通常需要考虑：要素关系的改变、要素替代和省略是否存在技术启示、其技术效果是否可以预料等。

1. 要素关系改变的发明

要素关系改变的发明，是指发明与现有技术相比，其形状、尺寸、比例、位置及作用关系等发生了变化。

（1）如果要素关系的改变没有导致发明效果、功能及用途的变化，或者发明效果、功能及用途的变化是可预料到的，则发明不具备创造性。

（2）如果要素关系的改变导致发明产生了预料不到的技术效果，则发明具有突出的实质性特点和显著的进步，具备创造性。

2. 要素替代的发明

要素替代的发明，是指已知产品或方法的某一要素由其他已知要素替代的发明。

（1）如果发明是相同功能的已知手段的等效替代，或者是为解决同一技术问题，用已知最新研制出的具有相同功能的材料替代公知产品中的相应材料，或者是用某一公知材料替代公知产品中的某材料，而这种公知材料的类似应用是已知的，且没有产生预料不到的技术效果，则该发明不具备创造性。

（2）如果要素的替代能使发明产生预料不到的技术效果，则该发明具有突出的实质性特点和显著的进步，具备创造性。

3. 要素省略的发明

要素省略的发明，是指省去已知产品或者方法中的某一项或多项要素的发明。

（1）如果发明省去一项或多项要素后其功能也相应地消失，则该发明不具备创造性。

（2）如果发明与现有技术相比，发明省去一项或多项要素（例如，一项产品发明省去了一个或多个零、部件或者一项方法发明省去一步或多步工序）后，依然保持原有的全部功能，或者带来预料不到的技术效果，则具有突出的实质性特点和显著的进步，该发明具备创造性。

（七）化学发明的创造性判断

1. 化合物的创造性

结构上与已知化合物不接近的、有新颖性的化合物，并有一定用途或者效果，审查员可以认为它有创造性而不必要求其具有预料不到的用途或者效果。结构上与已知化合物接近的化合物，必须要有预料不到的用途或者效果。此预料不到的用途或者效果可以是与该已知化合物的已知用途不同的用途；或者是对已知化合物的某一已知效果有实质性的改进或提高；或者是在公知常识中没有明确的或不能由常识推论得到的用途或效果。两种化合物结构上是否接近，与所在的领域有关，审查员应当对不同的领域采用不同的判断标准。应当注意，不要简单地仅以结构接近为由否定一种化合物的创造性，还需要进一步说明它的用途或效果是可以预计的，或者说明本领域的技术人员在现有技术的基础上通过合乎逻辑的分析、推理或者有限的试验就能制造或使用此化合物。若一项技术方案的效果是已知的必然趋势所导致的，则该技术方案没有创造性。

2. 化学产品用途发明的创造性

（1）新产品用途发明的创造性。对于新的化学产品，如果该用途不能从结构或者组成相似的已知产品预见到，可认为这种新产品的用途发明有创造性。

（2）已知产品用途发明的创造性。对于已知产品的用途发明，如果该新用途不能从产品本身的结构、组成、分子量、已知的物理化学性质以及该产品的现有用途显而易见地得出或者预见到，而是利用了产品新发现的性质，并且产生了预料不到的技术效果，可认为这种已知产品的用途发明有创造性。

案例 5-3-16 贝林格尔英格海姆法玛两合公司申请再审案*

本院认为：本案的争议焦点在于权利要求1是否具有创造性。具体包括：1. 本专利单水合物晶体与证据1公开的无水晶体、证据5a公开的X水合物是否属于《专利审查指南》(2010年)规定的"结构接近的化合物"；2. 反证1所述"粒径稳定"的技术效果是否已被说明书所记载。

关于第一个问题，虽然晶体化合物基于不同的分子排列，其物理化学参数可能存在差异，但其仍属化合物范畴，故《专利审查指南》(2010年)关于化合物创造性的规定可以适用于新晶型化合物的创造性判断。贝林格尔公司申请再审时主张，《专利审查指南》(2010年)所称"结构上接近"不仅包括化学结构相同，还应包括微观晶体结构的接近。若微观晶体结构不接近，即使化学结构相同，也应认定属于结构上不接近。对此，本院认为，晶体化合物的微观晶体结构变化多样，某一化合物在固体状态下可能基于两种或者两种以上不同的分子排列而产生不同的固体结晶形态，但并非所有的微观晶体结构变化均必然导致突出的实质性特点和显著的进步，故不能单单依据微观晶体结构的不接近而认定其结构上不接近。亦即，《专利审查指南》(2010年)所称"结构接近的化合物"，仅特指该化合物必须具有相同的核心部分或者基本的环，而不涉及微观晶体结构本身的比较。在晶体的创造性判断中，微观晶体结构本身必须结合其是否带来预料不到的技术效果一并考虑。本案中，权利要求1所保护的是溴化替托品单水合物晶体，证据5a公开的是溴化替托品X水合物，证据1公开的是溴化替托品晶体，上述三种物质的微观晶体结构可能存在差别，但因基本核心部分均为溴化替托品，该基本核心部分使三者具有相同的活性，对于本领域的技术人员而言，三者的结构都是接近的，故其属于《专利审查指南》(2010年)所称的"结构接近的化合物"。

思考与评论

最高人民法院认为，《专利审查指南》(2010年)所称"结构接近的化合物"，仅特指该化合物必须具有相同的核心部分或者基本的环，不涉及化合物微观晶体结构本身的比较；在新晶型化合物创造性判断中，并非所有的微观晶体结构变化均必然具有突出的实质性特点和显著的进步，必须结合其是否带来预料不到的技术效果进行考虑。

---

* 最高人民法院行政裁定书(2011)知行字第86号。

案例 5-3-17　北京双鹤药业股份有限公司与湖北威尔曼制药有限公司、国家知识产权局专利复审委员会发明专利权无效行政纠纷申请再审案*

本院认为，本案焦点在于：1. 如何确定权利要求 1 的保护范围；2. 权利要求 1 相对于对比文件是否具有新颖性；3. 权利要求 1 相对于对比文件是否具有创造性。

（一）关于如何确定权利要求 1 的保护范围

参照涉案专利申请日施行的《专利审查指南》（1993 年版）第二部分第十章"关于化学领域发明专利申请审查的若干规定"的规定，组合物权利要求有开放式和封闭式两种表达方式。权利要求 1 中记载的"由舒巴坦与氧哌嗪青霉素或头孢氨噻肟所组成"，属于《专利审查指南》（1993 年版）规定的封闭式权利要求的典型撰写方式。因此，对于湘北威尔曼公司有关权利要求 1 属于封闭式权利要求的主张，本院予以支持。

根据《专利法》第五十六条第一款的规定，发明专利权的保护范围以权利要求的内容为准，说明书和附图可以用于解释权利要求。从权利要求 1 中记载的全部技术特征来看，其仅仅限定了将舒巴坦与氧哌嗪青霉素或者头孢氨噻肟以特定比例混合制成复方制剂，并没有限定复方制剂的具体剂型。复方制剂是本领域中具有确定含义的上位概念，其范围涵盖了包括（冻干）粉针剂在内的各种具体剂型。湘北威尔曼公司有关根据权利要求 1 的封闭式撰写方式以及涉案专利说明书，只能将权利要求 1 中的复方制剂解释为（冻干）粉针剂的主张，实质上是将权利要求中具有确定含义的上位概念，限制为仅在说明书中记载的具体下位概念，是对权利要求进行事实上的修改，而不是解释权利要求。因此，对于湘北威尔曼公司有关权利要求 1 中的复方制剂是指（冻干）粉针剂的主张，本院不予支持。

……

（三）关于权利要求 1 相对于对比文件是否具有创造性

权利要求 1 请求保护一种抗 β-内酰胺酶抗菌素复合物，特征在于它由舒巴坦与氧哌嗪青霉素或头孢氨噻肟所组成，舒巴坦与氧哌嗪青霉素或头孢氨噻肟以 0.5～2∶0.5～2 的比例混合制成复方制剂。将其与对比文件相比，对比文件虽然公开了在临床上可以将舒巴坦与哌拉西林或者头孢氨噻肟分别以特定的比例联合用药，以克服细菌的耐药性问题，扩大抗菌谱；但并未公开将舒巴坦与氧哌

* 最高人民法院（2011）行提字第 8 号行政判决书。

嗪青霉素、头孢氨噻肟组成的复合物制备为复方制剂。因此，关于权利要求1与对比文件的区别技术特征，第8113号决定以及一审、二审判决中的有关认定并无不当。

从本院查明的相关事实来看，临床联合用药与复方制剂虽属于不同的技术领域，性质有所不同，但亦具有十分紧密的联系，并非湘北威尔曼公司所主张的具有本质区别。首先，从人民卫生出版社1986年11月出版的《药剂学》中记载的有关内容来看，在制剂生产中将二种或二种以上药物配成复方制剂，以方便服用、提高疗效和减少不良反应；以及在临床治疗上采用合并用药，以提高药物疗效或降低药物的毒副作用，是药剂配伍使用的两种具体方式。二者均面临配伍变化、配伍是否合理等问题，需要医药人员密切配合，共同开展合理用药工作，为合理解决配伍用药问题而努力。其次，从《药理学》中记载的有关内容来看。联合用药既包括二种或二种以上药物同时使用，也包括二种或二种以上药物前后使用。而为了方便服用，将需要同时使用的二种或二种以上药物制备为复方制剂，是实现联合用药的具体方式之一。再次，从国家食品药品监督管理局下发的《关于印发β－内酰胺酶抑制剂抗生素复方制剂技术评价原则的通知》中记载的有关内容来看，对于首次将某抗生素与某酶抑制剂组成的新组方品种，该通知明确要求"应有充分的临床前有效性和安全性试验依据，提示组方和配比的合理性"，"应通过规范的合理设计的临床试验证明立题的合理性"，亦表明临床医学实践与β－内酰胺酶抑制剂抗生素复方制剂的研制具有十分密切的关系。复次，从《药典——临床用药须知》《医药商品学》以及《医用药理学基础》中记载的有关"舒巴坦钠""舒巴坦"的相关内容来看，舒巴坦为β－内酰胺酶抑制剂，由于其本身的抗菌力很弱，故将舒巴坦与氨苄西林、头孢哌酮等β－内酰胺类抗生素合用，或者制为复方制剂，是涉案专利申请日前抗生素领域中使用舒巴坦的典型方式。将舒巴坦与氨苄西林制为复方制剂，即为临床上实现二者合用的具体给药方式。最后，即使是从涉案专利说明书本身来看，其中亦明确记载："临床上采取将β－内酰胺酶抑制剂与抗生素配伍使用的策略，取得了良好的效果，两者制成的复方，不仅使抗生素的抗菌活性增强，同时还扩大了抗菌谱。目前已上市的产品有……舒巴坦分别与氨苄青霉素及头孢哌酮的复方制剂，优立新和舒乐哌酮。"这表明具有良好效果的临床配伍使用与制备复方制剂之间存在密切联系。申请涉案专利的技术背景仅仅在于"目前尚未有将舒巴坦与氧哌嗪青霉素或头孢氨噻肟制成复方制剂在临床使用的报道"。

基于前述分析，可以得出如下结论：包括联合用药在内的临床医学实践，是研

发以及验证 β－内酰胺酶抑制剂抗生素复方制剂的重要基础和源泉；而将联合用药的多种药物制备为复方制剂，则是实现 β－内酰胺酶抑制剂与抗生素联合用药的具体方式。二者之间的密切关系，也正是俗语“医药不分家”在该技术领域中的具体体现。在临床联合用药公开了足够的技术信息的情况下，本领域技术人员能够从中获得相应的技术启示。事实上，对比文件并非仅仅公开舒巴坦与哌拉西林或者头孢氨噻肟可以以特定比例联合用药。其在德国 12 家医院采用公开的多中心研究方法，由 155 位患有不同疾病的患者参与，对舒巴坦分别与美洛西林、哌拉西林和头孢氨噻肟联合用于严重细菌感染时的功效和耐受性进行了较为系统、全面的研究。除公开联合用药的具体药物组成以及比例外，对比文件还明确披露了舒巴坦与哌拉西林、头孢氨噻肟合用以解决细菌耐药性问题的机理；合用药物具有良好的临床疗效和耐受性；以琼脂扩散实验检验合用药物的细菌学效应；以及临床结果与细菌学结果有很好的相关性。并明确给出了以下结论：“舒巴坦与美洛西林、哌拉西林或头孢氨噻肟联合使用耐受性很好，β－内酰胺抗生素与舒巴坦组合可以充分发挥它们的功效，对付能产生 β－内酰胺酶的致病微生物，扩大它们的抗菌谱；用舒巴坦与不同的抗生素组合……对解决细菌的耐药性问题起到了实质性的作用。”在对比文件公开了如此丰富、翔实的技术内容的基础上，本领域技术人员已能获得足够的启示并有足够的动机，想到采用常规工艺将舒巴坦与哌拉西林或者头孢氨噻肟制为复方制剂，以便于联合用药的用药方便。从舒巴坦与哌拉西林、头孢氨噻肟的本身性质来看，亦不存在不宜将其制为复方制剂的反面教导或者明显障碍。湘北威尔曼公司亦未提供任何证据，证明在制备涉案专利复方制剂的过程中需要克服何种技术难题。因此，第 8113 号决定认定权利要求 1 相对于对比文件不具有创造性，并无不当。相反，二审判决片面强调联合用药与复方制剂的区别，忽视了二者之间的密切联系；对比文件中公开的技术内容亦未能全面、准确地加以认定和考量，以致错误认定权利要求 1 相对于对比文件具有创造性，认定事实和适用法律均有错误，应予纠正。

由于药品质量与人民群众的生命健康和医疗用药安全息息相关，故相关法律法规中对药品的研制、生产规定了严格的标准和条件。与之相比，专利法保护的是以技术方案为具体对象的智力成果，专利法中有关新颖性、创造性等专利授权确权标准的规定，均是为了实现保护发明创造专利权，鼓励发明创造，有利于发明创造的推广应用，促进科学技术进步和创新的立法目的。二者的立法目的、规范对象以及具体标准均有实质性的区别。对于涉及药品的发明创造而言，在其符合专利法中规定的授权条件的情况下，即可授予专利权，无需另行考虑该药品是否符合其他法律法规中有关药品研制、生产的相关规定。因此,对于湘北威尔曼公司有关复方制剂作为人用药物,必须具有安全性、有效性、稳定性,未经一系列研究和试验,不能显而易见地得知可以将β-内酰胺酶抑制剂与β-内酰胺类抗生素制为复方制剂的主张,本院不予支持。

专利权是一种法定的独占权,专利权人向社会公众公开其发明创造,通过国务院专利行政部门的专利审查,方能获得专利法的保护。专利申请人在其申请专利时提交的专利说明书中公开的技术内容,是国务院专利行政部门审查专利的基础,亦是社会公众了解、传播和利用专利技术的基础。因此,专利申请人未能在专利说明书中公开的技术方案、技术效果等,一般不得作为评价专利权是否符合法定授权确权标准的依据,否则会与专利法规定的先申请原则相抵触,背离专利权以公开换保护的本质属性。在涉案专利申请日施行的《专利审查指南》(1993年版)第二部分第十章"关于化学领域发明专利申请审查的若干规定"规定:"新的药物化合物或药物组合物,应当公开其具体医药用途、药理功效、有效量及使用方法;应当有实验室试验、动物试验、或者临床试验的定性或定量数据;有效量和使用方法或制剂方法等应当公开至该领域的技术人员能实施的程度。"上述内容系有关专利说明书应当对新的药物化合物或者药物组合物予以充分公开的规定。专利说明书的撰写符合上述规定的要求,并不代表该专利亦能符合专利法规定的其他法定授权确权标准。应当指出的是,专利法中有关专利说明书应当对发明创造予以充分公开的规定,实为对专利说明书的最低限度要求。在满足充分公开的前提下,专利申请人有权利决定其在专利说明书中公开的技术内容的具体范围,适当保留其技术要点,但也应当承担由此可能带来的不利后果。本案中,湘北威尔曼公司主张其为了解决涉案专利的安全性、有效性、稳定性,还进行了长期毒性试验、急性毒性试验、一般药理研究试验等一系列试验和研究,但由于相关技术内容并未记载于涉案专利说明书中,则不能体现出涉案专利在安全性、有效性、稳定性等方面对现有技术作出了创新性的改进与贡献。因此,这些试验和研究不能作为本院认定权利要求1的创造性的依据。对于湘北威尔曼公司有关涉案专利说明书的撰写符合《专利审查指南》中的规定,专利说明书中无须记载其为了获得涉案专利而完成的其他试验和研究工作的主张,本院亦不予支持。

湘北威尔曼公司提交的反证29~30仅能证明其就涉案专利与案外人上海新先锋药业有限公司、哈尔滨智诚医药科技研究院签订专利实施许可合同并发生合同纠纷;反证31仅能证明其就涉案专利与案外人苏州二叶制药有限公司发生专利侵权纠纷。所述证据均不能证明湘北威尔曼公司实施涉案专利并取得了商业上的成功。此外,对比文件中明确披露了舒巴坦与哌拉西林、头孢氨噻肟合用的机理以及所述药物合用可有效解决细菌的耐药性问题、扩大抗菌谱。因此,对于湘北威尔曼公司有关涉案专利取得了商业上的成功,克服了本领域中普遍存在的三代头孢、哌拉西林耐酶的技术偏见,具有创造性的主张,本院不予支持。

思考与评论

对于创造性判断,法院认为,对于涉及药品的发明创造而言,在其符合专利法中规定的授权条件的前提下,即可授予专利权,无须另行考虑该药品是否符合其他法律法规中有关药品研制、生产的相关规定。在满足充分公开的前提下,专利申请人有权利决定其在专利说明书中公开的技术内容的具体范围,适当保留其技术要点,但也应当承担由此可能带来的不利后果。创造性判断中,当专利申请人或专利权人在申请日后补充对比试验数据以证明专利技术方案产生了意料不到的技术效果时,接受该实验数据的前提是其用以证明的技术效果在原申请文件中有明确记载。①

第四节　外观设计的区别性(创造性)

一、区别性标准

由于外观设计仅仅是对产品外表所做的富有美感的设计,不是技术性方案,故无法要求其在技术上具有先进性。故依据《专利法》第二十三条第二款的规定,授予专利权的外观设计与现有设计或者现有设计特征的组合相比,应当具有明显区别。现有设计特征是指现有设计的部分设计要素或者其结合,如现有设计的形状、图案、色彩要素或者其结合,或者现有设计的某组成部分的设计,如整体外观设计产品中的零部件的设计。

外观设计的区别性规定包含两层含义:

(1)授予专利权的外观设计与每一项现有设计单独相比,不仅不应当在整体视觉效果上实质相同,还应当具有明显区别,这一标准排除简单的商业性转用类设计,例如对自然物的简单模仿,采用众所周知的外观设计特征,也排除与现有设计不相同但与现有设计的区别对产品的整体视觉效果不具有显著影响的外观设计。

(2)允许将两项或两项以上现有设计的特征组合起来,判断申请获得专利权的

---

① 最高人民法院行政裁定书(2012)知行字第41号。

外观设计与之相比是否具有明显区别，这一标准排除将惯常设计特征、知名产品的设计特征组合而成的设计，也排除对多项现有设计的特征进行简单组合而成的设计。① 所谓组合包括拼合和替换，是将两项或两项以上设计或设计特征拼合成一项外观设计，或者将一项外观设计中的设计特征用其他设计特征替换。

涉案专利与现有设计或者现有设计特征的组合相比不具有明显区别是指如下几种情形：

(1)涉案专利与相同或者相近种类产品现有设计相比不具有明显区别；

(2)涉案专利是由现有设计转用得到的，二者的设计特征相同或者仅有细微差别，且该具体的转用手法在相同或者相近种类产品的现有设计中存在启示；

(3)涉案专利是由现有设计或者现有设计特征组合得到的，所述现有设计与涉案专利的相应设计部分相同或者仅有细微差别，且该具体的组合手法在相同或者相近种类产品的现有设计中存在启示。

对于涉案专利是由现有设计通过转用和组合之后得到的，应当依照上述第(2)、(3)项所述规定综合考虑。应当注意的是，上述转用和(或)组合后产生独特视觉效果的除外。

外观设计的区别性不同于发明和实用新型的创造性。这主要体现在：

(1)发明和实用新型的创造性判断主体是该技术领域的普通技术人员；而外观设计区别性的判断主体为一般消费者。

(2)外观设计中的组合启示与发明中的结合启示存在区别。发明往往关注产品的构成是否显而易见；而外观设计往往关注产品的整体视角是否显而易见。

对于外观设计的区别性要求，学界对此有不同的看法。有人认为，由于专利法对一切被授予专利的方案均要求新颖性，所以外观设计的区别性要求实际上已经包含在新颖性之中。② 区别性要求对外观设计专利的影响如何仍有待进一步观察。③

---

① 国家知识产权局条法司编：《〈专利法〉第三次修改导读》，知识产权出版社2009年版，第54～55页。

② 吴汉东主编：《知识产权法》，中国政法大学出版社2009年版，第168页。

③ 冯晓青、刘友华：《专利法》，法律出版社2010年版，第121页。

案例5-4-1 大众汽车公司与江苏金湖欧陆汽车有限公司外观设计无效宣告案*

……

(三)关于《专利法》第二十三条第二款

1. 外观设计对比

涉案专利与证据1(下称对比设计)均涉及汽车类产品的外观设计,二者用途相同,属于种类相同的产品。

涉案专利由主视图、后视图、左视图、右视图、俯视图和立体图表示。简要说明中记载,仰视图无设计要点,故省略;未要求保护色彩。二者可以分解成以下部分分别进行对比:

(1)整体形状

涉案专利

对比设计

相同点:三维立体造型基本相同,车身外饰件的布局、相互位置关系基本相同。

(2)车身前部设计

涉案专利

对比设计

主要相同点:引擎盖、前车窗的形状基本相同,均具有两条突出的肋条设计;后视镜的设计基本相同。

主要不同点:①前保险杠不同:涉案专利的前保险杠平直,而对比设计的前保险杠中间带圆弧角凸起;②进气格栅不同:涉案专利的格栅外轮廓呈倒梯形且带放

* 专利复审委员会无效宣告请求审查决定(第24267号)。

射状网格,对比设计的格栅为横条栅状;③前照灯组不同:涉案专利的前照灯组中靠近格栅的下角为锐角,对比设计为圆弧角。此外,二者的内饰座椅和保险杠护板的尺寸不同,牌照安装位的设计略有不同,并且对比设计在引擎盖的肋条内侧有两个散热孔,而对比设计没有。

(3)车身侧面设计

涉案专利

对比设计

主要相同点:①前、后翼子板均为带棱角的外抛式设计:前翼子板沿水平方向内延至引擎盖,沿垂直方向内延至前车门,后翼子板沿水平方向内延至后车门和C柱,沿垂直方向内延至后车门;②侧窗的外轮廓相同,均在尾部有上挑式设计,其中的三块区域比例相同;③轮毂均为梅花式五辐轮毂。

主要不同点:①靠近C柱的侧窗区域的设计不同,涉案专利中该区域为侧窗,而对比设计中为后车门把手,相应的,涉案专利的后车门把手设置在该区域下方的腰线位置;②腰线不同,涉案专利的腰线自前至后为一条平直线,对比设计的腰线沿着车窗下沿线在尾部上挑;③梅花式五辐轮毂的间隔部分的设计不同,涉案专利为实心设计,而对比设计为镂空的Y型设计。

(4)车身后部设计

涉案专利

对比设计

主要相同点:尾门轮廓线条、后车窗形状、后保险杠基本相同。

主要不同点:①车灯数量不同,涉案专利较之对比设计分别于后保险杠两侧增设置了两盏倒车指示灯以及于后车窗上部增设置了一盏高位刹车灯;②后灯组形状不同,涉案专利的后灯组略长于对比设计的后灯组;③涉案专利后保险杠无护板,且观察不到排气筒,而对比设计有护板,且在护板空隙设有两排气筒;④涉案专利的牌照安装处呈梯形而对比设计呈带切角的梯形。

(5)车身顶部设计

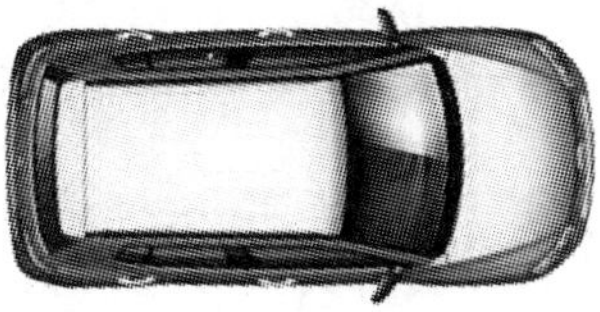

涉案专利

对比设计

主要不同点:涉案专利有两条竖向的行李架,对比设计比涉案专利多两条横向的行李架。

2.特征分析判断

保护发明创造、鼓励创新是专利法最根本的目的之一,我国允许外观设计受到专利法的保护,即认为外观设计属于发明创造。《专利法》第二十三条第二款的规定要求外观设计专利应能明显区别于现有设计或者现有设计特征的组合,其本质即要求可授权的设计方案达到专利法所要求的创新高度。这里要求的创新高度不应是在现有设计基础上的简单变化、拼合、转用,而应当是创新的体现、创造的成果,其可能表现为产品基础元素的改变而带来的新的设计风格,也可能表现为因产品局部设计特征的改变而具有的显著差别的视觉效果。以《专利法》第二十三条第二款为依据的审查,实质就是对创新高度的审查。一方面,其要求判断人员尽可能接近专利审查指南拟制的一般消费者的知识水平和认知能力,另一方面,是要求对设计方案的理解应尽可能客观、准确,能够从中找出设计人员的劳动部分,并判断这种劳动是发明创造还是可专利性之外的劳动,以确定该外观设计是否可予以专利保护。由此,“明显区别”的判定应以查明事实为前提,了解每个设计特征在现有设计中的状况,确定外观设计中设计人员付出劳动的部分和沿用现有设计的部分,再基于“整体观察、综合判断”的原则,在产品整体中考虑每个设计特征,确定沿用现有设计的部分和付出劳动的创新部分对整体视觉效果的影响,从而减少主观干扰因素、科学地得出判断结论。

本案中,双方当事人提供了20份中国专利文献以说明现有设计状况。所述专利文献涵盖了力帆实业、长城汽车、广汽集团、丰田、日产、富士重工业株式会社、起亚、通用、奥迪、现代以及请求人所在的大众公司等多家汽车企业的多款车型的外观设计,能够作为说明现有设计状况的资料,基于此,在结合该类产品一般消费者常识性了解的基础上,参考所述专利文献,可对本案中所列设计特征的现有设计状况进行分析,以便确定每个设计特征在整体视觉效果中的影响大小。

(1)关于相同点

涉案专利与对比设计的相同点主要集中在三维立体构型、车身外饰件的基本布局和相互位置关系、与翼子板相关的设计特征、侧窗轮廓等几个方面。

①三维立体造型

参考现有设计状况可以发现,以附件4'、13'为代表的大众公司所拥有的几款专利中已公开了基本相同的三维立体造型,结合该类产品一般消费者的认知,在车身外部装饰件存在大量设计变化的情况下,一般消费者对该类车比较常见的三维立体造型的视觉关注有限。

②车身外饰件的基本布局和相互位置关系

车身外饰件的基本布局和相互位置关系直接影响整车设计风格,涉案专利和对比设计均采用了五门掀背式设计、大尺寸前照灯组紧邻格栅和前保险杠的布局、棱角分明的尾门与直线条后照灯组的配合等,二者基本相同的布局方式和相互位置关系令其具有同样的硬朗型设计风格。在现有设计中并无完全相同的布局关系的情况下,该相同点对车身整体视觉效果的影响明显。

③与翼子板相关的设计特征

涉案专利和对比设计均采用了外拱式翼子板,所述外拱式的设计延伸至发动机盖、前后车门以及C柱,令车身呈现出类似肌肉感的视觉效果。这种视觉效果的获得是对翼子板、发动机盖、前后车门的外拱式线条整体设计的结果,专利权人欲以附件3'、4'、6'、11'、13'、15'表明该设计并非对比设计独有的设计,然而所述附件中均未显示与之相同或基本相同的外拱式设计。根据双方提供的现有设计材料并结合该类产品一般消费者认知,所述外拱式设计属于该类汽车的个性设计特征,在整体视觉效果的判断中应重点考虑。

④侧窗轮廓

涉案专利和对比设计均采用了尾部上挑的侧窗设计,侧窗上沿线通过对A、B、C柱的设计来体现,侧窗下沿线通过对车门的设计体现,该设计与车身其他部分的直线条设计呼应,共同营造了硬朗的整车风格。专利权人同样以附件3'、4'、6'、11'、13'、15'表明该设计并非对比设计独有的设计,然而所述附件中均未显示与之相同或基本相同的上挑式侧窗设计。根据双方提供的现有设计材料并结合该类产品一般消费者认知,所述上挑式侧窗设计属于该类汽车的个性设计特征,在整体视觉效果的判断中应重点考虑。

(2)关于不同点

相对于对比设计,涉案专利的设计变化(也即不同点)主要可以分成两类:

一类是独立设计特征简单替换为惯常设计。包括:针对对比设计的内饰座椅、保险杠护板、牌照安装位、引擎盖散热孔、腰线、后车门把手、轮毂间隔部分、车灯数量、后灯组的形状、顶部行李架的设计,涉案专利是以惯常设计特征对其进行替换。鉴于以惯常设计特征代替原有设计特征的设计手法在创新高度的判断中通常是弱化考虑的部分,而涉案专利对对比设计所作的上述替换仅针对单独的设计特征,这些设计特征的变化在视觉效果上并未产生呼应关系,不影响整车设计风格。因此,这种替换并非涉案专利的创新部分,其所带来的设计变化仍为惯常设计,对整体视觉效果不具有显著影响。

另一类是汽车前脸的设计变化。包括前保险杠、进气格栅和前照灯组的设计变化。相较于对比设计,涉案专利以平直的保险杠设计替换原有的带圆弧角凸起的前保险杠设计,以锐角替代前照灯组中靠近格栅和保险杠的圆弧角,以呈倒梯形且带放射状网格的进气格栅替代原有的大众家族式格栅设计。根据现有设计状况可知,前保险杆和前照灯组的设计变化属于惯常设计特征的替换,而涉案专利的进气格栅是其个性设计特征,所述特征的组合影响了汽车前脸的视觉效果。虽然可授予专利权的外观设计并不局限于原创型设计,也包括改进型设计,但要求改进型设计达到一定的创新高度,以构成新的发明创造。从比对情况来看,对比设计主要以直线条勾勒细节,呈现的是极具硬朗感的汽车设计,涉案专利沿用了对比设计的诸多设计细节,包括对比设计的三维立体造型、外饰件布局,也包括对比设计的外拱式翼子板、侧窗轮廓等个性特征,从而形成了与对比设计类似的整车设计风格。尽管涉案专利的进气格栅是其个性设计特征,但一般消费者对于涉案专利的视觉关注点不会仅仅局限于其进气格栅的设计,而会同时关注到涉案专利所沿用的对比设计的外饰件布局、外拱式翼子板设计、侧窗设计等诸多个性特征,在涉案专利沿用了对比设计的诸多设计细节尤其是对比设计的个性特征的情况下,综合考虑二者的相同点和不同点,涉案专利对于汽车前脸所作的设计变化虽存在创新,但相对于整车设计而言所占比例较小,相较于二者相同点尤其是涉案专利沿用的对比设计的个性特征而言,其在整体视觉效果中的权重较轻。在"整体观察、综合判断"的基本原则之下,二者的不同点对整体视觉效果不具有显著影响,不能令涉案专利明显区别于对比设计。因此,涉案专利相对于对比设计不符合《专利法》第二十三条第二款的规定。

思考与评论

本案以功能和美学设计并重的汽车类产品为例,强调外观设计专利保护的是满足一定创新高度的设计方案,明确了不同设计特征对于整体视觉效果应有不同影响权重。在外观设计无效案件审理过程中，应以现有设计状况为依据，客观区分产品中的创新性特征和非创新性特征，遵循整体观察、综合判断的原则，在考虑创新性设计特征较大权重的同时不应忽略其他设计特征，并基于产品的全部设计特征，综合分析、科学得出结论。值得注意的时，外观设计区别性的判断不能割裂区别设计相对于现有设计中的价值与意义，如果仅仅关注区别特征忽略其在现有设计中的价值与意义，可能导致错误的结论。

案例 5-4-2 戴森有限公司诉被告专利复审委员会、第三人东莞市旭尔美电器科技有限公司外观设计专利无效行政案*

2011 年 11 月 30 日，原告戴森公司针对第三人旭尔美公司拥有的名称为“隐藏风叶式电风扇(无底盘 A)”的 201130125711.9 号外观设计专利(以下简称本专利)向被告专利复审委员会提出无效宣告请求。2012 年 7 月 2 日，被告专利复审委员会作出第 18956 号决定，认为：

一、关于《中华人民共和国专利法》(以下简称《专利法》)第九条第一款

本专利授权公告文本中公开了一种隐藏叶片式电风扇的正投影六面视图和立体图。该风扇由位于上部的圆环形喷嘴和位于下部的圆柱形基座构成；喷嘴前缘与背缘上分布设置有螺旋状沟槽；基座的上部设有环绕基座一周的环线，基座中部偏下方设有环绕基座一周的间隔分布的矩形区域进风口，基座下部设有环绕基座一周的波浪形曲线，波浪形曲线下方设有三个小圆形按钮，中间的按钮突出于基座外表面。

经对比，本专利与证据 1 公开的外观设计的区别在于证据 1 带有圆形底盘，底盘的上表面以外凸的圆弧面与基座接合，而本专利无底盘。

专利复审委员会认为，底盘属于风扇类产品的常见设计特征，用于支撑风扇主体，本案中，证据 1 的底盘具有一定的厚度，并非一般消费者施以一般注意力不能察觉的局部细微差异，也非《专利审查指南》第四部分第五章第 5.1.2 节规定的属于实质相同的其他情形，因而本专利与证据 1 不构成相同或实质相同的外观设计。因此，戴森公司关于本专利与证据 1 为同样的外观设计、不符合《专利法》第九条第一款规定的主张不能成立。

---

* 北京市第一中级人民法院行政判决书(2012)一中知行初字第 3836 号。

二、关于《专利法》第二十三条第一款、第二款

将本专利分别与证据2或证据3分别进行对比可知，本专利与证据2或证据3之间的主要区别均在于本专利的喷嘴的前缘和后缘环布螺纹状沟槽。

专利复审委员会认为：对于无叶片风扇这类产品而言，喷嘴与基座是其两个主要的构成部分，并且喷嘴部与传统风扇带有扇叶和防护网的设计明显不同，容易引起一般消费者的关注。本案中，由于上述螺纹状沟槽分布于喷嘴部的前缘和后缘的整个圆周上，在该产品的正常使用过程中，一般消费者可以很明显地观察到该区别。虽然该螺旋沟槽的设计能够提供引导气流的作用，但其并非实现无叶风扇功能的必要设计特征，不属于由产品的功能唯一限定的特定形状。虽然戴森公司主张本专利为线条图，上述螺纹状沟槽在实际产品中并不明显，但是，在确定本专利时，应当以外观设计专利授权文本中的图片或者照片表示的外观设计为准，图片或照片中所表示的外观设计的设计特征在实际产品中可能存在多种表现形式，因此，不能以实际产品作为外观设计对比的基础。通过整体观察、综合判断，专利复审委员会认为，上述区别足以对产品的整体视觉效果产生显著影响，因此，本专利与证据2或证据3公开的外观设计相比具有明显区别，戴森公司关于本专利不符合《专利法》第二十三条第一款和第二款规定的主张不能成立。

综上所述，专利复审委员会决定维持本专利权有效。

……

本院认为，本案涉及的焦点问题为被告有关本专利未违反《专利法》第二十三条第一款、第二款规定的认定是否合法。

《专利法》第二十三条第一款规定，授予专利权的外观设计，应当不属于现有设计；也没有任何单位或者个人就同样的外观设计在申请日以前向国务院专利行政部门提出过申请，并记载在申请日以后公告的专利文件中。该条第二款规定，授予专利权的外观设计与现有设计或者现有设计特征的组合相比，应当具有明显区别。根据《专利审查指南》的规定，在判断外观设计是否符合《专利法》第二十三条第一款、第二款规定时，应当给予涉案专利产品的一般消费者的知识水平和认知能力进行评价。一般消费者对涉案专利申请日之前相同种类或者相近种类产品的外观设计及其常用设计手法具有常识性的了解，对外观设计产品之间在形状、图案以及色彩上的区别具有一定的分辨力，但不会注意到产品的形状、图案以及色彩的微小变化。

本案中，本专利与证据2或证据3之间的主要区别均在于本专利的喷嘴的前缘

和后缘环布螺纹状沟槽，该设计相对于整体均呈上部圆形喷嘴和下部圆柱形基座的无叶电风扇产品的外观设计而言，在电风扇产品中所占比例较小，并且位于喷嘴的环形圆周上，一般消费者在使用涉案外观设计产品的过程中不容易观察到，因此该设计区别对整体视觉效果不具有显著影响，本专利相对于证据2或证据3不具有明显区别。被告有关本专利未违反《专利法》第二十三条第一款、第二款规定的认定有误，本院予以纠正。

思考与评论

专利复审委员会认为涉案专利与作为证据的附件3、附件4公开的对比设计主要区别为："(1)涉案专利的喷嘴前缘和背缘设有螺旋状沟槽，证据3和证据4均无该设计特征……将附件3和附件4公开的外观设计的设计特征组合起来，所获得的外观设计与涉案专利之间也仍然存在上述区别。"因而，认定涉案外观设计符合2008年《专利法》第二十三条的规定。但是，北京市第一中级人民法院认为，"区别(1)相对于整体均呈上部圆形喷嘴和下部圆柱形基座的无叶电风扇产品的外观设计而言，在电风扇产品中所占比例较小，并且位于喷嘴的环形圆周上，一般消费者在使用涉案外观设计产品的过程中不容易观察到，因此该设计区别对整体视觉效果不具有显著影响……"故最终判决撤销专利复审委员会的决定。此外，根据2010年《专利审查指南》第四部分第五章第6.2.4条的规定，即使现有设计特征的组合对涉案外观设计产生了启示，但若这种组合产生了独特的视觉效果，那么仍应认为其与现有设计特征的组合有明显区别。而独特的视觉效果，是指涉案专利相对于现有设计产生了预料不到的视觉效果。

外观设计的创造性判断方式是否也是采取发明专利的三步判断法吗？是否需要找到最接近的现有设计？然后找到区别设计？然后判断区别设计相对于享有设计而言是否具有明显区别？有学者认为，三步判断法并不能适用于外观设计创造性的判断。

二、区别性判断方法

"不具有明显区别"包括三种情形：一是相同或相近种类产品一对一进行单独比较；二是不相同且不相近种类产品进行一对一单独比较——转用；三是涉案专利与现有设计或其特征的组合相比较。

(一)相同或近似产品外观的区别性判断

如果一般消费者经过对涉案专利与现有设计的整体观察可以看出，二者的差别对于产品外观设计的整体视觉效果不具有显著影响，则涉案专利与现有设计相比不具有明显区别。显著影响的判断仅限于相同或者相近种类的产品外观设计。在确定涉案专利与相同或者相近种类产品现有设计相比是否具有明显区别时，一般还应当综合考虑如下因素：

1. 对涉案专利与现有设计进行整体观察时，应当更关注使用时容易看到的部位，使用时容易看到部位的设计变化相对于不容易看到或者看不到部位的设计变化，通常对整体视觉效果更具有显著影响。例如，电视机的背面和底面在使用过程中不被一般消费者关注，因而在使用过程中容易看到部位设计的变化相对于不容易看到的背面和看不到的底面设计的变化对整体视觉效果通常更具有显著的影响。但有证据表明在不容易看到部位的特定设计对于一般消费者能够产生引人瞩目的视觉效果的除外。

2. 当产品上某些设计被证明是该类产品的惯常设计（如易拉罐产品的圆柱形状设计）时，其余设计的变化通常对整体视觉效果更具有显著的影响。例如，在型材的横断面周边构成惯常的矩形的情况下，型材横断面其余部分的变化通常更具有显著的影响。

3. 由产品的功能唯一限定的特定形状对整体视觉效果通常不具有显著的影响。例如，凸轮曲面形状是由所需要的特定运动行程唯一限定的，其区别对整体视觉效果通常不具有显著影响；汽车轮胎的圆形形状是由功能唯一限定的，其胎面上的花纹对整体视觉效果更具有显著影响。

4. 若区别点仅在于局部细微变化，则其对整体视觉效果不足以产生显著影响，二者不具有明显区别。例如，涉案专利与对比设计均为电饭煲，区别点仅在于二者控制按钮的形状不同，且控制按钮在电饭煲中仅为一个局部细微的设计，在整体设计中所占比例很小，其变化不足以对整体视觉效果产生显著影响。

5. 对于包括图形用户界面的产品外观设计，如果涉案专利其余部分的设计为惯常设计，其图形用户界面对整体视觉效果更具有显著的影响。

应当注意的是，外观设计简要说明中设计要点所指设计并不必然对外观设计整体视觉效果具有显著影响，不必然导致涉案专利与现有设计相比具有明显区别。例如，对于汽车的外观设计，简要说明中指出其设计要点在于汽车底面，但汽车底面的设计对汽车的整体视觉效果并不具有显著影响。

依据《专利审查指南》的规定，显著影响的判断方式参照新颖性判断的规定。

案例 5-4-3 重庆远航建材有限公司与国家知识产权局专利复审委员会行政裁决申诉案*

本案争议的焦点问题是，涉案专利与对比设计是否近似。

涉案专利与对比设计相比，二者相同点在于：整体形状都近似棱锥形，对称规则排布有8个平面，截面近似正方形。两者的主要区别在于：(1)涉案专利的一个面上具有爬梯，对比设计没有披露爬梯的设计；(2)涉案专利的顶端为棱锥形，对比设计没有披露顶端的设计。

对于区别一，爬梯在电杆上的排布以及单个脚蹬的形状可以有多种设计，并不属于由产品的功能唯一限定的特定形状。此外，远航公司向专利复审委员会提交的附件3和附件8难以证明区别设计特征1为本领域的惯常设计。虽然远航公司向本院提交了重庆市江北公证处(2014)渝江证字第5684号《公证书》及重庆市电力公司市区供电局客户服务中心渝中客户服务分中心出具的《情况说明》，但本案的对比设计仍是附件9，而非该公证书所附照片显示的带有爬梯的方杆，且该两份证据亦不足以证明本案的爬梯设计属于惯常设计。因此，涉案专利的爬梯设计对于整体视觉效果具有显著影响。对于区别二，电杆顶端属于不容易观察到的部位，对于整体视觉效果不具有显著影响。二审法院根据“整体观察、综合判断”的原则认定涉案专利和对比设计不相近似，并无不当。

(二)现有设计的转用

转用，是指将产品的外观设计应用于其他种类的产品。模仿自然物、自然景象以及将无产品载体的单纯形状、图案、色彩或者其结合应用到产品的外观设计中，也属于转用。

在判断现有设计的转用以及现有设计及其特征的组合时，通常可以按照以下步骤进行判断：

1. 确定现有设计的内容，包括形状、图案、色彩或者其结合；

2. 将现有设计或者现有设计特征与涉案专利对应部分的设计进行对比；

3. 在现有设计或者现有设计特征与涉案专利对应部分的设计相同或者仅存在细微差别的情况下，判断在与涉案专利相同或者相近种类产品的现有设计中是否存在具体的转用和/或组合手法的启示。

如果存在上述启示，则二者不具有明显区别。产生独特视觉效果的除外。

---

* 最高人民法院行政裁定书(2016)最高法行申337号。

以下几种类型的转用属于明显存在转用手法的启示的情形，由此得到的外观设计与现有设计相比不具有明显区别：

1. 单纯采用基本几何形状或者对其仅做细微变化得到的外观设计；

2. 单纯模仿自然物、自然景象的原有形态得到的外观设计；

3. 单纯模仿著名建筑物、著名作品的全部或者部分形状、图案、色彩得到的外观设计；

4. 由其他种类产品的外观设计转用得到的玩具、装饰品、食品类产品的外观设计。

上述情形中产生独特视觉效果的除外。

案例5-4-4　卢进安、广州旗云电子有限公司与东莞市奇声电子实业有限公司侵害外观设计专利权纠纷案*

专利号为CN200930382844.7的"吉他音箱"外观设计专利和专利号为CN200830188351.5的"琵琶(823)"外观设计专利。该两个专利授权公告日均早于涉案专利申请日。首先，"吉他音箱"专利为吉他造型音箱，用途为播放声音，其主体部分为吉他造型，下部放置一底座。将该现有设计与被诉侵权产品相比对，二者均是音箱，属于同种类产品，且两者的设计要点均在于产品的主体形状，即采用乐器作为产品的主体造型，在主体下部放置一底座，被诉侵权产品系在该专利的基础上将吉他造型的设计要素整体置换为琵琶造型，置换前后产品的主体造型均为乐器。其次，"琵琶(823)"专利为乐器琵琶，将其与被诉侵权产品相比，二者不属于同类产品，具有不同的功能，但二者从外观上看，同为琵琶造型，产品顶部均采用类似马头琴设计，并设置四个调音柱，二者外观基本相同。对此，本院认为，奇声公司提交的"琵琶(823)"外观设计专利已经公开了乐器琵琶的造型，与被诉侵权产品外观基本相同；并且，奇声公司提交的"吉他音箱"专利已经给出了将乐器造型用于音箱外观设计的启示。因此，被诉侵权产品的外观设计系通过转用这一常见设计手法，将现有设计"琵琶(823)"转用到音箱领域，由此得到的被诉侵权产品的外观设计，并未产生独特的视觉效果，与现有设计不具有实质性差异。因此，本案被诉侵权产品的外观设计属于对现有设计的转用，不构成对涉案专利权的侵害。卢进安、旗云公司关于奇声公司侵害其外观设计专利权的上诉主张不能成立，本院不予支持。

---

* 广东省高级人民法院民事判决书(2013)粤高法民三终字第530号。

思考与评论

本案中,法院认为现有设计的转用构成侵权抗辩。转用的适用条件包括:(1)产品的外观设计是由其他非相同或者非相近似种类产品的现有设计得到的。这里特别需要注意的是,转用的必须是现有设计,而非现有设计特征。也就是说如果被控侵权产品只是使用了其他种类产品的某个或者某几个设计特征,则不属于转用。(2)该具体的转用手法在专利产品的相同或者相近类产品的现有设计中存在启示。专利法仅仅规定了现有设计的侵权抗辩,你认为对现有设计的转用也构成现有设计吗?

(三)现有设计及其特征的组合

组合包括拼合和替换,是指将两项或者两项以上设计或者设计特征拼合成一项外观设计,或者将一项外观设计中的设计特征用其他设计特征替换。以一项设计或者设计特征为单元重复排列而得到的外观设计属于组合设计。上述组合也包括采用自然物、自然景象以及无产品载体的单纯形状、图案、色彩或者其结合进行的拼合和替换。

以下几种类型的组合属于明显存在组合手法的启示的情形,由此得到的外观设计属于与现有设计或者现有设计特征的组合相比没有明显区别的外观设计:

1. 将相同或者相近种类产品的多项现有设计原样或者做细微变化后进行直接拼合得到的外观设计。例如,将多个零部件产品的设计直接拼合为一体形成的外观设计。

2. 将产品外观设计的设计特征用另一项相同或者相近种类产品的设计特征原样或者做细微变化后替换得到的外观设计。

3. 将产品现有的形状设计与现有的图案、色彩或者其结合通过直接拼合得到该产品的外观设计;或者将现有设计中的图案、色彩或者其结合替换成其他现有设计的图案、色彩或者其结合得到的外观设计。

上述情形中产生独特视觉效果的除外。

独特视觉效果是指涉案专利相对于现有设计产生了预料不到的视觉效果。在组合后的外观设计中,如果各项现有设计或者设计特征在视觉效果上并未产生呼应关系,而是各自独立存在、简单叠加,通常不会形成独特视觉效果。外观设计如果具有独特视觉效果,则与现有设计或者现有设计特征的组合相比具有明显区别。

案例 5-4-5　柳敏与国家知识产权局专利复审委员会与招焯辉外观设计专利权无效行政纠纷案*

本院认为,本案再审审查期间的争议焦点是:本专利与对比设计相比,是否具有明显区别。

《专利法》第二十三条第二款规定:"授予专利权的外观设计与现有设计或者现有设计特征的组合相比,应当具有明显区别。"该规定是2008年修订的《专利法》增加的内容。2000年修订《专利法》对于外观设计专利权的授予条件仅要求该专利同申请日以前在国内外出版物上公开发表过或者国内公开使用过的外观设计不相同和不相近似,并不得与他人在先取得的合法权利相冲突。由上可知,2008年修订后的《专利法》对于外观设计专利权的授权要求有所提高,不仅要求外观设计与对比设计相比不相同和不相近似,还要求具有明显的区别。本案适用2008年修订后的《专利法》。在进行外观设计专利与对比设计的对比时,应当基于外观设计专利产品的一般消费者的知识水平和认知能力,对外观设计专利与对比设计的整体视觉效果进行整体观察、综合判断。整体观察,指一般消费者应关注外观设计的整体视觉效果,而不应关注外观设计专利与对比设计之间的局部细微差别,来判断外观设计专利与对比设计的视觉效果是否具有明显区别;综合判断,指在判断时,一般消费者对于外观设计专利与对比设计可视部分的相同点和区别点均会予以关注,并综合考虑各相同点、区别点对整体视觉效果的影响大小和程度。

本案中,将本专利与对比设计进行比较,本专利系产品名称为"植物栽培盆(四角)"的外观设计;对比设计系产品名称为"花盆"的外观设计。二者的产品功能和用途相同,属于种类相同的产品,可以将对比设计与本专利进行对比判断。

通过整体观察和比对,本专利与对比设计相同点在于:盆体均由相连的相同花瓣状单元和由该花瓣状单元环绕的盆底中心构成,且花瓣状单元间圆滑过渡状凹处连接部以及盆体自上而下呈倒锥台形结构相同;盆体上边缘均为二条裙带结构;各花瓣单元外侧均具有相同的拱门结构,且盆底均具有相同位置和结构的漏水孔、卡槽、支撑凸台;在盆体中心均具有圆孔。不同之处在于:二者的花瓣数量不同,本专利为四个,对比设计为三个;本专利盆体内底部有无隔水板不同,本专利有隔水板,对比设计无。

柳敏主张本专利与对比设计存在六处不同,其中第一处,二者主视图、后视图

---

* 最高人民法院(2016)最高法行申360号。

所表示的整体外形存在区别,本专利的整体呈粗“十”字形,而对比设计呈粗“人”字形;第二处,二者立体图所表示的整体外形存在区别,对比设计是呈三角倒梯形物体,本专利是呈四边、倒梯形物体;第三处,二者设计构图来源不同,对比设计源自一种三角倒梯形立体图形,经顶角圆滑处理、三边分别内凹、圆滑过渡形成,本专利源自一种四边、倒梯形立体图形,经四个顶角圆滑化处理、四个边分别向内凹、并圆滑过渡形成;第四处,二者的中心线夹角不同,本专利夹角90度,对比设计120度;第五处,二者的花瓣状单元数量不同,本专利为四花瓣,对比设计为三花瓣。本院认为,本专利与对比设计前四处存在的区别,其实质为第五处花瓣数不同所带来的不同表现形式,并未增加新的差异。因此,柳敏提出的前五处区别点实质仅为一处区别,即四花瓣与三花瓣的区别。专利复审委员会、一审、二审法院对此已作认定,本院予以确认。对比本专利与对比设计,二者虽然花瓣数不同,但花瓣设计弧度、流线、风格、整体结构及布局基本一致,本专利花瓣数量的增加并未脱离对比设计由花瓣环绕盆底中心构成花盆整体的视觉效果,花瓣数量增加所体现出对称性、形状、夹角度数的不同,并未产生实质上的区别,对花盆整体视觉效果影响有限。柳敏提出的第六处区别,即盆体内底部有无十字状隔水板不同,因隔水板在盆体底部,一般消费者不容易注意,不会影响花盆整体的视觉效果。

以一般消费者的知识水平和认知能力,对本专利与对比设计的相同点、不同点以及对整体视觉效果的影响进行整体观察、综合判断,虽然二者在花瓣数字上有所变化,从而导致整体形状存在一定的差异,但本专利实质采用了对比设计的设计方案,仅仅简单的数字变化所导致的差异对于整体视觉效果的影响细微且局部,二者整体视觉效果不具有明显区别,属于相近似的外观设计。因此,专利复审委员会、一审、二审法院关于本专利不符合《专利法》第二十三条第二款规定的认定并无不当,柳敏的再审理由不成立,本院不予支持。

思考与评论

外观设计新颖性判断的标准是不相同或无实质性差异;而区别性判断以存在明显区别为依据。二者的判断标准与方法并不一致。虽然二者都采用综合观察,综合判断的方法,但区别性判断的要求更严,更难以满足。新颖性一般应当用一项对比设计与涉案专利进行单独对比,而不能将两项或者两项以上对比设计结合起来与涉案专利进行对比。而区别性可以结合多项设计进行判断。新颖性判断只考虑相同或类似产品,而区别性判断需要考虑转用发明等情况。

案例5-4-6 济南澳克家具有限公司与知识产权局专利复审委员会外观设计专利权无效行政纠纷案*

本院认为:根据《专利法》第二十三条第二款规定,授予专利权的外观设计与现有设计或者现有设计特征的组合相比,应当具有明显区别。本案的核心问题在于本专利相对于对比设计1~3的组合是否存在明显差异。

本专利系床头外观设计,对于床头类产品而言,长方体形状应属于公认的惯常设计,而床底在使用状态下被床垫遮挡一般不易见到,床侧面一般情况下不易受消费者所关注,因此,床靠表面形状和图案对整体视觉效果更具有显著影响。

将本专利和对比设计1进行对比,存在五个主要区别点,对于区别点(1)即本专利床靠表面四周有一圈长方形凹槽设计,对比设计2床靠面板与边框并无凹槽设计,并且床靠表面为圆弧突起;对于区别点(4)即本专利床头两边有支撑脚,对比设计2床头两侧亦有支撑脚的问题。通过本专利与对比设计1对比,再结合对比设计2床靠和床头支撑脚的设计特征,依然存在主要区别(1)、(2)、(3)和(5)的差别,特别是区别(1)差异更为显著,对比设计2并未全部公开上述区别设计特征。对比设计3中公开的床靠无顶边,与本专利床靠形状和图案完全属于不同的设计风格。本专利相对于对比设计1、2和3所示的相应设计特征的组合差异明显,本专利符合《专利法》第二十三条第二款的规定。澳克公司关于本专利相对于对比设计1、2、3的组合整体视觉效果没有显著影响的上诉主张不能成立,本院不予支持。

思考与评论

本案在区别特征的判断上采用了首先将申请设计与一项在先设计进行对比,然后找到其与现有设计的区别特征。再在另一项现有设计中去寻找这些区别特征是否被再现或存在相似。如果答案是否定的,该设计就具有区别性。你如何看待这种判断区别性的方法?

案例5-4-7 李嘉盛与国家知识产权局专利复审委员会专利无效行政纠纷案**

本院认为:《专利法》第二十三条第二款规定:授予专利权的外观设计与现有设

* 北京市高级人民法院(2013)高行终字第2256号。

** 北京市高级人民法院(2015)高行(知)终字第4211号。

计或者现有设计特征的组合相比,应当具有明显区别。

判断外观设计是否相同或者相近似时,应当从外观设计专利产品的一般消费者的知识水平和认知能力出发,综合评估两者的相同点和区别点对整体视觉效果的影响,在此基础上对两者的整体视觉效果是否相同或者相近似作出判断。一般消费者通常对该外观设计申请日之前相同或者相近种类的产品的外观设计及其常用手法具有常识性的了解,并对该外观设计产品之间在形状、图案以及色彩上的区别有一定的分辨力。判断外观设计是否相同或者相近似时,应当以整体观察、综合判断为原则,即应当对本专利与对比设计可视部分的全部设计特征进行观察,对能够影响产品外观设计整体视觉效果的所有因素进行综合考虑后作出判断。外观设计区别于现有设计的设计特征相对于外观设计的其他设计特征对外观设计的整体视觉效果更具有影响。

本案中,涉案专利与对比设计的相同点在于整体形状、结构组成及各部分的位置、大体比例关系相同。涉案专利与对比设计的区别设计特征为:1. 涉案专利所示横向支架前端的两侧面各有一个小圆形,对比设计没有。2. 二者轮子侧面所示三个同心圆的直径比不同。3. 竖向支架表面上加强筋的形状不同,涉案专利的加强筋在其圆弧中部分叉,在后半部分形成两段长短不一的圆弧,对比设计的加强筋为一段圆弧,没有分叉。4. 涉案专利的左、右视图以及立体图公开了轮胎侧面最内部的同心圆向外突出的程度,而对比设计仅公开一幅视图,未能清楚显示其轮子内部同心圆向外突出的程度。

对于区别设计特征1,车轮的横向支架前段所示刹车板部分与支架整体之间通过横轴连接。涉案专利的小圆形位于横向支架前段侧面,系连接横轴的端部形状。对比设计的连接横轴位于支架内侧,未在侧面显示有圆点。该区别设计特征属于产品的常见设计手法,且在整个产品中所占比例很小,对整体视觉效果影响较小。对于区别设计特征2,由于轮胎侧面的胎面宽度不同,导致内部的轮盖部分、外部的轮胎侧面部分及中间部分的比例不同。该区别特征属于该类产品的常规设计,且对整体效果不具有显著影响。对于区别设计特征3,该区别属于局部细微差别,对整体视觉效果不具有显著影响。对于区别设计特征4,由于轮盖突出程度受到功能的限制,具有一定的范围,突出部分属于在有限范围内的细微变化,通常不受一般消费者的关注,对整体视觉效果不具有显著影响。因此,通过整体观察、综合判断,应当认定涉案专利和对比设计不具有明显区别。李嘉盛主张的其余五个区别点,部分不同点并不属于区别设计特征;其余不同点,原审法院已经予以评述,且原审法院结论并无不当。李嘉盛关于原审法院未准确认定比对客体、比对主体、未准确适用整体观察、综合判断要求等上诉理由均不能成立,本院对此不予支持。

思考与评论

本案中,法院在论述外观设计的区别性时采取了外观设计是否相同或近似的标准。你认为这种做法是否正确?判断明显区别的方法与判断相同或近似的方法有何不同?

案例 5-4-8　王启云与国家知识产权局专利复审委员会专利无效纠纷案*

本院经审理查明:

本专利系名称为"条形码扫描仪(SC-7180)"的201230025322.3号外观设计专利,其申请日为2012年2月9日,授权公告日为2012年7月18日,专利权人是王启云。

本院认为:

《专利法》第二十三条第二款规定:"授予专利权的外观设计与现有设计或者现有设计特征的组合相比,应当具有明显区别。"

如果本专利是由现有设计或者现有设计特征组合得到的,所述现有设计与本专利的相应设计部分相同或者仅有细微差别,且该具体的组合手法在相同或者相近种类产品的现有设计中存在启示,那么本专利与现有设计或者现有设计特征的组合相比不具有明显区别,除非上述组合产生独特视觉效果。此处独特视觉效果是指本专利相对于现有设计产生了预料不到的视觉效果。

本专利涉及的产品是条形码扫描仪,对比设计1、2公开的产品均为条形码扫描仪,二者所示产品的用途相同,属于相同种类的产品,可以进行对比判断。

将本专利与对比设计1进行比较,通过整体观察和比对可以看出,本专利与对比设计1的相同点在于二者均由设置在上方的近似球状的头部壳体和头部壳体下方设置的类凸台状底座构成,且头部壳体的形状相同。本专利与对比设计2相比,两者在头部壳体下方设置的类凸台状底座形状相同。本专利与对比设计1的主要不同点在于:1.本专利握持部侧面近三角状,背面上窄下宽;对比设计1的握持部侧面近梯形,背面上部略窄;2.本专利的底面近马掌状,对比设计1的底面为圆形。原告对被诉决定关于上述不同点的认定不持异议,本院予以确认。

被诉决定认为,虽然扫描仪头部和底座结合方式多样,替换或组合时要有对应

* 北京知识产权法院行政判决书(2015)京知行初字第2231号。

关系的重新设计,且上下各部分之间会产生新的呼应关系,但按照一般消费者对条形码扫描仪常用设计手法的常识性了解,现有设计中条形码扫描仪的头部壳体设计和类凸台状底座设计均可以作为参考,故在本专利与对比设计1的头部壳体设计相同、与对比设计2底座设计相同的情形下,被诉决定认定存在将对比设计1所示底座替换成对比设计2所示底座的明显启示。本院认为,从外观上看,本专利条形码扫描仪可以明显分为类球状的上部壳体部分及类凸台状的下部底座部分,对比文件1、2从外观上亦可明显分为上部壳体部分及下部底座部分。因此,在一般消费者对条形码扫描仪的外观及组成部分亦具有常识性认识的基础上,现有设计中条形码扫描仪头部壳体设计和类凸台状底座设计均对重新组成相同或类似风格的条形码扫描仪存在明显启示,一般消费者在对比设计1上会想到将其底座部分替换成对比设计2所示底座部分。虽然将对比设计1的壳体部分和对比设计2的底座部分进行衔接需要相应的配合设计,但该设计仅为细微变化。综上所述,从一般消费者出发,以整体观察、综合判断的方式,本专利与对比设计1、2所示设计特征的组合未产生预料不到的视觉效果,二者未存在明显区别,故本专利不符合《专利法》第二十三条第二款的规定。被诉决定的认定无误,本院予以支持。原告的诉讼理由缺乏事实与法律依据,本院不予支持。

思考与评论

现有设计组合具有明显区别性的判断标准是组合是否产生独特的视觉效果。如果外观设计专利是将明显存在启示的容易结合的相同种类产品的现有设计特征仅做一般性的基本排列设计,组合后并未产生独特视觉效果,其无疑不具有明显区别性。同时,即使不存在现有设计的组合启示,但组合后的外观设计如果不具有独特的视角效果其也不能获得专利授权。因而,现有设计的启示是判断是否具有明显区别性的手段而不是结果。值得注意的是,阐述组合比较时,应关注的是现有设计中设计特征对申请的外观设计是否存在启示,而与产品类别不直接相关。

Chapter 6

第六章

专利申请

第一节　专利申请主体

发明人或设计人

(一)发明人或设计人概念

发明人或者设计人是指对发明创造的实质性特点作出创造性贡献的人。发明与实用新型的完成人称为发明人;外观设计的完成人称为设计人。所谓实质性特点,就发明和实用新型而言,就是该发明创造与现有技术相比的区别特征;就外观设计而言,就是该设计与现有设计的明显区别之处。所谓创造性贡献,是指率先提出了前述实质性区别特征,对发明创造的完成起到关键性的、无法替代的作用。

发明创造行为是一种具有探索性质的智力劳动,需要创造性思维。这种行为具有一定的人身属性,只有具体的自然人才能从事这种行为,因而发明人只能是自然人。同时,发明是一种事实行为,不是法律行为,因而未成年人的民事行为能力虽然受限,但也可以成为发明人。

(二)发明人或设计人的判断规则

依据我国《专利法实施细则》的规定,在完成发明创造过程中,只负责组织工作的人、为物质技术条件的利用提供方便的人或者从事其他辅助工作的人,不是发明人或者设计人。

实践中,需要注意的是课题负责人与具体研究者、指导研究者与具体研究者、参与实验者与具体研究者、协助完成者与具体完成者之间的关系。如果作为课题负责人仅仅是挂名,未参与研究工作,就不能成为发明人。然而,课题负责人如果在讨论中对相关技术问题的解决作出了实质性的创造性贡献就可以认定为发明人,但仅仅是主持会议,对课题组的指导也是泛泛而谈,其不能成为发明人。

发明人署名权作为一种在专利文件上表明发明人身份的人身权,源于发明人对专利技术方案作出了实质性贡献这一事实行为。发明人署名权与该发明创造是否属于职务发明创造无关,更不以发明人与专利申请人或专利权人之间存在雇佣关系为前提。

案例6-1-1 江苏世纪江南投资有限公司与刘荣甫、何金整等专利权权属纠纷案*

法院认为：

一、何金整、肖金恒对涉案专利的实质性特点并未作出创造性贡献，不应成为涉案专利的发明人

本案讼争专利的申请日为2009年7月23日，故本案应适用2000年8月25日修订的《中华人民共和国专利法》（以下简称《专利法》）及2002年12月28日修订的《中华人民共和国专利法实施细则》（以下简称《细则》）的规定。一审法院认为，虽然涉案发明专利中明确记载了何金整、肖金恒均为共同发明人，但现有证据已经证明，何金整、肖金恒对涉案专利的实质性特点没有作出创造性贡献，不应成为该专利的发明人。理由如下：

1. 刘荣甫、何金整、肖金恒对专利的创造过程以及各自所参与工作的陈述前后不一致，且相互矛盾，不能自圆其说，明显在掩盖真相。刘荣甫、何金整两人对涉案专利的创作时间、创造过程、各自进行的技术贡献、专利撰写分工等进行过多次陈述，不但两人间相互矛盾，自己的陈述也前后不一致。关于何金整与肖金恒对本案专利的贡献陈述也不一致。一审法院认为，发明创造的过程是发明人自身智慧和辛勤劳动的付出过程，发明人艰苦努力进行发明创造，对发明创造的过程和内容必然印象深刻，甚至难以磨灭。本案中，刘荣甫、何金整两人对发明过程和各自负责的工作内容等事实陈述居然自相矛盾和相互矛盾，只能说明，该两人的陈述试图隐瞒当时的客观事实，以致连自己都难以自圆其说。

2. 到目前为止，何金整并不能真正懂得涉案专利的相关技术和创造性技术，不具备进行本案发明创造的相关专业基础。首先，何金整对200910068971.9号专利与200910068756.9号专利不能清楚区分。如在2013年11月28日庭审中，世纪江南公司就200910068971.9号专利发问“何金整在这个发明有没有具体创造性贡献，解决了什么问题？”时，何金整回答：“塔外氧化连通器，高浓度氧，导流板，将脱硫塔简化为两层结构。”而这些结构是200910068756.9号专利的技术内容，可见何金整对200910068971.9号专利与200910068756.9号专利没有准确描述，其将两者混淆；其次，在离开说明书的情况下，何金整并不能完整、熟练、全面、专业地阐述涉案专利的工作原理和工艺过程，以及发明的创造性特点。这种情形明显违背发明人

---

* 江苏省南京市中级人民法院（2013）宁知民初字第125号民事判决。

进行技术发明创造的一般规律。最后，何金整甚至不懂得涉案专利所涉及的技术常识。在法庭要求何金整解释“转温差结晶”的含义时，何金整意识不到从技术角度看“转温差结晶”这样的提法存在错误，却相当外行地进行了回答；当法庭再问“温差结晶”的工作原理时，何金整竟然不能当庭回答，虽然何金整努力对“（转）温差结晶“作出解释，试图进行弥补，但这些解释更加显示其技术外行。如其陈述“晶浆到浓缩结晶槽之后……”，按照本专利说明书的记载，送到“浓缩结晶槽”之前的液体并不称为“晶浆”；又如，其陈述“温差结晶实际是通过浓缩结晶和送到干燥系统，在干燥系统之后，形成了硫酸铵产品。工作原理我在发明过程中已说明过了”。这样的解释，从技术角度看，何金整不但不理解“温差结晶”技术知识本身，而且也证明其对脱硫技术包括原理、设备与工艺流程均是外行。刘荣甫、何金整均曾试图努力说明（证明）“何金整完成了专利权利要求书和说明书的撰写”，然而，何金整不仅无法准确阐述本专利的工作原理和工艺过程，以及发明创造性所在，甚至连“温差结晶”“晶浆”这些本专业的常识都不能正确表述，明显不具备相应专业能力。一审法院难以认定何金整能够完成本专利权利要求书和说明书的撰写，也难以认定其能够对本专利的实质性特点作出创造性贡献。

3. 现有证据能够证明肖金恒并未对本专利的实质性特点作出创造性贡献。刘荣甫、何金整、肖金恒对肖金恒的技术贡献的陈述前后不一致，但根据何金整的当庭陈述及其作为肖金恒的代理人陈述能够明白，肖金恒对本专利的贡献仅为锥形结构的“浓缩结晶槽”（何金整曾错误称之为冷却结晶浓缩槽）。一审法院认为，对本专利的实质性特点作出创造性贡献，应当是指对本专利的权利要求中特征部分记载的“区别于最接近的现有技术的技术特征”所作出的创造性贡献。尽管申请人曾将“浓缩结晶槽”作为区别技术特征撰写，但在授权公告的专利权利要求书中已经进行了修改，“浓缩结晶槽”这技术特征记载在前序部分，属于现有技术特征。权利要求书中有“浓缩结晶槽是底部成锥形的槽”这样的结构特征记载，但这种结构的浓缩结晶槽实际上就是刘荣甫在先申请（2009 年 5 月 4 日）的 200910068756.9 号发明专利中的现有技术特征“浓缩结晶池”，同时在该专利说明书附图中记载的“浓缩结晶池”就是“底部成锥形”的结构。因此，“浓缩结晶槽”不属于本专利实质性特点，即使肖金恒其作出过贡献，也不能称为专利法意义上的“对发明创造的实质性特点作出的创造性贡献”。

一审法院认为，刘荣甫在世纪江南公司任职的华鲁恒升氨法脱硫技改项目，与涉案专利技术领域相同，其脱硫原理相同、脱硫工艺流程具有一致和对应性，其具体设备结构、工艺流程以及技术缺陷，对涉案专利装置、工艺流程的发明创造不可避免地存在借鉴和启示。刘荣甫通过任职期间所掌握的技术知识和经验,利用这些借鉴和启示,在任职期内及稍后时间中进行创造性劳动后形成专利,在时间上有保障,在专业上有基础,在技术上有支撑,其符合发明创造的一般性规律。因此,在何金整、肖金恒并不是发明人的情况下,一审法院认定,涉案专利真正发明人是刘荣甫。

一审法院进一步强调指出,能否成为发明人,与其从事的本职工作和曾经的技术背景的确没有直接必然关系,但进行非本职专业领域的发明创造,发明人必然要深入研究和掌握发明创造所涉及的专业知识及技术背景,然后在此基础上进行创造性劳动。而当发明人对发明创造的工作原理、工作过程都描述不清楚,且对发明创造所涉及的技术常识都不了解甚至认识错误时,这种违背认识规律和科学规律的所谓"发明人"必然是不真实的甚至是虚假的。同时,并不否认,在完成涉案发明创造过程中,何金整、肖金恒可能参与过相关交流、提供方便等辅助工作。

……

思考与评论

本案中法院认为,发明人必须是对专利的权利要求中特征部分记载的"区别于最接近的现有技术的技术特征"所作出的创造性贡献的人。从这种意义上讲,发明人的认定必须分析权利要求的区别特征。这无疑涉及对权利要求的解释。

当两个或两个以上的人对同一发明创造的实质性特点共同作出创造性贡献,其为共同发明人或设计人。共同发明人的认定标准与单个发明人认定的标准一致,值得注意的是共同发明人或共同设计人并不是人数上的简单相加,而是基于共同的发明创造。共同发明人或设计人的权利和义务是相等的,共同发明申请专利和取得专利权归全体共有人共同所有。专利申请权或者专利权的共有人对权利的行使有约定的,从其约定。没有约定的,共有人可以单独实施或者以普通许可方式许可他人实施该专利;许可他人实施该专利的,收取的使用费应当在共有人之间分配。除此之外,行使共有的专利申请权或者专利权应当取得全体共有人的同意。

案例6-1-2 金山与石磊等发明创造发明人署名权、专利权权属纠纷案*

本院认为:根据《专利法实施细则》的规定,专利法所称发明人,是指对发明创造的实质性特点作出创造性贡献的人。在完成发明创造过程中,只负责组织工作

* 北京市高级人民法院(2011)高民终字第283号。

的人、为物质技术条件的利用提供方便的人或者从事其他辅助工作的人，不是发明人。本案中，石磊认可刘金山于1996年即向其交付了与涉案专利权利要求3内容相同的验方，其与刘金山从1996年才开始接触，刘金山的18味药早在20世纪80年代就已存在，涉案专利中的18味药和剂量是刘金山的验方等事实。据此，应当认定在与涉案权利要求3内容相同的验方的形成过程中石磊并未参与。而涉案专利权利要求1、2只是权利要求3所限定的药物组分选择范围的扩大，故权利要求3即刘金山的验方是涉案专利的重要组成部分，也是人知降糖胶囊项目进行的基础。因此，原审法院认定刘金山是对涉案专利的实质性特点作出创造性贡献的人是正确的。诚年药业公司关于原审判决认定刘金山在1996年前完成的验方与涉案专利权利要求3一致，以及刘金山将权利要求3所记载的验方交予石磊缺乏依据的上诉理由，不能成立。鉴于石磊和诚年药业公司均未提交1999年之前刘金山从诚年兆业公司领取工资的证据或其他证明刘金山与诚年兆业公司存在劳动关系的证据，故诚年药业公司关于刘金山与诚年兆业公司在1999年之前存在事实上雇佣关系的上诉理由，依据不足，本院不予支持。鉴于石磊并未否认曾与刘金山存在合作关系，且诚年药业公司并非当初合作过程的当事人，故诚年药业公司就此所提上诉理由，亦因依据不足，不能成立。

石磊虽主张其参与了发明创造过程，并提交了医工所的证言，但由于医工所先后出具的证言相互之间存在矛盾，且无其他证据佐证，而石磊在原审诉讼中又自认其没有参与药的具体研发工作，故原审法院关于石磊没有提交证据证明其对发明创造的实质性特点作出创造性贡献的认定并无不当。石磊关于其提交的证据能够证明其为发明人的上诉理由不能成立，其要求确认其为涉案专利发明人的上诉主张，缺乏事实及法律依据，本院不予支持。

涉案专利是在刘金山提供的验方基础上，由诚年兆业公司、诚年科技公司、医工所、诚年药业公司等单位联合开发而成，其中不仅包括刘金山提供的验方，还包括扩大的药物组份范围及药品的制备方法。刘金山虽参与了权利要求3之外技术方案的研发过程，但现有证据显示刘金山自1999年3月至2007年3月从诚年兆业公司按月领取报酬，且刘金山并未就其主张的与权利要求4、5、6、7相关的技术方案在其与石磊及石磊的关联企业合作之前已经完成提交相关证据。因此，刘金山关于涉案专利中的9项权利要求均是其独立完成的上诉理由，证据不足，不能成立。刘金山关于涉案专利权利要求8、9及加入聚山梨醇属基本常识的主张，不属民事案件的审理范围，对此本院不做评述。刘金山要求确认其是涉案专利唯一专利权人的上诉理由，缺乏事实和法律依据，本院不予支持。由于原审判决已经确认了刘金山的发明人身份，且对石磊要求确认其为发明人的上诉主张未予支持，故对刘金山要求确认其为唯一专利权人的上诉主张本院不再另行裁判，维持原审法院就此所作判决结果。鉴于诚年药业公司并非本案原审原告，且其并未要求原审法院确认其为涉案专利的唯一专利权人，因此诚年药业公司要求确认其为涉案专利唯一专利权人的上诉主张，本院不予处理，其可就此另行主张权利。

思考与评论

一般而言，确定专利发明人的资格，首先要确定该专利中每一技术特征的贡献者，再分析相应技术特征是否对专利具有实质性特点有创造性贡献。如果某技术特征对专利具有实质性特点有创造性贡献，该技术特征的贡献者就是该专利的发明人或发明人之一。如果没有创造性贡献，该技术特征的贡献者不是该专利的发明人。因而，从某种意义上讲，确认发明人资格需要对权利要求的技术特征进行解释。值得思考的问题是共同发明人是否需要对每一个权利要求都作出贡献？

案例 6-1-3 北京欣路特科技发展有限公司等与蓝派压实技术（控股）有限公司专利权权属纠纷案*

再查：本院于2004年12月2日就蓝派公司诉北京欣路特公司专利权属纠纷一案作出（2004）高民终字第1051号民事裁定，认为："本案属于因单位认为自己的技术成果被他人擅自申请了专利而引发的纠纷，应当按照最高人民法院有关专利司法解释中关于持续侵权规定的诉讼时效来处理，在专利权存在的期限内，由于侵权而导致的专利权权属纠纷，不受诉讼时效的限制。"

本院认为，人民法院审理民事纠纷案件，应当在当事人提出的诉讼请求的范围内进行审理。

本案中，蓝派公司是因杨世基将其名称为"冲击碾压增补路基强度与稳定"的发明专利申请权转让给北京欣路特公司而起诉北京欣路特公司的。蓝派公司在起诉时，北京欣路特公司已经取得了"压实路基的施工方法"发明专利权，因此，本案的案由为专利权属纠纷。由于"压实路基的施工方法"发明专利权是北京欣路特公司从杨世基处受让"冲击碾压增补路基强度与稳定"发明专利申请权后经国家知识产权局授权而来，因此，蓝派公司在主张"压实路基的施工方法"发明专利权应归属该公司时，必然将该发明专利的专利权人北京欣路特公司作为本案被告。同时，由

* 北京市高级人民法院（2005）高民终字第1450号。

于是杨世基向北京欣路特公司转让“冲击碾压增补路基强度与稳定”发明专利申请后，北京欣路特公司被授予“压实路基的施工方法”发明专利权，故审理“压实路基的施工方法”发明专利权权属纠纷时，不论北京欣路特公司与蓝派公司之间是否存在隶属或合同关系，必然涉及杨世基是否有权向北京欣路特公司转让“冲击碾压增补路基强度与稳定”发明专利申请权。因此，一审法院在审理过程中涉及杨世基与北京欣路特公司签订的技术转让协议的认定并无不当。

由于本案审理的是“压实路基的施工方法”发明专利权的权属纠纷，现“压实路基的施工方法”发明专利权已归北京欣路特公司。在蓝派公司主张“压实路基的施工方法”发明专利权应归属于该公司时，应当以该发明专利权人北京欣路特公司为被告。同时，北京欣路特公司是从杨世基处受让的发明专利申请权，本案的审理结果与杨世基有利害关系，故杨世基应作为本案的第三人参加诉讼。

根据本院于2004年12月2日作出的(2004)高民终字第1051号民事裁定，蓝派公司提起本案诉讼未超过诉讼时效。

杨世基与蓝派公司于1997年2月24日签订的《备忘录协议》中写明了“杨世基很欣慰有机会了解冲击压实技术”，并“用他对中国公路的广泛知识和技术经验协助蓝派公司开发蓝派冲击压实技术和设备的应用”。《备忘录协议》签订后，蓝派公司向杨世基支付技术顾问费20,000元，杨世基、蓝派公司履行了《备忘录协议》。杨世基与蓝派(北京)公司于1999年3月5日签订的《关于促进使用高能量冲击压实技术合作协议》中写明，杨世基向蓝派(北京)公司提供技术服务、技术秘密以协助该公司在中国应用冲击压实技术和设备所需的试验、应用技术开发等工作，并同蓝派(北京)公司签署保密协议并遵守确保蓝派(北京)公司所有的技术的知识产权得到保护。该协议签订后至2000年9月，杨世基与蓝派(北京)公司按约履行了义务。

根据《备忘录协议》和《关于促进使用高能量冲击压实技术合作协议》中的内容，可以认定在签订上述协议时，蓝派公司拥有蓝派冲击压实技术和设备，蓝派公司与杨世基签订上述协议是为了对蓝派公司的冲击压实技术和设备的应用进行试验。

杨世基在其单独及与他人合作撰写的文章中，即《冲击压实技术在路基工程中的应用》和1999年出版发行的第1期《公路交通科技》上刊登的《冲击压实粗粒土路基》上均明确记载在有关道路施工过程中使用蓝派公司的冲击压实技术和冲击压实设备。此外，杨世基在其给蓝派(北京)公司经理丁健的信函中也明确表示合作在北京八达岭高速应用冲击压实技术事宜，蓝派(北京)公司所付之检测和试验费十万元人民币交通部公路科学研究所已收到，杨世基申请的专利是合作进行，蓝派公司可以使用。杨世基在一审法院公开开庭审理(2002)一中民初字第1138号蓝派公司诉杨世基专利申请权权属纠纷一案时曾明确陈述“压实路基的施工方法”发明专利是其与蓝派公司合作的。

根据以上证据,可以认定杨世基申请发明专利的技术方案是蓝派公司所有,杨世基只是在我国道路施工中对该技术进行试验和检测。根据现有证据,不能认定杨世基申请的发明专利是杨世基或者其受北京欣路特公司的指派或者其与北京欣路特公司共同研究、发明的,杨世基或北京欣路特公司也并未针对蓝派公司的冲击压实技术提出实质性的改进。涉案冲击压实技术应属于蓝派公司所有。

由于涉案冲击压实技术属于蓝派公司所有,故杨世基无权就根据该技术提出的“冲击碾压增补路基强度与稳定”发明专利申请权进行转让。杨世基将“冲击碾压增补路基强度与稳定”发明专利申请权转让给北京欣路特公司,该行为无效。

思考与评论

本案中,法院认为,蓝派公司拥有蓝派冲击压实技术和设备,蓝派公司与杨世基签订上述协议是为了对蓝派公司的冲击压实技术和设备的应用进行试验。你认为杨世基在我国道路施工中对该技术进行试验和检测的行为构成对发明的实质性特点的创造性贡献吗?这种对技术的进一步实验与检测可能构成共同发明吗?

另外,专利权属纠纷适用诉讼时效的规定吗?本案中被告能主张区别对待侵权纠纷与权属纠纷,从而避免《最高人民法院关于审理专利纠纷案件适用法律问题的若干规定》(2015 年修正)第二十三条的适用吗?

同时,一些法院认为,在专利申请文件上署名的发明人可以推定为发明人,如果异议人无相反证据予以佐证,法院一般会认可其发明人身份。你认为法院关于发明人身份的推定是否合适?为什么?

第二节　职务发明创造

我国《专利法》第六条第一款规定:“执行本单位的任务或者主要是利用本单位的物质技术条件所完成的发明创造为职务发明创造。”职务发明创造在西方国家也称为雇员发明。依照上述规定,我国职务发明包括以下两种情况:

一、执行本单位的任务所完成的发明创造

“本单位”指发明创造完成人所属单位,既包括正式在编人员,也包括临时工作人员。对短期借调人员“本单位”的认定,应考虑发明创造主要完成的时间是在借

调期间或原单位。[①] 专利法意义上的本单位虽然包括临时工作单位,但无论是正式工作单位,还是临时工作单位,员工与单位之间均具有一定的从属性,主要表现为员工应当遵守单位的各项规章制度,按时上下班,并接受单位的管理和监督,服从单位的工作指令。[②]

执行本单位的任务所完成的发明创造指《专利法》第六条所称执行本单位的任务所完成的职务发明创造,包括:

(一)在本职工作中作出的发明创造

本职工作是指单位分配给每个工作人员的职务范围。这里的本职工作是指研究、设计和开发工作,其他的工作不包括在内。"本职"的范围就是发明人或设计人的职务范围,即具体的工作责任、工作职责的范围,而不是指单位的业务范围,也不是个人所学专业的业务范围。但不能认为,凡属同发明人从事的专业工作或业务有某种联系的发明创造,均属于职务发明。还必须看其具体本职工作是什么。例如,发明人的本职工作是搞微电机研究,他在工作中发明了一种新的微电机,这项发明就是职务发明。

案例6-2-1 北京锅炉厂诉潘代明专利权属纠纷上诉案*

执行本单位的任务或者主要是利用本单位的物质条件所完成的职务发明创造,申请专利的权利属于该单位。申请被批准后,全民所有制单位申请的,专利权归该单位持有。上诉人潘代明是北京锅炉厂一名普通的汽车司机,他最初的技术构思"升优选降法"并非执行被上诉人北京锅炉厂的科研任务,又不是他的本职工作,在整个构思完成的过程中,也未利用该厂的物质条件或对外不公开的技术资料。1980年4月,北京锅炉厂在800吨和2500吨水压机上的试验,实质是将潘代明的"升优选降法"在该厂的实际应用,并不是利用该厂提供的设备条件来完成潘代明的技术构思。因此,一审法院在北京锅炉厂正式对"火炕型加热炉及其使用方法"立项开发提不出证据的情况下,认定该项发明创造为职务发明创造,判决该发明的专利权归北京锅炉厂持有没有法律和事实根据。另外,一审法院将北京锅炉厂

① 程永顺:《中国专利诉讼》,知识产权出版社2005年版,第131页。

② 上海气动成套公司三分厂与吴登奎、陆丕贤专利权权属纠纷二审民事判决书:上海市高级人民法院民事判决书(2015)沪高民三(知)终字第19号。

* 最高人民法院公报案例1995年第3期,载https://www.chinacourt.org/article/detail/2002/11/id/17945.shtml。

1985 年 6 月 3 日为潘代明出具非职务发明证明信的行为认定为专利申请权转让行为，这与事实不符。根据《专利法》第十条第四款的规定，转让专利申请权或专利权的，当事人必须订立书面合同，经专利局登记和公告后生效。而北京锅炉厂与潘代明之间从未订立过专利申请权转让合同，该厂出具的非职务发明证明信，仅是为潘代明申请减缓专利申请费的凭证，不具有转让民事权利的性质，也无权利转让内容，更无双方当事人对专利申请权的转让和受让的意思表示。因此，北京锅炉厂出具的证明信不能认定为是转让专利申请权的行为。

关于上诉人潘代明上诉中提出的诉讼时效问题。《民法通则》第一百三十五条规定，当事人向人民法院请求保护民事权利的诉讼时效期间为二年，法律另有规定的除外。第一百三十七条规定，诉讼时效期间从知道或者应当知道权利被侵害时起计算。本案系专利权归属纠纷，不属法院另有规定的情况。因此北京锅炉厂要求法院确认 85102032 号专利为职务发明专利权归该厂持有的请求诉讼时效应为二年，从 1988 年 3 月 3 日专利授权日起算。1990 年 3 月 2 日，北京锅炉厂在专利侵权诉讼中提出“新的诉讼请求”，但其请求事项并非要求法院将潘代明的非职务发明专利权确认为职务发明专利。1990 年 3 月 8 日，北京锅炉厂正式向法院提出权利主张，要求确认潘代明的非职务发明专利为该厂的职务发明成果时，诉讼请求内容仍不确切，而且已经超过法定诉讼时效。1992 年 10 月 20 日，在北京锅炉厂向法院提交的增加民事诉讼请求书中，才明确要求将潘代明的非职务发明专利权判归北京锅炉厂职务发明专利，但在时间上已经超过了法定诉讼时效长达 7 个月之久。故对北京锅炉厂所提诉讼请求本院不予支持。

思考与评论

如何理解“完成的发明创造”？本案中法院认为，上诉人潘代明是北京锅炉厂一名普通的汽车司机，他最初的技术构思“升优选降法”并非执行被上诉人北京锅炉厂的科研任务，又不是他的本职工作，在整个构思完成的过程中，也未利用该厂的物质条件或对外不公开的技术资料。技术构思的完成是否算是“完成了发明创造”？在美国专利法中，构思是确定发明人身份的基石，每个发明人通常必须对发明的构思作出贡献。当发明其可专利之每一技术特征，都有一明确且不变的构想时，开始形成“发明构思”。而当该技术领域的普通技术人员，在不需要额外再多方研究或实验下就可重现得该发明装置时，方为已完成发明构思。也就是说，当发明人能证明其发明技术特征的“所有要素”皆已构思完成，且不需要再多作实验来演练发明构思时，“发明构思”即已完成。而且此时亦已经确定“Inventorship”，亦即谁才是真正合法的发明人。发明构思完成后，若有人帮忙验证此发明的实施性，则此人并不能因此而成为该发明的发明人。

另外,对比北京高院(2005)高民终字第1450号案中关于权属争议的诉讼时效裁判,你认为何种观点更合理?一种观点认为,权属争议是绝对权的确认之诉,不应受到诉讼时效的限制。你赞同吗?

(二)履行本单位交付的本职工作之外的任务所作出的发明创造

虽然与发明人或设计人的本职工作无关,但是属于在执行本单位分配的专门任务时完成的发明创造。在实践中,应当注意的是一般号召、要求,不能成为本单位交付的任务,必须有充分的证据证明该任务是本单位交付的,并且本单位为发明的完成提供了具体条件。例如,发明人的本职工作是搞机床设计,单位临时派他去进行一项新型绘图桌椅的设计,他作出的发明就是职务发明。

案例6-2-2　陶义诉北京市地铁地基工程公司发明专利权属纠纷案*

北京市高级人民法院审理认为:上诉人陶义提供的"在流砂、地下水、坍孔等地质条件下成孔成桩工艺的方案"与其后来申请专利的"钻孔压浆成桩法"技术方案相同。该技术方案的完成时间为1984年4月16日,被上诉人地基公司对此无异议。根据本案事实,在确认该发明专利权的归属时,应当以该技术方案完成的时间为界限,看其是否符合专利法规定的职务发明的要件。

第一,当时,陶义作为构件厂厂长,其职责范围应当是领导和管理建筑构件的生产经营活动。地基施工不属于构件厂的经营范围,地基施工方面的研究和发明也不应认为是构件厂厂长的本职工作。

第二,"钻孔压浆成桩法"这一技术方案是陶义在其多年从事地基工程方面的工作经验积累的基础上研究出来的,不属于单位交付的任务。1984年4月2日,城建总公司下达给设计院和构件厂的具体科研任务是"小桩技术的试验与应用",它是将国际上已有的小桩技术在国内推广应用,而不是在小桩技术的基础上研究新的成桩方法课题。陶义发明的"钻孔压浆成桩法"与已有的"小桩技术"相比,两者虽然都属于地基施工方面的技术方案,但经专家论证,证实两个技术方案之间有本质区别。况且,中国专利局经过实质性审查,已经授予"钻孔压浆成桩法"发明专利权的事实,也说明该技术方案与已有技术不同而具有专利性。这些事实说明,城建总公司

* 最高人民法院公报案例1992年第3期,载 http://gongbao.court.gov.cn/Details/09ccde8b6a8a01cd55f125d73f1cef.html。

下达的科研任务与上诉人的发明无关，不属于《中华人民共和国专利法》第六条和《中华人民共和国专利法实施细则》第十条所规定的“执行本单位的任务”这一情况。

第三，依照《专利法》第六条第一款的规定，只有当发明人主要是利用了本单位的物质条件得以完成发明时，该发明创造才属职务发明创造。陶义的“钻孔压浆成桩法”技术方案完成的时间是1984年4月16日。陶义在完成发明过程中，主要依靠自己几十年从事地基工程施工的经验积累，并非主要利用本单位的物质条件。陶义的技术方案完成后，首次实施是1985年3月16日和17日在北京科技活动中心工地。当时打的两根试桩，根据国家有关规定，属于这一工程必要的施工准备。因此，这两根试桩，是对“钻孔压浆成桩法”技术方案的实施，显然不同于技术方案完成前对技术构思的试验。这两根试桩的经费已打入工程总费用中，没有动用过科研经费。施工所用Z400型长螺旋钻机，是陶义在其技术方案完成之后，为了实施该技术给企业创利而批准购买的，与技术方案的完成无关。

综上所述，“钻孔压浆成桩法”发明专利，既不是陶义执行本单位任务完成的发明创造，也不是主要利用本单位的物质条件所完成的发明创造。

思考与评论

认定职务技术成果要求当事人之间必须存在双重法律关系，即劳动法律关系和职务发明创造法律关系，劳动法律关系是职务发明创造法律关系的基础和前提，如果当事人之间不存在劳动法律关系，则不涉及认定职务技术成果的问题，而是其他技术成果权属的争议。如何理解执行本单位的工作？一般而言，执行本单位工作认为主要看其工作合同的内容以及是否是单位委派的工作任务。本案中陶义的本职工作是什么？诉争专利与城建总公司下达给设计院和构件厂的具体科研任务属于相同的技术领域是否对判断是执行本单位工作有一定的影响？

（三）退休、调离原单位后或者劳动、人事关系终止后1年内作出的发明创造

退休、调离原单位后或者劳动、人事关系终止后1年内作出的，与其在原单位承担的本职工作或者原单位分配的任务有关的发明创造也属于职务发明。发明创造是复杂的脑力劳动，是一个持续累积的过程。与原单位终止劳动关系人员，在较短时间内，在原单位承担的本职工作或原单位分配的任务范围或领域内作出的发明创造，因与原单位有密切联系，甚至是原工作的延续，专利法也将其纳入职务发明的范畴。值得注意的是，如果此时个人完成的发明成果，属于执行原所在法人或者其他组织的工作任务，又主要利用了现所在法人或者其他组织的物质技术条件的，应当按照该自然人原所在和现所在法人或者其他组织达成的协议确认权益；不能达成协议的，根据对完成该项技术成果的贡献大小由双方合理分享。

案例 6-2-3 高煦、王继龙因专利申请权权属纠纷案*

系争发明创造不能理解为退休三年后作出的非职务发明创造。两被告辩称，系争发明创造申请时，高煦已经退休多年，不再属于职务发明的范畴。原审法院认为，2002 年《中华人民共和国专利法实施细则》第十一条第一款第（三）项虽然规定，退职、退休或者调动工作后一年内作出的，与其在原单位承担的本职工作或者原单位分配的任务有关的发明创造属于职务发明，从字面上来理解的话，似乎一年后的有关发明创造就不再是职务发明，但是这种理解是不全面的。对该条文作出全面理解，必须结合上下文及该法规的规范意图才能实现。从该条款前两项的规定可知，执行本单位的任务所作出的职务发明是立足于单位任务，这种任务既可以是本职工作中的任务，也可以是单位指派的非本职工作的任务，但是一旦发明人离开工作岗位，那么这种任务是否持续，发明人在原有的技术领域是否还可以进行技术创新等一系列问题就成为实践中棘手的问题。为了解决这些问题，平衡好各方的利益，第（三）项作了一个时间上的切割，即以一年为限，在一年以内的相关发明创造更多地考虑技术任务在事实上的延续性，将发明创造的权利归属赋予单位；超过一年的，更注重鼓励发明人的创造热情，将相关创造的权利归属赋予发明人。然而，这样的区分有一个本质性的前提，即发明人无论是退职、退休还是调动工作，都已经实际离开了原有的工作岗位，使得这种任务的延续性与技术创新的积极性之间需要实现平衡。而本案的情况却并非如此，高煦虽然在 2000 年即已退休，但是他的工作并没有停止，而是立即由原告返聘，从事原工作，换言之，高煦的退休并没有造成他离开原有工作岗位的结果，因此，两被告的辩解意见不符合法规的规范意图，高煦返聘期间作出的发明创造不能适用退休后一年的期限规定，从而认定为非职务发明。

案例 6-2-4 湖南高雷同层排水科技有限公司诉张超专利权权属纠纷案**

一审审理查明：

2008 年 8 月 28 日，长沙高雷卫生设备同层排水工程有限公司（以下简称长沙高雷）成立，经营范围为同层排水施工及相关产品卫生设备的销售。长沙高雷成立

---

* 上海市高级人民法院民事判决书（2009）沪高民三（知）终字第 99 号。

** 湖南省长沙市中级人民法院（2012）长中民五初字第 0334 号。

后,张超被聘用为长沙高雷员工,负责公司产品的解说、安装和施工等工作,月工资3000元。2011年4月,长沙高雷变更公司名称为湖南高雷公司。

2009年5月8日,张超签发了模具制作图纸。2009年5月18日、2009年5月27日,长沙高雷作为专利权人,张超作为发明人向国家知识产权局申请了专利号为ZL200920102902.0、名称为“一种集水排除装置”和专利号为ZL200920103097.3.名称为“一种水斗式同层防臭地漏”的实用新型专利,并分别于2010年5月12日、2010年3月31日公告授权。2009年6月8日,张超作为专利申请人和发明人向国家知识产权局申请了专利号为ZL200920304100.8.名称为“水封式防臭型积水处理装置”实用新型专利,于2010年3月3日公告授权。2010年4月26日,长沙高雷以ZL200920304100.8号专利权权属纠纷向长沙市中级人民法院提起诉讼,长沙市中级人民法院于2010年9月28日作出(2010)长中民五初字第0202号民事判决,判决长沙高雷为ZL200920304100.8号“水封式防臭型积水处理装置”实用新型专利权人,该一审判决由湖南省高级人民法院(2011)湘高法民三终字第26号民事判决予以维持。

2009年10月20日,张超辞职离开长沙高雷。2010年1月28日,张超以自己的名义申请了本案诉争权属的ZL2010×××813.1号“一种同层安装的防沉积自动回气排水系统”实用新型专利,该专利2011年1月5日被授权公告。

另查明,案外人山西高扬洁水卫生洁具有限公司于2006年3月13日委托张超为该公司在中南、西南地区业务总代理,负责推广其公司的专利产品。长沙高雷与山西高扬卫生设备同层安装工程有限公司(以下简称山西高扬)于2008年10月30日签订合作协议,双方约定:由山西高扬提供专利技术、模具和“高扬”商标使用权,长沙高雷出资,组建生产基地,山西高扬今后所拥有的专利与技术都归合作公司所有,山西高扬负责对现有技术、产品进行改良或创新,长沙高雷负责产品的生产、销售以及信息反馈。

另外,张超还提交了专利权是案外人的一系列专利证书,涉及申请日在本案诉争专利及原告ZL200920103097.3号和ZL200920102902.0号实用新型专利申请日前的、关于同层排水领域中的排水技术。

一审判理和结果:

长沙市中级人民法院认为,涉案专利的申请是在张超离职后一年内作出,故应从以下两方面来进行认定:一是诉争专利的作出是否与张超在原告公司任职时承担的本职工作或分配任务有关;二是诉争专利的完成是否主要利用原告公司的物质技术条件。首先,被告张超进入原告湖南高雷公司之后,一直担任原告公司所销售产品的解说、安装和施工等技术工作,这些工作内容与技术研发不属于同一概念。即使被告曾在原告公司任职期间作出过与诉争专利属于同一领域的两项专利，但在该三项专利各自具有技术特点，且在涉案专利申请日前本技术领域又已经存在大量的同层排水技术的前提下，不能简单地认定该三项专利技术内容相同或有内在的技术延续关系，从而得出涉案专利的作出与被告在原单位承担的工作任务有关这一结论。另外，根据原告与案外人山西高扬的约定，原告作为山西高扬在湖南地区专利及商标等有关知识产权的独家使用人，其仅负责产品的生产、销售以及情况的反映，而不负责对产品进行技术改进，且改进的有关权益也不必然属于原告公司。结合原告公司经营情况来看，现有证据并不能直接证明被告的本职工作中包括专利申请在内的技术研发，故诉争专利与被告在原告公司工作期间的本职工作或单位分配的任务无关。其次，由于张超已离职，其已不再具有利用原告物质条件的基础。原告也未提出证据证明诉争专利的完成利用了原告公司的资金、设备、零部件、原材料等物质条件。至于技术条件，原告所拥有的ZL200920102902.0号和ZL200920103097.3号两项专利技术随着其授权公告已成为公开的技术，且在该两项专利之前，在相同技术领域存在大量类似专利技术，这些技术均是社会公众可以获取的技术而非保密的技术。故张超并未主要利用原告的物质技术条件。综上所述，长沙市中级人民法院于2012年10月31日判决：驳回原告湖南高雷同层排水科技有限公司请求确认其系ZL2010×××813.1号名称为“一种同层安装的防沉自动回气排水系统”实用新型专利权人的诉讼请求。该判决送达后，双方当事人均未提出上诉。

思考

如何认定离职一年后的发明创造是职务发明？本案中法院认为需要考虑诉争专利的作出是否与张超在原告公司任职时承担的本职工作或分配任务有关以及诉争专利的完成是否主要利用原告公司的物质技术条件。你认同吗？本案中被告曾在原告公司任职期间作出过与诉争专利属于同一领域的两项专利，你认为此因素对判断职务发明是否具有影响？

二、主要利用本单位的物质技术条件完成的发明创造

《专利法》第六条所称本单位的物质技术条件，是指本单位的资金、设备、零部件、原材料或者不对外公开的技术资料等。

需要注意的是，并非所有利用了本单位物质技术条件完成的发明都构成职务发明。利用单位物质技术条件完成的发明创造要构成职务发明，需要满足对本单位物质技术条件的利用对完成发明而言不可或缺，这些物质条件对形成该发明创造具有实质性的影响。少量的利用或者对发明创造的完成没有实质帮助的利用，

应不予考虑。同时,单位物质技术条件的利用应是本单位特定的、免费使用的条件。市场上通过买卖完全可以得到的物质条件,不宜作为确定职务发明的主要标准。利用外单位的条件或经协商有偿使用所在单位的物质技术条件,不构成利用单位物质技术条件的职务发明创造。

《最高人民法院关于审理技术合同纠纷案件适用法律若干问题的解释》也对职务技术成果作出了规定。

《合同法》第三百二十六条第二款所称"执行法人或者其他组织的工作任务",包括:

(一)履行法人或者其他组织的岗位职责或者承担其交付的其他技术开发任务;

(二)离职后一年内继续从事与其原所在法人或者其他组织的岗位职责或者交付的任务有关的技术开发工作,但法律、行政法规另有规定的除外。

法人或者其他组织与其职工就职工在职期间或者离职以后所完成的技术成果的权益有约定的,人民法院应当依约定确认。

《合同法》第三百二十六条第二款所称"物质技术条件",包括资金、设备、器材、原材料、未公开的技术信息和资料等。

《合同法》第三百二十六条第二款所称"主要利用法人或者其他组织的物质技术条件",包括职工在技术成果的研究开发过程中,全部或者大部分利用了法人或者其他组织的资金、设备、器材或者原材料等物质条件,并且这些物质条件对形成该技术成果具有实质性的影响;还包括该技术成果实质性内容是在法人或者其他组织尚未公开的技术成果、阶段性技术成果基础上完成的情形。但下列情况除外:

(1)对利用法人或者其他组织提供的物质技术条件,约定返还资金或者交纳使用费的;

(2)在技术成果完成后利用法人或者其他组织的物质技术条件对技术方案进行验证、测试的。

个人完成的技术成果,属于执行原所在法人或者其他组织的工作任务,又主要利用了现所在法人或者其他组织的物质技术条件的,应当按照该自然人原所在和现所在法人或者其他组织达成的协议确认权益。不能达成协议的,根据对完成该项技术成果的贡献大小由双方合理分享。

值得注意的是,《中华人民共和国专利法修订草案(送审稿)》删除了主要利用本单位的物质技术条件完成的发明为职务发明的规定。该草案不区分利用本单位物质技术条件是否是"主要",统一明确规定利用本单位物质技术条件完成的发明创造的权属适用约定优先原则。

案例 6-2-5　吴林祥、陈华南诉翟晓明专利权纠纷案*

本案二审争议焦点是：涉案发明创造是否属于职务发明。

江苏省高级人民法院二审认为：

根据《专利法》第六条的规定，职务发明是指为执行本单位的任务或者主要是利用本单位的物质技术条件所完成的发明创造，职务发明创造申请专利的权利属于该单位。

被上诉人吴林祥、陈华南认为，原审第三人一匙通公司成立的目的就是研发"一匙通数码智能锁"项目，上诉人翟晓明作为公司的执行董事及该项目的负责人，与公司其他人员合作进行该项目的研发工作，本身就是为执行一匙通公司的任务，而且涉案发明创造主要是利用一匙通公司的物质技术条件所完成的，故涉案发明创造属于职务发明。翟晓明则认为，涉案发明创造的技术方案在一匙通公司设立之前就已经由其个人独立完成，一匙通公司的成立只是对该技术方案的实施，故涉案发明创造不属于职务发明。双方当事人对涉案发明创造是否属于职务发明存在争议，争议的关键问题，一是确定涉案发明创造的技术方案的完成时间，如果完成时间是在一匙通公司成立之前，则该发明创造不属于职务发明；二是确定一匙通公司为涉案发明创造提供物质技术条件的目的，如果不是为了完成涉案发明创造，而仅仅是为了验证或实施涉案发明创造，则涉案发明创造不属于职务发明。对此法院认为，根据本案事实，可以认定涉案发明创造属于职务发明。

首先，根据本案事实，可以认定涉案发明创造的技术方案完成于原审第三人一匙通公司成立之后。权利人对一项发明创造提出专利申请，是这项技术方案已经完成的标志之一。如果没有确凿证据证明有关技术方案的实际完成时间早于专利申请日，则只能以专利申请日作为推定该技术方案完成时间的依据。本案中，上诉人翟晓明申请涉案专利的时间是 2005 年 8 月，而一匙通公司的成立时间为 2003 年 4 月。虽然翟晓明认为涉案发明创造的技术方案在一匙通公司设立之前就已完成，并提供了相关实物证据和证人周天文的证言，但这两份证据均不能充分证明其主张。主要原因是：一、实物证据本身无法反映其形成时间，即使进行鉴定，也只能确定实物证据中主要金属成分的形成时间，而金属成分的形成时间并不能等同于实物证据的形成时间；二、根据证人周天文所作证言，周天文仅仅是为翟晓明加工部分零件，

---

* 最高人民法院公报案例 2008 年第 1 期，载 http://gongbao.court.gov.cn/details/ca6d03b92afd3451721478f6d3c09e.html。

并不知道加工的零件具体安装在哪里,也不会拆卸翟晓明提供的实物证据,不能确认实物证据中是否有其加工的零件,也不能确认实物证据是否就是翟晓明申请专利的发明创造的产物。因此,周天文的证言无法与实物证据相互印证。综上所述,可以认定涉案发明创造的技术方案是在一匙通公司成立之后才完成的。翟晓明关于涉案发明创造是其个人在一匙通公司成立之前完成的上诉理由不能成立,不予采纳。

其次,涉案发明创造主要是利用原审第三人一匙通公司的物质技术条件完成的。上诉人翟晓明并不否认一匙通公司为涉案发明创造投入了大量的人力、物力和财力,只是认为一匙通公司提供物质技术条件的行为本身并没有产生任何具有实质性、创造性的技术革新,仍然是按照其本人在此之前已经独立完成的技术方案进行实施和作出微小的改进,故认为涉案发明创造并非主要利用一匙通公司的物质技术条件完成。被上诉人吴林祥、陈华南则认为涉案发明创造主要是利用一匙通公司的物质技术条件而得以研发完成。法院认为,一匙通公司就"一匙通数码智能锁"向地方科技局提交的科技发展计划申报材料,以及该公司与地方科技局签订的科技项目合同、科技项目拨款凭证等证据,均表明涉案发明创造系由一匙通公司独家研发和实施,且该项目的研发负责人为翟晓明。此外,一匙通公司2005年3月给常州市新区工商局的《申请报告》中记载,该公司自注册成立两年来,投入大量的财力和人力开发自主知识产权的"一匙通数码智能锁"。根据上述证据,可以认定研发涉案发明创造是一匙通公司的一项主要任务,涉案发明创造的研发完成主要利用了一匙通公司的物质技术条件。

鉴于上诉人翟晓明并不否认被上诉人吴林祥、陈华南提交的、原审第三人一匙通公司的图纸等技术资料所反映的技术方案与其本人申请专利的技术方案相同,且吴林祥、陈华南提供的图纸等技术资料所反映的技术方案是否与翟晓明的专利申请技术方案相同,对于认定涉案发明创造是否属于职务发明并无影响,一审判决也并非仅据此一点而认定涉案发明创造为职务发明,故翟晓明就此提出的上诉理由不能成立,不予支持。

综上可以认定,上诉人翟晓明及原审第三人一匙通公司的其他研究人员,为执行一匙通公司的任务,并在主要利用该公司物质技术条件的基础上完成了涉案发明创造,涉案发明创造属于职务发明,相应的专利申请权属于一匙通公司。上诉人认为涉案发明创造属于其个人发明,专利申请权应归其所有的上诉主张,没有事实根据和法律依据,不予支持。一审判决认定事实清楚,适用法律正确,应予维持。

思考

你认为本案认定涉案发明创造的研发完成主要利用了一匙通公司的物质技术

条件的逻辑是否正确？如何理解主要利用本单位物质技术条件完成的发明？

案例6-2-6　武汉船用机械有限责任公司与王汉国专利申请权权属纠纷案*

从王汉国完成本案发明是否系主要利用本单位的物质技术条件方面分析：

首先，必须强调，发明人的创造性劳动对发明的完成具有决定性意义，这是确定发明权利归属首要考虑的因素。发明是应用自然规律解决技术领域中特有问题而提出创新性方案、措施的过程和成果。发明人创造性思维能力的发挥，在酝酿形成新设想的过程中有特殊重要的意义，其想象、猜测、直觉、灵感与创造密切相关，从这个意义上讲，发明就是发明人创新性智力成果的结晶。《中华人民共和国专利法（草案）》首次送交全国人民代表大会常务委员会审议时，在其立法说明中也特别指出："技术发明成果是劳动的产物，它凝结着发明人的创造性的脑力劳动，在许多情况下还凝结着试验研究仪器、设备和试验材料等物化劳动和一些辅助性的体力劳动，但起决定作用的是创造性的脑力劳动。"正是为了激励发明人的创新，保护发明人的创造性劳动，专利制度得以创设。也就是说，专利法的立法目的并非为了保护单位对其生产资料的物权，而是为了激励创新。基于此，实践中很多观点认为，发明人利用了单位的物质技术条件，可以支付合理费用；也可以由双方当事人经平等协商，通过合同的方式约定专利的权利归属，将对物质技术条件的利用作为确定专利权归属的法定考量因素，与专利制度本身的立法目的相悖。在国务院法制办公室2015年12月2日公布的《中华人民共和国专利法修订草案（送审稿）》第六条第四款中，已经拟对现有规定作出修改，拟改为"利用本单位的物质技术条件所完成的发明创造，单位与发明人或者设计人订有合同，对申请专利的权利和专利权的归属作出约定的，从其约定；没有约定的，申请专利的权利属于发明人或者设计人"。该修订草案在一定程度上反映了立法的趋势。

其次，必须明确，我国现行立法仍将主要是利用本单位的物质技术条件所完成的发明认定为职务发明，但必须构成"主要利用"，对单位物质技术条件的一般性利用所完成的发明并不构成职务发明。《中华人民共和国专利法实施细则》第十二条第二款中对于何为"物质技术条件"作出了列举式的解释，但对于何为"主要利用"，并未作出进一步规定。本院认为，参照《最高人民法院关于审理技术合同纠纷案件适用法律若干问题的解释》第四条并结合审判实践，此处的"主要利用"应主要指以

---

* 湖北省高级人民法院民事判决书（2016）鄂民再8号。

下两种情形:其一,职工在发明创造的研究开发过程中,全部或者大部分利用了单位的资金、设备、器材或者原材料等物质条件,并且这些物质条件对形成该发明创造具有实质性的影响;其二,职工作出的发明创造其实质性内容是在单位尚未公开的技术成果、阶段性技术成果基础上完成的。但对利用单位提供的物质技术条件,已约定返还资金或者交纳使用费的,以及仅是在发明创造完成后利用单位物质技术条件对技术方案进行验证、测试的,不属于前述的主要利用单位的物质技术条件的情形。由于单位对其资金、设备、器材、原材料以及尚未公开的技术成果都有完全的控制权,一般均制定有管理措施,并有相应组织机构予以实施,因此,单位主张发明人主要利用其物质技术条件完成发明创造的,应对构成"主要利用"的情形负举证责任。

本案中,武船公司主张王汉国主要利用该公司的物质技术条件完成本案发明,但该公司并未提交可以直接证明王汉国构成"主要利用"情形的相关证据。其一,王汉国虽在诉讼中自认在本案发明研发的过程中利用了武船公司的试验台,但对该试验台究竟是何种设备或设备的组合,是属于武船公司专有的设备,还是属于市场常见的通用设备,武船公司未提供证据证明,更未举证证明该试验台的利用对于本案发明的完成具有实质性的影响。在本案再审中,王汉国称其仅是利用武船公司的试验台对其发明做验证性的展示,武船公司亦未对王汉国利用试验台或其他设备、器材的频率或次数做任何反驳性的证明。其二,武船公司提交了其技术来源的书面合同、工艺卡片资料等证据,试图证明王汉国利用了该单位的技术条件。虽然根据王汉国的岗位职责,其具有接触武船公司技术资料的条件,但武船公司提交的资料借阅卡片复印件上有其他借阅人的签字却没有王汉国的签字,不能直接证明王汉国利用了本单位的相关技术资料。并且,武船公司没有提交证据证明其对本案相关技术资料采取了保密措施,该技术资料处于可控的内部状态,尚未对外公开。基于以上理由,武船公司主张本案发明系王汉国主要利用该公司的物质技术条件所完成,未能提交充分证据予以证明,本院不予支持。

另外,本案发明是否属于职务发明,属于人民法院依据事实适用法律予以认定的问题,并非案件事实,王汉国在本案中对武船公司的诉讼请求并不承认,其是否曾认可本案发明属于职务发明,不影响人民法院依据事实与法律对本案发明权属的法律属性作出认定。

综上所述,本案发明并非王汉国在本职工作中作出,武船公司也未提供充分证据证明该发明系王汉国主要利用该公司物质技术条件所完成,为鼓励创新,保护发明人的创造性劳动,一审、二审判决驳回武船公司的诉讼请求正确,武船公司的再审请求不能成立。

思考与评论

有人认为,“主要利用”的基本含义是单位的物质技术条件是发明完成的必要条件,对发明的完成具有实质性影响。本案中法院认为,此处的“主要利用”应主要指以下两种情形:其一,职工在发明创造的研究开发过程中,全部或者大部分利用了单位的资金、设备、器材或者原材料等物质条件,并且这些物质条件对形成该发明创造具有实质性的影响;其二,职工作出的发明创造其实质性内容是在单位尚未公开的技术成果、阶段性技术成果基础上完成的。

第三节　专利申请权的归属

一、职务发明创造专利申请权的归属

职务发明创造申请专利的权利属于该单位;申请被批准后,该单位为专利权人。非职务发明创造,申请专利的权利属于发明人或者设计人;申请被批准后,该发明人或者设计人为专利权人。

《专利法》第六条第三款规定:“利用本单位的物质技术条件所完成的发明创造,单位与发明人或者设计人订有合同,对申请专利的权利和专利权的归属作出约定的,从其约定。”在实践中,将“主要利用本单位的物质技术条件所完成的发明创造”,不加区别地一概认定为职务发明,不利于充分调动科研人员的积极性,从公平合理的角度出发,根据事先订立的合同而有偿利用原单位的物质技术条件所完成的发明创造,其归属可以由单位与发明人协商确定。2015 年《中华人民共和国专利法修改草案(送审稿)》删除了主要利用本单位的物质技术条件所完成的发明创造为职务发明的规定,明确了利用本单位的物质技术条件所完成的发明创造,单位与发明人或者设计人订有合同,对申请专利的权利和专利权的归属作出约定的,从其约定;没有约定的,申请专利的权利属于发明人或者设计人。

关于上述约定原则,应当注意如下几点:①

1. 单位与发明人、设计人之间订立的合同应当限于利用本单位的物质技术条件所完成的发明创造,对于执行本单位的任务所完成的发明创造不适用第六条第三款。

---

① 国家知识产权局条法司:《新专利法详解》,知识产权出版社 2001 年版,第 34 页。

2. 这种约定应当有书面的合同。合同可以约定利用本单位的物质技术条件所完成的发明为职务发明，也可以约定为非职务发明。没有订立合同的，按照第六条第一款确定权利归属。

3. 在依据第六条第三款订立合同，对专利申请权和专利权的归属作出约定的情况下，发明创造的完成是“主要”还是“非主要”地利用了本单位的物质技术条件并不重要。对于约定优先原则是否适用于主要利用本单位的物质技术条件所完成的发明创造，也有学者对此有不同的观点，认为允许优先原则适用于主要利用本单位的物质技术条件所完成的发明创造，只要第三款就可以，第一款的“主要利用本单位的物质技术条件”这句话就成为冗赘；另外，第一款对此问题已做定性处理，不能随意改变。①

二、合作与委托完成的发明创造的专利申请权归属

两个以上单位或者个人合作完成的发明创造、一个单位或者个人接受其他单位或者个人委托所完成的发明创造，除另有协议的以外，申请专利的权利属于完成或者共同完成的单位或者个人；申请被批准后，申请的单位或者个人为专利权人。《合同法》也明确规定，委托开发完成的发明创造，除当事人另有约定的以外，申请专利的权利属于研究开发人。研究开发人取得专利权的，委托人可以免费实施该专利。研究开发人转让专利申请权的，委托人享有以同等条件优先受让的权利。合作开发完成的发明创造，除当事人另有约定的以外，申请专利的权利属于合作开发的当事人共有。当事人一方转让其共有的专利申请权的，其他各方享有以同等条件优先受让的权利。合作开发的当事人一方声明放弃其共有的专利申请权的，可以由另一方单独申请或者由其他各方共同申请。申请人取得专利权的，放弃专利申请权的一方可以免费实施该专利。合作开发的当事人一方不同意申请专利的，另一方或者其他各方不得申请专利。

依据《专利法》以及《合同法》的相关规定，对于委托与合作发明的专利申请权归属问题遵从合同优先原则。如果在合同中对于权利归属作出了明确约定，法律将认可这样的约定。如果合同没有作出约定，法律一般认定为归受托方所有或合作方共有。

---

① 参见汤宗舜：《专利法解说》，知识产权出版社 2002 年版，第 49～50 页。

案例 6-3-1　上海某大学与上海某公司、百××公司专利申请权权属纠纷案*

即便被告百××公司确为系争发明投入过资金，其也不能作为合作开发方成为系争发明专利的共同申请人。理由如下：(1)合作开发须以双方有合作开发的意思表示为前提，但被告百××公司与原告从未就系争发明达成过合作开发的意思表示；(2)根据我国《专利法》第八条的规定，合作开发完成的发明创造其申请专利的权利属于完成发明的单位，双方另有协议的除外。现完成系争发明的单位为原告，因此，被告百××公司如作为合作开发方成为系争发明专利的共同申请人，除要与原告达成合作开发的意思表示外，还应在协议中明确约定此项发明的专利申请权属于双方共有。但被告百××公司未能具备上述两项条件，故其要求作为系争专利的共同申请人缺乏事实和法律依据，本院不予支持。

思考

合作发明与共同发明有何不同？合作发明是共同发明吗？《合同法》与《专利法》关于合作发明的权属规定是否一致？你认为判断合作发明的标准是什么？合作开发合同与委托开发合同的区别何在？技术开发合同当事人一方仅提供资金、设备、材料等物质条件或者承担辅助协作事项，另一方进行研究开发工作的，是否属于合作开发合同？

案例 6-3-2　李土华等与柳州市汉森机械制造有限公司专利权权属纠纷上诉案**

本院经审理查明：一审判决认定的事实属实。

本院认为：

(一)关于2004年12月20日汉森公司与李土华、黄建宁签订的《协议书》性质及法律效力问题

我国《合同法》第三百三十条第一款、第四款分别规定“技术开发合同是指当事人之间就新技术、新产品、新工艺或者新材料及其系统的研究开发所订立的合同”；“当事人之间就具有产业应用价值的科技成果实施转化订立的合同，参照技术开发

* 上海市第一中级人民法院民事判决书(2009)沪一中民五(知)初字第3号。

** 广西壮族自治区高级人民法院民事判决书(2009)桂民三终字第56号。

合同的规定”。《最高人民法院关于审理技术合同纠纷案件适用法律若干问题的解释》(法释〔2004〕20号)第十八条规定:“合同法第三百三十条第四款规定的‘当事人之间就具有产业应用价值的科技成果实施转化订立的’技术转化合同,是指当事人之间就具有产业实用价值但尚未实现工业化应用的科技成果包括阶段性技术成果,以实现该科技成果工业化应用为目标,约定后续试验、开发和应用等内容的合同。”技术转化合同具有以下几个法律特征:(1)技术转化合同的目的是实现科技成果的商品化、产业化应用,即通常所说的工业化生产;(2)技术转化合同的对象是具有实用价值但尚未能够实现商品化、产业化应用的科技成果。技术转化合同是以已有技术成果为基础,只是由于这种技术成果还达不到工业化生产的程度,没有形成现实的生产力;(3)技术转化合同必须具有对已有科技成果进行后续试验、开发和应用等内容。本案当事人签订的《协议书》约定,作为乙方的李土华、黄建宁提供甘蔗联合收割机的技术、设计图纸,并负责甘蔗联合收割机设计及生产工艺,不断改进与创新甘蔗联合收割机的技术,使各项性能均达到国家标准,保证甘蔗联合收割机具有实用性,并规定了相应的具体技术指标。作为甲方的汉森公司提供生产所需的设备、厂房及流动资金,负责厂房建设、设备安装,采购产品原材料,负责产品的定价、销售及市场运作等。双方订立本协议的目的就是实现甘蔗联合收割机的工业化生产,即达到协议书序言部分所称的年产500台甘蔗联合收割机;协议的对象是李土华、黄建宁提供的具有实用价值但尚未能够实现工业化生产的阶段性技术成果甘蔗联合收割机技术;协议的内容就是对李土华、黄建宁已有的甘蔗联合收割机技术进行后续开发和应用,实现工业化生产的目的。因此,当事人签订《协议书》所约定的权利和义务的内容符合技术转化合同的法律特征,其性质应认定为技术转化合同。

根据我国《合同法》第三百三十条第二款、第四款的规定,技术开发合同包括委托开发合同和合作开发合同,而技术转化合同则应参照技术开发合同的规定处理。我国《合同法》第三百三十五条规定,合作开发合同当事人的主要义务是按照约定进行投资,包括以技术进行投资;分工参与研究开发工作;协作配合研究开发工作。《最高人民法院关于审理技术合同纠纷案件适用法律若干问题的解释》(法释〔2004〕20号)第十九条规定:“合同法第三百三十五条所称‘分工参与研究开发工作’,包括当事人按照约定的计划和分工,共同或者分别承担设计、工艺、试验、试制等工作。技术开发合同当事人一方仅提供资金、设备、材料等物质条件或者承担辅助协作事项,另一方进行研究开发工作的,属于委托开发合同。”根据协议的约定,汉森公司仅提供生产所需的设备、厂房及流动资金等,但并没有共同或者分别承担设计、工艺、试验、试制等工作，因此，一审判决认定涉案协议的性质为合作开发合同不当，本院予以纠正。本案当事人签订的《协议书》为技术转化合同，应参照委托开发合同的规定处理。上述协议是当事人真实意思表示，内容没有违反国家法律、行政法规的强制性规定，一审判决认定为合法有效并无不当。

（二）关于涉案专利 ZL200520200253.X“甘蔗联合收割机”实用新型专利的权属及是职务发明还是非职务发明的问题

如上所述，本案当事人签订的《协议书》为技术转化合同，应参照委托开发合同的规定处理。《合同法》第三百三十九条第一款规定：“委托开发完成的发明创造，除当事人另有约定的以外，申请专利的权利属于研究开发人。研究开发人取得专利权的，委托人可以免费实施该专利。”上述规定表明，如果当事人对委托开发完成的发明创造的权属有约定的，当事人的约定具有优先法律效力，即按照当事人的约定处理。《协议书》第四条约定：“甘蔗联合收割机生产的技术、图纸归双方所有，双方均不能单独转让给第三方，产品在投放市场前应申请专利，专利权归汉森公司所拥有，发明人填写李土华，专利申请费和以后的维护费由汉森公司负责支付。”根据上述约定，甘蔗联合收割机生产技术申请为专利的，专利权属于汉森公司，其余部分的技术成果则归李土华、黄建宁与汉森公司共有。因此，在双方签订的协议书未经法定程序解除前，涉案专利 ZL200520200253.X“甘蔗联合收割机”实用新型专利权应依协议约定归汉森公司所有。李土华、黄建宁上诉称其是涉案实用新型专利共有人的理由没有事实和法律依据，本院不予支持。汉森公司主张李土华、黄建宁已将甘蔗联合收割机生产技术转让给汉森公司的抗辩意见，同样与本案查明的事实不符，本院不予支持。

所谓职务技术成果，依照《合同法》第三百二十六条第二款之规定，是指执行法人或者其他组织的工作任务，或者主要是利用法人或者其他组织的物质技术条件所完成的技术成果。《最高人民法院关于审理技术合同纠纷案件适用法律若干问题的解释》（法释〔2004〕20 号）第二条、第四条分别规定了“合同法第三百二十六条第二款所称‘执行法人或者其他组织的工作任务’包括：（一）履行法人或者其他组织的岗位职责或者承担其交付的其他技术开发任务；（二）离职后一年内继续从事与其原所在法人或者其他组织的岗位职责或者交付的任务有关的技术开发工作，但法律、行政法规另有规定的除外”；“合同法第三百二十六条第二款所称‘主要利用法人或者其他组织的物质技术条件’，包括职工在技术成果的研究开发过程中，全部或者大部分利用了法人或者其他组织的资金、设备、器材或者原材料等物质条件，并且这些物质条件对形成该技术成果具有实质性的影响；还包括该技术成果实质性内容是在法人或者其他组织尚未公开的技术成果、阶段性技术成果基础上完成的情形。”从上述规定可以看出,认定职务技术成果要求当事人之间必须存在双重法律关系,即劳动法律关系和职务发明创造法律关系,劳动法律关系是职务发明创造法律关系的基础和前提,如果当事人之间不存在劳动法律关系,则不涉及认定职务技术成果的问题,而是其他技术成果权属的争议。如前所述,当事人签订的《协议书》性质为技术转化合同,合同中并没有约定李土华、黄建宁必须作为汉森公司的职工加入到汉森公司,双方也没有另行签订劳动合同,汉森公司在履行协议期间,也没有为李土华、黄建宁交纳养老保险、医疗保险等社会保险金,因此,李土华、黄建宁与汉森公司之间既没有劳动合同关系,又不存在事实上的劳动法律关系。协议第二条约定的汉森公司每月按时分别向李土华、黄建宁支付4000元、3000元月工资及每年年终按时向李土华、黄建宁支付当年甘蔗联合收割机销售总额百分之三的提成,是技术转化合同的报酬条款,即汉森公司作为委托人向研究开发人李土华、黄建宁支付报酬的计算方法,协议中“月工资”的表述并不意味着双方存在劳动法律关系。由于当事人之间不存在劳动法律关系,故汉森公司主张涉案实用新型专利为职务技术成果的上诉理由不能成立,本院不予支持。本案实用新型专利权属纠纷不涉及认定职务技术成果的问题,而是技术转化合同技术成果权的归属问题。

(三)关于一审判决认定李土华、黄建宁对涉案专利ZL200520200253.X“甘蔗联合收割机”享有免费使用权是否有事实和法律依据的问题

本案当事人签订的《协议书》性质为技术转化合同,应参照委托开发合同的规定处理。根据《合同法》第三百三十九条第一款之规定,如果当事人对委托开发完成的发明创造的权属有约定的,依当事人的约定。而《协议书》第四条明确约定,甘蔗联合收割机生产技术申请为专利的,专利权属于汉森公司,其余部分的技术成果则归李土华、黄建宁与汉森公司共有。因此,涉案ZL200520200253.X“甘蔗联合收割机”实用新型专利权为汉森公司所有,在合同有效期内,依照《协议书》第四条之约定,李土华、黄建宁对上述实用新型专利并没有享有免费使用权。一审判决认定当事人签订的协议性质为技术合作开发合同,并适用《合同法》第三百四十条第二款之规定,认定李土华、黄建宁虽然放弃共有的专利申请权,但对涉案实用新型专利享有免费使用权,系适用法律错误,本院予以更正,汉森公司相关上诉理由成立,本院予以支持。

思考

没有劳动关系存在的情况下发明是否也可能构成职务发明?本案法院为什么

认为汉森公司与李土华、黄建宁签订的《协议书》是委托开发合同而不是合作开发合同？该协议书若依据专利法的相关规定，其构成合作发明还是委托发明？为什么本案法院一定要将该合同定性为委托开发合同？

第四节 职务发明创造的发明人或设计人的权利

被授予专利权的单位应当对职务发明创造的发明人或者设计人给予奖励；发明创造专利实施后，根据其推广应用的范围和取得的经济效益，对发明人或者设计人给予合理的报酬。给予职务发明人或者设计人职务发明奖金是被授予专利权的单位应履行的法律义务，任何单位均不能例外。

被授予专利权的单位可以与发明人、设计人约定或者在其依法制定的规章制度中规定《专利法》第十六条规定的奖励、报酬的方式和数额。被授予专利权的单位未与发明人、设计人约定也未在其依法制定的规章制度中规定《专利法》第十六条规定的奖励的方式和数额的，应当自专利权公告之日起 3 个月内发给发明人或者设计人奖金。一项发明专利的奖金最低不少于 3000 元；一项实用新型专利或者外观设计专利的奖金最低不少于 1000 元。由于发明人或者设计人的建议被其所属单位采纳而完成的发明创造，被授予专利权的单位应当从优发给奖金。被授予专利权的单位未与发明人、设计人约定也未在其依法制定的规章制度中规定《专利法》第十六条规定的报酬的方式和数额的，在专利权有效期限内，实施发明创造专利后，每年应当从实施该项发明或者实用新型专利的营业利润中提取不低于 2% 或者从实施该项外观设计专利的营业利润中提取不低于 0.2%，作为报酬给予发明人或者设计人，或者参照上述比例，给予发明人或者设计人一次性报酬；被授予专利权的单位许可其他单位或者个人实施其专利的，应当从收取的使用费中提取不低于 10%，作为报酬给予发明人或者设计人。

值得注意的是，《职务发明条例草案（送审稿）》对职务发明的奖励和报酬采取“约定优先”原则，即单位可以在其依法制定的规章制度中规定或者与发明人约定给予奖励、报酬的程序、方式和数额。同时为了防止单位利用约定制度侵害发明人获得奖励和报酬的权利，草案要求单位与发明人的约定或者规章制度应当告知发明人享有的权利、请求救济的途径，并明确规定任何取消发明人权利或者对该权利的享有或者行使附加不合理条件的约定或者规定无效。考虑到实践中职务发明的奖励和报酬数额难以确定，草案规定了一些确定奖励报酬时应当予以考虑的因素以及发明人的知情权。该草案规定,单位在确定报酬数额时,应当考虑每项职务发明对整个产品或者工艺经济效益的贡献,以及每位职务发明人对每项职务发明的贡献等因素。草案对未在规章制度中规定也未约定的情况下奖励和报酬的最低额、支付期限作了规定。由于不同地区收入差距很大,不同企业情况也有较大差别,草案规定将发明人所在单位的在岗职工月平均工资作为基数计算奖金的最低数额。草案规定的标准与现行法律法规相比作了适当提高。由于报酬的计算更为复杂,草案规定了四种报酬的计算方式,未在规章制度中规定也未约定的情况下,单位应当根据具体情况选择其中之一向发明人支付报酬。草案规定,单位未与发明人约定也未在其依法制定的规章制度中规定对职务发明人的报酬的,单位实施获得知识产权的职务发明后,应当向涉及的所有知识产权的全体发明人以下列方式之一支付报酬:

(1)在知识产权有效期限内,每年从实施发明专利权或者植物新品种权的营业利润中提取不低于5%;实施其他知识产权的,从其营业利润中提取不低于3%;

(2)在知识产权有效期限内,每年从实施发明专利权或者植物新品种权的销售收入中提取不低于0.5%;实施其他知识产权的,从其销售收入中提取不低于0.3%;

(3)在知识产权有效期限内,参照前两项计算的数额,根据发明人个人工资的合理倍数确定每年应提取的报酬数额;

(4)参照第一、二项计算的数额的合理倍数,确定一次给予发明人报酬的数额。

上述报酬累计不超过实施该知识产权的累计营业利润的50%。

单位未与发明人约定也未在其依法制定的规章制度中规定对职务发明人的报酬的,单位转让或者许可他人实施其知识产权后,应当从转让或者许可所得的净收入中提取不低于20%,作为报酬给予发明人。

另外,发明人或者设计人有权在专利文件中写明自己是发明人或者设计人。

案例6-4-1 湖北工业大学与彭义霆等职务技术成果完成人奖励、报酬纠纷上诉案*

二审经审理查明,一审审理查明的"2001年6月6日,欧克公司与湖北工学院签订《关于铁钛复合系列云母珠光颜料生产专有技术投资入股的合同》,合同约定,

---

* 湖北省高级人民法院民事判决书(2014)鄂民三终字第00109号。

湖北工学院以铁钛复合系列云母珠光颜料生产专有技术作价人民币100万元入股，并享有100万元的出资额，公司另向湖北工学院分五期支付100万元”一节事实不准确，本院依法予以纠正如下：2001年6月6日，欧克公司与湖北工学院签订《关于铁钛复合系列云母珠光颜料生产专有技术投资入股的合同》，合同约定，湖北工学院的该项技术作价100万元投入欧克公司后，湖北工学院即拥有欧克公司100万元的出资额；欧克公司就此向湖北工学院另行支付的费用共计人民币100万元整（不含差旅费及技术、管理人员工资），由欧克公司分五期支付给湖北工学院。一审查明的其余事实属实，本院依法予以确认。

结合当事人的上诉请求、理由及答辩意见，经本院庭审确认，各方当事人认可本案二审争议焦点为：(1)湖北工业大学支付的86万元奖励款是只针对100万元技术转让所得现金进行的奖励，还是既包括100万元技术转让所得现金又包括10%股权的奖励？(2)彭义霆、田晓辉是否有权就545万元的股权转让款向湖北工业大学主张权利？

关于争议焦点一，即湖北工业大学支付的86万元奖励款是只针对100万元技术转让所得现金进行的奖励，还是既包括100万元技术转让所得现金又包括10%股权的奖励的问题，本院认为：

第一，彭义霆、田晓辉依法享有涉案技术成果的奖励、报酬权。《合同法》第三百二十六条规定：“职务技术成果的使用权、转让权属于法人或者其他组织的，法人或者其他组织可以就该项职务技术成果订立技术合同。法人或者其他组织应当从使用和转让该项职务技术成果所取得的收益中提取一定比例，对完成该项职务技术成果的个人给予奖励或者报酬。职务技术成果是指执行法人或者其他组织的工作任务，或者主要是利用法人或者其他组织的物质技术条件所完成的技术成果。”本案中，欧克公司于2011年10月20日出具的证明表明，彭义霆、田晓辉和付建生作为湖北工业大学的派出人员到欧克公司负责合作项目的全部工艺技术，上述三位老师以到欧克公司亲身服务的方式向该公司提供涉案技术成果的客观事实，可以初步证明涉案技术成果实际为上述三位老师所掌握。本案各方当事人均确认，湖北工业大学将涉案技术成果入股的86万元奖励款全部发放给了彭义霆、田晓辉和付建生三位老师组成的课题组，表明湖北工业大学实际认可涉案技术成果系上述三位老师所完成。基于以上两方面的事实，可以认定上述三位课题组成员是涉案职务技术成果的完成人。据此，彭义霆、田晓辉在付建生未主张权利的情况下，有权起诉主张自己享有权利的份额。

本案中，欧克公司于2013年2月28日出具的《情况说明》证明，湖北工业大学向欧克公司转让的“铁钛复合系列云母珠光颜料生产专有技术”没有进行技术成果鉴定,欧克公司在办理工商登记和增资过程中,湖北工业大学向其提供了其他四份科学技术成果鉴定证书,用于办理工商登记手续,在湖北工业大学没有提交相反证据对此予以反驳的情况下,一审法院认定欧克公司与湖北工业大学达成合意,将已有的四份鉴定证书进行验资并无不当。据此,上诉人湖北工业大学关于一审法院认定欧克公司与湖北工业大学达成上述合意有误的上诉理由不能成立,本院不予支持。上诉人湖北工业大学提交的四份鉴定书中记载的研究人员,虽然包括了襄樊市无机化工总厂的员工和王德汉等案外人,但四份鉴定证书仅用于办理工商登记手续,并非涉案技术成果的权属证明,故不应依据其记载的研究人员确定涉案技术成果的完成人。

第二,湖北工业大学支付6.75万元股权收益的行为表明,湖北工业大学支付的86万元奖励款是只针对100万元技术转让所得现金进行的奖励。首先,关于6.75万元的性质。上诉人湖北工业大学认为,欧克公司支付给湖北工业大学的6.75万元是资料费,被上诉人彭义霆、田晓辉则认为6.75万元是股权收益。本院认为,尽管欧克公司财务人员向湖北工业大学电汇6.75万元时备注的资金用途为资料费,但该公司于2011年10月26日专门出具《情况说明》,证明该笔6.75万元款项实为公司增资扩股过程中产生的溢价补偿款,这是其一;其二,湖北工业大学收到上述6.75万元后,以“分配欧克公司股份相关利益”的名目向彭义霆、田晓辉各分配了1.8万元,该事实进一步证明了湖北工业大学认可6.75万元的性质是股权收益;其三,湖北工业大学主张6.75万元是资料费,但欧克公司与湖北工业大学之间是公司与股东的关系,并无证据证明二者还有其他业务往来,且湖北工业大学对于6.75万元用于购买何种资料也无法作出合理解释。基于以上三点理由,本院根据优势证据原则,认定欧克公司支付湖北工业大学6.75万元的性质是100万股的股权收益。据此,上诉人湖北工业大学关于一审法院认定6.75万元的性质属于股权收益错误的上诉理由不能成立,本院不予支持。

其次,湖北工业大学以其分配6.75万元股权收益的行为表明,湖北工业大学并未就持有欧克公司10%股权的收益对彭义霆、田晓辉进行奖励。本案中,湖北工业大学向彭义霆、田晓辉所在课题组支付86万元时,没有明示该款是否只是针对100万元现金对课题组的奖励,在此情况下,需要结合其他证据对湖北工业大学是否已经支付了股权收益奖励款进行分析。彭义霆、田晓辉要求湖北工业大学分配6.75万元股权收益时,湖北工业大学没有以已经支付过10%股权收益的奖励为由予以拒绝,而是以分配股份利益的名目向两人各分配了1.8万元,由此可见,湖北工业大学已经向课题组支付的86万元奖励款并不包括10%股权收益的奖励。据此,上诉人湖北工业大学认为一审法院认定6.75万元属于股权收益错误,以及一审法院基于分配6.75万元的事实认定86万元只是针对100万元现金的奖励错误的上诉理由不能成立,本院不予支持。

关于争议焦点二,即彭义霆、田晓辉是否有权就545万元的股权转让款向湖北工业大学主张权利的问题,本院认为:

首先,湖北工业大学持有欧克公司100万股股权,彭义霆、田晓辉只对其中76万技术出资入股的份额享有权益。虽然2001年欧克公司与湖北工业大学签订《关于铁钛复合系列云母珠光颜料生产专有技术投资入股的合同》约定,该项技术作价100万元投入欧克公司后,湖北工业大学即拥有欧克公司100万元的出资额,但从本案查明的事实来看,欧克公司1999年9月认可湖北工业大学以专有技术出资56万元,占欧克公司10%股份,2000年3月又确认其增加技术出资20万元,即湖北工业大学出资额共计76万元,仍占欧克公司10%股份,2001年6月欧克公司增加投入资本,湖北工业大学的24万元债权转为股权后,其出资额被量化为100万元。据此可以认定,在上述技术投资入股合同的履行过程中,合同双方以实际行为对合同约定的出资方式进行了变更,合同约定的涉案技术成果经过验资并实际作价的出资额为76万元,另有24万元来自湖北工业大学的债权,与涉案技术成果的出资入股无关。虽然湖北工业大学在向彭义霆、田晓辉分配6.75万元股权收益时未剔除其中债转股的份额,但并不能以此为依据推定湖北工业大学放弃了其通过债转股获得的24万股权。据此,彭义霆、田晓辉只对湖北工业大学持有欧克公司100万股股权中的76%享有权益。

其次,本案应以湖工大党字(2009)23号文件为依据分配股权收益。本案二审庭审中,上诉人湖北工业大学提出,本案应当以湖工科字(1993)第6号文件作为分配奖励报酬的依据,被上诉人彭义霆、田晓辉则认为,本案应当以湖工大党字(2009)23号文件为依据。本院认为,根据1996年的《中华人民共和国促进科技成果转化法》(以下简称《促进科技成果转化法》)第二十九条的规定,科技成果完成单位将其职务科技成果转让给他人的,单位应当从转让该项职务科技成果所取得的净收入中,提取不低于20%的比例,对完成该项科技成果及其转化做出重要贡献的人员给予奖励。以上规定明确了职务技术成果奖励报酬比例的下限,但对于奖励报酬的具体分配比例未作规定,在不违反上述法律规定的情况下,职务技术成果完成人所在单位关于奖励报酬的政策可以成为确定收益分配的依据。本案中,湖北工业大学为促进科技成果转化制定的若干内部文件,即是学校对于职务技术成果奖励报酬的政策,湖北工业大学应当遵守自己制定的政策文件。根据本案查明的事实,彭义霆、田晓辉要求湖北工业大学分配6.75万元股权收益时,校财务处提出了“拟同意此次按科技与产业处意见执行。以后,按学校新的文件精神处理”的意见,时任校领导批示同意该意见。由此可见,湖北工业大学持有欧克公司100万股股权收益的分配原则,在此时已经确定为按照学校新的文件精神即湖工大党字(2009)23号文件的规定执行。据此,湖工大党字(2009)23号文件应当成为涉案双方分配股权收益的依据,上诉人湖北工业大学关于一审法院适用该内部文件错误的上诉理由不能成立,本院不予支持。

最后,关于本案应当分配技术成果入股时的作价金额还是应当分配相关股权拍卖后的股权转让款的问题。本案中,上诉人湖北工业大学主张,即便分配涉案技术成果入股获得的股份,也只能按照技术成果入股时的作价金额76万元分配奖励报酬,被上诉人彭义霆、田晓辉则认为,湖北工业大学应当向其分配技术成果入股所获股权拍卖后的股权转让款545万元。对此,本院认为,按照湖工大党字(2009)23号文件第十一条“技术转让净收入的70%一次性奖励科技成果完成人;科技成果入股时作价金额的70%股份一次性奖励给科技成果完成人”的规定,湖北工业大学应当将涉案技术成果入股所获得的70%股份奖励给该技术成果的完成人,但彭义霆、田晓辉提起本案诉讼时,湖北工业大学持有欧克公司的股权已经拍卖转让,彭义霆、田晓辉在本案中无法再主张分配股份,而只能请求分配股份的相应对价即拍卖后的股权转让款;湖北工业大学持有欧克公司股权的资本增值收益,虽有湖北工业大学作为股东经营股权多年的贡献,但545万元股权转让款中76%的份额,归根结底是其转让涉案技术成果所获得的利益,该股权转让款仍然属于技术转让的净收入,技术成果完成人按照规定理应享有其中70%份额的权益。基于以上两方面的分析,无论是依据湖工大党字(2009)23号文件“技术转让净收入的70%”的规定,还是依据该文件“科技成果入股时作价金额的70%股份”的规定,湖北工业大学都应当将涉案技术成果入股所得股权拍卖后70%的收益奖励给技术成果完成人,这是其一;其二,湖北工业大学2009年曾经向彭义霆、田晓辉分配过6.75万元溢价补偿款,该6.75万元款项与其后的545万元股权转让款的性质同属股权收益,湖北工业大学的前后行为应当保持一致,545万元股权转让款作为股权收益同样应当予以分配;其三,职务技术成果完成人对于职务技术成果的创造有着重要的贡献,为此,我国《合同法》第三百二十六条和1996年的《促进科技成果转化法》第二十九条专门规定了职务技术成果的奖励报酬制度。本案中,湖北工业大学2000年即已持有欧克公司76万股股权,但直至2009年拍卖该股权时仍未就该股权本身向职务技术成果完成人进行奖励或支付报酬,现股权已被转让,职务技术成果完成人享有此期间股权的资本增值收益,更能体现上述法律规定关于保护职务技术成果完成人权益和促进科学技术创新的法律精神。综上所述,上诉人湖北工业大学关于彭义霆、田晓辉只能对转让技术成果之时的176万元现金及股权收益主张奖励报酬,以及本案只能按照技术成果入股时的作价金额分配奖励报酬的上诉理由不能成立,本院不予支持。

综上所述,彭义霆、田晓辉有权对湖北工业大学2009年12月转让欧克公司100万股股权转让款545万元中的76%主张权利,湖北工业大学应当按照其颁布的湖工大党字(2009)23号文件的规定,向涉案职务技术成果完成人分配该款的70%作为奖励报酬,彭义霆、田晓辉各享有三分之一的权利,即96.6万元(545×76%×70%÷3=96.6万元)。湖北工业大学2009年11月仍在向彭义霆、田晓辉分配其持有欧克公司股权的股权收益,彭义霆、田晓辉于2011年7月11日提起本案诉讼,彭义霆、田晓辉主张权利没有超过诉讼时效。

另外,关于本案案由的问题。本案中,被上诉人彭义霆、田晓辉认为涉案技术成果"铁钛复合系列云母珠光颜料生产专有技术"系在执行上诉人湖北工业大学的工作任务时完成的,并对上诉人湖北工业大学使用和转让该项技术成果的收益主张奖励报酬权,上诉人湖北工业大学对该技术成果系职务技术成果的事实不持异议,只是认为被上诉人彭义霆、田晓辉无权就545万元的股权转让款主张权利。根据《民事案件案由规定》,本案的案由应当是职务技术成果完成人奖励、报酬纠纷,一审法院将本案案由确定为职务科技成果完成人奖励、报酬纠纷不够规范,本院依法予以纠正。

关于一审法院适用《最高人民法院关于审理技术合同纠纷案件适用法律若干问题的解释》第五条错误的问题。该条款调整的是职务技术成果完成人的原所在法人或者其他组织和现所在法人或者其他组织之间的权益争议,即执行原所在法人或者其他组织的工作任务,又主要利用了现所在法人或者其他组织的物质技术条件的职务技术成果的权益归属,而本案是职务技术成果完成人的奖励、报酬纠纷,并不涉及两个法人或者其他组织之间的权益之争,一审法院适用上述条款错误,本院依法予以纠正。

思考与评论

《专利法》《合同法》以及《促进科技成果转化法》(2015年修订)都涉及对职务发明中发明人的奖励和报酬,请仔细阅读上述各个法律的规定,思考其中的异同。另外,现今《职务发明条例》也正在制定中,你认为其该如何协调上述法律的不同规定。根据《专利法》第十六条以及2002年修订的《专利法实施细则》第七十六条的规定,被授予专利权的国有企业事业单位许可他人实施其专利的,应当从许可实施该项专利收取的使用费纳税后提取不低于10%作为报酬支付发明人或者设计人。根据《专利法》第四十七条第二款的规定,宣告专利权无效的决定,对在宣告专利权无效前人民法院作出并已执行的专利侵权的判决、裁定,已经履行或者强制执行的专利侵权纠纷处理决定,以及已经履行的专利实施许可合同和专利权转让合同,不具有追溯力。但是因专利权人的恶意给他人造成的损失,应当给予赔偿。根据上述规定,在发明人、设计人起诉要求许可他人实施专利的专利权人依法支付职务发明设计人报酬的案件中,即使专利因丧失新颖性被宣告无效,专利权人以该专利已经被宣告无效为由,拒绝支付在专利权被宣告无效之前已经发生的专利实施许可行为所应支付的职务发明设计人报酬的,人民法院仍不应予以支持。①

另外,如果专利技术只是涉案产品应用的一部分技术,如何计算奖励与报酬也值得关注。你如何看待下列案例中报酬的计算方法?

案例6-4-2 王春光与沃尔新(北京)自动设备有限公司职务发明创造发明人、设计人奖励、报酬纠纷案*

对于一项发明创造被授予专利权后,如果发明人所在单位未实施该发明创造,需给予发明人奖励;如果实施了该专利,则还负有向发明人支付报酬的义务。王春光曾在沃尔新公司工作,系该单位职工。沃尔新公司向国家知识产权局申请了第200820126085.8号于"水泵自吸装置"实用新型专利,并被授予专利权。根据已生效的裁判文书确认的事实,王春光被确认是该实用新型的设计人,因此其构成上述法律规定的涉案专利职务发明人。作为王春光所在的单位,沃尔新公司未与王春光就发明创造奖励及报酬的问题有约定,沃尔新公司也未在其公司的相关规章制度中规定向发明人支付报酬或奖励的办法及数额,更未实际向王春光支付过报酬、奖励,故沃尔新公司依法负有向王春光支付奖励、报酬的义务。

对于奖励,王春光请求按照1000元的标准给付于法有据。原审法院支持其该项请求正确。对于报酬的给付问题,前提是涉案专利必须得以实施,而沃尔新公司

---

① 翁立克诉上海浦东伊维燃油喷射有限公司、上海柴油机股份有限公司职务发明设计人报酬纠纷案(公报案例2009年第7期)。

* 北京知识产权法院民事判决书(2015)京知民终字第1526号。

以其在实施涉案专利技术方案时将加水阀改为丝堵，并在后期进行了补水改造为由辩称其未实施涉案专利。经阅读专利权利要求书和说明书后可以看出，丝堵属于特征的替换手段，即使在功能上产生了更好的技术效果，鉴于其仅仅是其中的某一个特征，综观整个发明创造技术方案和记载的全部技术特征，不足以认定经改造后实施的不是涉案专利。对补水的改造问题，属于专利发明创造实施阶段经常遇到的技术问题，从沃尔新公司提供的会议纪要、图纸、照片等证据看，涉案专利在这一问题上的构思缺陷未达到影响专利实施的严重程度，故对沃尔新公司的该抗辩理由不予采信。

根据法律规定的精神，对于职务发明报酬的给付，有约定或规定的，从约定或规定，即使没有与发明人约定也未在其规章制度中规定的，应当按照每年从实施该项实用新型专利的营业利润中提取不低于2%的标准履行给付报酬的义务。原审法院针对王春光主张的报酬请求，充分考虑了王春光提交的2009年至2011年以及沃尔新公司提交的2012年实施涉案专利的相关产品销售合同总价等因素，尤其是沃尔新公司无正当理由不提供涉案专利成本的相关证据，在确定数额时令其承担了不利的法律后果。另外需要着重说明的是，上述职务发明报酬给付规定，只是针对在实施专利产品所产生的利润基础上提取的比例，对于在通常情况下将该专利作为某产品的一个组成部分进行实施，则不能根据该产品取得的全部营业利润按照2%标准提取报酬，而只应考虑其中的专利技术部分。本案中，涉案专利在洗车机的整体结构中所占比重只是一部分，原审法院考虑到上述因素酌定的报酬数额合理，本院予以确认。

案例6-4-3　中国嘉陵工业股份有限公司（集团）与唐开平发明创造设计人报酬纠纷上诉案*

唐开平主张将使用了涉案专利的摩托车与未使用涉案专利的摩托车的价差作为涉案专利为整车所带来的利润，该主张明显不能成立。一审法院认为不同摩托车价差受多方面因素的综合影响制约，涉案专利只是其中的影响因素之一，该认识并不无当。在无法通过审计评估确定涉案专利摩托车及点火系统利润的情况下，一审法院以高能点火系统本身的利润率为基础，再参考其技术的先进性及对整车价值的提升而酌情确定职务专利报酬的思路并无明显不当。在确定专利产品数量

* 重庆市高级人民法院民事判决书(2008)渝高法民终字第246号。

时,唐开平及刘建国对嘉陵公司提交的415摩托车生产数量统计的真实性均不予确认,并要求以007点火器数量作为专利产品数量。因007点火器为高能点火系统的专用点火器,二者在数量上存在一一对应关系,且唐开平在计算时已扣除了退货数量,一审法院支持了唐开平以007点火器为基础计算使用了涉案专利的摩托车数量的方法,并以之前的平均数量估算2008年1月至5月的产量。在没有确切的证据直接证明使用了涉案专利的摩托车数量的情况下,一审法院的这一计算方式有其合理性。关于应付报酬比例,唐开平主张按照6%计算并要求其中的一半,该主张并不违反专利法实施细则的相关规定,一审法院予以了支持,本院亦予以确认。根据以上思路及计算方式,一审法院综合确定嘉陵公司应付给唐开平报酬2万元。这一认定并无明显不当,本院予以支持。

案例6-4-4 刘法新与济源市农业科学研究所职务技术成果完成人奖励纠纷案*

农科所与合肥丰乐公司于2004年1月24日签订的协议约定"豫玉26号"和"济单七号"玉米品种的品种权、保护权、独占开发权归合肥丰乐公司所有,但双方还对济源丰乐公司资产、债权、债务等问题进行了约定。同时,协议称鉴于双方长期合作关系及"豫玉26号"和"济单七号"过去的实际开发情况,合肥丰乐公司付给农科所补偿费450万元,从协议的全部内容看,不能认定农科所将"豫玉26号"和"济单七号"两个玉米品种提供给合肥丰乐公司实施获得的450万元是转让费。即使450万元全部是两个玉米品种转让费,双方均未提供证据证实开发这两个玉米品种的成本为多少,故不能计算出两个玉米品种转让的净收入。但考虑到根据法律规定,职务技术成果完成人应得到奖励,故参照刘法新在2001年至2003年受奖励情况及玉米新品种受保护的期限,酌定农科所一次性给付刘法新奖励款。一审法院根据《合同法》第三百二十六条之规定,于2009年3月26日作出(2007)济中民一初字第12号民事判决,判令农科所于判决生效后十五日内给付刘法新奖励款50万元。一审案件受理费14,925元,由刘法新负担8292元,农科所负担6633元。

刘法新和农科所均不服,向河南省高级人民法院提起上诉。

河南省高级人民法院二审认为,农科所与济源丰乐公司于1999年5月26日签署的"无形资产移交书补充说明"明确约定,农科所移交给济源丰乐公司的无形资

---

* 最高人民法院民事裁定书(2009)民申字第1772号。

产(包括“豫玉26号”和“济单七号”等)的所有权仍归农科所,但济源丰乐公司可以开发使用。因此,农科所上诉称“1999年5月21日农科所将‘豫玉26号’和‘济单七号’投资入股到济源丰乐公司即属转让性质,刘法新2004年起诉已超诉讼时效”的理由不能成立。刘法新作为“豫玉26号”和“济单七号”品种的培育人向上述品种权持有人农科所主张相应的奖励并无不当,农科所应当向职务技术成果完成人刘法新支付奖励款。

根据上述七委局文件第二十条及1996年《促进科技成果转化法》第二十九条的规定,奖励金额的提取对象是技术转让所得的净收入。技术转让净收入应指转让方依据技术转让合同取得的技术转让收入扣除所支付的试验、交通、劳务、文件制作等开支后所剩余的纯技术所得。2004年1月24日,农科所因与合肥丰乐公司签订协议而获得的450万元款项,是农科所与合肥丰乐公司就解散济源丰乐公司时权衡双方各项利益之后的结果,除涉及两个玉米品种的价值因素外,还涉及济源丰乐公司经营时的情况以及解散时的资产、负债等,故不能认定该450万元全部是技术转让收入,亦不能以此确定技术所得净收入。同时,参与技术转让净收入奖励分配人员包括职务技术成果完成人和为成果转化作出重要贡献的其他人员,而刘法新仅为技术成果完成人,其他人员并不明确。由于本案的具体奖励数额及参与奖励分配人员均无法确定,故一审法院参照有关因素,酌定裁量奖励款,并无不妥。

一审法院向刘法新和农科所送达的诉讼风险提醒书,已对双方当事人申请评估、鉴定的风险进行了释明,审理程序并无不当。综上所述,刘法新和农科所的上诉理由均不能成立,不予支持。一审判决认定事实清楚,适用法律正确,实体处理适当。据此判决驳回上诉,维持原判。二审案件受理费14,925元,由刘法新负担8292元,农科所负担6633元。

本院经审查,原一、二审法院认定的事实基本属实。

本院认为,虽然农科所与合肥丰乐公司一致同意农科所以“豫玉26号”和“济单七号”等玉米品种技术成果和育种材料资源及50亩试验用地的30年使用权作为出资,且认定其价值为157.5万元,并按相关规定履行了企业注册资本审验程序和办理了出资资产移交手续,但因农科所与合肥丰乐公司签订的出资资产认价协议及验资机构的审验报告,均未明确农科所出资的“豫玉26号”和“济单七号”玉米品种技术成果的权利内容,故“豫玉26号”和“济单七号”玉米品种技术成果的所有权的归属不明确。1999年5月26日,农科所和济源丰乐公司达成的无形资产移交补充协议,已明确“豫玉26号”和“济单七号”玉米品种技术成果的所有权仍归农科所所有,济源丰乐公司只享有开发使用权。济源丰乐公司依法设立后,农科所也一直在行使涉案两个玉米品种技术成果的所有权。原审法院据此认定,农科所在与合肥丰乐公司共同投资设立济源丰乐公司时,未将“豫玉26号”和“济单七号”玉米品种技术成果的所有权作为投资转让给济源丰乐公司,并无不当。因农科所出资的土地使用权的评估价值为157.5万元,已经达到农科所与合肥丰乐公司约定的农科所应向济源丰乐公司出资的金额,故农科所提出的关于其与济源丰乐公司达成的无形资产移交补充协议,因没有经过合肥丰乐公司同意,且会导致农科所抽逃已向济源丰乐公司投入的注册资本,该协议依法无效的申请再审理由,不能成立。

2004年1月24日,农科所与合肥丰乐公司达成的协议主要有两个方面的内容:一是双方决定解散并清算济源丰乐公司;二是“豫玉26号”和“济单七号”玉米品种的品种权、保护权和独占开发权归合肥丰乐公司所有,合肥丰乐公司补偿农科所450万元。由于“豫玉26号”和“济单七号”玉米品种的技术成果的所有权及品种权在此之前一直属于农科所所有,故该协议实际包括了农科所将“豫玉26号”和“济单七号”玉米的品种权转让给合肥丰乐公司的内容。原审法院据此认定,该协议应作为农科所向合肥丰乐公司转让涉案技术成果权的依据,其签订时间应为涉案技术成果权的转让时间,刘法新以农科所拒不向其支付职务技术成果奖励款为由,于2004年9月26日向一审法院提起诉讼,尚未超过诉讼时效,亦无不妥。农科所提出的关于其与合肥丰乐公司于2004年1月24日签订的协议不应作为认定涉案技术成果权转让依据,刘法新提起本案诉讼已经超过诉讼时效的申请再审理由,不能成立。

刘法新提起本案诉讼后,农科所依法可以从诉讼时效、转让涉案技术成果所获得的净收入总额及提起奖励款的比例等抗辩理由中,选择一个或多个理由进行抗辩。农科所对其依法享有的抗辩权,可以自行处分,并承担由此产生的法律后果。在本案诉讼中,刘法新提出农科所应当以450万元为基数,并按照25%的比例向其支付职务技术成果奖励款的诉讼请求后,农科所除了以刘法新的起诉已超过诉讼时效为由进行抗辩外,一直未对刘法新所主张的奖励款的计算基数及提取比例提出异议,且未就其为得到涉案技术成果权所支出的成本费用及因涉案技术成果所产生的收益分别进行举证,或申请原审法院进行司法鉴定。原审法院鉴于农科所放弃对刘法新所主张的奖励款的计算基数及提取比例方面的抗辩权利,根据本案事实,综合考虑各种合理因素,依据合同法和促进科技成果转化法的相关规定,酌情判令农科所向刘法新支付50万元的奖励款,并无不当。农科所为本案一审的被告,且未在一审中提起反诉,始终处于只进行抗辩的诉讼地位。相对于农科所而言,本案不存在《最高人民法院关于民事诉讼证据的若干规定》第三十五条规定的关于当事人主张的法律关系的性质或者民事行为的效力与人民法院根据案件事实作出的认定不一致时，人民法院应当告知当事人可以变更诉讼请求的情形，原审法院对农科所不负有法定的释明义务。农科所提出的关于原审法院仅依据合同法处理本案系适用法律错误，没有依法履行释明义务及委托鉴定径行判决属于程序违法的申请再审理由，不能成立。

思考与评论

本案中，法院依据合同法和促进科技成果转化法的相关规定，酌情判令农科所向刘法新支付50万元的奖励款。你认为在何种情况下法院需要对职务技术成果的奖励采取酌定的方法？本案采取酌定的方法合理吗？

第五节　外国申请人

一、在我国有经常居所或营业场所的外国人

申请人在请求书中表明在中国有营业所的，其应当提供当地工商行政管理部门出具的证明文件。申请人在请求书中表明在中国有经常居所的，其应当提交公安部门出具的可在中国居住一年以上的证明文件。

此类外国人根据国民待遇原则享有与我国申请人相同的专利申请权，在申请取得专利权时享有与中国单位和个人完全相同的待遇，没有任何限制条件。

二、在中国没有经常居住地或营业场所的外国人

在中国没有经常居所或者营业所的外国人、外国企业或者外国其他组织在中国申请专利的，依照其所属国同中国签订的协议或者共同参加的国际条约，或者依照互惠原则，根据《专利法》的规定办理。据此规定，在中国没有经常居所或者营业所的外国申请人要在中国申请专利并取得专利权，应符合下列条件之一：

(1) 申请人所属国同我国签订有相互给予对方国民以专利保护的协议；

(2) 申请人所属国是《保护工业产权巴黎公约》(以下简称《巴黎公约》) 成员国或者世界贸易组织成员；

(3) 申请人所属国依互惠原则给外国人以专利保护。

第六节 专利申请文件的充分公开

专利申请文件的充分公开不是专利授权的实质条件,其主要是针对专利文件的撰写要求而言。也就说,即使某一技术方案满足了“三性”要求,但如果专利申请文件没有满足充分公开的要求,其也不能获得专利授权。专利的充分公开一般而言是通过权利要求书与说明书等申请文件的披露得以实现。

专利申请文件主要包括权利要求书与说明书。

《专利法》第二十六条规定,申请发明或者实用新型专利的,应当提交请求书、说明书及其摘要和权利要求书等文件。

请求书应当写明发明或者实用新型的名称,发明人的姓名,申请人姓名或者名称、地址,以及其他事项。

说明书应当对发明或者实用新型作出清楚、完整的说明,以所属技术领域的技术人员能够实现为准;必要的时候,应当有附图。摘要应当简要说明发明或者实用新型的技术要点。

权利要求书应当以说明书为依据,清楚、简要地限定要求专利保护的范围。

依赖遗传资源完成的发明创造,申请人应当在专利申请文件中说明该遗传资源的直接来源和原始来源;申请人无法说明原始来源的,应当陈述理由。

第二十七条规定,申请外观设计专利的,应当提交请求书、该外观设计的图片或者照片以及对该外观设计的简要说明等文件。

申请人提交的有关图片或者照片应当清楚地显示要求专利保护的产品的外观设计。

从上述规定来看,专利法要求专利申请文件必须充分公开发明的内容。一般而言,专利申请的充分公开要求通常包括以下几个方面的内容:权利要求明确以及披露实施例、说明书对权利要求界定的发明作出书面描述、技术方案能够实现等。

一、充分公开的法理

充分公开是专利获得授权的基本条件,其是专利制度“公开换垄断”的基本要件。如果申请人没有充分公开其发明内容,公众无从从披露的技术方案中获取新的技术知识,然而专利申请却获得了国家所赋予的排他性的独占权利,这无疑只让专利申请者获得了利益(专利申请既没有披露技术信息,从而在专利到期后仍然可以享有其技术秘密的保护,同时也在专利保护期内获得超额的垄断利润),损害了公众与社会的利益,阻碍了技术的传播与利用,从而最终损害了社会整体福利的改善。

美国最高法院认为,当专利权被授予的同时,专利中包含的信息也被普通公众以及相关技术领域的技术人员获得。这些信息丰富了现存的知识库,其对公众的福利非常重要,也是联邦政府愿意为其的披露赋予高达 17 年独占排他权利的原因之所在。同时,这些披露信息也有利于促进新的观点诞生,从而进一步促进该领域的技术进步。[①]

充分公开要件的目的在于确保专利权人获得的专利保护范围与其说明书公开的发明内容相一致。充分公开要求,可以限制专利权人过早提出专利申请,或提出过宽的权利要求。在先申请原则下,很多发明人在发明技术尚未成熟时,便急于申请专利。对于此类带有预期与推测性质的发明方案,充分公开便是有效的限制手段。专利权人总是希望权利要求的范围足够大而涵盖尽可能多的技术方案,而其具体的发明内容则被记录在说明书中,比如,在申请日时,申请人实际掌握的发明内容为 5 种具体的技术方案,而权利要求所涵盖的技术方案超出了这 5 种具体的技术方案,如果授予专利权,则意味着申请人通过专利权获得的保护范围超出了其在申请日所实际掌握的发明内容,这不符合《宪法》第二十条和《专利法》第一条的规定,因为:一方面,就被权利要求涵盖但超出说明书公开范围的额外技术方案,专利权人在说明书中并没有告诉公众如何来实施这些额外技术方案,公众并没有因为该专利权而获得额外的科学知识,因此,在这些额外技术方案的范围内,《宪法》第二十条中的"普及科学和技术知识"以及《专利法》第一条中的"促进科学技术进步"就无法实现;另一方面,在这些额外技术方案的范围内,如果赋予专利权保护,那么意味着抑制了后续技术研发的动力,因为,专利权人已经将这些还没有实现的额外技术方案提前占为己有,后续研发者通过研发而实现这些额外技术方案并获得专利保护的路径被阻碍,其将失去研发的动力并抑制创新,这有悖于《专利法》第一条所规定的"促进科学技术进步"的立法目的。[②]

值得注意的是,判断专利说明书公开是否充分,应当结合具体的权利要求进行判断,不能离开具体的权利要求笼统地论述说明书公开是否充分。我国现有的专

---

① *Kewanee Oil Co. v. Bicron Corp.* ,416 U. S. 470(1974).

② 张宏斌:《专利说明书公开充分的法理基础和认定标准》,载 https://www.zhihedongfang.com/2015/06/11339。

利审查和专利审查实践中，说明书公开是否充分的判断，应当考虑技术方案是否能够取得相应技术效果。专利说明书公开是否充分的判断应当以本领域普通技术人员为主体标准，判断的过程中不仅仅要考虑说明书，还要考虑现有技术。在我国的司法实践中，说明书公开是否充分的证明标准是排除合理怀疑标准。只要判断者站在本领域技术人员的立场上依据现有技术有合理理由怀疑权利要求中的部分或全部技术方案不能实现，就应当认定说明书公开不充分或权利要求书得不到支持。①

二、权利要求清楚、简要

专利法要求权利要求书清楚、简要地限定要求专利保护的范围。权利要求书应当清楚，一是指每一项权利要求应当清楚；二是指构成权利要求书的所有权利要求作为一个整体也应当清楚。权利要求书应当简要，一是指每一项权利要求应当简要，二是指构成权利要求书的所有权利要求作为一个整体也应当简要。

（一）权利要求类型

不同的权利要求类型具有不同的撰写方法与解释方法。因而，确定权利要求的类型对专利撰写与侵权判断就至关重要。

1. 产品权利要求与方法权利要求

按照性质划分，权利要求有两种基本类型，即物的权利要求和活动的权利要求，或者简单地称为产品权利要求和方法权利要求。在类型上区分权利要求的目的是为了确定权利要求的保护范围。通常情况下，在确定权利要求的保护范围时，权利要求中的所有特征均应当予以考虑，而每一个特征的实际限定作用应当最终体现在该权利要求所要求保护的主题上。

2. 方法限定产品的权利要求

一般情况下，产品权利要求适用于产品发明，应当用产品的结构特征来描述和限定。当产品权利要求中的一个或多个技术特征无法用结构特征并且也不能用参数特征予以清楚地表征时，可以借助于方法特征表征。方法特征表征的产品权利要求的保护主题仍然是“产品”。而且，认定此类权利要求是否具有新颖性和创造性时，并不依据其方法特征，而是依据经由方法得到的产品的特征。对于权利要求中以制备方法界定产品的技术特征，被诉侵权产品的制备方法与其不相同也不等同的，人民法院应当认定被诉侵权技术方案未落入专利权的保护范围。

---

① 石必胜：《专利说明书充分公开的司法判断》，载《人民司法》2015 年第 5 期。

案例 6-6-1　江苏万高公司与成都优他公司、科伦公司侵犯发明专利权纠纷案*

优他公司于 2004 年 4 月 20 日向国家知识产权局专利局申请了名为“藏药独一味软胶囊制剂及其制备方法”的发明专利。本发明专利的独立权利要求 1 是本案争议的对象,其在专利申请公布的表述如下:

“一种独一味的软胶囊制剂,其特征在于该软胶囊由如下重量份的原料药组成:独一味提取物 20~30 重量份,植物油 25~36 重量份,助悬剂 1~5 重量份。”

专利申请进入实质审查后,专利局发出了《第一次审查意见通知书》。优他公司根据该意见通知书修改了权利要求 1。在“意见陈述书”中,优他公司表明:“根据审查意见,申请人对原权利要求 1 进行了修改,增加了对独一味提取物的限定,具体是以说明书所述独一味提取物的四种制备方法加以限定”;“本发明所述独一味提取物的四种制备方法为发明人进行了大量的工艺筛选和验证试验后最终确定的工艺步骤,现有技术中并没有公开,由此得到的本发明中所述的独一味提取物与现有技术如《中华人民共和国药典》(2000 年版,一部)中的独一味提取物并不等同。”

2006 年 5 月 10 日,专利局对以上专利申请予以公告授权(授权公告号为 CN 1255100C,专利号为 200410031071.4)(以下简称“071 号专利”)。在公告授权的专利书中,权利要求 1 的表述为:

“一种独一味的软胶囊制剂,其特征在于该软胶囊由如下重量份的原料药组成:独一味提取物 20~30 重量份,植物油 25~36 重量份,助悬剂 1~5 重量份;其中的独一味提取物是由下面四种提取方法中的任意一种制备:I. 取独一味药材,粉碎成最粗粉(简称技术特征 B1,以下类似);加水煎煮二次,第一次加 10~30 倍量的水,煎煮 1~2 小时,第二次加 10~20 倍量水,煎煮 0.5~1.5 小时(B2);合并药液,滤过,滤液浓缩成稠膏(B3);减压干燥,粉碎成细粉,过 200 目筛,备用(B4)。II……”

对权利要求记载的独一味提取方法,公告授权的专利说明书有特别的说明。在专利说明书第 12 页“最佳提取条件的确定”一节,记载有煎煮 2 次与煎煮 3 次相比,可以降低生产成本,所以选择煎煮 2 次;在说明书第 15~16 页“实验例 5 浸膏粉细度的确定”记载有,将独一味提取物粉碎成过 200 目筛的细粉,制成的软胶囊内容物混悬体系最稳定。

---

* 最高人民法院民事判决书(2010)民提字第 158 号。

思考与评论

四川省成都市中级人民法院一审认为,权利要求1是一项含有以制备方法表征的技术特征在内的产品权利要求。即该权利要求保护的是一种由独一味提取物、植物油和助悬剂三种组分以所限定的比例范围组成的软胶囊制剂药物产品,并且其中的独一味提取物组分应当是由所限定的四种提取方法中的任意一种制备得到的。你认为成都中院对上述权利要求的界定正确吗?

在2009年Abbott Laboratories v. Sandoz, Inc. 案中,美国联邦巡回上诉法院判决认为:以方法特征表征的产品权利要求,其方法特征应当作为确定权利要求保护范围的限定特征,用于判断是否构成专利侵权。你如何看待下面案例中对方法界定的产品的权利要求的侵权判断方法?中美两国的做法是否一致?

案例6-6-2 济南昌林气囊容器厂有限公司与孙菊香专利侵权纠纷案*

昌林容器厂、孙菊香在受让乔昌林的专利前,即已生产涉案被诉侵权产品,所以应将昌林容器厂、孙菊香生产被诉侵权产品使用的技术与涉案专利技术进行对比。涉案发明专利权利要求1记载:“一种高强度橡胶尼龙气囊容器,其特征是挂上生胶的各种帘线及其织物或帘线钢丝混合织物缠绕后硫化而成。”该权利要求是以方法限定的产品权利要求,在进行侵权判定时,应当考虑被诉侵权技术方案是否使用该方法特征。从目前的证据来看,一审法院拍摄的被诉侵权产品照片仅能看出被诉侵权气囊产品的外观和形状,不能获知其具体的制造方法,即不能获知其是否为挂上生胶的各种帘线及其织物或帘线钢丝混合织物缠绕后硫化而成。而由于气囊容器并非新产品,主张侵权的专利权人乔昌林应该提供证据证明被诉侵权气囊产品的制造方法与涉案专利技术所包括的方法特征相同或者等同,从现有证据来看,尚不能确定被诉侵权气囊产品的制造方法,因此无法确定其是否落入涉案专利的保护范围。乔昌林没有完成其举证责任,应该对此承担不利后果,对乔昌林主张昌林容器厂、孙菊香侵犯其涉案专利权,本院不予支持。

3. 功能限定性的权利要求

功能性限定就是指以功能或效果来限定权利要求中的技术特征。在特定领域(或情形)中,功能性限定能够比结构或方法更加简洁或恰当的对技术特征进行限定,比如:在电学领域,对于不涉及物理结构改进的发明,使用结构、连接方式或信号

* 最高人民法院(2011)民申字第1047号。

传输的方式来撰写权利要求将非常困难,而将产品分成具有各自功能的模块,以功能限定的方式来撰写就会很好地解决这一问题。因而,功能性限定的撰写方式更多地出现在电学、通信等领域。

案例 6-6-3 诺基亚诉华勤通讯专利侵权纠纷案*

诺基亚公司系名称为“选择数据传送方法”发明专利的专利权人。涉案专利于2008年7月9日获得授权。2012年5月31日,中华人民共和国国家知识产权局专利复审委员会(以下简称专利复审委)针对华勤公司就涉案专利提出的无效宣告请求作出第18676号无效宣告请求审查决定书,宣告涉案专利权利要求1、3、5、6、8、10无效,权利要求4通过权利要求3引用权利要求1的技术方案、权利要求9通过权利要求8引用权利要求6的技术方案无效;维持权利要求2、7有效,权利要求4通过权利要求3引用权利要求2的技术方案、权利要求9通过权利要求8引用权利要求7的技术方案有效。

涉案专利权利要求7为:“如权利要求6所述的终端设备,其特征在于:所述终端设备被配置为:将所述数据传送方法选择应用于用于输入消息的消息编辑器;所述终端设备被配置为:基于在所述消息编辑器中执行的所述数据传送方法的选择,将所述消息传送到支持所选择的数据传送方法的数据传送应用程序;以及所述终端设备被配置为:根据所述数据传送应用程序所使用的数据传送协议,将所述消息传送到电信网络。”

本院认为,本案的主要争议焦点为:1. 涉案专利权利要求7是否包含功能性技术特征;2. 根据涉案专利说明书及附图描述的实施方式,是否能够确定权利要求7的保护范围。

关于争议焦点1,本院认为,《专利法》第五十九条第一款规定,发明或者实用新型专利权的保护范围以其权利要求的内容为准,说明书及附图可以用于解释权利要求的内容。《最高人民法院关于审理侵权专利权纠纷案件应用法律若干问题的解释》第二条规定,人民法院应当根据权利要求的记载,结合本领域普通技术人员阅读说明书及附图后对权利要求的理解,确定专利法第五十九条第一款规定的权利要求的内容。本案中,涉案专利权利要求7包含功能性技术特征,理由如下:第一,功能性技术特征,是指对于产品的结构、部件、组分或其之间的关系或者方法的

* 上海市高级人民法院(2013)沪高民三(知)终字第96号。

步骤、条件或其之间的关系等,通过其在发明创造中所起的作用、功能或者效果进行限定的技术特征,但本领域普通技术人员通过阅读权利要求书、说明书和附图可以直接、明确地确定技术内容的技术特征除外。第二,根据涉案专利权利要求书及说明书的记载,涉案专利权利要求1及权利要求2要求保护的是一种在电信系统中选择数据传送方法的方法,而权利要求7要求保护的是一种能够实现或执行上述方法的终端设备。涉案专利权利要求7采取了在方法权利要求对应的每一个步骤特征前附加“被配置为”的撰写方式来表征其所限定的相关技术特征,而“被配置为”在文意上应当被理解为使该设备、部件能够实现或达到其所限定的执行某一步骤的功能或效果,因此,涉案专利权利要求7的技术特征均属于使用功能性词语限定的技术特征。第三,对于权利要求中使用功能性词语限定的技术特征,如果通过阅读权利要求书和说明书及附图,对该技术特征的理解,与本领域普通技术人员的通常理解一致,能够明了该技术特征所体现的功能或者效果是如何实现的,在这种情况下,按照通常理解确定该技术特征的内容即可,该技术特征不属于功能性技术特征,反之,则属于功能性技术特征。第四,虽然诺基亚公司认为,权利要求7的文字描述并未超出本领域普通技术人员的通常理解范围,本领域普通技术人员能够明了每一个“被配置为”的技术特征是如何实现的,其结构是如何改进的,但是,诺基亚公司同时主张涉案专利权利要求7中限定的“消息编辑器”是其与现有技术的主要区别所在。因此,诺基亚公司也认为,至少对于“消息编辑器”的理解,其与本领域普通技术人员的通常理解并不一致,也不存在能够实现该技术特征所体现的功能或者效果的惯常技术手段。综上,涉案专利权利要求7的技术特征5仅表述了该特征所要实现的功能,且本领域普通技术人员通过阅读权利要求书、说明书和附图亦不能直接、明确地确定该技术特征的技术内容。因此,涉案专利权利要求7中包含功能性技术特征。

思考与评论

你认为上述权利要求7为功能性权利要求吗?对于功能性权利要求,《最高人民法院关于审理侵犯专利权纠纷案件应用法律若干问题的解释》第四条规定:“对于权利要求中以功能或者效果表述的技术特征,人民法院应当结合说明书和附图描述的该功能或者效果的具体实施方式及其等同的实施方式,确定该技术特征的内容。”根据2016年4月1日起实施的《最高人民法院关于审理侵犯专利权纠纷案件应用法律若干问题的解释(二)》第八条第二款的规定,与说明书及附图记载的实现前款所称功能或者效果不可缺少的技术特征相比,被诉侵权技术方案的相应技术特征是以基本相同的手段,实现相同的功能,达到相同的效果,且本领域普通技术人员在被诉侵权行为发生时无需经过创造性劳动就能够联想到的,人民法院应当认定该相应技术特征与功能性特征相同或者等同。2010 年版《专利审查指南》规定:"通常,对产品权利要求来说,应当尽量避免使用功能或者效果特征来限定发明。只有在某一技术特征无法用结构特征来限定,或者技术特征用结构特征限定不如用功能或者效果特征来限定更为恰当,而且该功能或者效果能通过说明书中规定的实验或者操作或者所属技术领域的惯用手段直接和肯定地验证的情况下,使用功能性或者效果特征来限定发明才可能是被允许的。对于权利要求中所包含的功能性限定的技术特征,应当理解为覆盖了所有能够实现所述功能的实施方式……"你认为上述规定在解释功能性要求的范围方面是否存在不一致的地方,本案中,法院对功能性限定的权利要求的解释方法是否恰当?另外,法院认为,本领域普通技术人员通过阅读权利要求书、说明书和附图亦不能直接、明确地确定该技术特征的技术内容。如果不能获得技术特征的技术内容,该如何处理?

案例 6-6-4 高晶晶与临海市静思夜眼镜厂、杭州阿里巴巴广告有限公司侵害发明专利权纠纷案*

首先,关于对权利要求中功能性特征的解释。《最高人民法院关于审理侵犯专利权纠纷案件应用法律若干问题的解释》第四条规定:"对于权利要求中以功能或者效果表述的技术特征,人民法院应当结合说明书和附图描述的该功能或者效果的具体实施方式及其等同的实施方式,确定该技术特征的内容。"该条确立了功能性特征解释的基本原则,即"该功能或者效果的具体实施方式及其等同的实施方式"。涉案争议的功能性特征的内容,也应结合说明书和附图描述的具体实施方式及其等同的实施方式进行解释。二审庭审中,高晶晶明确以说明书实施例 8 及其等同的实施方式,确定该技术特征的内容。涉案专利说明书实施例 8 载明:"其他条件与实施例 1 相同,即转动连接部的结构与实施例 1 相同,只是如图 11(a)(b),图 12(a)(b)所示,转动连接部的主体固定在镜腿的内侧,主体与实施例相同,在主体上,与镜片相对的一面上开有孔,连杆的长度较短,其一端插入到该孔内,在所述连杆的插入主体端的近端头处制有一个缩颈,在与该插入孔成 90°的相邻的面上开有螺纹孔,在所述螺纹孔内依次安装压板,微弹簧丝,螺钉,所述压板可以是一个圆柱台体,其端面抵住所述缩颈的侧面,所述弹簧抵住所述压板的另一端,所述螺钉拧

* 最高人民法院(2016)最高法民申 3510 号。

入所述螺纹孔内,压缩所述弹簧,进而使压板抵在所述缩颈表面,从而使连杆与主体形成转动连接,即:连杆可以以所述缩颈为轴转动;所述连杆的另一端与固定在镜片外侧的中间体形成枢接,即连杆的另一端开有凹槽,在与所述凹槽垂直方向中间开有螺纹,所述连杆与中间体突出部通过螺丝连接,形成以螺丝为轴心的枢接结构,转动轴与枢接轴相垂直,枢接的结构也可以为其他常规的结构。”依据权利要求书及说明书,特别是实施例8的记载,涉案功能性特征的手段可以概括为:在连接机构主体与镜片的相对面上开有孔,将端头处制有缩颈的连杆插入该孔,并在与该孔成90°的相邻面上开有螺纹孔,在螺纹孔内依次安装压板、微弹簧丝、螺钉,使压板两端分别抵住缩颈和微弹簧丝,从而使连杆与连接机构主体形成转动连接。该技术特征的功能和效果即为使连杆与连接机构主体之间具有固定角度卡止的功能,进而达到镜片与镜腿旋转定位准确、方便折叠扣合的效果。

其次,关于功能性特征的比对。《最高人民法院关于审理侵犯专利权纠纷案件应用法律若干问题的解释(二)》第八条规定:“与说明书及附图记载的实现前款所称功能或者效果不可缺少的技术特征相比,被诉侵权技术方案的相应技术特征是以基本相同的手段,实现相同的功能,达到相同的效果,且本领域普通技术人员在被诉侵权行为发生时无须经过创造性劳动就能够联想到的,人民法院应当认定该相应技术特征与功能性特征相同或者等同。”该条确立了功能性特征的比对原则,即“等同的实施方式”的认定规则。本案中,被诉侵权产品相应技术特征系在连接机构与镜片相对面上开缩颈孔,将端头处制有缩颈的连杆插入该孔,并在与该孔成90°的相邻面上另开有一孔,在该孔内依次安入微弹簧丝、压板,直接将缩颈安入缩颈孔。被诉侵权产品虽然在连接机构的主体上并无螺纹孔,亦不使用螺钉,与涉案权利要求1的上述争议技术特征的结构和连接关系存在一定区别,但其技术手段仍然是通过微弹簧丝使得压板与连杆的缩颈相抵,实现使连杆与连接机构主体之间可以固定角度卡止的功能,达到镜片与镜腿旋转定位准确、方便折叠扣合的效果,并且本领域普通技术人员在被诉侵权行为发生时,无须经过创造性劳动就能够联想到的不使用螺钉、螺纹孔,而是通过反向打孔,在孔内安入微弹簧丝、压板,通过微弹簧丝使得压板与连杆的缩颈相抵。二审法院认定被诉侵权产品中的连接机构与涉案专利的连接机构构成等同技术特征,被诉侵权产品落入涉案专利的保护范围并无不当。

思考与评论

最高人民法院司法解释及《专利审查指南》的上述规定反映了我国平衡专利权人与社会公众利益的立法本意。专利制度的基本原则之一,在于一项所能获得法律保护的专利权的保护范围，应当与其对现有技术的贡献相适应。功能性特征作为“一网打尽”的撰写方式，相对于结构特征的撰写方式而言，其字面保护范围更为宽泛，对社会公众自由的限制更多，在某些特定的情况下，可能会不恰当地限缩了在后创新的空间。在授权确权纠纷案件中将功能性特征理解为覆盖了所有能够实现该功能或者效果的实施方式，而在侵权纠纷案件中理解为说明书和附图描述的该功能或者效果的具体实施方式及其等同的实施方式，有利于鼓励申请人在采用功能性特征的撰写方式时，尽可能多地披露具体实施方式，从而一方面使得专利申请的权利要求能够满足概括恰当的要求，使其能够得到说明书的支持，另一方面，可以使授权专利能够获得与其说明书公开内容范围相匹配的保护，同时避免授权专利获得不恰当的宽泛保护，从而阻碍后续的创新。综上所述，在授权确权纠纷案件中，应当将功能性特征解释为覆盖了能够实现该功能或者效果的所有实施方式。①

另外，并非所有的以功能或效果表述的技术特征都是功能性特征。如果某一技术特征通过功能进行的描述，属于公知常识，本领域技术人员能够明了其所指的技术是如何实现，其基本结构如何，故其为非功能性限定，不应被纳入功能性技术特征。

4. 马库什权利要求

马库什权利要求是化学领域中非常常见的权利要求类型。对于马库什权利要求，《专利审查指南》规定：“如果一项申请在一个权利要求中限定多个并列的可选择要素，则构成‘马库什’权利要求。”马库什权利要求是化学发明专利申请中一种特殊的权利要求撰写方式，即一项申请在一个权利要求中限定多个并列的可选择要素概括的权利要求。马库什权利要求撰写方式的产生是为了解决化学领域中多个取代基基团没有共同上位概念可概括的问题，其本身一直被视为结构式的表达方式，而非功能性的表达方式。马库什权利要求限定的是并列的可选要素而非权利要求，其所有可选择化合物具有共同性能和作用，并且具有共同的结构或者所有可选择要素属于该发明所属领域公认的同一化合物。虽然马库什权利要求的撰写方式特殊，但是也应当符合专利法和专利法实施细则关于单一性的规定。

马库什权利要求具有极强的概括能力，一旦获得授权，专利权保护范围将涵盖所有具有相同结构、性能或作用的化合物，专利权人权益将得到最大化实现。而就

① 普鲁玛·普拉特 & 吕贝克有限公司与专利复审委专利无效案：北京市第一中级人民法院(2011)一中知行初字第2307号。

本质而言，专利权是对某项权利的垄断，专利权人的所享有的权利范围越大，社会公众所受的限制也就越多，因此，从公平角度出发，对马库什权利要求的解释应当从严。马库什权利要求不管包含多少变量和组合，都应该视为一种概括性的组合方案。选择一个变量应该生成一种具有相同效果药物，即选择不同的分子式生成不同的药物，但是这些药物的药效不应该有太大差异，相互应当可以替代，而且可以预期所要达到的效果是相同的，这才符合当初创设马库什权利要求的目的。因此，马库什权利要求应当被视为马库什要素的集合，而不是众多化合物的集合，马库什要素只有在特定情况下才会表现为单个化合物，但通常而言，马库什要素应当理解为具有共同性能和作用的一类化合物。如果认定马库什权利要求所表述的化合物是众多化合物的集合，就明显与单一性要求不符。

案例 6-6-5 北京万生药业有限责任公司诉国家知识产权局专利复审委员会专利无效案*

万生公司对名称为“用于治疗或预防高血压症的药物组合物的制备方法”、专利号为 97126347.7 的发明专利（以下简称本专利）提起无效宣告请求。专利权人第一三共株式会社随后对本专利权利要求书进行了修改，专利复审委员会对部分删除式修改不予接受，并认定本专利具备创造性。

法院认为：如果将授权后的马库什权利要求视为一个整体技术方案而不允许删除任一变量的任一选择项，那么专利权人获得的专利权势必难以抵挡他人提出的无效请求。专利权人无法预料专利申请日前是否存在某个落入专利保护范围的具体技术方案，那么其获得的专利非常容易被宣告无效，马库什权利要求就失去其存在的意义。因此，无论在专利授权审查程序中，还是在无效程序中，均应当允许专利申请人或专利权人删除任一变量的任一选择项，这种删除属于技术方案的删除。第一三共株式会社提交的修改文本对权利要求 1 进行了如下修改：(1) 删除了权利要求 1 中“或其可作药用的盐或酯”中的“或酯”；(2) 删除了权利要求 1 中 R4 定义下的“具有 1 至 6 个碳原子的烷基”；(3) 删除了权利要求 1 中 R5 定义下除羧基和式 COOR5a[其中 R5a 为(5-甲基-2-氧代-1,3-二氧杂环戊烯-4-基)甲基]外的其他定义。专利复审委员会不允许上述第 2 项和第 3 项修改有违《专利法实施细则》第六十九条的立法本意，确有不妥。将本专利实验化合物进行筛选，确定实

---

* 最高人民法院行政判决书(2016)最高法行再 41 号。

施例10、17、19、22～24、50和69作为具体实施例，与结构上仅有一个取代基不同的证据1中实施例329进行ID50数据的比较，仅有四个实施例效果优于实施例329，而其他四个实施例却明显较差。这一比较结果说明，本专利权利要求所涵盖的一个具体实施例的效果与现有技术的证据1中实施例329的技术效果相当，因此，本专利权利要求1未取得预料不到的技术效果，不具备创造性。最终，二审法院撤销了一审判决及专利复审委员会的决定，判令专利复审委员会重新作出决定。

思考与评论

在生物医药专利领域中，马库什权利要求是一种常见的专利权利要求撰写方式。当马库什权利要求涉及化合物时，这些化合物之间是并列选择关系，每个化合物是一个独立的技术方案，该权利要求所概括的是多个技术方案的集合，各要素间都可以相互替代而达到相同的效果。以马库什方式撰写的化合物权利要求应当被理解为一种概括性的技术方案，而不是众多化合物的集合。是否允许权利人对马库什权利要求进行删除式修改一直存在争议，实践中对马库什权利要求的创造性判断方法也不明确。本案中法院通过对马库什权利要求的性质、特点进行分析，确立了马库什权利要求系并列技术方案集合的观点，纠正了“整体技术方案论”的错误认识，允许专利权人进行删除式修改，且马库什权利要求创造性判断中应当适用“突出的实质性特点”的创造性判断原则，当涉及不同范围的马库什权利要求创造性判断时，应当在不同范围的马库什权利要求范围内进行一定的筛选，选择尽可能相近的具体化合物进行技术效果的比较。

鉴于化学发明创造的特殊性，同时考虑到在马库什权利要求撰写之初，专利申请人为了获得最大的权利保护范围就有机会将所有结构方式尽可能写入一项权利要求，因此在无效阶段对马库什权利要求进行修改必须给予严格限制，允许对马库什权利要求进行修改的原则应当是不能因为修改而产生新性能和作用的一类或单个化合物，但是同时也要充分考量个案因素。如果允许专利申请人或专利权人删除任一变量的任一选项，即使该删除使得权利要求保护范围缩小，不会损伤社会公众的权益，但是由于是否因此会产生新的权利保护范围存在不确定性，不但无法给予社会公众稳定的预期，也不利于维护专利确权制度稳定。

另外，马库什权利要求创造性判断应当遵循创造性判断的基本方法，即专利审查指南所规定的“三步法”。意料不到的技术效果是创造性判断的辅助因素，而且作为一种倒推的判断方法，具有特殊性，不具有普遍适用性。因此，只有在经过“三步法”审查和判断得不出是否是非显而易见时，才能根据具有意料不到的技术效果认定专利申请是否具有创造性，通常不宜跨过“三步法”直接适用具有意想不到的技术效果来判断专利申请是否具有创造性。

案例 6-6-6　拜尔公司诉国家知识产权局专利复审委员会发明专利权驳回复审行政纠纷案*

……

二、关于本案中审查文本的确定问题

本案中，拜尔公司在无效阶段将本专利授权公告文本权利要求第 1～3 项部分取代基定义中“可任选”以及“A 和 B”定义中“可被”中的用词“可”进行了删除。

专利复审委员会未接受拜尔公司的上述修改，其理由为：“马库什”权利要求属于在具体实施的技术方案基础上根据一定的构效关系进行概括而形成的一个整体技术方案。在马库什权利要求中不同的选择项隶属于相同或者不同的取代基之下，这些选择项在整体上看并非处于并列的地位，无法在权利要求中形成并列的技术方案，将马库什通式权利要求中某个或某些取代基定义中的某个或某些选择项删除不属于审查指南所述的并列技术方案的删除。此外，若在无效程序中允许对于某些选择项的删除，一则，鉴于这样的删除具有很大的不确定性，将破坏专利权的明确性；二则，拜尔公司可以通过一次又一次的部分删除从而化解一次又一次本应成立的无效宣告请求，马库什权利要求将会成为拜尔公司攻而不破的堡垒，使得拜尔公司过度享受宽泛保护范围所带来的利益而无须承担与之相匹配的风险，这明显显失公平。

对此本院认为，第一，技术方案是指为解决相应的技术问题利用了自然规律的技术手段的集合。通常而言，一个独立权利要求记载有一项完整的技术方案。实践中，为了权利要求撰写的简洁与方便，将并列的技术方案撰写于同一权利要求中亦是允许的。马库什权利要求即属于将并列的技术方案撰写于同一权利要求的典型情形。原因在于马库什权利要求包含有多个并列的可选择要素，即马库什要素，其中的每一个马库什要素与马库什权利要求中的其他技术特征相结合均能解决该权利要求所要解决的技术问题，均构成独立的技术方案。因此，专利复审委员会将马库什权利要求认定为属于在具体实施的技术方案基础上根据一定的构效关系进行概括而形成的一个整体技术方案，显属不当，本院予以纠正。

第二，在认定马库什权利要求为并列技术方案组合的权利要求的基础上，是否

---

* 北京市第一中级人民法院行政判决书(2011)一中知行初字第 3225 号。

允许专利权人在专利确权程序中对相关马库什要素进行删除是本案需要解决的另一问题。

2002年《专利法实施细则》第六十八条规定，在专利确权程序中，发明或者实用新型专利的专利权人可以修改其权利要求书，但是不得扩大原专利的保护范围。

根据上述规定，首先，法律允许专利权人在专利确权程序中对权利要求进行修改。其主要原因在于专利权人表达和认知能力的局限性以及实质审查过程中审查员检索现有技术的能力和认知能力的局限性。专利权人将自己抽象的技术构思形诸于语言文字，体现为具体的技术方案时，由于语言表达的局限，往往有词不达意或者言不尽意之处；其在撰写专利申请文件时，由于对现有技术以及发明创造等的认知局限，亦可能错误理解发明创造。同时，在实质审查过程中，由于检索技术的局限以及审查员个人对现有技术及发明创造等的认知局限，也可能对发明创造产生错误的理解，而使涉案发明创造获得不当的授权。而专利制度的基本价值取向在于"公开保护"，即专利权人公开自己的发明创造已获得国家授予的特定时期的垄断性权利；而上述局限性的存在并非由任意一方当事人的主观原因造成的，因此，有必要给专利权人修改相应权利要求的机会，以使其对社会的贡献获得相应的回报。

其次，法律亦对在专利确权程序中对权利要求的修改进行了必要的限制，即不得扩大原专利的保护范围。其主要原因在于，如上所述，一项专利一旦获得授权，其即获得了国家授予的在特定时期内的垄断性权利；而权利要求书是确定专利权人权利范围的主要依据。社会公众基于对专利授权公告的信赖，会产生一定的信赖利益，并进而在此基础上开展一定的活动，此时，若允许导致专利权权利保护范围扩大的修改，将会损及社会公众的利益并给已经开展行动的第三人造成不必要的损害。

最后，对于"不得扩大原专利的保护范围"的理解，其不但包括不得在相同发明主题下单纯保护范围的扩大；同时，包括不得使修改后的权利要求产生于原发明所不同的新的发明主题的产生；另外，亦要满足专利授权程序中的要求，即不得超出原权利要求书及说明书所记载的范围。在此基础上，通常对于权利要求的合并、删除以及技术方案的删除是允许的。而针对马库什权利要求这一具体类型的权利要求，其存在的一特殊要求在于不得使修改后的权利要求所请求保护的通式化合物相当于单独的化合物或数个具体的化合物，而这些化合物中存在原申请文件中未明确记载的具体化合物。原因在于，新颖性审查的一般原则为通式化合物不能破坏具体化合物的新颖性，若允许上述修改将与上述新颖性审查的原则相冲突；同时，将使得针对通式化合物的选择发明失去存在的基础。

根据本院查明的事实可知，本案中，拜尔公司将授权公告文本权利要求第1～3项部分取代基定义中"可任选"以及"A和B"定义中"可被"中的用词"可"删除。而本领域技术人员可以理解，上述权利要求中出现的"可任选"表示"选"或"不选"两种情形、"可被……取代"表示"被取代"或"不被取代"两种情形、"可被氧间断"表示"被氧间断"或者"不被氧间断"两种情形。上述表述方式是本领域在表述取代基具体情况时通常所采用的形式。也就是说，上述删除属于对两种并列技术方案中一种技术方案的删除，并未扩大原专利的保护范围。因此，被告未予接受上述修改文本，显属不当，本院予以纠正。

在此基础上，专利复审委员会关于本专利是否符合2001年《专利法》第二十二条第二款规定的评述亦存不当，专利复审委员会应在接受上述修改文本的基础上对本专利是否符合2000年《专利法》第二十二条第二款规定重新进行评述。

关于专利复审委员会上述所述允许马库什权利要求在专利确权程序中进行修改所导致的专利权保护范围的不确定以及专利权人可以通过修改而获得不当利益的问题。本院认为，在专利权人作出修改之前，马库什权利要求与普通的权利要求都存在修改后权利要求保护范围不确定性的问题，但在专利权人在专利确权程序中对相关权利要求修改后，上述问题即可消除；同时，马库什权利要求与普通的权利要求都存在并列技术方案删除后，其权利要求保护范围逐渐缩小的问题，因此，不能因为马库什权利要求中专利权人可后退的余地更多，而不允许其删除。

另外，本院需要指出的是，当事人对于现有技术及发明创造等的认知局限在马库什权利要求所限定的发明创造中尤为明显，马库什权利要求本身是在有限的实施例的基础上对具有相同性能或作用的具有共同结构或虽不具有共同的结构但属于所属领域中公认的同一化合物类别的概括，也就是说，其权利要求请求保护的范围所包含的化合物的数量通常远多于实施例所展示的化合物的数量。上述认知能力的局限与概括后保护范围的巨大，难免会导致专利权人的概括不当。此种情形下，若不允许专利权人对相应并列技术方案进行删除，将使权利人承担其能力所不及规避的风险，是显失公平的。至于对于允许上述修改后，由于其可以"步步为营"的后退，是否会出现当事人只写一个权利要求即可以保障其获得最大利益的疑问。本院认为，当事人在撰写权利要求时，其首先考虑的当然是使其利益最大化，但是保障专利获得授权是其获取相应利益的前提。而保证一项申请获得授权，其需要满足法律、法规及相关规章关于权利要求书及说明书撰写、新颖性及创造性等方面的要求。若当事人仅撰写一项权利要求，而该项权利要求所限定的范围比较大的情况下，其将会承担专利是否能够及时获得授权以及因后续不断的专利确权程序而导致的专利权不稳定的风险。因此，上述担忧亦不足以使得在马库什权利要求中存在不允许删除并列技术方案的例外。

5. 瑞士型用途权利要求

为了避开疾病的诊断和治疗方法不授予专利权的障碍，瑞士联邦知识产权局创立了人们现在所称的"瑞士型"用途权利要求，其权利要求的典型撰写方式是："化合物 X 在制备诊断或治疗 Y 病的药物中的应用"。这种权利要求的基本特征是：(i)化合物 X；(ii)用于制备药物；和(iii)所述药物用于诊断或治疗 Y 病，其中特征(i)和(ii)通常是已知的，而区别特征仅仅在于该化合物 X 的疾病适应症——诊断或治疗 Y 病。换言之，这种权利要求的药物制备方法与使用相同活性成分的已有制备方法往往没有差异，其新颖性仅仅体现在化合物 X 的疾病适应症上。

案例 6-6-7　卡比斯特制药公司与国家知识产权局专利复审委员会、肖红发明专利权无效行政纠纷案*

卡比斯特公司于 1999 年 9 月 24 日向中华人民共和国国家知识产权局申请了名称为"抗生素的给药方法"的发明专利，并于 2004 年 5 月 19 日获得授权，专利号为 99812498.2，要求 US60/101,828 和 US60/125,750 为优先权，优先权日分别为 1998 年 9 月 25 日和 1999 年 3 月 24 日。本专利授权公告的权利要求书为：

1. 潜霉素在制备用于治疗有此需要的患者细菌感染而不产生骨骼肌毒性的药剂中的用途，其中用于所述治疗的剂量是 3mg/kg ~ 75mg/kg 的潜霉素，其中重复给予所述的剂量，其中所述的剂量间隔是每隔 24 小时一次至每隔 48 小时一次。

2. 根据权利要求 1 所述的用途，其中所述的剂量间隔是每隔 24 小时给药一次。

3. 根据权利要求 1 所述的用途，其中所述的剂量是 3mg/kg ~ 12mg/kg。

4. 根据权利要求 1 所述的用途，其中所述的剂量是 10mg/kg ~ 25mg/kg。

5. 根据权利要求 1 所述的用途，进一步包括除潜霉素以外的抗生素的一种抗生素在制备用于治疗患者细菌感染的药剂中的用途。

6. 根据权利要求 5 所述的用途，其中所述的抗生素选自下列抗生素组成的组：青霉素类及相关药物、碳青霉烯类、头孢菌素类及相关药物、氨基糖苷类、杆菌肽、短杆菌肽、莫匹罗星、氯霉素、甲砜霉素、褐霉酸钠、林可霉素、氯林可霉素、大环内酯类、新生霉素、多粘菌素、利福霉素、大观霉素、四环素、万古霉素、替考拉宁、蜜柑霉

* 最高人民法院行政裁定书(2012)知行字第 75 号。

素类、抗叶酸药包括磺胺类药、甲氧苄啶及其组合物和乙胺嘧啶、合成的抗菌药、硝基呋喃类、孟德拉胺、马尿酸乌洛托品、硝基咪唑类、喹诺酮类、氟喹诺酮类、异烟肼、乙胺丁醇、吡嗪酰胺、对氨基水杨酸(PAS)、环丝氨酸、卷曲霉素、乙硫异烟胺、丙硫异烟胺、氨苯硫脲和紫霉素。

7. 根据权利要求5所述的用途,其中所述的抗生素选自亚胺培南、阿米卡星、奈替米星、磷霉素、庆大霉素和替考拉宁组成的组。

8. 根据权利要求5所述的用途,其中所述的剂量是口服、皮下或静脉内剂量。

9. 根据权利要求7所述的用途,其中所述的剂量是3mg/kg~12mg/kg。

10. 根据权利要求2所述的用途,其中所述的剂量是10mg/kg~25mg/kg。

11. 根据权利要求2所述的用途,其中所述的剂量是25mg/kg~75mg/kg。

12. 根据权利要求1或2所述的用途,其中所述的剂量是口服、皮下或静脉内剂量。

13. 根据权利要求1或2所述的用途,其中将潜霉素给予3天至6个月。

14. 根据权利要求1或2所述的用途,其中将潜霉素给予7天至28天。

15. 根据权利要求1或2所述的用途,其中将潜霉素给予7天至14天。

关于本专利权利要求1中给药剂量、时间间隔是否对请求保护的制药用途权利要求具有限定作用,本院认为:

在化学领域发明专利的申请中,制药用途权利要求是一类特殊的权利要求。当物质的医药用途以"用于治病""用于诊断病""作为药物的应用"等这样的权利要求申请专利,会因为属于我国《专利法》第二十五条第一款第(三)项"疾病的诊断和治疗方法",而不能被授予专利权。但若该物质用于制造药品,则可依法授予专利权。由于药品及其制备方法均可依法授予专利权,因此,物质的医药用途发明以药品权利要求或者以"在制药中的应用""在制备治疗某病的药物中的应用"等属于制药方法类型的用途权利要求申请专利的,则不属于《专利法》第二十五条第一款第(三)项规定的情形。为了保护发明人对于现有技术的创新性贡献,实现专利法保护创新、鼓励发明创造的立法宗旨,在相当长时间的专利审查实践中,国务院专利行政管理机关均允许将那些发明实质在于药物新用途的发明创造,撰写成制药方法类型的权利要求来获得专利权,如"化合物X作为制备治Y病药的应用"或与此类似的形式。其实质上是针对物质的医药用途发明创造所作的特别规定,通过给医药用途发明创造提供必要的保护空间和制度激励,平衡社会公众与权利人的利益。经过多年的审查实践,已被普遍认可和接受。《专利审查指南》在关于化学领域发明专利申请审查的若干规定中明确,化学物质的用途发明是基于发现物质新的性能,利用此性能而作出的发明。无论是新物质还是已知物质,其性能是物质本身所固有的,用途发明的本质不在于物质本身,而在于物质性能的应用。因此,用途发明是一种方法发明,其权利要求属于方法类型。对此问题,《专利审查指南》(2010 年版)与历次修订的《专利审查指南》亦均作出了基本相同的规定。当发明的实质及其对现有技术的改进在于物质的医药用途,申请人在申请专利权保护时,应当按照《专利审查指南》的相关规定,将权利要求撰写为制药方法类型权利要求,并以与制药相关的技术特征,对权利要求的保护范围进行限定。

在实践中,给药对象、给药形式、给药剂量、时间间隔等是此类权利要求中经常出现的特征,而且,还存在并会不断出现形式和内容各异的其他特征。分析各个技术特征体现的是制药行为还是用药行为,以及新用途与已知用途是否实质不同,对判定所要求保护的技术方案与现有技术是否具备新颖性非常关键。由于这类权利要求约束的是制造某一用途药品的制造商的制造行为,所以,仍应从方法权利要求的角度来分析其技术特征。通常能直接对其起到限定作用的是原料、制备步骤和工艺条件、药物产品形态或成分以及设备等。对于仅涉及药物使用方法的特征,例如,药物的给药剂量、时间间隔等,如果这些特征与制药方法之间并不存在直接关联,其实质上属于在实施制药方法并获得药物后,将药物施用于人体的具体用药方法,与制药方法没有直接、必然的关联性。这种仅体现于用药行为中的特征不是制药用途的技术特征,对权利要求请求保护的制药方法本身不具有限定作用。

本案中,卡比斯特公司提交补充证据 14、15、16、17 主张,制药过程不仅包括原料、单位剂量(药品规格)的确定、制备工艺及设备等,还包括药品的说明书、标签和包装的撰写和印刷等药品出厂包装前的所有工序。补充证据 14 为涉及化学领域专利申请文件撰写的书籍,是作者的学术观点,且与仅体现在用药行为中的特征不是制药用途的技术特征相悖,不能作为认定本专利具备新颖性、创造性的依据。补充证据 15 ~ 17 是国家药监局的文件,旨在规范药品生产企业的制药生产过程,亦不能以此作为认定本专利新颖性、创造性的依据。本院对上述证据均不予采信。

卡比斯特公司提交的补充证据 1、13 主张,本专利的给药剂量、时间间隔并不是用药过程中医生对治疗方案的选择结果,而是在研发、制药过程中为用药过程确定的信息,与制药过程紧密相关。正是制药过程确定的药品说明书、标签才对随后发生的医生用药的处方行为产生了限制。因此,本专利的给药剂量、时间间隔等特征对制药过程具有限定作用。本院认为,首先,药品作为一种与人体健康、生命直接相关的特殊商品,其技术创新和研发的投资回报可以通过专利制度获得保障。药品的安全性、有效性和质量可控性则是通过严格的行政审批管理制度来规制。国家对物质的医药用途相关专利制度不同于对药品的行政管理制度,二者规范的目的、对象以及具体内容都存在实质性的区别。专利法意义上的制药过程通常是指以特定步骤、工艺、条件、原料等制备特定药物本身的行为,并不包括药品的说明书、标签和包装的撰写等药品出厂包装前的工序。其次,单位剂量通常是指每一药物单位中所含药物量,该含量取决于配制药物时加入的药量。给药剂量是指每次或者每日的服药量,指药物的使用分量,可由药物的使用者自行决定,如一天两次或一天三次地给药。属于对药物的使用方法。临床实践中,若单位剂量的药物含量没有达到用药量,可通过服用多个单位剂量的药物实现,若药物含量大于用药剂量,则减量服用。本专利权利要求1中记载的所述治疗的剂量是3mg/kg~75mg/kg,并没有限定是单位剂量还是给药剂量。本专利说明书也没有记载该剂量对制药过程及制药用途种类具有影响。作为本领域的技术人员,对于本专利权利要求1中记载的所述治疗的剂量是3mg/kg~75mg/kg,通常理解为是每千克的活性成分为3mg/kg~75mg/kg,所限定的是给药剂量。针对患者个体修改服用方式,选择服用的药物剂量,从而达到药品的最佳治疗效果是用药过程中使用药物治病的行为,给药剂量的改变并不必然影响药物的制备过程,导致药物含量的变化。同样,本专利通过时间间隔形成的给药方案是用药过程中如何使用该药物的方法特征,属于体现在用药过程,不体现在制药阶段的医学实践活动。该用药过程的特征与药物生产的制备本身并没有必然的联系,没有对潜霉素的制备方法产生改变,影响药物本身,对制药过程不具有限定作用,不能使该制药用途具备新颖性。卡比斯特公司依据补充证据1、13,主张药物的使用行为包括在制药的过程中,给药剂量对制药用途的权利要求产生限定作用,本院不予支持。

综上所述,本专利的技术方案是在给药剂量和时间间隔上的一种改进,没有改变潜霉素的抗菌机理、抗菌谱以及杀菌活性,没有改变潜霉素治疗疾病的已知用途。卡比斯特公司有关“给药剂量、时间间隔”等给药特征体现于药品说明书、标签,对制药过程具有限定作用的主张,本院不予支持。第13188号决定以及一、二审判决关于本专利给药剂量、时间间隔等特征对制药用途权利要求没有限定作用的认定,并无不当。

思考与评论

在化学领域发明专利的申请中,制药用途权利要求是一类特殊的权利要求。涉案专利是以瑞士型权利要求撰写的物质的医药用途的发明,这类权利要求在新颖性的判断和保护范围的界定方面存在长期的争议。尤其是当与已知的技术方案的唯一区别在于权利要求中与治疗相关的特征,如给药方案、给药途径、治疗对象时，如何区分用药行为中的特征还是制药用途的技术特征是判断具备新颖性的关键。本案明确了物质的医药用途发明属于方法类型，应从方法权利要求的角度来分析其技术特征。确定了何为专利法意义上的制药过程，区分了给药剂量与单位剂量，就给药特征对此类发明是否具有限定作用，以及权利要求限定的不产生特定毒副作用的特征是否对医药用途发明产生限定作用进行了详细分析。欧洲专利局(EPO)扩大申诉委员会于2010年2月19日作出决定，今后不再承认瑞士型权利要求，你认为其主要原因是什么？

6. 开放式权利要求与封闭式权利要求

案例6-6-8　北京世纪联保消防新技术有限公司与国家知识产权局专利复审委员会发明专利权无效行政纠纷案[*]

涉案专利是于2008年1月9日授权公告的、名称为"脉冲超细干粉自动灭火装置"的发明专利，其专利号是02123866.9，申请日是2002年7月5日，专利权人是世纪联保公司，本专利授权公告的权利要求书如下：

1. 脉冲超细干粉自动灭火装置，含有启动器和内装超细干粉灭火剂(冷气溶胶灭火剂)的壳体，其特征在于，它含有：壳体，它包括：外壳、装在外壳内的粒度在30μm以下的超细干粉灭火剂及壳体喷口密封用的铝膜；传导速度大于0.5m/s的启动器，它包括：由燃点大于或等于135℃、并对火焰或温度敏感的热敏线和套在热敏线外的套管组成的启动组件，由靠螺母和贯穿着热敏线的穿孔螺栓紧压在壳体内侧的铝板、与热敏线接触的产气剂和扣压在铝板上用以包住产气剂的非金属薄膜共同组成的产气组件。

……

(一)本专利权利要求1是否属于开放式权利要求

2001年版《专利审查指南》仅在第二部分第十章"关于化学领域发明专利申请审查的若干规定"中第3.2.1节规定了开放式、封闭式及半开放式三种表达方式。开放式表示组合物中并不排除权利要求中未指出的组分，封闭式则表示组合物中仅包括所指出的组分而排除所有其他的组分，半开放式介于两者之间。这三种表达方式的保护范围不同。其中，"含有""包括"为开放式表达方式的常用措词。鉴于开放式和封闭式权利要求在其他领域也有普遍适用性，且半开放式权利要求保

---

* 最高人民法院行政判决书(2012)行提字第20号。

护范围的判断方法与开放式权利要求的判断方法在实际操作中相同,2006 年版《专利审查指南》第二部分第十章“关于化学领域发明专利申请审查的若干规定”删除了半开放式权利要求的相关规定,并将原来的半开放式权利要求的几种表达方式归入开放式权利要求中,同时在权利要求的通用章节即第二部分第二章第 3.3 节“权利要求的撰写规定”中,增加了开放式权利要求和封闭式权利要求的规定,即开放式的权利要求宜采用“包含”“包括”“主要由……组成”的表达方式,其解释为还可以含有该权利要求中没有述及的结构组成部分或方法步骤;封闭式的权利要求宜采用“由……组成”的表达方式,其一般解释为不含有该权利要求所述以外的结构组成部分或方法步骤。

本专利申请日为 2002 年 7 月 5 日,授权公告日为 2008 年 1 月 9 日。因此,本专利的审查应当适用 2001 年版《专利审查指南》。根据 2001 年版《专利审查指南》,开放式与封闭式、半开放式权利要求的表达方式仅适用于化学领域发明专利。但是,开放式、封闭式权利要求的常用措词本身是对专利申请审查实践中不同类型权利要求常用措词的总结,应当考虑到了措词本身的含义。根据《现代汉语词典(第 5 版)》,包括是指,包含(或列举各部分,或着重指出某一部分)。本专利权利要求 1 使用的“含有”“包括”措词的本身含义就应当理解为没有排除未指出的结构组成部分。在此情况下,二审判决关于“本专利权利要求 1 是一开放式的权利要求,其并没有排除还可能包含除了其中明确限定的部件以外的部件”的认定并无不妥。

思考与评论

本案中区分开放式权利要求与封闭式权利要求的价值何在?如果本案的权利要求被认定为封闭式权利要求,其结果会有不同吗?《最高人民法院关于审理侵犯专利权纠纷案件应用法律若干问题的解释(二)》第七条规定,被诉侵权技术方案在包含封闭式组合物权利要求全部技术特征的基础上增加其他技术特征的,人民法院应当认定被诉侵权技术方案未落入专利权的保护范围,但该增加的技术特征属于不可避免的常规数量杂质的除外。前款所称封闭式组合物权利要求,一般不包括中药组合物权利要求。

案例 6-6-9　胡小泉“注射用三磷酸腺苷二钠氯化镁”专利侵权案*

2004 年 7 月 21 日,胡小泉向国家知识产权局申请“注射用三磷酸腺苷二钠氯

* 最高人民法院民事判决书(2012)民提字第 10 号。

化镁冻干粉针剂及其生产方法”发明专利(以下简称涉案专利),该局经实质审查于2006年11月15日作出授权公告,胡小泉被授予专利权,专利号为ZL200410024515.1,公告号为CN1284525C。目前涉案专利权处于有效法律保护状态。涉案专利有两项权利要求,其权利要求的内容为:

“1.关于注射用三磷酸腺苷二钠氯化镁冻干粉针剂生产方法,其特征在于:它包括下列步骤:取三磷酸腺苷二钠100重量份与氯化镁32重量份加400重量份水搅拌制成混合溶液;用0.1%氢氧化钠溶液调该混合溶液pH值到4.5~7.0;再向该混合溶液中加600重量份水混匀,将上述混合溶液用微孔滤膜过滤,经滤膜起泡点检验和内毒素检验后,灌装于每个药瓶中;然后药瓶半加塞,将药瓶放入冷冻干燥箱中,待瓶中制品降到-35℃后保持3小时;降低冷凝器温度至-60℃,抽真空至10Pa以下后,通过隔板给瓶中制品加温使冻结产品的温度升至-20℃,保持5小时;继续加热升温至25℃,保温5小时;最后药瓶压塞,轧铝盖制成注射用三磷酸腺苷二钠氯化镁冻干粉针剂。

2.一种注射用三磷酸腺苷二钠氯化镁冻干粉针剂,其特征是:由三磷酸腺苷二钠与氯化镁组成,二者的重量比为100毫克比32毫克。”

……

(二)如何确定涉案专利权利要求2的保护范围

根据《专利法》第五十六条第一款的规定,发明专利权的保护范围以权利要求的内容为准,说明书和附图可以用于解释权利要求。本案中,涉案专利属于化学领域的组合物专利,权利要求2采用了“由……组成”这一措词对组合物的组分进行限定。参照2001年版《专利审查指南》第二部分第十章“关于化学领域发明专利申请审查的若干规定”中第3.2.1节的规定,涉案专利权利要求2属于组合物封闭式权利要求。在专利侵权诉讼程序中确定组合物封闭式权利要求的保护范围时,应当参照《专利审查指南》的相关规定,即,组合物封闭式权利要求表示要求保护的组合物仅由权利要求所限定的组分组成,没有别的组分,但可以带有杂质,该杂质只允许以通常的含量存在。因此,涉案专利权利要求2要求保护的注射用三磷酸腺苷二钠氯化镁冻干粉针剂中,仅由三磷酸腺苷二钠与氯化镁组成,除可能具有通常含量的杂质外,别无其他组分。

胡小泉辩称,涉案专利权利要求2要求保护的产品在制备过程中加入了辅料氢氧化钠和水,同样也有辅料存在。首先,涉案专利权利要求2作为独立权利要求,属于产品权利要求,其采取的封闭式限定,系针对产品的组成及其配比而言,与产品的制备过程中是否添加其他组分无关。其次,在生产药品过程中加入氢氧化钠,并不必然说明最终产物中也含有这一辅料。根据《药剂辅料大全》和《药用辅料应用技术》中的记载，药剂辅料是生产药物制剂的必备材料。根据2013年的《中华人民共和国药品管理法》第一百零二条规定的药品辅料的定义，辅料是指生产药品和调配处方时所用的赋形剂和附加剂。涉案专利说明书和权利要求1中均记载了在药品制备的过程中"加入氢氧化钠"的步骤，因此，氢氧化钠应当属于在药品制备过程中加入的辅料，是辅料中的pH调节剂。根据化学领域的基本常识，向酸性溶液中加入氢氧化钠调节pH值至弱酸性或中性后，氢氧化钠必然将被中和，固体粉针剂中不会含有氢氧化钠。综上所述，本领域技术人员在阅读了涉案专利说明书及权利要求书后，也不会认为涉案专利权利要求2要求保护的产品中含有氢氧化钠。因此，胡小泉的相应辩称理由不能成立。

胡小泉在其针对再审申请书提交的答辩意见中还辩称，国家知识产权局对于封闭式或开放式权利要求的判定标准是按照活性成分的选择来界定的，并不考虑辅料的存在与否。因此，涉案专利权利要求2仅对活性成分封闭。然而经本院查明，根据国家知识产权局针对涉案专利发出的第二次审查意见通知书，涉案专利申请人在实质审查过程中曾试图将说明书和权利要求修改为"主要成分由三磷酸腺苷二钠与氯化镁组成"，但被认为不符合《专利法》第三十三条关于修改的规定，未能得到允许。涉案专利申请人亦未坚持，而是修改为目前授权后的权利要求。从修改过程以及授权的权利要求2的表述来看，涉案专利申请人最终并没有采取活性成分封闭的限定方式。在授权后的专利侵权诉讼中，涉案专利申请人主张应当将涉案专利权利要求2理解为活性成分封闭，与上述客观事实相悖，亦与禁止反悔原则相悖。此外，泰盛公司和特利尔分公司向本院提交的相关专利文件表明，国家知识产权局授权的开放式和封闭式药物组合物权利要求中均可以含有辅料，且封闭式药物组合物权利要求也不是仅仅对活性成分封闭。因此，胡小泉关于实质审查程序中国家知识产权局认为涉案专利权利要求2仅对活性成分封闭的辩称理由不能成立。

胡小泉另外辩称，根据《专利法实施细则》和《专利审查指南》关于必要技术特征的规定以及涉案专利要解决的技术问题，辅料可以由公知常识通过简单实验确定，不属于必要技术特征，因此不必写入权利要求中。首先，2001年修订的《专利法实施细则》第二十一条第二款规定，"独立权利要求应当从整体上反映发明或者实用新型的技术方案，记载解决技术问题的必要技术特征。"2001年版《专利审查指南》第二部分第二章第3.1.2节规定："必要技术特征是指，发明或者实用新型为解决其技术问题所不可缺少的技术特征，其总和足以构成发明或者实用新型的技术方案,使之区别于背景技术中所述的其他技术方案。”根据上述规定可知,必要技术特征的要求是为了保证独立权利要求能够完整地反映发明或者实用新型的技术方案而提出的,是对权利要求需要具备的技术特征提出的最低限度的要求。此外,辅料是否属于必要技术特征,还需要根据辅料的具体类型、含有该辅料的技术方案或者由该辅料和其他组分组成的技术方案及其背景技术作出具体分析和判断。最后,根据《最高人民法院关于审理侵犯专利权纠纷案件应用法律若干问题的解释》第七条的规定,人民法院判定被诉侵权技术方案是否落入专利权的保护范围,应当审查权利人主张的权利要求所记载的全部技术特征。可见,我国专利侵权判定采用全面覆盖原则,无须区分必要技术特征与非必要技术特征。最为关键的是,专利申请人在遵循2001年的《专利法实施细则》第二十一条第二款的要求,即撰写的权利要求在不缺少必要技术特征的情况下,还应当遵循《专利审查指南》关于权利要求撰写的明确规定。因此,胡小泉关于辅料属于非必要技术特征、不必写入权利要求的辩称理由不能成立。

综上所述,涉案专利权利要求2明确采用了《专利审查指南》规定的“由……组成”的封闭式表达方式,属于封闭式权利要求,其保护范围应当按照对封闭式权利要求的一般解释予以确定,即涉案专利权利要求2要求保护的注射用三磷酸腺苷二钠氯化镁冻干粉针剂仅由三磷酸腺苷二钠与氯化镁组成,除可能具有通常含量的杂质外,别无其他组分。辅料并不属于杂质,辅料也在涉案专利权利要求2的排除范围之内。原再审判决认为涉案专利权利要求2不应理解为不包括辅料成分错误,本院予以纠正。

(三)被诉侵权产品是否落入涉案专利权利要求2的保护范围

本案中被诉侵权产品的有效成分为三磷酸腺苷二钠和氯化镁,该成分及其配比均与涉案专利权利要求2相同,但被诉侵权产品在制备过程中加入了两种辅料,即精氨酸和碳酸氢钠。其中,与涉案专利产品制备过程中加入的氢氧化钠类似,作为pH调节剂的碳酸氢钠在最终产物中被中和,但作为稳定剂的精氨酸仍然存在于最终产物中。对此,双方当事人亦认可被诉侵权产品中存在精氨酸。根据《药剂辅料大全》《药用辅料应用技术》的记载,医药领域中的辅料多种多样,精氨酸为其中的一种,一般用作药物制剂中的稳定剂。泰盛公司在制备被诉侵权产品的过程中按照一定的比例将精氨酸添加入药物制剂,精氨酸并非通常意义上的杂质。

根据《最高人民法院关于审理侵犯专利权纠纷案件应用法律若干问题的解释》第七条的规定,人民法院判定被诉侵权技术方案是否落入专利权的保护范围,应当审查权利人主张的权利要求所记载的全部技术特征。涉案专利权利要求2明确记载其要求保护的组合物发明由三磷酸腺苷二钠和氯化镁两种组分组成,因此,除了三磷酸腺苷二钠和氯化镁两种组分之外,其没有其他组分,但可以带有杂质,该杂质只允许以通常的含量存在。被诉侵权产品中添加了辅料精氨酸,无论这种辅料是否是现有技术中已知的常规辅料,其并非与三磷酸腺苷二钠和氯化镁相伴随的常规杂质。被诉侵权产品除了含有涉案专利权利要求2中的三磷酸腺苷二钠和氯化镁之外,还含有精氨酸。因此,被诉侵权产品未落入涉案专利权利要求2的保护范围。泰盛公司、特利尔分公司的行为未侵犯涉案专利权。原再审判决认定被诉侵权产品落入涉案专利权利要求2的保护范围错误,本院予以纠正。

胡小泉辩称,被诉侵权产品添加了无关紧要的辅料,与涉案专利构成等同。根据《最高人民法院关于审理侵犯专利权纠纷案件应用法律若干问题的解释》第七条和《最高人民法院关于审理专利纠纷案件适用法律问题的若干规定》第十七条的规定,被诉侵权技术方案包含与权利要求记载的全部技术特征相同或者等同的技术特征的,人民法院应当认定其落入专利权的保护范围;等同特征是指与所记载的技术特征以基本相同的手段,实现基本相同的功能,达到基本相同的效果,并且本领域的普通技术人员无须经过创造性劳动就能够联想到的特征。根据上述规定,所谓等同,是指被诉侵权技术方案中的技术特征与专利权利要求中记载的对应技术特征之间的等同,而不是指被诉侵权技术方案与专利权利要求所要求保护的技术方案之间的整体等同;同时,等同原则的适用不允许忽略专利权利要求中记载的任何技术特征。之所以在专利侵权判定中发展出等同原则,是考虑到事实上不可能要求专利权人在撰写权利要求时能够预见到侵权者以后可能采取的所有侵权方式,因此对权利要求的文字所表达的保护范围作出适度扩展,将仅仅针对专利技术方案作出非实质性变动的情况认定为构成侵权,以保护专利权人的合法权益,维护整个专利制度的作用。然而,在权利要求中采用"由……组成"的封闭式表达方式,本身意味着专利权人通过其撰写,限定了专利权的保护范围,明确将其他未被限定的结构组成部分或者方法步骤排除在专利权保护范围之外。本案中,涉案专利权利要求2属于封闭式权利要求,其本身使用的措词已经将三磷酸腺苷二钠和氯化镁之外的组分排除在专利权保护范围之外。如果通过等同原则,将专利权人明确排除的结构组成部分或者方法步骤重新纳入封闭式权利要求的保护范围,认定被诉侵权产品与权利要求2构成整体等同,既不符合适用等同原则的基本目的,亦不符合司法解释中有关技术特征等同的规定。因此,对于胡小泉关于等同的相关主张,本院不予支持。

思考与评论

本案中,最高人民法院指出,对于封闭式权利要求,一般应当解释为不含有该权利要求所述以外的结构组成部分或者方法步骤;对于组合物封闭式权利要求,一般应当解释为组合物中仅包括所指出的组分而排除所有其他的组分,但是可以包含通常含量的杂质,辅料并不属于杂质。最高人民法院同时指出,专利权人选择封闭式权利要求表明其明确将其他未被限定的结构组成部分或者方法步骤排除在专利权保护范围之外,不宜再通过适用等同原则将其重新纳入保护范围。你认为封闭式权利与开放式权利要求在侵权判断中的主要差异在哪里?有人认为,专利法应取消开放式权利要求与封闭式权利要求的区别,其主要理由是依据"全面覆盖原则",完整再现权利要求的技术方案均属于侵权,而不问是开放式还是封闭式的。也有人认为,应当仅对组合物和化合物权利要求区分开放式和封闭式权利要求。

7. 独立权利要求与从属权利要求

独立权利要求应当从整体上反映发明或者实用新型的技术方案,记载解决技术问题的必要技术特征。必要技术特征是指,发明或者实用新型为解决其技术问题所不可缺少的技术特征,其总和足以构成发明或者实用新型的技术方案,使之区别于背景技术中所述的其他技术方案。判断某一技术特征是否为必要技术特征,应当从所要解决的技术问题出发并考虑说明书描述的整体内容,不应简单地将实施例中的技术特征直接认定为必要技术特征。

在一件专利申请的权利要求书中,独立权利要求所限定的一项发明或者实用新型的保护范围最宽。

如果一项权利要求包含了另一项同类型权利要求中的所有技术特征,且对该另一项权利要求的技术方案作了进一步的限定,则该权利要求为从属权利要求。由于从属权利要求用附加的技术特征对所引用的权利要求作了进一步的限定,所以其保护范围落在其所引用的权利要求的保护范围之内。从属权利要求中的附加技术特征,可以是对所引用的权利要求的技术特征作进一步限定的技术特征,也可以是增加的技术特征。

(1)必要技术特征。

案例6-6-10 爱立信股份有限公司与国家知识产权局专利复审委员会发明专利权无效行政纠纷上诉案*

本专利系中华人民共和国国家知识产权局2005年11月16日授权公告的专利号为98118866.4、名称为"在SDH网络中的数据传输"的发明专利,其申请日为1998年9月4日,优先权日为1997年9月5日,专利权人原为马科尼英国知识产权有限公司,后变更为爱立信公司。

本院认为,本案应适用2001年7月实施的《中华人民共和国专利法》及相应的《专利法实施细则》进行审理。2001年的《专利法实施细则》第二十一条第二款规定:"独立权利要求应当从整体上反映发明或者实用新型的技术方案,记载解决技术问题的必要技术特征。"权利要求书应当记载发明或者实用新型的技术特征。在判断独立权利要求是否从整体上反映了发明或者实用新型的技术方案,是否记载了解决技术问题的必要技术特征时,可以根据权利要求书的记载并结合本领域普通技术人员阅读说明书及附图后对权利要求的理解来确定,说明书对权利要求用语有特别界定的,可从其特别界定。对于在权利要求书中出现的特定术语,如果能够从说明书及其附图中明确该术语的特定含义的,一般应当遵从说明书及其附图的表述。

从本专利所要解决的技术问题及相应的解决方案来看,对接收信号的调整和处理包括指示虚拟级联中虚拟容器顺序的内容,是本专利必不可少的技术特征。而本专利权利要求1中仅记载有"所述接口被安排为通过使用路径开销的一部分指示所述帧的顺序来处理路径开销信息",缺乏将所接收的信号转换为虚拟级联形式时用于指示虚拟级联信息结构中虚拟容器顺序的内容,因而没有完整记载对接收信号的转换和处理的方案,从而导致无法在SDH网络中恢复原来所接收的信号。虽然爱立信公司主张权利要求1中"所述帧的顺序"既包括虚拟容器在虚拟级联中的顺序,也包括帧在虚拟容器中的顺序,但根据本专利说明书的记载,本专利权利要求1中所述的帧的顺序仅表示了在虚拟容器之下的帧的顺序,故本专利权利要求1记载的"路径开销的一部分"仅是指在虚拟容器中指示帧的顺序的字节,而并不包括指示虚拟容器在虚拟级联信息结构中的顺序的字节。因此,本专利权利要求1缺

---

* 北京市高级人民法院行政判决书(2011)高行终字第693号。

乏必要的技术特征,原审法院认定其不符合2001年《专利法实施细则》第二十一条第二款的规定并无不当。爱立信公司有关原审判决对本专利权利要求1和5中所限定的“帧的顺序”的认定错误的上诉理由不能成立,本院不予支持。此外,原审判决并未认定本发明必须使用H4和J1字节,而且从爱立信公司对本专利技术方案的陈述来看,用多种字节来界定所要传输的信号是必要的,故爱立信公司有关原审判决错误地认定本发明必须使用H4和J1字节的上诉理由缺乏依据,本院不予支持。

本专利所要解决的技术问题是在一个本身不能传送接触级联信号的SDH网络上传输数据信号,对接收信号的转换和处理是本专利不可缺少的技术特征,否则无法将接收的信号转为虚拟级联的形式而在SDH网络上进行传输。作为与本专利权利要求1相对应的方法权利要求,本专利权利要求5仅记载了“一种用于在网络中传输数据的方法”,而未将其中的“网络”限定为权利要求1中SDH网络,而且其仅记载了“虚拟级联信息结构包括路径开销和多个帧”,既未记载该虚拟级联信息结构中包括有关虚拟容器的特征,也未记载有关虚拟容器在虚拟级联信息结构中顺序的特征。虽然爱立信公司称权利要求5中的“虚拟级联信息结构”已经表明其已具备虚拟容器这一技术特征,但由于权利要求5并未被明确限定为SDH网络,故其上述主张依据不足。因此,本专利权利要求5没有完整地记载对接收信号转换、处理的技术方案,导致网络不能将所接收的信号恢复为最初发送时的顺序。原审法院认定本专利权利要求5缺少“虚拟级联信息结构包括虚拟容器”技术特征并无不当,爱立信公司有关原审判决上述认定错误的上诉理由缺乏依据,本院不予支持。

爱立信公司主张“将外部信号转换成虚拟信息结构”并不是本专利权利要求5的必要技术特征,原审判决未对此进行评述确有不当,但由于原审法院已经认定本专利不符合2001年《专利法实施细则》第二十一条第二款的规定,其未审理爱立信公司上述主张并未影响其判决结果,故本院对爱立信公司的上述主张不予支持。此外,关于爱立信公司有关即使本专利权利要求1、5被宣告无效,权利要求5的从属权利要求7、16也应被维持有效的主张,由于本专利权利要求5缺少虚拟容器的特征在权利要求7、16中也未有记载,故爱立信公司上述主张也不能成立,本院不予支持。

综上所述,爱立信公司的上诉理由因缺乏事实和法律依据均不能成立,其上诉请求本院不予支持。原审判决认定事实清楚,适用法律正确,其判决结果依法应予维持。

思考与评论

必要技术特征是指,发明或者实用新型为解决其技术问题所不可缺少的技术特征,其总和足以构成发明或者实用新型的技术方案,使之区别于背景技术中所述的其他技术方案。判断某一技术特征是否为必要技术特征，应当从所要解决的技术问题出发并考虑说明书描述的整体内容，不应简单地将实施例中的技术特征直接认定为必要技术特征。“独立权利要求应当从整体上反映发明或者实用新型的技术内容，记载解决技术问题的必要技术特征。”根据上述规定，独立权利要求中记载的必要技术特征应当与发明或者实用新型专利所要解决的技术问题相对应。正确认定《专利实施细则》第二十一条第二款所称的“技术问题”，是判断独立权利要求是否缺少必要技术特征的基础。在认定专利所要解决的技术问题时，应当以说明书中记载的技术问题为基本依据，并综合考虑说明书中有关背景技术及其存在的技术缺陷、涉案专利相对于背景技术取得的有益效果等内容。独立权利要求中记载的技术特征本身，并非认定专利所要解决的技术问题的依据。认定独立权利要求是否缺少必要技术特征时，关键在于独立权利要求中是否记载了解决技术问题的必要技术特征，即必要技术特征的有无问题。必要技术特征概括得是否适当，是否得到说明书的支持，应当另行依据《专利法》第二十六条第四款进行审查。另外，如果独立权利要求被宣告无效，该独立权利要求应视为自始即不存在，直接从属于该独立权利要求的从属权利要求将成为新的独立权利要求，其同样应当记载解决技术问题的必要技术特征，值得注意的是，除中国外，其他国家以及 PCT 及其实施细则都没有“必要技术特征”条款。你认为原因何在？

(2)从属权利要求的价值。从属权利要求存在的最核心的意义在于当独立权利要求被无效时，可以上升为新的独立权利要求而使专利权维持部分有效。另外，在专利诉讼中，权利人可以选择从属权利来主张自己的权利。

案例 6-6-11 最高人民法院关于对当事人能否选择从属权利要求确定专利权保护范围的请示的答复*

江苏省高级人民法院：

你院《关于连云港鹰游纺机有限责任公司与江阴周庄纺织设备厂专利侵权纠纷一案的请示》收悉。经研究，答复如下：

一、当事人放弃独立权利要求，自愿选择从属权利要求确定专利权保护范围的，人民法院应当允许。专利法第五十六条第一款规定，发明或者实用新型专利权的保护范围以其权利要求的内容为准。专利法实施细则第二十一条第一款规定，

---

* 最高人民法院(2007)民三他字第10号。

权利要求书应当有独立权利要求,也可以有从属权利要求。由于专利法第五十六条第一款所说的"权利要求"没有仅限定为专利法实施细则第二十一条第一款规定的"独立权利要求",因此也应当包括实施细则规定的"从属权利要求"。"从属权利要求"是附加的技术特征,对其所引用的权利要求包括独立权利要求作进一步的限定,因此从属权利要求所限定的专利权的保护范围要小于独立权利要求或者其所引用的权利要求所限定的专利权的保护范围。因此,在当事人放弃独立权利要求,自愿选择从属权利要求作为其专利权保护范围的依据的情况下,由于这种选择既不违反法律,也没有损害社会公众利益,人民法院应当允许。

二、当事人选择从属权利要求确定专利权保护范围与该专利权是否经过无效程序似没有直接关系,但与案件是否中止诉讼有关系。正如前述,既然当事人选择从属权利要求确定专利权保护范围并不违反法律,也不损害社会公众利益,那么一项专利权无论经过宣告专利权无效程序还是没有经过宣告专利权无效程序,都应当允许当事人选择从属权利要求确定专利权保护范围。但是,当一方当事人所选择的从属权利要求不具备法律稳定性并且符合民事诉讼法及本院有关司法解释规定的中止诉讼的情形时,人民法院应当中止诉讼。例如,当专利权是实用新型专利时,由于未经过实质审查,也未经过宣告专利权无效程序对其有效性进行审查,甚至也未提供检索报告证明该实用新型专利权具备法律稳定性的初步证据,或者提供的检索报告初步证明该实用新型专利权的所有权利要求缺乏新颖性、创造性,那么无论是该实用新型专利权的独立权利要求还是从属权利要求均不具备法律稳定性。在此情况下,一方当事人仍然可以放弃独立权利要求而选择从属权利要求作为确定其专利权保护范围的依据。但是,由于所选择的从属权利要求也不具备法律稳定性,如果对方当事人在答辩期内提出宣告该专利权无效请求并申请中止诉讼的,人民法院应当中止诉讼,待专利无效结果作出后再恢复诉讼。如果对方当事人明确表示拒绝提出宣告该实用新型专利权无效请求并且不申请中止诉讼,而仅以不侵权或者公知技术进行抗辩的,当事人选择从属权利要求作为确定其专利权保护范围依据的,人民法院也可以不中止诉讼,在推定该实用新型专利权有效的基础上,直接进行侵权对比或者确认公知技术抗辩是否成立。

三、当当事人放弃独立权利要求,选择从属权利要求确定专利权保护范围时,应当以其所选择的从属权利要求记载的技术特征与该从属权利要求所引用的权利要求记载的技术特征共同限定该专利权的保护范围。这就是说,不能仅以该从属权利要求本身记载的技术特征作为确定专利权保护范围的依据,也不能将没有引用关系的其他权利要求记载的技术特征加在一起作为确定专利权保护范围的依据。因为每一个从属权利要求与其所引用的权利要求记载的都系各自不同的完整的技术方案,应当分别受到保护。例如,本案中,权利要求1为独立权利要求,权利要求2、3、4、5均为从属权利要求。其中,权利要求2与其所引用的权利要求1;权利要求3与其所引用的权利要求1;权利要求3与其所引用的权利要求2和权利要求2引用的权利要求1;权利要求4与其所引用的权利要求1;权利要求4与其所引用的权利要求2和权利要求2引用的权利要求1;权利要求5与其所引用的权利要求1,均为独立的技术方案,专利权人可以选择其中的一个或者全部予以保护,法院可以引导专利权人作出适当的选择。

四、在当事人没有放弃独立权利要求,自愿选择从属权利要求确定专利权保护范围的情况下,人民法院不得自行采用从属权利要求确定专利权的保护范围。因为独立权利要求的保护范围最大,在当事人没有主动放弃保护请求的情况下,人民法院应当尊重当事人的选择。当当事人没有明确放弃以独立权利要求确定专利权保护范围时,如果另一方当事人对该独立权利要求提出公知技术抗辩并且成立的,人民法院应当依照公知技术抗辩原则处理,认定被控侵权产品或者方法属于公知技术,不构成侵权。

《最高人民法院关于审理侵犯专利权纠纷案件应用法律若干问题的解释(二)(公开征求意见稿)》规定,权利人主张被诉侵权技术方案落入独立权利要求及其从属权利要求限定的保护范围,经审查,被诉侵权技术方案已落入独立权利要求限定的保护范围的,人民法院应当对被诉侵权技术方案是否落入其从属权利要求限定的保护范围作出认定;被诉侵权技术方案未落入独立权利要求限定的保护范围的,人民法院可以径行认定被诉侵权技术方案未落入其从属权利要求限定的保护范围。北京高院《专利侵权判定指南》规定,权利人主张以从属权利要求确定保护范围的,应当以该从属权利要求记载的附加技术特征及其直接或间接引用的权利要求记载的技术特征,一并确定专利权保护范围。

(二)权利要求明确(definiteness)

权利要求书应当清楚,一是指每一项权利要求应当清楚,二是指构成权利要求书的所有权利要求作为一个整体也应当清楚。判断权利要求是否清楚,需要以所属领域技术人员为视角,既要考虑说明书的内容,又要考虑所属技术领域的知识。主张权利要求因不清楚而应予以无效认定的一方当事人必须用清晰而有说服力的证据表明,所属领域技术人员根据权利要求的语言、说明书、审查档案以及相关技术领域的知识不能够明晰权利要求的保护范围。如果权利要求的撰写存在明显瑕疵,结合涉案专利说明书、本领域的公知常识以及相关的现有技术等,仍然不能确定权利要求中技术术语的具体含义，则认定该专利的权利要求的保护范围不清楚。

在专利授权程序中，应当结合权利要求书、说明书的上下文，对权利要求作出合理的解释，确定其表达的技术方案的真正含义。当权利要求书、说明书等内部证据不足以确定权利要求的含义时，还应当结合所属领域的技术词典、教科书等外部证据，对权利要求作出合理的解释。值得注意的是，专利授权确权程序与专利民事侵权程序中权利要求解释方法存在一致性与差异性。对此我们将在后面的权利要求解释部分进行分析。

通常情况下，在专利授权确权程序中，对权利要求的解释采取最大合理解释原则，即基于权利要求的文字记载，结合对说明书的理解，对权利要求作出最广义的合理解释。如果说明书未对权利要求用语的含义作出特别界定，原则上应采取本领域普通技术人员在阅读权利要求书、说明书和附图之后对该术语所能理解的通常含义，尽量避免利用说明书或者审查档案对该术语作不适当的限制，以便对权利要求是否符合授权条件和效力问题作出更清晰的结论，从而促使申请人修改和完善专利申请文件，提高专利授权确权质量。①

权利要求明确的主要目的是向公众告知专利权的范围。明确的权利要求将有助于他人知晓自己行为的合法性或是否可以绕过专利技术。明确的权利要求将有助于保护其他在权利范围外的人免受寒蝉效应的影响。另外，明确的权利要求也有助于决定其他可专利性条件是否获得满足。

案例 6－6－12　柏万清诉成都难寻物品营销服务中心等侵害实用新型专利权纠纷案*

原告柏万清系专利号200420091540.7、名称为“防电磁污染服”实用新型专利（以下简称涉案专利）的专利权人。涉案专利权利要求1的技术特征为：A. 一种防电磁污染服，包括上装和下装；B. 服装的面料里设有起屏蔽作用的金属网或膜；C. 起屏蔽作用的金属网或膜由导磁率高而无剩磁的金属细丝或者金属粉末构成。该专利说明书载明，该专利的目的是提供一种成本低、保护范围宽和效果好的防电磁污染服。其特征在于所述服装在面料里设有由导磁率高而无剩磁的金属细丝或

① 李晓乐与国家知识产权局专利复审委员会行政裁决申诉行政判决书：最高人民法院（2014）行提字第17号。

* 最高人民法院指导案例55号，2015年11月19日发布。

者金属粉末构成的起屏蔽保护作用的金属网或膜。所述金属细丝可用市售5到8丝的铜丝等,所述金属粉末可用如软铁粉末等。附图1、2表明,防护服是在不改变已有服装样式和面料功能的基础上,通过在面料里织进导电金属细丝或者以喷、涂、扩散、浸泡和印染等任一方式的加工方法将导电金属粉末与面料复合,构成带网眼的网状结构即可。

2010年5月28日,成都难寻物品营销服务中心销售了由上海添香实业有限公司生产的添香牌防辐射服上装,该产品售价490元,其技术特征是:a.一种防电磁污染服上装;b.服装的面料里设有起屏蔽作用的金属防护网;c.起屏蔽作用的金属防护网由不锈钢金属纤维构成。7月19日,柏万清以成都难寻物品营销服务中心销售、上海添香实业有限公司生产的添香牌防辐射服上装(以下简称被诉侵权产品)侵犯涉案专利权为由,向四川省成都市中级人民法院提起民事诉讼,请求判令成都难寻物品营销服务中心立即停止销售被控侵权产品;上海添香实业有限公司停止生产、销售被控侵权产品,并赔偿经济损失100万元。

四川省成都市中级人民法院于2011年2月18日作出(2010)成民初字第597号民事判决,驳回柏万清的诉讼请求。宣判后,柏万清提起上诉。四川省高级人民法院于2011年10月24日作出(2011)川民终字第391号民事判决驳回柏万清上诉,维持原判。柏万清不服,向最高人民法院申请再审,最高人民法院于2012年12月28日裁定驳回其再审申请。

法院生效裁判认为:本案争议焦点是上海添香实业有限公司生产、成都难寻物品营销服务中心销售的被控侵权产品是否侵犯柏万清的"防电磁污染服"实用新型专利权。《中华人民共和国专利法》第二十六条第四款规定:"权利要求书应当以说明书为依据,清楚、简要地限定要求专利保护的范围。"第五十九条第一款规定:"发明或者实用新型专利权的保护范围以其权利要求的内容为准,说明书及附图可以用于解释权利要求的内容。"可见,准确界定专利权的保护范围,是认定被诉侵权技术方案是否构成侵权的前提条件。如果权利要求书的撰写存在明显瑕疵,结合涉案专利说明书、附图、本领域的公知常识以及相关现有技术等,仍然不能确定权利要求中技术术语的具体含义,无法准确确定专利权的保护范围的,则无法将被诉侵权技术方案与之进行有意义的侵权对比。因此,对于保护范围明显不清楚的专利权,不能认定被诉侵权技术方案构成侵权。

本案中,涉案专利权利要求1的技术特征C中的"导磁率高"的具体范围难以确定。首先,根据柏万清提供的证据,虽然磁导率有时也被称为导磁率,但磁导率有绝对磁导率与相对磁导率之分,根据具体条件的不同还涉及起始磁导率μi、最大磁

导率 μm 等概念。不同概念的含义不同,计算方式也不尽相同。磁导率并非常数,磁场强度 H 发生变化时,即可观察到磁导率的变化。但是在涉案专利说明书中,既没有记载导磁率在涉案专利技术方案中是指相对磁导率还是绝对磁导率或者其他概念,又没有记载导磁率高的具体范围,也没有记载包括磁场强度 H 等在内的计算导磁率的客观条件。本领域技术人员根据涉案专利说明书,难以确定涉案专利中所称的导磁率高的具体含义。其次,从柏万清提交的相关证据来看,虽能证明有些现有技术中确实采用了高磁导率、高导磁率等表述,但根据技术领域以及磁场强度的不同,所谓高导磁率的含义十分宽泛,从 80 Gs/Oe 至 83.5 ×104 Gs/Oe 均被柏万清称为高导磁率。柏万清提供的证据并不能证明在涉案专利所属技术领域中,本领域技术人员对于高导磁率的含义或者范围有着相对统一的认识。最后,柏万清主张根据具体使用环境的不同,本领域技术人员可以确定具体的安全下限,从而确定所需的导磁率。该主张实际上是将能够实现防辐射目的的所有情形均纳入涉案专利权的保护范围,保护范围过于宽泛,亦缺乏事实和法律依据。

综上所述,根据涉案专利说明书以及柏万清提供的有关证据,本领域技术人员难以确定权利要求 1 技术特征 C 中"导磁率高"的具体范围或者具体含义,不能准确确定权利要求 1 的保护范围,无法将被诉侵权产品与之进行有实质意义的侵权对比。因此,二审判决认定柏万清未能举证证明被诉侵权产品落入涉案专利权的保护范围,并无不当。

思考与评论

在美国专利法实践中,CAFC 认为,在专利申请过程中评估"明确性"的标准与在诉讼过程中检测"明确性"的标准并不一致。在专利审查过程中,权利要求的"明确性"审查更为严格。法院认为,更严格的标准将有助于申请人通过权利要求的修改删除权利要求的模糊特征。与此相反,在侵权判断过程中,法院在审查权利要求时会推定其有效性。因而,在判断"明确性"问题时,法院会倾向于认为其是清楚、有效的。法院甚至认为,对于已经授权的专利而言,即使需要某种程度的实验,只要权利要求满足"能够实现"的标准,其就满足"明确性"要求。① 你认为在中国专利法下是否存在不同的"明确性"标准。

另外,功能性限定的权利要求的"明确性"确实是一个经常争议的话题。你认为功能性限定的权利要求什么时候是"明确"的?如果功能性限定权利要求并没有相应的结构做支撑,你认为其是否是"明确"的?对功能性特征的不同解释方法是

---

① Exxon Research & Eng' g v. United States, 265 F. 3d 1371, 1380 (Fed. Cir. 2001).

否会导致不同的“明确性”判断结果？如果权利要求的技术方案需要“过度实验”才能获得，你认为该权利要求明确吗？

案例 6-6-13 浙江中缝重工缝纫机有限公司与专利复审委员会发明专利权无效行政纠纷案*

本院认为：

（一）关于权利要求的保护范围是否清楚

判断权利要求中的技术术语指代是否清楚，要根据权利要求的记载并结合说明书及附图等进行判定。如果权利要求所记载的技术特征可以从说明书和附图当中获得唯一正确、合理的解释，则应当认定该技术特征的指代清楚、权利要求的保护范围清楚。本专利权利要求 1 中使用了“所述驱动凸轮部件”“第 1 凸轮”“第 2 凸轮”“凸轮机构”等不同的术语，但根据权利要求 1 中上述术语的逻辑关系、说明书中的相关记载以及附图的相应描述，可以毫无疑义地确定权利要求 1 中的“所述驱动凸轮部件”是指由“第 1 凸轮”与“第 2 凸轮”构成的凸轮机构。本专利利用切线结束到压脚抬起之间的“空车区间”，来替代由控制马达减速来实现充分延时的控制方式从而达到缩短循环周期的目的，结合本专利说明书的具体实施方式及其相应附图，可以唯一地确定本专利的“空车区间”是指缝纫机工作时在某段时间内的一种运行状态，在这种状态下，凸轮机构即使因驱动马达而动作，也不会向切线机构和压脚抬起机构传递驱动力，以便在切线机构切线结束、压脚抬起机构动作开始之前取得充分的延时；“在用切线机构结束了切线以后连续地由压脚抬起机构使压脚上升时”和“在从切线结束时到压脚开始上升期间”之间并不矛盾，该“空车区间”表达含义清楚，本领域普通技术人员可以结合说明书和附图确定权利要求的保护范围。综上，本专利涉案权利要求的保护范围是清楚的。

思考与评论

权利要求清楚是不是意味着对权利要求的解释结论是唯一的，如果不唯一是否意味着权利要求就不清楚呢？确权授权过程中权利要求的清楚的概念应该与专利侵权过程中的权利要求清楚的概念并不是同样的要求，主要原因在于确权授权过程中的权利要求可以进行某种程度的修改。

---

* 最高人民法院（2015）知行字第 223 号。

(三)权利要求简要

权利要求书应当简要,一是指每一项权利要求应当简要,二是指构成权利要求书的所有权利要求作为一个整体也应当简要。例如,一件专利申请中不得出现两项或两项以上保护范围实质上相同的同类权利要求。权利要求的数目应当合理。在权利要求书中,允许有合理数量的限定发明或者实用新型优选技术方案的从属权利要求。权利要求的表述应当简要,除记载技术特征外,不得对原因或者理由作不必要的描述,也不得使用商业性宣传用语。为避免权利要求之间相同内容的不必要重复,在可能的情况下,权利要求应尽量采取引用在前权利要求的方式撰写。

(四)权利要求应以说明书为依据

1. 书面描述

案例 6-6-14　Ariad v. Eli Lilly *

2002 年,Ariad 制药和几家研究机构(包括麻省理工学院的怀德海研究所和哈佛)将 Eli Lilly 公司起诉至美国马萨诸塞州地区法庭,诉称其侵犯了第 6410516 号美国专利(第'516 号专利)。第'516 号专利有关转录因子 NF-κB 的基因表达的调节。转录因子是在调节基因表达程度的细胞中发现的分子。第'516 号专利的发明人首先识别 NF-κB 并且揭示了身体对感染的免疫反应中潜在的 NF-κB 激活基因表达的机制。发明人发现,NF-κB 通常处于非激活的状态,其经过细胞外刺激可以被激活,并且一旦被激活,NF-κB 引起某些蛋白质(如细胞因子)的基因表达,帮助身体对抗细胞外侵袭。但是,过多细胞因子的产生可能有害,并且发明人意识到人为干涉 NF-κB 的活性可以降低伤害。他们在 1988 年提交专利申请,公开了他们的发现,并且对通过降低细胞内 NF-κB 的活性来调节细胞对外界刺激的反应的方法提出权利要求。专利的说明书假设了三种有可能降低细胞内NF-κB活性的分子。

NF-κB 调节超过 300 种基因,并且由 NF-κB 控制的通路与许多人类疾病有关。有多达 200 种已上市的药物的作用机制可能影响 NF-κB 通路。Ariad 指称 Lilly 的治疗骨质疏松症的药物 Evista 和治疗败血症的药物 Xigris(二者都抑制 NF-κB)侵权。所主张的权利要求是所谓的概括性权利要求,包含了达到所期望的降低 NF-κB 活性的结果的所有物质的使用。

* 598 F.3d 1336(2010).

2006 年,波士顿的一个联邦陪审团认定 Evista 对权利要求 80 和 95 构成侵权并且 Xigris 对权利要求 144 和 145 构成侵权,并基于这两种药品的销售额裁定 6520 万美元的损害赔偿金。针对 Lilly 所提出的可预期性、可实施性和书面说明的抗辩,陪审团同时认定所主张的权利要求是有效的。法庭未给出理由,驳回了 Lilly 提出的依法律判决(JMOL)的动议。在陪审团审判之后,法庭进行了为期四天的法官审理,对 Lilly 提出的有关不可专利主体、不公平行为和申请过程懈怠的补充抗辩进行审理,其做出的判决在所有三个问题上均对 Ariad 有利。

Lilly 上诉至联邦巡回法院,在 2009 年 4 月,由三名法官组成的合议庭维持了地区法庭对无不公平行为的判决,但是撤销了陪审团有关有效性问题的裁决,判决所主张的权利要求因缺乏适当的书面说明而无效。Ariad 提出请求由全体法官进行再审,联邦巡回法院同意 Ariad 的动议,并指示当事人对下述两个问题进行诉辩:

1. 美国法典第 35 编第一百一十二条第一款是否包括了与可实施性要件相分离的书面说明要件?

2. 如果法律规定了单独的书面说明要件,该要件的范围和目的是什么?

书面说明要件

美国法律对专利说明书的要求在美国法典第 35 编第一百一十二条中有规定,其中第一款中的有关规定如下:

"说明书应包括有关发明以及制作和使用该发明的方法和程序的书面说明,该书面说明应当充分、清楚、简洁并用词准确,以使该发明领域所属的技术人员或与该发明最为密切相关的技术人员能够制作和使用该发明……"

是否存在与可实施性要件相分离的书面说明要件绝不是一个新问题,而且这个问题也绝不仅限于化学和生物案件。早在 1853 年,最高法院在 O' Reilly Morse 案中驳回了电报发明人 Samuel Morse 的专利中的一项权利要求。该项权利要求寻求保护的内容如下:

"电流或直流电流的动力的用途,我称之为电磁原理,其被开发用于在任何距离标记或印刷可理解的文字、标识或字母,该用途是该动力的一种新型应用,我要求成为该应用的首位发明人或发现者"。

法庭认为,他对一种方法和程序的用途提出专有权请求,但他并没有对该方法和程序进行描述,并且他也确实没有发明出该方法和程序,因此在他获得其专利之时无法进行描述。法庭认为该权利要求范围过大而不能为法律所准许。与此相反,对于由 Alexander Graham Bell 提出的一个几乎概括了同样大的保护范围的权利要求"用于通过电报传输语音或其他声音的方法和设备",最高法院却认定其有效。

高级法院认为:“当然,关于这样一个发现的专利不应仅仅局限于他即兴发明的用来证明其构想的现实性的方法。”

后续的法庭判决倾向于确立“书面说明”与可实施性要件是分离的,为了满足书面说明要件,专利说明书必须证明在专利申请提交之时,发明人已经“掌握”所请求的发明。另外,对于权利要求构成的判决倾向于强调权利要求并不限于说明书中描述的实施方案。对于一些法官来说,这一系列案件是有分歧的并且很难予以调和。

这种对于书面说明要件的分歧观点从本案提交的25份非当事人意见陈述中可以明显地看出,其中17份支持Lilly,1份支持Ariad,还有7份不支持任何一方。包括美国提交的一份意见陈述在内的大多数意见都支持联邦法庭的意见,即存在书面描述的规定。

全体法官的裁决

Ariad案法庭认为,第112条包括与可实施性要件相分离的书面描述要件,并且只有当一件申请在提交时包含了表明发明人已经“掌握”每项权利要求所定义的技术方案的公开内容时,该专利申请才满足这项要件。法官Lourie代表多数派说:“要求对发明进行描述的单独的要件是专利法的基础。”

联邦巡回法院认为,通常含义成文法和最高法院的判例都承认书面说明和可实施性是不同的要件。法庭同时认为,即使是最初提交的权利要求,尽管是最初披露的部分,也可能违反书面说明的要求,并且未必提供其自己的书面说明。无论所争议的权利要求是最初提交的还是随后补充的,说明书必须证明发明人掌握所要求的发明,相对于说明书公开保护范围过大的权利要求将不符合要求。

法庭阐明了通常所说的“掌握”的标准,强调关键是公开表明了对发明的掌握。说明书对发明的说明能否使得该领域的技术人员认可该发明人已经实际上发明了所要求的发明是一个事实问题,并且所需的详细程度依相关技术的复杂程度和可预期性而有所不同。有观点认为书面说明对于化学和生物技术的发明来说如同一种“高级可实施性”标准,法庭否决了该观点。法庭认为,“法令从未创立一项加重的要求,要求提供对所请求的基因材料的整个类别的核苷酸进行逐个描述;法令始终明确地允许公开该类别物质共有的结构特征”。

由于“基础研究”不能被授予专利权,法庭承认大学潜在地处于不利地位的担忧,但是法庭声明“专利是用于有用的技术而非学术理论,无论对于后来他人的可专利的发明来说多么有突破性或必要性”。

思考与评论

美国专利法有明确的“书面描述”要求，其与“能够实现”是不同的要求。“能够实现”考虑的问题是：说明书是否披露了足够的信息以使得该技术领域的技术人员能够实施该发明。而书面描述需要考虑的问题是：说明书是否披露足够的信息以使得该技术领域的技术人员合理的认为发明人已经拥有该发明，而不是推测或假设。对许多发明而言，这二者的要求可能是一致的。也就是说，说明书中披露的制造和使用专利发明的内容一般也足以表明发明人拥有该发明的全部范围，反之亦然。然而，也存在专利人可以满足一个要件而不满足另一个要件的情况。例如，专利权人可能可以满足“书面描述”要件，但却不能满足“能够实现”的要件。如果说明书披露了发明包含化合物A，B或C。但其并没有告知如何获得，制造或使用这些化合物。同样，专利权人可能满足“能够实现”要求，但却不能满足“书面描述”要求。例如，说明书可能讨论了化合物A，但并没有告知该技术领域的普通技术人员在何处可以适用。假设说明书已经包含足够的可以让普通技术人员可以制造和使用化合物B和C的化合物A的信息，但其没有披露化合物B和C的足够信息。该说明书可能满足“能够实现”的要求，但其可能不满足“书面描述”的要求。

有学者认为，“书面描述”要求在专利法上的表述是“权利要求应当以说明书为依据。”①事实上，在美国专利申请中，权利要求要获得说明书的支持并不是一个独立的要件，其一般是在“书面描述”中探讨权利要求与说明书的支持关系。“书面描述”着重从发明人是否完成发明的角度来探讨专利申请文件，而“权利要求应获得说明书支持”是以权利要求与说明书之间的关系来探讨专利申请文件。这二者应该是不同的概念。当然，如果权利要求获得说明书的支持，一般应认为其满足了“书面描述”的要求。专利权利要求的每一技术特征都在最初的申请文件中直接、间接或内在的披露，其无疑满足了“书面描述”的要求。然而，如果权利要求没有获得说明书的支持，但说明书完整地披露了申请人“拥有”发明的情况，其可能也满足了“书面描述”的要求。

2. 权利要求获得说明书支持

权利要求书应当以说明书为依据，是指权利要求应当得到说明书的支持。权利要求书中的每一项权利要求所要求保护的技术方案应当是所属技术领域的技术人员能够从说明书充分公开的内容中得到或概括得出的技术方案，并且不得超出说明书公开的范围。

---

① 崔国斌：《专利法原理与案例》，北京大学出版社2012年版，第363页。

权利要求通常由说明书记载的一个或者多个实施方式或实施例概括而成。权利要求的概括应当不超出说明书公开的范围。如果所属技术领域的技术人员可以合理预测说明书给出的实施方式的所有等同替代方式或明显变型方式都具备相同的性能或用途,则应当允许申请人将权利要求的保护范围概括至覆盖其所有的等同替代或明显变型的方式。对于权利要求概括得是否恰当,审查员应当参照与之相关的现有技术进行判断。开拓性发明可以比改进性发明有更宽的概括范围。

值得注意的是,即使权利要求具备创造性,对于其中记载的包括区别技术特征在内的各项技术特征是否概括适当,以及权利要求限定的技术方案整体上是否概括适当,仍然需要根据专利法第二十六条第四款的规定进行认定。①

案例 6-6-15　许文庆与国家知识产权局专利复审委员会、第三人邢鹏万宣告发明专利权无效决定纠纷案*

1988 年 6 月 8 日,许文庆向中国专利局提出了名称为"一种钢管束内外壁防腐方法"的发明专利申请,1991 年 3 月 6 日被授予专利权,专利号为 88103519. X。

最高人民法院认为:

……

(二)关于权利要求书是否以说明书为依据的问题

2000 年修正的《专利法》第二十六条第四款规定:"权利要求书应当以说明书为依据,说明要求专利保护的范围。"2002 年《专利法实施细则》第六十四条第二款进一步规定,被授予专利的发明创造不符合《专利法》第二十六条第四款规定的,是请求宣告专利权无效的理由之一。也就是说,一项专利,如果其权利要求书没有以说明书为依据,任何人都可以请求宣告该专利无效。

《专利审查指南》(1993 年文本)第二部分第二章 3.2.1 对什么是"权利要求书应当以说明书为依据"作出了规定,即"权利要求书应当以说明书为依据,是指权利要求应当得到说明书的支持。就是说,每一项权利要求所要求保护的技术方案应当在说明书中充分公开,即权利要求的范围不得超过说明书记载的内容。"

2010 年《专利审查指南》第二部分第二章 3.2.1 将"权利要求书应当以说明书

---

① 传感电子有限责任公司与国家知识产权局专利复审委员会、宁波讯强电子科技有限公司发明专利权无效行政纠纷案:(2016)最高法行再 19 号。

* 最高人民法院公报案例 2006 年第 2 期,最高人民法院民事判决书(2005)民三提字第 2 号。

为依据”的含义进一步明确为:“权利要求应当得到说明书的支持。权利要求书中的每一项权利要求所要求保护的技术方案应当是所属技术领域的技术人员能够从说明书中公开的内容直接获得或者概括得出的技术方案,并且权利要求的范围不得超出说明书记载的内容。”

参照《专利审查指南》的上述规定,判断权利要求书是否以说明书为依据,主要应当考察权利要求书中的每一项权利要求所要求保护的技术方案,是否为所属技术领域的技术人员能够从说明书中公开的内容直接获得或者概括得出的技术方案,以及权利要求的范围是否超出说明书记载的内容。

从本案专利来说,其权利要求书共记载了四项权利要求,其中权利要求1所要求保护的技术方案为三项技术特征的集合,即(1)使冷却器、换热器钢管束的内外壁表面先形成磷化层,然后再进行涂料涂装,即与现有技术共有的特征;(2)把冷却器、换热器金属钢管束、泵、阀组、溶液槽通过胶管和铁管按工艺流程联接形成闭路循环体系,即特征(a);(3)整个工艺流程中用于处理冷却器、换热器金属钢管束内、外壁表面的各种处理液(碱液、酸液、磷化液)处于连续而不间断地循环流动状态,即特征(b)。要判断权利要求1是否得到说明书的支持,关键要看上述三项技术特征是否能够从说明书中公开的内容直接获得或者概括得出。

根据说明书记载,技术特征(1)在说明书第四段中有直接描述,即“本发明的构思是:……使钢管束内外壁首先形成磷化层,然后……选用……涂料……涂装”。对此,第1372号决定理由4第二段已经予以确认。因此,技术特征(1)是所属技术领域的技术人员能够从说明书中公开的内容直接获得的。

技术特征(a)和(b)在说明书中没有直接描述,但是,根据说明书中公开的内容,所属技术领域的技术人员是能够从中概括得出的。

具体说,技术特征(a)可以从说明书第4、6、7段和附图中概括得出。说明书第4段记载:“借助泵、阀、管路、溶液槽按着工艺流程联接操作”;第6段记载了附图说明;第7段分别记载了管内、外壁防腐处理方法的实施例;说明书附图对钢管束、泵、阀组、溶液槽通过胶管、铁管按工艺流程联接进行了图示。通过说明书公开的上述内容,本技术领域的技术人员完全可以概括得出:酸液槽A、阀2、阀1、胶管JG、泵、G1、冷却器、G2、JG、盐酸槽入口a、酸液槽A构成酸洗步骤的闭路循环体系;关阀5,开阀6和阀7,……移胶管与槽E引出管e相接,磷化液槽E、阀7、阀6、阀1、JG、泵、G1、冷却器、G2、JG、磷化液槽入口e、磷化液槽E构成磷化步骤闭路循环体系;碱液槽B、阀3、阀1、JG、碱液槽入口b、碱液槽B构成碱洗步骤的闭路循环体系。将上述碱洗、酸洗、磷化三个闭路循环体系概括起来,就可以得出区别特征(a)所述的

"把冷却器、换热器金属钢管束、泵、阀组、溶液槽通过胶管和铁管按工艺流程联接形成闭路循环体系"这一技术特征。

技术特征(b)可以由说明书第7段描述的内外壁处理过程概括得出。例如,由酸洗闭路循环体系,可以知道酸液是按照酸洗步骤的闭路循环体系处于连续而不间断地循环流动状态;由磷化闭路循环体系,可以知道磷化液按照磷化步骤闭路循环体系处于连续而不间断地循环流动状态;由碱洗闭路循环体系,可以知道碱液是按照碱洗步骤闭路循环体系处于连续而不间断地循环流动状态。

由此可见,本案发明专利权利要求1技术特征(1)已在说明书中直接描述,技术特征(a)和(b),所属领域技术人员能够从说明书公开的内容中概括得出,这三个技术特征集合在一起,恰好公开了权利要求1所要求保护的技术方案,并且没有超出说明书记载的内容。因此,权利要求1得到了说明书的支持。

不仅权利要求1得到了说明书的支持,权利要求2、3、4所记载的技术方案,在说明书中也能够概括得出,因此,权利要求2、3、4也得到了说明书的支持。

第1372号决定认为本案专利权利要求没有以说明书为依据的主要理由是,说明书实施例记载的管内壁处理方法与管外壁处理方法不是同一技术方案,权利要求1将其概括成一个技术方案不恰当,因而得不到说明书的支持。但是,这项理由难以成立。

《专利审查指南》(1993年文本)第二部分第二章2.2.5规定,权利要求中记载的是以其中技术特征为共性的技术方案的集合,只要技术方案之间具有权利要求中的全部共性特征,就能将其概括在一起构成一个权利要求,并视为一种技术方案。正如前述,本案专利说明书实施例记载的管内壁与管外壁处理方法的共性特征均为:(1)采用"先形成磷化层,然后再进行涂料涂装"的相同工艺步骤;(2)采用相同的设备条件,即权利要求1特征(a)所述的"闭路循环体系";(3)采用相同的工艺条件,即权利要求1特征(b)所述的各种处理液都"处于连续而不间断地循环流动状态"。所以,说明书实施例记载的管内壁处理方法与管外壁处理方法,从专利法意义上讲,是属于相同的技术方案,而不是两种不同的技术方案。权利要求1将说明书实施例所述的针对管内壁的处理方法与针对管外壁的处理方法,概括为管内、外壁的处理方法,并无不当,符合《专利审查指南》有关规定。

《专利审查指南》(1993年文本)第二部分第二章3.3第八段规定:"在说明书支持的情况下,允许权利要求对发明或者实用新型作概括性的限定。"并规定了概括的两种方式,即上位概念概括和并列选择法概括。就本案专利而言,权利要求1

前序部分特征“先形成磷化层，然后再进行涂料涂装”，是对说明书实施例记载的管内壁处理方法与管外壁处理方法所采用的具体工艺步骤的概括，如管内壁漆前表面处理所采用的喷砂、酸洗、水洗、中和、磷化、水洗、烘干等具体工艺步骤，以及管外壁漆前表面处理所采用的碱洗、水洗、酸洗、水洗、中和、磷化、水洗、烘干等具体工艺步骤，均被“先形成磷化层”这一上位概念所概括；权利要求1特征(a)“把冷却器、换热器金属钢管束、泵、阀组、溶液槽通过胶管和铁管按工艺流程联接形成闭路循环体系”，是对说明书实施例记载的管内壁处理方法中酸洗、磷化步骤所采用的设备具体联接方式所形成的“闭路循环体系”与管外壁处理方法中碱洗、酸洗、磷化步骤所采用的设备具体联接方式所形成的“闭路循环体系”的概括；特征(b)“整个工艺流程中用于处理冷却器、换热器金属钢管束内、外壁表面的各种处理液(碱液、酸液、磷化液)处于连续而不简(间)断地循环流动状态”，是对说明书实施例记载的管内壁处理方法中所采用的酸液、磷化液“处于连续而不间断地循环流动状态”和管外壁处理方法中所采用的碱液、酸液、磷化液“处于连续而不间断地循环流动状态”的概括。用上述三个上位概念，即管内、外壁处理方法的共性特征，将说明书实施例描述的内壁处理方法与外壁处理方法概括为内、外壁处理方法，既符合权利要求书简明的要求，也没有超出说明书记载的内容。

说明书实施例记载的管内壁处理方法与管外壁处理方法在漆前表面处理的具体工艺步骤上的不同，如内壁采用喷砂，外壁采用碱洗，以及由此导致的相关工艺步骤上的区别，即第1372号决定理由4第一段所述的区别，仅仅是针对该实施例而言的，不能因此就认为管内壁的处理方法与管外壁的处理方法是两种不同的技术方案，不能概括在一个权利要求中。在技术主题和前序部分特征相同的前提下，只要管内壁处理方法与管外壁处理方法所使用的设备都具有联接形成“闭路循环体系”、使用的处理液都具有“处于连续而不间断地循环流动状态”的共性特征，就应当认为是专利法意义上的相同技术方案，可以概括在一个权利要求中。

第1372号决定之所以认为说明书实施例记载的管内壁处理方法与管外壁处理方法是两种不同的技术方案，权利要求1将其概括为管内外壁处理方法不恰当，其主要原因在于对本案专利技术贡献的错误认定和对权利要求1特征(b)的错误解释。

思考与评论

权利要求以说明书为依据，意味着权利要求所保护的技术方案必须能在说明书中找到。在说明书中没有纳入的技术方案不能写入权利要求中。在认定权利要求是否以说明书为依据时，可以结合说明书中记载的背景技术及其存在的缺陷，发明内容中记载的“发明目的”“所要解决的技术问题”“有益效果”，以及具体实施方式中与“技术问题”“有益效果”相关的内容等，对涉案专利所要解决的技术问题和实现的技术效果进行认定。根据权利要求与“最接近的现有技术”的区别技术特征所重新确定的“实际解决的技术问题”可能不同于涉案专利所要解决的技术问题，不能直接作为认定权利要求是否以说明书为依据的基础。当然，权利要求没有记载的技术方案显然可以写入说明书，但其可能不能获得专利的保护。当要求保护的技术方案的部分或全部内容在原始申请的权利要求书中已经记载而在说明书中没有记载时，允许申请人将其补入说明书。本案中涉及用上位概念概括的权利要求以及说明书中没有直接记载的技术方案纳入权利要求的问题。《专利审查指南》认为，对于用上位概念概括或用并列选择方式概括的权利要求，应当审查这种概括是否得到说明书的支持。如果权利要求的概括包含申请人推测的内容，而其效果又难于预先确定和评价，应当认为这种概括超出了说明书公开的范围。如果权利要求的概括使所属技术领域的技术人员有理由怀疑该上位概括或并列概括所包含的一种或多种下位概念或选择方式不能解决发明或者实用新型所要解决的技术问题，并达到相同的技术效果，则应当认为该权利要求没有得到说明书的支持。对于这些情况，审查员应当根据《专利法》第二十六条第四款的规定，以权利要求得不到说明书的支持为理由，要求申请人修改权利要求。另外，《专利审查指南》（2010年）也明确，权利要求的技术方案如果是所属技术领域的技术人员能从说明书中概括出的技术方案，其也可以被认为是获得说明书的支撑。另外，对于包括独立权利要求和从属权利要求或者不同类型权利要求的权利要求书，需要逐一判断各项权利要求是否都得到了说明书的支持。独立权利要求得到说明书支持并不意味着从属权利要求也必然得到支持；方法权利要求得到说明书支持也并不意味着产品权利要求必然得到支持。

权利要求中的撰写错误并不必然导致其得不到说明书支持；如果权利要求存在明显错误，本领域普通技术人员根据说明书和附图的相应记载能够确定其唯一的正确理解的，应根据修正后的理解确定权利要求所保护的技术方案，在此基础上再对该权利要求是否得到说明书的支持进行判断。①

3. 权利要求没有获得说明书支持

（1）捐献规则。捐献规则是指对于仅在说明书或者附图中描述而在权利要求

---

① 最高人民法院（2011）行提字第13号。

中未记载的技术方案,权利人在侵犯专利权纠纷案件中将其纳入专利权保护范围的,人民法院不予支持。捐献规则主要应用于侵权判断中,但我们也可以从权利要求不能获得说明书支持的角度来看待捐献规则。显然,如果权利要求没有描述而仅在说明书中描述的技术方案,权利要求与说明书之间可能就会存在没有支撑关系。当然,这种情况下可能权利要求是获得说明书的支持,但说明书记载的技术方案却没有在权利要求中描述,这可以认为是一种广义的权利要求与说明书之间没有支撑关系。

案例 6-6-16 广东美的制冷设备有限公司与珠海格力电器股份有限公司侵犯实用新型专利权纠纷案*

珠海格力电器股份有限公司于2006年9月11日申请专利号为ZL200620064110.5的"可拆装式空调室内机管路安装挡板"实用新型专利,于2007年9月12日得到授权。独立权利要求1表述为:"一种可拆装式空调室内机管路安装挡板,其特征在于,其包括固定板和滑动板,该固定板为一中空的薄板,在固定板一面有两个滑轨,两滑轨间距大于或等于滑动板宽度,滑动板卡在两滑轨之间。"

再查明,ZL200620064110.5号实用新型专利的说明书载明:"本实用新型涉及空调器领域,尤其涉及一种空调器室内机的部件";"目前,市场上销售的分体落地式空调室内机箱壳上,管路安装端盖大部分采用一体式的钣金结构,当空调安装就位后,如果再想改变安装位置,将会在箱壳上留下一个孔洞,虽然对空调的使用性能影响不大,但对整个空调的外观效果影响较大,因此现有的管路安装结构限制了柜式空调的安装灵活性。""本实用新型克服了现有技术中的缺点,提供一种可拆装式空调室内机管路安装挡板……本实用新型结构简单,通用性强,可普遍采用在柜式空调室内机上,且方便操作,无论是否安装管路,都能通过改变滑动板的安装方式,保证空调室内机外壳外观的完整性,从而使得空调器的摆放位置不受出管孔位置的限制,位置选择更灵活方便。"

思考与评论

本案法院认为,发明和实用新型专利主题名称属于前序的组成部分,所限定的技术特征应纳入专利权利要求的保护范围。《最高人民法院关于审理侵犯专利权纠纷案件应用法律若干问题的解释(二)》指出,在人民法院确定专利权的保护范围

* (2013)粤高法民三终字第615号。

时，独立权利要求的前序部分、特征部分以及从属权利要求的引用部分、限定部分记载的技术特征均有限定作用。涉案专利的“可拆装”包含“可拆卸”和“可安装”两个功能。而被诉侵权的安装挡板安装到空调主机之后，一旦拆卸卡爪就无法正常使用，不具有“可拆卸”的功能性技术特征。虽然涉案专利说明书并不支持“可拆卸”的功能性技术特征。但由于专利权人在撰写专利权利要求时，明确增加了“可拆卸”的功能，客观上缩小了专利保护范围。按照捐献原则，在侵权案件中，专利权人不能再随意将已经捐献给公众的技术方案再纳入专利保护范围。

捐献原则的价值取向就是保护公众对专利公示的信赖利益。在说明书中予以披露，但是没有纳入保护范围的主题视为捐献给社会。这一原则已经被我国的司法实践所采用。《最高人民法院关于审理侵犯专利权纠纷案件应用法律若干问题的解释》第五条规定，对于仅在说明书或者附图中描述而在权利要求中未记载的技术方案，权利人在侵犯专利权纠纷案件中将其纳入专利权保护范围的，人民法院不予支持。

(2)写入权利要求但未纳入说明书。作为公开换保护的专利制度，对专利权的保护应当与发明人相对于申请日前的现有技术所作出的技术贡献相称，其技术贡献应当充分公开，并记载在说明书中。未记载在说明书中的技术贡献不能作为要求获得专利权保护的基础。申请日提交的专利申请文件是确定专利申请能否得到授权的基础。对于专利权人在申请日之后提交技术文献，用于证明未在专利说明书中记载的技术内容，如该技术内容不属于专利申请日之前的公知常识，或不是用于证明本领域技术人员的知识水平与认知能力的，一般不应作为判断能否获得专利权的依据。①

(3)权利要求与说明书之间的描述不能相互支持。

案例 6-6-17　美国伊莱利利公司与国家知识产权局专利复审委员会等立体选择性糖基化方法专利无效案*

本案诉争专利是于1998年10月7日授权公告的名称为“立体选择性糖基化方法”的发明专利，专利权人为伊莱利利公司，本专利说明书记载：短语“异头物富集”单独或结合地表示异头物混合体其中特定异头物的比例大于1:1，并包括基本纯净

① 最高人民法院行政裁定书(2013)知行字第77号。

* 最高人民法院(2009)知行字第3号。

的异头物。说明书给出58个实施例和3个表格例(包括46组数据),58个实施例均能够得到β异头物与α异头物之比大于1:1的核苷,表格例中有7组数据β异头物与α异头物之比小于1:1,4组数据β异头物与α异头物之比等于1:1,其他数据均能得到β异头物与α异头物之比大于1:1的核苷。专利复审委员会针对誉衡公司、天衡公司、豪森公司等请求人就本专利提出的无效宣告请求,作出第9525号无效宣告请求审查决定(简称第9525号决定),宣告本专利权无效。主要理由为:根据说明书的描述,影响所述立体选择性方法的因素较多,按照权利要求1的条件,尤其是在核碱过量程度和原料糖α异头物富集程度比较低的情况下,存在过多无法预见产物β异头物是否富集的情形,权利要求请求保护的是一个范围,所属领域技术人员要通过实验选择所有的非β异头物富集的实施方式、确定除实施例之外的技术方案能否实现,从各种反应条件的各种排列组合中筛选出能够实现权利要求1所要保护的技术方案需要进行大量的反复实验或者过度劳动,因此,权利要求1不符合《专利法》第二十六条第四款的规定。权利要求2~20是权利要求1的从属权利要求,均没有进一步限定核碱的当量和原料糖α异头物富集程度以及在低核碱当量和原料糖a异头物富集程度较低的情况下如何选择其他反应条件,所属领域技术人员在权利要求2~20限定的条件内仍旧需要进行大量的反复实验或者过度劳动才能确定能否制备得到β异头物富集的二氟核苷,因此,权利要求2~20同样不符合《专利法》第二十六条第四款的规定。

最高人民法院审查认为,权利要求所要求保护的技术方案应当是所属技术领域的技术人员能够从说明书充分公开的内容中得到或概括得出的技术方案,并且不得超出说明书公开的范围。如果权利要求的概括使所属技术领域的技术人员有理由怀疑该上位概括或并列概括所包含的一种或多种下位概念或选择方式不能解决发明所要解决的技术问题,并达到相同的技术效果,则应当认为该权利要求没有得到说明书的支持。本案权利要求1保护的是一种异头物富集的二氟核苷的制备方法,其限定的技术特征是:产物为式I的β异头物富集的二氟核苷;原料及其用量是至少一摩尔当量被保护的核碱(R″)1位是黄酰氧基、3和5位被保护的式17的α异头物富集的糖;反应步骤是核碱R″″SN2亲核取代《异头物富集的糖中的黄酰氧基,之后去保护;溶剂是任选的适宜溶剂、温度是约17~120℃。专利权人在说明书的表格例中,有11组数据不能制备得到β异头物富集的二氟核苷。根据说明书的描述,影响所属立体选择性方法的因素较多,除了原料糖的离去基团、原料糖构型和核碱用量外,还包括温度和溶剂的选择。权利要求1概括的制备方法的各因素,即离去基团、核碱种类、核碱当量、反应温度、反应溶剂等的范围是十分宽泛的。本领域技术人员有合理的理由认为,除了11个不能实施的情况外,该权利要求1的概括还包含众多其他不能解决发明所要解决的技术问题的技术方案,所属技术领域的技术人员不容易从各种反应条件的排列组合中通过常规实验或者合理推测得出能够解决技术问题的技术方案,而是需要大量反复实验或过度劳动才能确定权利要求1的范围。因此,无效决定和二审判决据此认为本专利权利要求1没有得到说明书的支持,不符合《专利法》第二十六条第四款的规定,宣告专利权无效,并无不当。

思考与评论

本案争议焦点在于说明书中的58个实施例,说明书共给出104组数据。表格例中有11组数据β异头物与α异头物之比小于或等于1:1,而其他93组数据均能得到β异头物与α异头物之比大于1:1的核苷。核心问题在于专利说明书中存在该11个负面实施例是否证明本专利不符合《专利法》第二十六条第四款的规定?这种负面实施例是否允许在专利文件中出现?如何判断权利要求得到了说明书的支持?实务中,有人将负面实施例称为坏点、死点,即相对专利技术方案的目标物好点而言。随着专利申请量的持续攀高,对于专利文件中能否允许存在负面实施例的争论越来越多。

虽然负面实施例给了本领域技术人员进行避让的可能,但权利要求保护的是一个范围,将坏点纳入到要求保护的权利要求中仍然需要得到说明书的支持;判断权利要求得到说明书的支持并不是指说明书与权利要求需要在文字上一一对应、严丝合缝,也不是不允许说明书不存在负面实施例,而是要求权利要求概括的技术方案在实质上没有超出说明书公开的范围。本案中,专利权人给出的这11个具体实施例对于避免制备得到β异头物富集的核苷没有任何规律性的启示。根据说明书公开的内容,本领域技术人员无法确定其选择的具体方式不是权利要求保护的范围,从而予以自然排除。本案说明书的58个实施例均能得到β异头物富集的核苷,即使从能够得到β异头物富集的核苷的实施例整体出发,也无法得出避免不能得到β异头物富集的核苷的明确方向及规律的任何启示和教导。由于本案权利要求保护的是一个范围,即在离去基团、核碱种类、核碱当量、反应温度、反应溶剂的哪些具体条件下,还存在不能得到β异头物富集的核苷的情况。本领域技术人员有合理的理由怀疑,除了11个不能实施的情况外,该权利要求1的概括还包含众多其他不能解决发明所要解决的技术问题的技术方案。权利要求1的概括超出了说明书公开的范围。所以说,专利申请人自己没有完成从权利要求的保护范围内排除不能实现发明目的的技术方案的筛选工作,而是在存在过多无法预见产物是否是β异头物富集的核苷的情形下,将筛选工作留给了社会公众。本专利权利要求1没有得到说明书的支持,不符合《专利法》第二十六条第四款的规定。

另外一个问题是评价得到说明书支持的问题中,是否可以使用"大量反复实验或过度劳动"的标准。本案中,本发明方法中包括原料在内的特定实验条件的选择对于所述立体选择性方法至关重要,在核碱过量程度和原料糖α异头物富集程度比较低的情况下,存在过多无法预见产物为β异头物是否富集的情况。专利权人并未给出明确的、毫无疑义不能得到β异头物富集的核苷的指引。由于所属技术领域的技术人员不容易确定从各种反应条件的排列组六中筛选出能够解决技术问题的技术方案,其无法用常规的实验或者分析方法排除不能得到β异头物富集的核苷的情况,而是需要大量反复实验或过度劳动才能得出或概括得出权利要求1的范围。因此,大量反复实验或过度劳动是排除概括得出权利要求保护范围的一种具体使用。①

在章丘日月化工有限公司与国家知识产权局专利复审委员会等专利无效行政纠纷案②中,北京高院认为,"能够实现"的判断标准是所谓的"无须付出创造性劳动"标准。在伊莱利利公司诉专利复审委员会案③中,北京高院认为,在判断"权利要求获得说明书支持"时,可以采取"常规实验容易确定"的标准。最高院在此案中也支持了该标准。你认为在判断"能够实现"与"权利要求获得说明书支持"时采取不同的标准是否存在问题?一般而言,虽然"能够实现"与"权利要求获得说明书支持"要求不同,但其解决的问题是同一的。北京高院所界定的"无须付出创造性劳动"标准是否与创造性判断标准重合?

在美国专利法上,充分公开的核心标准是权利要求所覆盖的技术方案本身在该技术领域的技术人员看来无须"过度实验"就能够实现。这里的无须"过度实验"要求主要针对的是发明是否"能够实现"的问题。然而,本案中,法院将其纳入对权利要求范围的判断,你认为是否合适?这二者的判断方法是一致的吗?你认为权利要求中的技术方案需要"过度实验"才能获得是一个权利要求"明确性"问题、"能够实现"问题还是"权利要求与说明书之间的支持"问题?

在判断权利要求是否得到说明书的支持时,要根据说明书中所描述的发明目

---

① http://www.ip-talents.com/NewsView.aspx? ID=1941&SortID=54&SorttID=32.

② 北京市高级人民法院行政判决书(2008)高行终字第212号。

③ 北京市高级人民法院(2008)高行综字第451号。

的进行判断。如果某一技术特征是实现其发明目的不可缺少的,则要在权利要求中进行描述。如果某一技术特征是发明的发明点,其发明就在于此技术特征,则用纯功能性的限定是不能得到说明书的支持的,而如果某一技术特征不是发明点本身,则无须具体描述。

(4)独立权利要求缺少必要技术特征。

案例 6-6-18　(瑞士)埃利康亚洲股份公司与中华人民共和国国家知识产权局专利复审委员会、刘夏阳等发明专利权无效行政纠纷提审案*

埃利康公司系名称为"自动的机械停车场中用于机动车水平传送的托架"发明专利(本案专利)的权利人。本案专利有15项权利要求,其中独立权利要求1为:"在轮子(3)上自行走的托架,……一个部分还具有一对装置(58),装置(58)可对称地垂直于该托架纵轴线移动并被构造用来支承、定中心、停止移动及抬升该机动车的一个轴的两个车轮,而另一部分具有一对装置(59),装置(59)可对称地垂直于该托架纵轴线移动并被构造用来支承、定中心、停止移动及抬升该机动车第二轴的两个车轮……"

针对本专利,刘夏阳、怡峰公司先后三次提出无效请求,理由之一为权利要求1~15缺少必要技术特征,不符合2002年修订的《实施细则》第二十一条第二款的规定。专利复审委员会决定认定权利要求1及有关从属权利要求缺少必要技术特征并宣告其无效,但同时认定权利要求4及其从属权利要求的技术方案符合《专利法》第二十六条第四款的规定。埃利康公司不服,提起行政诉讼。北京市第一中级人民法院、北京市高级人民法院先后驳回其诉讼请求和上诉。埃利康公司不服,向最高人民法院申请再审。

最高人民法院提审认为:

……

二、被诉决定中有关《实施细则》第二十一条第二款的认定是否与其有关《专利法》第二十六条第四款的认定相矛盾。

首先,《专利法》第二十六条第四款与《实施细则》第二十一条第二款均涉及权利要求书与说明书的对应关系。《专利法》第二十六条第四款规定:"权利要求书应

* 最高人民法院行政判决书(2014)行提字第13号。

当以说明书为依据,说明要求专利保护的范围。"根据该规定,权利要求的概括应当适当,得到说明书的支持,使得权利要求的保护范围与说明书公开的内容相适应。与《专利实施细则》第二十一条第二款仅适用于独立权利要求缺少必要技术特征的情形所不同,《专利法》第二十六条第四款的适用范围更为宽泛。其不仅适用于独立权利要求,也适用于从属权利要求。不仅适用于权利要求中记载的技术特征(例如功能性技术特征)的范围过宽,技术特征本身不能得到说明书支持的情形,也适用于独立或者从属权利要求缺少技术特征,使得权利要求限定的技术方案不能解决专利所要解决的技术问题,权利要求整体上不能得到说明书支持的情形。因此,独立权利要求缺少必要技术特征,不符合《专利实施细则》第二十一条第二款的规定的,一般也不能得到说明书的支持,不符合《专利法》第二十六条第四款的规定。

本案中,被诉决定一方面认定权利要求1中"并没有详细描述支承装置(58、59)的结构以及如何通过该装置同时完成支承、定中心、停止移动和抬升机动车的方式,……本领域技术人员不能得知该装置是如何通过车轮的水平运动来进行定中心的",据此认定权利要求1缺少必要技术特征。另一方面,又认定"权利要求1虽然使用了功能性限定的技术特征,但是本领域技术人员根据说明书、说明书附图及本领域的公知常识,能够确定合适的实施方式",据此认定权利要求4等符合《专利法》第二十六条第四款的规定。被诉决定中有关权利要求1缺少必要技术特征的认定,与其有关涉案专利符合《专利法》第二十六条第四款的理由和结论相互矛盾,适用法律错误。埃利康公司的相关申请再审理由成立。专利复审委员会在重新作出审查决定时,应当重新对权利要求1是否符合《专利实施细则》第二十一条第二款、《专利法》第二十六条第四款的规定分别进行审查,避免再次出现矛盾的情形。

思考与评论

本案对《专利法实施细则》第二十一条第二款关于"必要技术特征"的问题进行了较为深入和全面的阐述,特别是对于如何理解"缺乏必要技术特征"与"权利要求书是否以说明书为依据"的关系问题予以澄清,对于《专利法实施细则》第二十一条第二款规定的适用具有一定的指导意义。法院指出,《专利法》第二十六条第四款与《专利法实施细则》第二十一条第二款均涉及权利要求书与说明书的对应关系,但相较于《专利法实施细则》第二十一条第二款,《专利法》第二十六条第四款的适用范围更为宽泛,它既同时适用于独立权利要求和从属权利要求,也同时适用于权利要求记载的技术特征范围过宽不能得到说明书的支持,以及缺少必要技术特征从而使权利要求整体上不能得到说明书支持的情形。因此，在独立权利要求缺少必要技术特征，不符合《专利法实施细则》第二十一条第二款规定的情况下，一般也不能得到说明书的支持，不符合《专利法》第二十六条第四款的规定。

你认为本案是一个权利要求不"明确"的问题还是"权利要求不能获得说明书"支持的问题？抑或是兼而有之的问题？

三、说明书清楚、完整

《专利法》第二十六条第三款规定，说明书应当对发明或者实用新型作出清楚、完整的说明，以所属技术领域的技术人员能够实现为准。说明书对发明或者实用新型作出的清楚、完整的说明，应当达到所属技术领域的技术人员能够实现的程度。也就是说，说明书应当满足充分公开发明或者实用新型的要求。

（一）说明书清楚

说明书的内容应当清楚，具体应满足下述要求：

1. 主题明确。说明书应当从现有技术出发，明确地反映出发明或者实用新型想要做什么和如何去做，使所属技术领域的技术人员能够确切地理解该发明或者实用新型要求保护的主题。换句话说，说明书应当写明发明或者实用新型所要解决的技术问题以及解决其技术问题采用的技术方案，并对照现有技术写明发明或者实用新型的有益效果。上述技术问题、技术方案和有益效果应当相互适应，不得出现相互矛盾或不相关联的情形。

2. 表述准确。说明书应当使用发明或者实用新型所属技术领域的技术术语。说明书的表述应当准确地表达发明或者实用新型的技术内容，不得含混不清或者模棱两可，以致所属技术领域的技术人员不能清楚、正确地理解该发明或者实用新型。判断专利说明书是否清楚、完整，应当以本领域技术人员是否理解技术方案并能够实现作为判断标准。如果本领域技术人员在阅读说明书公开的内容时，即能理解、发现并更正其错误，且该理解和更正并不会导致权利要求的技术方案发生变化，则应当允许对专利说明书中存在的错误予以更正理解。①

---

① 斯托布利—法韦日公司与被申请人常熟纺织机械厂有限公司、国家知识产权局专利复审委员会发明专利权无效行政纠纷案，（2016）最高法行再95号。

案例 6－6－19 常熟纺织机械厂有限公司等诉国家知识产权局专利复审委员会发明专利权无效行政纠纷案*

……

二、关于《专利法》第二十六条第三、四款

《专利法》第二十六条第三款规定，说明书应当对发明或者实用新型作出清楚、完整的说明，以所属技术领域的技术人员能够实现为准；必要的时候，应当有附图。《专利法》第二十六条第四款规定，权利要求书应当以说明书为依据，说明要求专利保护的范围。根据专利法的上述规定，说明书应当准确地表达发明或者实用新型的主题及其具体技术方案、效果等内容，使所属技术领域的技术人员按照按照说明书记载的内容，不需要创造性的劳动，就能够再现该发明或实用新型的技术方案，达到其发明目的。对于专利撰写过程中存在的错误，如果仅有个别错误，所属技术领域的技术人员根据其自身具备的专业知识水平，结合说明书的内容，可以直接、毫无疑义的确定该个别错误属于明显的笔误的，可以认为该专利符合《专利法》第二十六条第三款的规定。但是，如果错误较多，使所属技术领域的技术人员需要过度劳动或需要进行大量纠错行为才能再现专利技术方案的，说明该专利说明书撰写存在严重错误，不符合《专利法》第二十六条第三款的规定。在专利说明书不符合《专利法》第二十六条第三款规定的情况下，该专利权利要求一般也不符合《专利法》第二十六条第四款的规定。

关于(a)，说明书第5页第7行载明："弹簧10持续地作用于棘爪8a，使之从掣子8向轴1放松。"常熟纺织公司认为，本专利技术人员无法理解"放松"是什么意思。对此，专利复审委员会认为，结合上下文及附图来看，本领域技术人员可以清楚得知"弹簧10持续地作用于棘爪8a，使之从掣子8向轴1放松"指的是棘爪8a与凹槽7a啮合，从而靠向轴的1过程。由此可知，专利复审委员会将"放松"纠正解释为"弹簧13为绞支转臂11提供一个大体竖直向上的拉力，由此使得绞支转臂11的掣子17能够与掣子8相互作用，致使掣子8的末端棘爪8a与凹槽7a分隔开一定距离。掣子8的末端棘爪8a还可与凹槽7a相啮合，这一啮合是通过弹簧10的作用使掣子8的棘爪8a伸入凹槽7a中。因此，'放松'是描述上述啮合操作的过程。"虽然专利复审委员会的纠正解释正确地描述了说明书上述内容的工作机理，但是，不容否认的是，客观上专利复审委员会的解释与说明书的上述描述存

---

* 北京市高级人民法院行政判决书(2013)高行终字第990号。

在明显差异。

综上,本专利说明书实施例部分多处存在严重的错误,这说明本专利说明书撰写质量存在严重问题,所描述的技术方案不清楚,也不完整,所属技术领域的技术人员需要过度劳动或需要进行大量纠错行为才能再现专利技术方案,因此,本专利不符合《专利法》第二十六条第三款的规定,应当被宣告无效。由于本专利说明书存在严重错误,导致权利要求所要求保护的技术方案未在说明书中得以充分公开,因此,本专利权利要求也不符合《专利法》第二十六条第四款的规定,应当被宣告无效。原审判决及第17563号决定关于本专利符合《专利法》第二十六条第三、四款规定的认定有误,本院予以纠正。常熟纺织公司此项上诉主张成立,本院予以支持。

思考与评论

本案中,北京市高级人民法院认为,所描述的技术方案不清楚,也不完整,所属技术领域的技术人员需要过度劳动或需要进行大量纠错行为才能再现专利技术方案的,因此,本专利不符合《专利法》第二十六条第三款的规定,应当被宣告无效。你认为说明书清楚、完整的要求与"能够实现"要求是同一问题吗? 你认为本案法院采取了何种态度?

(二)说明书完整

完整的说明书应当包括有关理解、实现发明或者实用新型所需的全部技术内容。一份完整的说明书应当包含下列各项内容:

1. 帮助理解发明或者实用新型不可缺少的内容。例如,有关所属技术领域、背景技术状况的描述以及说明书有附图时的附图说明等。

2. 确定发明或者实用新型具有新颖性、创造性和实用性所需的内容。例如,发明或者实用新型所要解决的技术问题,解决其技术问题采用的技术方案和发明或者实用新型的有益效果。

3. 实现发明或者实用新型所需的内容。例如,为解决发明或者实用新型的技术问题而采用的技术方案的具体实施方式。

对于克服了技术偏见的发明或者实用新型,说明书中还应当解释为什么说该发明或者实用新型克服了技术偏见,新的技术方案与技术偏见之间的差别以及为克服技术偏见所采用的技术手段。

应当指出,凡是所属技术领域的技术人员不能从现有技术中直接、唯一地得出的有关内容,均应当在说明书中描述。

(三)能够实现

所属技术领域的技术人员能够实现,是指所属技术领域的技术人员按照说明书记载的内容,就能够实现该发明或者实用新型的技术方案,解决其技术问题,并且产生预期的技术效果。

说明书应当清楚地记载发明或者实用新型的技术方案,详细地描述实现发明或者实用新型的具体实施方式,完整地公开对于理解和实现发明或者实用新型必不可少的技术内容,达到所属技术领域的技术人员能够实现该发明或者实用新型的程度。审查员如果有合理的理由质疑发明或者实用新型没有达到充分公开的要求,则应当要求申请人予以澄清。

以下各种情况由于缺乏解决技术问题的技术手段而被认为无法实现:

(1)说明书中只给出任务和/或设想,或者只表明一种愿望和/或结果,而未给出任何使所属技术领域的技术人员能够实施的技术手段;

(2)说明书中给出了技术手段,但对所属技术领域的技术人员来说,该手段是含混不清的,根据说明书记载的内容无法具体实施;

(3)说明书中给出了技术手段,但所属技术领域的技术人员采用该手段并不能解决发明或者实用新型所要解决的技术问题;

(4)申请的主题为由多个技术手段构成的技术方案,对于其中一个技术手段,所属技术领域的技术人员按照说明书记载的内容并不能实现;

(5)说明书中给出了具体的技术方案,但未给出实验证据,而该方案又必须依赖实验结果加以证实才能成立。例如,对于已知化合物的新用途发明,通常情况下,需要在说明书中给出实验证据来证实其所述的用途以及效果,否则将无法达到能够实现的要求。

1."能够实现"标准的价值与意义

"能够实现"标准的价值在于确保申请人的申请文件披露足够的信息从而使得该技术领域的技术人员能顺利实施该专利。这与专利"公开换垄断"的价值目标是一致的。如果申请人披露的信息让该技术领域的技术人员不能实现该专利,那意味着申请人披露的信息没有任何技术贡献抑或是其技术方案本身就不具有可实现性。如果此时给予申请人保护,那无疑是对公众利益的严重损害。

在评估"能够实现"时,我们需要审查说明书、权利要求书以及该技术领域普通技术人员的知识在专利申请日之间的关系。披露的充分性取决于对专利文件的客观判断。发明人不需要披露其对发明的任何主观的理解与看法。"能够实现"标准的目的在于教导该技术领域的技术人员,因而,其不需要披露该领域已知的知识。

值得注意的是,申请人在申请时不需要实际上已经将发明付诸实际。此时需要解决的问题是是否说明书披露的内容能够实现该发明而不是发明已经实现。

另外,"能够实现"是对专利整个权利要求的实现。比如,如果权利要求披露了一种可以用用户创作的图像替代或整合现存人物形象的系统,该权利要求撰写的非常宽泛,可以纳入游戏与电影领域相关的行为。然而,申请人如果在说明书中没有解释在游戏外如何实现该权利要求,那么该权利要求应该是没有获得说明书的支持。

因而,从这个意义上讲,"能够实现"标准也可阻止权利人撰写过于宽泛的权利要求,从而确保专利保护的范围与其技术贡献相一致。

2."能够实现"的判断标准

(1)技术方案、技术问题与预期效果

案例6-6-20 国家知识产权局专利复审委员会、北京嘉林药业股份有限公司与沃尼尔·朗伯有限责任公司发明专利权无效行政纠纷案*

本院认为,本案的争议焦点问题是:关于确定发明所要解决的技术问题与《专利法》第二十六条第三款的判断之间的关系;关于本专利是否符合《专利法》第二十六条第三款规定的问题。

一、关于确定发明所要解决的技术问题与《专利法》第二十六条第三款的判断之间的关系

本专利优先权日为1995年7月17日,因此,本案应适用1992年修正的《专利法》,该法第二十六条第三款规定:"说明书应当对发明或者实用新型作出清楚、完整的说明,以所属技术领域的技术人员能够实现为准;……"根据该条规定,"作出清楚、完整的说明"和"能够实现"的对象是发明或实用新型,因此应该首先明确发明或实用新型是什么,然后看说明书是否对该发明或实用新型作出了清楚、完整的说明,所属技术领域的技术人员根据说明书的内容是否能够实现该发明或实用新型。根据本专利授权公告的权利要求书的内容,本专利请求保护的主题是"含1-8摩尔水的Ⅰ型结晶阿托伐他汀水合物"。本领域技术人员可以理解,对于以某种形式的水合物作为发明主题的化学产品发明而言,其中的水含量应当是该产品发明的组成部分和结构特征。具体而言,本专利权利要求1到3对本发明从两方面进行了限定:一是组成,即含1-8摩尔水(优选3摩尔)的Ⅰ型结晶阿托伐他汀水合物;二是就微观结构而言,该水合物具有权利要求所定义的XPRD和13CNMR数据。

* 最高人民法院行政判决书(2014)行提字第8号。

本专利说明书应对上述权利要求所限定的发明内容进行清楚、完整的说明，以本领域技术人员根据说明书公开的内容能够实现为准。而“能够实现”，参照审查指南的规定，是指本领域技术人员根据说明书公开的内容，能够实现发明的技术方案，解决其技术问题，并且产生预期的技术效果。也就是说，必须是能够实现技术方案，解决技术问题，产生预期效果三者同时满足，才符合《专利法》第二十六条第三款的规定。可见，在判断是否符合《专利法》第二十六条第三款的规定时，需要考虑发明解决的技术问题，如果说明书给出了技术手段，但本领域技术人员采用该手段不能解决发明所要解决的技术问题，同样不符合《专利法》第二十六条第三款的规定。但需要考虑发明解决的技术问题不意味着首先且必须考虑发明解决的技术问题，如果一个发明的技术方案本身都无法实现，显然已经不符合《专利法》第二十六条第三款的规定，这时候再考虑发明要解决的技术问题已经没有实际意义。因此，技术方案的再现和是否解决了技术问题、产生了技术效果的评价之间，存在先后顺序上的逻辑关系，应首先确认本领域技术人员根据说明书公开的内容是否能够实现该技术方案，然后再确认是否解决了技术问题、产生了技术效果，在不对技术方案本身是否可以实现作出确认的前提下，其与现有技术相比是否能够解决相应的技术问题，并实现有益的技术效果均无从谈起。本案中，二审法院实际并没有考虑本专利权利要求限定的技术方案的可实现性，而是首先考虑发明要解决的技术问题，进而考虑与要解决的技术问题相关的化学物理性能参数，该审理思路不当，本院予以纠正。

思考与评论

最高人民法院认为，能够实现是指本领域技术人员根据说明书公开的内容，能够实现发明的技术方案，解决其技术问题，并且产生预期的技术效果。也就是说，必须是能够实现技术方案，解决技术问题，产生预期效果三者同时满足，才符合《专利法》第二十六条第三款的规定。最高法院认为，这三者之间存在顺序的限制。你认可这种判断吗？

(2)“能够实现”与“技术改进”

“能够实现”的判断必须参考申请日的现有已知技术。后续的技术改进与“能够实现”的判断并无关联性。如果申请人申请的专利产品是可充电的随身听设备，在专利申请时，可充电的方式对于该技术领域的技术人员来说是交流充电。但10年后，可充电的方式变成了太阳能。在专利申请时，太阳能充电方式对该技术领域的技术人员来说是不可实现的。

(3)“能够实现”与“实用性”

一般而言,“能够实现”标准要求申请人披露如何实现该发明,这与专利“实用性”要求的可制造或使用要求是一致的。因而,“能够实现”的标准的满足一般也认为该发明具有“实用性”。但值得注意的是“实用性”关注的是申请专利在产业上被制造或使用的可能性;而“能够实现”关注的是说明书的充分公开问题。

案例 6-6-21　顾庆良、彭安玲与专利复审委员会发明专利申请驳回复审行政纠纷案*

本院认为,《专利法》第二十六条第三款要求说明书应当对发明或者实用新型作出清楚、完整的说明,以所属技术领域的技术人员能够实现为准。符合该款关于技术方案的能够“实现”请求保护的技术方案不同于判断不具备实用性的“不能够制造或者使用”的标准。“能够制造或者使用”是指发明或者实用新型的技术方案具有在产业中被制造或使用的可能性,如果技术方案违背了自然规律,就不存在可以实施的技术方案,无法在工业上制造或使用,并且产生积极的效果,这与是否在说明书中公开了相关的具体信息并无关系。本申请说明书没有记载飞轮旋转中转子到达阻力最大的“死点”时给予通电激励,确保其沿正确方向前进的具体技术方案,如在负载变化时,如何调节持续直流电的大小、控制内电机的线圈通电流大小、时间长短从而保证在新的负载下继续做功,产生平衡负载能量的技术内容。尽管在形式存在没有公开电能驱动后,如何利用所获得的“磁能”实现连续运转的具体技术方案,以至于本领域的技术人员不能够实现该技术方案,但是,本申请能否完成,能否在产业上被制造或者使用,是基于技术方案的本质而言。如上所述,由于本申请的技术方案违反自然规律,导致本申请事实上就不可能存在可以实施的技术信息,无法在工业上制造或使用,并产生积极的效果,因此,这种由于技术方案本身固有的缺陷引起的不能够制造或使用,与说明书中公开的程度并无关系。当请求保护的技术方案存在本质的缺陷导致无法在工业上制造或使用的情形,与说明书是否充分公开了权利要求的相关信息并无关系。本案中,本申请说明书虽然没有对发明作出清楚、完整的说明,形式上存在本领域技术人员不能够实现的情形,但鉴于本申请存在的本质缺陷,被诉决定以本申请不具备实用性予以审查评述,并无不当。一、二审法院认定本申请不具备《专利法》第二十二条第四款规定的实用性

* 最高人民法院(2016)最高法行申 789 号。

正确，本院予以支持。

(4)反复实验与过度劳动

判断专利说明书是否清楚、完整并使得所属技术领域的技术人员能够实现，应该考虑专利发明所属领域技术人员的知识水平和认知能力。所属领域技术人员不仅应该熟读专利申请文件，还应该具备本领域技术人员应具有的良好技术背景，可以根据公知常识补充专利文件记载的信息。对于具有上述知识水平和认知能力的所属领域技术人员而言，如果说明书及其附图、权利要求整体具体、清楚地公开了实施发明所必不可少的技术内容，使得所属领域技术人员无须付出创造性劳动或者过度劳动即能够实现发明的技术方案，解决发明的技术问题并产生预期的技术效果，则应当认为专利说明书符合《专利法》第二十六条第三款规定的要求。

案例 6-6-22 伊莱利利公司与国家知识产权局专利复审委员会等“立体选择性糖基化方法”发明专利权无效行政纠纷案*

关于专利复审委员会在第 9525 号决定中将“所属领域技术人员从各种反应条件的各种排列组合中筛选出能够实现权利要求 1 所要保护的技术方案需要进行大量的反复实验或者过度劳动”作为对本专利权利要求书是否得到说明书的支持的评判标准问题，本院认为，权利要求允许概括的范围是本领域技术人员能够“合理预测”或者按照“常规试验容易确定”的范围。“合理预测”的范围应当理解为本领域技术人员根据说明书的记载，结合其所具有的普通技术知识，能够预见权利要求所保护的技术方案都能够实现。“常规试验容易确定”的范围应当理解为本领域技术人员根据说明书公开的实施方案，通过简单的常规试验即可实现权利要求的技术方案。而当超出此种“合理预测”或者“常规试验容易确定”的范围，即需要大量反复试验或者过度劳动才能实现的技术方案时，由于专利权人并未给出明确的、毫无疑义的指引，其效果难以预先合理判断，应当认为该权利要求没有得到说明书的支持。因此，专利复审委员会的认定标准不违反《专利法》第二十六条第四款的规定，并无不妥。原审判决关于专利复审委员会的评判的出发点不符合《专利法》第二十六条第四款的规定的认定不当，应予改判。

思考与评论

最高人民法院在(2009)知行字第 3 号再审判决中认为，权利要求所要求保护

---

* 北京市高级人民法院民事判决书(2008)高行终字第 451 号。

的技术方案应当是所属技术领域的技术人员能够从说明书充分公开的内容中得到或概括得出的技术方案，并且不得超出说明书公开的范围。权利要求1概括的制备方法的各因素，即离去基团、核碱种类、核碱当量、反应温度、反应溶剂等的范围是十分宽泛的。本领域技术人员有合理的理由认为，除了11个不能实施的情况外，该权利要求1的概括还包含众多其他不能解决发明所要解决的技术问题的技术方案，所属技术领域的技术人员不容易从各种反应条件的排列组合中通过常规实验或者合理推测得出能够解决技术问题的技术方案，而是需要大量反复实验或过度劳动才能确定权利要求1的范围。因此，无效决定和二审判决据此认为本专利权利要求1没有得到说明书的支持。本案中，最高法院以及北京高院都以“过度实验”标准作为“权利要求获得说明书支持”的判断标准。而有人认为，“能够实现”的标准也是所谓的“过度实验”标准。

欧洲曾采纳“创造性技能（Inventive Skill）”和“过度劳动（Undue Effort 或 Undue Burden）”作为“能够实现”的评价标准。根据《专利审查指南》对公约第83条的解释：满足公约第83条及其细则第R27.1(e)条规定的欧洲专利申请，不仅要详细描述至少一种实施发明的方式，而且应当包含足够的信息以使所属领域的技术人员在请求保护的整个范围内实施发明，而无须付出过度劳动和创造性技能。美国在司法实践中创造了“过度实验”标准。“能够实现”的判断不在于是否需要实验，而在于如果需要实验的话，这种实验是否过度。法院认为，在决定发明人对其发明的公开是否满足能够实现的要求以及所需要的实验是否是过度的时候，必须考虑许多因素，这些因素又被称作Wands因素。

Wands因素包括，而不仅限于：

(A)权利要求的宽度；

(B)发明的本质；

(C)现有技术的状况；

(D)本领域普通技术人员的水平；

(E)所属领域的可预测水平；

(F)发明人提供的教导的数量；

(G)实施例的存在；

(H)根据公开的内容制造或使用发明所需要进行的试验的数量。

如果仅仅分析上述某个(些)因素而忽略其他一个(些)因素，这样得出的申请所公开内容不能实现的结论是不正确的。

案例 6-6-23 陕西金枝科工贸有限公司诉国家知识产权局专利复审委员会专利无效行政纠纷案*

(一)关于本案专利说明书是否对本案所涉实用新型作出清楚、完整的说明

《专利法》第二十六条第三款规定,说明书应当对实用新型作出清楚、完整的说明,以所属技术领域的技术人员能够实现为准。

《专利法》第二十二条第四款规定的实用性是指该实用新型能够制造或者使用,并且能够产生积极效果。

本案专利所述的信号控制监控阀的信号盒中设置有齿轮系结构,阀杆上设置有开度锁死机构。关于齿轮系结构:本案专利说明书中虽然未对齿轮系的结构和组合进行具体的描述,但是齿轮系的结构是机械领域的常识技术,齿轮组的数量可以根据传动比等方面的要求而具体设定。本案专利说明书以及权利要求书中虽然只披露了"齿轮系的最后一个齿轮与微动开关相连",而未公开"齿轮系的最后一个齿轮通过凸轮与微动开关相连"这一特征,但由于齿轮各处的半径相等,同时考虑到微动开关在本案专利中起产生阀门启闭信号的作用,故根据本领域的常识技术可知,仅靠微动开关和齿轮相连,微动开关的状态不会发生任何改变,无法进行信号传输。因此,在微动开关和齿轮之间必然存在一个推动机构。本案专利说明书及权利要求书中所述的上述内容是本领域普通技术人员可以明显识别的错误。至于该推动机构的具体形式,本领域的普通技术人员根据所掌握的常识技术即可实施,该推动机构与相连部件的配合关系也是本领域的普通技术人员根据实际需求通过计算和实验即可决定的。

关于阀杆上设置的开度锁死机构。本案专利说明书以及权利要求书中虽然没有公开开度锁死机构的具体结构,但是在说明书第3页第6~8行载明:"上述所说的开度锁死机构18和锁死螺钉19主要是用在某些场合不准他人操作阀门,用专用扳手将锁死螺钉19拧紧,阀门即被锁死,常力转动手轮12,阀芯3不动作。"根据说明书给出的有关开度锁死机构功能的启示,本领域的普通技术人员完全可以想到或设计出实现上述功能的结构,而无须付出创造性的劳动。金枝公司依据《专利审查指南》3.2.2关于权利要求应当清楚的规定,主张本案专利说明书中的锁死机构是功能性限定,公开不充分。实际上本案争议的是说明书公开是否充分的问题,应适用《专利审查指南》2.1的规定,金枝公司的主张与此并无关联,显系对行政规章

---

* 北京市高级人民法院行政判决书(2003)高行终字第156号。

理解有误，其主张不予支持。

此外，专利申请人针对同一产品可以提出多个专利申请，而在每一申请中仅就相关的发明点给予充分公开，对非发明点的技术特征则用公知的现有技术代替，只要本领域普通技术人员借助于现有技术能够再现该申请所要保护的技术方案即可。本案的发明点在于梯形螺纹副和止转螺钉的设计，本领域普通技术人员借助于本案专利说明书及其附图，将现有技术中的齿轮系结构和杆件锁死机构与本案专利所述的梯形螺纹副组合，就可以使权利要求1所要求保护的“信号控制监控阀”得以再现。因此，本案专利说明书对本案所涉实用新型作出了清楚、完整的说明，可以使本领域普通技术人员再现，即本案专利符合《专利法》第二十六条第三款的规定。同样，本案专利所要求保护的“信号控制监控阀”亦能够制造和使用，即本案专利符合《专利法》第二十二条第四款的规定。

思考与评论

在判断“能够实现”时，本案法院认为专利申请人针对同一产品可以提出多个专利申请，而在每一申请中仅就相关的发明点给予充分公开，对非发明点的技术特征则用公知的现有技术代替，只要本领域普通技术人员借助于现有技术能够再现该申请所要保护的技术方案即可。你认为在判断“能够实现”是否可以引入现有技术与公知常识？本案中法院将“能够实现”理解为“能够再现”，法院认为，本案专利说明书对本案所涉实用新型作出了清楚、完整的说明，可以使本领域普通技术人员再现，即本案专利符合《专利法》第二十六条第三款的规定。你认为“能够实现”与“能够再现”是一回事吗？“能够再现”与“书面描述”中的完成发明(possession)要求是否一致？

案例6－6－24　丘日月化工有限公司与国家知识产权局专利复审委员会专利无效行政纠纷上诉案*

本专利系2001年12月21日申请并于2002年10月9日授权公告、专利号为01269125.9、名称为“喷嘴”的实用新型专利，专利权人为华鲁恒升公司。本专利授权公告的权利要求如下：

“1.喷嘴，主要包括腔体(9)、端盖(1)、进气口(8)；其特征在于端盖(1)的几何中心位置固定有一螺栓(7)与端盖(1)面垂直；腔体(9)内固定有带通孔的气体分

* 北京市高级人民法院行政判决书(2008)高行终字第211号。

布筛(2),通孔直径大于螺栓(7)的直径;通孔处安置有弹簧(3);端盖(1)上的螺栓(7)穿过气体分布筛(2)的通孔,弹簧(3)通过垫片(5)用螺母(6)压紧;端盖(1)与腔体(9)接触面(10)采用硬密封。”

本院认为:本案审理对象是本专利技术方案,华鲁恒升公司在口头审理时提交的实物仅是用于演示本专利技术方案,其是否与本专利技术方案对应、是否为本专利对应的专利产品不属于本无效请求案审理的范围。而且根据《专利审查指南》第四部分第三章第4.3.2条规定,专利权人应当在专利复审委员会指定的答复期限内提交证据,否则专利复审委员会不予考虑。华鲁恒升公司在口头审理时当庭提交实物不仅不符合该规定的举证期限,同时华鲁恒升公司亦未主张将该实物作为证据提交。因此,专利复审委员会在第9753号决定中未将此实物作为证据予以考虑在程序上并无不当。日月公司关于专利复审委员会审理程序不合法的上诉理由缺乏事实与法律依据,本院不予支持。

《专利法》第二十六条第三款规定,说明书应当对发明或者实用新型作出清楚、完整的说明,以所属技术领域的技术人员能够实现为准。所属技术领域的技术人员能够实现,是指所属技术领域的技术人员按照该说明书记载的内容,就能够实现该发明或者实用新型的技术方案,解决其技术问题,并且产生预期的技术效果。

本专利的发明目的在于克服现有喷嘴的缺陷,提出一种能够实现永不堵塞、不会造成倒流、成本低、强度大反应器喷嘴的技术方案,因此本专利请求保护的只是所述喷嘴的特定结构。本专利说明书和附图已经给出了喷嘴腔体内弹簧、垫片和螺母之间的位置关系及其工作原理,也明确给出了在“气体分布筛通孔处可以安置限位器,限位器高度低于弹簧高度。限位器也可以固定在分布筛上”的说明。对于知晓本专利申请日前所属技术领域所有的普通技术知识、能够获知该领域所有现有技术并具有应用该申请日之前常规实验手段的所属领域的技术人员来说,结合本专利权利要求书以及说明书、附图的上述说明无须付出创造性劳动就能够应用常规技术手段将弹簧、垫片及螺母安装在腔体内并将限位器安置在气体分布筛的通孔中,以实现本专利的发明目的,达到预期的技术效果。因此日月公司关于本专利说明书公开不充分的上诉理由不能成立,本院不予支持。

2002年修订的《专利法实施细则》第二十一条第二款规定,独立权利要求应当从整体上反映发明或实用新型的技术方案,记载解决技术问题的必要技术特征。必要技术特征是指发明或者实用新型为解决其技术问题所不可缺少的技术特征,其总和足以构成发明或者实用新型的技术方案,使之区别于背景技术中所述的其他技术方案。

如上所述,本专利的发明目的在于解决现有技术中喷嘴易造成倒流、易堵塞、成本较高、强度不够的问题,因此本专利权利要求1只要记载解决上述缺陷的必不可少的技术特征即可,至于相关部件如何装配,所属领域的技术人员可以根据现有技术无须付出创造性劳动即可实现,不属于区别于现有技术的必要技术特征,也不是本专利请求保护的范围,也就不必将与喷嘴有关的所有公知技术特征均写入其中。因此,本专利独立权利要求1符合2002年《专利法实施细则》第二十一条第二款的规定。日月公司主张本专利缺少必要技术特征的上诉理由不能成立。

思考与评论

本案中,法院认为,对于知晓本专利申请日前所属技术领域所有的普通技术知识、能够获知该领域所有现有技术并具有应用该申请日之前常规实验手段的所属领域的技术人员来说,结合本专利权利要求书以及说明书、附图的上述说明无须付出创造性劳动就能够应用常规技术手段将弹簧、垫片及螺母安装在腔体内并将限位器安置在气体分布筛的通孔中,以实现本专利的发明目的,达到预期的技术效果。在判断"能够实现"中,我们看到法院使用了"反复试验""过度劳动""创造性劳动"等标准,你认为这些标准的含义同一吗?你认为哪种标准更为合适?另外,在"能够实现"判断与"权利要求获得说明书"支持的判断中,一些法院都以"过度实验"作为标准,你认为"过度实验"可以用于判断"权利要求获得说明书"的支持吗?

(四)具体实施方式

专利具体实施方式是说明书的组成部分,是说明书中解决技术问题的技术方案或者权利要求中的技术特征的具体技术实施措施,而实施例是专利具体实施方式的举例说明。实施方式除有助于明确及充分披露技术内容外,也能帮助了解及实施发明,其对于支持及认定申请专利范围,有关键作用。经由实施例及图式之说明,使该技术领域的技术人员能够掌握发明的特质,包括实施发明的部件的形状、构造、功能、使用以及相互关系,知悉发明的技术内容,并得以实施。

我国现行《专利法实施细则》第十七条明确列明说明书应当包括的内容:"……(五)具体实施方式:详细写明申请人认为实现发明或者实用新型的优选方式;必要时,举例说明;有附图的,对照附图。"但对于实施例却没有规定。专利具体实施方式是说明书的组成部分,是说明书中解决技术问题的技术方案或者权利要求中的技术特征的具体技术实施措施,而实施例是专利具体实施方式的举例说明。

在我国,法院会使用说明书中的实施例来解释权利要求,但一般不用实施例来限制专利保护范围。但是,对于权利要求中以功能或者效果表述的技术特征,人民法院应当结合说明书和附图描述的该功能或者效果的具体实施方式及其等同的实施方式,确定该技术特征的内容。

第七节　专利申请原则

一、书面原则

书面原则是指一项发明创造要获得专利保护,必须向国务院专利行政部门提交符合法律规定的书面申请文件,在专利审批过程中办理任何手续也必须采用书面形式。我国《专利法实施细则》第二条明确规定:"专利法和本细则规定的各种手续,应当以书面形式或者国务院专利行政部门规定的其他形式办理。"

根据书面原则,首先,申请人向国务院专利行政部门提交的各种申请文件必须符合《专利法》规定的书面形式,即文件的规格、文字等必须规范;其次,申请文件的撰写顺序、所采用的技术术语和计量单位等需符合要求;最后,申请人以口头、电话、实物等非书面形式办理各种手续的,或者以电报、电传、传真、电子邮件等通讯手段办理各种手续的,均视为未提出,不产生法律效力。

随着计算机技术和网络技术的发展,专利申请的电子化渐成趋势。美国等西方许多国家都建立了专利电子申请系统。2010 年 2 月中国专利电子审批系统正式上线运行,专利申请人通过电子文件形式提出专利申请成为可能。

二、先申请原则

世界上有先发明和先申请两种专利申请制度,我国采取的是先申请原则,两个以上的申请人分别就同样的发明创造申请专利的,专利权授予最先申请的人。两个以上的申请人在同一日分别就同样的发明创造申请专利的,应当在收到国务院专利行政部门的通知后自行协商确定申请人。申请人期满不答复的,其申请被视为撤回;协商不成,或者经申请人陈述意见或进行修改后仍不符合《专利法》第九条第一款规定的,两件申请均予以驳回。

三、优先权原则

优先权原则源于《巴黎公约》,依照该公约的规定,在申请专利或商标等工业产权时,各缔约国要相互承认对方国家国民的优先权。我国专利法也明确规定了优先权原则,我国的优先权概念分为外国优先权与本国优先权。关于外国优先权与本国优先权的适用条件前面已经进行了详细阐释,在此不再赘述。

四、单一性原则

(一)单一性原则内容

单一性原则又称一申请一发明原则,它是指一件专利申请只能限于一项发明创造。单一性原则可以避免一件申请案中包含了来自不同技术领域的多个发明创造,从而给专利审查工作带来便利。

我国专利法也采用单一性原则。我国《专利法》第31条规定:“一件发明或者实用新型专利申请应当限于一项发明或者实用新型。……一件外观设计专利申请应当限于一项外观设计。……”

但考虑到发明人的发明创造之间往往有一定的关联性,他们根据一个总的构思可能会完成两个以上的发明创造。因此,我国《专利法》第三十一条第一款规定:“……属于一个总的发明构思的两项以上的发明或者实用新型,可以作为一件申请提出。”可以作为一件专利申请提出的属于一个总的发明构思的两项以上的发明或者实用新型,应当在技术上相互关联,包含一个或者多个相同或者相应的特定技术特征,其中特定技术特征是指每一项发明或者实用新型作为整体,对现有技术作出贡献的技术特征。现有法规在权利要求的单一性判断中规定了将“现有技术”作为对比对象,因而将抵触申请排除在对比对象之外,也就意味着抵触申请不应作为单一性判断时的考虑范围。

另外,对于外观设计专利而言,同一产品两项以上的相似外观设计,或者用于同一类别并且成套出售或者使用的产品的两项以上外观设计,可以作为一件申请提出。同一类别是指该两项以上外观设计的产品属于国际外观设计分类表中的同一大类。成套出售或者使用,指习惯上同时出售或者同时使用并具有组合使用价值。

判断一件专利申请中要求保护的两项以上发明是否满足发明单一性的要求,就是要看权利要求中记载的技术方案的实质性内容是否属于一个总的发明构思,即判断这些权利要求中是否包含使它们在技术上相互关联的一个或者多个相同或者相应的特定技术特征。这一判断是根据权利要求的内容来进行的,必要时可以参照说明书和附图的内容。

一般情况下,审查员只需要考虑独立权利要求之间的单一性,从属权利要求与其所从属的独立权利要求之间不存在缺乏单一性的问题。但是,在遇有形式上为从属权利要求而实质上是独立权利要求的情况时,应当审查其是否符合单一性规定。

如果一项独立权利要求由于缺乏新颖性、创造性等理由而不能被授予专利权,则需要考虑其从属权利要求之间是否符合单一性的规定。

单一性要求只是专利申请与审查中的一个程序性原则，不是审查发明是否可以被授予专利权的实质性条件，缺乏单一性并不影响专利的有效性，因此缺乏单一性不应当作为专利无效的理由。

（二）特定技术特征

案例 6－7－1　用于癌症的诊断和治疗的方法和组合物案*

《专利法》第三十一条第一款规定：一件发明或者实用新型专利申请应当限于一项发明或者实用新型。属于一个总的发明构思的两项以上的发明或者实用新型，可以作为一件申请提出。

根据该款规定，可以作为一件专利申请提出的属于一个总的发明构思的两项以上的发明，应当在技术上相互关联，包含一个或者多个相同或者相应的特定技术特征，其中特定技术特征是指每一项发明或者实用新型作为整体，对现有技术作出贡献的技术特征。如果没有证据表明要求保护的多个技术方案之间不具有相同或者相应的特定技术特征，则不足以得出它们之间不具备单一性的结论。

驳回决定和前置审查意见指出，权利要求 1 包含多个技术方案，其要求保护一种或多种药剂在制备用于治疗肿瘤疾病的药物组合物中的用途，这些药剂的共同的特征为：包含 SEQ ID NO:1 序列的肿瘤抗原，然而上述共同特征已经由对比文件 1 所公开；因此，权利要求 1 中的多个技术方案之间不符合《专利法》第三十一条第一款的规定。同理，权利要求 6 也不符合《专利法》第三十一条第一款的规定。

对此，合议组认为：在单一性判断中，相同或者相应的技术特征并不仅限于结构特征，用途特征同样可作为相同或者相应的技术特征。具体到本申请，权利要求 1 请求保护一种或多种药剂在制备用于治疗肿瘤疾病的药物组合物中的用途，其中所述肿瘤疾病为胃的癌、胃癌、胃恶性肿瘤、胃的腺癌或其转移形式，其中的一种或多种药剂都包含、编码、呈递、结合或识别本申请 SEQ ID NO:1 的核酸序列所编码的肿瘤抗原。由此可见，权利要求 1 的各技术方案之间相同或者相应的技术特征为：包含、编码、呈递、结合或识别 SEQ ID NO:1 的核酸序列或其变体所编码的肿瘤抗原的药剂在制备用于治疗胃相关肿瘤的药物组合物中的用途。对比文件 1 公开了在结肠癌、肺癌组织中显著过表达的潜在肿瘤标记物 PRO1472，其与本申请 SEQ ID NO:1 的核酸序列所编码的肿瘤抗原存在 1 个氨基酸的差异（参见对比文件 1 的

---

* 复审委员会审查决定 98360 号。

说明书第75页表8)。然而对比文件1并未公开该肿瘤标记物可用于治疗、诊断、检测或监测胃相关癌症,也未记载二者之间存在某种关系,即对比文件1并未公开权利要求1所包含的多个技术方案之间存在的上述与其用途相关的相同技术特征。因此,在没有证据表明权利要求1要求保护的多个技术方案之间存在的上述相同的技术特征已经被现有技术公开,上述多个技术方案之间不具有相同的特定技术特征的情况下,无法得出上述相同的技术特征不属于多个技术方案之间的特定技术特征的结论,也无法进一步得出权利要求1的各并列技术方案不属于一个总的发明构思,因此不符合《专利法》第三十一条第一款规定的结论。

同理,权利要求6的各技术方案之间相同或者相应的技术特征为:包含或编码SEQ ID NO:1的核酸序列所编码的肿瘤抗原的药剂在制备用于诊断、检测或监测胃相关肿瘤的试剂盒中的用途。该特征也未被对比文件1公开。因此,基于与权利要求1相同的理由,也无法得出权利要求6不符合《专利法》第三十一条第一款规定的结论。

因此,驳回决定和前置审查意见认为权利要求1、6不具有单一性的理由不成立。

思考与评论

区别技术特征是以一篇对比文件进行划界,写入独立权利要求特征部分的特征,或者说是该发明与现有技术中的一个最为接近的技术方案之间相区别的技术特征。特定技术特征是对现有技术作出贡献的技术特征,区别技术特征是以新颖性为标准划分出来的那部分特征,所以特定技术特征必然属于区别技术特征的范畴,但又不完全等同于后者。本案中驳回决定认为:"上述共同特征已经由对比文件1所公开;因此,权利要求1中的多个技术方案之间不符合《专利法》第三十一条第一款的规定。"这是判断单一性的正确方法吗?其与新颖性判断有何不同?单一性判断是权利要求之间的比对还是权利要求与现有技术的比对?为什么?

(三)分案申请

分案申请是指申请人将包含两个以上的发明创造的专利申请中的某一部分或几个部分分割出来,另外提出一项或多项申请。鉴于"单一性"原则的规定,申请人将已经提起申请且包含两个以上发明创造内容的,将其分割后独立提起申请。

应分案的几种情况:

1. 原权利要求书中包含不符合单一性规定的两项以上发明;

2. 在修改的申请文件中所增加或替换的独立权利要求与原权利要求书中的发明之间不具有单一性;

3. 独立权利要求之一缺乏新颖性或创造性,其余的权利要求之间缺乏单一性。

值得注意的是,分案申请应当以原申请为基础提出。另外,针对一件申请,可以提出一件或者一件以上的分案申请,针对一件分案申请还可以以原申请为依据再提出一件或者一件以上的分案申请。

申请人可以在专利局发出授权通知前向专利局提出分案申请。若专利局认为一件专利申请不符合单一性原则,其应当通知申请人在制定期限内进行修改,申请人逾期不答复的,该申请视为撤回。

分案申请中记载的技术方案必须是原专利申请中包含的内容。分案的申请不能改变原申请的类别。

《专利审查指南》对分案申请提出了具体要求:一是分案申请应当以第一次申请为基础;二是分案申请不改变原申请的类别,如原申请发明专利的仍然申请发明专利;三是分案申请仍然不符合"单一性"原则的,还可以提出再分案的申请;四是实施分案申请时应当在请求书中填写原申请的申请号和申请日。

案例 6-7-2 邱则有与被申请人山东鲁班建设集团总公司侵犯专利权纠纷案*

邱则有是名称为"一种现浇砼空心模壳构件"的发明专利(本案专利)的专利权人。邱则有在本案中主张权利的依据为本案专利权利要求 1 和 3,本案专利权利要求 1 的内容为:一种现浇砼空心模壳构件,包括上底(4),周围侧壁(5),下底(6),上底(4)和周围侧壁(5)构成模壳(7),模壳(7)与下底(6)彼此围成有封闭空腔(8)的模壳构件(3),其特征在于所述的模壳(7)由至少两块分块模壳板(9)拼接组装而成,分块模壳板(9)有至少一根加强杆(12)支撑。邱则有认为鲁班公司的叠合箱落入本案专利保护范围,遂提起诉讼。山东省济南市中级人民法院一审认为,鲁班公司的叠合箱由顶盒、底盒和侧框板直接组成一个封闭单元,不具备本案专利的全部必要技术特征,故判决驳回邱则有的诉讼请求。山东省高级人民法院二审维持一审判决。邱则有不服,向最高人民法院申请再审。其主要理由之一是,关于本案专利权利要求中的"分块模壳板",根据其字面含义以及本案专利说明书第 2 页第 5~7 段的内容可知,是指把一个模壳拆成很多小块,由这些小块组装成模壳。

最高人民法院审查查明:本案专利说明书第 2 页第 2 段记载:"本发明的解决方

* 最高人民法院(2011)民申字第 1309 号。

案是在现有技术的基础上,包括……这样,由于模壳由至少两块分块模壳板拼接组装而成,而分块模壳板为包括部分上板和与之相连的部分侧壁的成型件,因而模壳构件结构简单,构造关系明确,生产容易、成本低,相应楼盖的施工成本低,从而达到了本发明的目的。”说明书第2页第5~7段记载:“本发明的特征还在于所述的上底由四块分块模壳板构成。本发明的特征还在于所述的周围侧壁由四块分块模壳板构成。本发明的特征还在于所述的分块模壳板为包括部分上板和与之相连的部分侧壁的成型件。”本案专利为第03118134.1号发明专利申请(以下简称母案)的分案申请,在母案申请文件中,没有记载本案专利说明书第2页第5~7段的内容。母案专利申请公开说明书记载的权利要求4为:“根据权利要求2所述的一种现浇钢筋砼空心楼盖,其特征在于模壳构件设置有十字型加强肋(10),模壳(7)由4块分块模壳板(9)在十字型加强肋(10)上搭接构成。”母案专利申请公开说明书第2页第5段记载为:“本发明的特征还在于模壳构件设置有十字型加强肋,模壳由4块分块模壳板在十字型加强肋上搭接构成。这样,楼盖中的模壳构件的制作更容易,成本更低,相应楼盖的施工成本更低。”母案专利申请公开说明书附图4、17中,组成模壳的4块分块模壳板均是包括部分上底和部分侧壁的结构。最高人民法院于2011年12月16日裁定驳回了邱则有的再审申请。

最高人民法院审查认为:邱则有主张分块模壳板可以为任意分块,可以是由部分上底与部分侧壁相互连接成的成型件,也可以是单纯的上底或者侧壁。这涉及对分块模壳板的解释问题。2000年修订的《专利法》第五十六条第一款规定,发明或者实用新型专利权的保护范围以其权利要求的内容为准,说明书及附图可以用于解释权利要求。基于以下理由,邱则有关于分块模壳板的解释不能成立:(1)对于权利要求中的自定义词语,通常需要借助专利说明书、其他权利要求以及专利审查档案中对该特定词语的描述,确定该词语的含义。本案专利权利要求1限定,上底(4)和周围侧壁(5)构成模壳(7),模壳(7)由至少两块分块模壳板(9)拼接组装而成。对于所述“分块模壳板”,说明书中已经赋予其明确的定义,即,“分块模壳板为包括部分上底和与之相连的部分侧壁的成型件”。(2)根据对本案专利权利要求1本身的通常理解,也可以得出分块模壳板为包括部分上底和与之相连的部分侧壁的成型件这一结论。权利要求1称“分块模壳板(9)有至少一根加强杆(12)支撑”,若分块模壳板单纯由上底或者侧壁组成,则加强杆将无法对这样的分块模壳板起到支撑作用。(3)本案专利的母案专利申请公开说明书中未公开本案专利说明书第2页第5~7段的内容,邱则有以该内容主张分块模壳板可以单纯由上底或者侧壁组成,本院不予支持。分案申请是一类特殊的申请,是为了保证专利申请人的正当利益不受到损害,允许专利申请人将其在申请日提交的母案申请文件中已经批露、但因单一性等原因不能在母案中获得保护的发明创造另行提出专利申请,同时保留原申请日的一种制度。该制度在保护专利申请人利益的同时,为了平衡社会公众的利益,要求分案申请不得超出母案申请文件公开的范围,即不得在分案申请中补充母案申请文件未曾记载的新内容,以避免专利申请人将申请日后完成的发明创造通过分案申请抢占在先的申请日。因此,分案申请要受到母案申请文件的约束。在此意义上,对于分案申请而言,母案申请构成其特殊的专利审查档案,母案中未公开的内容不能作为权利人基于分案申请主张权利的依据。本案专利是分案申请,其母案专利申请公开说明书中并未记载本案专利说明书第2页第5~7段的内容。根据母案专利申请公开说明书第2页第5段的内容也不能得出分块模壳板可以单纯由上底或者侧壁组成这一结论。此外,在母案专利申请公开说明书附图4、17中,组成模壳的4块分块模壳板均是包括部分上底和部分侧壁的结构。邱则有以母案专利申请公开说明书中未公开的内容主张分块模壳板可以单纯由上底或者侧壁组成,不能成立。

思考与评论

本案中,最高人民法院认为,分案申请是一类特殊的专利申请,是为了保证专利申请人的正当利益不受到损害,允许专利申请人将其在申请日提交的母案申请文件中已经披露、但因单一性等原因不能在母案中获得保护的发明创造另行提出专利申请,同时保留原申请日的一种制度。该制度在保护专利申请人利益的同时,为了平衡社会公众的利益,要求分案申请不得超出母案申请文件公开的范围,即不得在分案申请中补充母案申请文件未曾记载的新内容,以避免专利申请人将申请日后完成的发明创造通过分案申请抢占在先的申请日。因此,分案申请要受到母案申请文件的约束。在此意义上,对于分案申请而言,母案申请构成其特殊的专利审查档案,母案中未公开的内容不能作为权利人基于分案申请主张权利的依据。也就是说,母案申请的保护范围在某种意义上可以限制分案申请的保护范围。

第八节　申请文件修改

一、法律规定

申请人可以对其专利申请文件进行修改,但是对发明和实用新型专利申请文件的修改不得超出原说明书和权利要求书记载的范围,对外观设计专利申请文件的修改不得超出原图片或者照片表示的范围。

发明专利申请人在提出实质审查请求时以及在收到国务院专利行政部门发出的发明专利申请进入实质审查阶段通知书之日起的3个月内,可以对发明专利申请主动提出修改。实用新型或者外观设计专利申请人自申请日起2个月内,可以对实用新型或者外观设计专利申请主动提出修改。

申请人在收到国务院专利行政部门发出的审查意见通知书后对专利申请文件进行修改的,应当针对通知书指出的缺陷进行修改。国务院专利行政部门可以自行修改专利申请文件中文字和符号的明显错误。国务院专利行政部门自行修改的,应当通知申请人。

在专利无效宣告程序中,权利人也可以有限修改权利要求,但此时不能修改说明书与附图。

二、修改范围

申请人可以对其专利申请文件进行修改,但是对发明和实用新型专利申请文件的修改不得超出原说明书和权利要求书记载的范围,对外观设计专利申请文件的修改不得超出原图片或者照片表示的范围。

"原说明书和权利要求书记载的范围"包括:

1. 原说明书和权利要求书文字记载的内容;

2. 根据原说明书和权利要求书文字记载的内容以及说明书附图能直接地、毫无疑义地确定的内容。

案例6-8-1 再审申请人精工爱普生株式会社与被申请人国家知识产权局专利复审委员会、郑亚俐等发明专利权无效行政纠纷案*

精工爱普生株式会社(以下简称精工爱普生)是中国专利00131800.4的权利人,在实质审查过程中曾作出如下修改:

(1)权利要求1、40中将"半导体存储装置"修改为"存储装置";

(2)权利要求8、12、29中将"半导体存储装置"修改为"记忆装置";

(3)权利要求4中新增加"所述第二壁的宽度比所述壳体的其他壁窄"。

上述(1)、(2)、(3)处修改后的内容均没有记载在原始说明书和权利要求中。

---

* 最高人民法院行政裁定书(2010)知行字第53号。

郑亚俐等人提出无效请求之后,专利复审委认为上述三处修改均不符合《专利法》第三十三条的规定,作出第11291号无效决定,宣布该专利全部无效。

北京市第一中级人民法院的(2008)的一中行初字第1030号判决维持了无效决定。

北京市高级人民法院认为上述(1)处修改符合《专利法》第三十三条的要求,(2)、(3)处修改不符合《专利法》第三十三条的要求,作出(2009)高行终字第327号行政判决,撤销了一审判决和无效决定。

无效请求人不服北京高院对于(1)处修改的结论,向最高人民法院提出再审。

最高人民法院认为:

……

(二)本专利权利要求1和40中关于"存储装置"的修改是否违反《专利法》第三十三条的规定

《专利法》第三十三条规定:"申请人可以对其专利申请文件进行修改,但是,对发明和实用新型专利申请文件的修改不得超出原说明书和权利要求书记载的范围,对外观设计专利申请文件的修改不得超出原图片或者照片表示的范围。"判断本专利权利要求1和40中关于"存储装置"的修改是否违反《专利法》第三十三条的规定,需要正确理解《专利法》第三十三条的含义。

第一,关于《专利法》第三十三条的立法目的。正确理解《专利法》第三十三条的含义,需要结合该条的立法目的。《专利法》第三十三条包括两层含义:一是允许申请人对专利申请文件进行修改,二是对专利申请文件的修改进行限制。之所以允许申请人对专利申请文件进行修改,其主要理由在于:其一,申请人的表达和认知能力的局限性。申请人将自己抽象的技术构思形诸语言文字,体现为具体的技术方案时,由于语言表达的局限,往往有词不达意或者言不尽意之处。同时,申请人在撰写专利申请文件时,由于对现有技术以及发明创造等的认知局限,可能错误理解发明创造。在专利申请过程中,随着对现有技术和发明创造等的理解程度的提高,特别是审查员发出审查意见通知书之后,申请人往往需要根据对发明创造和现有技术的新的理解对权利要求书和说明书进行修正。其二,提高专利申请文件质量的要求。专利申请文件是向公众传递专利信息的重要载体,为了便于公众理解和运用发明创造,促进发明创造成果的运用和传播,客观上需要通过修改提高专利申请文件的准确性。在允许申请人对专利申请文件进行修改的同时,《专利法》第三十三条也对专利申请文件的修改进行了限制,即发明和实用新型专利申请文件的修改不得超出原说明书和权利要求书记载的范围。这一限制的理由在于:一是通过将修改限制在原说明书和权利要求书记载的范围之内,促使申请人在申请阶段充分公开其发明,保证授权程序顺利开展。二是防止申请人将申请时未完成的发明内容随后补入专利申请文件中,从而就该部分发明内容不正当地取得先申请的利益,保证先申请原则的实现。三是保障社会公众对专利信息的信赖,避免给信赖原申请文件并以此开展行动的第三人造成不必要的损害。可见,《专利法》第三十三条的立法目的在于实现专利申请人的利益与社会公众利益之间的平衡,一方面使申请人拥有修改和补正专利申请文件的机会,尽可能保证真正有创造性的发明创造能够取得授权和获得保护,另一方面又防止申请人对其在申请日时未公开的发明内容获得不正当利益,损害社会公众对原专利申请文件的信赖。对《专利法》第三十三条含义的理解,必须符合这一立法目的。

第二,关于“修改不得超出原说明书和权利要求书记载的范围”的理解。基于前述立法目的,对于“原说明书和权利要求书记载的范围”,应该从所属领域普通技术人员角度出发,以原说明书和权利要求书所公开的技术内容来确定。凡是原说明书和权利要求书已经披露的技术内容,都应理解为属于原说明书和权利要求书记载的范围。既要防止对记载的范围作过宽解释,乃至涵盖了申请人在原说明书和权利要求书中未公开的技术内容,又要防止对记载的范围作过窄解释,对申请人在原说明书和权利要求书中已披露的技术内容置之不顾。从这一角度出发,原说明书和权利要求书记载的范围应该包括如下内容:一是原说明书及其附图和权利要求书以文字或者图形等明确表达的内容;二是所属领域普通技术人员通过综合原说明书及其附图和权利要求书可以直接、明确推导出的内容。只要所推导出的内容对于所属领域普通技术人员是显而易见的,就可认定该内容属于原说明书和权利要求书记载的范围。与上述内容相比,如果修改后的专利申请文件未引入新的技术内容,则可认定对该专利申请文件的修改未超出原说明书和权利要求书记载的范围。由此可见,判断对专利申请文件的修改是否超出原说明书和权利要求书记载的范围,不仅应考虑原说明书及其附图和权利要求书以文字或者图形表达的内容,还应考虑所属领域普通技术人员综合上述内容后显而易见的内容。在这个过程中,不能仅仅注重前者,对修改前后的文字进行字面对比即轻易得出结论;也不能对后者作机械理解,将所属领域普通技术人员可以直接、明确推导出的内容理解为数理逻辑上唯一确定的内容。

第三,关于本案“存储装置”的修改是否违反《专利法》第三十三条的规定的具体判断。《专利法》第三十三条所称的原说明书和权利要求书是指申请日提交的说明书和权利要求书;对于分案申请,是指申请日提交的原申请的说明书和权利要求书；对于国际申请，是指原始提交的国际申请的说明书、权利要求书及附图。由于本专利是99800780.3号发明专利申请的分案申请，99800780.3号发明专利申请是进入中国国家阶段的国际申请（PCT/JP99/02579），判断本案“存储装置”的修改是否违反《专利法》第三十三条的规定，应以PCT/JP99/02579号国际申请记载的内容为准。根据PCT/JP99/02579号国际申请及其中文翻译件（99800780.3号发明专利申请公开说明书）的记载，既改善油墨特性又改善打印头的驱动方法可以提高打印设备的打印质量，但是这个成果难以应用到从厂家运输的打印设备上，因为打印设备必须带到厂家，而且记录控制数据的存储装置必须更换。为此，现有技术提出了在墨盒上设置半导体存储装置和连接到它的一个电极，同时在打印设备的主体上设置一组电极，读出存储在半导体存储装置中的数据，并且按照这些数据控制记录操作的技术方案。由于该打印设备存在接触不好、数据丢失等技术问题，本专利申请提出在墨盒侧壁安装电路板，电路板外面设置触点，触点可以连接到外部控制装置，从而实现外部控制装置通过触点访问半导体存储装置的技术效果。对所属领域普通技术人员而言，通过综合该原始专利申请公开说明书、权利要求书和附图，很容易联想到可以用其他存储装置替换半导体存储装置，并推导出该技术方案同样可以应用于使用非半导体存储装置的墨盒。精工爱普生在提出分案申请时主动将原权利要求书中的“半导体存储装置”修改为“存储装置”。修改后，新的独立权利要求1和40与所属领域普通技术人员综合该原始专利申请公开说明书、权利要求书和附图的记载能够直接、明确推导出的内容相比，并未引入新的技术内容。因此，关于本专利独立权利要求1和40中“存储装置”的修改并未超出原专利申请文件记载的范围，符合《专利法》第三十三条的规定。

思考与评论

《专利审查指南》认为：“原说明书和权利要求书记载的范围”包括：(1)原说明书和权利要求书文字记载的内容；和(2)根据原说明书和权利要求书文字记载的内容以及说明书附图能直接地、毫无疑义地确定的内容。”而最高法院在本案中认为，从这一角度出发，原说明书和权利要求书记载的范围应该包括如下内容：一是原说明书及其附图和权利要求书以文字或者图形等明确表达的内容；二是所属领域普通技术人员通过综合原说明书及其附图和权利要求书可以直接、明确推导出的内容。只要所推导出的内容对于所属领域普通技术人员是显而易见的，就可认定该内容属于原说明书和权利要求书记载的范围。你认为这二者所确定的修改范围是否一致？

在（2013）行提字第21号判决中，最高法院认为，实践中，对于《专利法》第三十三条的适用，争议主要集中在什么是“原说明书和权利要求书记载的范围”。从该条款的立法目的出发，本院认为，“原说明书和权利要求书记载的范围”应当理解为原说明书和权利要求书所呈现的发明创造的全部信息，是对发明创造的全部信息的固定。这既是先申请制度的基石，也是专利申请进入后续阶段的客观基础。“原说明书和权利要求书记载的范围”具体可以表现为：原说明书及其附图和权利要求书以文字和图形直接记载的内容，以及所属领域普通技术人员根据原说明书及其附图和权利要求书能够确定的内容。审查专利申请文件的修改是否超出原说明书和权利要求书记载的范围，应当考虑所属技术领域的技术特点和惯常表达、所属领域普通技术人员的知识水平和认知能力、技术方案本身在技术上的内在必然要求等因素，以正确确定原说明书和权利要求书记载的范围。

另外，在审查专利申请人对专利申请文件的修改是否超出原说明书和权利要求书记载的范围时，应当充分考虑专利申请所属技术领域的特点，不能脱离本领域技术人员的知识水平。

三、发明点修改与非发明点修改

最高法院认为，专利制度是对技术方案的评价和肯定，一项技术方案能够被授予独占性的专利权，是因为其对现有技术作出了实质性的贡献。被授予的专利权的范围与该技术方案对现有技术的贡献大小相当，这是专利制度的合理性基础。一般而言，一项技术方案包含多个技术特征，其中体现发明创造对现有技术作出贡献的技术特征通常被称为“发明点”，“发明点”使发明创造相对于现有技术具有新颖性和创造性，是发明创造能够被授予专利权的基础和根本原因。在专利授权和确权程序中，确实存在因为“发明点”以外的技术特征的修改超出原说明书和权利要求书记载的范围而使得确有创造性的发明创造不能取得专利权的情形。《专利法》第三十三条对专利申请文件的修改没有区分“发明点”和“非发明点”而采取不同的标准，但是该条款的立法本意之一是尽可能保证确有创造性的发明创造取得专利权，实现专利申请人所获得的权利与其技术贡献相匹配。如果仅仅因为专利申请文件中“非发明点”的修改超出原说明书和权利要求书记载的范围而无视整个发明创造对现有技术的贡献，最终使得确有创造性的发明创造难以取得专利权，专利申请人获得的利益与其对社会作出的贡献明显不相适应，不仅有违实质公平，也有悖于《专利法》第三十三条的立法本意，不利于创新激励和科技发展。因此，在现行法律框架和制度体系下，在维护《专利法》第三十三条标准的前提下，相关部门应当积极寻求相应的解决和救济渠道，在防止专利申请人获得不正当的先申请利益的同时,积极挽救具有技术创新价值的发明创造。譬如,可以考虑通过在专利授权确权行政审查过程中设置相应的回复程序,允许专利申请人和专利权人放弃不符合《专利法》第三十三条的修改内容,将专利申请和授权文本再修改回到申请日提交的原始文本状态等程序性途径予以解决,避免确有创造性的发明创造因为"非发明点"的修改超出原说明书和权利要求书记载的范围而丧失其本应获得的与其对现有技术的贡献相适应的专利权,以推动科技进步和创新,最大限度地提升科技支撑引领经济社会发展的能力。

四、当事人陈述

在判断专利申请文件的修改是否超出原说明书和权利要求书记载的范围时,当事人的意见陈述在通常情况下只能作为理解说明书以及权利要求书含义的参考,而不是决定性依据。至于其参考价值的大小,则取决于该意见陈述的具体内容及其与说明书和权利要求书的关系。尤其需要注意的是,如果当事人意见陈述的内容超出了原说明书和权利要求书中记载的范围,则该意见陈述将完全丧失参考作用,不能参考该意见陈述对说明书或者权利要求书进行解释。①

五、修改方式

(一)主动修改

申请人仅在下述两种情形下可对其发明专利申请文件进行主动修改:

1. 在提出实质审查请求时;

2. 在收到专利局发出的发明专利申请进入实质审查阶段通知书之日起的三个月内。

在答复专利局发出的审查意见通知书时,不得再进行主动修改。

对于实用新型和外观设计而言,由于没有实质审查环节,其主动修改只能在申请日起二个月内提出。

(二)被动修改

申请人在收到国务院专利行政部门发出的审查意见通知书后对专利申请文件进行修改的,应当针对通知书指出的缺陷进行修改。这时候,申请人通常不能修改审查意见未指出的内容。请求人在提出复审请求或者在对专利复审委员会的复审通知书作出答复时,可以修改专利申请文件,但是,修改应当仅限于消除驳回决定

---

① 最高人民法院(2010)知行字第53-1号。

或者复审通知书指出的缺陷。

六、外观设计申请文件的修改

申请人可以对其专利申请文件进行修改，对外观设计专利申请文件的修改不得超出原图片或者照片表示的范围。

修改超出原图片或者照片表示的范围，是指修改后的外观设计与原始申请文件中表示的相应的外观设计相比，属于不相同的设计。在判断申请人对其外观设计专利申请文件的修改是否超出原图片或者照片表示的范围时，如果修改后的内容在原图片或者照片中已有表示，或者可以直接地、毫无疑义地确定，则认为所述修改符合《专利法》第三十三条的规定。

申请人可以自申请日起两个月内对外观设计专利申请文件主动提出修改。此外，申请人在收到专利局的审查意见通知书或者补正通知书后，应当针对通知书指出的缺陷对专利申请文件进行修改。

外观设计请求人在提出复审请求或者在对专利复审委员会的复审通知书作出答复时，可以修改专利申请文件，但是，修改应当仅限于消除驳回决定或者复审通知书指出的缺陷。

在外观设计无效程序中，权利人不能修改专利申请文件。

七、权利要求修改与保护范围

专利申请文件的修改限制与专利保护范围之间既存在一定的联系，又具有明显差异；在无效宣告请求的审查过程中，发明或者实用新型专利的专利权人修改其权利要求书时要受原专利的保护范围的限制，不得扩大原专利的保护范围；发明专利申请人在提出实质审查请求时以及在收到国务院专利行政部门发出的发明专利申请进入实质审查阶段通知书之日起3个月内进行主动修改时，只要不超出原说明书和权利要求书记载的范围，在修改原权利要求书时既可以扩大也可以缩小其请求保护的范围。

八、专利申请文件的修改限制与禁止反悔原则

禁止反悔原则在专利授权确权程序中应予适用，但是其要受到自身适用条件的限制以及与之相关的其他原则和法律规定的限制；在专利授权程序中，相关法律已经赋予了申请人修改专利申请文件的权利，只要这种修改不超出原说明书和权利要求书记载的范围，禁止反悔原则在该修改范围内应无适用余地。

九、权利要求修改与权利要求不能获得说明书支持

权利人修改专利申请文件一般应适用《专利法》第三十三条的条款来解决问题，然而，在有些情况下，可能需要适用《专利法》第二十六条第四款来处理专利文件的修改问题。

案例6-8-2 国家知识产权局专利复审委员会与江苏先声药物研究有限公司等无效行政纠纷案*

《专利审查指南》规定无效宣告程序中对权利要求书的修改不得超出原说明书和权利要求书记载的范围。专利复审委员会称，二审法院错误地将比较对象认定为原授权文本，而非原申请文本。二审判决中并未出现上述陈述，关于比较对象的问题并无争议。本专利申请时的原始文本记载的比值范围为1:10～50，授权文本为1:10～30，无效程序中再次修改为1:30，所涉及的问题均是1:30的比值是否在原说明书中有记载，这样的修改是否超出了原说明书和权利要求书记载的范围。根据查明的事实可知，本专利说明书中明确公开了氨氯地平1mg与厄贝沙坦30mg的组合，并将氨氯地平1mg/kg与厄贝沙坦30mg/kg作为最佳剂量比，在片剂制备实施例中也有相应符合1:30比例关系的组合，可见1:30的比值在说明书中已经公开。对于比值关系的权利要求而言，说明书中具体实施例只能记载具体的数值，而无法公开一个抽象的比值关系，而且本专利说明书中披露的是在大鼠身上进行试验所得到的结果，本专利说明书明确记载可应用的剂量范围是氨氯地平2mg～10mg，厄贝沙坦50mg～300mg，如果认定其披露的最佳组方仅为1mg:30mg这一具体剂量而非比值，则该最佳组方根本不包含在上述可应用的范围内，显然不符合常理。对于本领域普通技术人员来说，1mg/kg和30mg/kg表明的是两种成分的比值而非一个固定的剂量，故本案中应认为1:30的比值关系在说明书已有记载，该修改没有超出原说明书和权利要求书的范围。另外，对于是否符合该比值关系的所有技术方案均能够实现本专利发明目的，是属于权利要求是否能得到说明书的支持，即《专利法》第二十六条第四款的问题，不宜以该理由认定修改是否超出范围。

* 最高人民法院行政裁定书（2011）知行字第17号。

第九节　专利申请的撤回

申请人可以在被授予专利权之前随时撤回其专利申请。专利申请的撤回可以采取作为或不作为的方式。作为的方式指申请人主动撤回专利申请，在这种情况下，申请人应当向国务院专利行政部门提出声明，写明发明创造的名称、申请号和申请日。不作为是指“视为撤回”的情况。这主要包括：

1. 申请人未按时缴纳或未缴足申请费的。

2. 申请人在初审阶段未在指定期限内陈述其对专利局的通知意见的。

3. 发明专利已经在外国提出过申请的，国务院专利行政部门可以要求申请人在指定期限内提交该国为审查其申请进行检索的资料或者审查结果的资料；无正当理由逾期不提交的，该申请即被视为撤回。

4. 申请人在规定期限内不提出实质审查要求的。

5. 发明专利申请人在实质审查阶段未在指定期限内陈述其对专利局通知意见或对其专利申请进行修改的。

6. 专利局认为专利申请不符合单一性，通知申请人在指定期限内对其申请进行修改的，申请人逾期不修改的，即被视为自动撤回。

根据《专利法实施细则》第六条第一款的规定，当事人因不可抗拒的事由而延误专利法或者本细则规定的期限或者国务院专利行政部门指定的期限，导致其权利丧失的，自障碍消除之日起 2 个月内，最迟自期限届满之日起 2 年内，可以向国务院专利行政部门请求恢复权利。视为撤回申请的申请人因而可以通过提交恢复权利申请来保护其专利申请权。另外，其也可以通过重新申请，申请的时候要求优先权的方式来保护自己的权利。

第十节　专利申请受理以及申请日、申请号的确定

申请日在专利中具有重要的法律意义。首先，申请日确定了专利申请提交的时间先后，根据先申请原则，当有同样内容的申请时，申请的先后将决定专利权的归属。其次，现有技术的检索以申请日为界，这将直接影响专利的新颖性与创造性。最后，专利申请日还涉及专利期限等的计算起点。值得注意的是，依据《专利法实

施细则》第十一条的规定,除专利法第二十八条(申请日的确定方法)和第四十二条(专利期限的计算)规定的情形外,专利法所称申请日,有优先权的,指优先权日。

国务院专利行政部门收到专利申请文件之日为申请日。如果申请文件是邮寄的,以寄出的邮戳日为申请日。如果邮戳日不清晰,除申请人能提供证明外,仍以专利局收到专利申请文件之日为申请日。

专利申请号用 12 位阿拉伯数字表示,包括申请年号、申请种类号和申请流水号三个部分。按照由左向右的次序,专利申请号中的第 1 ~ 4 位数字表示受理专利申请的年号,第 5 位数字表示专利申请的种类,第 6 ~ 12 位数字(共 7 位)为申请流水号,表示受理专利申请的相对顺序。专利申请号中的年号采用公元纪年,例如 2004 表示专利申请的受理年份为公元 2004 年。专利申请号中的申请种类号用 1 位数字表示,所使用数字的含义规定如下:1 表示发明专利申请;2 表示实用新型专利申请;3 表示外观设计专利申请;8 表示进入中国国家阶段的 PCT 发明专利申请;9 表示进入中国国家阶段的 PCT 实用新型专利申请。专利申请号中的申请流水号用 7 位连续数字表示,一般按照升序使用,例如从 0000001 开始,顺序递增,直至 9999999。比如 201010002937.4 为一种 FX 反冲洗过滤器的申请号。

第十一节　国 际 申 请

一、途径

目前中国的申请人向国外申请专利有两种途径:

1. 传统的巴黎公约途径。若想获得多个国家的专利,申请人应自优先权日起十二个月内分别向多个国家专利局提交多份申请文件,并缴纳相应的费用。

2. PCT 途径。申请人可以直接向中国国家知识产权局(受理局)提交一份 PCT 国际申请,要求优先权的,应在自优先权日起十二个月内提出。由受理局确定的国际申请日,在 PCT 的所有成员国中自国际申请日起具有正规国家申请的效力。申请人可以自优先权日起三十个月内向欲获得专利的国家专利局提交申请文件译文,并缴纳相应的费用。

二、PCT 程序

PCT 是《专利合作条约》的简称,是在专利领域进行合作的国际性条约。其目的是解决就同一发明创造向多个国家申请专利时,减少申请人和各个专利局的重复劳动。PCT是一份拥有超过145个缔约国的国际条约。通过PCT申请人只需提交一份专利申请(而不是分别提交多个不同国家或地区的专利申请),即可请求在为数众多的国家中同时对其发明进行专利保护。PCT国际申请是指依据《专利合作条约》提出的申请。专利权的授予仍由各国家或地区专利局负责,这称为"国家阶段"。值得注意的是,通过PCT程序获得的专利仍是国别专利,只在获得授权的国家有效。同时,各国专利的授予条件存在一定的差别,在一国获得授权并不意味着其在另一国也能获得授权。

PCT程序包括:

提交申请:申请人以一种语言,向一个国家或地区专利局或者WIPO提交一份满足PCT形式要求的国际申请,并缴纳一组费用。

国际检索:由国际检索单位(ISA)(世界主要专利局)检索可影响发明专利性的已公布专利文献和技术文献(现有技术),并对发明的可专利性提出书面意见。

国际公布:国际申请中的内容将自最早申请日起十八个月届满之后尽早公之于众。

补充国际检索(可选):经申请人要求,由第二家国际检索单位查找进行主检索的第一家国际检索单位因现有技术在语言和技术领域上的多样性而未能检索到的已公布文献。

国际初步审查(可选):经申请人要求,由某一国际检索单位进行另外的专利性分析,通常针对的是修改过的申请。

国家阶段:在PCT程序结束后,通常是申请人提出优先权要求的首次申请的最早申请日起三十个月后,申请人开始直接向希望获得专利的国家(或地区)专利局寻求专利授予。

中国于1994年加入PCT,国家知识产权局是PCT的受理局、国际检索单位和国际初审单位。

三、保密审查

值得注意的是,任何单位或者个人将在中国完成的发明或者实用新型向外国申请专利的,应当事先报经国务院专利行政部门进行保密审查。中国单位或者个人可以根据中华人民共和国参加的有关国际条约提出专利国际申请。申请人提出专利国际申请的,有关机构需进行保密审查。对违反规定向外国申请专利的发明或者实用新型,在中国申请专利的,不授予专利权。

Chapter 7
第七章
专利审查与无效

第一节 专利审查程序

一、发明专利的审查

依据专利法的相关规定，发明专利的审查采用“早期公开、延迟审查制”。其主要程序分为初步审查、公布、请求实质审查、授权与公告。

（一）初步审查

初步审查是指对专利申请是否符合专利法规定的形式要件以及是否存在明显的实质性缺陷的审查。依据专利法的相关规定，发明专利的初步审查包括：

1. 格式审查。审查发明人和申请人的资格，申请人所委托的代理机构和代理人的资格，以及申请人提交的文件、证明的法律效力。

2. 合法性审查。审查是否明显不属于专利法规定的保护范围或者明显违反国家法律、社会公德和妨碍公共利益、公共秩序。

3. 保密审查。审查是否涉及国家安全和重大利益，是否需要保密。

4. 费用审查。审查是否缴纳申请费。

（二）早期公开

国务院专利行政部门收到发明专利申请后，经初步审查认为符合专利法要求的，自申请日起满十八个月，即行公布。国务院专利行政部门可以根据申请人的请求早日公布其申请。国务院专利行政部门公布专利申请的方式，是利用《发明专利公报》登载发明专利申请请求书中记载的事项和说明书摘要，另外还可出版发明说明书和权利要求书的全文单行本。

早期公开的目的是公众可以了解技术内容，促进技术的传播和利用，使相关人员及早了解技术发展趋势，制定自己的知识产权战略。同时，早期公开也有利于避免重复研究，促进他人在此技术上的进一步研究。

发明专利申请公布后至专利授予前这段时间申请人的权利如何保护呢？由于此时申请人还不是专利权人，其专利申请可能被驳回。但专利法为鼓励早期公开，明确规定申请人可以要求实施其发明的单位或者个人支付适当的费用。这就是所谓的“临时保护”制度。值得注意的是，《专利法》用的是“可以”，也就是说，如果实施其发明的人拒绝支付适当的费用，专利申请人也是无能为力的。但是，申请人可以等到专利申请被授权后，向人民法院起诉要求支付发明专利申请公布后至专利权授予前使用该发明的使用费。这意味着专利法虽然规定了申请人可以要求在发明专利申请公布后至专利权授予之前(专利临时保护期内)实施其发明的单位或者个人支付适当的费用,即享有请求给付发明专利临时保护期使用费的权利,但对于专利临时保护期内实施其发明的行为并不享有请求停止实施的权利。因此,在发明专利临时保护期内实施相关发明的,不属于专利法禁止的行为。在专利临时保护期内制造、销售、进口被诉专利侵权产品不为专利法禁止的情况下,其后续的使用、许诺销售、销售该产品的行为,即使未经专利权人许可,也应当得到允许。也就是说,专利权人无权禁止他人对专利临时保护期内制造、销售、进口的被诉专利侵权产品的后续使用、许诺销售、销售。①

(三)实质审查

实质审查是专利局对发明专利申请的实质性条件所作出的审查,是从技术角度对发明的可专利性进行审查,因而也称为技术审查。

发明专利申请自申请日起3年内,国务院专利行政部门可以根据申请人随时提出的请求,对其申请进行实质审查;申请人无正当理由逾期不请求实质审查的,该申请即被视为撤回。在中国,实质审查的请求主体应为专利申请人,但国务院专利行政部门认为必要的时候,可以自行对发明专利申请进行实质审查。

实质审查的主要内容包括:

1. 实质缺陷审查

实质缺陷审查的事项及依据主要包括:

(1)依据《专利法》第2条第2款,审查发明的定义。

(2)依据《专利法》第5条,审查是否违反法律、社会公德或者妨害公共利益,以及是否违反法律、行政法规的规定获取或者利用遗传资源并依赖该遗传资源完成发明创造。

(3)依据《专利法》第9条第1款及《专利法实施细则》第41条,审查是否重复授权。值得注意的是最高人民法院认为,专利法所称的同样的发明创造,是指保护范围相同的专利申请或专利,在判断方法上应当仅就各自请求保护的内容进行比较即可。专利法上的禁止重复授权是指同样的发明创造不能有两项或以上的处于有效状态的专利权同时存在,而不是指同样的发明创造只能被授予一次专利权。②

(4)依据《专利法》第9条第2款,审查先申请原则。

---

① 最高人民法院第20号指导案例:深圳市斯瑞曼精细化工有限公司诉深圳市坑梓自来水有限公司、深圳市康泰蓝水处理设备有限公司。

② 参见济宁无压锅炉厂诉国家知识产权局专利复审委员会、第三人舒学章发明专利无效纠纷提审案(2007)行提字第4号行政判决书。

(5)依据《专利法》第 20 条,进行保密审查。

(6)依据《专利法》第 22 条,审查发明的新颖性、创造性和实用性。

(7)依据《专利法》第 25 条第 1 款第 1 项至第 5 项,审查是否为不授予专利权的客体。

(8)依据《专利法》第 26 条第 3 款,审查发明是否充分公开。

(9)依据《专利法》第 26 条第 4 款,是否权利要求书是否以说明书为依据,清楚、简要地限定要求专利保护的范围。

(10)依据《专利法》第 26 条第 5 款及《专利法实施细则》第 26 条、第 109 条,审查遗传资源来源的披露。

(11)依据《专利法》第 29 条,审查优先权。

(12)依据《专利法》第 31 条及《专利法实施细则》第 34 条、第 42 条,审查单一性。

(13)依据《专利法》第 33 条及《专利法实施细则》第 43 条第 1 款,审查修改及分案申请是否超出原说明书和权利要求书记载的范围。

(14)依据《专利法实施细则》第 20 条第 2 款,审查独立权利要求是否包括发明的全部必要技术特征。

2. 形式缺陷审查

形式缺陷审查的事项及依据主要包括:

(1)依据《专利法实施细则》第 17 条,对说明书的形式进行审查。

(2)依据《专利法实施细则》第 18 条,对说明书附图的绘制进行审查。

(3)依据《专利法实施细则》第 19 条至第 22 条对权利要求的撰写进行审查。

(4)依据《专利法实施细则》第 23 条对说明书摘要的撰写进行审查。

国务院专利行政部门对发明专利申请进行实质审查后,认为不符合本法规定的,应当通知申请人,要求其在指定的期限内陈述意见,或者对其申请进行修改;无正当理由逾期不答复的,该申请即被视为撤回。

发明专利申请经申请人陈述意见或者进行修改后,国务院专利行政部门仍然认为不符合本法规定的,应当予以驳回。

发明专利申请经实质审查没有发现驳回理由的,由国务院专利行政部门作出授予发明专利权的决定,发给发明专利证书,同时予以登记和公告。发明专利权自公告之日起生效。

(四)授权与公告

国务院专利行政部门发出授予专利权的通知后,申请人应当自收到通知之日起2个月内办理登记手续。申请人按期办理登记手续的,国务院专利行政部门应当授予专利权,颁发专利证书,并予以公告。期满未办理登记手续的,视为放弃取得专利权的权利。

二、实用新型和外观设计专利权的审查

与发明专利的实质审查不同,中国专利法对实用新型和外观设计申请只进行初步审查而不进行实质审查。国务院专利行政部门对这两种专利申请的初步审查的内容与发明专利申请初步审查基本一致,包括形式审查、明显实质性缺陷审查、合法性审查等。

实用新型专利申请初步审查的内容主要有:实用新型专利申请是否明显属于《专利法》第5条、第25条规定的情形,是否不符合《专利法》第18条、第19条第1款、第20条第1款或者《专利法实施细则》第16条至第19条、第21条至第23条的规定,是否明显不符合《专利法》第2条第3款,第22条第2、4款,第26条第3、4款,第31条第1款,第33条或者《专利法实施细则》第20条、第43条第1款的规定,是否依照《专利法》第9条规定不能取得专利权。

外观设计专利申请初步审查的内容主要有:外观设计专利申请是否明显属于《专利法》第5条、第25条第1款第6项规定的情形,是否不符合《专利法》第18条、第19条第1款或者《专利法实施细则》第16条、第27条、第28条的规定,是否明显不符合《专利法》第2条第4款、第23条第1款、第27条第2款、第31条第2款、第33条或者《专利法实施细则》第43条第1款的规定,是否依照《专利法》第9条规定不能取得专利权。

国务院专利行政部门应当将审查意见通知申请人,要求其在指定期限内陈述意见或者补正;申请人期满未答复的,其申请视为撤回。申请人陈述意见或者补正后,国务院专利行政部门仍然认为不符合前款所列各项规定的,应当予以驳回。

专利申请人对国务院专利行政部门驳回申请的决定不服的,可以自收到通知之日起3个月内,向专利复审委员会请求复审。专利复审委员会复审后,作出决定,并通知专利申请人。专利申请人对专利复审委员会的复审决定不服的,可以自收到通知之日起3个月内向人民法院起诉。

实用新型和外观设计专利申请经初步审查没有发现驳回理由的,由国务院专利行政部门作出授予实用新型专利权或者外观设计专利权的决定,发给相应的专利证书,同时予以登记和公告。实用新型专利权和外观设计专利权自公告之日起生效。

授予实用新型或者外观设计专利权的决定公告后,《专利法》第 61 条规定的专利权人或者利害关系人可以请求国务院专利行政部门作出专利权评价报告。

三、禁止重复授权

在专利申请和审批实践中,通过抵触申请和狭义的禁止重复授权来避免专利权冲突的发生。修改后的《专利法》第二十二条第二款采用了绝对新颖性的标准,并且扩大了抵触申请的适用范围,规定"任何单位或者个人"就同样的发明或者实用新型在申请日以前向国务院专利行政部门提出的申请均可构成在后申请的抵触申请,这也包括了申请人自己在先提出的专利申请。

专利法修改后对目前专利申请过程中普遍存在的相同技术方案的发明创造既申请发明专利又申请实用新型专利的情况作出了明确规定,允许同一申请人对同样的发明创造既申请实用新型专利又申请发明专利,但是规定必须同日提出,这样规定,可以避免由于申请人分次提出实用新型和发明专利申请时保护期限可能超过二十年的不合理现象。同时还规定,随后授予发明专利权的另一个条件是"在先获得的实用新型专利权尚未终止",这一规定就避免了申请人已经放弃或专利权已经届满的权利再次被授予专利权,为社会公众提供一个明确的权利范围界限。

(一)同样的发明创造

《专利法》第五十九条第一款规定,发明或者实用新型专利权的保护范围以其权利要求的内容为准,说明书及附图可以用于解释权利要求的内容。为了避免重复授权,在判断是否为同样的发明创造时,应当将两件发明或者实用新型专利申请或专利的权利要求书的内容进行比较,而不是将权利要求书与专利申请或专利文件的全部内容进行比较。判断时,如果一件专利申请或专利的一项权利要求与另一件专利申请或专利的某一项权利要求保护范围相同,应当认为它们是同样的发明创造。

在济宁无压锅炉厂诉国家知识产权局专利复审委员会、第三人舒学章发明专利无效纠纷提审案中,最高人民法院明确了对专利法上的禁止重复授权原则的理解和相关行政操作的合法性,同时也澄清了专利法上"同样的发明创造"的概念的内涵。本案的焦点在于原中国专利局于 1995 年 9 月 28 日发布的《审查指南公报》第 6 号所确立的允许同一申请人就同样的发明创造既申请实用新型专利又申请发明专利的相关行政操作是否符合专利法上的禁止重复授权原则,这也涉及我国专利局过去依此授予的数千件专利的有效性问题。最高人民法院认为,专利法所称的同样的发明创造,是指保护范围相同的专利申请或者专利,在判断方法上应当仅就各自请求保护的内容进行比较即可,本案涉案两个专利不属于同样的发明创造;专利法上的禁止重复授权是指同样的发明创造不能有两项或者两项以上的处于有效状态的专利权同时存在,而不是指同样的发明创造只能被授予一次专利权,有关的行政操作并不违背当时以及现行的有关禁止重复授权的立法精神。

案例 7-1-1 晋江市凯达石材机械有限公司与陈锡奎侵害实用新型专利权纠纷上诉案*

上诉人晋江市凯达石材机械有限公司(以下简称凯达公司)因与被上诉人陈锡奎侵害实用新型专利权纠纷一案,不服泉州市中级人民法院(2012)泉民初字第765号民事判决,向本院提起上诉。

本院补充查明:

被上诉人陈锡奎于2008年9月23日申请了名称为"多头圆柱形石材仿形机"发明专利,2011年9月7日获得授权,专利号为ZL200810071856.2,该发明专利的权利要求书、说明书、附图及摘要等与本案讼争的名称为"圆柱形石材自动仿形机"(专利号为ZLZL200810071856.2)实用新型专利完全相同。

本院认为:

被上诉人陈锡奎分别以"圆柱形石材自动仿形机""多头圆柱形石材仿形机"的名称在2008年8月10日、2008年9月23日向国家知识产权局专利局分别申请实用新型专利和发明专利,并分别于2009年10月28日、2011年9月7日被授予发明专利权和实用新型专利权。经比较,二项专利的权利要求书、说明书、附图及摘要等内容完全相同,应当认定二项专利的名称虽然不同,但法律保护的发明创造涉及的技术方案完全相同,实质为同一技术方案。

《中华人民共和国专利法》(2000年修订)第二十二条规定:授予专利权的发明和实用新型,应当具备新颖性、创造性和实用性。新颖性,是指在申请日以前没有同样的发明或者实用新型在国内外出版物上公开发表过、在国内公开使用过或者以其他方式为公众所知,也没有同样的发明或者实用新型由他人向国务院专利行政部门提出过申请并且记载在申请日以后公布的专利申请文件中。本案中,被上诉

---

* 福建省高级人民法院民事判决书(2013)闽民终字第482号。

人陈锡奎在2008年9月23日申请讼争的发明专利,该时间虽晚于其2008年8月10日以同样的技术方案申请实用新型专利的时间,但依照当时的专利法关于"新颖性"的规定,同一个人先后以相同的技术方案申请发明和实用新型专利,并不构成抵触申请(2008年专利法修改后构成抵触申请),因此,就形式上而言,应当认定被上诉人申请的发明专利及实用新型专利均为有效。但根据《中华人民共和国专利法》第九条的规定,同样的发明创造只能授予一项专利权。因此,对同一专利权人就相同的技术方案申请的两项专利,法律应该只保护其一项专利。因发明专利的保护期限为20年,而实用新型专利的保护期限才10年,现被上诉人陈锡奎请求保护其发明专利,从有利于保护发明创造、鼓励创新的角度,被上诉人陈锡奎选择请求保护其发明专利,应予准许。根据本院处理的与本案关联的(2013)闽民终字第522号的民事判决,本院已认定被上诉人陈锡奎的发明专利有效并对凯达公司的许诺销售行为作出评判。现陈锡奎又要求与曾作出评判的发明专利相同技术方案的实用新型专利追究凯达公司同样行为的侵权责任,本质上属于重复请求,对其诉讼请求显然应予以驳回。

思考与评论

一般认为,在新颖性判断与重复授权判断中,专利法虽然都使用了同样的发明的概念,但同样的发明的范畴似乎存在差异。新颖性判断中的"同样的发明"是将权利要求所述的技术方案与对比文件中所公布的全部内容进行比较;而在判断是否重复授权时,只需将权利要求所述的技术方案与其他专利(申请)权利要求的技术方案相比较即可。

我国专利法在禁止重复授权问题上使用"同样的发明创造"的概念,在优先权问题上使用了"相同主题"的发明创造的概念。应当说,就发明和实用新型而言,这两个概念在本质上都是指比对对象之间在技术领域、所解决的技术问题、技术方案和预期效果上相同。《专利审查指南》对有关概念的界定在不同时期的文字表述上略有不同,实质上均体现了这一基本含义。但是基于不同的立法目的和操作需要,两个概念分别具有不同的法律意义,各自的对比判断方式因比对对象不同而有所不同,不能混同或者替换使用。优先权制度的目的在于为同一申请人的国际或国内专利申请提供便利,将在优先权期限内提出的相同主题的在后申请看作在首次申请的申请日提出。在判断方式上,"相同主题"的发明或者实用新型是以在后申请的权利要求所要求保护的技术方案与首次申请中的全部内容(包括权利要求书和说明书)进行对比。这与新颖性的判断方式基本相同,但与同样的发明创造仅就权利要求书进行比对的方式明显不同。

(二)相同或实质相同的外观设计

《专利法》第九条所述的同样的发明创造对于外观设计而言,是指要求保护的产品外观设计相同或者实质相同。对比时应当将所有设计要素进行整体对比。

在国家知识产权局专利复审委员会与科万商标投资有限公司、佛山市顺德区信达染整机械有限公司外观设计专利无效纠纷申请再审系列案中,最高人民法院认为,2001年修订的《专利法实施细则》第十三条第一款系关于禁止重复授权的规定,就外观设计而言,为防止外观设计专利权之间的相互冲突,无论是相同的外观设计,还是相近似的外观设计,也无论是否为同一申请人,均应按照上述行政法规的规定授予一项专利权;被宣告无效的专利自始即不存在,不应当再将其作为判断是否重复授权的对比文件;每个单元的外观设计均相同,所不同的只是单元数量的简单增加或者减少,属于相近似的外观设计。

案例7-1-2 **科万商标投资有限公司诉国家知识产权局专利复审委员会、第三人佛山市顺德区信达染整机械有限公司专利无效行政纠纷案***

一审审理查明:

北京市第一中级人民法院审理查明,2002年8月6日,科万公司向国家知识产权局申请了名称为"染色机(J)""染色机(K)""染色机(L)""染色机(M)""染色机(N)"的五项外观设计专利,专利号分别为02333397.9、02333398.7、02333399.5、02333400.2、02333501.7。其中,"染色机(M)"于2003年2月5日被授予专利权,"染色机(J)""染色机(K)""染色机(L)""染色机(N)"于2003年3月26日被授予专利权。本案涉及名称为"染色机(L)"的外观设计专利(以下简称涉案专利)。

2005年2月18日,信达公司以上述五项外观设计专利不符合2001年《专利法实施细则》第十三条第一款的规定为由,向专利复审委提出专利无效宣告请求,并提交了五份对比文件,即上述第02333397.9号"染色机(J)"、第02333398.7号"染色机(K)"、第02333399.5号"染色机(L)"、第02333400.2号"染色机(M)"、第02333501.7号"染色机(N)"外观设计专利。

---

* 一审:北京市第一中级人民法院(2006)中行初字第540号;二审:北京市高级人民法院(2006)高行终字第469号;再审:最高人民法院(2008)行提字第4号。

在审理过程中,专利复审委询问科万公司,鉴于五项外观设计专利均处于无效程序,在涉案专利与其他四项外观设计专利被认定为相同或相近似导致重复授权,有可能被宣告无效的情况下,是否选择放弃其中一项或者多项外观设计专利。科万公司声明不放弃任何一项外观设计专利。2005 年 11 月 23 日,科万公司向专利复审委提交书面声明,表示对五项外观设计专利均不放弃。

2005 年 12 月 12 日,专利复审委作出第 7860 号无效宣告请求审查决定(简称第 7860 号决定),认定涉案专利与第 02333398.7 号“染色机(K)”外观设计专利属于同样的外观设计,不符合 2001 年《专利法实施细则》第十三条第一款的规定,故宣告涉案专利权无效。

同日,专利复审委还分别作出第 7858、7859、7861、7862 号无效宣告请求审查决定(分别简称第 7858、7859、7861、7862 号决定),以不符合 2001 年《专利法实施细则》第十三条第一款的规定为由,分别宣告第 02333397.9 号“染色机(J)”、第 02333398.7 号“染色机(K)”、第 02333400.2 号“染色机(M)”、第 02333501.7 号“染色机(N)”外观设计专利权无效,所依据的对比文件分别为第 02333398.7 号“染色机(K)”、第 02333397.9 号“染色机(J)”、第 02333501.7 号“染色机(N)”、第 02333400.2 号“染色机(M)”外观设计专利。

最高人民法院认为,本案争议焦点在于对同一申请人同日申请的两项以上相近似的外观设计授予专利权,是否违反 2001 年《专利法实施细则》第十三条第一款关于禁止重复授权的规定。

2001 年《专利法实施细则》第十三条第一款规定:“同样的发明创造只能被授予一项专利。”该款系关于禁止重复授权的规定。就外观设计而言,为防止外观设计专利权之间的相互冲突,无论是相同的外观设计,还是相近似的外观设计,也不论是否为同一申请人,均应按照上述行政法规的规定授予一项专利。本案中,二审判决关于同一主体同日就相同产品申请两项以上相近似的外观设计专利不适用 2001 年《专利法实施细则》第十三条第一款的认定,没有现行法律依据。第 7860 号决定依据 2001 年《专利法实施细则》以及《专利审查指南》1993 年版的相关规定,将同样的外观设计解释为两项外观设计相同或者相近似,并无不当。

根据《专利审查指南》1993 年版的相关规定,任何人认为属于同一专利权人的具有相同申请日的两项专利权不符合 2001 年《专利法实施细则》第十三条第一款规定的,可以请求专利复审委宣告其中一项专利权无效。专利权人可以通过放弃另一项专利权来维持被请求宣告无效的专利权有效。因此,若涉案专利与科万公司拥有的其他四项外观设计专利均为相近似的外观设计,则应当至少维持一项外观设计专利权有效，而非将五项外观设计专利权全部宣告无效。而且，被宣告无效的专利权自始即不存在，不应当再将其作为判断是否重复授权的对比文件。专利复审委将因为重复授权已经被宣告无效的外观设计专利作为宣告另一项外观设计专利权无效的对比文件，于法不合。因此，专利复审委宣告涉案专利权以及其他四项外观设计专利权无效的决定均违反了《专利法》第四十七条第一款以及2001年《专利法实施细则》第十三条第一款的规定。但是，被专利复审委第7857号决定维持有效的“染色机(A)”外观设计专利与涉案专利以及其他四项外观设计专利相比较，每个单元的外观设计均相同，不同的只是单元数量的简单增加或者减少，并且为惯常的排列顺序，故上述外观设计应属于相近似的外观设计。亦即，就“染色机(A)”外观设计专利而言，涉案专利以及其他四项外观设计专利均构成重复授权，故专利复审委宣告涉案专利权以及其他四项外观设计专利权无效，在实体处理上并无不当。鉴于此，本院不再撤销第7860号决定，亦不再判令专利复审委重新作出决定。

思考与评论

在第三次修改专利法之前，国务院专利行政部门在外观设计专利的授权、确权行政程序中，均是以外观设计相同或者相近似作为认定外观设计专利重复授权的审查标准。当两项或两项以上的外观设计专利是由不同的主体申请或所有，或者是由同一主体先后申请时，采取上述标准并无争议，但是对于同一主体同日申请多项相同或者相近似外观设计专利的情形，则存在不同的意见。一种观点认为，对于同一主体同日申请多项外观设计专利的，应当以外观设计相同作为认定重复授权的标准，外观设计相近似不属于重复授权。例如在本案中，二审法院即认为“同日就相同产品申请两个或两个以上相近似的外观设计。这种做法不为法律所禁止，也未侵犯国家利益、社会公共利益及他人的合法权益，符合《专利法》以及《专利法实施细则》关于鼓励发明创造、促进科技创新和进步的立法本意”。另一种观点认为，《专利法》第九条与2001年《专利法实施细则》第十三条第一款使用的用语均是“同样的发明创造”，无论是从立法本意角度进行考虑还是对上述法律规定的字面含义进行解读，均不应以申请人或申请日不同为由，对“同样的发明创造”作不同的理解。你赞同哪种解释？另外，本案中，专利复审委将包括涉案专利在内的五项外观设计专利分别作为对比专利，将五项专利权均宣告无效。你认为专利复审委员会的做法是否存在问题？

专利法修改后，相同的外观设计被定义为相同或实质相同的外观设计。按照《专利审查指南》的规定，相同或实质相同的外观设计的判断方法需参照外观设计新颖性的判断方法。这意味着，专利法修订后，重复授权中相同的外观设计的范围从相同或近似的外观设计改为相同或实质相同的外观设计，缩小了以重复授权理由驳回的范围。

与同一技术可以同时申请发明与实用新型专利不同，同一设计只能申请外观设计专利保护。因而，重复授权在外观设计申请中应存在着不同的含义。一般情况下，如果不同人先后申请相同的外观设计，此时可以用缺乏新颖性驳回，无须适用重复授权规则。重复授权规则主要针对申请日相同的情况。

第二节　专利复审程序

一、概述

复审程序，是指专利申请人对国务院专利行政部门驳回其专利申请不服时，请求专利复审委员会对其专利申请进行再次审查的程序。专利复审委员会由国务院专利行政部门指定的技术专家和法律专家组成，主任委员由国务院专利行政部门负责人兼任。国务院专利行政部门设立专利复审委员会。专利申请人对国务院专利行政部门驳回申请的决定不服的，可以自收到通知之日起 3 个月内，向专利复审委员会请求复审。

复审程序是因申请人对驳回决定不服而启动的救济程序，同时也是专利审批程序的延续。因此，一方面，专利复审委员会一般仅针对驳回决定所依据的理由和证据进行审查，不承担对专利申请全面审查的义务；另一方面，为了提高专利授权的质量，避免不合理地延长审批程序，专利复审委员会可以依职权对驳回决定未提及的明显实质性缺陷进行审查。为此，《中华人民共和国专利法修订草案（送审稿）》第 41 条新规定，专利复审委员会对复审请求进行审查，必要的时候可以对专利申请是否符合本法有关规定的其他情形进行审查，作出决定，并通知专利申请人。

中国的专利审查采用独任审查方式，初步与实质审查都是由一个审查员作出。由于专利审查涉及最新技术和复杂法律问题，很难保证审查员的决定都是正确的，设立采用合议形式的复审程序能更好地保证审查的合法性。复审程序中的前置程序，为申请人提供了一种可能通过修改文件或陈述理由而及时撤销驳回决定的快捷的补救途径。

通过复审程序，申请人可以通过诸如修改专利申请文件等方式克服形式与实质缺陷,从而可能获得专利授权。当然,设置复审程序有利于减少法院的司法负担。

二、启动复审程序的条件

1. 专利申请被驳回。

2. 复审请求人应为被驳回申请的申请人。复审请求人不是被驳回申请的申请人的,其复审请求不予受理。被驳回申请的申请人属于共同申请人的,如果复审请求人不是全部申请人,专利复审委员会应当通知复审请求人在指定期限内补正;期满未补正的,其复审请求视为未提出。

3. 在收到专利局作出的驳回决定之日起 3 个月内,专利申请人可以向专利复审委员会提出复审请求;提出复审请求的期限不符合上述规定的,复审请求不予受理。

4. 复审请求人应当提交复审请求书,说明理由,必要时还应当附具有关证据。复审请求书应当符合规定的格式。

5. 缴纳相关费用。

三、复审的流程和基本内容

1. 形式审查。专利复审委员会在收到复审请求书后,首先进行形式审查,以决定是否受理。

2. 前置审查。专利复审委员会应当将经形式审查合格的复审请求书(包括附具的证明文件和修改后的申请文件)连同案卷一并转交作出驳回决定的原审查部门进行前置审查。前置审查意见分为下列三种类型:

(1)复审请求成立,同意撤销驳回决定;

(2)复审请求人提交的申请文件修改文本克服了申请中存在的缺陷,同意在修改文本的基础上撤销驳回决定;

(3)复审请求人陈述的意见和提交的申请文件修改文本不足以使驳回决定被撤销,因而坚持驳回决定。

值得注意的是,复审阶段允许申请人提交新证据或陈述新理由,但原审查部门应当对该证据或理由进行审查。

3. 合议审查。若前置审查程序的意见认为复审请求人陈述的意见和提交的申请文件修改文本不足以使驳回决定被撤销,因而坚持驳回决定的,应由专利复审委员会成立合议组,对复审请求进行合议审查。在复审程序中,合议组一般仅针对驳回决定所依据的理由和证据进行审查。

4. 复审决定。复审决定分为下列三种类型：

(1)复审请求不成立，维持驳回决定；

(2)复审请求成立，撤销驳回决定；

(3)专利申请文件经复审请求人修改，克服了驳回决定所指出的缺陷，在修改文本的基础上撤销驳回决定。

四、复审审查范围

案例7-2-1　赢创德固赛有限责任公司与中华人民共和国国家知识产权局专利复审委员会发明专利申请驳回复审行政纠纷案*

再审申请人中华人民共和国国家知识产权局专利复审委员会(以下简称专利复审委员会)因与被申请人赢创德固赛有限责任公司(以下简称德固赛公司)发明专利申请驳回复审行政纠纷一案，不服中华人民共和国北京市高级人民法院(以下简称北京市高级人民法院)(2012)高行终字第1486号行政判决，向本院申请再审。本院依法组成合议庭对本案进行了审查，现已审查终结。

专利复审委员会申请再审称：(1)《专利审查指南》明确规定，在复审程序中，合议组一般仅针对驳回决定所依据的理由和证据进行审查，可见该指南没有禁止对驳回理由之外的理由进行审查。专利复审委员会在作出涉案决定之前已经通过复审通知书告知德固赛公司涉案申请不符合创造性的具体理由，并且已经给予德固赛公司陈述意见的机会，符合依职权审查和听证原则。专利复审委员会的处理方式能够提高效率，避免案件在实审和复审之间来回震荡。(2)涉案申请是否具有创造性的判断，本领域技术人员无须深入调查即可得出，属于“明显实质性缺陷”。故请求依法提审本案并撤销二审判决，维持专利复审委员会的涉案决定。

德固赛公司答辩称：(1)涉案申请的原权利要求1和现权利要求1内容不同。国家知识产权局实审部门仅审查了涉案申请原权利要求1相对于对比文件1的新颖性问题，但是并未审查涉案申请现权利要求1的新颖性和创造性问题。(2)涉案申请的创造性判断不属于“明显实质性缺陷”，专利复审委员会在复审阶段依职权审查涉案申请的创造性没有法律依据。(3)专利复审委员会超范围审查缺乏法律依据，损害了德固赛公司的正当程序权利和实体权利。故请求驳回专利复审委员会的再审申请。

---

* 最高人民法院行政裁定书(2014)知行字第2号。

本院认为,本案的争议焦点是:(1)涉案专利权利要求1的创造性判断是否属于"明显实质性缺陷"的情形;(2)本案是否属于专利复审委员会可以依职权审查的情形。

一、关于涉案专利权利要求1的创造性判断是否属于"明显实质性缺陷"情形的问题

《专利审查指南》在"发明专利申请的初步审查"部分列举了属于"明显实质性缺陷"的各种情形,包括是否属于完整的技术方案、是否违反法律或社会公德等情形,都属于本领域技术人员无须深入调查证实或无需技术比对即可判定的情形,但是发明创造的创造性评价并不包括其中。《专利审查指南》在"实质审查"以及"复审与无效请求的审查"部分并未对"明显实质性缺陷"的情形作出具体规定。虽然初步审查与实质审查、复审无效审查阶段的"明显实质性缺陷"的审查范围不应当完全一致,但在上述三个阶段中的"明显实质性缺陷"情形的性质应当相同。因此,在"实质审查"以及"复审与无效请求的审查"阶段对"明显实质性缺陷"的审查,应当依照《专利审查指南》在初步审查部分列举情形的性质,根据个案的具体情形判断。《专利审查指南》所列举的初审阶段"明显实质性缺陷"在"实质审查"以及"复审与无效请求的审查"阶段当然也属于"明显实质性缺陷"。

对本技术领域的技术人员来说,发明创造的创造性是指其相对于现有技术是非显而易见的,是否具备创造性是授予发明创造专利权的必要条件。评价创造性时,不仅要考虑发明创造的技术方案本身,而且还要考虑发明创造所属的技术领域以及所解决的技术问题和所产生的技术效果,因此,不宜将《专利审查指南》列明的"明显实质性缺陷"扩大解释到创造性。专利复审委员会的再审申请理由不成立,本院不予支持。

二、关于本案是否属于专利复审委员会依职权审查的情形的问题

依据《专利审查指南》,专利复审委员会一般仅针对驳回决定所依据的理由和证据进行审查,也可以不受当事人请求的范围和提出的理由、证据的限制而依职权审查。《专利审查指南》同时明确规定了可以依职权审查的情形,即足以用在驳回决定作出前已告知过申请人的其他理由及其证据予以驳回的缺陷;驳回决定未指出的明显实质性缺陷或者与驳回决定所指出的缺陷性质相同的缺陷。可见,专利复审委员会依职权审查专利申请属于例外,应当严格依据法律、法规及规章的相关规定进行。涉案申请的创造性评价在此前的驳回决定中并未涉及,同时也不属于"明显实质性缺陷",因此本案显然不属于专利复审委员会可以依职权审查的情形。专利复审委员会的再审申请理由不成立,本院不予支持。

思考与评论

根据现行《专利法》的规定，专利申请人对国务院专利行政部门驳回申请的决定不服的，可以向专利复审委员会请求复审。因此，复审程序系因专利申请人对驳回决定不服而启动的行政救济程序，专利复审委员会基本的审查范围是原驳回决定的合法性。原则上，专利复审委员会一般应仅针对驳回决定所依据的理由和证据进行审查。但是，为了提高授权专利的质量，提升行政效率，节约成本，避免不合理地延长审查程序，专利复审委员会可以在特定情况下依职权对驳回决定未提及的明显实质性缺陷等进行相应审查。《专利审查指南》对此作出了明确规定。因此，在专利复审程序中，专利复审委员会在符合《专利审查指南》规定的情况下，可以超出原驳回决定所依据的理由和证据的范围进行审理。《专利法修订草案(送审稿)》在第41条复审程序中增加了“专利复审委员会对复审请求进行审查，必要的时候可以对专利申请是否符合本法有关规定的其他情形进行审查，作出决定，并通知专利申请人”。

五、复审的司法审查

专利申请人对专利复审委员会的复审决定不服的，可以自收到通知之日起三个月内向人民法院起诉。

专利行政诉讼中合法性审查范围的判断，需要将原告的诉讼理由作为考虑因素之一，对于原告的所有诉讼理由均应加以审查，也就是说，专利行政诉讼的合法性审查范围，不应当小于原告的诉讼理由。依据合法性审查原则，法院既不能引入行政相对人在专利复审委员会未提出的证据，也不能审查无效宣告请求人或专利申请人在行政救济阶段未提出也未被复审委员会审理过的理由，更不能直接在判决中宣告专利无效或维持有效。

第三节　专利无效程序

一、概述

专利权无效是指被授予的专利权因不符合专利法的相关规定，而由相关单位和个人向专利复审委员会提出请求宣告为无效。专利法规定，自国务院专利行政部门公告授予专利权之日起，任何单位或者个人认为该专利权的授予不符合本法有关规定的，可以请求专利复审委员会宣告该专利权无效。由于实用新型和外观设计只进行初步审查,很可能有不符合专利法实质条件的申请被授予专利;即使是经过实质审查的发明专利,由于各种原因,也难免会出现错误授权。无效程序可以纠正错误的专利授权,保护公众对现有技术的自由使用。我国无效宣告的管辖机构是专利复审委员会。

我国1984年《专利法》曾规定有授权前的异议程序,1992年修改该法时取消异议程序,将之改为授权后的撤销程序。1992年《专利法》还规定了无效程序。2000年《专利法》修改时取消了撤销程序,改为授权后的直接适用无效宣告程序。

启动无效宣告程序的条件:

1. 专利申请已被公告授权;

2. 提交符合规定的无效宣告请求书和必要的证据或证明文件;

3. 缴纳规定的无效宣告请求费。

二、无效宣告的审查范围与原则

在无效宣告程序中,专利复审委员会通常仅针对当事人提出的无效宣告请求的范围、理由和提交的证据进行审查,而不针对专利有效性进行全面审查。专利复审委员会在某些情况下可以依职权进行审查,如请求人提出的无效宣告理由明显与其提交的证据不相对应的,专利复审委员会可以告知其有关法律规定的含义,允许其变更或者依职权变更为相对应的无效宣告理由;专利权存在请求人未提及的明显不属于专利保护客体的缺陷,专利复审委员会可以引入相关的无效宣告理由进行审查等。

专利复审委员会在无效认定程序中应遵循的原则:

1. 一事不再理原则。对已作出审查决定的无效宣告案件涉及的专利权,请求人以同样的理由和证据再次提出无效宣告请求的,不予受理和审理。

2. 当事人处置原则。请求人可以放弃全部或者部分无效宣告请求的范围、理由及证据。在无效宣告程序中,当事人有权自行与对方和解。

3. 保密原则。在作出审查决定之前,合议组的成员不得私自将自己、其他合议组成员、负责审批的主任委员或者副主任委员对该案件的观点明示或者暗示给任何一方当事人。为了保证公正执法和保密,合议组成员原则上不得与一方当事人会晤。

《专利法修订草案(送审稿)》在第46条的无效程序中增加了"专利复审委员会对宣告专利权无效的请求进行审查,必要的时候可以对专利权是否符合本法有关规定的其他情形进行审查,及时作出决定,并通知请求人和专利权人。宣告专利权无效或者维持专利权的决定,由国务院专利行政部门登记和公告"。这样的规定是否意味着复审机构可以超出复审或无效请求的范围,可以对专利的有效性进行全面审查?最高人民法院在行政判决书(2005)民三提字第2号指出,对请求人关于宣告专利权无效的请求,专利复审委员会在审查时,应当给予程序中的当事人就相关的具体事实、理由和证据等进行解释和申述理由的适当机会,尤其是在作出不利于当事人的决定之前。否则,即违反专利复审的听证原则,属于《行政诉讼法》第五十四条第二项第3目规定的"违反法定程序"的情形。

在多棱钢业集团"一种钢砂生产方法"发明专利无效行政纠纷案①中,最高人民法院认为,在专利无效行政诉讼程序中,法院在无效宣告请求人自主决定的对比文件结合方式的基础上,依职权主动引入公知常识以评价专利权的有效性,并未改变无效宣告请求理由,有助于避免专利无效程序的循环往复,并不违反法定程序;法院在依职权主动引入公知常识时,应当在程序上给予当事人就此发表意见的机会。

案例7-3-1 国家知识产权局专利复审委员会与王伟耀、福田雷沃国际重工股份有限公司实用新型专利权无效行政纠纷申请再审案*

……

(三)专利复审委员会主动引入诉争无效宣告理由是否符合法律规定

《中华人民共和国专利法》第四十五条规定,自国务院专利行政部门公告授予专利权之日起,任何单位或者个人认为该专利权的授予不符合本法有关规定的,可以请求专利复审委员会宣告该专利权无效。可见,无效宣告审查程序是基于请求人的请求而启动。请求原则作为无效宣告审查程序的基本原则,不仅要求无效宣告审查程序必须由请求人启动,而且在无效宣告审查程序中,通常仅针对当事人提交的无效宣告请求的范围、理由和提交的证据进行审查,专利复审委员会不承担全面审查专利有效性的义务。请求原则还意味着请求人有权处分自己的请求,可以放弃全部或者部分无效宣告理由及证据。对于请求人放弃的无效宣告理由和证据,在没有法律依据的情况下,通常专利复审委员会不应再作审查。《专利审查指南》规定了依职权审查原则,并对专利复审委员会可以依职权审查的具体情形作了列举规定。这些依职权审查的情形是请求原则的例外,一方面赋予专利复审委员会依职权审查的职权,给予公众相应的预期,另一方面也限定了专利复审委员会可

① 最高人民法院(2010)知行字第6号。

* 最高人民法院行政裁定书(2013)知行字第92号。

以依职权审查情形的范围。专利复审委员会关于《专利审查指南》的规定仅是"对依职权审查情形的列举而非对依职权审查情形的限制"的主张没有法律依据。

本案中,福田雷沃公司并未提出过本专利相对于对比文件3、对比文件2和公知常识的结合不具有创造性的无效宣告理由,且在口头审理中明确放弃对比文件3结合公知常识评价本专利创造性的无效宣告理由。在请求人未提出且明确放弃对比文件3的情形下,专利复审委员会主动引入请求人放弃的证据并引入请求人未提出的证据组合方式,这种做法并不属于《专利审查指南》规定的可以依职权审查的范围。专利复审委员会主动引入诉争无效宣告理由进行审查并据此宣告本专利无效,缺乏相应的法律依据。至于听证原则是在符合请求原则或者依职权审查原则之下的程序要求,不能因给予当事人陈述意见的机会就使得本没有法律依据的主动审查行为合法化。

三、无效宣告理由

无效宣告理由仅限于《专利法实施细则》第65条第2款规定的理由,并且应当以《专利法》及《专利法实施细则》中有关的条、款、项作为独立的理由提出。无效宣告理由不属于《专利法实施细则》第65条第2款规定的理由的,不予受理。

《专利法实施细则》第65条第2款规定的理由主要有:授予专利的发明创造不符合《专利法》第2条、第20条第1款、第22~23条、第26条第3款和第4款、第27条第2款、第33条或者《专利法实施细则》第20条第2款、第43条第1款的规定,或者属于《专利法》第5条、第25条的规定,或者依照《专利法》第9条规定不能取得专利权。

无效宣告请求人依据专利法第四十五条提出无效宣告请求时,根据专利法关于专利权授予条件的相关规定,其据以主张的无效理由可以大致分为两类:一是有关可专利性、新颖性、创造性、实用性、充分公开、权利要求得到说明书支持等专利授权实质条件的无效理由;二是有关外观设计专利权与他人在先合法权利冲突的无效理由。有关专利授权实质条件的前述第一类无效理由属于专利无效的绝对理由,任何人均可主张。对于外观设计专利权而言,其有关新颖性和区别性的无效理由,同样属于任何人均可主张的绝对理由。与第一类无效理由不同,有关外观设计专利权与他人在先合法权利冲突的第二类无效理由具有自身特殊的属性。如果外观设计专利权与他人在先合法权利冲突,直接影响的仅仅是在先合法权益,与公共利益无涉。同时,在实践操作层面上,证明外观设计专利权与他人在先合法权利相冲突的证据通常只有在先权利的权利人或者利害关系人才能掌握,他人难以获知。

因此,关于外观设计专利权与他人在先合法权利冲突的无效理由属于相对无效理由,通常只能由在先权利的权利人或者利害关系人主张。主张该无效理由的请求人主体资格受到相对无效理由本质属性的天然限制。①

四、无效宣告的审查与决定

无效宣告程序的审查流程可分为形式审查、合议审理和无效决定三个阶段。

在形式审查中,无效宣告请求书不符合规定格式的,专利复审委员会应当通知请求人在指定期限内补正;期满未补正的,该无效宣告请求视为未提出。

请求宣告专利权无效通常有两种方式:(1)直接向专利复审委员会提出;(2)在专利权人提出侵权诉讼中以专利权无效为理由抗辩,在请求法院中止审理时,向专利复审委员会提出请求书。专利复审委员会组成合议组对无效宣告请求进行审理。

在无效宣告程序中,针对不同的情形,采用下列方式进行审查:

1. 专利复审委员会已将无效宣告请求文件转送专利权人,并且指定答复期限届满后,无论专利权人是否答复,专利权人未要求进行口头审理,专利复审委员会认为请求人提交的证据充分,其请求宣告专利权全部无效的理由成立的,可以直接作出宣告专利权全部无效的审查决定;在这种情况下,请求人请求宣告无效的范围是宣告专利权部分无效的,专利复审委员会也可以针对该范围直接作出宣告专利权部分无效的决定。专利权人提交答复意见的,将答复意见随直接作出的审查决定一并送达请求人。

2. 专利复审委员会已将无效宣告请求文件转送专利权人,并且指定答复期限届满后,无论专利权人是否答复,专利复审委员会认为请求人请求宣告无效的范围部分成立,可能会作出宣告专利权部分无效的决定的,专利复审委员会应当发出口头审理通知书,通过口头审理结案。专利权人提交答复意见的,将答复意见随口头审理通知书一并送达请求人。

3. 专利复审委员会已将无效宣告请求文件转送专利权人,在指定答复期限内专利权人已经答复,专利复审委员会认为专利权人提交的意见陈述理由充分,将会作出维持专利权的决定的,专利复审委员会应当根据案情,选择发出转送文件通知书或者无效宣告请求审查通知书进行书面审查,或者发出口头审理通知书随附转送文件通知书,通过口头审理结案。

---

① 斯特普尔斯公司与被申请人罗世凯、一审被告国家知识产权局专利复审委员会外观设计专利权无效行政纠纷案,(2017)最高法行申8622号。

4. 专利复审委员会已将无效宣告请求文件转送专利权人，在指定答复期限内专利权人没有答复，专利复审委员会认为请求人提交的证据不充分，其请求宣告专利权无效的理由不成立，将会作出维持专利权的决定的，专利复审委员会应当根据案情，选择发出无效宣告请求审查通知书进行书面审查，或者发出口头审理通知书，通过口头审理结案。在发出口头审理通知书后，由于当事人原因未按期举行口头审理的，专利复审委员会可以直接作出审查决定。

在再审申请人专利复审委员会与被申请人王伟耀及一审第三人、二审上诉人福田雷沃公司实用新型专利权无效行政纠纷案①中，最高人民法院指出，《专利审查指南》对专利复审委员会可以依职权审查的具体情形作了列举，限定了专利复审委员会依职权审查的范围。对于请求人放弃的无效理由和证据，在没有法律依据的情况下，专利复审委员会通常不应再作审查。

无效宣告请求审查决定分为下列三种类型：

（1）宣告专利权全部无效；

（2）宣告专利权部分无效；

（3）维持专利权有效。

现行专利法规定，宣告专利权无效的决定，由国务院专利行政部门登记和公告。而《专利法修订草案（送审稿）》规定，宣告专利权无效或者维持专利权的决定，由国务院专利行政部门登记和公告。送审稿这个规定的直接后果是专利复审委的专利无效或维持权利决定不再等待后续可能的行政诉讼，而是随即生效。

在东明公司与秦丰公司侵害实用新型专利权纠纷案②中，最高人民法院认为，在《专利法》第四十七条第二款意义上，应以无效宣告请求审查决定的决定日为准确定宣告专利权无效的时间点。

五、专利文件的修改

《专利法实施细则》第六十九条第一款规定，在无效宣告请求的审查过程中，发明或者实用新型的专利权人可以修改其权利要求书，但是不得扩大原专利的保护范围。《专利审查指南》第四部分第三章第 4.6 节"关于无效宣告程序中专利文件的修改"中规定，发明或者实用新型专利文件的修改仅限于权利要求书，其修改原则是：（1）不得改变原权利要求的主题名称；（2）与授权的权利要求相比，不得扩大

---

① 最高人民法院（2013）知行字第 92 号。

② 最高人民法院（2012）民提字第 110 号。

原专利的保护范围;(3)不得超出原说明书和权利要求书记载的范围;(4)一般不得增加未包含在授权的权利要求中的技术特征。在满足上述修改原则的前提下,修改权利要求书的具体方式一般限于权利要求的删除、技术方案的删除、权利要求的进一步限定、明显错误的修正。权利要求的删除是指从权利要求书中去掉某项或者某些项权利要求,例如独立权利要求或者从属权利要求。技术方案的删除是指,从同一权利要求中并列的两种以上技术方案中删除一种或者一种以上技术方案。权利要求的进一步限定是指在权利要求中补入其他权利要求中记载的一个或者多个技术特征,以缩小保护范围。在专利复审委员会作出审查决定之前,专利权人可以删除权利要求或者权利要求中包括的技术方案。仅在三种情形的答复期限内,专利权人可以以删除以外的方式修改权利要求书:(1)针对无效宣告请求书;(2)针对请求人增加的无效宣告理由或者补充的证据;(3)针对专利复审委员会引入的请求人未提及的无效宣告理由或者证据。

可见,对于无效程序中权利要求的修改,《专利审查指南》在《专利法实施细则》规定基础上进行了进一步的细化,从修改原则和修改方式两个层面进行了限制。

案例 7－3－2　南京先声药物研究有限公司、李平专利无效行政纠纷案*

……

二、关于修改方式

《专利审查指南》规定无效过程中权利要求的修改方式限于三种:权利要求的删除、合并方案的删除和技术方案的删除。专利复审委员会认为,即使认定本案中对权利要求的修改符合上述修改原则,但其仍然因不符合《专利审查指南》对修改方式的要求而不能被接受。本案中,尽管原权利要求中 1:10～30 的技术方案不属于典型的并列技术方案,但鉴于 1:30 这一具体比值在原说明书中有明确记载,且是其推荐的最佳剂量比,本领域普通技术人员在阅读原说明书后会得出本专利包含 1:30的技术方案这一结论,且本专利权利要求仅有该一个变量,此种修改使本专利保护范围更加明确,不会造成其他诸如有若干变量的情况下修改可能造成的保护范围模糊不清等不利后果,允许其进行修改更加公平。《专利法实施细则》及《专利审查指南》对无效过程中权利要求的修改进行限制,其原因一方面在于维护专利保护范围的稳定性,保证专利权利要求的公示作用;另一方面在于防止专利权人通过

---

* 最高人民法院行政裁定书(2011)知行字第 17 号。

事后修改的方式把申请日时尚未发现、至少从说明书中无法体现的技术方案纳入到本专利的权利要求中,从而为在后发明抢占一个在先的申请日。本案中显然不存在上述情况,1:30 的比值是专利权人在原说明书中明确推荐的最佳剂量比,将权利要求修改为 1:30 既未超出原说明书和权利要求书记载的范围,更未扩大原专利的保护范围,不属于相关法律对于修改进行限制所考虑的要避免的情况。如果按照专利复审委员会的观点,仅以不符合修改方式的要求而不允许此种修改,使得在本案中对修改的限制纯粹成为对专利权人权利要求撰写不当的惩罚,缺乏合理性。况且,《专利审查指南》规定在满足修改原则的前提下,修改方式一般情况下限于前述三种,并未绝对排除其他修改方式。故本院认为,本案中,二审判决认定修改符合《专利审查指南》的规定并无不当,专利复审委员会对《专利审查指南》中关于无效过程中修改的要求解释过于严格,其申诉理由不予支持。

思考与评论

根据修改前的《专利审查指南》的规定,对授权后专利文件的修改仅限于在无效宣告程序中权利要求的删除、合并方案的删除和技术方案的删除这 3 种方式。实践中,专利权人希望专利文件的修改方式能够更加灵活,允许补入权利要求中或者说明书中记载的技术特征,允许修正明显错误。但是,由于专利权的保护范围以权利要求的内容为准,授权公告的权利要求书具有公示性,因此对专利文件的修改不能损害社会公众的信赖利益。因而,专利法应适度放开专利文件的修改方式。你认为在实质审查、复审以及无效阶段权利要求的修改方式是否存在不同?

六、无效宣告的法律效力

宣告无效的专利权视为自始即不存在。

宣告专利权无效的决定,对在宣告专利权无效前人民法院作出并已执行的专利侵权的判决、调解书,已经履行或者强制执行的专利侵权纠纷处理决定,以及已经履行的专利实施许可合同和专利权转让合同,不具有追溯力。但是因专利权人的恶意给他人造成的损失,应当给予赔偿。不返还专利侵权赔偿金、专利使用费、专利权转让费,明显违反公平原则的,应当全部或者部分返还。

在万虹公司与平治公司等专利侵权案①中,最高人民法院认为,《专利法》第四十七条第一款中"宣告无效的专利权"是指专利复审委员会作出的效力最终确定的无效宣告请求审查决定所宣告无效的专利权;在该无效决定效力最终确定之前,在

① 最高人民法院(2009)民申字第 1573 号。

民事侵权案件中不宜一律以之为依据直接裁判驳回权利人的诉讼请求。

在雪强公司与许赞有其他侵权案[①]中，最高人民法院审查认为，《专利法》（2000年修正）第四十七条第二款所称的“裁定”，是指涉及专利侵权的裁定，即人民法院经过审理作出认定专利侵权成立的生效裁判的，就该案作出并已执行的裁定，不包括裁判认定不构成专利侵权所涉及的有关裁定，如财产保全、海关扣押等行为。值得注意的是，2008 年专利法修改时，将“已执行的专利侵权的判决、裁定”修改为“已执行的专利侵权的判决、调解书”。

在认定专利侵权成立的裁判文书虽未被撤销，但该文书所认定的受侵害的专利权已被依法宣告无效的情况下，可以对民事诉讼法规定的终结执行作出适当解释，以便执行法院在当事人以专利权已经全部无效为由申请终结执行时，直接裁定终结执行，不需等待原执行依据的撤销；同时，终结执行不影响原侵权判决的被告另行通过审判监督程序申请撤销原侵权判决。[②]

七、专利无效的审查与司法审查

专利复审委员会对宣告专利权无效的请求应当及时审查和作出决定，并通知请求人和专利权人。宣告专利权无效的决定，由国务院专利行政部门登记和公告。对专利复审委员会宣告专利权无效或者维持专利权的决定不服的，可以自收到通知之日起三个月内向人民法院起诉。人民法院应当通知无效宣告请求程序的对方当事人作为第三人参加诉讼。

专利无效复审程序中，专利复审委员会应对请求人提出的证据与理由进行审理，一般不对专利的有效性进行全面审理。然而，《专利法修改草案（送审稿）》在第46 条的无效程序中增加了“专利复审委员会对宣告专利权无效的请求进行审查，必要的时候可以对专利权是否符合本法有关规定的其他情形进行审查，及时作出决定，并通知请求人和专利权人”。

---

① 最高人民法院（2008）民申字第 762 号。

② 最高人民法院（2009）民三他字第 13 号。

案例7-3-3 如皋市爱吉科纺织机械有限公司与国家知识产权局专利复审委员会、王玉山实用新型专利无效行政纠纷案*

……

（二）二审判决是否超出了无效审查决定的审查范围

如上所述，企业标准备案不构成专利法意义上的公开，因此证据5不能用于评价本专利的新颖性，专利复审委员会和一、二审法院均无需对此进行审查，本院对此亦本应不予审查。但鉴于专利复审委员会在证据5的使用问题上同时以二审法院对被诉具体行政行为的审查超越了合法性审查范围为由申请再审，本院对此一并作出评价。

根据本院查明的事实，在无效请求人有关新颖性的无效理由中，对证据5是和其他证据结合使用以证明使用公开的，并非用于证明出版物公开；将证据5作为出版物公开的主张是在有关创造性的无效理由中提出的，而且也是与其他证据结合起来使用。专利复审委员会对于证据5也是在将其与其他证据结合是否构成使用公开的问题上进行了评价。从无效请求人在专利复审委员会无效宣告审查程序中的意见陈述和证据使用目的看，应当认为无效请求人在无效宣告审查程序中并未明确单独依据证据5提出本专利权利要求10不具备新颖性的无效理由。在无效请求人未明确主张、专利复审委员会也未就此予以审查认定的情况下，二审判决以各方当事人对证据5记载的有关技术方案与本专利权利要求10相同这一事实不持异议为由，直接依据证据5对本专利新颖性予以审查认定，超出了无效审查决定的审查范围，违反了行政诉讼中的合法性审查原则。专利复审委员会的有关申请再审理由成立。

（三）法院直接判决宣告专利权的效力是否具有法律依据

现行《专利法》第四十六条第二款规定："对专利复审委员会宣告专利权无效或者维持专利权的决定不服的，可以自收到通知之日起三个月内向人民法院起诉。人民法院应当通知无效宣告请求程序的对方当事人作为第三人参加诉讼。"据此规定，人民法院对这类案件作为行政案件受理并依据行政诉讼程序进行审理。

根据我国行政诉讼法的规定，即使专利复审委员会的决定错误，法院也不能直接予以变更，只能判决撤销或者一并要求重作决定。在判决主文中直接对涉案专利权的效力作出宣告判决，超出了行政诉讼法及其司法解释有关裁判方式的规定，缺乏充分的法律依据。在现行的行政诉讼法律框架下，人民法院审理专利无效纠纷案件，应当依法按照合法性审查原则，对所争议专利权是否符合专利法规定的专

* 最高人民法院（2007）行提字第3号。

利授权实质性条件等问题作出判断。但对于宣告专利权有效性问题，仍应遵循现行法律规定的裁判方式进行。专利复审委员会有关本案二审法院直接判决本专利无效缺乏法律依据的申请再审理由，应予支持。

本案无效请求人在专利复审委员会无效宣告审查程序、行政诉讼程序和本院再审程序中均主张本专利不具备创造性，专利复审委员会和一审法院均对该无效理由进行了审查并认为本专利具备创造性；二审法院则因认定本专利不具备新颖性而未就其创造性问题作出评判。二审法院的这种处理方式本无明显不妥，但在本院已经认定二审法院有关本专利新颖性认定有误的情况下，二审判决即属于《最高人民法院关于执行〈中华人民共和国行政诉讼法〉若干问题的解释》第八十条第（五）项有关审理再审案件中发现生效裁判"对与本案有关的诉讼请求未予裁判的"的情形，依法应当由作出生效裁判的法院重新审理。

综上所述，本案当事人所争议的企业标准备案本身并不构成专利法意义上的公开，本案二审判决对此认定事实错误；在无效请求人未明确单独以涉案企业标准备案为由主张本专利丧失新颖性、专利复审委员会也未就此予以审查并作出决定的情况下，二审判决对此直接予以审查认定，超出了行政诉讼司法审查范围，属于违反法定程序。同时，二审判决在认定本专利丧失新颖性的基础上未审查专利的创造性，在本院认定本专利具备新颖性的情况下，应当由二审法院继续对创造性问题作出审查判断。

思考与评论

在无效诉讼程序中，法院不能对专利的效力作出直接认定，这与美国专利诉讼明显不同。你认为哪种方式更具优越性？为什么？

在专利无效程序中，如果专利复审委员会依据已经生效的判决宣告专利无效，而该决定仍然是可诉的。而在后续的诉讼程序中，法院要考虑相同的问题，你认为这种程序存在何种问题？

在专利侵权诉讼中，许多被告会提出专利无效的诉讼，从而拖延侵权案件的审理期限，从而使得权利人的利益长时间不能获得有效保护。你认为现行专利法采取了何种措施能避免这种情况的发生？

在张保忠与黔江电器厂等专利侵权案①中，最高人民法院认为，在二审判决被告承担侵犯专利权责任，但专利权已经于二审判决之前被宣告无效且无效宣告请求审查决定被提起行政诉讼的情况下，国家知识产权局专利复审委员会作出的宣

---

① 最高人民法院（2010）民申字第 1038 号。

告专利权无效决定还处于行政诉讼程序,而本申请再审案的审查以该行政诉讼的审理结果为依据,因此,在上述行政诉讼审结之前,应中止本案诉讼,并中止原审判决的执行。

另外,由于中国法院不能直接对专利有效性作出认定,你认为在现行专利法体系下,是否存在绕过有效性认定而对侵权与否直接作出认定的可能?

在专利无效程序中,存在所谓的"一事不再理"原则。你认为不同的申请人在不同的案件中是否可以基于同样的理由(如缺乏创造性)向专利复审委员会提出无效请求?为什么?你如何理解这里的"一事"?

案例7-3-4 曹忠泉与国家知识产权局专利复审委员会、上海精凯服务机械有限公司实用新型专利无效行政纠纷案*

根据1990年《中华人民共和国行政诉讼法》第五十四条第(二)项的规定,人民法院在判决撤销或者部分撤销被诉具体行政行为时,可以判决被告重新作出具体行政行为,但是否判决被告重新作出具体行政行为要视案件的具体情况而定。人民法院在审查专利复审委员会作出的无效宣告请求审查决定时,对于专利复审委员会认为专利权有效,而人民法院认为专利权无效的情况,在判决撤销被诉决定的同时,应一并判决专利复审委员会重新作出决定;对于专利复审委员会认为专利权无效的,人民法院在判决撤销被诉决定时,是否一并判决专利复审委员会重新作出决定,要区分如下两种情况:专利复审委员会针对无效宣告请求人所提出的无效理由和证据全部作出评述,而人民法院认为专利权有效的,不必再判决专利复审委员会重新作出决定;专利复审委员会没有对无效宣告请求人所提出的无效理由和证据全部作出评述,而依据部分理由及相应证据作出的无效决定不能成立的,人民法院应一并判决专利复审委员会针对无效宣告请求人所提出的其他无效理由和证据重新作出决定。本案中,精凯公司针对本专利向专利复审委员会提出的无效理由是,本专利权利要求1、2、3不符合《专利法》第二十二条第二款、第三款,第二十六条第三款、第四款,《专利法实施细则》第二十条第一款的规定;权利要求3不符合《专利法实施细则》第二十一条第三款的规定。精凯公司还提交了包括附件5-1在内的多份对比文件来评价本专利权利要求的新颖性和创造性。专利复审委员会在作出第13216号决定时,是依据附件5-1对本专利权利要求作出没有创造性的

* 最高人民法院行政判决书(2012)行提字第7号。

评价,并据此宣告本专利权全部无效的,对于精凯公司提出的其他无效理由和证据没有作出评述。有鉴于此,在本院判决撤销专利复审委员会作出的第13216号决定后,专利复审委员会应针对精凯公司提出的其他无效理由和证据重新作出决定。

思考与评论

专利复审委员会针对无效宣告请求人所提出的无效理由和证据全部作出评述,而人民法院认为专利权有效的,不必再判决专利复审委员会重新作出决定。此时,该专利是否应认定是有效的专利?

为了提高专利纠纷解决效率,解决专利侵权案件因无效宣告程序而周期过长的问题,《专利法修订草案(送审稿)》拟规定宣告专利权无效或者维持专利权的决定作出后,国务院专利行政部门应当及时予以登记和公告。该决定自公告之日起生效。

Chapter 8

第八章

专利权内容

第一节 专利权的性质

我国《专利法》第十一条规定:“发明和实用新型专利权被授予后,除本法另有规定的以外,任何单位或者个人未经专利权人许可,都不得实施其专利,即不得为生产经营目的制造、使用、许诺销售、销售、进口其专利产品,或者使用其专利方法以及使用、许诺销售、销售、进口依照该专利方法直接获得的产品。外观设计专利权被授予后,任何单位或者个人未经专利权人许可,都不得实施其专利,即不得为生产经营目的制造、许诺销售、销售、进口其外观设计专利产品。”

如何理解专利权的性质,各方有不同的观点。有人认为,专利权的内容具有垄断性,专利权人不仅有权使用专利,同时除法律另有规定外,有权禁止任何人利用其专利技术。[①] 也有人认为,专利权是专利权人享有实施其专利技术的独占性权利。专利权并不必然带来垄断已经成为学界的共识,各个国家的反垄断审查机构都放弃了专利权必然带来垄断的观点。同时,获得专利权并不必然意味着专利权人可以实施其专利,比如药品专利产品如果未获得监管部门审批,专利权人是不能实施其专利的。改进发明的实施可能需要基础专利人的同意。

以排他为性质的专利权,其权能可具体化为以下五项:制造、使用、许诺销售、销售和进口权。这些权利的核心是禁止他人未经权利人许可实施上述五种行为,所以也称为禁止权。

第二节 产品专利权人的权利

一、制造权

制造权,是指专利权人禁止他人未经其许可通过机械或手工方式做出具有权利要求所记载的全部必要技术特征的产品的权利。无论用什么方法,完成了一件完整的专利产品并能正常运转,产生预期的效果,就是制造专利产品。

专利法对专利产品的制造提供了所谓的“绝对保护”,也就是制造者是否承担侵权赔偿责任与行为人主观上是否有过错无关;相比而言,对专利产品的使用、许

---

① 吴汉东主编:《知识产权法》,中国政法大学出版社 2009 年版,第 191 页。

诺销售、销售、进口提供的是“相对保护”。[①] 专利产品或者依照专利方法直接获得的产品，由专利权人或者经其许可的单位、个人售出后，使用、许诺销售、销售、进口该产品的行为不视为侵犯专利权，但这不包括制造行为。同时，实践中要注意区分所谓的“修理”与“再造”问题。另外，为生产经营目的使用、许诺销售或者销售不知道是未经专利权人许可而制造并售出的专利侵权产品，能证明该产品合法来源的，不承担赔偿责任。依据《专利法》第69条第1款，如果进口产品是经专利权人许可后投放市场，他人将之进口到国内也不构成侵权。

（一）制造行为的界定

案例8-2-1 敖谦平与飞利浦（中国）投资有限公司、深圳市和宏实业有限公司等侵害发明专利权纠纷案*

本院认为，本案的争议焦点是：

1. 如何解释涉案专利实施许可合同关于敖谦平同意和宏公司将涉案专利技术许可给第三方以OEM、ODM委托加工的方式使用的约定，和宏公司是否违反上述约定。

2. 飞利浦公司是否属于专利法意义上的被诉侵权产品的制造者。

关于争议焦点1。专利权人敖谦平与被许可人和宏公司签订的涉案专利实施许可合同第二条之2约定：“该专利的许可使用范围是在全国范围内使用其专利制造专利产品，并对外进行销售。”根据该约定，被许可人和宏公司有权使用涉案专利制造专利产品。涉案专利实施许可合同没有对和宏公司在其制造的专利产品上是否必须标注和宏公司的企业名称、商标等商业标识作出约定；专利法规定的专利权本身只赋予专利权人排除他人未经许可实施其专利的权利，并没有赋予专利权人排除被许可人在经其许可制造的专利产品上标注其他厂商的商业标识的权利，因此，敖谦平无权限制涉案专利被许可人和宏公司在其制造的专利产品上标注其他厂商的名称等商业标识。涉案专利实施许可合同第二条之5约定：“甲方（指敖谦平）同意乙方（指和宏公司）在许可期限与产品范围内将专利技术许可给第三方以OEM、ODM委托加工的方式使用。”敖谦平主张上述约定是为了解决和宏公司没有制造能力的问题，和宏公司也承认自己没有制造能力。从上述约定的目的和字面含义来看，并没有限定以OEM、ODM方式委托加工的定作方只能是和宏公司。和

---

① 尹新天：《专利权的保护》，知识产权出版社2005年版，第135页。

* 最高人民法院民事裁定书（2012）民申字第197号。

宏公司作为涉案专利被许可人，在自己没有制造能力的情况下，委托惠州和宏公司为自己制造专利产品，并在专利产品上标注飞利浦公司的企业名称、商标等商业标识，并不违反上述合同约定，不构成侵害涉案专利权。敖谦平关于二审判决对涉案专利实施许可合同第二条之5的解释存在错误、二审判决的认定不符合国家公共政策的申请再审理由不能成立。

关于争议焦点2。根据《专利法》第十一条的规定，未经专利权人许可而为生产经营目的制造、使用、许诺销售、销售、进口专利产品的，属于侵犯专利权行为。这里的"制造专利产品"，对于发明或者实用新型来说，是指作出或者形成覆盖专利权利要求所记载的全部技术特征的产品。上述理解综合考虑了"制造"一词本身的含义和《专利法》第十一条的立法目的。在委托加工专利产品的情况下，如果委托方要求加工方根据其提供的技术方案制造专利产品，或者专利产品的形成中体现了委托方提出的技术要求，则可以认定是双方共同实施了制造专利产品的行为。本案中，被诉侵权产品是和宏公司在原有模具基础上改模刻字交由惠州和宏公司生产，被诉侵权产品的技术方案完全源于和宏公司，飞利浦公司没有向惠州和宏公司就被诉侵权产品的生产提供技术方案或者提出技术要求，飞利浦公司不是专利法意义上的制造者，其行为并不构成侵害涉案专利权。敖谦平关于飞利浦公司是被诉侵权产品的制造者、独立实施了涉案专利的申请再审理由不能成立。

思考与评论

专利法的制造行为应是实施了权利要求所覆盖的全部技术特征的行为。本案中最高人民法院认为"制造专利产品"，对于发明或者实用新型来说，是指作出或者形成覆盖专利权利要求所记载的全部技术特征的产品。依据专利侵权判断的"全面覆盖原则"，只有实施了权利要求所界定的权利技术方案，才构成专利法意义的制造行为。值得注意的是，专利法意义的制造专利产品需要结合权利要求进行认定，不能将权利人自己制造的产品与被诉侵权产品进行比较。也就是说，如果他人即使制造了专利权人相同的产品，如果其没有实施专利文件所记载的权利技术特征，其行为也可能不构成对制造权的侵犯。

有法院认为，以下行为应对认定为制造专利产品的行为：

1. 以不同制造方法制造产品的行为，但以方法限定的产品权利要求除外；

2. 将部件组装成专利产品的行为。[①]

---

① 北京高院编：《北京市高级人民法院〈专利侵权判断指南〉理解与适用》，中国法制出版社2014年版，第382页。

在专利诉讼中，在认定被诉侵权产品的制造者时，不能简单认为商标注册人就是制造者，而应当根据全案证据进行判断。因此，如果商标注册人仅许可商标，而没有其他证据证明商标注册人明知专利侵权事实存在，在案件能查明实际制造者的情况下，则无须认定商标注册人为产品制造者。

（二）制造与修理

对专利产品进行正常修理无疑是使用者的合法权利，但如果修理超出了一定的范围，也可能被认定为是制造行为。

案例 8-2-2 日本佳能公司诉 RA 公司案*

日本佳能公司生产销售 BCI-3e 喷墨墨盒，中国境内某企业在世界范围内收集这些墨水用尽的墨盒，将它们重新灌墨制成再生墨盒并出口到日本，由 RA 公司销售。2004 年 4 月，佳能公司以 RA 公司进口、销售的再生墨盒侵犯其 JP3278410 号日本专利为由提起诉讼。JP278410 号专利的独立权利要求有两个：一个是产品权利要求 1，另一个是方法权利要求 10。产品权利要求的主要技术特征为要素 H 与 K，要素 H 为“所述压接部界面的毛管力比第 1 及第 2 负压发生构件的毛管力高”；要素 K 为“向负压发生构件收纳室填充无论墨盒如何放置整个压接部界面可以保持一定量的液体”。一审法院认为灌墨不属于新的生产，专利权用尽，权利人不能主张权利。佳能公司不服一审判决，向日本知识产权高等法院提出上诉。二审高等法院认为，专利权不用尽有两种类型：第一种是专利产品寿命终结后再使用它，属于专利权不用尽；第二种是更换或者修理专利产品的本质部分，使它再延续它的生命，这属于专利权不用尽。本案承认墨盒仍然有使用寿命，法院认为本案属于第二种专利权不用尽的类型——“修理或更换了本质部分”，即再灌墨恢复了要素 H 和 K。二审高等法院同时认为被控侵权物侵犯了方法权利要求。因此，该法院判决 RA 公司侵犯了佳能的专利权。日本最高法院在此案审理中首次引入“再生品专利侵权”的构成要件——“新的生产”，并据此认定 RA 公司进口销售回收墨盒侵权。认定 RA 公司进行了“新的生产”的判断要素为：(1) 正品的属性——功能、结构、材质和用途；(2) 正品专利技术内涵；(3) 正品被加工情况（被加工时的状态、加工程度）；(4) 再生品的销售情况。

---

* 载 Canon Inc. v. Recycle Assist Co. Ltd., 2005 (ne) 10021 (Intellectual Property High Court, January 31, 2006) and 2006 (ju) 826 (Supreme Court, November 8, 2007)。

思考与评论

如何认定修理与制造的边界，不同的法院似乎有不同的看法。二审法院认为修理专利产品的本质部分以便延续产品的生命不构成修理行为，而日本最高法院则认为需要综合情况考虑被告的行为是否构成“新的生产”行为。

组装专利产品的，人民法院应当认定属于《专利法》第十一条、第六十九条规定的“制造”。但是，产品通常以成套组件的形式对外销售，由销售者或者使用者自行组装的除外。[①] 但将侵犯发明或者实用新型专利权的产品作为零部件，制造另一产品的，人民法院应当认定属于《专利法》第十一条规定的使用行为。[②]

（三）分步式制造与共同制造

所谓分步式制造，是指由不同主体共同制造了侵权产品，他们之间可能存在意思联络，也可能不存在任何意思联络。按照最高人民法院的相关司法解释，将侵犯发明或者实用新型专利权的产品作为零部件，制造另一产品的，人民法院应当认定属于《专利法》第十一条规定的使用行为；销售该另一产品的，人民法院应当认定属于《专利法》第十一条规定的销售行为。被诉侵权人之间存在分工合作的，人民法院应当认定为共同侵权。因而，在中国如果各方存在着分工合作的行为，法院可能以共同侵权应对。专利法意义上的共同侵权意味着侵权各方之间存在意思联络。《侵权责任法》第十二条规定：“二人以上分别实施侵权行为造成同一损害，能够确定责任大小的，各自承担相应的责任；难以确定责任大小的，平均承担赔偿责任。”该条款规范的是无意思联络的分别侵权行为，区别于《侵权责任法》第八条关于二人以上共同实施侵权行为对共同故意或者过失的要求。需要注意的是，该条款解决的是数人侵权情形下的责任承担方式及内部责任的分摊问题。至于各侵权人的侵权责任是否成立，仍应依据专利法的有关规定予以判定。对于分步式制造而言，由于没有哪一方构成独立的直接侵权行为，因而其不能使用《侵权责任法》第十二条的规定。当然，如果一个行为人控制或指示了整个发明之实施，而让每个步骤之实施都可归责于前述具备控制或指示权力的行为人，这构成具有意思联络的真正的共同侵权。也就是说，分步式制造的各方如果存在意思联络、合作与分工则被认为构成共同制造的直接侵权行为。如果各方没有任何的合作与分工，一般不认为构成直接侵权行为，但可能构成间接侵权行为。

---

① 《最高人民法院关于审理侵犯专利权纠纷案件应用法律若干问题的解释（征求意见稿）》第十三条。但在最终的文本中该条被删除。

② 《最高人民法院关于审理侵犯专利权纠纷案件应用法律若干问题的解释》第十二条。

另外,委托人明知他人实施的行为构成《专利法》第十一条规定的侵犯专利权行为,而委托他人制造或者在产品上标明“监制”等类似参与行为,委托人与受托人构成共同侵权。

(四)跨境制造

一国的专利法只能约束自己境内发生的行为,然而随着经济全球化步伐的加快,越来越多产品的生产是跨国合作的结果,这给权利人的权利保障带来了巨大的困难。也就是说,如果第三方在国内只进行了产品的一部分生产,而在国外进行组装的行为可能在现行专利体系下就不能追究其侵权责任。

案例 8-2-3　Microsoft v. AT&T*

2001 年,美国电报电话公司(AT&T)指控微软(Microsoft)公司生产的 Windows 操作系统侵犯了其“数字语音编码”专利。2004 年,联邦地方法院裁决 Microsoft 公司侵权行为成立,须为在美国本土销售的系统以及由外国厂商利用在美国制作的主版复制生产的系统负赔偿责任。但 Microsoft 公司只承认其对国内市场负有责任,并称以美国境内供应的软件主版制成的海外复制版事实上是在国外制造的,超越了美国司法的管辖权范围,并以此为由诉至美国联邦上诉法院(CAFC)。

2005 年 7 月,CAFC 支持地方法院的一审判决,亦以对来自美国的软件主版进行复制的行为不能避开《美国专利法》的保护以及该法禁止通过输出产品绕过专利侵权管辖为由,判决 Microsoft 公司在海外地区发布 Windows 操作系统主版的复制行为构成侵权。Microsoft 公司辩称,侵权责任仅适用于该公司销售的每张光盘,若在美国以外地区制造的复制产品被组装在电脑上,则不承担软件销售的法律责任。CAFC 反驳了 Microsoft 公司的辩护,认为软件复制为“软件销售的一部分”,已包含在软件“供应”行为当中,即向国外输出软件的意图若在于复制,那么就构成了这些海外制造复制品的法律责任。Microsoft 公司对裁决不服,并于 2006 年 1 月向最高法院递交调卷令请求。

争议点:(1)根据《美国法典》35 编第 271(f)条,计算机数字软件编码是否可视为专利发明的一个组成部分?如果是其组成部分,造成在海外生产的类似部件复制品的美国公司是否可视为组件的提供商?(2)若是,那么其提供的主版在被复制分发给电脑制造商之后,是否应承担相关侵权责任?(3)软件中编码的侵权,是否

---

* 550 U. S. 437(2007).

意味着整套软件的侵权？

最高法院认为软件仅是自媒体上分离出的指令，如同贝多芬第九号交响曲的音符，而具体上软件的复制品应为一种编入一些指令的媒体，如同贝多芬第九号交响曲的曲谱般的光碟片。最高法院同时也认为软体如同工程蓝图“图形、样版或原形等设计资讯”，包含架构及组合元件的说明及指示，但蓝图本身并不是元件组合的零组件，所以只有当软件被压缩为电脑可读取之复制件时，即符合《专利法》第271(f)条规定的零组件。另有关于Microsoft公司是否自美国境内供应电脑之零组件的争点，在CAFC已认定复制行为涵摄至供应行为。Rader法官反对，就一般的了解，复制是极为容易，提供与其任何后续复制是属于个别且不同的动作。最高法院同意Rader法官的反对意见，认为只有当来自美国境内供应的真实的零组件，而不是复制品在美国境外组合时，才会构成第271(f)条侵害，因此，原版光碟在美国并未安装在美国境外制造的电脑上，最高法院认定上述情况不符合第271(f)条中提供之规定。

最高法院对于第271(f)条为专利法效力不及美国境外的例外规定，任何关于解读第271(f)条所引发的问题应以“反对境外治外法权之推定”的方式予以解决。在传统的见解认为专利法仅适用于国内，是不及于在境外的活动……就专利法本身系在于赋予专利的发明在美国境内具有排他权，因此最高法院指出AT&T为避免产品在美国境外被仿冒，唯有在其他国家取得专利权。最后，最高法院对CAFC对于第271(f)条的扩大解释表示反对，认为法官不该自行推测国会可能会如何处置及应用在软件领域，而超越第271(f)条本身所规定之范围，综上结论，最高法院废弃CAFC的判决。

思考与评论

《美国专利法》第271(f)条规定：

(1)未经许可提供或使人提供在美国境内或由美国境内所生产专利产品之全部或主要部分，该全部或主要部分系指尚未组合之状态下，若于在美国境外将该主要部分加以组合，恰如其在美国境内将该专利加以组合，应视为侵权者而负其责任。

(2)任何人在未经许可下，提供或使人提供在美国境内或由美国境内核可之专利部分产品，而该产品系特别制造或特别适用于该发明，但非作为主要或属不具实质侵害作用之商业上物品时，将该类产品于美国境外组合，恰如其在美国境内组合，皆为侵害该专利权，应视为侵权者而负其责任。

该条无疑对美国境外的制造行为进行了规范。美国最高法院在1972年Deepsouth案中认为，被控侵权人在美国境内所实施的制造零部件行为本身不构成侵权时，不能以在境外发生的对设备的组装和使用行为作为判定其侵犯美国专利权的事实依据。而美国专利法第271(f)条就是为应对该判决的挑战而订立的法律。然而,当今大部分国家都无类似的规定,中国专利法也没有对此类行为建立任何有效规则。在WesternGeco v. Ion Geophysical一案中,美国最高法院甚至认为,专利人依据美国专利法第271(f)条规定获取胜诉,专利权人可以追回因侵权行为而遭受的境外利润损失。然而,当今大部分国家都无类似的规定,中国专利法也没有对此类行为建立任何有效规则。

二、使用权

使用权,是指专利权人禁止他人根据专利产品的技术性能使该产品得到运用的权利。使用发明或者实用新型专利产品,是指权利要求所记载的产品技术方案的技术功能得到了应用或者效果得以实现。无论是单独使用还是作为产品或其他产品组成部分使用,也无论是反复使用还是一次使用,是利用其中的一个用途还是几个用途,都构成专利法上的使用。构成侵权的专利产品使用行为,不仅应满足"实现专利产品技术方案的技术功能"要件,还应体现为妨害专利权人独占实施权的行为。

使用行为是对专利产品的利用行为,其与制造行为是不同的。将侵犯发明或者实用新型专利权的产品作为零部件制造另一产品的,应当认定属于专利法规定的使用行为。因为,此时行为人是对专利产品的利用而不是制造了专利产品。区分制造与使用的意义在于,专利法对制造行为是提供绝对保护,而使用行为本身会受到权利穷竭等因素的控制。

值得注意的是,使用行为本身是构成对专利权的侵犯。也就是说,如果行为人所使用的专利产品是侵权产品,其行为本身就构成侵权,权利人可以追究其侵权责任,而无须向制造商追加责任。

三、许诺销售权

在销售侵犯他人专利权的产品行为实际发生前,被诉侵权人作出销售侵犯他人专利权产品意思表示的,构成许诺销售。以做广告、在商店橱窗中陈列、在网络或者在展销会上展出等方式作出销售侵犯他人专利权产品的意思表示的,可以认定为许诺销售。许诺销售行为针对的必须是已经构成侵犯他人专利权的专利产品而言,而不能是权利人的凭空猜疑,即不能凭一份宣称广告、一个电话及传真等方式反映的专利产品外观,或者对产品性能的一般介绍,就认定构成许诺销售侵权产品,而仍然应当首先认定许诺销售行为针对的产品构成侵权的情况下,再认定其行为是否属于许诺销售。①

许诺销售不同于合同法下的销售要约，它仅仅是表示提供销售的愿望，可以说是向不特定人发出的要约邀请。②

案例 8－2－4　吴某诉被告某化学公司侵害发明专利权纠纷案*

……

二、关于被告在中国农药信息网上披露产品信息的行为是否系许诺销售行为

原告认为，被告在中国农药信息网上披露产品信息的行为目的在于销售，且被告存在对外宣传其产品的情况，故被告的上述许诺销售行为侵害了原告享有的发明专利权。被告则认为，其在中国农药信息网上披露的产品信息旨在取得农药登记证，该产品并未进入生产销售阶段，网上的信息披露并非向公众销售产品的意思表示，不符合法律规定的许诺销售行为。

法院认为，根据《最高人民法院关于审理专利纠纷案件适用法律问题的若干规定》第 24 条的规定，"……许诺销售，是指以做广告、在商店橱窗中陈列或者在展销会上展出等方式作出销售商品的意思表示"。本案中，第一，被告是在中国农药信息网上披露相关产品信息，该网站系我国农业部官方网站，并非被告自行注册的网站或者其他农药展示、销售网站。第二，根据原告提供的《公证书》显示，被告产品信息系在上述网站"通过企业名称查询产品"栏目中查找获得，且该信息反映的仅是被控侵权产品的登记证号、登记名称、总含量、剂型、有效起始日期、有效截止日期以及产品明细，没有任何被告向相关公众作出销售产品的意思表示。同时，结合《公证书》附录的打印页第 3 页显示"通过企业名称查询产品本栏目实现通过输入完整的企业名称查询其有效期内的登记产品"来看，上述查询获得的信息更符合被告获得临时登记证的被控侵权产品在农业部相关网站上的公示行为，而无作出销售产品的意思表示。对于原告称被告存在对外宣传被控侵权产品的情况，现因原告当庭表示无相关证据佐证，故法院对此不予采信。综上所述，原告指控被告实施许诺销售行为，没有法律依据，法院不予支持。

---

① 程永顺：《中国专利诉讼》，知识产权出版社 2005 年版，第 208～209 页。

② 程永顺：《中国专利诉讼》，知识产权出版社 2005 年版，第 209 页。

* 上海市第一中级人民法院（2011）沪一中民五（知）初字第 159 号。

思考

许诺销售行为必须有向相关公众作出销售产品的意思表示吗？如果被告没有销售的意思表示，纯粹是为了展示产品的行为是否构成许诺销售的行为呢？

四、销售权

销售专利产品是指在市场上将专利产品出售给买方的行为。依据专利法的相关规定，未经许可不得为生产经营的目的将专利产品投放市场。侵犯专利权的产品买卖合同依法成立的，即可认定构成销售侵犯专利权的产品，该产品所有权是否实际发生转移一般不影响销售是否成立的认定。搭售或以其他方式转让侵犯专利权产品的所有权，变相获取商业利益的，也属于销售该产品。以生产经营目的赠送侵犯他人专利权的产品的，亦同。将侵犯发明或者实用新型专利权的产品作为零部件或中间产品，制造另一产品后，销售该另一产品的，应当认定属于对专利产品的销售。但该中间产品在制造过程中的物理化学性能发生实质性变化的除外。但销售由专利权人制造并售出或经其许可而投放市场的产品，不构成侵权。

将侵犯他人专利权的产品用于出租的，应当认定属于对专利产品的销售。

销售行为侵权的前提是该专利产品是侵权产品，如果是经过专利权人许可投放市场后的销售行为，一般不认为是专利侵权行为。专利权人是否可以限制销售市场是一个值得关注的问题。

案例 8-2-5 刘鸿彬与北京京联发数控科技有限公司、天威四川硅业有限责任公司侵害实用新型专利权纠纷案*

（一）二审判决认定被诉销售行为在本案专利授权公告日前已经完成是否正确

专利法意义上销售行为的认定，需要考虑《专利法》第十一条的立法目的，正确厘定销售行为与许诺销售行为之间的关系，充分保护专利权人利益。《专利法》第十一条规定："发明和实用新型专利权被授予后，除本法另有规定的以外，任何单位或者个人未经专利权人许可，都不得实施其专利，即不得为生产经营目的制造、使用、许诺销售、销售、进口其专利产品，或者使用其专利方法以及使用、许诺销售、销售、进口依照该专利方法直接获得的产品。外观设计专利权被授予后，任何单位或者个人未经专利权人许可，都不得实施其专利，即不得为生产经营目的制造、许诺

---

* 最高人民法院民事裁定书（2015）民申字第1070号。

销售、销售、进口其外观设计专利产品。”该条规定的立法目的在于清晰界定专利权的权利范围，划定专利权人与社会公众的权利界限，充分保护专利权人的利益。该条从行为类型入手，规定发明和实用新型专利的权利人拥有制造、使用、许诺销售、销售和进口五项权能，外观设计专利的权利人拥有制造、许诺销售、销售和进口四项权能。上述权能同时构成专利权人禁止权的范围，是认定侵权行为的重要尺度。为确保专利权权利范围的清晰性，增强可预见性并预防纠纷发生，销售权能或者说销售侵权行为的认定标准必须清晰明确、简单易行、可操作性强。同时，为充分保护专利权人的利益，销售行为的认定标准还应当尽可能实现许诺销售行为与销售行为之间的无缝衔接，以便覆盖对专利权人利益产生较大影响的有关交易环节和过程，从而更有效地制止销售侵权行为。关于销售行为是否完成，京联发公司主张应以合同成立或者生效为标准，刘鸿彬则主张以标的物所有权转移或者合同价款支付为标准。因此，对于销售行为的认定标准，至少存在四种选择：合同成立标准、合同生效标准、合同价款支付完成标准、标的物交付或者所有权转移标准。如果采用标的物交付或者所有权转移标准，则被诉侵权人自合同成立到标的物交付或者所有权转移之前的行为将不构成销售，此段行为将脱离专利权人的权利范围，过分缩小了专利权人的权利空间；而且，标的物交付或者所有权转移必须结合合同具体内容以及履行过程来判断，不仅使得认定标准复杂化，还大大增加了专利权人维权时的取证成本和证明难度。如果采用价款支付完成标准，则被诉侵权人自合同订立到合同价款支付完成之前的行为同样无法构成销售，脱离专利权人的权利范围，缩小了权利人的权利空间；而且，合同价款支付涉及合同履行过程，当事人在实践中可能采取分期支付、抵销、债务让与等多种方式履行合同，同样会导致认定标准复杂化，增加专利权人维权时的取证成本和证明难度。如果采用合同生效标准，则自合同成立到生效之前的行为同样无法构成销售，脱离专利权人的权利范围，缩小了权利人的权利空间；而且，合同生效是法律对合同效力评价的结果，合同是否发生效力并非完全取决于当事人的意愿，将其作为认定销售行为尤其是销售侵权的标准，与作为侵权责任基础的意志自由原则相背。如果采用合同成立作为认定销售行为的判断标准，由于合同成立之前当事人以广告、商品展示等方式作出的销售商品的单方意思表示属于许诺销售行为，双方就销售商品的意思表示达成合意属于销售行为，则销售行为与许诺销售行为可以实现密切衔接，使得销售行为与许诺销售行为之间不存在专利权无法覆盖的空间，有利于充分保护专利权人的利益。同时，合同成立是双方当事人就销售商品的意思表示达成合意的事实状态，往往通过书面合同等材料体现出来，不需要进一步考察合同的具体条款和履行过程，专利权人获取证据和证明销售行为成立更为容易,取证成本和认定成本均较低。因此,销售行为的认定,一般应当以销售合同成立为标准。本案中,天威公司与京联发公司之间的《购销合同》签订于2009年4月10日,专利法意义上的销售行为在该日已经实施,早于本案专利授权公告日(2009年10月21日)。二审法院认定京联发公司的被诉销售行为在本案专利授权公告日前已经完成,结论正确。刘鸿彬的相应申请再审理由不能成立,不予支持。

(二)二审判决认定天威公司的使用行为不构成侵犯本案专利权是否正确

对于侵犯实用新型专利权行为的认定,应当全面综合考虑专利法的相关规定,合理平衡实用新型专利权人与社会公众之间的利益。根据《专利法》第十一条的规定,实用新型专利被授予后,专利权人才能取得制止他人未经许可实施其专利的权利,即他人不得为生产经营目的制造、使用、许诺销售、销售、进口实用新型专利权人的专利产品。同时,根据《专利法》第四十条的规定,实用新型专利权和外观设计专利权自公告之日起生效。由此可见,专利权人对于他人在实用新型专利授权公告日前实施该专利的行为,并不享有请求他人停止实施的权利。他人在实用新型专利授权公告日前实施该发明,包括制造、使用、销售、许诺销售和进口实用新型专利产品,并不为专利法所禁止,相关实用新型专利产品不构成侵权产品。在此情况下,对于实用新型专利授权公告日前已经售出的产品的后续行为,包括使用、许诺销售和销售,也应得到允许。如果实用新型专利权人在授权公告日后可以禁止该专利授权公告日前已经售出的产品的后续行为,则相当于实用新型专利权的效力可以在授权公告日后延伸到授权公告日前的合法行为,不适当地扩大了专利法授予实用新型专利权人的权利范围,损害了社会公众应有的利益。本案中,京联发公司销售被诉侵权产品的行为在本案专利授权公告日前已经完成,该行为不为专利法所禁止。在此情况下,天威公司使用所购买的被诉侵权产品的行为也应得到允许。因此,天威公司后续的使用行为不侵犯本案实用新型专利权。刘鸿彬关于天威公司在本案专利授权公告日之后继续使用侵权产品的行为构成侵权行为的主张不能成立,不予支持。

思考与评论

对于销售行为的认定标准,至少存在四种选择:合同成立标准、合同生效标准、合同价款支付完成标准、标的物交付或者所有权转移标准。你认为何种标准比较合适?另外,最高人民法院认为,对于实用新型专利授权公告日前已经售出的产品的后续行为,包括使用、许诺销售和销售,也应得到允许。你认为这种推理的依据何在?

五、进口权

进口专利产品,是指将落入产品专利权利要求保护范围的产品在空间上从境外越过边界运进境内的行为。1984 年《专利法》没有规定进口权,1992 年《专利法》第一次修改时增加了进口权。但是对于由专利权人在境外将专利产品合法投放境外市场后,国内的进口方能否无需专利权人同意合法进口该产品专利法一直未作出明确规定。2008 年新修订的《专利法》明确了专利权的国际穷竭原则,这意味着专利产品只要是经专利权人许可合法投放境外市场,境内第三方可以无须专利权人同意进口该专利产品。

第三节　方法专利权人的权利

一、使用专利方法

(一)使用行为的界定

使用专利方法是指使用了受专利法保护的方法发明专利,未经专利权人许可,为生产经营目的使用他人专利方法的行为属于侵权专利权的行为。具体而言,使用专利方法是指权利要求记载的专利方法技术方案的每一个步骤均被实现,使用该方法的结果不影响对是否构成侵犯专利权的认定。

值得注意的是,判断使用专利方法的行为与判断制造专利产品的行为有所不同。就产品专利而言,只看最终的产品与专利产品的异同,而不问制造方法是否一致。而对于方法专利而言,只看是否使用了该专利方法,即使使用该专利方法制造出不同产品,也构成使用专利方法的侵权行为。

(二)分步式使用

案例 8-3-1　Akamai Technologies, Inc. v. Limelight Networks, Inc*

Akamai 科技公司拥有一项能够有效传递 web 信息的方法专利。该专利包含几个步骤:将内容提供商的元素放置于一组复制的服务器上;修改内容提供商的 web 页面,以指示 web 浏览器从这些服务器上检索内容。Akamai 科技公司起诉 Limelight 网络公司专利侵权,Akamai 科技公司认为,Limelight 网络公司既实施了直接侵权行为又实施了间接侵权行为。原告指出,被告拥有并维护的网络服务器允许

* 797 F.3d 1020(Fed. Cir. 2015).

(他人)通过放置内容元素于服务器上,从而进行有效的内容信息传递。但是,Limelight 网络公司并未修改内容提供商的 web 页面,而是指示其客户实施修改的相关步骤。

McKesson 公司拥有一项在卫生保健提供者与其病人之间进行电子交流的方法专利。McKesson 公司起诉 Epic 系统公司专利侵权,并认为 Epic 系统公司引诱他人实施了专利侵权行为。Epic 系统公司是一家软件公司,其向医疗卫生组织许可相关软件产品及服务。被许可的软件包含一项名为"MyChart"的应用程序,该程序能够让医疗提供者与患者进行电子联络。McKesson 公司指控 Epic 系统公司引诱其客户侵犯专利权。Epic 系统公司并未实施该专利所覆盖的任何步骤。相反,这些步骤是由患者分别实施的。患者启动软件进行通讯,接着医疗服务提供者实施了余下的专利步骤。

在这两起由地区法院审理的案件中,地区法院均认为被告 Limelight 网络公司与 Epic 系统公司并未侵犯他人专利权。在前一起案件中,根据本院在 BMC 案及 Muniauction, Inc. v. Thomson Corp. ,532F. 3d 1318(Fed. Cir. 2008)案中所陈述的观点,地区法院准予了 Limelight 网络公司的依法律判决动议,理由是 Limelight 网络公司的客户(并非 Limelight 网络公司自身)实施了被控侵权方法专利的步骤之一。在后一起案件中,同样根据上述两则判例法规则,地区法院基于患者(而非 Epic 系统公司的直接客户)发起了通信步骤这一理由,认定被告并不侵犯专利权。

之后美国联邦上诉法院(CAFC)决定就本案进行联席审理,希望借此厘清并确立方法发明专利共同侵权责任应如何被认定。CAFC 在 2012 年作出原审判决,其中并未检证其过往判例所建立之方法发明专利直接侵权责任认定原则,而是扩张解释了美国专利法第 271(b)条所规定诱使侵权责任的适用范围,认定当一被控侵权人自行实施系争专利所描述的部分方法发明步骤、并诱使其他行为人去实施其馀方法发明步骤时,诱使侵权责任便有可能成立,即使在此情况下并无人需要负担直接侵权之责任,因为实施其馀方法发明步骤者、与被控侵权人之间并不成立控制或指示的关系。CAFC 在原审判决中并未挑战间接侵权行为成立以直接侵权行为成立为前提的原则,但其解释,要求证明直接侵权行为之存在,与要求证明单一行为人应被认定为直接侵权者并负相应责任,两者并不相同。

最高人民法院于 2014 年 4 月 30 日对此案举行听证,6 月 2 日作出判决。最高人民法院认为,如果根据《专利法》第 271(a)条或任何其他条款,无人构成直接侵权,那么被告不可能根据第 271(b)条而构成引诱侵权。理由如下:

1. 引诱侵权责任必须取决于直接侵权。假定 Muniauction 案的判决正确,那么被上诉人的专利方法并没有受到侵犯,因为该专利方法所有步骤的实施并不能归结到任何某一个人的身上。既然直接侵权并没有发生,就不可能存在第271(b)条所规定的引诱侵权。联邦巡回法院对此持有相反观点,但这样一来,将使第271(b)条所确立的标准无以为继,并使得法院形成两套互不相干的侵权法体系。最高法院对第271(b)条的解释还可因第271(f)(1)条而得到强化,后一条款说明,国会知道如何在当事人希望实施但自己又未实施侵权行为时对其施加引诱侵权的责任。将在不同情况下可能构成侵权的行为用来认定帮助侵权,这种观点已经被法院所否定,因此,同样的规则也应当适用于引诱侵权的情况。

2. 被上诉人主张,侵权法和刑法上的帮助、教唆规则,以及在1952年《专利法》(美国现行专利法)之前存在的专利法原则,可以支持联邦巡回法院对第271(a)条的解释。但是最高法院认为,这样的主张也不足采信。尽管这样一来,本来构成侵权的人可能将专利方法的某些步骤分散到其他与之无关的人身上,从而逃避法律责任,但这只是联邦巡回法院对第271(a)条的解释所产生的一个结果;即使意图防止出现这样的结果,也不能证明该法院根本性改变引诱侵权规则就是正当的,因为这一规则是由《专利法》的条文和结构所明确规定了的。

3. 该案的问题显然集中在第271(b)条上,并且Limelight公司并没有实施第271(a)条的直接侵权行为,因此,最高法院对于联邦巡回法院在Muniauction案中的判决正确与否,并未作出认定。

思考与评论

CAFC在2008年的Muniauction案判决[Muniauction, Inc. v. Thomson Corp., 532 F.3d 1318(2008)]中认定,要就一项方法发明专利构成直接侵权行为,必须是由一单一行为人实施该方法发明之所有步骤,而当前述步骤是由多数行为人所实施时,直接侵权责任仅成立于其中一个行为人控制或指示了整个方法发明之实施,而让每个步骤之实施都可归责于前述具备控制或指示权力的行为人。如何理解这种控制行为,美国联邦巡回上诉法院认为服务提供商与顾客、医生与病人以及具有合作关系的企业之间都可能存在控制关系。对控制关系的理解应不能太僵化。在你认为在分布式侵权的情况下,如果数人共同实施了制造专利产品的行为,但无一人的行为构成直接侵权的情况下,制造商在何时可能承担专利侵权责任?美国法院所确定的控制或指示的规则能否在中国适用?中国如何处理这种情况?

案例 8-3-2 西电捷通公司诉索尼中国公司涉 WAPI 标准必要专利侵权案*

……

2. 被告制造、销售被控侵权产品的行为是否侵犯原告专利权对于原告主张的共同侵权行为，被告不予认可。理由为：(1)涉案专利是使用方法专利，不应延伸保护至产品。(2)直接实施涉案专利的只能是用户，没有证据证明用户实施过涉案专利，即使用户实施过涉案专利，由于用户的直接侵权不存在，被告也不构成共同侵权。(3)共同侵权要求共同的意思联络，被告并不生产或提供 AP 或 AS，与 AP 或 AS 的提供方没有分工协作。(4)被控侵权产品具有实质性非侵权用途，不应推定被告具有过错，故被告没有帮助他人实施涉案专利。

(1)关于原告主张的"数人分别实施的共同侵权"。《侵权责任法》第十二条规定："二人以上分别实施侵权行为造成同一损害，能够确定责任大小的，各自承担相应的责任；难以确定责任大小的，平均承担赔偿责任。"该条款规范的是无意思联络的分别侵权行为，区别于《侵权责任法》第八条关于二人以上共同实施侵权行为对共同故意或者过失的要求。但是，需要注意的是，该条款解决的是数人侵权情形下的责任承担方式及内部责任的分摊问题。至于各侵权人的侵权责任是否成立，仍应依据侵权责任法或者相关部门法中的有关规定予以判定。而且，该条款中明确规定"分别实施侵权行为"，也就是说，各侵权人的行为均应独立具备构成侵权行为的全部要件，无论是一般的侵权行为要件，还是特殊的侵权行为要件。

本案中，原告主张被控侵权产品作为 MT 单独一方，未经许可与 AP、AS 共同实施了涉案专利，构成共同侵权。专利侵权判断的具体规则为《最高人民法院关于审理侵犯专利权纠纷案件应用法律若干问题的解释》第七条规定的"全面覆盖原则"。经本院查明，涉案专利需要通过终端 MT、接入点 AP 和认证服务器 AS 三个物理实体方能实施，很显然被控侵权产品作为 MT 一方，与 AP、AS 各方的行为均未独立构成侵害涉案专利权。在此基础上，原告主张被告构成《侵权责任法》第十二条意义上的共同侵权行为不能成立。

(2)关于原告主张的"帮助侵权"。《侵权责任法》第九条第一款规定："教唆、帮助他人实施侵权行为的，应当与行为人承担连带责任。"明知有关产品系专门用于实施专利的材料、设备、零部件、中间物等，未经专利权人许可，为生产经营目的将该产品提供给他人实施了侵犯专利权的行为，该提供者的行为属于《侵权责任法》

* 北京知识产权法院民事判决书(2015)京知民初字第 1194 号。

第九条规定的帮助他人实施侵权行为。一般而言，间接侵权行为应以直接侵权行为的存在为前提。但是，这并不意味着专利权人应该证明有另一主体实际实施了直接侵权行为，而仅需证明被控侵权产品的用户按照产品的预设方式使用产品将全面覆盖专利权的技术特征即可，至于该用户是否要承担侵权责任，与间接侵权行为的成立无关。之所以这样解释，是因为在一些使用方法专利中，实现"全面覆盖"涉案专利权利要求技术特征的主体多为用户，而用户因其"非生产经营目的"不构成专利侵权，此时如果机械适用"间接侵权行为应以直接侵权行为的存在为前提"，将导致涉及用户的使用方法专利不能获得法律保护，有违专利法针对该类使用方法授予专利权的制度初衷。

本案中，被告认为被控侵权产品具有实质性非侵权用途，并非专门用于实施涉案专利的设备，原告则主张被控侵权产品中由 WAPI 芯片、WAPI 模块等组合而成的 WAPI 功能模块组合系实施涉案专利方法的专用设备。经本院组织勘验，被控侵权产品通过安装 WAPI 相关证书能够连接 WAPI 网络。被告也确认其制造、销售的 L39h 等 35 款手机具有 WAPI 功能。对于硬件和软件结合的 WAPI 功能模块组合而言，其在实施涉案专利之外，并无其他实质性用途，故应该被认定为专门用于实施涉案专利的设备。此外，本院前述已经认定涉案被控侵权的 35 款手机 WAPI 功能选项接入无线局域网的方法步骤与涉案专利权利要求 1、2、5、6 的技术方案相同。

因此，被告明知被控侵权产品中内置有 WAPI 功能模块组合，且该组合系专门用于实施涉案专利的设备，未经原告许可，为生产经营目的将该产品提供给他人实施涉案专利的行为，已经构成帮助侵权行为。

思考与评论

对于许多方法专利的实施而言，行为人为规避法律，很多时候是由多人共同来实施方法专利所要求的步骤。一般认为，如果几个行为人之间存在意思联络，这无疑构成对方法专利的共同侵权。这种意思联络行为包括一方对方法专利的实施存在着控制与影响以及各方之间存在着明示或默示的分工与合作。然而，如上述案例所分析的情况，如果几个方法专利实施者之间并不存在所谓的意思联络，其是否构成共同侵权呢？一般认为，由于各个主体之间无意思联络，要认定构成无意思联络的共同侵权需要各个主体自身的行为构成独立的专利侵权行为。如果各个主体的行为不构成独立的专利侵权行为，那么，各个主体的行为可能构成间接侵权行为。当然，间接侵权行为的认定是否需要首先认定直接侵权的存在，各方有不同的看法。本案法官并不赞同这样的观点。本案中法院认为，权利人而仅需证明被控侵权产品的用户按照产品的预设方式使用产品将全面覆盖专利权的技术特征即可，而无须证明直接侵权的构成。这与上述美国法院的做法不同。然而，由于美国专利法并无“生产经营目的”的要求，因而，上述案例中中国法院不构成直接侵权的行为在美国的司法体系下是构成直接侵权行为，两个案例的推理逻辑看似不一致，其实质的原理与结论却是一致的。

二、使用、许诺销售、销售、进口依照专利方法直接获得的产品

制造方法的延伸保护一般应当涵盖完成该专利方法的最后一个步骤后所获得的原始产品，未经权利人许可，任何人不得许诺销售、销售、使用、进口该原始产品。对原始产品做任何进一步加工处理以获得最终产品的行为本身属于使用依照该专利方法所直接获得的产品的行为，必须获得专利权人的许可。最高人民法院相关司法解释明确规定，对于使用专利方法获得的原始产品，应当认定为《专利法》第十一条规定的依照专利方法直接获得的产品。对于将上述原始产品进一步加工、处理而获得后续产品的行为，应当认定属于《专利法》第十一条规定的使用依照该专利方法直接获得的产品。① 对于将依照专利方法直接获得的产品进一步加工、处理而获得的后续产品，进行再加工、处理的，人民法院应当认定不属于《专利法》第十一条规定的“使用依照该专利方法直接获得的产品”。② 如果经过加工处理后所获得的最终产品与原始产品相比存在实质意义的物理、化学变化，则不再属于依照专利方法所直接获得的产品。③

（一）依照专利方法直接获得的产品

依照专利方法直接获得的产品，是指将原材料、物品按照方法专利权利要求记载的全部步骤特征进行处理加工，使得原材料、物品在结构上或物理化学性能上产生实质性变化后所获得的原始产品。

案例 8－3－3　欧意公司与张喜田、华盛公司、中奇公司、玉顺堂公司侵犯发明专利权纠纷案*

另需指出的是，根据《中华人民共和国专利法》第十一条的规定，方法专利权的

① 《最高人民法院关于审理侵犯专利权纠纷案件应用法律若干问题的解释》（2009 年 12 月 21 日最高人民法院审判委员会第 1480 次会议通过）第十三条。

② 《最高人民法院关于审理侵犯专利权纠纷案件应用法律若干问题的解释（二）》第二十条。

③ 尹新天：《专利权的保护》，知识产权出版社 2005 年版，第 182 页。

* 最高人民法院民事判决书（2009）民提字第 84 号。

保护范围只能延及依照该专利方法直接获得的产品，即使用专利方法获得的原始产品，而不能延及对原始产品作进一步处理后获得的后续产品。如前所述，实施涉案专利权利要求1限定的方法后，直接获得的是“结合一个DMSO－d6的（S）－（－）－氨氯地平的D－酒石酸盐”，或“结合一个DMSO－d6的（R）－（＋）－氨氯地平的L－酒石酸盐”，华盛公司、欧意公司生产的马来酸左旋氨氯地平、马来酸左旋氨氯地平片以及左旋氨氯地平，均属于对上述产品作进一步处理后获得的后续产品，不属于依照涉案专利方法直接获得的产品。因此，涉案专利权的保护范围不能延及左旋氨氯地平、马来酸左旋氨氯地平及其片剂。“依照该专利方法直接获得的产品”的认定与该产品能否直接供消费者使用无关，一审法院以“左旋氨氯地平作为一种化合物，本身并不能成为直接供消费者消费的产品，……涉案专利为左旋氨氯地平的拆分方法，依据该方法不能直接得到产品，而左旋氨氯地平化合物与马来酸、苯磺酸等经过成盐工艺成为马来酸左旋氨氯地平、苯磺酸左旋氨氯地平后，才真正成为产品”为由，将涉案专利权的保护范围延及华盛公司、欧意公司生产的马来酸左旋氨氯地平及其片剂，适用法律亦显然不当。

思考与评论

本案中，最高法院指出，方法专利权的保护范围只能延及依照该专利方法直接获得的产品，即使用专利方法获得的原始产品，而不能延及对原始产品作进一步处理后获得的后续产品。而专利方法获得的原始产品是指实施最后一个专利步骤后所获得的产品。本案中最高法院认为专利权的保护范围不能延及左旋氨氯地平、马来酸左旋氨氯地平及其片剂，但如果马来酸左旋氨氯地平、马来酸左旋氨氯地平片以及左旋氨氯地平是对原始产品的进一步加工获得是否构成专利侵权呢？

（二）使用依照专利方法直接获得的产品

使用依照专利方法直接获得的产品意味着将原始产品进行商业利用，既包括对原始产品的直接使用，也包括对原始产品的进一步加工。将原始产品进一步加工、处理而获得后续产品的行为，应当认定属于《专利法》第十一条规定的使用依照该专利方法直接获得的产品。对于将依照专利方法直接获得的产品进一步加工、处理而获得的后续产品，进行再加工、处理的，人民法院应当认定不属于《专利法》第十一条规定的“使用依照该专利方法直接获得的产品”。也就是说，对依照专利方法获得的原始产品的第一层级的利用可能构成专利侵权行为；然而，对原始产品的后续产品的利用就不构成专利侵权了。

（三）许诺销售、销售、进口依照专利方法直接获得的产品

方法专利权中的许诺销售、销售与进口行为的认定与产品专利中相关概念的

含义基本一致。

案例8-3-4 伊莱利利公司诉甘李药业有限公司侵犯专利权纠纷案*

北京市高级人民法院认为：伊莱利利公司享有的“含有胰岛素类似物的药物制剂的制备方法”发明专利权受到我国专利法的保护，任何单位或者个人未经伊莱利利公司许可，不得实施其专利，即不得为生产经营目的使用其专利方法以及使用、许诺销售、销售、进口依照该专利方法直接获得的产品。

涉案专利权利要求2中涉及的胰岛素类似物为赖脯胰岛素（insulin lispro），甘李公司在其网站宣传的“速秀霖”的基本成分即为赖脯胰岛素。虽然甘李公司向药监局申报的“重组赖脯胰岛素注射液”已经获得了药品注册批件，具备了上市条件，但甘李公司在网上宣传行为的直接目的是使药监局批准其申请的被控侵权产品作为药品注册、生产，并不构成以生产经营为目的使用伊莱利利公司享有专利权的涉案专利方法的行为。因此，甘李公司向药监局申报“重组赖脯胰岛素注射液”并且获得药品注册批件的行为并非实施涉案专利的行为。

根据《最高人民法院关于审理专利纠纷案件适用法律问题的若干规定》第二十四条的规定，许诺销售是指以做广告、在商店橱窗中陈列或者在展销会上展出等方式作出销售商品的意思表示。许诺销售行为发生在实际销售行为之前，其目的是实际销售。专利法禁止许诺销售的目的在于尽可能早地制止专利产品或依照专利方法直接获得的产品的交易，使专利权人在被控侵权产品扩散之前就有可能制止对其发明创造的侵权利用。因此，被控侵权人不但应当具有即将销售侵犯专利权的产品的明确意思表示，而且在作出该意思表示之时其产品应当处于能够销售的状态。本案中，尽管甘李公司在其网站上对其“速秀霖”产品进行宣传，但现有证据不能证明甘李公司所进行的宣传系欲达到销售该产品的目的。因此，甘李公司在其网站上进行宣传的行为不构成许诺销售。

即将实施的侵权行为是指被控侵权人即将着手实施侵权行为，如不制止则将实际实施并构成侵权的状态。在这种状态下，侵权行为应是即将发生的，即存在即将发生的可能性。本案中，现有证据不能证明甘李公司在涉案专利保护期内存在着从事生产、销售、许诺销售被控侵权产品的可能性，故其行为不构成即将实施的侵权行为。

---

* 一审：北京市第二中级人民法院（2005）二中民初字第6026号；二审：北京市高级人民法院（2007）高民终字第1844号。

第四节　外观设计专利权人的权利

任何单位或者个人未经专利权人许可,都不得为生产经营目的制造、许诺销售、销售、进口其外观设计专利产品。与发明与实用新型专利不同的是,对外观设计专利的侵权行为,不包括使用行为。

一、制造权

所谓制造,是指专利申请文件中描述的该外观设计专利产品被生产出来,专利权人有权禁止在制造该产品时复制有专利的外观设计。制造外观设计专利产品,是指专利权人向国务院专利行政部门申请专利时提交的图片或者照片中的该外观专利产品被实现。对于外观设计本身的使用则不在禁止之列。

案例 8-4-1　好孩子集团公司诉被告江阴市精品商厦有限公司等专利侵权纠纷案*

原告诉称,其是全国最大的婴儿推车生产企业。1998 年 8 月 29 日取得“童车车轮(3)”外观设计专利。据查,由被告生产、销售的婴儿推车车轮与原告专利相同且未取得原告的许可,因此是侵犯原告专利权的行为,应承担相应的法律责任。故请求判令三被告立即停止侵权行为、公开赔礼道歉、赔偿原告经济损失等。

被告辩称:原告所诉失实,被告二、三认为其推车上的车轮是在第三人处购买的,其是使用者而非生产者,因此不构成侵权。

一审法院经审理认为,被告大阿福公司、福祥公司生产、制造的“大阿福婴儿推车”中有与原告外观设计专利相近似的车轮,被告大阿福公司、福祥公司作为婴儿推车的生产制造者,应对其所生产制造的婴儿推车承担全部责任,其婴儿推车中含有侵权产品,无论该产品是从何渠道获得,只要是未经专利权人许可而为生产经营目的生产制造产品中完整地体现了他人外观设计专利的,即构成专利侵权,专利权人有权制止这类侵权行为。对被告抗辩认为的其是从第三人处所购得,因其举证

---

* 一审:南京市中级人民法院(2000)宁初字第 192 号民事判决书;二审:江苏省高级人民法院(2001)苏知终字第 35 号民事判决书。

不足，不应认定。即使其是从第三人处所购，在其购入他人无厂名、厂址、商标等识别标志的侵权产品后，不是将其直接进行再销售，而是作为婴儿推车的部件和组成部分组装成婴儿推车，其商业上的价值在于作为婴儿推车的组成部分与推车作为一个整体投入市场，并标明自己的厂名、商标后进行销售，它向社会和公众表明并承诺其是该产品的制造者，所以应视为是一种以生产经营为目的的制造行为，而非使用行为，因此其抗辩理由不能成立。被告二、三已构成对原告外观设计专利的共同侵权，应当承担相应的民事法律责任。但对于被告一销售“大阿福”婴儿推车的行为，尚无证据证明其主观上明知侵权产品而销售，故其应停止销售侵权产品。综上对原告的诉讼请求应予支持。故判决：

一、被告停止侵权行为并销毁所有库存侵权产品；

二、被告二、三向原告公开赔礼道歉；

三、被告二、三赔偿原告经济损失10万元，两被告承担连带责任等。

判决后，被告不服，仍坚持其是使用者等提起上诉。二审经审理后，认为其上诉理由不能成立，维持原判。

思考与评论

工业品外观设计属于美学领域，但是同时是作为工业或手工业制造产品的式样的，一般说来，工业品外观设计是有用物品的装饰的或美学的外表。因而，制造外观设计产品，是指对产品美学部分的再现，如果仅仅再现了产品的功能性特征没有美学特征的再现，一般不构成对外观设计产品的制造。

外观设计产品的制造既包括对产品相同的制造，也包括相近种类产品的制造；既包括与外观设计相同的产品制造，也包括与外观设计相近似的外观设计产品的制造。

本案中，被告抗辩称，其行为为使用行为而非制造行为，其提出如此抗辩的理由何在？使用外观设计专利产品，是指该外观设计产品的功能、技术性能得到了应用。

外观设计产品的制造与使用的界限一直是广泛争议的话题。鞠爱军于1996年2月4日向中国专利局申请了一种“酒瓶”外观设计，并于1997年9月20日获得专利权。鞠爱军曾许可其所在的山东银河酒业（集团）总厂（以下称银河酒厂）免费使用，后又与银河酒厂签订了独占许可协议。1996年8月16日，山东武城古贝春集团总公司（以下称古贝春集团）与诸城康业副食经销处（以下称康业经销处）签订经销协议：由康业经销处提供酒瓶，古贝春集团提供剩余包装物及散酒，生产“古贝春头曲”。协议签订后，古贝春集团使用康业经销处回收的旧酒瓶，进行清洗消毒后灌制白酒后包装成“古贝春头曲”并投入市场。该酒包装盒上注明生产制造商为古贝春集团。专利权人鞠爱军于1998年9月发现该产品在市场上销售，于是向法院起诉，请求法院判令被告古贝春集团立即停止侵权行为，赔偿其经济损失30万元。

被告主张康业经销处使用其收购的、让其公司给鞠爱军灌装白酒的酒瓶，并非是依照原告专利制造的，而是原告已售出的产品。原告的专利产品酒瓶在和酒及其他包装物一同售出后就不再受专利权人的控制，公众可以自由使用或销售该专利产品。根据专利权用尽原则，其行为不构成侵权。

一审法院认为对于回收与专利设计相同或相近似的酒瓶并作为自己同类酒产品的包装物、以生产经营为目的的销售行为，已突破了专利产品合法购入者“使用”的内涵，而成为一种变相的“生产制造”外观设计专利产品的行为，因此其行为侵犯了原告的外观设计专利权。你认为被告的行为是制造吗？一审法院为什么要将被告的行为认定为变相的制造行为？

2007年1月31日，罗普斯金公司发现西安市未央区英海装饰材料经营部（张海军为业主）销售侵权产品后，于2007年1月31日向西安市公证处提出证据保全申请，西安市公证处遂对张海军的销售行为进行证据保全。罗普斯金公司认为，张海军销售的由桃园公司制造的仿冒专利产品，侵犯其专利权，故诉至法院，请求判令被告立即停止专利侵权行为并销毁侵权产品，桃园公司销毁制造模具；赔偿原告损失20万元；诉讼费由被告承担。张海军辩称，其与桃园公司达成生产协议时，并不知道罗普斯金公司拥有外观设计专利，不存在侵权故意；所销售的产品与罗普斯金公司的产品有明显差别；其作为经销者，产品来源合法，因此不构成侵权。桃园公司辩称，其制造的产品设计来源于张海军，即使侵权成立，侵权责任由张海军负责，被告主观上无过错，不应承担责任；被控侵权产品与罗普斯金公司产品明显不同，侵权不能成立。庭审中，经对罗普斯金公司的外观设计专利与桃园公司、张海军生产、销售的产品进行比对分析：桃园公司、张海军生产、销售的产品与罗普斯金公司的除顶边纹路、螺丝开口缝粗细不同外；其余相同。另查明，2006年3月1日，张海军与桃园公司就共同开发桃园868系列铝型材模具及其他系列产品经营管理等事项签订了关于模具订制及铝材经销协议，约定：由桃园公司负责核定模具制作价格，张海军负责制作图样及实料样品，张海军要求订制模具，桃园公司不得更改，模具费用由张海军支付，模具的使用权归张海军所有，模具由桃园公司负责管理。当日张海军与桃园公司签订的补充协议约定，如因型材专利图纸发生侵权由张海军负责。西安市中级人民法院审理后判决张海军、江西桃园铝业有限公司立即停止侵权行为，并销毁侵权产品和用于生产侵权产品的制造模具。

二、许诺销售、销售与进口权

许诺销售、销售与进口的定义与上述产品专利中的许诺销售、销售与进口的定义一致。将侵犯外观设计专利权的产品作为零部件，制造另一产品并销售的，应当认定属于《专利法》第十一条规定的销售行为，但侵犯外观设计专利权的产品在该另一产品中仅具有技术功能的除外。仅具有技术功能，是指该零部件构成最终产品的内部结构，在最终产品的正常使用中不产生视觉效果，只具有技术作用和效果。

制造、销售、许诺销售、进口与外观设计专利产品类似的产品，如果其相似程度与外观设计专利申请文件中所描述的一致或包括在内，就应视为侵权。不过外观设计专利不包括外观设计专利产品的使用。对由专利权人或被许可人制造并售出的外观设计专利产品的制造、许诺销售、销售、进口也不在专利权人禁止之列。

专利权人的上述禁止权并不意味着专利权人不能自己实施自己的专利。一般情况下，专利权人享有实施其专利的权利，而且这种权利是一种独占的权利。

除了上述的权利外，专利权人还享有许可、转让、标记等一系列权利。

（一）销售与使用行为的区别

所谓销售，是转移外观设计专利产品所有权的行为，而使用行为是对外观设计专利产品的利用行为。一般而言，销售与使用行为不存在混同问题，然而，当外观设计产品作为制造其他产品的组份并销售的行为如何定性就成为外观设计专利案例的广泛争议问题。

案例 8-4-2　曾泽能诉深圳美术公司等专利侵权案*

原告曾泽能于2008年5月获得“型材”外观设计专利权，该专利设计的主视图呈“X”形状，处于有效期。

2010年3月，被告深圳美术公司与五矿证券公司签订《建筑装饰工程施工合同》，约定由被告承包五矿证券公司荣超经贸中心大厦48、49层的装饰工程，采用包工包料方式。被告从市场上购买建材产品，其中一款建材产品之外观设计与原告的专利设计相近似，落入原告专利权的保护范围。经现场勘验，查明：该款产品是作为装饰工程墙壁隔断的建材，其无法单独直接使用，而是必须与木板、固定胶条等

* 载 https://www.chinacourt.org/article/detail/2014/04/id/1281743.shtml。

其他建材进行结合、加工,固定在一起后形成一个结合紧密的整体,这样才能实现该款建材产品的支撑、隔断墙壁的功能;被控侵权产品安装于装修工程的墙板内,从外部无法被看见。

原告认为被告未经许可在上述装饰工程中使用涉案专利产品,侵害了其外观设计专利权,要求被告承担责任。

2013 年 1 月,深圳中院经审理认为,被告在装修工程中使用被控侵权产品应定性为专利法上的使用行为,被告使用原告的外观设计专利产品不侵权,判决驳回原告的诉讼请求。2013 年 9 月,广东高院维持一审判决。

思考与评论

对于本案被告的行为,存在如下不同的观点:第一种观点认为,被告的行为构成专利法上的销售行为。理由是,被告基于履行与业主之间签订的装饰工程合同,从市场上采购外观设计专利产品后,用于其承包的施工工程,工程竣工验收后,被告将施工成果交付给业主,业主向被告支付相应的工程款。分析被告的行为可以看出,被告先买进专利产品,然后交付含有被控侵权产品的工程成果给业主,该行为与买卖被控侵权产品无异,故被告的行为在本质上构成以销售方式侵害原告的外观设计专利权。因被告举证证明,其从市场上合法购得被控侵权产品,且主观上为善意,故被告只需停止侵权,而无须承担赔偿责任。第二种观点认为,被告在装修工程中使用专利产品,该行为既不是专利法控制的销售行为,亦不是专利法控制的使用行为。理由是,被告从案外人处购得专利产品后,并未再销售专利产品,而是将其用于装修隐蔽工程,故被告没有销售专利产品;被告在完成装修工程后,将施工成果交付给业主,其并未使用专利产品。故被告的行为没有侵害原告的专利权,原告对被告的诉请不应被法院支持。第三种观点认为,被告的行为不构成销售行为,被告仅仅是在装修工程中使用被控侵权产品,该行为应被定性为使用行为,而非销售行为。理由是,认定被告的行为属于哪类性质的行为,应从该行为的本质出发,关键要看专利产品对于被告所实现的价值,如专利产品对被告而言,其实现的仅是该产品的市场价值,则应认定该行为属于销售行为;如其实现的仅是该产品的使用价值,则应认定该行为属于使用行为。被告使用的是专利产品的使用价值,而非销售价值。依据我国专利法的规定,使用外观设计专利产品不属于侵害外观设计专利权的行为,故被告使用专利产品,不构成对原告专利权的侵害,原告的诉请应被驳回。你赞同何种观点,为什么?

《最高人民法院关于审理侵犯专利权纠纷案件应用法律若干问题的解释》第十二条第二款规定:“将侵犯外观设计专利权的产品作为零部件,制造另一产品并销售的，人民法院应当认定属于专利法第十一条规定的销售行为，但侵犯外观设计专利权的产品在该另一产品中仅具有技术功能的除外。”适用该特殊条款必须要满足以下三个条件：将外观设计专利产品用作零部件来制造另一产品、该外观设计专利产品在另一产品中并非仅具有技术功能（比如说该产品还能给人带来视觉上的美感）、销售另一产品。有法院就认为，该侵犯外观设计专利权的产品仅具有技术功能，不产生视觉效果，相关公众不能看到其外观设计，因此不属于《专利法》第十一条规定的销售侵权行为。①

（二）许诺销售行为

案例 8-4-3　惠州强宏达塑胶用品有限公司与泛爵投资有限公司侵害外观设计专利权纠纷案*

原审法院经审理查明，泛爵公司是 zl200930238673.0“塑料盒盖（圆形）”外观设计的专利权人。该专利申请日是 2009 年 9 月 30 日，授权公告日是 2010 年 6 月 2 日。

原审法院认为，泛爵公司是涉案“塑料盒盖（圆形）”外观设计的专利权人。他人未经泛爵公司许可，不得为生产经营目的制造、销售、许诺销售其专利产品。

双方当事人均认为被诉侵权产品与泛爵公司涉案专利相同，故原审法院确认被诉侵权产品落入泛爵公司涉案专利权保护范围。

关于强宏达公司的现有设计抗辩。将被诉侵权产品与强宏达公司提交的两份对比文件中的专利公告图片进行对比，两者盖体及扣合部件的形状、图案存在明显区别，导致两者在整体视觉效果上存在实质性差异，故不构成相同或近似。强宏达公司该抗辩不能成立。

强宏达塑胶用品有限公司的英文名是 Stronger Plastic Company Limited。由于 strongerplasticco. limited 网站显著位置多次显示强宏达塑胶用品有限公司的英文名，以及其在香港的注册地址，故足以认定该网站是强宏达塑胶用品有限公司的网站。而该网站“关于我们”“联系我们”页面的相关文字介绍以及所附的质量管理体系认证书图片，显然指向强宏达公司。由于强宏达公司是强宏达塑胶用品有限公司的全资子公司，强宏达塑胶用品有限公司上述行为符合常理，且可以确定强宏达公司对此是知情的。基于同样理由，中国贸易黄页网站上有关强宏达公司的宣传

---

① 最高人民法院（2011）粤高法民三终字第 333 号。

* 广东省高级人民法院民事判决书（2014）粤高法民三终字第 513 号。

可以确定是强宏达公司所为。强宏达公司在宣传过程中对其母公司英文名及网址的使用,也在情理之中,且其母公司对此也是知情的。所以,被诉许诺销售行为虽然发生在强宏达塑胶用品有限公司网站,但应当认定是该公司与强宏达公司共同实施。该行为未经泛爵公司许可,侵犯了泛爵公司涉案专利权。

泛爵公司诉请强宏达公司立即停止许诺销售侵权行为,删除网站上有关侵权产品的信息,依据充分,原审法院予以支持。泛爵公司还主张强宏达公司实施了制造、销售的侵权行为,但未提交充分证据证明,原审法院不予认定,对其相应诉请,原审法院予以驳回。关于泛爵公司诉请强宏达公司赔偿经济损失及合理费用共计10万元的问题。由于强宏达公司仅有许诺销售侵权行为,泛爵公司亦未举证证明己方有损失或对方有获利,故原审法院仅对泛爵公司为制止侵权所发生的合理费用予以支持。公证费2500元、翻译费387元当属合理费用。考虑到泛爵公司有聘请律师应诉,原审法院对律师费酌情予以支持,确定为10,000元。

本院认为:

本案系侵害外观设计专利权纠纷。综合上诉主张及事由,答辩理由,以及相关事实和证据,二审争议焦点为:(1)强宏达公司是否存在许诺销售被诉侵权产品的行为;(2)被诉许诺销售行为是否超出本案专利权受保护的地域范围,从而不构成侵权;(3)现有设计抗辩是否成立。

关于强宏达公司是否存在许诺销售被诉侵权产品行为的问题。根据工商登记显示,强宏达公司的唯一投资者为香港企业强宏达塑胶用品有限公司,故强宏达公司系强宏达塑胶用品有限公司的全资子公司,两企业法人具有高度的关联性。强宏达塑胶用品有限公司所有的网站上,介绍了其子公司即强宏达公司的工商信息、经营情况及规模等,并宣称强宏达公司系其在中国内地的工厂。鉴于强宏达公司与强宏达塑胶用品有限公司的股权结构关系,结合其自行宣传的内容,在没有相反证据的情况下,可以认定两企业在经营活动中存在意思联络,并进行分工合作。故原审将强宏达塑胶用品有限公司所有的网站上的宣传行为认定为两企业共同实施,并无不妥。据此应当认定强宏达公司存在被诉的许诺销售行为。

关于被诉许诺销售行为是否超出本案专利权受保护的地域范围,从而不构成侵权的问题。泛爵公司指控强宏达公司制造、销售、许诺销售被诉侵权产品,因缺乏关于制造、销售的证据,原审法院不予认定强宏达公司制造、销售了被诉侵权产品,对此泛爵公司未提出上诉。泛爵公司据以指控侵权事实的证据仅为公证保全的网站信息,而http://www.stronger-hk.com网站系香港企业强宏达塑胶用品有限公司所有,网页内容为全英文,强宏达公司上诉主张应认定许诺销售行为在境外。对此本院认为,《中华人民共和国专利法》第三条第一款规定:“国务院专利行政部门负责管理全国的专利工作;统一受理和审查专利申请,依法授予专利权。”我国专利权系经国务院专利行政部门审查符合授权条件,予以公告授权才产生的权利,其权利的范围具有地域性,即在中国大陆境内受到我国专利法的保护。未经许可实施专利的行为,发生在中国大陆境外的,不构成对专利权的侵犯。互联网具有其特殊性,理论上讲,在基础网络通畅的情况下,任何一个互联网站都是开放的,全球范围内可以任意进行访问。若简单地以互联网的开放性为由,将网站上的宣传、展示行为视为全球范围的许诺销售行为,则对许诺销售行为作了过于宽泛的认定,导致专利权保护地域性限制的落空。许诺销售行为本身是一种商业活动,其行为应当具有商业理性,符合商业常识和惯例。涉案网站的所有者为境外企业,网站使用语言为英文,没有任何中文内容,域名不包含“. cn”等特别标识中国区域的字符,故综合以上因素,不能确定网站宣传、展示行为是针对中国大陆市场作出的。至于中国大陆地区事实上是否有人关注该网站,并不直接影响本案许诺销售地域范围的认定。综上所述,本案泛爵公司所诉许诺销售行为侵权证据不足,本院不予支持。

思考

本案中一、二审法院关于许诺销售行为的认定存在差异,你认为产生这种差异的主要原因何在?你认为在互联网时期,许诺销售行为合法与否的界限何在?

第五节　许　可　权

许可权指专利权人或其授权的人有权与被许可人订立专利实施许可合同,许可其在一定范围内使用专利,并支付使用费。我国《专利法》明确规定,任何单位或者个人实施他人专利的,应当与专利权人订立实施许可合同,向专利权人支付专利使用费。被许可人无权允许合同规定以外的任何单位或者个人实施该专利。技术许可是将技术创新转化为利润的重要机制。现今甚至有所谓的“专利营销”公司,以专利许可作为核心业务。

一、专利许可合同的类型

1. 以被许可方所受让的技术使用权的限制,可分为三种许可类型。

(1)独占实施许可。独占实施许可合同是指许可方授予被许可方在许可合同约定的期限、范围内,享有对所许可的技术独占的使用权的合同。独占实施许可合同的特征是许可方在合同规定的时间和地域内不得再向第三方授予该项技术的使用权,而且,许可方自己也不得在约定的期限、地域内实施该专利。

(2)排他实施许可。排他实施许可合同是指许可方授予被许可方在一定的条件下实施其专利的权利,同时保证不再向第三方授予在上述合同所规定的范围内实施该项专利的权利,但许可方自己保留实施该专利的权利的许可合同。排他实施许可与独占许可的根本区别在于它排除了除许可方以外的任何第三方在该许可合同所规定的范围内实施该专利而并不排除许可方本身。

(3)普通实施许可。普通实施许可合同是指许可方授予被许可方在许可合同所规定的时间、地域范围内实施专利技术的权利,同时许可方不仅保留在上述范围内自己实施该项专利技术的权利,还保留了再授予第三方实施该项专利技术的权利的合同。简言之,许可方向被许可方没有授予对第三方具有一种主张排他权的许可就是普通实施许可。

2. 以被许可方是否可以再许可,可分为分许可(sub - license)和不可分许可。分许可合同是指专利许可的被许可方经许可方的同意,在一定条件下将同样的许可内容再转授予第三方实施的许可合同。

3. 以当事人是否有明确的意思表示分为明示许可(explicit license)与默示许可(implied license)。并非必须正式授予许可才能达到许可使用的目的。专利所有人使用任何语言或由其向他人实施任何行为,如果他人可以由此而正当推定专利所有人已同意其实施专利,则可以构成一种许可,在侵权诉讼中构成一种抗辩。① 用以决定是否可以从当时的情况或文件中得到默示许可的基本标准是合同法中的理性人标准。比如对专利产品的合法制造与销售就意味着使用的默示许可。专利权人参与了标准的制订或经其同意,将专利纳入国家、行业或地方标准的,视为专利权人许可他人在实施标准的同时实施该专利。② 2015 年 12 月公布的《专利法修订草案(送审稿)》规定,参与国家标准制定的专利权人在标准制定过程中不披露其拥有的标准必要专利的,视为其许可该标准的实施者使用其专利技术。许可使用费由双方协商;双方不能达成协议的,可以请求国务院专利行政部门裁决。当事人对裁决不服的,可以自收到通知之日起 15 日内向人民法院起诉。《最高人民法院关于审理侵犯专利权纠纷案件应用法律若干问题的解释(二)》第 24 条规定,推荐性

---

① *De Forest Radio Telephone Co. v. United States*,273 U. S. 236(1927).

② 参见最高人民法院(2008)民三他字第 4 号。

国家、行业或者地方标准明示所涉必要专利的信息,被诉侵权人以实施该标准无须专利权人许可为由抗辩不侵犯该专利权的,人民法院一般不予支持。推荐性国家、行业或者地方标准明示所涉必要专利的信息,专利权人、被诉侵权人协商该专利的实施许可条件时,专利权人故意违反其在标准制定中承诺的公平、合理、无歧视的许可义务,导致无法达成专利实施许可合同,且被诉侵权人在协商中无明显过错的,对于权利人请求停止标准实施行为的主张,人民法院一般不予支持。

最高人民法院指出,专利权人向他人提供专利图纸进行推广的行为,不当然地等同于许可他人实施其专利的意思表示。①

4. 交叉许可(cross license)。交叉许可合同是指,两个或两个以上的专利权人在一定条件下相互授予各自专利实施权的许可合同。

二、专利实施许可合同的主要条款

专利许可合同的主要条款包括:

1. 前言

合同的开头部分,一般应写明:合同名称、合同号、当事人情况、合同签订的时间、地点、许可实施的专利情况等。

2. 定义

定义条款主要是对合同中的关键性词语、术语以及可能引起争议的词语的解释。专利实施许可合同特别需要注意对专利、专有技术等的定义。

3. 实施许可范围

专利许可合同应写明实施许可的种类,同时需要明确实施许可的时间、地域等。

4. 使用费与支付

许可费的约定一般有三种方式:(1)一次总算或分期支付,即确定应支付的使用费,由支付方一次或分期支付;(2)提成支付,即根据技术使用后的经济效益,按产量、销售额或利润等的一定比例提成;(3)入门费加提成,即被许可方在合同生效或收到技术资料时先支付一定的费用,再按提成支付的方式支付。

5. 保证条款

权利方应担保其专利权合法、有效、不会侵犯第三方的权利。如果发生相关纠纷,应由许可方承担责任。

---

① 最高人民法院(2013)民提字第223号。

6. 后续的技术改进与发展

合同双方必须明确合同期内技术改进成果的归属以及包括所有权、使用权以及申请专利的权利的归属。

与其他合同一样，专利许可合同还应包括违约条款、不可抗力以及合同的生效与终止等条款。

案例 8-5-1　王兴华、王振中、吕文富、梅明宇与黑龙江无线电一厂专利实施许可合同纠纷案*

1990 年 11 月 1 日，王兴华与无线电一厂签订专利实施许可合同一份，合同主要约定："王兴华将其所有的实用新型专利单人便携式浴箱有偿转让给无线电一厂使用（专利申请号为 88202076.5，专利有效期为 1988 年 3 月 19 日至 1996 年 3 月 19 日），无线电一厂在全国范围内独家使用该专利并拥有销售权；王兴华提供该专利产品的全套图纸和设计资料；合同有效期内，由于工艺或生产等其他方面的需要，双方均可对专利进行技术改进设计，但不影响和改变专利的属性，不影响本合同的执行；无线电一厂在合同生效之日再付给王兴华 1.2 万元入门费（已付 1.3 万元）；从 1990 年 10 月 1 日起至 1991 年 10 月 1 日止，无线电一厂按销售额的 2.5% 付给王兴华专利使用费；从 1991 年 10 月 1 日起至 1996 年 3 月 19 日止，无线电一厂按销售额的 2.6% 付给王兴华使用费；专利使用费按月结算，每月 5 日前结算并付清上月的使用费；无线电一厂不按时付给王兴华使用费，按月计算付给王兴华 5% 滞纳金。"合同签订后，无线电一厂投入了生产。1991 年 3 月 20 日，王兴华与无线电一厂签订终止合同协议书，以该合同涉及的单人便携式浴箱的结构形式在生产中无法实施为主要理由终止了合同。无线电一厂在 1990 年 10 月至 1991 年 3 月 20 日止，总计销售 S-400A 型机 4846 台，销售额为 2,460,451 元。根据动力区人民法院（96）动经初字第 179 号判决认定，无线电一厂已支出使用费 170,948.8 元，入门费 25,128 元。第三人王振中 1991 年 10 月两次在无线电一厂借款 7000 元。无线电一厂代交个人所得税 43,828.49 元。另查明，王兴华与王振中、吕文富、梅明宇三位第三人之间的专利权属纠纷业经哈尔滨市中级人民法院（94）哈经初字第 229 号判决确认为，"单人便携式浴箱"实用新型非职务发明专利权属为王兴华、王振中、吕文富共有，效益分配比例为王兴华 45%、王振中 35%、吕文富 15%、梅明宇 5%，该判

* 最高人民法院民事判决书（2006）民三提字第 2 号。

决已发生法律效力。本案诉讼中，王兴华对“终止合同协议书”提出异议，经一审法院委托公安部技术鉴定，结论为，除张世杰签字外，王兴华的签字是王兴华本人所写。

本院认为，王兴华签订的“终止合同协议书”是否有效；无线电一厂是否需要支付王兴华等人专利许可使用费是本案争议的焦点问题。

（一）关于“终止合同协议”效力

专利权人与其他非专利权人共同作为专利实施许可合同的一方，特别是合同对其他非专利权人也约定了权利义务的情况下，专利权人行使专利权应当受到合同的约束。不经过其他非专利权人的同意，专利权人无权独自解除所签订的专利实施许可合同，否则，就会损害合同其他当事人的合法权益。1990 年 11 月 1 日签订专利实施许可合同时，王兴华是作为甲方（王兴华、王振中、梅明宇）代表签名，该合同虽没有约定专利的处分权归上述三人共有，但约定了甲方有获得入门费、专利使用费的权利。该合同虽未约定其他两人的收益数额，但没有约定的只是具体的分配比例，并不是没有约定两人应获得收益。1991 年 3 月 20 日，王兴华与无线电一厂签订终止协议书时，未经其他许可人的同意和授权，擅自终止原签订的专利实施许可合同，损害了其他许可人的利益。

根据原审查明的事实，王兴华与无线电一厂签订终止协议书，目的是想撇开王振中等人。对于王兴华的用意以及王兴华与王振中等人的专利权属纠纷，无线电一厂是明知的。此外，终止合同协议书表明，专利实施许可合同涉及的单人便携式浴箱的结构形式在生产中无法实施，也与事实不符。

据此，本院认为，原再审判决以王兴华虽然代表王振中、梅明宇签订专利实施许可合同，但该合同并未约定专利的处分权归上述三人共有，也未对收益问题对其他两人作出数额约定；王兴华作为当时唯一的专利权人有权签订终止合同协议书；王兴华等人未举证证明无线电一厂有恶意为由，作出的王兴华的行为符合专利法的规定，其签订的终止合同协议书有效的认定错误，应予纠正。无线电一厂关于终止合同协议书有效，该厂已按照合同的约定履行了义务的辩解不予支持。

思考

你认为在何种情况下一方可以终止专利实施许可合同的履行？本案中无线电一厂是否需要支付王兴华等人专利许可使用费？

案例 8-5-2　名山电力有限责任公司诉威格尔国际合作发展公司等专利实施许可合同纠纷案*

四川省高级人民法院认为：

由上诉人威格尔公司、丽坤厂署名的《可行性报告》中，将丽坤厂称作由威格尔公司和上诉周鼎力共同投资建设的废旧塑料生产汽油柴油的中试基地，这与事实不符。但该报告不是由3名上诉人直接交给被上诉人名山公司的，也没有成为《专利实施许可合同》和《补充协议》的附件，依照《合同法》第三百二十四条的规定，《可行性报告》的存在不影响合同与协议的效力。在周鼎力与威格尔公司签订的《授权委托书》和本案的《专利实施许可合同》中，都把专利名称写为"利用废塑料生产汽油和柴油专利设备"，与专利证书上的专利名称不符。但是，《专利实施许可合同》中注明了专利号；签订该合同前，周鼎力和威格尔公司向名山公司出示了专利证书原件，交付了专利证书复印件；《专利实施许可合同》上的专利号与专利证书上的专利号一致；名山公司到丽坤厂实地考察时，出知悉周鼎力具有丽坤厂法定代表人和专利权人的双重身份。因此，名山公司以上述事实认为3名上诉人违背了诚实信用原则，实施了欺诈行为，理由不能成立。

上诉人周鼎力与上诉人威格尔公司于1997年8月5日签订的《授权委托书》，虽然存在上诉丽坤厂在委托人落款处盖章，周鼎力是以丽坤厂法定代表人的身份署名，委托人的署名与专利权人不一致的问题，但该委托书中已经写明委托人为专利权人周鼎力，委托事项是"专利权人全权委托威格尔公司负责该专利技术对外洽谈、签订该专利技术的实施许可合同"。因此，该委托书中的授权行为是权利人周鼎力的真实意思表示，是有效的。

在本案的《专利实施许可合同》《补充协议》上，虽然存在上诉人威格尔公司以自己的名义直接与被上诉人名山公司签订合同的问题，但合同的首页上已经注明，威格尔公司的身份是"许可方全权代理人"，合同第12条载明"甲方附专利权人授权书"，合同和《补充协议》上还有专利权人周鼎力的签字。《授权委托书》《专利实施许可合同》《补充协议》均明示威格尔公司是专利权人周鼎力的全权代理人，周鼎力与威格尔公司之间的委托代理关系是明确的。威格尔公司在签订合同前接待被上诉人名山公司在北京参观考察、签订合同、代交保险费等，是其履行代理义务的

---

* 最高人民法院公报案例2002年第2期，载 http://gongbao.court.gov.cn/details/541e1c39f399076c3552f822266d39.html。

行为。对周鼎力与威格尔公司之间的委托代理关系,名山公司是清楚的。依照《中华人民共和国合同法》第四百零二条关于"委托人以自己的名义,在委托人的授权范围内与第三人订立的合同,第三人在订立合同时知道委托人与委托人之间的代理关系的,该合同直接约束委托人和第三人"的规定,本案的《专利实施许可合同》和《补充协议》合法有效,合同责任应当由周鼎力承担。威格尔公司关于其不应因代理而承担连带责任的上诉理由,周鼎力和丽坤厂关于《专利实施许合同》和《补充协议》合法有效的上诉理由成立,应当支持。名山公司关于威格尔公司与丽坤厂之间并非代理关系的答辩理由,没有事实根据,不予支持。但是,威格尔公司对外发送内容不实的《可行性报告》,与酿成本案纠纷有一定关系,也应当承担一定责任。

本案《专利实施许可合同》签订后,被上诉人名山公司按约履行了自己的义务,上诉人周鼎力也按约向名山公司交付了专利设备、相关的技术情报、资料,并完成设备的安装、调试。试车后,该套专利设备生产出汽油、柴油40吨。经检测,转化率略低于合同约定的70%,油品符合国家质量标准。然而,该套设备在运行中多次发生故障并引发火灾,一直没有达到合同约定的连续、安全生产的标准。虽经多次调试、整改,仍不能正常运行。周鼎力不能在名山公司提出的期限内再试机,根据该设备现在的实际情况,双方已无继续合作的可能性。依照《合同法》第九十四条第(四)项的规定,本案合同应当解除。依照《合同法》第一百零七条的规定,周鼎力履行合同义务不符合约定,应当承担违约责任,除应当返还名山公司为履行合同支付的款项外,还应当赔偿因设备在期限内不能连续、安全生产给名山公司造成的直接经济损失。丽坤厂参与了缔约的全过程,自担合同项下的一切法律责任,且不仅分享了设备及技术费,也承担了设备制造、现场安装和指导的责任,故该厂应与周鼎力共同承担责任。

《合同法》第九十七条规定:"合同解除后,尚未履行的,终止履行;已经履行的,根据履行情况和合同性质,当事人可以要求恢复原状、采取其他补救措施,并有权要求赔偿损失。"被上诉人名山公司为履行合同,购置了必要的配置设备。合同不能继续履行,这些配套设备就成为名山公司的直接损失。名山公司应将配套设备交付给上诉人周鼎力、丽坤厂,周鼎力、丽坤厂应支付配套设备的相应价款。名山公司主张赔偿的"基建费用",用于修建了车间、库房。车间、库房是不动产,且在不拆除的情况下能改为他用,仍然可以成为名山公司的资产,故不能算作该公司的损失。名山公司主张赔偿的"其他费用"中,主要用于支付水、电、差旅、接待、临时工工资等费用,这是公司经营中的常例支出,与设备不能正常、安全运行无直接关系,不属本案的直接经济损失。名山公司既然要引进技术和设备,就应当为试产投入资金。通过试产,名山公司得到了生产出的一定数量合格油品,说明试产费用物有所值。试产是名山公司在合同中提出的要求,该公司将试产费用列入请求赔偿的范围,因此项费用与设备不能正常、安全运行没有直接的关系,故不能准予。名山公司主张的赔偿范围部分成立,予以支持。

由上诉人威格尔公司为本案合同投保专利技术转让信用险,是《专利实施许可合同》中约定的一个生效条件。合同中没有约定被上诉人名山公司一旦从保险公司获得理赔,上诉人周鼎力、丽坤厂就不再对名山公司承担责任,反而约定了当专利设备不能正常、连续、安全运行时,周鼎力和丽坤厂负有向名山公司返还设备、技术款的责任。名山公司现在主张由周鼎力、丽坤厂承担赔偿责任,符合合同的约定。周鼎力、丽坤厂提出的名山公司应当向保险公司索赔的上诉理由,不能成立。

思考

专利实施许可合同中如何约定各方的权利与义务?专利权人有保障专利顺利实施的义务吗?

三、共有专利的许可

专利法规定,专利申请权或者专利权的共有人对权利的行使有约定的,从其约定。没有约定的,共有人可以单独实施或者以普通许可方式许可他人实施该专利;许可他人实施该专利的,收取的使用费应当在共有人之间分配。

除前款规定的情形外,行使共有的专利申请权或者专利权应当取得全体共有人的同意。

这意味着共有专利权人可以普通许可方式将专利许可他人实施。

案例 8-5-3 大连一想生物科技有限公司与大连日鑫食品有限公司专利实施许可合同纠纷案*

《中华人民共和国专利法》第十五条规定:"专利申请权或者专利权的共有人对权利的行使有约定的,从其约定。没有约定的,共有人可以单独实施或者以普通许可方式许可他人实施该专利,许可他人实施该专利的,收取的使用费应当在共有人之间分配。除前款规定的情形外,行使共有的专利申请权或者专利权应当取得全体共有人的同意。"本案中,涉案专利的专利权人为"周海欧、孙震",而不是一想公司,一想公司在未与周海欧、孙震签订涉案专利权转让或许可协议的情况下,无权

---

* 最高人民法院(2011)民申字第 1420 号。

作为《技术转让(专利实施许可)合同》的一方,许可日鑫公司实施涉案专利,亦无权"以专利技术入股",以合作形式利用涉案专利,实施开发合作。孙震作为一想公司法定代表人在《技术转让(专利实施许可)合同》上签字,说明其知道并且同意一想公司将涉案专利许可给日鑫公司使用,但是孙震仅是涉案专利权共有人之一,在未取得涉案专利权另一共有人周海欧同意的情况下,其无权许可日鑫公司以独占方式实施涉案专利。一想公司也未提供证据证明其在《技术转让(专利实施许可)合同》签订后,取得涉案专利权另一共有人周海欧的追认或者取得涉案专利处分权,因此,涉案《技术转让(专利实施许可)合同》无效。日鑫公司与一想公司于2004年12月1日、2005年3月29日签订的《协议书》《补充协议》,均是建立在《技术转让(专利实施许可)合同》基础之上,亦属无效协议。一想公司主张《技术转让(专利实施许可)合同》有效,本院不予支持。

思考与评论

共有专利权人未经其他共有人许可转让或排他许可专利的行为一般应界定为无权处分行为。对于无权处分行为的规制,应借用合同法、物权法以及民法总则的相关规定进行处理。

四、专利的当然许可

2015年12月公布的《专利法修订草案(送审稿)》中新设立第八章"专利的实施和运用",将专利当然许可制度纳入我国《专利法》。当然许可是指由专利权人向行政机关提出将其持有的专利登记为当然许可的申请,经专利行政机关公告,由希望使用的社会主体根据公告的条件,付费后直接使用,专利权人不得以其他理由拒绝许可的制度。

根据2015年12月公布的《专利法修订草案(送审稿)》的规定,专利权人以书面方式向国务院专利行政部门声明其愿意许可任何人实施其专利,并明确许可使用费的,由国务院专利行政部门予以公告,实行当然许可。就实用新型、外观设计专利提出当然许可声明的,应当提供专利权评价报告。撤回当然许可声明的,应当以书面方式提出,并由国务院专利行政部门予以公告。当然许可声明被撤回的,不影响在先给予的当然许可的效力。任何人有意愿实施当然许可的专利的,为获得当然许可,应当以书面方式通知专利权人,并支付许可使用费。当然许可的被许可人可以向国务院专利行政部门备案,作为获得当然许可的证明。当然许可期间,专利权人不得就该专利给予独占或者排他许可、请求诉前临时禁令。当事人就当然许可发生纠纷的,可以请求国务院专利行政部门裁决。当事人对裁决不服的,可以自收到通知之日起十五日内向人民法院起诉。

第六节　转　让　权

我国《专利法》第十条第一款规定:“专利申请权和专利权可以转让。”

专利申请权转让,是指专利权人将其申请发明创造专利的权利移交给受让方,受让方支付价款的行为。专利权转让是专利所有权的转让,受让方成为新的专利权人。而专利许可合同转移的只是专利的实施权,专利仍归专利权人所有。专利权转让合同必须经过登记和公告后才能生效。而专利许可合同只需要备案。

共有专利的转让需全体共有人同意,未经全体共有人同意,专利转让行为是无效的。中国单位或者个人向外国人、外国企业或者外国其他组织转让专利申请权或者专利权的,应当依照有关法律、行政法规的规定办理手续。转让专利申请权或者专利权的,当事人应当订立书面合同,并向国务院专利行政部门登记,由国务院专利行政部门予以公告。专利申请权或者专利权的转让自登记之日起生效。

另外,要区分专利申请权转让与专利权转让。专利申请权是申请专利的权利,其转让法律并没有特殊要求,不需要登记与公告。

第七节　标　记　权

专利权人有权在其专利产品或者该产品的包装上标明专利标识。在其专利产品或者该产品的包装上标明专利标识的,应当按照国务院专利行政部门规定的方式予以标明。专利标识不符合前款规定的,由管理专利工作的部门责令改正。

在专利产品或包装上标记专利标记和专利号,可以对公众起到告知作用,提高信誉度,并提醒竞争对手尊重专利权,起到一定的防护作用。标记权是专利权人的权利,其他人不得在非专利产品或其包装上标注专利标记或专利号,否则构成冒充专利的行为。

第八节　专利的其他利用方式

专利还可以作为质权的标的。以专利权出质的,由出质人和质权人共同向国务院专利行政部门办理出质登记,质权自登记之日起生效。

专利保险市场包括专利执行保险、侵犯专利权责任保险、知识产权质押融资保险、知识产权综合责任保险等业务。

另外,专利也可以作为出资的标的。公司法规定,股东可以用货币出资,也可以用实物、知识产权、土地使用权等可以用货币估价并可以依法转让的非货币财产作价出资;但是,法律、行政法规规定不得作为出资的财产除外。对作为出资的非货币财产应当评估作价,核实财产,不得高估或者低估作价。法律、行政法规对评估作价有规定的,从其规定。

案例 8-8-1　福州纳仕达电子有限公司等与叶金兴专利质押权纠纷上诉案*

本院认为:

根据《担保法》第七十九条和《专利权质押合同登记管理暂行办法》第三条的有关规定,以专利权出质的,出质人与质权人应当订立书面合同,并向国家知识产权局专利局办理出质登记,质押合同自登记之日已生效。本案中,国家知识产权局发送登记号为200435159的《专利权质押合同登记通知书》的时间为2004年6月14日,而九星恒隆公司与叶金兴签订《质押合同》的时间为2004年7月10日,但如果该《质押合同》是该《登记通知书》中所载明的《专利质押合同》,那么该合同的签订时间就理应早于其出质登记的时间。根据国家知识产权局专利局初审及流程管理部出具的《查询结果》及其附件《质押合同》,可以证明以下事实:(1)《登记通知书》中载明的《专利质押合同》就是2004年7月10日签订的《质押合同》;(2)用于出质登记的该《质押合同》是由九星恒隆公司与叶金兴(出质双方)共同向国家知识产权局提交的;(3)九星恒隆公司在提交出质登记的该《质押合同》的骑缝处盖有其公司印章。虽然九星恒隆公司对《查询结果》所附的《质押合同》是否已办出质登记表示异议,且其与纳仕达公司均主张因时间上存在冲突,认为不应认定该合同已进行出

* 福建省高级人民法院(2007)闽民终字第460号。

质登记并生效,但其未能提供任何有效的反驳证据支持自己的主张,从而证明《查询结果》内容存在虚假;况且九星恒隆公司也承认该《查询结果》所附的《质押合同》系其与叶金兴在2004年7月10日签订的。因此,根据本案现有证据,本院足以确认九星恒隆公司与叶金兴已将双方于2004年7月10日签订的《质押合同》向国家知识产权局办理了出质登记,该《质押合同》合法有效。九星恒隆公司与纳仕达公司的相关上诉理由缺乏事实与法律依据,不予采纳。叶金兴有关《质押合同》在出质登记时因其中的部分专利权非出质人所有,故应国家知识产权局要求重新修订《质押合同》后再提交的辩解,符合情理,予以采信。

我国《担保法》第五条第一款规定:"担保合同是主合同的从合同,主合同无效,担保合同无效。担保合同另有约定的,按照约定。"根据本院查明的事实,出质人九星恒隆公司、质权人叶金兴、被担保人王世平于2004年7月10日签订的《质押合同》,是叶金兴与王世平于2002年5月24日签订的《借款协议书》(下称主合同)的从合同。本案现无证据证明该主合同已被有权机关确认为无效合同,也无证据表明作为从合同的《质押合同》存在我国《合同法》第五十二条所规定的无效情形,故该《质押合同》具有法律效力。同时,我国《担保法》第七十四条规定:"质权与其担保的债权同时存在,债权消灭的,质权也消灭。"该条规定说明,质权以担保债权的实现为目的,在有效的债权债务存续期间,只要债权不消灭,质权就当然存在;只要债权出现有清偿、抵销和混同等情形而使该债权的存在没有合理的理由和根据时,质权就消灭。依照该法第八十一条的规定,前述第七十四条的规定同样适用于权利质押情形。就本案而言,《质押合同》担保的是主合同《借款协议书》项下王世平对叶金兴所约定承担的400万港元还款义务及相关利息和实现债权的费用等。因此,只要因借款而产生的债权债务没有消灭,作为质权人的叶金兴,依据《质押合同》所享有的相关13项专利权的质权就依然存在。即使该借款已转变为股权,但在王世平予以收购且付清约定的股权收购款,导致原先的借款债权债务消灭之前,叶金兴所享有的相关质权同样存在。因此,九星恒隆公司和纳仕达公司以专利质押事项未在《专利登记簿副本》上载明、国家知识产权局未通过网站等途径予以公告,叶金兴不享有合法质权以及本案应当中止诉讼等相关上诉理由均不能成立,不予支持。

根据我国《担保法》第八十条的规定,权利出质后,出质人未经与质权人协商同意后,不得擅自将该权利转让或许可他人使用,这是保护质权人合法权益一项制度。本案中,作为出质人的九星恒隆公司,在未取得质权人叶金兴同意的情况下,擅自与纳仕达公司签订《专利实施许可合同》,将专利号为022196846的涉案专利技术许可给纳仕达公司实施使用，侵犯了叶金兴的合法权益，根据《最高人民法院关于适用〈中华人民共和国担保法〉若干问题的解释》第一百零五条的有关规定，应当认定九星恒隆公司与纳仕达公司签订的《专利实施许可合同》为无效合同，且自始无效。原审判决的相关认定正确，应予维持。九星恒隆公司与纳仕达公司以叶金兴非《专利实施许可合同》的当事人，不能诉请该合同无效，以及该合同已实际履行且纳仕达公司不知道该专利已被质押等上诉理由均缺乏法律依据，本院不予采纳。

思考与评论

专利出质的最大问题在于专利权利的非稳定性。如果在出质期间，专利被宣告无效，这无疑会严重损害质权人的利益。因而，需要建立相关机制确保在专利无效的情况下有效保障质权人的利益。这一机制可能就是知识产权的质押融资保险。另外，本案认为，专利在质押期间，专利权人不能许可他人实施专利。专利权作为一种具有期限的权利，如果一概不允许权利人在质押期间许可该专利，这无疑会损害出质人与质权人的利益，也与专利法的目标相违背。

Chapter 9

第九章

发明和实用新型专利侵权判定

专利侵权判定需要审查行为人是否实施了专利权人的专利，而“实施”意味着需要考虑行为人是否利用了获得法律保护的专利技术。这需要将被控侵权的技术与专利技术进行比对，从而确定两者之间是否存在相同或等同。在将被控侵权技术与专利技术进行比对前，必须明确法律所保护的专利技术方案到底是什么，其权利边界位于何处。这就是专利侵权判定的两步分析法。

第一节 专利权保护范围的确定

一、确定专利权保护范围的依据、原则

专利权的保护范围是专利权的权利边界，是专利法上重要的基础性概念。

我国《专利法》第五十九条第一款规定：“发明或者实用新型专利权的保护范围以其权利要求的内容为准，说明书及附图可以用于解释权利要求的内容。”因此，权利要求的解释过程就是专利权保护范围的确定过程。权利要求的解释，是指根据权利要求书记载的内容，参考说明书和附图，客观地确定发明的目的和效果，以及实现发明的技术解决方案所必需的全部技术构成要素。

清楚地记载在专利申请文件中的权利要求为什么需要解释呢？在专利审查过程中，专利局要求权利要求书应当以说明书为依据，清楚、简要地限定要求专利保护的范围。然而，事实上，清楚而准确的权利要求是不存在的。模糊是语言的自然属性。不同的语言在不同的语境下其本身的含义可能是不同的，因而需要结合具体的情况对权利要求的含义做出清楚、准确的解释。对权利要求做出清楚、准确的解释是侵权判定的前提。美国甚至在司法实践中发展出解释权利要求的专门程序——“马克曼听证”(Markman Hearing)程序。

权利要求解释尺度的宽严直接决定专利权保护范围的大小，影响专利权人与社会公众之间的利益关系。最高人民法院主张应严格专利权利要求的解释，准确确定专利权保护范围，充分尊重权利要求的公示性和划界作用，防止不适当地扩张

专利权保护范围、压缩创新空间、损害创新能力和公共利益。①

二、权利要求解释的原则

北京市高级人民法院《专利侵权判定指南(2017)》认为确定保护范围的解释原则包括：

1. 专利权有效原则。在权利人据以主张的专利权未被宣告无效之前，其权利应予保护，不得以该专利权不符合专利法相关授权条件、应被宣告无效为由作出裁判。但是，本指南另有规定的除外。

专利登记簿副本，或者专利证书和当年缴纳专利年费的收据可以作为证明专利权有效的证据。

2. 公平原则。解释权利要求时，不仅要充分考虑专利对现有技术所作的贡献，合理界定专利权利要求限定的保护范围，保护权利人的利益，还要充分考虑权利要求的公示作用，兼顾社会公众的信赖利益，不能把不应纳入保护的内容解释到权利要求的范围当中。

下列情形属于不应纳入保护范围的内容：

(1)专利所要克服的技术缺陷的技术方案；

(2)整体上属于现有技术的技术方案。

3. 折中原则。解释权利要求时，应当以权利要求记载的技术内容为准，根据说明书及附图、现有技术、专利对现有技术所作的贡献等因素合理确定专利权保护范围；既不能将专利权保护范围拘泥于权利要求书的字面含义，也不能将专利权保护范围扩展到本领域普通技术人员在专利申请日前通过阅读说明书及附图后需要经过创造性劳动才能联想到的内容。

权利要求的解释方式一般存在三种方式：

一是周边限定方式。在这种方式下，专利权的保护范围完全按照权利要求书的文字确定，对权利要求书的文字做严格、忠实的解释，其文字表达的范围就是专利权保护的最大范围，专利权人行使其权利必须受到该范围的限制，不得越雷池一步。权利要求用文字、符号等设置了一个栅栏(fence post)，栅栏以内是专利权的保护范围。

在一般情况下，对专利权保护范围的解释要比权利要求书记载的范围窄，说明

① 参见《最高人民法院知识产权庭负责人就〈最高人民法院关于审理侵犯专利权纠纷案件应用法律若干问题的解释〉答记者问》。

书或附图不能作为确定专利权保护范围的依据。只有在权利要求书不准确、不清楚的情况下，说明书或附图才可以用来对保护范围做限制性解释。美国、英国等国家采用这一方式。

这一方式的优点是专利权的范围较为确定，缺点是对权利要求的解释过于严格，他人在研究专利文件后，对技术方案稍加改动，从字面上看与权利要求所表达的技术方案有所区别，即使实质上使用了专利的技术方案，也不构成侵权。这显然不利于保护专利权人的利益。

二是中心限定方式。根据该方式，权利要求书是专利保护范围的依据，但对权利要求的解释不必拘泥于权利要求书所记载的文字，权利要求仅仅是一种路标（sign post）。对权利要求的解释应以权利要求的实质内容为中心，全面考虑发明的目的、性质以及说明书和附图，将中心周围一定范围内的技术也包括在专利权的保护范围之内。

这种方式对于专利权人极为有利，它可以为专利权人带来比周边限定方式更宽的保护范围。但是由于其允许以权利要求为中心，将专利保护范围扩大到该领域普通技术人员认为能够实现发明目的、具有同样的技术创意的技术方案——“总的发明构思”；因而，公众通过阅读专利要求书难以获得专利权的保护范围，这将有损于社会公众的利益。

三是折中解释方式。此种方式为前两种方式的折中，其代表是《欧洲专利公约》。《欧洲专利公约》第六十九条规定：“欧洲专利或欧洲专利申请所授予的保护范围取决于权利要求的内容，说明书和附图可以解释权利要求。”《关于公约第69条的解释的议定书》明确指出：“第六十九条不应当解释为这样的意义，即欧洲专利授予的保护范围应当理解是指权利要求所用措辞严格的字面意义所限定的范围，说明书和附图只用以解释权利要求中含混不清之处。该条也不应当解释为这样的意义，即权利要求仅仅是一种指标，授予的实际范围可以根据熟悉有关技术的人员考虑说明书和附图后，扩展到专利权人所预期的范围。相反，这个规定应当解释为在这两个极端之间确定一个位置，这个位置应当对专利人的合理保护，和对第三方的适当程度的确定性结合起来。”根据该原则，专利权的保护范围应根据权利要求所表示的实质内容予以确定，权利要求中所表示的技术特征有疑义时，可以引用说明书和附图进行解释。

《欧洲专利公约》第六十九条的规定后来成为各国专利法相关规定的立法样本，也被认为是我国《专利法》第五十九条的立法渊源。我国《专利法》第五十九条第一款规定：“发明或者实用新型专利权的保护范围以其权利要求的内容为准，说明书及附图可以用于解释权利要求的内容。”而《专利法》所称的“发明或者实用新型专利权的保护范围以其权利要求的内容为准,说明书及附图可以用于解释权利要求”,是指专利权的保护范围应当以权利要求书中明确记载的必要技术特征所确定的范围为准,也包括与该必要技术特征相等同的特征所确定的范围,可见中国也采取所谓的折中原则。

4. 符合发明目的原则。在确定专利权保护范围时,不应将不能实现发明目的、效果的技术方案解释到权利要求的保护范围中,即不应当将本领域普通技术人员在结合本领域的技术背景的基础上,并在阅读了说明书及附图的全部内容之后,仍然认为不能解决专利的技术问题、实现专利的技术效果的技术方案解释到专利权的保护范围内。

三、确定保护范围的解释对象

在专利侵权案件中,法院需首先确定专利权的保护范围。在专利侵权案件中专利权的保护范围与专利权人的主张密切相关。当事方必须明确据以主张保护依据的具体权利要求。法院一般只对当事人据以主张保护依据的权利要求进行解释。因而,权利要求书有两项以上权利要求的,权利人应当在起诉状中载明具体的权利要求。起诉状对此未记载或者记载不明的,应当要求权利人明确;经释明,权利人在一审法庭辩论终结前不予明确的,可以裁定驳回起诉。权利人主张以从属权利要求确定保护范围的,应当以该从属权利要求记载的附加技术特征及其直接或间接引用的权利要求记载的技术特征,一并确定专利权的保护范围。

权利人主张被诉侵权技术方案落入独立权利要求及其从属权利要求限定的保护范围,经审查,被诉侵权技术方案已落入独立权利要求限定的保护范围的,人民法院应当对被诉侵权技术方案是否落入其从属权利要求限定的保护范围作出认定;被诉侵权技术方案未落入独立权利要求限定的保护范围的,人民法院可以迳行认定被诉侵权技术方案未落入其从属权利要求限定的保护范围。

被诉侵权技术方案落入权利人主张的一项以上权利要求限定的保护范围的,人民法院应当认定被诉侵权技术方案落入专利权的保护范围。被诉侵权技术方案落入两项以上权利要求所限定的保护范围的,不影响人民法院对赔偿数额的认定。

发明或者实用新型专利权的保护范围应当以权利要求记载的技术特征所确定的内容为准,也包括与所记载的技术特征相等同的技术特征所确定的内容。说明书及附图可以用于解释权利要求,但说明书及附图的内容不能引入权利要求。确定专利权保护范围时,应当对权利人作为权利依据所主张的相关权利要求进行解释,并对该权利要求进行技术特征的划分。技术特征是指在权利要求所限定的技术方案中,能够相对独立地执行一定的技术功能、并能产生相对独立的技术效果的最小技术单元。在产品技术方案中,该技术单元一般是产品的部件和/或部件之间的连接关系。在方法技术方案中,该技术单元一般是方法步骤或者步骤之间的关系。

在一审判决作出前,权利人所主张的权利要求被专利复审委员会宣告无效,权利人没有及时变更主张的权利要求的,可以裁定驳回权利人基于该被宣告无效的权利要求的起诉。有证据证明专利复审委员会宣告上述权利要求无效的决定被生效的行政判决撤销的,权利人可以另行起诉。权利人另行起诉的,诉讼时效期间从行政判决书送达之日起计算。有证据证明在行政诉讼期间被诉侵权行为一直在持续的,权利人另行起诉时可以就此主张权利。

当事人不服一审判决向二审法院提起上诉,在终审判决作出前,一审判决所依据的权利要求被专利复审委员会宣告无效的,一般应当撤销一审判决,裁定驳回权利人基于该被宣告无效的权利要求的起诉。但是,有证据证明专利权人在法定期限内针对无效决定提起行政诉讼,在综合考虑在案证据、涉案专利技术难度、被告抗辩理由等因素的情况下,根据当事人的申请,可以裁定中止二审案件的审理。有证据证明专利复审委员会宣告上述权利要求无效的决定被生效的行政判决撤销,权利人另行起诉的,在没有新的事实的情况下,应当参照原一审判决认定的事实和证据作出判决。

四、权利要求解释的具体方法

(一)相关规范

《最高人民法院关于审理侵犯专利权纠纷案件应用法律若干问题的解释》第二条规定:“人民法院应当根据权利要求的记载,结合本领域普通技术人员阅读说明书及附图后对权利要求的理解,确定专利法第五十九条第一款规定的权利要求的内容。”

该司法解释第三条规定:“人民法院对于权利要求,可以运用说明书及附图、权利要求书中的相关权利要求、专利审查档案进行解释。说明书对权利要求用语有特别界定的,从其特别界定。以上述方法仍不能明确权利要求含义的,可以结合工具书、教科书等公知文献以及本领域普通技术人员的通常理解进行解释。”

《最高人民法院关于审理侵犯专利权纠纷案件应用法律若干问题的解释(二)》也对权利要求的解释作出了规定:

权利要求书、说明书及附图中的语法、文字、标点、图形、符号等存有歧义，但本领域普通技术人员通过阅读权利要求书、说明书及附图可以得出唯一理解的，人民法院应当根据该唯一理解予以认定。

在人民法院确定专利权的保护范围时，独立权利要求的前序部分、特征部分以及从属权利要求的引用部分、限定部分记载的技术特征均有限定作用。

人民法院可以运用与涉案专利存在分案申请关系的其他专利及其专利审查档案、生效的专利授权确权裁判文书解释涉案专利的权利要求。专利审查档案，包括专利审查、复审、无效程序中专利申请人或者专利权人提交的书面材料，国务院专利行政部门及其专利复审委员会制作的审查意见通知书、会晤记录、口头审理记录、生效的专利复审请求审查决定书和专利权无效宣告请求审查决定书等。

(二)权利要求解释的主体

对权利要求的解释不是基于该领域专家的视角，也不是基于普通消费者的视角，更不是基于法官自己的视角，而是基于该领域普通技术人员的视角来解释权利要求。采用这样的标准，是把专利授权与专利侵权中对专利的理解统一起来，目的是客观化，尽可能排除法官的主观判断。

本领域普通技术人员，是一种假设的“人”，他能够获知该领域中所有的现有技术，知晓申请日之前该技术领域所有的普通技术知识，并且具有运用该申请日之前常规实验手段的能力。

所属本领域普通技术人员，不是指具体的某一个人或某一类人，不宜用文化程度、职称、级别等具体标准来参照套用。当事人对本领域普通技术人员是否知晓某项普通技术知识以及运用某种常规实验手段的能力有争议的，应当举证证明。

(三)权利要求解释的具体规则

对权利要求的解释，包括但不限于澄清、弥补和特定情况下的修正三种形式，即当权利要求中的技术特征所表达的技术内容不清楚时，澄清该技术特征的含义；当权利要求中的技术特征存在瑕疵时，弥补该技术特征的不足；当权利要求中的技术特征之间存在矛盾等特定情况时，修正该技术特征的含义。

1. 按措辞的通常含义进行解释

如果申请人没有对权利要求中的特定术语赋予专门的含义，那么对于这些术语的理解应当从普通常规的含义进行解释。因而，当权利要求中的术语是以一般性的词汇进行表达时，那么就不应将该词理解为落在某一个特定的数值范围之内。

如果说明书中没有明确定义的术语，应当根据说明书中与该自定义词相关的上下文加以理解，将其解释为最为符合发明目的的含义。如果专利权人在说明书中未对其自定义词的含义作出定义，同时本领域普通技术人员结合权利要求、说明书的上下文也无法予以清楚解释，导致无法确定权利要求的保护范围的，可以判决驳回原告诉讼请求。

说明书对权利要求的用语无特别界定时应如何解释该用语的含义。在蓝鹰厂与罗士中侵犯实用新型专利权纠纷案[①]中，最高人民法院认为，在专利说明书对权利要求的用语无特别界定时，一般应根据本领域普通技术人员理解的通常含义进行解释，不能简单地将该用语的含义限缩为说明书给出的某一具体实施方式体现的内容。不同权利要求中采用的相关技术术语应当解释为具有相同的含义。[②]

对于权利要求中字面含义存在歧义的技术特征的解释，应当结合说明书及附图中已经公开的内容，并符合本案专利的发明目的，且不得与本领域的公知常识相矛盾。[③]

2. 按措辞的约定含义进行解释

如果申请人对权利要求中所采用措辞和术语的含义做出特殊解释，或根据说明书给出的具体实施方案可以认为权利要求中采用措辞和术语具有特殊含义时，应按其特殊含义解释。

说明书对技术术语的解释与该技术术语的通用含义不同的，以说明书的解释为准。被诉侵权行为发生时，技术术语已经产生其他含义的，应当采用专利申请日时的含义解释该技术术语。

对于专利权人在专利文件中的自定义词，应当依据说明书中的特定含义进行解释。

权利要求的术语在说明书中有明确的特定含义，应根据说明书的界定解释权利要求用语。在福建多棱钢公司与启东八菱钢丸公司专利侵权案[④]中，对于当事人存在争议的专利权利要求的技术术语，最高人民法院认为，虽然该术语在相关行业领域并没有明确的定义，但涉案专利说明书中的记载指明了其具有的特定的含义，并且该界定明确了涉案专利权利要求 1 的保护范围，所以应当以说明书的界定理解权利要求用语的含义。

---

① 最高人民法院（2011）民提字第 248 号。

② 最高人民法院（2009）民申字第 1622 号。

③ 最高人民法院（2013）行提字第 17 号。

④ 最高人民法院（2010）民申字第 979 号。

3. 权利要求中自行创设技术术语的解释规则

在再审申请人摩的露可厂与被申请人固坚公司侵害实用新型专利权纠纷案[①]中，最高人民法院指出，在解释权利要求时，对于权利人自行创设的技术术语，一般可依据权利要求书、说明书中的定义或解释来确定其含义。如果缺乏该种解释或定义的，则应当结合权利要求书、说明书、附图中记载的有关背景技术、发明目的、技术效果等内容，查明该技术术语的工作方式、功能、效果，以确定其在整体技术方案中的含义。

如果专利权人在说明书中未对其自定义词的含义作出定义，同时本领域普通技术人员结合权利要求、说明书的上下文也无法予以清楚解释，导致无法确定权利要求的保护范围的，可以判决驳回原告诉讼请求。

4. 内部证据(intrinsic evidence)优先

发明或者实用新型专利权的保护范围以其权利要求的内容为准，说明书及附图可以用于解释权利要求的内容。所谓“解释”，是指当权利要求书中技术术语的表述含糊不清，或者对该术语可能存在多义理解时，应当根据说明书或者附图的描述对该术语进行解释，从而确定专利权的保护范围。可以看出，专利权保护范围的依据是权利要求的内容，说明书及附图的作用是辅助性的解释作用。

解释权利要求，可以使用专利说明书及附图、权利要求书中的相关权利要求、与涉案专利存在分案申请关系的其他专利以及上述专利的专利审查档案、生效的专利授权确权裁判文书所记载的内容。说明书及附图、权利要求书中的相关权利要求、专利审查档案是解释专利权利的主要内部证据。从某种意义上讲，说明书是解释权利要求中措辞和术语含义的最为主要的工具。在专利领域中，人们常将说明书比喻为权利要求中的“辞典”。说明书对技术术语的解释与该技术术语通用含义不同的，以说明书的解释为准。被诉侵权行为发生时，技术术语已经产生其他含义的，应当采用专利申请日时的含义解释该技术术语。对于专利权人在专利文件中的自定义词，应当依据说明书中的特定含义进行解释。专利审查档案，包括专利审查、复审、无效程序中专利申请人或者专利权人提交的书面材料，国务院专利行政部门及其专利复审委员会制作的审查意见通知书、会晤记录、口头审理记录、生效的专利复审请求审查决定书和专利权无效宣告请求审查决定书等。专利审查档案记录了专利审查过程中的全部资料，申请人对于权利要求所覆盖范围的意见都记录在这些资料里面。

---

① 最高人民法院(2013)民提字第113号。

权利要求之间也可以相互进行解释，在解释权利要求、确定权利要求书中记载权利要求的保护范围时，可以推定独立权利要求与其从属权利要求所限定的保护范围互不相同。独立权利要求的保护范围大于其从属权利要求的保护范围，在前从属权利要求的保护范围大于在后引用该在前从属权利要求的保护范围，但本领域普通技术人员根据专利说明书及附图、专利审查档案等内部证据，可以做出相反解释的除外。在再审申请人自由位移公司与被申请人英才公司、健达公司侵害发明专利权纠纷案①中，最高人民法院指出，通常情况下，应当推定独立权利要求与其从属权利要求具有不同的保护范围。但是，如果二者的保护范围相同或实质性相同，则不能机械地对二者的保护范围作出区别性解释。

在确定引用在前独立权利要求的并列独立权利要求的保护范围时，虽然被引用的在前独立权利要求的特征应当予以考虑，但其对该并列独立权利要求并不必然具有限定作用，其实际的限定作用应当根据其对该并列独立权利要求的技术方案或保护主题是否有实质性影响来确定。专利侵权案件中，如果涉案专利的权利要求书包含有两项或者两项以上独立权利要求，写在最前面的独立权利要求通常被称为第一独立权利要求，其他独立权利要求通常被称为并列独立权利要求。并列权利要求引用在前的独立权利要求时，该并列独立权利要求仍然属于独立权利要求，不属于从属权利要求。前独立权利要求对该并列独立要求保护范围的限定作用应当根据其对该并列权利要求的技术方案或者保护主题是否具有真实性影响来确定。

母案申请构成分案申请的特殊的专利审查档案，在确定分案申请授权专利的权利要求保护范围时，超出母案申请公开范围的内容不能作为解释分案申请授权专利的权利要求的依据。②

仅在说明书或者附图中描述而在权利要求中未记载的技术方案不能纳入专利权的保护范围。③ 也就是说，不能将说明书记载的技术方案引入权利中。解释权利要求时应使保护范围与说明书公开的范围相适应。在“无水银碱性钮形电池”实用新型专利权无效行政纠纷案④中，最高人民法院指出，利用说明书和附图解释权利要求时，应当以说明书为依据，使其保护范围与说明书公开的范围相适应。

针对可否利用说明书修改权利要求用语的明确含义。在西安秦邦公司“金属

---

① 最高人民法院（2014）民申字第 497 号。

② 最高人民法院（2011）民申字第 1309 号。

③ 广东省高级人民法院（2010）粤高法审监民再字第 44 号。

④ 最高人民法院（2012）行提字第 29 号。

屏蔽复合带制作方法”专利侵权案[①]中，最高人民法院指出，当本领域普通技术人员对权利要求相关表述的含义可以清楚确定，且说明书又未对权利要求的术语含义作特别界定时，应当以本领域普通技术人员对权利要求自身内容的理解为准，而不应当以说明书记载的内容否定权利要求的记载；但权利要求特定用语的表述存在明显错误，本领域普通技术人员能够根据说明书和附图的相应记载明确、直接、毫无疑义地修正权利要求的该特定用语的含义的，应根据修正后的含义进行解释。

对权利要求的内容存在不同理解时应根据说明书和附图进行解释。在新绿环公司等与台山公司专利侵权案[②]中，最高人民法院认为，根据2000年《专利法》第五十六条第一款的规定，如果对权利要求的表述内容产生不同理解，导致对权利要求保护范围产生争议，说明书及其附图可以用于解释权利要求。仅从涉案专利权利要求1对“竹、木、植物纤维”三者关系的文字表述看，很难判断三者是“和”还是“或”的关系。根据涉案专利说明书实施例的记载：“镁质胶凝植物纤维层是由氯化镁、氧化镁和竹纤维或木糠或植物纤维制成的混合物。”由此可见，“竹、木、植物纤维”的含义应当包括选择关系，即三者具备其中之一即可。

权利要求与专利说明书出现不一致或者相互矛盾，明显违反《专利法》第二十六条第三款、第四款导致说明书无法用于解释权利要求的，告知当事人通过专利无效宣告程序解决。当事人据此启动专利无效宣告程序并申请中止本案审理的，可以裁定中止诉讼。当事人明确表示拒绝通过专利无效程序解决，或者未在合理期限内提起专利权无效宣告请求的，应当按照专利权有效原则，以权利要求的字面含义所确定的保护范围为准。但是本领域普通技术人员通过阅读权利要求书和说明书及附图，能够对实现要求保护的技术方案得出具体、确定、唯一的解释的，应当根据该解释来澄清或者修正权利要求中的错误表述。否则，可以判决驳回原告诉讼请求。

说明书中一般要提供发明或实用新型的实施例，其目的是满足《专利法》第二十六条第三款的规定，以便所属技术领域的技术人员能够实施发明或实用新型。除非说明书有明确表示，否则不应将权利要求所要求保护的范围较宽的技术方案解释为仅仅局限于说明书给出的具体实施例。专利权利要求一般是在说明书或者附图公开的实施例的基础上进行的合理概括，实施例仅仅是权利要求范围内技术方案的示例，是专利申请人认为实现发明或者实用新型的优选方式。专利权的保

---

① 最高人民法院(2012)民提字第3号。

② 最高人民法院(2010)民申字第871号。

护范围不应受说明书中公开的具体实施方式的限制，但下列情况除外：

(1)权利要求实质上即是实施方式所记载的技术方案的；

(2)权利要求包括功能性特征的。

案例 9-1-1　徐永伟诉宁波市华拓太阳能科技有限公司侵犯发明专利权纠纷案*

最高人民法院再审认为，本案当事人争议的焦点问题是：

1. 被诉侵权产品的后端盖不能通过人力打开是否意味着其不具有专利权利要求中的"可脱卸"特征。

2. 若专利侵权成立，如何确定赔偿数额。

关于第一个焦点问题，首先，能否以"后端盖"限制本案专利权的保护范围。根据2000年修正的《专利法》第五十六条的规定，发明或者实用新型专利权的保护范围以其权利要求的内容为准，说明书及附图可以用于解释权利要求。权利要求的作用在于界定专利权的权利边界，说明书及附图主要用于清楚、完整地描述专利技术方案，使本领域技术人员能够理解和实施该专利。而指导本领域技术人员实施专利的最好方式之一是提供实施例，但实施例只是发明的例示，因为专利法不要求、也不可能要求说明书列举实施发明的所有具体方式。因此，运用说明书及附图解释权利要求时，不应当以说明书及附图的例示性描述限制专利权的保护范围。否则，就会不合理地限制专利权的保护范围，有违鼓励发明创造的立法本意。本案中，对于电筒"后端盖"，专利权利要求书并未记载，仅是说明书的实施例部分及附图部分有所提及。如上所述，将"后端盖"作为界定本案专利权保护范围的依据之一，是不正确的。

其次，"后端盖"是否属于本案专利所述的"可脱卸"部件或连接结构。专利权利要求1记载的技术特征涉及"可脱卸"的有：(1)太阳能电池板与在外面的、保护太阳能电池板的、透明的罩盖组成可脱卸的部件；(2)使该部件能够通过可脱卸的连接结构安装固定在筒体的外表面安装孔上。另据说明书的描述，专利权利要求1中的"可脱卸"是指电池板与罩盖之间的可脱卸，罩盖、电池板与筒体之间的可脱卸，而后端盖的开合是指后端盖与筒体之间的可脱卸。显然，后端盖的开合与权利要求书、说明书所述的两个"可脱卸"均非同一含义。此外，专利审查档案记录了专

---

* 最高人民法院(2011)民提字第64号。

利授权过程,反映了审查员与专利申请人交涉的具体情形,对于专利权保护范围的确定亦有解释作用。本案中,华拓公司在申请再审中提交的专利审查档案显示,所述的可脱卸的连接结构为筒体的表面开有配合的安装孔,罩盖的前部有前缘部分,与安装孔的前沿呈插接连接,罩盖的后端面上开有小孔,紧固有紧固件,紧固件与筒体的后部里表面进行配合固定。故进一步印证,后端盖不属于本案专利所述"可脱卸连接结构"的组成构件。因此,专利权利要求中"可脱卸"部件或者连接机构等技术特征不受后端盖是否开合的限制。

最后,假使考虑"后端盖"对于专利所述"可脱卸"的影响,"后端盖"的开合是否仅指通过人力实现。徐永伟提交了用以证明通过台钳、人力冲床可以实现后端盖开合的证据,而华拓公司在庭审中并未否认被诉侵权产品的后端盖可以通过非人力方式打开,但主张,专利所称的"可脱卸"仅指通过人力打开后端盖,而不包括借助专业工具。对此,徐永伟认为,太阳能手电筒与普通手电筒不同,更换太阳能电池板时需要电路的焊接,这是普通消费者无法完成的,需要技术人员处理,因此,专业人员通过工具打开后端盖,就可以实现电池板的脱卸。最高人民法院认为,说明书在实施例部分记载"后端盖 7 拧在筒体 1 上""打开后端盖 7",说明书在背景技术部分提及手电筒的野外使用,但其强调是在无市电充电的野外环境下,利用太阳能进行充电,而不是意味着,电池板的拆换也必须在野外完成。因此,通过阅读说明书等专利文件,无法得出后端盖的开合仅指通过人力实现的结论。

综上,被诉侵权产品的后端盖不能通过人力打开,并不意味着其不具有专利权利要求中的"可脱卸"特征。另外,华拓公司认可,被诉侵权产品的太阳能电池板与罩盖在安装之前不是直接做成一体,与筒体也不是直接做成一体,而是作为分离的部件安装到筒体上。而且,被诉侵权产品的太阳能电池板、罩盖安装固定在筒体上的连接方式是,筒体的表面开有配合的安装孔,罩盖的前部有前缘部分,与安装孔的前沿呈插接连接,罩盖的后端面上开有小孔,紧固有紧固件,紧固件与筒体的后部里表面进行配合固定,使该部件安装固定在筒体的外表面安装孔上。因此,被诉侵权产品具备了专利权利要求 1 的全部技术特征,落入专利权的保护范围,华拓公司的行为构成对涉案专利权的侵犯。

思考与评论

一般认为,由于实施例只是发明的例示,不应当以说明书及附图的例示性描述限制专利权的保护范围。然而,并非所有的实施例对权利要求的范围都没有限制。比如对功能性技术特征的解释就应当结合说明书和附图描述的该功能或者效果的具体实施方式及其等同的实施方式,确定该技术特征的内容。

在一份专利文件中,通常情况下相同的术语应当解释为具有相同的含义。不同的术语推定具有不同的含义,除非根据说明书的记载或本领域普通技术人员的惯常理解可以确定不同的术语具有相同含义的除外。

附图标记在权利要求中的解释中是十分有用的,尤其在机械等技术领域,大多数权利要求中都采用了附图标记。但附图标记不得解释为对权利要求的限制。说明书附图的作用在于用图形补充说明书文字部分的描述,使本领域普通技术人员能够直观地、形象地理解发明或实用新型的每个技术特征和整体技术方案。只有本领域普通技术人员在阅读权利要求及说明书后,能够从附图中直接地、毫无疑义地确定的技术内容才能用于解释权利要求中技术特征的含义。由附图中推测的内容,或者无文字说明、仅仅是从附图中测量得出的尺寸及其关系,不应当作为相关技术特征的内容。附图标记可以用来帮助理解技术方案,当权利要求中引用了附图标记时,不应以附图标记所反映出的具体结构来限定权利要求中的技术特征。

通过测量说明书附图得到的尺寸参数不能限定权利要求的保护范围。在盛凌公司与安费诺东亚公司侵犯实用新型专利权纠纷案①中,最高人民法院指出,未在权利要求书中记载而仅通过测量说明书附图得到的尺寸参数一般不能用来限定权利要求保护范围。附图标记可以用来帮助理解技术方案,当权利要求中引用了附图标记时,不应以附图标记所反映出的具体结构来限定权利要求中的技术特征。

摘要的作用是提供技术信息,便于公众进行检索,不能用于确定专利权的保护范围,也不能用于解释权利要求。

实用新型专利权利要求中包含非形状、非构造技术特征的,该技术特征对确定专利权的保护范围具有限定作用。非形状、非构造技术特征,是指实用新型专利权利要求中记载的不属于产品的形状、构造或者其结合等的技术特征,如用途、制造工艺、使用方法、材料成分(组分、配比)等。

5. 参考外部证据(extrinsic evidence)

法院在对权利要求进行解释时,应当主要使用内部证据,如果依据内部证据就能澄清争议术语的含义,就不用参考外部证据,但是在内部证据无法帮助法院准确解释权利要求时,也可以借助外部证据,也就是说,可以结合工具书、教科书等公知文献及本领域普通技术人员的通常理解进行解释。

---

① 最高人民法院(2011)民申字第1318号。

案例 9-1-2　Phillips v. AWH Corp. *

一、简要案情

Edward H. Phillips 发明了一种钢壳模板，焊接在一起可以成为监狱的监舍，因为它具有承载力强，抗冲击，防火、隔音等特点。Phillips 就此获得了美国专利。该专利共有 26 个权利要求，其中权利要求 1 的内容为：

一种建筑模板，组装起来可以形成隔音、防火、抗冲击的用以保护资料和人身安全的屏障或房屋，包括以下组成部分：大体平行六面体形状的外壳，该外壳带有两个光滑的钢制面板，当多个模板组装在一起时钢制面板形成内外墙；用隔音、隔热材料将两个面板的钢面隔开的密封装置；由从钢壳墙向内伸展的钢制折流板(baffles)组成的、放置在壳体内用于增加承载力的其他手段(means)。

Phillips 与 AWH 公司、Hopeman 兄弟公司和 Lofton 公司(以下统称为 AWH 公司)签订了协议，由 AWH 公司开发和销售这种产品。协议于 1990 年结束后，Phillips发现 AWH 公司还在使用其商业秘密和专利技术。1997 年，Phillips 向克罗拉多地区法院起诉 AWH 公司专利和商业秘密侵权。

二、原一、二审的结果

克罗拉多地区法院驳回了 Phillips 关于商业秘密的诉讼请求。对于专利侵权的诉讼请求，法院着重对权利要求 1 进行了解释。对于“由从钢壳墙向内伸展的钢制折流板(baffles)组成的、放置在壳体内用于增加承载力的其他手段(means)”，地区法院认为，这属于《专利法》第一百一十二条第六款所说的“实现某一特定功能的手段”，“应当解释为覆盖了说明书中记载的相应结构、材料或者行为以及其等同物”。法院认为，从说明书看，说明书的文字和附图都说明折流板与墙面的角度都不是 90°，这样才可以产生中间联锁。因此，地区法院认为，折流板必须从墙面呈钝角或锐角伸展开来，并且必须成为内墙连锁屏障的一部分。按这种解释方法，AWH 不构成侵权。地区法院作出了不侵权的简易判决。

Phillips 提出上诉，联邦巡回上诉法院于 2004 年 4 月作出了判决，按合议庭多数人意见维持了一审的判决。合议庭认为，因为专利权利要求中对具体结构进行了充分描述，因此不适用“手段 + 功能”的规定。但是，合议庭认为，专利权人用限制的方式使用“折流板”。根据专利的书面描述，“折流板”不包括与墙面成 90° 的状况。合议庭注意到，说明书中几次提到“折流板”使子弹改变方向，并且指出“放

* Phillips v. AWH Corp. ,415F. 3el 1303 (Fed. Cir. 2005).

置成这样的角度可以使本来穿透外部钢板的子弹改变方向”。另外，合议庭还注意到，说明书中没有提到“折流板”可以放置成与墙成直角。根据“说明书的明确描述”，合议庭认为，专利权人认为他的发明是可以抗冲击、抵御子弹的模板，这决定了折流板不能与墙成90°。少数持不同意见的法官认为，合议庭的意见将权利要求不恰当地限于说明书中披露的实施例，而没有采纳“折流板”这一术语的“平常含义（plain meaning）”。当事人知道，“折流板”是“阻止、妨碍或测量物质流动的手段”。专利说明书并没有对“折流板”进行重新定义，也没有专利权人弃权声明称其含义不是普通含义的全部内容。抗冲击只是发明的几个目的之一。因此，持不同意见的法官认为，没有理由用实施例限制权利要求书语言的明白含义，法院应当采用字典对“折流板”的定义，撤销地区法院的判决。

三、联邦巡回上诉法院的再审意见

Phillips 要求对该案进行再审，联邦巡回上诉法院于 2004 年 7 月决定撤销 2004 年 4 月的判决，以满席审理（en banc）方式对该案进行再审。

联邦巡回上诉法院的再审决定书指出，该院以满席审理的方式对该案进行再审，试图解决在 2004 年 4 月判决中提出的专利权利要求解释问题。再审决定书提出了以下 7 个问题，要求当事人及律师协会、工商业协会、政府机构以及有关的个人或团体提交咨询意见。这 7 个问题是：

1. 为了更符合专利权利要求书的公开告知功能（public notice function），在解释权利要求书中的术语时，主要应参照专业字典和通用字典以及类似来源，还是主要应参照专利权人在专利说明书中对该术语的使用方式？如果两种来源都参照，应按什么顺序？

2. 如果字典应当作为解释专利权利要求的主要来源，是否只有当专利权人是自己的字典编纂者（lexicographer）时，或者专利说明书清楚地反映出对专利保护范围进行了舍弃时，说明书才用于限制权利要求书中文字（按照字典的定义）所确定的全部保护范围？如果是这样，当说明书中出现什么样的文字时才可以说是符合这种情况？通用字典与专业字典应如何适用？如果同一术语在字典中有多种定义时，如何决定其通常含义（ordinary meaning）？如果字典中对于某一术语提供有多种可以适用的定义时，是否应当借助说明书以决定适用哪一个定义？

3. 如果专利说明书应当作为解释权利要求的主要来源，字典应当被如何使用？如果说明书只披露了一个实施例，而没有关于专利范围的指示性描述，是否专利要求书中文字的通常含义的范围限于说明书中披露的发明？

4. 如果不将被撤销的判决中合议庭多数法官的意见与少数法官的意见中的权

利要求方式视为相互抵触的方式,这两种方式是否应当视为相互补充的方法?这样对专利权利保护的范围就有双重限制,专利权人为使权利要求达到其意图保护的范围,是否必须使权利要求符合这两种限制性方法?

5. 仅仅为了避免专利根据《专利法》第一百零二、一百零三条及第一百一十二条的规定被认定无效,而对专利权利要求进行限缩性解释,这种情况是否存在?如果存在,什么条件下适用?

6. 在确定专利权利要求中有争议的术语的含义时,专利审查过程以及本领域普通技术人员的专家证言应当起什么作用?

7. 为了符合最高法院案例 Markman v. Westview Instruments, Inc. ,517 U. S. 370 (1996) 以及本院满席审理案例 Cybor Corp. v. FAS Technologies, Inc. , 138 F. 3d 1448(Fed. Cir. 1998)的判决,本院是否应当尊重地方法院关于权利要求解释的决定?如果是这样,在哪些方面?在什么情况下?到什么程度?

上述 7 个问题,涵盖了专利权利要求解释的主要方面。根据美国联邦巡回上诉法院再审决定的要求,有关单位和个人向该院提交了 30 多份针对上述问题的意见。提交意见的包括:美国专利与商标局、美国司法部、美国联邦贸易委员会等政府机构;美国律师协会、美国专利事务所协会及一些州的律师协会、专利事务所协会等律师组织;美国专利法学会、一些州的专利法学会以及威斯康星校友研究会等学术组织;美国企业顾问协会、生物技术工业组织以及英特尔、IBM 等大企业;还有消费者联盟等相关组织,以及大学教授等学者。从这里也可以看出,该案受到美国各界的广泛关注,人们都期望该案进一步明确权利要求解释的方法,特别是“律师界陷入狂热的期待之中”。

四、联邦巡回上诉法院的再审判决

2005 年 7 月 12 日,美国联邦巡回上诉法院作出了再审判决。

(一)权利要求 1 中关于“折流板”的文字不属于《专利法》第 112 条第 6 款所说的“方法 + 功能”式的权利要求。从表面上看,“放置在壳体内用于增加承载力的其他手段”属于“方法 + 功能”式权利要求,但这里还具体描述了实现这一功能的“钢制折流板”结构。“方法 + 功能”式权利要求仅适用于只限制了功能但没有提供实现这一功能的结构的情况。本案权利要求书和说明书明白无误地说明“钢制折流板”是一具体可见的装置,并且是结构性的。因此,权利要求书中的“折流板”不适用《专利法》第一百一十二条第六款的规定,地区法院认为将该术语限于说明书中披露的相应结构及其等同物是错误的,原审合议庭的意见是正确的。

(二)根据专利法的规定,权利要求书用来界定发明人认为其发明的标的是什么，而专利说明书用来描述发明。这就出现了这样的问题：在什么程度上我们应当依赖说明书确定权利要求保护的范围。对此，我们需要进行澄清。

1. 专利权利要求书界定专利权人的独占范围，这是专利法的基本原则。我们经常说，专利权利要求中的术语应“给予其普通和习惯的含义”，并且，普通和习惯含义指的是本领域普通技术人员在发明作出时所理解的含义。本领域普通技术人员对权利要求中术语的含义的理解，为权利要求解释提供了一个客观基础。这一基础是基于以下被普遍认可的认识：发明人是本领域典型的技术人员，而专利文件是给本领域其他技术人员阅读的。本领域的普通技术人员在阅读专利权利要求书时，不是只阅读有争议的术语所在的权利要求，还阅读整个专利文件的上下文，包括专利说明书。

2. 某些情况下，本领域普通技术人员所理解的权利要求书中文字的普通含义，对于外行的法官来说也是显而易见的，这时的权利要求解释只适用被广泛理解和接受的含义就可以了。在上述情况下，通用字典可能是有用的。但是，在很多案件中，确定权利要求书的普通和习惯含义，需要审查在某一领域具有特定含义的术语。因为本领域普通技术人员所理解的术语的含义并不那么明显，并且有时专利权人用特殊的方式使用术语，这样法院必须借助于公众可用的来源，以确定本领域技术人员对所争议术语的含义是如何理解的。这些来源包括：权利要求书的用语，说明书，专利审查档案，以及与科学原理、技术术语含义、现有技术状况有关的外部证据。

(1)权利要求书。与说明书和专利审查档案不同，权利要求书对于确定其中术语的含义可以提供实质性指导。首先，特定术语的上下文是非常有用的。举一个简单的例子，本案中的使用“钢制折流板”的文字，强烈暗示“折流板”本身并不指钢铁制品。权利要求中的其他术语，不管是否有争议，都可以作为明确权利要求术语含义的有用来源。因为在专利中权利要求术语的使用具有一致性，权利要求中一个术语的含义通常可以说明其他权利要求中同一术语的含义。权利要求中的不同之处通常也可以用来作为明确权利要求术语的有益指导。例如，如果从属权利要求中增加了一个特定限制，就可以假定在独立权利要求中不存在这一限制。

(2)说明书。权利要求书并不是孤立的，它是整个包括说明书在内的专利书面文件的一部分。权利要求书必须根据说明书进行阅读。说明书与权利要求书具有密切的关系，通常它是弄清争议术语含义的最佳指南。本院以及最高法院一贯重视说明书在解释权利要求时的重要作用。说明书在解释权利要求时的作用，源于它的法定地位。专利法要求说明书用“全面、清楚、简洁、准确的术语”描述要求保护的发明。因此，说明书必须反映权利要求的构成。与上述原则一致，我们有的判例承认专利权人可能在说明书中对某一术语给予特别的含义，在这种情况下，专利权人给予的含义优先。而在另外一些情况下，专利说明书披露了专利权人对权利要求书保护范围的有意舍弃或限制，这时专利权利要求的正确范围根据专利权人的意思进行确定。专利的授权程序也使说明书与权利要求书之间的关联性进一步增强。专利与商标局在确定专利申请的保护范围时，不只是看权利要求中的文字，还根据普通技术人员依据说明书对权利要求书所给出的最广义的合理解释。综上，法院在对权利要求进行解释时严重依赖说明书是完全正确的。

(3)专利审查档案。除了参照说明书外，我们还认为法院应当考虑专利审查档案。专利审查档案，作为“内部证据”的一种，完整记录了专利授权过程，包括了在专利审查过程中引述的所有在先技术。同说明书一样，专利审查材料是申请人为了说明和取得专利而提供的，它可以帮助法院了解专利局和专利权人是如何理解专利的。但是，因为专利审查档案反映了专利局与专利申请人交涉的过程，而不是最后的交涉结果，它不像说明书那样清楚，因此在解释权利要求中的作用不如说明书那样大。然而，专利审查档案通常可以说明专利申请人对权利要求中文字的理解，以及专利申请人在审查过程中是否对发明进行了限制，从中可以得知专利权利要求文字的含义。

(4)外部证据。虽然我们强调权利要求解释时内部证据的重要性，但我们还应依赖包括专家和发明人证言、字典和学术论文在内的外部证据。虽然外部证据对于理解相关技术是有用的，但它不如内部证据重要。在外部证据中，我们曾注意到字典和论文的重要性，并特别留意到技术字典可以使法院对相关技术有更好的理解，可以使法院了解本领域技术人员理解相关术语的方式。字典特别是技术字典，因为收集了在科学领域使用的术语的被接受的含义，成为帮助法院了解特定术语对于本领域技术人员所具有的含义的有效来源。因此，如果法院认为字典等对于理解权利要求中文字的含义是有帮助的，这些证据可以作为参考。

我们还认为专家证言可以作为外部证据。这是因为，专家证言可以说明发明的技术背景，解释发明的实施方式，以确保法院对于专利中技术问题的理解与本领域技术人员的理解是一致的，或者用以确定专利或在先技术中的某一术语在相关领域是具有特定含义的。但是，专家所出具的推论的、无证据支持的断言，对于法院确定专利要求书术语的含义不起作用。同样，如果专家证言与通过专利内部证据

(权利要求书、说明书、专利审查档案等)得出的解释结论相冲突,专家证言也不能采用。

我们认为在解释权利要求时,外部证据的作用比专利和审查档案的作用小,其原因在于:第一,外部证据不是专利的一部分,不像说明书那样是在专利审查时产生的,并且是用以解释专利的范围的;第二,权利要求书应当按照一个假想的本领域技术人员的理解进行解释,而外部证据出版物可能不是本领域技术人员所写,或不是写给本领域技术人员看的,因此,可能不能反映专利所属领域技术人员的理解;第三,外部证据中的专家证言是在诉讼时为了诉讼的目的而提供的,因此可能会有内部证据中不存在的偏见。如果证据的出具人不是本领域的技术人员,或者专家证言没有经过交叉质询,偏见会更严重;第四,在诉讼中用于解释权利要求的外部证据可能会多得无数。在诉讼过程中,当事人都会选择对其有利的外部证据,使法院承担着繁重的鉴别有用外部证据的任务;第五,过分依赖外部证据有可能会改变已经向社会公开的权利要求书、说明书和专利审查档案中权利要求的含义,损害专利的公众告知功能。

总之,外部证据对于法院可能是有用的,但是除非根据内部证据进行考虑,外部证据不可能形成一个可以依赖的关于权利要求范围的解释。然而,因为外部证据可以帮助法院了解专利所属领域的有关知识,帮助法院确定本领域技术人员是如何理解权利要求的,法院运用合理判断承认和使用外部证据是允许的。在运用合理判断时,以及在审查专利要求解释的所有证据时,法院应当牢记各类证据的内在缺陷,并对是否和如何适用该证据进行相应的衡量。

(三)虽然上述原则被多次阐述,仍有法院判决采纳了不同的权利要求解释方法,使字典的解释具有更重要的意义,使说明书和专利审查档案不具有特别突出的作用。上述情形的最典型案例是 Texas Digital Systems, Inc. v. Telegenix, Inc. ,308 F. 3d 1193(Fed. Cir. 2002)。该案中,法院指出,对于帮助法院确定权利要求术语的普通和习惯含义,字典、百科全书和论文是特别有用的来源。在确定权利要求文字的普通和习惯含义之前,把参照说明书和审查档案作为权利要求解释的第一步是不合适的。该案注意到了说明书在每个案件中都应是参考因素,但它提出的权利要求解释方法是,在根据字典、百科全书和论文等确定了权利要求书中术语的普通和习惯含义之后,再参考说明书。即使这样,借助说明书也只是看说明书是否排除了字典中的普通含义,看是否采纳字典中普通含义的假定被下列情形推翻:说明书中有明确的不同于字典含义的定义;专利权人通过说明书明确排除、限制或舍弃了权利要求范围内的内容。实际上,该案限制了说明书的作用,使说明书只起到检验字典含义的作用。这种方式,不合理地限制了说明书的作用。

使说明书只起到这样有限的作用,特别是要求说明书对权利要求的文字给出明示的定义,是与我们确立以下原则不相符的:说明书是确定有争议的术语含义的唯一最佳指导;当说明书明示或暗示地界定了权利要求中术语的含义时,说明书就是确定权利要求中术语含义的字典。

夸大字典的作用所带来的问题是,它关注权利要求术语的抽象含义,而不是它在专利上下文中的含义。权利要求书术语的含义,应当是本领域技术人员在阅读了全部专利文件后所给予的"普通含义"。过分依赖于与内部证据不相关的字典,会带来将本领域技术人员所理解的含义变成该术语的抽象含义的危险,这脱离了专利上下文。专利制度是建立在权利要求书只覆盖发明标的这一前提之上的。正发最高法院在 Merrill v. Yeomans,94 U. S. 案中所指出的,"在我们看来,对于专利权人和社会公众而言,专利权人应当理解和正确描述他发明的什么,他要求保护的是什么,没有比这更公平合理的了"。使用字典可能与上述指示冲突,因为专利申请人使用字典来描述发明。因此,专利申请人描述和界定要求保护的发明的责任,与字典编辑者尽可能收集术语的所有可能定义的目标之间,可能存在不衔接的地方。

如果地区法院采纳了字典中的宽泛解释,又没有准确理解说明书中的暗示限制,就会自然导致过宽的权利要求解释。如果法院最初就重视专利权人在权利要求书、说明书和审查过程中对术语的使用,而不是字典中的宽泛解释,这种导致过宽权利要求的危险就会大大降低。

从性质上来说,字典对术语提供相当广泛的定义。特别是通用字典,总是尽力收集术语的所有用法,不管是常用的还是生僻的。通用字典所收集的术语的定义,不是在特定的技术领域,而是在许多不同的情境中。在这种情况下,字典中对于术语的多种定义难免会超出专利申请人所赋予的含义。因此,使用字典会将专利的保护范围扩大到应当给予的保护范围之外。

即使是专业字典或论文,在某些情况下也会有上述缺陷。不能保证论文中对术语的使用与专利权人的使用方式是一样的。实际上,论文与专利中使用方式的差异是常见的,因为专利权人是在描述一种新的东西。

我们承认,Texas Digital 等案件的目的,即防止将说明书中的限制读入权利要求中,是合理的。并且我们也承认,用说明书解释权利要求和将说明书中的限制读入权利要求,在实践中是很难区分的。但是,如果法院将注意力集中到本领域技术人员如何理解权利要求术语上,解释权利要求和将限制读入权利要求的区分是相当明确的、可预见的。例如，尽管说明书会描述一些发明的实施例，我们经常警告不要将权利要求限于这些实施例。特别是我们明确否定了这样的观点：如果说明书只有一个实施例，专利权利要求应解释为限于这一实施例。这不仅是因为专利法第112条规定专利权利要求决定专利的保护范围，还因为一个本领域的技术人员很少会将专利权利要求书的定义限于说明书中的具体实施例。

为了避免将说明书中的限制读入权利要求，重要的是要牢记，说明书的目的是指导本领域的技术人员实施该专利和使其能够实施该专利，并提供最佳的实施方式。指导本领域技术人员实施专利的最好方式之一是提供一个实际使用专利的例子。多数情况下，通过阅读说明书的上下文，可以很清楚地看到，专利权人只是提供了几个特定的例子，还是认为权利要求书与实施例是严格一致的。通常专利权人在权利要求书和说明书中使用术语的方式，使这种区分非常明显。

但仍然还会有一些案件，难以认定本领域技术人员会认为实施例确立了权利要求的范围，还是仅是一个具体实施的例子。但我们相信，根据专利的上下文解决这个问题，比将权利要求严格限定于说明书披露的实施例或将权利要求书与说明书割裂开来，更能准确地把握专利的保护范围。

进行权利要求解释并没有一个有魔力的公式，也没有分析适用各种资料的先后顺序。例如，法官在遇到权利要求时，可能不从说明书看专利权人是如何使用有关术语的，而是首先看字典中的含义。适用各种来源的先后顺序并不重要，重要的是法院赋予各来源的重要性如何。

（四）本案权利要求1中的语言“由从钢壳墙向内伸展的钢制折流板（baffles）组成的、放置在壳体内用于增加承载力的其他手段”，对“折流板”提出了三个明确条件：首先，它是钢制的；其次，它是墙体承载手段的一部分；最后，它从墙向内伸展。当事人双方都承认“折流板”指的是测量、阻止、妨碍物质流动的物体。内部证据证实，本领域技术人员应当按通用含义理解专利中的“折流板”。

本专利中的其他权利要求界定了“折流板”所起的作用。例如，权利要求2中称“折流板与面板的放置呈一特定角度，使折流板可以使可能穿透钢板的子弹改变方向”。在权利要求2中做这样的限制，说明专利权人在使用“折流板”这一术语时并不包括这种限制。独立权利要求17进一步支持了这种主张。该权利要求中称折流板“向内突出呈一特定角度，可以使可能穿透外墙的子弹改变方向”。如果本领域的技术人员认为“折流板”本身就起这样的作用，这种限制就是不必要的。从属权利要求6对“折流板”进行了进一步限制，称“两个外面板的内折流板相互交迭，并在某一角度互锁,形成从一个模板到另一个模板间的变向面板(deflector panels)”。如果权利要求1中的“折流板”本身就是呈一特定角度放置的,或是互锁的,权利要求6就是多余的。

说明书进一步支持了上述结论。说明书中有几处提到放置折流板可以改变子弹的方向。说明书在提到现有技术时称,“廉价房屋没有可以应付强力冲击武器的有效方式”。这说明发明人预想到了折流板的这种功能,但是,这并不是说,为了符合专利权利要求中所说的折流板,在所有实施例中的内部支撑结构都必须具有改变子弹方向的功能。说明书必须使他人可以实施专利发明,关于折流板改变子弹方向的说明是为权利要求2、6、17和23服务的,这些权利要求中明确要求折流板具有改变子弹方向的功能。

说明书中还讨论了折流板的其他作用,例如结构支撑功能,附图4、6中的折流板也只具有结构支撑功能。在附图7中,折流板起到内部屏障墙的作用。

说明书对权利要求书中引述的“折流板”设定了多重作用的事实,证实了不能要求权利要求中的“折流板”实现所有的功能,从而限制性地理解其含义。虽然使子弹改变方向是专利中折流板的长处之一,专利并没有要求所有内部延伸结构都具有这种功能。因此,我们的结论是,一个本领域普通技术人员,不会认为从墙面向内延伸的结构呈锐角或钝角是折流板,呈直角就不是折流板。

AWH主张,对折流板应进行限制解释,否则专利就会无效。我们承认权利要求应按使专利有效的方式进行解释这一原则,但我们并没有广泛适用这一原则,也没有批准使有效分析成为权利要求解释的经常内容这样一项制度。我们只是将这一原则适用于如下情形:在适用于所有可用的权利要求解释工具后,权利要求仍然是含糊不清的。在本案中,权利要求并不是含糊不清的,因此,不必考虑哪种解释方式使专利有效就可以作出解释。权利要求应按使专利有效的方式进行解释的原则在这里并不适用。

总之,我们不同意一审法院对权利要求的解释,撤销一审判决,将案件发回重审。

思考与评论

本案是美国专利法领域权利要求解释的重要案例。本案关于权利要求解释的内部证据与外部证据的适用对于我国关于权利要求的解释具有重要的参考价值。对于“折流板”这一术语该如何解释?是按照其通常含义,还是需要说明书中对其作用的限制?另外,当对权利要求进行解释可能导致专利无效时,是否需要对其进行限缩解释从而尽可能维持其有效性?以下案例中的“使塑料膜的表面形成

0.04mm～0.09mm 厚的凹凸不平粗糙面”的含义应当解释为塑料膜本身的厚度，因为专利说明书实施例记载的 0.04mm、0.09mm 和 0.07mm 均为塑料膜的厚度。你认为“使塑料膜的表面形成 0.04mm～0.09mm 厚的凹凸不平粗糙面”的含义是指塑料膜表面形成 0.04mm～0.09mm（40μm～90μm）的凹凸落差表面结构，还是塑料膜的厚度为 0.04mm～0.09mm？

案例 9-1-3　西安秦邦电信材料有限责任公司诉无锡市隆盛电缆材料厂等侵犯专利权纠纷案*

法院审理查明：

西安秦邦公司是“平滑型金属屏蔽复合带的制作方法”发明专利（以下简称本案专利）权利人。该专利权利要求 1 为：一种平滑型金属屏蔽复合带的制作方法，是将塑料薄膜与金属箔带表面进行凹凸不平的非纯平面粘合，使复合带与光缆、电缆纵包模具或定径模具之间形成点接触，以减小摩擦力，避免电缆起包、漏气、脱膜及断带。工艺过程与条件如下：

（1）将原金属箔带开卷伸直，进行前预热处理；

（2）将塑料熔体或塑料膜通过温度为 35～80℃，直径为 Φ240～Φ600mm，目数为 40～85 目的粗糙面细目钢辊，与直径为 Φ160～Φ480mm 传动金属箔带的挤压辊，相互转动，使塑料膜的表面形成 0.04～0.09mm 厚的凹凸不平粗糙面，热挤压在金属箔带一面的基材上；

（3）将带有塑料膜的金属箔经过导辊、弹簧辊传动，再经倒向辊翻面，对另一面金属箔进行塑料膜热挤压复合处理；

（4）将复合处理后的复合带通过运行时线速度为 10～80m/min 的导辊进人加热烘箱，进行后加热处理，加热温度为 250～400℃；

（5）根据传动线速度，调整加热温度，使复合带的粗糙度在后工序处理过程中破坏最小，并使拉毛的塑料表面形成新的带有圆弧过渡的凹凸不平粗糙面，以加强复合带的剥离强度和塑料塑化的定型；

（6）对后加热处理过的复合带进行冷却处理并收卷。

无锡隆盛厂生产了本案被诉侵权产品光缆用铝塑复合带。无锡隆盛厂生产的产品均由上海锡盛公司负责销售，二者为关联单位。

---

* 最高人民法院（2012）民提字第 3 号。

无锡隆盛厂的产品生产方法为:“将塑料熔体或塑料膜通过温度为*℃(无锡隆盛厂认可特征相同),直径为Φ320mm的粗糙面细目钢辊,与周长为590mm(直径约等于188mm)的传动金属箔带的挤压辊,相互转动,使塑料膜的表面形成Ral.8μm~5μm(实测Ra2.47μm~3.53μm)凹凸不平粗糙面,塑料膜的厚度为0.055mm~0.070mm,热挤压在金属箔带一面的基材上。”一审法院委托陕西西安知识产权司法鉴定中心(以下简称鉴定中心)对无锡隆盛厂生产的铝塑复合带产品工艺方法与权利要求书记载的必要技术特征是否相同或等同进行鉴定。2007年3月13日,鉴定中心作出鉴定意见认为:无锡隆盛厂的生产方法中有三个步骤与权利要求1的步骤相同,另有三个步骤与权利要求1的相应步骤等同。鉴定意见还认为,权利要求1记载的“使塑料膜的表面形成0.04mm~0.09mm厚的凹凸不平粗糙面”,应当解释为塑料膜本身的厚度,因为专利说明书实施例记载的0.04mm、0.09mm和0.07mm均为塑料膜的厚度,与被诉侵权人使用的塑料膜表面粗糙度Ral.8μm~5μm没有可比性,无锡隆盛厂使用的塑料膜的厚度为0.055mm~0.070mm,二者等同。

最高人民法院提审认为:首先,权利要求1记载的“使塑料膜的表面形成0.04mm~0.09mm厚的凹凸不平粗糙面”的含义。第一,权利要求1记载的“使塑料膜的表面形成0.04mm~0.09mm厚的凹凸不平粗糙面”的用语与本领域通常用语的关系。专利撰写人是专利申请文件用语的创作者,其可以选择本领域的通常用语,也可以根据实际需要创造自己认为合适的用语。确定专利撰写人创造的用语的含义,应该从本领域技术人员的角度出发,结合本领域技术人员在阅读权利要求书、说明书和附图后所理解的特殊含义进行,而不能简单地以该术语不属于本领域的通常用语为由,以本领域的通常用语取代专利撰写人的特殊用语。就“使塑料膜的表面形成0.04mm~0.09mm厚的凹凸不平粗糙面”这一用语而言,本领域普通技术人员可以理解,其含义是指塑料膜表面凹凸不平粗糙面的厚度为0.04mm~0.09mm,即塑料膜表面形成0.04mm~0.09mm(40μm~90μm)的凹凸落差表面结构,这一含义是清楚、确定的。第二,权利要求1记载的“使塑料膜的表面形成0.04mm~0.09mm厚的凹凸不平粗糙面”与本案专利说明书实施例中提及的塑料膜的厚度的关系。解释权利要求的术语的含义时,根据文本解释的一般原则,应当认为权利要求中使用的同一术语具有相同含义,不同术语具有不同含义;权利要求中的每一个术语均有其独立意义,不得解释为多余。其理由在于,专利申请的撰写者既然有意选择不同术语或者有意使用该术语,则表示该术语应有其不同含义或者独立含义,除非说明书对此给出了明确的、相反的指示。当然,上述原则只是一种指引而非一成不变的规则。在解释权利要求用语的含义时，需要结合本领域技术人员在阅读权利要求书、说明书和附图后的通常理解进行。本案专利权利要求1使用了“使塑料膜的表面形成0.04mm～0.09mm厚的凹凸不平粗糙面”的表述，这一表述强调了塑料膜表面凹凸落差的表面结构及其数值，与实施例中所使用的塑料薄膜厚度的说法存在区别，在说明书未给出进一步的解释和说明的情况下，应该认为两者具有不同含义。此外，如果把“使塑料膜的表面形成0.04mm～0.09mm厚的凹凸不平粗糙面”的表述解释为塑料膜的厚度为0.04mm～0.09mm，则该表述中的“表面”以及“粗糙面”等用语实际上成为多余。第三，专利权人在专利无效宣告过程中的陈述。西安秦邦公司在本案专利的无效宣告程序陈述意见时明确否定本案专利说明书中有“塑料膜保持在0.04mm～0.09mm的厚度”的记载，表明在无效宣告程序中其自身也不认为“使塑料膜的表面形成0.04mm～0.09mm厚的凹凸不平粗糙面”是指“塑料膜厚度为0.04mm～0.09mm”。第四，权利要求解释的界限。权利要求内容含义的确定，应当根据权利要求的记载，结合本领域普通技术人员阅读说明书及附图后对权利要求的理解进行。但是，当本领域普通技术人员对权利要求相关表述的含义可以清楚确定，且说明书又未对权利要求的术语含义作特别界定时，应当以本领域普通技术人员对权利要求自身内容的理解为准，而不应当以说明书记载的内容否定权利要求的记载，从而达到实质修改权利要求的结果，并使得专利侵权诉讼程序对权利要求的解释成为专利权人额外获得的修改权利要求的机会。否则，权利要求对专利保护范围的公示和划界作用就会受到损害，专利权人因此不当获得了权利要求本不应该涵盖的保护范围。当然，如果本领域普通技术人员阅读说明书及附图后可以立即获知，权利要求特定用语的表述存在明显错误，并能够根据说明书和附图的相应记载明确、直接、毫无疑义地修正权利要求的该特定用语的含义的，可以根据说明书或附图修正权利要求用语的明显错误。但是，本案中的权利要求用语并不属于明显错误的情形。本案专利权利要求1的“使塑料膜的表面形成0.04mm～0.09mm厚的凹凸不平粗糙面”的含义是清楚、完整的，是指塑料膜表面凹凸不平粗糙面的厚度为0.04mm～0.09mm。本案专利说明书对于技术方案的描述过于简单，既未对“使塑料膜的表面形成0.04mm～0.09mm厚的凹凸不平粗糙面”进行详细说明，又未对塑料薄膜的厚度进行限定和解释，而仅仅在实施例中提及了塑料薄膜的厚度分别为0.04mm、0.09mm和0.07mm。在此情况下，本领域普通技术人员在阅读权利要求书和说明书之后，难以形成权利要求1中“使塑料膜的表面形成0.04mm～0.09mm厚的凹凸不平粗糙面”这一表述实际上应为“塑料膜厚度为0.04mm～0.09mm”的认识。因此，本案专利权利要求1中“使塑料膜的表面形成0.04mm~0.09mm厚的凹凸不平粗糙面",其含义是指塑料膜表面形成0.04mm~0.09mm(40μm~90μm)的凹凸落差表面结构,而非塑料膜的厚度为0.04mm~0.09mm。

其次,被诉侵权方法中塑料膜表面粗糙度与权利要求1记载的"使塑料膜的表面形成0.04mm~0.09mm厚的凹凸不平粗糙面"是否构成相同或者等同。表面粗糙度是指加工表面上具有的较小间距和峰谷所组成的微观几何形状特性,通常以取样长度内轮廓峰高绝对值的平均值与轮廓峰谷绝对值的平均值之和表示。申请再审人使用的塑料膜表面粗糙度为Ral. 8μm ~ 5μm(实测为Ra2. 47μm ~ 3.53μm)。这与本案专利权利要求1所要求的塑料膜表面形成0.04mm~0.09mm(40μm~90μm)的凹凸落差表面结构相差很大,与本案专利方法既不相同,也难以认定等同。

综上,鉴定意见对"使塑料膜的表面形成0.04mm~0.09mm厚的凹凸不平粗糙面"这一技术特征的解释错误,在此基础上认为被诉侵权方法的相应技术特征与该项技术特征构成相同或等同,结论有误。

6."最宽合理解释"规则

最高人民法院在"反射式萨格奈克干涉仪型全光纤电流互感器"发明专利权无效行政诉讼案①中提出了专利权利要求的"最宽合理解释"规则,并指出:通常情况下,在专利授权确权程序中,对权利要求的解释采取"最宽合理解释"原则,即基于权利要求的文字记载,结合对说明书的理解,对权利要求作出最广义的合理解释。如果说明书未对权利要求用语的含义作出特别界定,原则上应采取本领域普通技术人员在阅读权利要求书、说明书和附图之后对该术语所能理解的通常含义,尽量避免利用说明书或者审查档案对该术语作不适当的限制,以便对权利要求是否符合授权条件和效力问题作出更清晰的结论,从而促使申请人修改和完善专利申请档案,提高专利授权确权质量。"最宽合理解释规则"是否对专利申请人有利?在专利侵权案件中,能否采用"最宽合理解释"规则?为什么?

7.专利授权确权程序与专利民事侵权程序的差异

在再审申请人精工爱普生与被申请人专利复审委员会等发明专利权无效行政纠纷案②中,最高人民法院认为,专利权利要求的解释方法在专利授权确权程序与专利民事侵权程序中既有根本的一致性,又在特殊场合下体现出一定的差异性,其

---

① 最高人民法院(2014)行提字第17号行政判决书。

② 最高人民法院(2010)知行字第53-1号。

差异突出体现在当事人意见陈述的作用上;在专利授权确权程序中,申请人在审查档案中的意见陈述原则上只能作为理解说明书以及权利要求书含义的参考,而不是决定性依据。你赞同本案中最高法院的看法吗?

首先,关于专利授权确权程序与专利民事侵权程序中权利要求解释方法的一致性与差异性。无论在专利授权确权程序还是在专利民事侵权程序中,客观上都需要明确权利要求的含义及其保护范围,因而需要对权利要求进行解释。在上述两个程序中,权利要求的解释方法既存在很强的一致性,又存在一定的差异性。其一致性至少体现权利要求的解释属于文本解释的一种,无论是专利授权确权程序还是专利民事侵权程序中对权利要求的解释,均需遵循文本解释的一般规则。例如,均应遵循专利说明书及附图、专利审查档案等内部证据优先、专利申请人自己的解释优先等解释规则。但是,由于专利授权确权程序与专利民事侵权程序中权利要求解释的目的不同,两者在特殊的个别场合又存在一定的差异。在专利授权确权程序中,解释权利要求的目的在于通过明确权利要求的含义及其保护范围,对专利权利要求是否符合专利授权条件或者其效力如何作出判断。基于此目的,在解释权利要求用语的含义时,必须顾及专利法关于说明书应该充分公开发明的技术方案、权利要求书应当得到说明书支持、专利申请文件的修改不得超出原说明书和权利要求书记载的范围等法定要求。若说明书对该用语的含义未作特别界定,原则上应采本领域普通技术人员在阅读权利要求书、说明书和附图之后对该术语所能理解的通常含义,尽量避免利用说明书或者审查档案对该术语作不适当的限制,以便对权利要求是否符合授权条件和效力问题作出更清晰的结论,从而促使申请人修改和完善专利申请文件,提高专利授权确权质量。在专利民事侵权程序中,解释权利要求的目的在于通过明确权利要求的含义及其保护范围,对被诉侵权技术方案是否落入专利保护范围作出认定。在这一程序中,如果专利保护范围字面含义界定过宽,出现权利要求得不到说明书支持、将现有技术包含在内或者专利审查档案对该术语的含义作出过限制解释因而可能导致适用禁止反悔原则等情形时,可以利用说明书、审查档案等对保护范围予以限制,从而对被诉侵权技术方案是否落入保护范围作出更客观公正的结论。因此,专利权利要求的解释方法在专利授权确权程序与专利民事侵权程序中既有根本的一致性,又在特殊场合下体现出一定的差异性。当然,这种差异仅仅局限于个别场合,在通常情况下其解释方法和结果是一致的。

其次,关于专利授权确权程序与专利民事侵权程序中权利要求解释方法的具体差异。前述两个程序中权利要求解释方法的差异突出体现在当事人意见陈述的作用上。在专利授权确权程序中，意见陈述书是申请人与专利审查机关进行意见交换的重要形式，是专利审查档案的重要内容之一。尽管如此，在专利授权确权程序中解释权利要求时，意见陈述书的作用在特定的场合下要受到专利法明文规定的限制。例如，我国专利法规定了说明书应当对发明作出清楚完整的说明、权利要求书应当得到说明书的支持、专利申请文件的修改不得超出原说明书和权利要求书记载的范围等法定要求。在审查某项专利或者专利申请是否符合上述法定要求时，当然应该以说明书或者原说明书和权利要求书为依据，当事人意见陈述不能也不应该起到决定作用。相反，如果将当事人的意见陈述作为判断某项专利或者专利申请是否符合上述法定要求的决定性依据，则无法促使专利申请人将相关内容尽量写入说明书，专利法关于说明书应当对发明作出清楚完整的说明、权利要求书应当得到说明书的支持、专利申请文件的修改不得超出原说明书和权利要求书记载的范围等法定要求也将无法得到实现。因此，在专利授权确权程序中，申请人在审查档案中的意见陈述在通常情况下只能作为理解说明书以及权利要求书含义的参考，而不是决定性依据。而在专利民事侵权程序中解释权利要求的保护范围时，只要当事人在专利申请或者授权程序中通过意见陈述放弃了某个技术方案，一般情况下应该根据当事人的意见陈述对专利保护范围进行限缩解释。

最后，关于判断专利申请文件的修改是否超出原说明书和权利要求书记载的范围时当事人意见陈述的作用。根据1992年修订的《专利法》第三十三条的规定，对发明和实用新型专利申请文件的修改不得超出原说明书和权利要求书记载的范围。判断专利申请文件的修改是否符合这一规定，其基本依据是原说明书和权利要求书记载的范围。前已述及，在判断专利申请文件的修改是否超出原说明书和权利要求书记载的范围时，当事人的意见陈述在通常情况下只能作为理解说明书以及权利要求书含义的参考，而不是决定性依据。至于其参考价值的大小，则取决于该意见陈述的具体内容及其与说明书和权利要求书的关系。尤其需要注意的是，如果当事人意见陈述的内容超出了原说明书和权利要求书中记载的范围，则该意见陈述将完全丧失参考作用，不能参考该意见陈述对说明书或者权利要求书进行解释。

8. 主题名称的限定作用

主题名称是对权利要求包含的全部技术特征所构成的技术方案的抽象概括，是对专利技术方案的简单命名，其代表的技术方案需要通过权利要求的全部技术特征来体现。主题名称中所包含的应用领域、用途或者结构等技术内容对权利要求所要保护的技术方案产生影响的,则该技术内容对专利权的保护范围具有限定作用。

案例 9-1-4 哈尔滨工业大学星河实业有限公司与江苏润德管业有限公司侵犯发明专利权纠纷案*

星河公司申请再审称:二审判决在涉案专利独立权利要求2和6的保护范围的认定上适用法律错误。其主要理由是:

1.《最高人民法院关于审理侵犯专利纠纷案件应用法律若干问题的解释》(法释〔2009〕21号)和《中华人民共和国专利法实施细则》(以下简称《专利法实施细则》)对主题名称与技术特征用不同的法律名词予以明确区分,并强调专利权的保护范围由技术特征限定。因此,二审判决认定"主题名称作为权利要求的必要内容,对其保护范围有限定作用"没有法律依据。

2.润德公司针对涉案专利提出无效宣告请求时,针对权利要求1、2和6,分别提出了完全不同的对比文件,专利复审委员会在评价权利要求2和6的创造性时,并未考虑润德公司针对权利要求1提出的对比文件,在评价权利要求6的创造性时,也没有考虑润德公司针对权利要求2提出的对比文件,因此可以推定专利复审委员会认为主题名称不属于技术特征,不是解决技术问题的必要技术手段。

3.根据涉案专利说明书和附图,权利要求2步骤a中的钢材和塑料复合有一步复合和两步复合两种方式,星河公司在专利申请过程中对涉案专利文本进行修改时,放弃了两步复合方式,仅保留了一步复合方式,根据禁止反悔原则,二审法院在侵权判断时不应当将两步符合方式纳入涉案专利保护范围。

4.方法权利要求的主题名称引用了在先的产品权利要求就应当把其产品的全部技术特征囊括其中,二审法院在认定权利要求2的保护范围时,机械地认为"权利要求书中出现引用在先权利要求的情况是为了避免权利要求之间相同内容的不必要重复",属于事实认定不清和法律适用错误。

5.独立权利要求间的引用关系仅仅是专利申请文件撰写过程中文字表述上的形式差异,在确定保护范围时不属于必须考虑的对象。

6.权利要求1和权利要求2之间不是从属关系,以权利要求1的技术特征来限

---

* 最高人民法院民事裁定书(2013)民申字第790号。

定权利要求2的保护范围,明显违背了“以权利要求所记载的全部技术特征确定保护范围”的法律规定。

综上所述,二审法院对涉案专利权利要求2的保护范围的理解是错误的。同理,涉案专利权利要求6的保护范围也不受权利要求1和2的限定。故请求撤销二审判决,依法维持一审判决。

本院审查查明,涉案专利说明书和附图1记载了权利要求2所记载方法的一步复合方式:通过牵引机7牵引来自放卷装置1的钢带9,使钢带9在导辊2的导引下进入挤出复合的关键部件复合机头4,复合机头4与挤出机3呈直角连接,其内部腔型具有与复合异型带材10相对应的形状,在钢带9通过复合机头4的同时,塑料挤出机3向复合机头4内挤入熔融塑料。在复合机头4内熔融塑料将钢带9周边包裹,在牵引机7的牵引力作用下,从复合机头4牵出,形成未定型的复合异型带材10。说明书和附图2还记载了两步复合方式,即第一步制成带有开口肋的塑料异型带材,第二步将钢带嵌入并封口,该技术方案未记载在权利要求书中。

另查明,涉案专利说明书同时记载:为了防止管材铺设时加强肋之间的塑料被尖锐的石片刺破,在两个加强肋之间塑料形状不应是简单的平面,而应具有中间凸起的形状。

本院认为,本案焦点问题是:(1)主题名称是否对专利权保护范围具有限定作用。(2)并列独立权利要求引用在前的独立权利要求时,在前独立权利要求对其保护范围的限定作用应当如何确定。

1.关于主题名称是否对专利权保护范围具有限定作用的问题

《中华人民共和国专利法》(以下简称《专利法》)第五十九条规定:“发明或者实用新型专利权的保护范围以其权利要求的内容为准,说明书及附图可以用于解释权利要求的内容。”《专利法实施细则》第二十一条规定,发明或者实用新型的独立权利要求应当包括前序部分和特征部分,前序部分写明要求保护的发明或者实用新型技术方案的主题名称和发明或者实用新型主题与最接近的现有技术共有的必要技术特征,特征部分写明发明或者实用新型区别于最接近的现有技术的技术特征,这些特征和前序部分写明的特征合在一起,限定发明或者实用新型要求保护的范围。因此,通常情况下,在确定权利要求的保护范围时,权利要求中记载的主题名称应当予以考虑,而实际的限定作用应当取决于该主题名称对权利要求所要保护的主题本身产生了何种影响。本案中,确定权利要求2和6的保护范围时,均应当考虑其主题名称对其所要求保护的主题本身实际上所起的限定作用。

2. 关于并列独立权利要求引用在前的独立权利要求时,在前独立权利要求对其保护范围的限定作用应当如何确定的问题

《专利法》第三十一条第一款规定:“一件发明或者实用新型专利申请应当限于一项发明或者实用新型。属于一个总的发明构思的两项以上的发明或者实用新型,可以作为一件申请提出。”《专利法实施细则》第二十条规定:“权利要求书应当有独立权利要求,也可以有从属权利要求。独立权利要求应当从整体上反映发明或者实用新型的技术方案,记载解决技术问题的必要技术特征。从属权利要求应当用附加的技术特征,对引用的权利要求作进一步限定。”《专利法实施细则》第三十四条规定:“依照专利法第三十一条第一款规定,可以作为一件专利申请提出的属于一个总的发明构思的两项以上的发明或者实用新型,应当在技术上相互关联,包含一个或者多个相同或者相应的特定技术特征,其中特定技术特征是指每一项发明或者实用新型作为整体,对现有技术作出贡献的技术特征。”《专利审查指南》第二部分第六章2.2.1(2)中规定了属于一个总的发明构思的两项以上发明的权利要求可以允许有六种撰写方式,包括:产品或方法的同类独立权利要求;产品和制造该产品的方法的独立权利要求;产品和该产品的用途独立权利要求;产品、专门用于制造该产品的方法和为实施该方法而专门设计的设备独立权利要求;方法和为实施该方法而专门设计的设备的独立权利要求。

据此,一件专利申请的权利要求书中,应当至少有一项独立权利要求。当有两项或者两项以上独立权利要求时,写在最前面的权利要求为第一独立权利要求,其他独立权利要求为并列独立权利要求。独立权利要求应当反应整体的技术方案,并按照各自的内容确定专利权的保护范围。独立权利要求可以不存在引用关系,也可以存在引用关系。当并列独立权利要求引用在前的独立权利要求时,该并列独立权利要求仍然属于独立权利要求,而不属于从属权利要求。虽然在确定并列独立权利要求的保护范围时,被引用的独立权利要求的特征均应当予以考虑,但其对该并列独立权利要求并不必然具有限定作用,其实际的限定作用应当根据其对该并列独立权利要求的技术方案或保护主题是否有实质性影响来确定。

本案中,一审、二审法院认定润德公司的被诉侵权产品与涉案专利权利要求1相比对,缺少“钢带上有若干矩形或圆形的通孔或钢带两侧轧制有纹路”和“两个加强肋之间塑料形状具有中间凸起”两个技术特征,双方当事人对此没有异议。涉案专利独立权利要求2记载了一种制造权利要求1所述的钢带增强塑料排水管道的方法,其步骤a记载:将挤出机与复合机头成直角布置,钢带从机头一端引入复合机头,并在机头内与塑料复合,经冷却、定型、牵引后成型为钢带增强塑料复合异型带

材钢带。涉案专利独立权利要求6记载了一种实施权利要求2所述方法的制造钢带增强塑料排水管的装置,包括了将钢带与塑料复合形成具有钢带加强肋的异型带材的复合装置。从涉案专利权利要求书以及说明书记载的一步复合方式来看,普通钢带在权利要求6记载的复合装置中,经过权利要求2记载的步骤a,形成了复合异型带材,即钢带上有矩形或圆形的通孔或纹路,塑料熔融后在两个加强肋之间生成了中间凸起。虽然权利要求书和说明书对形成通孔或纹路以及凸起的装置部件未作具体的结构描述,但根据涉案专利权利要求1记载的产品技术特征,可以推定权利要求6记载的复合装置必然具备生成上述区别技术特征的部件。可见,权利要求1记载的技术特征对于权利要求2和6产生了实质性的影响,具有限定作用。被诉侵权产品没有通孔或纹路和凸起,星河公司亦未举证证明被诉侵权的装置具备生成上述特征的部件,因此可以推定被诉侵权的装置不同于权利要求6所记载的装置,也未使用被诉侵权的方法。

鉴于涉案专利权利要求2步骤a的两步复合方式仅在说明书和附图中描述过但未记载在权利要求书中,专利权人未主张将其纳入专利权保护范围,二审法院亦未将其纳入涉案专利权保护范围,对此本院不再予以审查。

综上,二审判决认定事实清楚,适用法律正确。

思考与评论

在人民法院确定专利权的保护范围时,独立权利要求的前序部分、特征部分以及从属权利要求的引用部分、限定部分记载的技术特征均有限定作用。主题名称作为前序部分的组成部分,自然可以限制专利权的保护范围。珠海格力电器股份有限公司于2007年获得"可拆装式空调室内机管路安装挡板"实用新型专利权,专利号为ZL200620064110.5。该专利独立权利要求1的主题名称为:"一种可拆装式空调室内机管路安装挡板。"你认为"可拆装式"是否限制了专利的保护范围?也有人认为,权利要求的主题名称有可能仅具有行政功能而不会对权利范围产生影响。美国将这种作用视为主题名称的"基本规则"(general rule),即权利要求的前序部分的语言往往不具有限定作用。① 例如,主题名称为"一种用于汽车的改进型变速箱",其发明点在于特征部分限定传动机的内部结构和操作方式,并且,尽管发明人的意图在于汽车领域,但发明内容并没有明确仅限于汽车。因此,这里的主题名称仅仅是为了更全面地阐述发明保护的主旨,是本发明的提示性的建议用途,不应被

---

① In re Rockwell, 150 F. 2d 560, 562 (C. C. P. A 1945); *Allen Eng' g Corp. v. Bartell Indus., Inc.*, 299 F. 3d 1336, 1346 (Fed. Cir. 2002).

理解为对权利要求产生了限定。[①] 美国专利司法实践也认为，如果前序部分引入了基本的结构或步骤；权利要求解释需以特定受争议的前序部分为在先基础；前序部分对于理解权利要求的限制或术语至关重要；前序部分引入了说明书强调为重要的额外结构或步骤以及在专利申请过程中申请人明确依靠前序部分来区分发明专利与现有技术等情况下，前序部分就具有限制作用。[②] 同时，美国专利司法实践也认为，当主题名称对权利要求所保护的客体产生了实质性影响，其对权利要求就具有限定作用，此时，主题名称具有了"生命、意义与活力"。[③] 另外，在判断前序部分是否具有限定作用时，需要整体考虑所有专利文件以及申请历史等。[④] 在摩拜"扫码开锁"专利侵权案，一审法院认为，涉案专利权利要求 1 的前序部分"一种电动车控制系统"是一种锁装置的产品专利，"电动车"并非该锁装置的组成部分。"电动车"不是涉案专利技术方案的前提和基础，涉案专利技术方案可以完全脱离电动车实施。涉案专利在申请时并未将限定在电动车技术领域作为获得新颖性或者创造性的理由。涉案专利文本将一项自行车技术领域的发明专利申请列为对比文件。因此，就涉案专利应用方式而言，将涉案专利应用于自行车技术领域，是本领域普通技术人员无须创造性的劳动就能够联想到的。二审认为，虽然"电动车控制系统"也具有锁定电动车的功能，仅在这个意义上来看，可以称为"锁装置"，但"电动车控制系统"还更进一步指电力驱动系统的启动，在这个意义上而言，原审法院将其视为"锁装置"又不够完整准确。基于此，不能认为涉案专利权利要求 1 的技术方案完全能够脱离"电动车"而实施。因此，本院认为涉案专利权利要求 1 中所记载的主题名称"一种电动车控制系统"对于确定专利权保护范围具有限定作用，在侵权比对时应当予以考虑。[⑤]

北京市高级人民法院认为，任何类型的权利要求都具有主题名称，通常情况下，主题名称的作用是对权利要求包含的全部技术特征所构成的技术方案的抽象概括，是对专利技术方案的简单命名，其代表的技术方案需要通过权利要求的全部技术特征来体现，但主题名称本身并不属于解决技术问题的必要技术特征。在确定权利要求的保护范围时，权利要求中记载的主题名称应当予以考虑，但实际的限

---

① Li - Hua Weng, "Preamble Interpretation: Clarifying the 'Giving Life, Meaning And Vitality' Language", 11 *B. U. J. Sci. & Tech. L.* 77, 2005.

② Catalina Mktg. Int'l, *Inc. v. Coolsavings. com, Inc.*, 289 F. 3d 801(Fed. Cir. 2002).

③ In re Wertheim, 541 F. 2d 257(CCPA 1976).

④ *Georgetown Rail v. Holland* (Fed. Cir. 2017).

⑤ 一审：(2017)沪 73 民初 278 号；二审：(2017)沪民终 369 号。

定作用应当取决于该主题名称对权利要求所要保护的技术方案本身产生了何种影响。①

9. 功能限定性技术特征的解释

功能性限定性技术特征的解释不同于一般的权利要求解释。过宽的解释范围将导致大量的功能性权利要求的出现，损害社会公众利益。过窄的解释将使得功能性权利要求的价值大大缩减。

案例 9－1－5 湖南千山制药机械股份有限公司与山东新华医疗器械股份有限公司等侵害发明专利权纠纷案*

千山公司是名称为“一种软袋输液生产线”的发明专利申请（简称涉案专利）的专利权人，专利号为 ZL200810183159.6。千山公司发现，新华公司生产、销售的产品侵害了其涉案专利的专利权，故将新华公司以及被控侵权产品的购买和使用者华润双鹤公司诉至法院。

千山公司明确以涉案专利权利要求 3、4、6、7、9 作为本案主张权利的依据，其中权利要求 3 为独立权利要求，权利要求 4、6、7、9 为从属权利要求。其中权利要求 3 的内容为：“根据权利要求 1 或 2 所述的软袋输液生产线，其特征在于，所述袋转移机构包括：夹持装置，用于夹持所述袋子；平移转动机构，包括平移单元和转动单元，所述平移单元带动所述夹持装置在所述出袋工位与所述进袋工位之间移动，在此期间所述转动单元带动所述夹持装置转动；取袋机构，将所述袋子从所述出袋工位中取出并送入所述夹持装置，以及将所述袋子从所述夹持装置中取出并送入所述进袋工位；以及支架，所述平移转动机构设置在所述支架上。”

涉案专利说明书共披露了六个实施例。其中，在第一、第二、第四、第五实施例中，夹持装置为被动型夹持装置；在第三、第六实施例中，夹持装置为主动型夹持装置。在第一、第二、第三实施例中，平移转动机构为四杆机构；在第四、第五、第六实施例中，平移转动机构为平移翻转机构，其特征即为权利要求 6 记载的附加技术特征。在第一、第四实施例中，取袋机构包括袋推出机构和袋推入机构，其特征即为权利要求 9 记载的附加技术特征；在第二、第五实施例中，取袋机构在第一、第四实施

① 浙江永贵电器股份有限公司与哈廷电子有限公司及两合公司等专利权权属、侵权纠纷二审民事判决书：北京市高级人民法院（2014）高民终字第 2044 号。

* 北京市第二中级人民法院（2013）一中民初字第 05388 号民事判决书；北京市高级人民法院（2014）高民终字第 723 号民事判决书。

例的基础上，通过优化翻转梁的结构，省去了袋推入机构的上下运动气缸；在第三、第六实施例中，取袋机构包括带导向装置的取袋气缸和气爪，其中，取袋气缸固定在平移转动机构上，气爪固定在取袋气缸的活塞杆上。

争议焦点：

1. 涉案专利权利要求3中的袋转移机构、平移转动机构是否为功能限定性特征。

2. 如果袋转移机构、平移转动机构为功能限定性特征，被诉侵权产品中旋转气缸对涉案专利中翻转气缸及有关部件的替换是否为等同替换。

一审法院认为：

对于权利要求3的附加技术特征，其对袋转移机构进行了进一步限定，记载了袋转移机构所包括的部件名称及夹持装置、平移转动机构和取袋机构各自的功能，虽然描述了平移转动机构的安装位置，但并未描述夹持装置、平移转动机构和取袋机构的结构、材料等特征。故就袋转移机构而言，仍属于以功能进行表述的技术特征，应当结合说明书和附图描述的该功能或者效果的具体实施方式及其等同的实施方式，确定该技术特征的内容。因此，权利要求3附加技术特征的内容应为涉案专利说明书和附图描述的六个实施例中实现袋转移机构功能的方式及其等同的方式。其中，翻转气缸是实现袋转移机构的功能所必需的结构，属于该功能性特征的内容。旋转气缸是专利申请日的现有技术，通过旋转气缸自身的驱动能够实现翻转功能，而翻转气缸需要通过铰接连接的方式使气缸由直线运动变为翻转运动。以专利申请日的标准，两者使用的并非基本相同的手段，故使用旋转气缸并非该功能性特征具体实施方式的等同实施方式，不属于该功能性特征的内容。

由于权利要求4、6、7、9均引用了权利要求3的技术特征，故被诉侵权产品未落入涉案权利要求4、6、7、9的保护范围。

二审法院认为：

本案中，涉案专利权利要求3的附加技术特征对袋转移机构进行了进一步限定，记载了袋转移机构所包括的部件名称及夹持装置、平移转动机构和取袋机构各自的功能。虽然描述了平移转动机构的安装位置，但并未描述夹持装置、平移转动机构和取袋机构的结构、材料等特征。故就袋转移机构和平移转动机构而言，仍属于以功能进行表述的技术特征，应当结合说明书和附图描述的该功能或者效果的具体实施方式及其等同的实施方式，确定该技术特征的内容。鉴于涉案专利权利要求3中的袋转移机构和平移转动机构是功能性限定特征，故应当结合说明书披露的具体实施方式及其等同方式确定权利要求3的保护范围。对于平移转动机构，说明书记载了两种实施方式，一种为四杆机构，另一种为平移翻转机构，故四杆机构和平移翻转机构及其等同实施方式均是权利要求3的保护范围。

将被诉侵权产品与涉案专利权利要求3中含平移翻转机构的技术方案相比，两者的区别仅仅在于平移转动机构中的翻转机构存在区别，被诉侵权产品中的翻转机构为旋转气缸和翻转梁的组合，而涉案专利权利要求3的翻转机构为翻转气缸、铰接件及翻转梁的组合。判断被诉侵权产品是否落入涉案专利权利要求3的保护范围的关键是，被诉侵权产品中旋转气缸对涉案专利权利要求3中翻转气缸及铰接件的组合的替换是否构成等同替换。涉案专利中的翻转气缸是直线运动气缸，被诉侵权产品中的旋转气缸是摆动气缸，即自身就可以实现摆动的功能。根据千山公司在二审中提交的《机械设计手册》，为本领域的技术人员所公知，翻转气缸和旋转气缸本身均是涉案专利申请日前已有的气缸型式，其自身特性也已经为本领域的技术人员所熟知，即翻转气缸为通过活塞杆进行往复直线运动，旋转气缸为通过叶片输出驱动轴实现角度摆动转动，利用旋转气缸的角度摆动特性实现工件的翻转也早已经是专利申请日前本领域的技术人员所熟知的应用。在此情况下，对于本领域的普通技术人员来说，将涉案专利中的翻转气缸及铰接部件的组合替换为被诉侵权产品中的旋转气缸，可以说是一种仅仅利用了气缸的特性而进行的替换，两者的手段基本相同，实现的功能相同，达到的效果相同或基本相同，即都是通过气缸运动来实现翻转功能，而且这一技术手段的替换在涉案专利申请日前对于本领域的技术人员来说是无须经过创造性劳动就能够想到的。因此，以涉案专利申请日为准，二者构成等同实施方式。综上，被诉侵权产品落入了涉案专利权利要求3的保护范围。

从属权利要求4、6、7、9均直接或间接引用权利要求3，因此在上述权利要求中权利要求3的保护范围最大。鉴于已经认定被诉侵权产品落入了权利要求3的保护范围，本院无须继续对被诉侵权产品是否落入其他权利要求进行审理。

保护专利权的根本目标是确保专利权人因发明创造得到足够的经济回报。千山公司因本案被诉侵权产品而产生的经济损失已得到了充分补偿，涉案专利权受侵害的状态已经得到恢复，千山公司要求保护涉案专利权的目的已经实现。华润双鹤公司购买、使用被诉侵权产品主观上是善意的，不存在过错，也支付了合理对价。被诉侵权产品价格高昂，且早已投入生产运营，若责令华润双鹤公司停止使用该产品，将给其生产经营造成重大冲击和经济损失，亦会不当地增加后续处理所带来的成本，损害经济效率和社会整体利益。从利益平衡的角度考虑，对千山公司要求华润双鹤公司停止使用被诉侵权产品的诉讼请求不予支持。

最终法院撤销了一审判决，判定新华公司和华润双鹤公司的涉案行为构成专利侵权，但免除了华润双鹤公司停止侵权的责任。

思考与评论

国家知识产权局《专利审查指南》规定：对于权利要求中所包含的功能性限定的技术特征，应当理解为覆盖了所有能够实现所述功能的实施方式。《最高人民法院关于审理侵犯专利权纠纷案件应用法律若干问题的解释》（法释〔2009〕21 号）规定：对于权利要求中以功能或者效果表述的技术特征，人民法院应当结合说明书和附图描述的该功能或者效果的具体实施方式及其等同的实施方式，确定该技术特征的内容。在确定功能性特征的内容时，应当将功能性特征限定为说明书及附图中所对应的为实现所述功能、效果不可缺少的结构、步骤特征。你认为这二者不同规定的原因何在？

《最高人民法院关于审理侵犯专利权纠纷案件应用法律若干问题的解释（二）》规定，功能性特征是指对于结构、组分、步骤、条件或其之间的关系等，通过其在发明创造中所起的功能或者效果进行限定的技术特征，但本领域普通技术人员仅通过阅读权利要求即可直接、明确地确定实现上述功能或者效果的具体实施方式的除外。与说明书及附图记载的实现前款所称功能或者效果不可缺少的技术特征相比，被诉侵权技术方案的相应技术特征是以基本相同的手段，实现相同的功能，达到相同的效果，且本领域普通技术人员在被诉侵权行为发生时无需经过创造性劳动就能够联想到的，人民法院应当认定该相应技术特征与功能性特征相同或者等同。按照此司法解释，如果本领域普通技术人员仅通过阅读权利要求即可直接、明确地确定实现上述功能或者效果的具体实施方式就不是功能性技术特征，为什么？北京高院《专利侵权判定指南（2017）》规定，下列情形一般不宜认定为功能性技术特征：

（1）以功能或效果性语言表述且已经成为本领域普通技术人员普遍知晓的技术术语，或以功能或效果性语言表述且仅通过阅读权利要求即可直接、明确地确定实现上述功能或者效果的具体实施方式的技术特征；

（2）使用功能性或效果性语言表述，但同时也用相应的结构、组分、材料、步骤、条件等特征进行描述的技术特征。

实践中，判断某一技术特征是否属于功能性特征往往会存在一个误区，即认为只要是通过功能性描述的方法对技术特征进行记载，则该技术特征为功能性特征，这种理解上的误区导致了对专利保护范围的不恰当限制。有法院认为，专利权利要求1中所记载的驱动组件是根据某一技术特征通过功能进行的描述，属于公知常识，本领域技术人员能够明了其所指的技术是如何实现，其基本结构如何，故其为非功能性限定，不应被纳入功能性技术特征。驱动组件的功能性表述并非当然以实施例的功能性特征来限定部件之间的连接关系，实用新型专利的说明书对此也作了明确阐释。①

案例9-1-6 高晶晶与义乌市鑫光眼镜商行侵害发明专利权纠纷案*

本案的焦点问题是：被控侵权产品是否落入涉案专利的保护范围。

发明专利权的保护范围以其权利要求的内容为准，判定被诉侵权技术方案是否落入发明专利权的保护范围，应当审查被诉侵权技术方案是否包含与发明专利权利要求记载的全部技术特征相同或者等同的技术特征。本案中，争议技术特征为涉案发明专利权利要求1所记载的技术特征"连接机构的一端与连接对象形成转动连接机构，并利用弹簧伸缩性而具有固定角度卡止作用"，各方当事人均认可该特征属于功能性特征，关于技术特征比对的争议点在于被诉侵权产品是否具备与上述争议技术特征等同的技术特征。

首先，关于对权利要求中功能性特征的解释。《最高人民法院关于审理侵犯专利权纠纷案件应用法律若干问题的解释》第四条规定："对于权利要求中以功能或者效果表述的技术特征，人民法院应当结合说明书和附图描述的该功能或者效果的具体实施方式及其等同的实施方式，确定该技术特征的内容。"该条确立了功能性特征解释的基本原则，即"该功能或者效果的具体实施方式及其等同的实施方式"。涉案争议的功能性特征的内容，也应结合说明书和附图描述的具体实施方式及其等同的实施方式进行解释。二审庭审中，高晶晶明确以说明书实施例8及其等同的实施方式，确定该技术特征的内容。涉案专利说明书实施例8载明："其他条件与实施例1相同，即转动连接部的结构与实施例1相同，只是如图11(a)(b)，图12(a)(b)所示，转动连接部的主体固定在镜腿的内侧，主体与实施例相同，在主体上，与镜片相对的一面上开有孔，连杆的长度较短，其一端插入到该孔内，在所述连杆的插入主体端的近端头处制有一个缩颈，在与该插入孔成90°的相邻的面上开

① 汪某诉美之扣家居用品公司侵犯实用新型专利权纠纷案：福建省高级人民法院(2016)闽民终877号。

* 最高人民法院(2016)最高法民申3503号。

有螺纹孔,在所述螺纹孔内依次安装压板,微弹簧丝,螺钉,所述压板可以是一个圆柱台体,其端面抵住所述缩颈的侧面,所述弹簧抵住所述压板的另一端,所述螺钉拧入所述螺纹孔内,压缩所述弹簧,进而使压板抵在所述缩颈表面,从而使连杆与主体形成转动连接,即连杆可以以所述缩颈为轴转动;所述连杆的另一端与固定在镜片外侧的中间体形成枢接,即连杆的另一端开有凹槽,在与所述凹槽垂直方向中间开有螺纹,所述连杆与中间体突出部通过螺丝连接,形成以螺丝为轴心的枢接结构,转动轴与枢接轴相垂直,枢接的结构也可以为其他常规的结构。"依据权利要求书及说明书,特别是实施例 8 的记载,涉案功能性特征的手段可以概括为:在连接机构主体与镜片的相对面上开有孔,将端头处制有缩颈的连杆插入该孔,并在与该孔成 90°的相邻面上开有螺纹孔,在螺纹孔内依次安装压板、微弹簧丝、螺钉,使压板两端分别抵住缩颈和微弹簧丝,从而使连杆与连接机构主体形成转动连接。该技术特征的功能和效果即为使连杆与连接机构主体之间具有固定角度卡止的功能,进而达到镜片与镜腿旋转定位准确、方便折叠扣合的效果。

其次,关于功能性特征的比对。《最高人民法院关于审理侵犯专利权纠纷案件应用法律若干问题的解释(二)》第八条第二款规定:"与说明书及附图记载的实现前款所称功能或者效果不可缺少的技术特征相比,被诉侵权技术方案的相应技术特征是以基本相同的手段,实现相同的功能,达到相同的效果,且本领域普通技术人员在被诉侵权行为发生时无需经过创造性劳动就能够联想到的,人民法院应当认定该相应技术特征与功能性特征相同或者等同。"该条确立了功能性特征的比对原则,即"等同的实施方式"的认定规则。本案中,被诉侵权产品相应技术特征系在连接机构与镜片相对面上开缩颈孔,将端头处制有缩颈的连杆插入该孔,并在与该孔成 90°的相邻面上另开有一孔,在该孔内依次安入微弹簧丝、压板,直接将缩颈安入缩颈孔。被诉侵权产品虽然在连接机构的主体上并无螺纹孔,亦不使用螺钉,与涉案权利要求 1 的上述争议技术特征的结构和连接关系存在一定区别,但其技术手段仍然是通过微弹簧丝使得压板与连杆的缩颈相抵,实现使连杆与连接机构主体之间可以固定角度卡止的功能,达到镜片与镜腿旋转定位准确、方便折叠扣合的效果,并且本领域普通技术人员在被诉侵权行为发生时,无须经过创造性劳动就能够联想到的不使用螺钉、螺纹孔,而是通过反向打孔,在孔内安入微弹簧丝、压板,通过微弹簧丝使得压板与连杆的缩颈相抵。二审法院认定被诉侵权产品中的连接机构与涉案专利的连接机构构成等同技术特征,被诉侵权产品落入涉案专利的保护范围并无不当。

最后,参照审查指南的相关规定,开拓性发明是指一种全新的技术解决方案,在技术史上未曾有过先例，它为人类科学技术在某个时期的发展开创了新纪元，本案中，鑫光商行在再审阶段亦提交一份台湾专利 TW585270U，主张其已经公开了涉案专利的大部分技术内容，二审法院将涉案专利权利要求 1 的可折叠成盒子的眼镜确定为开拓性发明，认定事实和适用法律均有不当，本院予以纠正。此外，虽然二审法院将涉案专利确定为开拓性发明有所不当，但经比对，该台湾专利 TW585270U 与涉案专利的技术内容、功能、效果均不同，对本案实体结论并无影响。故鑫光商行此再审申请理由亦不能成立。

思考与评论

功能性特征解释的基本原则，即“该功能或者效果的具体实施方式及其等同的实施方式”。也就是说，对功能性特征的解释结果既包括功能或效果的具体实施方式也包括与功能或效果等同的实施方式。功能性特征等同特征是“以基本相同的手段，实现相同的功能，达到相同的效果，且本领域普通技术人员在被诉侵权行为发生时无需经过创造性劳动就能够联想到的特征”。值得注意的是，功能性等同与等同侵权是不同的概念。功能性特征的等同侵权仍然是字面侵权而不是等同侵权。

案例 9-1-7　诺基亚诉华勤通讯专利侵权纠纷案*

原审法院经审理查明：诺基亚公司系名称为“选择数据传送方法”发明专利（专利号为：ZL200480001590.4，以下简称涉案专利）的专利权人。涉案专利于 2008 年 7 月 9 日获得授权。2012 年 5 月 31 日，中华人民共和国国家知识产权局专利复审委员会（以下简称专利复审委）针对华勤公司就涉案专利提出的无效宣告请求作出第 18676 号无效宣告请求审查决定书，宣告涉案专利权利要求 1、3、5、6、8、10 无效，权利要求 4 通过权利要求 3 引用权利要求 1 的技术方案、权利要求 9 通过权利要求 8 引用权利要求 6 的技术方案无效；维持权利要求 2、7 有效，权利要求 4 通过权利要求 3 引用权利要求 2 的技术方案、权利要求 9 通过权利要求 8 引用权利要求 7 的技术方案有效。

涉案专利权利要求 1 为：“一种用于在其中存在若干数据传送方法用于选择的电信系统中选择数据传送方法的方法，所述方法包括：基于从用户接收的输入，确定待传送的消息；检查涉及正在被输入或已经被输入的消息的至少一部分特性信

* 上海市高级人民法院（2013）沪高民三（知）终字第 96 号。

息;以及选择在预定选择条件下与所述消息的特性信息相关联的数据传送方法,以便传送所述消息,其特征在于:所述特性信息是下列信息之一:信息类型,其指定所述消息中输入的和/或为所述消息选择的信息的格式;接收方的标识符;接收方标识符的类型。”

涉案专利权利要求2为:“如权利要求1所述的方法,其特征在于:将所述方法应用于终端设备中用于输入消息的消息编辑器;基于在所述消息编辑器中执行的所述数据传送方法的选择,将所述消息传送到支持所选择的数据传送方法的数据传送应用程序;以及根据所述数据传送应用程序所使用的数据传送协议,将所述消息传送到电信网络。”

涉案专利权利要求6为:“一种终端设备,被配置为基于从用户接收的输入来确定待传送的消息,所述终端设备还被配置为:检查涉及正在被输入或已经被输入的消息的至少一部分特性信息;以及所述终端设备被配置为:为了传送所述消息,选择在预定选择条件下与所述消息的特性信息相关联的数据传送方法,其特征在于:所述特性信息是下列信息之一:信息类型,其指定所述消息中输入的和/或为所述消息选择的信息的格式;接收方的标识符;接收方标识符的类型。”

涉案专利权利要求7为:“如权利要求6所述的终端设备,其特征在于:所述终端设备被配置为:将所述数据传送方法选择应用于用于输入消息的消息编辑器;所述终端设备被配置为:基于在所述消息编辑器中执行的所述数据传送方法的选择,将所述消息传送到支持所选择的数据传送方法的数据传送应用程序;以及所述终端设备被配置为:根据所述数据传送应用程序所使用的数据传送协议,将所述消息传送到电信网络。”

本院认为,本案的主要争议焦点为:

1. 涉案专利权利要求7是否包含功能性技术特征。

2. 根据涉案专利说明书及附图描述的实施方式,是否能够确定权利要求7的保护范围。

关于争议焦点1,本院认为,根据《专利法》第五十九条第一款的规定,发明或者实用新型专利权的保护范围以其权利要求的内容为准,说明书及附图可以用于解释权利要求的内容。根据《最高人民法院关于审理侵犯专利权纠纷案件应用法律若干问题的解释》第二条的规定,人民法院应当根据权利要求的记载,结合本领域普通技术人员阅读说明书及附图后对权利要求的理解,确定专利法第五十九条第一款规定的权利要求的内容。本案中,涉案专利权利要求7包含功能性技术特征,理由如下:第一,功能性技术特征,是指对于产品的结构、部件、组分或其之间的关系或者方法的步骤、条件或其之间的关系等,通过其在发明创造中所起的作用、功能或者效果进行限定的技术特征,但本领域普通技术人员通过阅读权利要求书、说明书和附图可以直接、明确地确定技术内容的技术特征除外。第二,根据涉案专利权利要求书及说明书的记载,涉案专利权利要求1及权利要求2要求保护的是一种在电信系统中选择数据传送方法的方法,而权利要求7要求保护的是一种能够实现或执行上述方法的终端设备。涉案专利权利要求7采取了在方法权利要求对应的每一个步骤特征前附加“被配置为”的撰写方式来表征其所限定的相关技术特征,而“被配置为”在文意上应当被理解为使该设备、部件能够实现或达到其所限定的执行某一步骤的功能或效果,因此,涉案专利权利要求7的技术特征均属于使用功能性词语限定的技术特征。第三,对于权利要求中使用功能性词语限定的技术特征,如果通过阅读权利要求书和说明书及附图,对该技术特征的理解,与本领域普通技术人员的通常理解一致,能够明了该技术特征所体现的功能或者效果是如何实现的,在这种情况下,按照通常理解确定该技术特征的内容即可,该技术特征不属于功能性技术特征,反之,则属于功能性技术特征。第四,虽然诺基亚公司认为,权利要求7的文字描述并未超出本领域普通技术人员的通常理解范围,本领域普通技术人员能够明了每一个“被配置为”的技术特征是如何实现的,其结构是如何改进的,但是,诺基亚公司同时主张涉案专利权利要求7中限定的“消息编辑器”是其与现有技术的主要区别所在。因此,诺基亚公司也认为,至少对于“消息编辑器”的理解,其与本领域普通技术人员的通常理解并不一致,也不存在能够实现该技术特征所体现的功能或者效果的惯常技术手段。综上,涉案专利权利要求7的技术特征5仅表述了该特征所要实现的功能,且本领域普通技术人员通过阅读权利要求书、说明书和附图亦不能直接、明确地确定该技术特征的技术内容。因此,涉案专利权利要求7中包含功能性技术特征。

关于争议焦点2,本院认为,根据《最高人民法院关于审理侵犯专利权纠纷案件应用法律若干问题的解释》第四条的规定,对于权利要求中以功能或者效果表述的技术特征,人民法院应当结合说明书和附图描述的该功能或者效果的具体实施方式及其等同的实施方式,确定该技术特征的内容。涉案专利说明书第6~9页分别记载了如下内容:“图3说明根据实施例用于选择数据传送方法的方法,图中的方法具体应用于移动台MS;根据实施例应用于消息编辑器ED”,“图4a说明根据实施例如何使用选择条件,所述选择条件确定要用于不同信息类型的数据传送方法”,“图4b说明根据另一个实施例如何使用选择条件,所述选择条件确定要用于接收方标识符类型的数据传送方法”,“图4a和图4b中所示的实施例可以应用于消息编辑器 ED"。根据上述记载，并结合涉案专利说明书中的图 3、图 4a、图 4b 以及对应于相关附图所作的具体描述，可以明确涉案专利说明书结合图 3、图 4a、图 4b所公开的实施例均是针对方法、步骤、功能所作的描述。涉案专利说明书仅简单陈述了上述方法步骤可以应用于移动台 MS 或者应用于消息编辑器 ED，并说明可以通过软件、硬件或软硬件结合的解决方案来实施所述创新手段，但是说明书及附图中并没有关于如何将上述方法步骤应用至终端设备或消息编辑器的具体技术手段的描述。也就是说，说明书及附图中没有记载终端设备、消息编辑器"被配置为"实现相应功能的具体实施方式，故依据前述《最高人民法院关于审理侵犯专利权纠纷案件应用法律若干问题的解释》第四条的规定，不能确定涉案专利权利要求 7 中以"被配置为"所限定的技术特征 5 的内容，进而也无法确定涉案专利权利要求 7 的保护范围。

由于涉案专利权利要求 7 包含功能性技术特征，且结合涉案专利说明书及附图仍然不能确定权利要求 7 的保护范围，故无论被控侵权产品的技术方案如何，上诉人诺基亚公司的侵权指控均不能成立。

上诉人上诉称，一审判决关于涉案专利权利要求 7 属于功能性技术特征的认定错误，涉案专利权利要求 7 的内容不应当被认定为功能性技术特征。对此，本院认为，本院已在上文详细阐述，涉案专利权利要求 7 采取在方法权利要求对应的每一个步骤特征前附加"被配置为"的撰写方式来表述其所限定的技术特征，该些技术特征均属于使用功能性词语限定的技术特征。且本领域普通技术人员通过阅读涉案专利权利要求书、说明书和附图，并不能直接、明确地确定前述技术特征 5 的技术内容。故涉案专利权利要求 7 中包含有功能性技术特征。上诉人诺基亚公司的这一上诉理由不能成立，本院不予支持。

上诉人上诉称，一审判决关于涉案专利权利要求 7 的保护范围不能确定的认定错误，由前述 7 个技术特征所限定的权利要求 7 的保护范围是可以确定的。对此，本院认为，涉案专利权利要求 2 要求保护的方法和权利要求 7 要求保护的实施该方法的装置，在技术上具有关联性，但是两者的保护对象以及保护范围应当是不同的。在撰写方式上，涉案专利权利要求 7 的技术特征仅仅是在其所对应的方法权利要求的每一个步骤前加上"被配置为"而组成。然而，涉案专利说明书中披露的具体实施例又均是针对方法步骤所作的具体描述，而对于装置、消息编辑器如何"被配置为"并未描述具体的实施方式。诺基亚公司认为根据说明书的描述，本领域普通技术人员可以清楚地知道，要实现权利要求 7 描述的"被配置为"的步骤，可以通过软件、硬件或软硬件结合的方式来实施。但是，本院已在上文详细阐述，涉案专利说明书中并未记载实现权利要求7描述的装置、消息编辑器“被配置为”的步骤的具体实施方式,也不存在本领域普通技术人员所熟知的能够实现该技术特征所体现的功能或者效果的惯常技术手段,故依据《最高人民法院关于审理侵犯专利权纠纷案件应用法律若干问题的解释》第四条的规定,不能确定涉案专利权利要求7中技术特征5的技术内容,进而也无法确定涉案专利权利要求7的保护范围。因此,上诉人诺基亚公司的这一上诉理由不能成立,本院不予支持。

上诉人上诉称,一审判决对装置发明本身所谓的“贡献”的认定是错误的。对此,本院认为,涉案专利说明书中的具体实施例均是针对方法步骤等所作的具体描述,虽然说明书图2披露了移动台MS的具体装置结构,但图2亦未体现该移动台MS的结构与现有装置结构的区别所在。而涉案专利权利要求7要求保护的是一种终端设备。原审法院并未对涉案专利权利要求7的创造性进行评判,原审法院仅是认为涉案专利说明书应当进一步说明装置“被配置为”的具体实施方式,从而能够在说明书中体现权利要求7要求保护的装置相对于现有装置的技术贡献。故上诉人诺基亚公司的这一上诉理由不能成立,本院不予支持。

上诉人上诉称,原审法院在适用《最高人民法院关于侵犯专利权纠纷案件应用法律若干问题的解释》第四条的时候,并未结合该司法解释第二条来适用,在适用法律的顺序上存在错误,属适用法律错误。对此,本院认为,本院已在上文详细阐述了涉案专利权利要求7包含功能性技术特征,且结合涉案专利说明书和附图的描述不能确定权利要求7的保护范围。专利复审委的专利有效性审查程序,与人民法院的专利侵权民事诉讼程序,是两种不同的法律程序,两者解决的问题不同,所涉的证据材料亦不完全相同。专利复审委在无效宣告请求审查决定中是对涉案专利的有效性进行审查,而原审法院并未对涉案专利的有效性进行评判。原审法院根据《专利法》以及《最高人民法院关于侵犯专利权纠纷案件应用法律若干问题的解释》的相关规定对涉案专利权利要求7的保护范围进行解释和认定,并无不当。故上诉人诺基亚公司的这一上诉理由不能成立,本院不予支持。

思考与评论

本案中上海市高级人民法院认为,功能性技术特征,是指对于产品的结构、部件、组分或其之间的关系或者方法的步骤、条件或其之间的关系等,通过其在发明创造中所起的作用、功能或者效果进行限定的技术特征,但本领域普通技术人员通过阅读权利要求书、说明书和附图可以直接、明确地确定技术内容的技术特征除外。这与《最高人民法院关于审理侵犯专利权纠纷案件应用法律若干问题的解释(二)》所界定的功能性特征存在一定的差异。上述司法解释规定,功能性技术特征是指对于结构、组分、步骤、条件或其之间的关系等，通过其在发明创造中所起的功能或者效果进行限定的技术特征，但本领域普通技术人员仅通过阅读权利要求即可直接、明确地确定实现上述功能或者效果的具体实施方式的除外。你如何看待这种差异？

上海市高级人民法院认为，对于权利要求中使用功能性词语限定的技术特征，如果通过阅读权利要求书和说明书及附图，对该技术特征的理解，与本领域普通技术人员的通常理解一致，能够明了该技术特征所体现的功能或者效果是如何实现的，在这种情况下，按照通常理解确定该技术特征的内容即可，该技术特征不属于功能性技术特征，反之，则属于功能性技术特征。请问，此种情况下，如果使用功能性词语的技术特征不构成功能性技术特征，其保护范围是功能、实施方式还是其他？

本案中，一审法院认为，鉴于诺基亚公司专利权利要求 7 的保护范围不能确定，无需亦无法就华勤公司是否实施了诺基亚公司专利进行确定，自不应判定华勤公司构成侵权。有人认为，经过实质审查和无效程序确认符合专利法和专利审查指南规定的专利权，却被法院认定不能确定保护范围，无需进行侵权对比，直接认定侵权不成立，这相当于变相架空甚至剥夺了该项财产权利。你如何看待？请阅读以下案例思考权利解释中的不确定性。

案例 9-1-8　塞伯股份有限公司与浙江爱仕达电器股份有限公司侵害发明专利权纠纷上诉案*

法院认为，依据涉案专利权利要求 1 的记载可知，“锁定/解锁系统”由“安全阀、具有控制底部的安全销、由闭锁凸缘和闭锁抵对凸缘构成的安全销闭锁装置、设置在锅手柄上的触发装置、凹槽、由保持边缘、致动装置等构成的用于安全打开的控制装置”等部件组成，其中，对“安全销的闭锁装置”限定为：该装置“能够使安全销停止在第二停止位置，其一方面包括闭锁凸缘，安装成在安全销上并在静止位置和受压位置之间弹性移动，且另一方面包括闭锁抵对凸缘，设置在盖子手柄上，所述闭锁凸缘和所述闭锁抵对凸缘旨在在其中所述闭锁凸缘处于其静止位置的状态下相互配合，从而确保安全销保持在其第二停止位置”。但前述对闭锁装置的描述并未涉及详细的结构表达，只是以效果或功能加以表述。

---

* 浙江省高级人民法院民事判决书(2013)浙知终字第 59 号。

对此,《最高人民法院关于审理侵犯专利权纠纷案件应用法律若干问题的解释》第四条规定,对于权利要求中以功能或者效果表述的技术特征,人民法院应当结合说明书和附图描述的该功能或者效果的具体实施方式及其等同的实施方式,确定该技术特征的内容。结合涉案专利说明书及附图,可以发现,涉案专利所描述的"闭锁凸缘"和"闭锁抵对凸缘"是平行于径向滑动方向的两个平面相对于活动方向垂直伸出的凸起物,分别具有锁定面和锁定对面、复位面和复位对面,两者为抵对扣接式的配合工作结构,通过作为闭锁凸缘上工作面的锁定面与闭锁抵对凸缘的锁定对面的相对接合以防止安全销移动;而通过触发装置触碰高出手柄平面的抵对凸缘的下工作面,以实现两凸缘之间的分离,使安全销的控制底部受力推动,伸入锅手柄上设置的凹槽,以实现锅盖与锅体的锁闭。

而被诉侵权产品的安全销的闭锁装置具有如下结构和工作方式:其包括闭锁凸缘和手柄平面上设置的内凹贯通缺口,闭锁凸缘与锅盖手柄处于同一平面,因闭锁凸缘受到指向锅中心的力的作用到达凹槽,凸缘伸入凹槽,达到凸缘的静止位置,以此限制安全销的位移;而通过L型触发条触碰闭锁凸缘,使闭锁凸缘与凹槽分离,控制底部受弹簧回复力的作用移至凹槽,同时缺口一侧设置的竖条与L型触发条的一边相互挡接,实现锅盖与锅体的锁合。

法院认为,因专利文件已对"闭锁抵对凸缘"作出明确界定,且并未揭示可以采用"闭锁抵对凸缘"以外的其他手段与"闭锁凸缘"相配合。由于实现涉案专利所设定的功能和效果有多种结构组合方式,并非只要与"闭锁凸缘"存在配合关系、对安全销起到锁定作用的部件均可为"闭锁抵对凸缘"所涵盖,否则就会不适当扩大涉案专利权的保护范围,损害社会公众的利益。就被诉侵权产品而言,其手柄上设置的内凹贯通缺口虽系对专利限定的"闭锁抵对凸缘"在一定程度上的替换,但内凹贯通缺口显然并非平面凸起物,不能为"闭锁抵对凸缘"所涵盖,内凹贯通缺口与闭锁凸缘的配合,实为一种缺口插入式锁合装置,与涉案专利所限定的"闭锁凸缘"和"闭锁抵对凸缘"组合形成的"闭锁装置"相比,两者在产品结构、技术手段、技术目的与效果方面存在明显区别:一是被诉侵权产品手柄上的贯通缺口位置可容纳闭锁凸缘,该闭锁凸缘未高出手柄平面,不易发生闭锁凸缘的错位移出,且无论安全销位于第一或第二停止位置,均能实现盖与锅的完全锁合,而涉案专利中若因错误操作使闭锁凸缘和闭锁抵对凸缘脱离则致锅盖难以关合;二是锅盖与锅体锁合时,除了通过锅手柄上设置的凹槽来限位控制底部,进而控制锅盖与锅体的相对旋转之外,通过缺口一侧竖条的设置,与L形触发装置的一边相配合,实现双重限位。

在涉案专利说明书及附图未给出与被诉侵权产品"内凹贯通缺口与闭锁凸缘的配合"相类似技术方案的情形下，结合被诉侵权产品中的闭锁凸缘与内凹贯通缺口的配合与涉案专利的闭锁凸缘和闭锁抵对凸缘配合在技术手段、技术目的与效果方面等差异，此种替换显然并非本领域的普通技术人员无须经过创造性劳动所能够联想到的。故被诉侵权产品中的闭锁凸缘与内凹贯通缺口的配合相对于涉案专利的闭锁凸缘和闭锁抵对凸缘配合不属于技术特征的等同替换。

因被诉侵权产品所设置的内凹贯通缺口及其与闭锁凸缘的配合关系，与涉案专利权利要求1所限定的"闭锁抵对凸缘"及其与闭锁凸缘的配合关系不相同亦不等同，且被诉侵权产品与涉案专利在"盖和盖手柄相对于锅和锅手柄是否能自由旋转"方面同样存在一定差异，故被诉侵权产品不具备涉案专利权利要求1所限定的全部必要技术特征，不落入涉案专利权的保护范围，鉴于此，爱仕达公司、家乐福公司的涉案被诉侵权行为不构成专利侵权。

10. 考虑发明目的

发明的目标是否对权利要求具有限定作用呢？北京市高级人民法院《专利侵权判定指南(2017)》规定，如果说明书中对自定义词没有明确定义的，应当根据说明书中与该自定义词相关的上下文加以理解，将其解释为最符合发明目的的含义。从上述规定来看，北京市高级人民法院认为，在某种条件下发明目的对权利要求具有限定作用。

案例9-1-9　王群与上海世博会法国馆等侵犯发明专利权纠纷上诉案*

一审审理查明：

中华人民共和国国家知识产权局于2006年4月5日授予原告名称为"高架立体建筑物"的发明专利权，该专利申请日为2004年4月19日，专利号为zl200410033851.2。

原告在本案中主张其要求保护的权利范围为权利要求4、5、6、7。该专利权利要求如下：

"1. 一种高架立体建筑物，建设在地基上，其特征在于：每组高架立体建筑物由空间支架和支撑在空间支架上的房屋单元构成；固接于地基的空间支架四周空间及表面布置有若干房屋单元；该空间支架有连接地面的交通设施，该空间支架的顶面为道路；

* 上海市高级人民法院(2010)沪高民三(知)终字第83号。

所述空间支架为支撑于地基上的螺旋体通道,该螺旋体通道呈螺旋形盘旋上升,其下端连接地面道路构成连接地面的交通设施;

所述空间支架四周及表面布置的房屋单元为固定布置或能移动的布置。”

“4. 如权利要求 1 所述的高架立体建筑物,其特征在于:所述空间支架的连接地面的交通设施还包括垂直于地面的电梯、斜置滚梯及螺旋上升楼梯中的一种或其结合。”

“5. 如权利要求 1 所述的高架立体建筑物,其特征在于:所述空间支架的连接地面的交通设施还有垂直地面设置的交通设施。”

“6. 如权利要求 1 所述的高架立体建筑物,其特征在于:在所述空间支架与地基之间设置有支撑架,该支撑架为立柱、斜柱、金属网架、金属桁架、墙体中的一种或其结合。”

“7. 如权利要求 1 所所述的高架立体建筑物,其特征在于:所述空间支架的顶面四周还间杂设置有停车场、商业区、娱乐设施、绿化带的一种或结合。”

该发明专利的说明书第 1 页记载:“现有的单层或多层建筑都是沿地面布置在建设用地上的,单位建设用地面积上能建设的建筑面积不多;高层虽然在单位建设用地面积上能建设的建筑面积较多,但建筑相对封闭,人与自然、人与人之间的交流性较差,舒适度较差。”

该发明专利的说明书第 2 页还记载:“本发明有以下积极有益的效果:本发明将房子布置在空间支架的四周空间,能在单位建设用地面积上建设较多的建筑面积,节约用地,同时改善居住交流性和舒适度,并且交通工具可直接到达各户门口。”

同时,法国馆建筑物在其由纵横交错的横梁支撑的坡道表面布置有若干房间,这些房间未占用坡道的四周空间。

上海市高级人民法院二审认为:涉案从属权利要求 4 的保护范围由该从属权利要求引用的独立权利要求 1 记载的全部技术特征加上该从属权利要求附加的技术特征共同限定。同理确定涉案从属权利要求 5、6、7 的保护范围。

权利要求 1 中记载有“空间支架四周空间及表面布置有若干房屋单元……空间支架的顶面为道路”。根据王群在二审庭审中的陈述,“表面”与“顶面”之间的关系是上位概念与下位概念之间的关系,空间支架的“表面”包括“顶面”,“顶面”指专利说明书附图 101 所示及向上延伸部分;再结合涉案专利说明书(包括附图)以及王群在专利授权审查过程中所作陈述“空间支架不仅可以作为车道使用,还可以作为房屋单元移动时的路径使用”,权利要求 1 中技术特征“空间支架四周空间及表面布置有若干房屋单元”应当被解释为“空间支架顶面及向上延伸合理高度以外的四周空间及表面布置有若干房屋单元，房屋单元的主体不设置在空间支架顶面上及向上延伸的合理高度内”。这样的解释才能够与权利要求1中记载的“空间支架的顶面为道路”相协调，也才能够与“空间支架（实指空间支架顶面）不仅可以作为车道使用，还可以作为房屋单元移动时的路径使用”的陈述相符。这样的解释也符合涉案发明专利说明书对其发明目的的描述，使得依照专利技术方案建造的高架立体建筑物，能在单位建设用地面积上建设较多面积建筑的同时，改善居住交流性和舒适度。空间支架顶面（包括及向上延伸的合理高度内）作为道路与作为房屋单元移动时的路径（不管房屋单元是固定或者可移动，房屋单元的主体不设置在空间支架顶面上），如此可以改善居住交流性和舒适度；在空间支架顶面及向上延伸合理高度以外的四周空间及表面布置房屋单元，如此可以在单位建设用地面积上建设较多面积的建筑，节约用地。

法国馆建筑物内的房间均设置在坡道的表面，而未延伸至坡道的四周空间。用涉案专利发明的术语来表述就是法国馆建筑物的房屋单元均是布置在空间支架的顶面（更准确地说是布置在顶面及向上延伸的空间内），空间支架的顶面一部分用于布置房屋单元，一部分用作道路。即使如王群所主张，法国馆建筑物餐厅房屋单元有部分已经“延伸”至空间支架的外围空间，但组成法国馆建筑物的房屋单元在实质上、总体上仍是布置在空间支架顶面上的，这与权利要求1的相应技术特征“空间支架顶面及向上延伸合理高度以外的四周空间及表面布置有若干房屋单元，房屋单元的主体不设置在空间支架顶面上及向上延伸的合理高度内”存在本质区别，两者既不相同，也不等同。由于已经认定法国馆建筑物缺少权利要求1中一项技术特征，故法国馆建筑物的技术方案也就不可能落入从属于权利要求1的权利要求4、5、6、7的保护范围。

涉案专利说明书明确记载其高架立体建筑物的发明目的是节约用地，能在单位建设用地面积上建设较多面积建筑的同时，改善居住交流性和舒适度。原审判决认定在坡道表面设置房间的法国馆建筑物不足以实现涉案专利文件中所描述的拓展建筑空间的功能和效果，不能实现涉案专利的发明目的，并无不当。法国馆建筑物的建造方式有可能改善房屋交流性和舒适度，但并不能在单位建设用地面积上建设较多面积建筑（因为其并没有在空间支架顶面及向上延伸以外的四周空间及表面布置房屋单元）。涉案专利的发明目的是在单位建设用地面积上建设较多面积建筑，并同时改善居住交流性和舒适度，两者同时满足，缺一不可。这也是恰当地解释权利要求1中技术特征“空间支架四周空间及表面布置有若干房屋单元”的事实依据之一。

思考与评论

在专利侵权诉讼中，当用说明书解释权利要求时，说明书中描述的发明目的对权利要求的解释有重要作用。如果说明书描述的发明目的没有被其他证据推翻，权利要求的解释应当符合说明书对发明目的的描述。如果说明书描述的发明目的被其他证据推翻，则需根据相应证据重新认定最接近的现有技术，进而重新确定发明的目的，对权利要求的解释应当符合该重新确定的发明目的。《最高人民法院关于审理侵犯专利权纠纷案件应用法律若干问题的解释（二）（公开征求意见稿）》第六条规定，人民法院对于权利要求的解释，应当符合专利的发明目的。被诉侵权技术方案具有专利所要克服的现有技术的缺陷的，人民法院应当认定其未落入专利权的保护范围。你认为是否在所有领域，发明目的都能限制专利权利要求的内容？

11. 封闭式与开放式权利要求解释

封闭式权利与开放式权利要求具有不同的撰写与解释方法。采用“由……组成”表达方式的权利要求为封闭式权利要求，一般应解释为不含有权利要求所述以外的结构组成部分或方法步骤。医药、化学领域中涉及组分的封闭式权利要求是基于每个组分各自的特性而共同发生作用，无需其他物质即可产生特定的技术效果，但中药组合物权利要求除外。

案例 9-1-10 胡小泉与山西振东泰盛制药有限公司、山东特利尔营销策划有限公司医药分公司侵犯发明专利权纠纷案*

涉案专利有两项权利要求，其权利要求的内容为：

“1. 关于注射用三磷酸腺苷二钠氯化镁冻干粉针剂生产方法，其特征在于：它包括下列步骤：取三磷酸腺苷二钠 100 重量份与氯化镁 32 重量份加 400 重量份水搅拌制成混合溶液；用 0.1% 氢氧化钠溶液调该混合溶液 pH 值到 4.5～7.0；再向该混合溶液中加 600 重量份水混匀，将上述混合溶液用微孔滤膜过滤，经滤膜起泡点检验和内毒素检验后，灌装于每个药瓶中；然后药瓶半加塞，将药瓶放入冷冻干燥箱中，待瓶中制品降到 -35℃ 后保持 3 小时；降低冷凝器温度至 -60℃，抽真空至 10Pa 以下后，通过隔板给瓶中制品加温使冻结产品的温度升至 -20℃，保持 5 小时；继续加热升温至 25℃，保温 5 小时；最后药瓶压塞，轧铝盖制成注射用三磷酸腺

* 最高人民法院（2012）民提字第 10 号。

苷二钠氯化镁冻干粉针剂。

2. 一种注射用三磷酸腺苷二钠氯化镁冻干粉针剂，其特征是：由三磷酸腺苷二钠与氯化镁组成，二者的重量比为100mg:32mg。”

（一）如何确定封闭式权利要求的保护范围

泰盛公司和特利尔分公司主张，涉案专利权利要求2采用了“由……组成”的撰写方式，原再审判决将涉案专利权利要求2认定为封闭式权利要求正确，但对封闭式权利要求保护范围的确定与现行法律规定及实践相悖。胡小泉则主张，对封闭式权利要求的解释，不能纯粹依据《专利审查指南》关于组合物的开放式权利要求和封闭式权利要求的规定进行。

对于封闭式权利要求及其解释规则，我国专利法及专利法实施细则没有明确规定，相关规定主要体现于国家知识产权局制定的部门规章《专利审查指南》之中。涉案专利的申请日为2004年7月21日，对涉案专利申请的审查适用2001年版《专利审查指南》的相关规定。

2001年版《专利审查指南》第二部分第十章“关于化学领域发明专利申请审查的若干规定”中第3.2.1节“开放式、封闭式及它们的使用要求”规定：

“组合物权利要求应当用组合物的组分或者组分和含量等组成特征来表征。组合物权利要求有开放式、封闭式及半开放式三种表达方式。开放式表示组合物中并不排除权利要求中未指出的组分；封闭式则表示组合物中仅包括所指出的组分而排除所有其他的组分；半开放式介于两者之间。这三种表达方式的保护范围不同。常用措词如下：

（1）开放式，例如‘含有’‘包括’‘包含’‘基本含有’‘本质上含有’等，这些都表示该组合物中还可以含有权利要求中所未指出的某些组分，即使其在含量上占较大的比例。

（2）封闭式，例如‘由……组成’‘组成为’‘余量为’等，这些都表示要求保护的组合物由所指出的组分组成，没有别的组分，但可以带有杂质，该杂质只允许以通常的含量存在。

（3）半开放式，即‘基本’一词与封闭式的词连用，例如‘基本上由……组成’‘基本组成为’，采用这种方式表达的权利要求的保护范围介于开放式与封闭式之间。它使封闭式的权利要求只是向着这样一些未指出的组分开放，这些组分可以是任何含量，但必须是那些对所指出的组分的基本特性或者新的特性没有实质上影响的组分。

（4）‘主要’一词与封闭式的词连用时，即‘主要由……组成’‘主要组成为’，其含义为开放式。”

关于上述内容,1993 年版《专利审查指南》亦作基本相同之规定。2006 年修订《专利审查指南》时,删除了第二部分第十章“关于化学领域发明专利申请审查的若干规定”中与半开放式权利要求相关的规定,并将原来半开放式权利要求的几种表达方式归入到开放式权利要求中,但对于封闭式权利要求的规定未作修改;同时在权利要求的一般性规定,即《专利审查指南》第二部分第二章第 3.3 节“权利要求的撰写规定”中,增加了开放式权利要求和封闭式权利要求的规定,即“通常,开放式的权利要求宜采用‘包含’‘包括’‘主要由……组成’的表达方式,其解释为还可以含有该权利要求中没有述及的结构组成部分或方法步骤。封闭式的权利要求宜采用‘由……组成’的表达方式,其一般解释为不含有该权利要求所述以外的结构组成部分或方法步骤。”

从上述内容可以看出,对于开放式权利要求、封闭式权利要求的典型限定方式及其解释规则,《专利审查指南》的规定是一以贯之的。《专利审查指南》的相关规定既不存在与专利法、专利法实施细则相抵触的情形,亦符合国际通行做法。此外,通过长期的专利法实践,开放式权利要求与封闭式权利要求的撰写方式和解释规则业已为业界认识和接受。

《专利审查指南》之所以将权利要求划分为开放式和封闭式两种表达方式,并总结了这两种权利要求所使用的不同措词,是为了满足专利申请人申请专利时通过使用不同含义的措词界定专利权保护范围的现实需求。一般来说,在机械领域发明或者实用新型技术方案中增加一个结构技术特征,并不会破坏原技术方案的发明目的,因此,机械领域发明或者实用新型专利申请文件中权利要求的撰写较多采用开放式表达方式,除非在要素省略发明等少数情况下可能采取封闭式表达方式,从而将被省略的要素排除在专利权保护范围之外。相反,由于化学组分的相互影响,在化学领域发明技术方案中增加一个组分,往往会影响原技术方案的发明目的的实现。因此,化学领域发明专利申请文件中权利要求的撰写有采用封闭式表达方式的较大需求。

根据《专利审查指南》中有关开放式、封闭式权利要求的具体规定可知,这两种权利要求由于使用措词的含义不同,其保护范围也不同,由此也决定了在实质审查中获得授权难度的不同。开放式权利要求的保护范围较大,但在实质审查中更容易受到有关“新颖性”“创造性”或者“权利要求得不到说明书的支持”等方面的质疑,增加了获得授权的难度;与此相反,封闭式权利要求更容易通过实质审查获得授权,但其授权后的保护范围较相应的开放式权利要求小。

《专利审查指南》是国家知识产权局制定并公布、施行的部门规章，是国务院专利行政部门在专利授权、确权程序中对专利申请或者专利进行审查的依据，同时也是专利申请人或者专利权人撰写和修改专利申请文件或者专利文件的指引，更是社会公众理解授权专利权利要求的重要依据。专利申请人或者专利权人在撰写和修改专利申请文件之初，应当了解《专利审查指南》的相关规定，并根据《专利审查指南》的相关规定和其发明创造的实际情况选择适当的撰写方式。审查员在审查过程中也应当根据《专利审查指南》的相关规定对不同的权利要求予以区分和进行审查。

当专利权利要求被授权以后，在《专利审查指南》相关规定的指引下，社会公众将根据该规定和专利权利要求的用语来判断专利权的保护范围，进而决定采取何种经营策略。为维护社会公众的信赖，在专利侵权诉讼程序中确定专利权的保护范围时，一般应当尊重专利授权程序中适用的《专利审查指南》相关规定和专利权利要求的用语，即与专利授权程序采取一致的解释立场，除非上述相关规定违背了专利法和其他法律、行政法规的规定和精神。

如果专利权人在专利授权程序中出于各种原因未能恰当地选择权利要求的撰写方式，选择了保护范围相对较小的封闭式权利要求，从而导致其获得授权的权利要求没有其预想的保护范围大，那么，专利权人只能接受这种后果。也就是说，在授权以后的专利侵权诉讼程序中，如果专利权人主张其封闭式权利要求并未排除其他未限定的组成部分，该主张违背社会公众根据《专利审查指南》和权利要求的用语对封闭式权利要求作出的解释，应当不予支持。更深层次的理由在于，在有充分的机会主张更宽保护范围的权利要求而没有这么做的专利权人与更为普遍的社会公众之间，应当由专利权人承担未能为其发明或者实用新型确定更有利的权利要求表达方式的代价。

综上，为了维护社会公众对专利权利要求保护范围的信赖，在专利侵权诉讼程序中确定专利权的保护范围时，对于封闭式权利要求，一般应当解释为不含有该权利要求所述以外的结构组成部分或者方法步骤。上述解释与自 1993 年以来的《专利审查指南》的明确规定和长期的专利法实践保持了一致，也是对社会公众基于相关规定业已形成的稳定预期的尊重，有利于维护权利要求解释规则的确定性和可预见性。此外，上述解释规则看似严格，但并不会对专利权人的利益造成损害，专利权人在申请专利时可以根据具体情况在开放式、封闭式、活性成分封闭、部分封闭等多种方式中选择恰当的撰写方式，从而获得恰当的保护范围。因此，上述解释规则能够合理平衡专利权人与社会公众的利益。

思考与评论

封闭式权利要求的保护范围应是权利要求所涵盖的全部技术特征,如果被诉侵权技术方案在包含封闭式组合物权利要求全部技术特征的基础上增加其他技术特征的,人民法院应当认定被诉侵权技术方案未落入专利权的保护范围,但该增加的技术特征属于不可避免的常规数量杂质的除外。而封闭式组合物权利要求,一般不包括中药组合物权利要求。

案例 9-1-11 北京世纪联保消防新技术有限公司与山西中远消防设备有限公司等发明专利权无效行政纠纷提审案*

本专利是于2008年1月9日授权公告的、名称为"脉冲超细干粉自动灭火装置"的发明专利,其专利号是02123866.9,申请日是2002年7月5日,专利权人是世纪联保公司,本专利授权公告的权利要求书如下:

"1. 脉冲超细干粉自动灭火装置,含有启动器和内装超细干粉灭火剂(冷气溶胶灭火剂)的壳体,其特征在于,它含有:壳体,它包括:外壳、装在外壳内的粒度在30μm以下的超细干粉灭火剂及壳体喷口密封用的铝膜;传导速度大于0.5m/s的启动器,它包括:由燃点大于或等于135℃、并对火焰或温度敏感的热敏线和套在热敏线外的套管组成的启动组件,由靠螺母和贯穿着热敏线的穿孔螺栓紧压在壳体内侧的铝板、与热敏线接触的产气剂和扣压在铝板上用以包住产气剂的非金属薄膜共同组成的产气组件。

2. 根据权利要求1所述的脉冲超细干粉自动灭火装置,其特征在于:所述的壳体是碗形、圆筒形、半球形、双球形、锥形或葫芦形中的任何一种。

3. 根据权利要求1所述的脉冲超细干粉自动灭火装置,其特征在于:所述的超细干粉灭火剂的粒度在20μm以下。

4. 根据权利要求1所述的脉冲超细干粉自动灭火装置,其特征在于:所述的产气剂粒度小于或等于83μm。

5. 根据权利要求1所述的脉冲超细干粉自动灭火装置,其特征在于:所述的启动组件传导速度大于0.5m/s,且制备过程安全。"

……

* 最高人民法院行政判决书(2012)行提字第20号。

(一)本专利权利要求1是否属于开放式权利要求

2001年版《专利审查指南》仅在第二部分第十章"关于化学领域发明专利申请审查的若干规定"中第3.2.1节规定了开放式、封闭式及半开放式三种表达方式。开放式表示组合物中并不排除权利要求中未指出的组分,封闭式则表示组合物中仅包括所指出的组分而排除所有其他的组分,半开放式介于两者之间。这三种表达方式的保护范围不同。其中,"含有""包括"为开放式表达方式的常用措词。鉴于开放式和封闭式权利要求在其他领域也有普遍适用性,且半开放式权利要求保护范围的判断方法与开放式权利要求的判断方法在实际操作中相同,2006年版《专利审查指南》第二部分第十章"关于化学领域发明专利申请审查的若干规定"删除了半开放式权利要求的相关规定,并将原来的半开放式权利要求的几种表达方式归入开放式权利要求中,同时在权利要求的通用章节即第二部分第二章第3.3节"权利要求的撰写规定"中,增加了开放式权利要求和封闭式权利要求的规定,即开放式的权利要求宜采用"包含""包括""主要由……组成"的表达方式,其解释为还可以含有该权利要求中没有述及的结构组成部分或方法步骤;封闭式的权利要求宜采用"由……组成"的表达方式,其一般解释为不含有该权利要求所述以外的结构组成部分或方法步骤。

本专利申请日为2002年7月5日,授权公告日为2008年1月9日。因此,本专利的审查应当适用2001年版《专利审查指南》。根据2001年版《专利审查指南》,开放式与封闭式、半开放式权利要求的表达方式仅适用于化学领域发明专利。但是,开放式、封闭式权利要求的常用措词本身是对专利申请审查实践中不同类型权利要求常用措词的总结,应当考虑到了措词本身的含义。根据《现代汉语词典(第5版)》,包括是指,包含(或列举各部分,或着重指出某一部分)。本专利权利要求1使用的"含有""包括"措词的本身含义就应当理解为没有排除未指出的结构组成部分。在此情况下,二审判决关于"本专利权利要求1是一开放式的权利要求,其并没有排除还可能包含除了其中明确限定的部件以外的部件"的认定并无不妥。

(二)第14523号决定和二审判决对于本专利与附件1在多孔件和产气室方面的区别技术特征的认定是否存在错误

世纪联保公司主张,其申请保护的灭火装置就是无产气室的内部结构,本专利权利要求1与附件1的区别在于本专利权利要求1没有附件1中由多孔件上端与顶盖底部环形凸端配合形成的产气室,第14523号决定和二审判决均没有认定该区别技术特征,认定事实错误。

专利复审委员会根据本专利权利要求1使用的"含有""包括"措词的本身含义

以及本专利没有将多孔件排除在保护范围之外的限定内容，在多孔件是附件1的技术特征而不是本专利权利要求1的技术特征的情况下，未将“多孔件”作为本专利权利要求1与附件1的区别技术特征，符合机械领域专利审查实践的常规做法，并无不妥。二审法院基于同样理由认定，本专利权利要求1是一开放式的权利要求，其并没有排除还可能包含除了其中明确限定的部件以外的部件，因此，多孔件并不能构成本专利权利要求1与附件1的区别技术特征。二审法院的相关认定并不存在错误。

世纪联保公司所述的产气室是指由附件1灭火器中的多孔件与顶盖底部环形凸端配合形成的腔室，本身并不是一个独立的部件；没有多孔件，就不会形成所谓的产气室。在多孔件不属于本专利权利要求1与附件1的区别技术特征的情况下，依附于多孔件而存在的所谓产气室自然也不属于本专利权利要求1与附件1的区别技术特征。二审法院未将产气室作为本专利权利要求1和附件1的区别技术特征并无不妥。需要指出的是，虽然未将产气室作为本专利权利要求1与附件1的区别技术特征，但并不意味着本专利权利要求1没有产气的功能，其通过包括产气剂在内的产气组件实现产气的功能。

思考与评论

本案中，最高人民法院认为，“含有”“包括”本身就具有并未排除未指出的内容的含义，因而成为开放式专利权利要求的重要标志；开放式和封闭式权利要求的区分在包括化学、机械领域在内的全部技术领域有普遍适用性。认定开放式权利要求相对于对比文件的区别技术特征时，如果对比文件的某个技术特征在该开放式权利要求中未明确提及，一般不将缺少该技术特征作为开放式权利要求相对于对比文件的区别技术特征。

12. 对方法专利权利要求中步骤顺序的解释

方法权利要求一般由不同的步骤构成。一般而言，如果权利要求中对步骤顺序有明确的界定，如果被控侵权方采取了不同顺序的步骤，其行为应不构成侵权。然而，如果权利要求对方法步骤的顺序没有界定，在解释权利要求时是否需要考虑步骤的顺序呢？

案例 9-1-12 OBE 公司与康华公司专利侵权案*

OBE 公司是名称为"弹簧铰链的制造方法"的发明专利(简称涉案专利)的专利权人,该专利授权公告的权利要求1为:一种制造弹簧铰链的方法。该铰链由至少一个外壳、一个铰接件和一个弹簧构成,其特征是该方法包括下述步骤:提供一用于形成铰接件的金属带(简称供料步骤);切割出大致与铰接件外形一致的区域(简称切割步骤);通过冲压形成一圆形部分以形成铰接件的凸肩(简称冲压步骤);冲出铰接件的铰接孔(简称冲孔步骤)。

2002 年 6 月 24 日,OBE 公司起诉至一审法院称,康华公司未经其许可,擅自为生产经营目的实施了侵犯涉案专利权的行为,请求判令康华公司停止侵权、赔偿经济损失。康华公司辩称,涉案专利方法是四个步骤先后顺延的弹簧铰链制造方法,而康华公司制造弹簧铰链的方法是由三个加工单元组合而成,顺序可调,不具有先后顺延的特征,没有落入涉案专利权的保护范围。

康华公司制造弹簧铰链的过程为:(1)人工将金属带送入冲压机冲下铰接件;(2)人工用钳子夹住铰接件前部,用锻压机将铰接件后部砸圆;(3)人工用钳子夹住铰接件前部,将铰接件插入打孔机内打孔;(4)人工用铅丝从铰接件前部圆孔中穿过,将若干个铰接件穿在一起后用抛光轮抛光。

最高人民法院审查后认为,本案焦点在于:

1. 权利要求 1 中的各个步骤是否应当按照记载的顺序依次实施。

2. 被诉侵权方法是否具有与权利要求 1 中的"切割出大致与铰接件外形一致的区域"相同或等同的技术特征。

一、关于权利要求 1 中的各个步骤是否应当按照记载的顺序依次实施

对于存在步骤顺序的方法发明,步骤本身以及步骤顺序均应当对专利权的保护范围起到限定作用。由于现行法律没有对是否应当在方法专利的权利要求中限定各步骤的实施顺序进行规定,在权利要求没有对步骤顺序进行限定的情况下,国务院专利行政部门在专利授权、确权程序中一般即根据各个步骤在权利要求中记载的顺序进行审查,而不会将权利要求解释为能够以任意顺序实施各个步骤。因此,在侵权诉讼中,不应以权利要求没有对步骤顺序进行限定为由,不考虑步骤顺序的限定作用,而是应当结合说明书和附图、审查档案、权利要求记载的整体技术方案以及各个步骤之间的逻辑关系,从本领域普通技术人员的角度出发确定各个

---

* 最高人民法院(2008)民申字第 980 号。

步骤是否应当按照特定的顺序实施。根据权利要求1记载的四个步骤，首先，供料步骤的作用在于为其他的步骤提供加工材料，因此，供料步骤必须在其他步骤之前实施。其次，切割步骤的作用是从金属带上切割出大致与铰接件外形一致的区域，根据涉案专利的说明书及附图，所述区域包括“用于形成凸肩9的基本形状”和“以后具有铰链孔范围497的至少一部分”，由于冲压步骤是对由切割步骤制成的“用于形成凸肩9的基本形状”进行冲压，冲孔步骤是在由切割步骤制成的“范围497”内制作铰接孔，说明书中没有记载可以在切割步骤之前实施冲孔步骤或冲压步骤的技术内容，本领域普通技术人员也难于预见到在切割步骤之前实施冲孔步骤或冲压步骤，亦能够实现涉案专利的发明目的，达到相同的技术效果。因此，权利要求1中的切割步骤应当在冲压步骤和冲孔步骤之前实施。从说明书记载的内容看，虽然冲压步骤与冲孔步骤的顺序是可以调换的，但是，在实际加工过程中，一旦确定了二者的顺序，二者就只能依次进行。综上所述，权利要求1中的四个步骤应当按照供料步骤、切割步骤、冲压步骤或冲孔步骤的顺序依次实施，各个步骤具有特定的实施顺序，申请再审人有关“权利要求1的保护范围包括所述步骤的各种顺序的组合”的申请再审理由缺乏事实依据和法律依据，不予支持。

二、关于被诉侵权方法是否具有与“切割出大致与铰接件外形一致的区域”相同或等同的技术特征

涉案专利权利要求1中记载了制造弹簧铰链的四个步骤，双方当事人对供料步骤、冲压步骤和冲孔步骤的含义并无争议，但对于切割步骤，即技术特征“切割出大致与铰接件外形一致的区域”，由于其中使用了含义模糊的技术术语“大致与铰接件外形一致的区域”，致使双方当事人对该技术特征的解释产生争议，因此，有必要查明该技术特征的确切含义，并在此基础上准确、合理地确定涉案专利权的保护范围。

根据涉案专利说明书和附图、申请再审人在授权程序中提交的意见陈述书、其他权利要求以及申请再审人在侵权诉讼中提交的有关书面意见陈述，均表明在实施涉案专利的过程中，权利要求1中“大致与铰接件外形一致的区域”是金属带的一部分，未与金属带分离。将被诉侵权方法与权利要求1相比，被诉侵权方法虽同样使用金属带作为制作弹簧铰链的原料，但是被诉侵权方法系使用冲压机将铰接件毛坯从金属带上完全冲落下来，后续的砸圆、打孔等工序均是针对单个的铰接件毛坯进行，每次仅能加工一个铰接件，并且在后续的工序中始终需要人工固定单个的铰接件毛坯，不仅工艺复杂效率低，亦不便于弹簧等其他零部件的装配以及零件的搬运。因此，尽管使用的原料相同，但是相对于权利要求，被诉侵权方法仍然是一种落后的生产工艺，二者采取的技术手段具有实质性的差异，实现的功能亦有不

同，被诉侵权方法也不能实现权利要求1所具有的实现弹簧铰链的经济加工、取消铰接件的找正、改进零件的组装和搬运等有益效果，因此，被诉侵权方法不具有与权利要求1中的“切割出大致与铰接件外形一致的区域”相同或等同的技术特征，没有落入涉案专利权的保护范围。

思考与评论

在方法专利的权利要求没有明确限定步骤顺序的情况下，如何确定权利要求中各步骤的实施顺序？北京市高级人民法院《专利侵权判定指南》认为，方法专利权利要求对步骤顺序有明确限定的，步骤本身以及步骤之间的顺序均应对专利权的保护范围起到限定作用；方法专利权利要求对步骤顺序没有明确限定的，不应以此为由，不考虑步骤顺序对权利要求的限定作用，而应当结合说明书及附图、权利要求记载的整体技术方案、各个步骤之间的逻辑关系以及专利审查档案，从本领域普通技术人员的角度出发，确定各步骤是否应当按照特定的顺序实施。《最高人民法院关于审理侵犯专利权纠纷案件应用法律若干问题的解释（二）》规定，方法权利要求未明确记载技术步骤的先后顺序，但本领域普通技术人员阅读权利要求书、说明书及附图后直接、明确地认为该技术步骤应当按照特定顺序实施的，人民法院应当认定该步骤顺序对于专利权的保护范围具有限定作用。

本案中，最高人民法院认为，在方法专利侵权案件中适用等同原则判定侵权时，可以结合专利说明书和附图、审查档案、权利要求记载的整体技术方案以及各个步骤之间的逻辑关系，确定各步骤是否应当按照特定的顺序实施；步骤本身和步骤之间的实施顺序均应对方法专利权的保护范围起到限定作用。

13. 产品权利要求中的方法特征解释

案例9-1-13　广东东鹏陶瓷股份有限公司诉佛山市嘉俊陶瓷有限公司等侵害发明专利权纠纷案*

东鹏公司于2007年1月26日向国家知识产权局申请了“一种立体孔洞装饰陶瓷砖的制备方法及其产品”发明专利，授权公告日为2009年5月27日，专利号为200710006801.9。

该专利有权利要求共10项，其中1、6为独立权利要求，权利要求2-5为权利要求1的从属权利要求，权利要求7-10为权利要求6的从属权利要求。本案诉讼

* 广东省高级人民法院（2011）民三终字第373号。

中，东鹏公司请求保护的是权利要求6、7。

权利要求1为一种立体孔洞装饰陶瓷砖的制备方法，包括以下步骤：粉料制备，包括制备面料和底料；将粉料布料干压成型，制成坯体；将成型的坯体干燥；烧制坯体制成半成品；对半成品进行表面抛光，制成成品。其特征在于，所述粉料制备步骤中，制备所述面料包括制备花纹面料，其中至少提供一种花纹面料为成孔剂；所述粉料布干压成型步骤中，将所述成孔剂与其他面料和底料布料干压成型，制成坯体；所述坯体烧制步骤中，烧制温度采用1100～1250℃，将所述面料烧制形成立体孔洞装饰纹理。

权利要求6为一种如权利要求1所述的制备方法制成的立体孔洞装饰陶瓷砖，设置为平板状，包括坯体层，形成在所述坯体层上一个表面的表面层、形成在所述坯体层另一个表面的地面层，其特征在于，所述陶瓷砖表面层设置有孔洞；所述地面层设置有利于啮合的纹理；所述坯体层是瓷质或者炻质或者陶质。

权利要求7为如权利要求6所述的立体孔洞装饰陶瓷砖，其特征在于，所述的表面层还设置有随机分布的仿天然装饰纹理，所述仿天然装饰纹理是云彩状纹理、木纹状纹理、石材纹理中的一种或者多种纹理。

……

二、关于被诉侵权技术方案是否落入涉案专利保护范围的问题

《中华人民共和国专利法》第五十九条第一款规定，发明或者实用新型专利权的保护范围以其权利要求的内容为准，说明书及附图可以用于解释权利要求的内容。本案东鹏公司请求保护的为权利要求6和7，其中，权利要求6为产品独立权利要求，而非权利要求1的从属权利要求，原审法院对此认定错误，本院予以纠正。判断嘉俊公司的被诉侵权技术方案是否落入涉案专利的保护范围，应审查其是否包含了权利要求6和7所记载的全部技术特征。将被诉侵权技术方案与涉案专利的权利要求6和7相比较，双方当事人确认两者除权利要求6所述的制备方法技术特征之外的其他技术特征均相同。而权利要求6为"一种如权利要求1所述的制备方法制成的立体孔洞装饰陶瓷砖……"，故对于这种引用另一权利要求的独立权利要求，在确定其保护范围时，被引用的权利要求的特征均应予以考虑，而其实际的限定作用应当最终体现在对该独立权利要求的保护主题产生了何种影响。对于产品与专用于生产该产品的方法，两者之间在技术上相关联，但并不意味着该产品不能用其他方法制造。从本案情况看，尽管权利要求6引用了权利要求1，但并未对权利要求1的方法作进一步限定，权利要求1的方法也未对权利要求6的产品结构作进一步限定。故本案对比的重点仍是权利要求6中的产品结构与形状。鉴于双

方均确认产品特征相同,故被诉侵权技术方案落入专利保护范围。原审法院关于被诉侵权技术方案落入涉案专利保护范围的结论正确,本院予以维持。

由于权利要求6和7系产品权利要求,而非方法权利要求,涉案专利权利要求6和7的立体孔洞装饰陶瓷砖是否属于新产品的问题,对本案的审理结果不产生影响,故本院对该问题不予审查。

思考与评论

北京市高级人民法院认为,以方法特征限定的产品权利要求,方法特征对于专利权保护范围具有限定作用。最高人民法院相关司法解释认为,对于权利要求中以制备方法界定产品的技术特征,被诉侵权产品的制备方法与其不相同也不等同的,人民法院应当认定被诉侵权技术方案未落入专利权的保护范围。本案中法院认为,尽管权利要求6引用了权利要求1,但并未对权利要求1的方法作进一步限定,权利要求1的方法也未对权利要求6的产品结构作进一步限定。故本案对比的重点仍是权利要求6中的产品结构与形状。鉴于双方均确认产品特征相同,故被诉侵权技术方案落入专利保护范围。你认为法院的上述观点与最高人民法院、北京市高级人民法院的观点是否一致?

14. 使用环境特征的解释

在株式会社岛野与日骋公司侵犯发明专利权纠纷案[(2012)民提字第1号]中,最高人民法院认为,已经写入权利要求的使用环境特征属于必要技术特征,对于权利要求的保护范围具有限定作用;使用环境特征对于权利要求保护范围的限定程度需要根据个案情况具体确定,一般情况下应该理解为要求被保护的主题对象可以用于该使用环境即可,而不是必须用于该使用环境,但是本领域普通技术人员在阅读专利权利要求书、说明书以及专利审查档案后可以明确而合理地得知被保护对象必须用于该使用环境的除外。

北京市高级人民法院《专利侵权判定指南》规定,写入权利要求的使用环境特征属于必要技术特征,对专利权保护范围具有限定作用。使用环境特征是指权利要求中用来描述发明所使用的背景或者条件的技术特征。被诉侵权技术方案可以适用于产品权利要求记载的使用环境的,应当认定被诉侵权技术方案具备了权利要求记载的使用环境特征,而不以被诉侵权技术方案实际使用该环境特征为前提。

《最高人民法院关于审理侵犯专利权纠纷应用法律若干问题的解释(二)》认为,被诉侵权技术方案不能适用于权利要求中使用环境特征所限定的使用环境的,人民法院应当认定被诉侵权技术方案未落入专利权的保护范围。

15. 禁止反悔

禁止反悔,是指在专利授权或者无效程序中,专利申请人或专利权人通过对权利要求、说明书的限缩性修改或者意见陈述的方式放弃的保护范围,在侵犯专利权诉讼中确定是否构成等同侵权时,禁止权利人将已放弃的内容重新纳入专利权的保护范围。权利人证明专利申请人、专利权人在专利授权确权程序中对权利要求书、说明书及附图的限缩性修改或者陈述被明确否定的,人民法院应当认定该修改或者陈述未导致技术方案的放弃。人民法院在专利侵权案件中适用禁止反悔原则时,判断权利人作出的意见陈述是否符合《最高人民法院关于审理侵犯专利权纠纷案件应用法律若干问题的解释(二)》第十三条规定的"明确否定",应当对专利授权和确权阶段技术特征的审查进行客观全面的判断,着重考察权利人对技术方案作出的限缩性陈述是否最终被裁判者认可,是否由此导致专利申请得以授权或者专利权得以维持。①

案例 9-1-14　东莞富增泡棉塑胶有限公司诉福建省富增鞋材发展有限公司侵犯专利权纠纷案*

2000 年 8 月 17 日,原告东莞富增泡棉塑胶有限公司向国家知识产权局提出名称为"废弃聚氨酯泡棉的回收利用方法"的发明专利申请,2002 年 10 月 30 日该申请被授予专利权,专利号为 ZL00117336.7。

根据 2000 年《专利法》第五十六条有关"发明或者实用新型专利权的保护范围以其权利要求的内容为准,说明书及附图可以用于解释权利要求"的规定,专利说明书及附图可以用于对专利权利要求字面所限定的技术方案的保护范围作出的扩大或者缩小的解释,即把与必要技术特征等同的特征解释到专利权保护范围中,或者以专利说明书及附图限定某些必要技术特征。本案中,上诉人东莞富增泡棉塑胶有限公司于 2002 年 10 月 30 日申请的专利号为 ZL00117336.7 发明专利,该专利的独立权利要求为:一种废弃聚氨酯泡棉的回收利用方法,其特征是:将废弃聚氨酯泡棉(00)进行粉碎(11)得到粉末(19);向粉末(19)中加入辛酸亚锡(T-9)、甲苯二异氰酸脂(TBl)聚丙二醇(PPG)原料并充分混合;辛酸亚锡(T-9)、甲苯二异

① 曹桂兰等与被申请人重庆力帆汽车销售有限公司等侵害发明专利权纠纷案,(2017)最高法民申 1826 号。

* 福建省高级人民法院(2008)闽民终字第 391 号。

氰酸脂(TBl)聚丙二醇(PPG)原料发生聚合发泡反应,将所述"粉末"包裹在新生成的聚氨酯泡棉产品之中。对讼争专利的独立权利要求的特征部分中的"甲苯二异氰酸脂(TBl)",讼争专利的说明书明确记载:……通过使用特殊甲苯二异氰酸脂(TBl)及进行蒸汽加热,可急速成型并裁切(注:本方法使用之特殊甲苯二异氰酸脂为 TDI-90,内含较高成份之 2-4TDC,反应性较一般 T-80 为强,在较低温及较短时间作聚合反应,并增强其韧性及拉力。以下 TDI-90 简称 TBl),而且,所得的再生产品具有更强的透气、抗菌、吸湿、高弹性等特性,是用作鞋材、鞋热垫及取代其他弹性体的最好材料……可以得出,讼争专利特征部分中的"甲苯二异氰酸脂(TBl)"明确指的是"TDI-90"。上诉人认为讼争专利的特征部分"甲苯二异氰酸脂"系上位概念,其应涵盖了"rrDI-90""TDI-80"等下位概念。固然,"甲苯二异氰酸脂"系"甲苯二异氰酸脂 TDI-90""甲苯二异氰酸脂 TDI-80"的上位概念,但讼争专利的独立权利要求记载的"甲苯二异氰酸脂(TBl)"是 TB1,在讼争专利的说明书中专门将 TBl 限定为"特殊的甲苯二异氰酸脂 TDI-90",并且从字面上明确排除了被控侵权方法使用的"甲苯二异氰酸脂 TDI-80"。因此,上诉人认为被上诉人使用的方法落人讼争专利的保护范围事实和法律依据不足,不予支持。

本案中,上诉人在其专利说明书中明确记载,TDI-90 的性能优于 TDI-80,即明确将 TDI-80 排除在专利保护范围之外,根据专利禁止反悔的要求,上诉人不得再将 TDI-80 作为本专利等同替换参考的技术手段,因此上诉人认为被上诉人的生产方法与讼争专利等同无正当理由,不予支持。一审法院委托北京紫图知识产权司法鉴定中心进行鉴定,其得出的鉴定结论 2,系在上诉人单方补充 TDI-90 的构成和制备方法以及提供了使用 TDI-80'rDI-90 制得的再生泡棉产品各项性能数据对比的基础上得出的结论。由于补充的材料并未经过双方质证认可,因此,鉴定结论不能作为本案的证据。

16. 权利要求不明确

各国专利法都有权利要求必须清楚的要求。然而,何为清楚,各国似乎有不同的做法。另外,对于权利要求穷竭所有解释手段后仍然不能确定其含义时该如何处理各国似乎存在着不同的做法。

美国最高法院认为,联邦巡回上诉法院之前认定权利要求不确定(indefinite)的标准"无法解决的语意不清"(insolubly ambiguous)是不合时宜的,该标准对无效请求人施加了过重的举证责任,同时认为巡回法院此前适用的"可供解释清楚"(amendable to construction)的标准对于地区法院来说不够明确。本案大法官 Ginsburg 在判决中写到,如果一项专利的权利要求不能向发明所属的本领域技术人员传达合理的确定性，那么这种权利要求的保护范围就是不确定的，因而也是无效的①。权利要求确定性的关键之处在于其向公众告知了权利要求的保护范围，同时也需顾及“语言内在的局限性”。

在一些国家的专利法中并不存在权利要求解释不清楚的情形。这些国家的专利法实践认为，一个词语总能被解释为特定的含义。如果存在不同的理解，应该按照有利于公众的角度进行解释。

中国的司法实践也认可在某些情况下，权利要求可否获得清楚的解释。权利要求不能获得清楚解释的后果是法院可能驳回当事人的起诉。这事实上在中国法院不能直接认定专利有效性的情况下，实际赋予了法院认定专利有效性的权利。

案例 9－1－15 指导案例 55 号　柏万清诉成都难寻物品营销服务中心等侵害实用新型专利权纠纷案*

裁判要点：

专利权的保护范围应当清楚，如果实用新型专利权的权利要求书的表述存在明显瑕疵，结合涉案专利说明书、附图、本领域的公知常识及相关现有技术等，不能确定权利要求中技术术语的具体含义而导致专利权的保护范围明显不清，则因无法将其与被诉侵权技术方案进行有实质意义的侵权对比，从而不能认定被诉侵权技术方案构成侵权。

基本案情：

原告柏万清系专利号 200420091540.7、名称为“防电磁污染服”实用新型专利（以下简称涉案专利）的专利权人。涉案专利权利要求 1 的技术特征为：A. 一种防电磁污染服，包括上装和下装；B. 服装的面料里设有起屏蔽作用的金属网或膜；C. 起屏蔽作用的金属网或膜由导磁率高而无剩磁的金属细丝或者金属粉末构成。该专利说明书载明，该专利的目的是提供一种成本低、保护范围宽和效果好的防电磁污染服。其特征在于所述服装在面料里设有由导磁率高而无剩磁的金属细丝或者金属粉末构成的起屏蔽保护作用的金属网或膜。所述金属细丝可用市售 5 到 8 丝的铜丝等，所述金属粉末可用如软铁粉末等。附图 1、2 表明，防护服是在不改变已有服装样式和面料功能的基础上，通过在面料里织进导电金属细丝或者以喷、

① *Nautilus, Inc. v. Biosig Instruments, Inc.*, 572 U. S. (2014).

* 最高人民法院审判委员会讨论通过，2015 年 11 月 19 日发布。

涂、扩散、浸泡和印染等任一方式的加工方法将导电金属粉末与面料复合，构成带网眼的网状结构即可。

2010年5月28日，成都难寻物品营销服务中心销售了由上海添香实业有限公司生产的添香牌防辐射服上装，该产品售价490元，其技术特征是：A. 一种防电磁污染服上装；B. 服装的面料里设有起屏蔽作用的金属防护网；C. 起屏蔽作用的金属防护网由不锈钢金属纤维构成。7月19日，柏万清以成都难寻物品营销服务中心销售、上海添香实业有限公司生产的添香牌防辐射服上装（以下简称被诉侵权产品）侵犯涉案专利权为由，向四川省成都市中级人民法院提起民事诉讼，请求判令成都难寻物品营销服务中心立即停止销售被控侵权产品；上海添香实业有限公司停止生产、销售被控侵权产品，并赔偿经济损失100万元。

裁判结果：

四川省成都市中级人民法院于2011年2月18日作出（2010）成民初字第597号民事判决，驳回柏万清的诉讼请求。宣判后，柏万清提起上诉。四川省高级人民法院于2011年10月24日作出（2011）川民终字第391号民事判决驳回柏万清上诉，维持原判。柏万清不服，向最高人民法院申请再审，最高人民法院于2012年12月28日裁定驳回其再审申请。

裁判理由：

法院生效裁判认为：本案争议焦点是上海添香实业有限公司生产、成都难寻物品营销服务中心销售的被控侵权产品是否侵犯柏万清的“防电磁污染服”实用新型专利权。《中华人民共和国专利法》第二十六条第四款规定：“权利要求书应当以说明书为依据，清楚、简要地限定要求专利保护的范围。”第五十九条第一款规定：“发明或者实用新型专利权的保护范围以其权利要求的内容为准，说明书及附图可以用于解释权利要求的内容。”可见，准确界定专利权的保护范围，是认定被诉侵权技术方案是否构成侵权的前提条件。如果权利要求书的撰写存在明显瑕疵，结合涉案专利说明书、附图、本领域的公知常识以及相关现有技术等，仍然不能确定权利要求中技术术语的具体含义，无法准确确定专利权的保护范围的，则无法将被诉侵权技术方案与之进行有意义的侵权对比。因此，对于保护范围明显不清楚的专利权，不能认定被诉侵权技术方案构成侵权。

本案中，涉案专利权利要求1的技术特征C中的“导磁率高”的具体范围难以确定。首先，根据柏万清提供的证据，虽然磁导率有时也被称为导磁率，但磁导率有绝对磁导率与相对磁导率之分，根据具体条件的不同还涉及起始磁导率μi、最大磁导率μm等概念。不同概念的含义不同，计算方式也不尽相同。磁导率并非常数，磁场强度H发生变化时,即可观察到磁导率的变化。但是在涉案专利说明书中,既没有记载导磁率在涉案专利技术方案中是指相对磁导率还是绝对磁导率或者其他概念,又没有记载导磁率高的具体范围,也没有记载包括磁场强度H等在内的计算导磁率的客观条件。本领域技术人员根据涉案专利说明书,难以确定涉案专利中所称的导磁率高的具体含义。其次,从柏万清提交的相关证据来看,虽能证明有些现有技术中确实采用了高磁导率、高导磁率等表述,但根据技术领域以及磁场强度的不同,所谓高导磁率的含义十分宽泛,从80 Gs/Oe至83.5×104 Gs/Oe均被柏万清称为高导磁率。柏万清提供的证据并不能证明在涉案专利所属技术领域中,本领域技术人员对于高导磁率的含义或者范围有着相对统一的认识。最后,柏万清主张根据具体使用环境的不同,本领域技术人员可以确定具体的安全下限,从而确定所需的导磁率。该主张实际上是将能够实现防辐射目的的所有情形均纳入涉案专利权的保护范围,保护范围过于宽泛,亦缺乏事实和法律依据。

综上所述,根据涉案专利说明书以及柏万清提供的有关证据,本领域技术人员难以确定权利要求1技术特征C中"导磁率高"的具体范围或者具体含义,不能准确确定权利要求1的保护范围,无法将被诉侵权产品与之进行有实质意义的侵权对比。因此,二审判决认定柏万清未能举证证明被诉侵权产品落入涉案专利权的保护范围,并无不当。

思考与评论

《最高人民法院关于审理侵犯专利权纠纷案件应用法律若干问题的解释(二)(公开征求意见稿)》第五条规定,权利要求记载的文字含义清楚,但说明书的相应描述与其根本冲突,且不属于本解释第四条规定的情形的,人民法院应当根据权利要求的记载确定专利权的保护范围。权利要求含义不明,运用法定的解释方法仍无法确定其限定的专利权保护范围,且不属于本解释第四条规定的情形的,人民法院可以裁定驳回起诉。但在正式的司法解释中却删除了该条的规定,你如何看待这种删除?

《最高人民法院关于审理侵犯专利权纠纷案件应用法律若干问题的解释(二)》第三条规定,因明显违反专利法第二十六条第三款、第四款导致说明书无法用于解释权利要求,且不属于本解释第四条规定的情形,专利权因此被请求宣告无效的,审理侵犯专利权纠纷案件的人民法院一般应当裁定中止诉讼;在合理期限内专利权未被请求宣告无效的,人民法院可以根据权利要求的记载确定专利权的保护范围。该解释第四条规定,权利要求书、说明书及附图中的语法、文字、标点、图形、符号等存有歧义,但本领域普通技术人员通过阅读权利要求书、说明书及附图可以得出唯一理解的,人民法院应当根据该唯一理解予以认定。

北京市高级人民法院认为,权利要求与专利说明书出现不一致或者相互矛盾的,明显违反《专利法》第二十六条第三款、第四款导致说明书无法用于解释权利要求的,告知当事人通过专利无效宣告程序解决。当事人据此启动专利无效宣告程序并申请中止本案审理的,可以裁定中止诉讼。当事人明确表示拒绝通过专利无效程序解决,或者未在合理期限内提起专利权无效宣告请求的,应当按照专利权有效原则,以权利要求的字面含义所确定的保护范围为准。但是本领域普通技术人员通过阅读权利要求书和说明书及附图,能够对实现要求保护的技术方案得出具体、确定、唯一的解释的,应当根据该解释来澄清或者修正权利要求中的错误表述。如仍然不能确定专利权的保护范围,可以判决驳回原告诉讼请求。

对于专利权人在专利文件中的自定义词,应当依据说明书中的特定含义进行解释。如果说明书中没有明确定义的,应当根据说明书中与该自定义词相关的上下文加以理解,将其解释为最为符合发明目的的含义。如果专利权人在说明书中未对其自定义词的含义作出定义,同时本领域普通技术人员结合权利要求、说明书的上下文也无法予以清楚解释,导致无法确定权利要求的保护范围的,可以判决驳回原告诉讼请求。

对于经过权利要求的解释仍然不能确定权利要求的保护范围该如何处理,最高人民法院与北京市高级人民法院的做法似乎有点差异。最高人民法院并没有明确指出可以驳回原告的诉讼请求,而北京市高级人民法院却非常清楚地指出了这一点。你认为权利要求存在不能清楚解释的情况吗?如果权利要求确实存在不清楚的问题,在中国现行的司法体系下,最合理的做法是什么?

第二节　权利要求与被控侵权技术比对方法

通过权利要求的解释确定专利权的保护范围后,需要将解释后确定的权利要求与被控侵权技术进行比对从而确定被控侵权技术是否落入专利权的保护范围。由于权利要求中记载的是技术方案的特征,所以这种对比分析也称为“特征分析法”。

值得注意的是,侵权比对是从该领域普通技术的视角出发,判定专利技术与被控侵权技术是否相同或等同。进行侵权判定应当以专利权利要求中记载的技术方案的全部技术特征与被控侵权物(产品或方法)的全部技术特征逐一进行对应比较。具体做法是首先将权利要求中构成技术方案的全部特征按顺序罗列。然后把侵权争议对象的技术方案特征找出来，列出数量及其名称，并按顺序排列。其后将两者进行比对，看是否在名称、数量上一致。最后再分析侵权争议对象中各个特征之间的关系，哪个和哪个联系，如何组合，形成一种什么关系，达到一个什么作用和结果等。这些关系与权利要求中描述的特征间的关系、作用是否一致。这里的一致是指两者所表达的技术内容的相同。

进行侵权判定，不应以当事人提供的专利产品与被诉侵权技术方案直接进行比对，但专利产品可以帮助理解有关技术特征与技术方案。

权利人、被诉侵权人均有专利权时，一般不能将双方专利产品或者双方专利的权利要求进行比对。

特别需要注意的是，不能将权利要求与被控侵权技术从整体层面上进行比对，而应在具体的技术特征层面上一一进行比较，如果被控侵权的技术方案缺少了权利要求中的一项或几项必要技术特征，或者有一个以上技术特征不相同也不等同的，就不构成侵权。这就是所谓的全面覆盖原则（all elements rule）。[①] 全面覆盖原则是判断一项技术方案是否侵犯发明或者实用新型专利权的基本原则。具体含义是指，在判定被诉侵权技术方案是否落入专利权的保护范围时，应当审查权利人主张的权利要求所记载的全部技术特征，并以权利要求中记载的全部技术特征与被诉侵权技术方案所对应的全部技术特征逐一进行比较。被诉侵权技术方案包含与权利要求记载的全部技术特征相同或者等同的技术特征的，应当认定其落入专利权的保护范围。

全面覆盖原则是专利侵权判定的最基本原则之一。全面覆盖原则是相同侵权和等同侵权的基础，只有满足了全面覆盖原则，才可以进一步判断有没有构成相同侵权或者等同侵权。如果不满足全面覆盖原则，则相同侵权或者等同侵权都无从说起。全面覆盖原则是对多余指定原则的否定。[②] 全面覆盖原则也是对"变劣发明"构成侵权的否定。变劣分为两种情况：一种是"省略"或者说缺少相应特征的变劣，另一种是具有相应特征的变劣。前一种情况根本不可能构成侵权，因为缺少可比的特征，就不可能进行对比，侵权就无从说起。第二种情况要作具体分析，只要技术方案不同，就不在等同侵权的范围之列。

全面覆盖原则并不考虑被诉产品是否具有超出该权利要求记载内容之外的其他技术特征。除非该较之专利权利要求多出的技术特征，导致了两者在整体上形

---

① 《最高人民法院关于审理侵犯专利权纠纷案件应用法律若干问题的解释》第七条第二款。

② 《最高人民法院关于审理侵犯专利权纠纷案件应用法律若干问题的解释》第七条第一款。

成了完全不同的技术方案。

一、字面侵权(Literal Infringement)

字面侵权又称相同侵权,是指被控侵权物(产品或方法)将专利权利要求中记载的技术方案的技术特征全部再现,被控侵权物(产品或方法)与专利独立权利要求中记载的全部技术特征一一对应并且相同。发明专利权的保护范围以其权利要求的内容为准,权利要求中记载的全部技术特征共同限定了专利权的保护范围,故只有当被控侵权方法的技术特征与权利要求中记载的全部技术特征分别相同或等同时,方能认定被控侵权方法落入专利权的保护范围。①

当专利独立权利要求中记载的必要技术特征采用的是上位概念特征,而被控侵权物(产品或方法)采用的是相应的下位概念特征时,则被控侵权物(产品或方法)落入专利权的保护范围。被控侵权物(产品或方法)在利用专利权利要求中的全部必要技术特征的基础上,又增加了新的技术特征,仍落入专利权的保护范围。此时,不考虑被控侵权物(产品或方法)的技术效果与专利技术是否相同。

假设独立权利要求包括A、B、C、D四个技术特征。如果被控侵权技术也有A、B、C、D四个技术特征,这意味着被控侵权产品或方法的技术特征与权利要求的全部技术特征完全一致,构成字面侵权。如果被控侵权的技术方案有A、B、C、D、E五个技术特征,这意味着被控侵权产品或方法的技术特征包含了权利要求的全部技术特征,也构成字面侵权。但如果被控侵权的技术方案只有A、B、C三个技术特征,这意味着被控侵权的产品或方法的技术特征没有覆盖专利权利要求的所有全部技术特征,不构成侵权。

(一)技术特征的划分

恰当划分专利权利要求的技术特征是进行侵权比对的基础。技术特征,是指在权利要求所限定的技术方案中,能够相对独立地执行一定的技术功能、并能产生相对独立的技术效果的最小技术单元。在产品技术方案中,该技术单元一般是产品的部件和/或部件之间的连接关系。在方法技术方案中,该技术单元一般是方法步骤或者步骤之间的关系。技术特征的不同划分结果可能导致不同的侵权认定后果。

---

① 刘保昌与安徽省东泰纺织有限公司侵犯专利权纠纷案(公报案例2010年第1期)。

案例 9-2-1 张强与烟台市栖霞大易工贸有限公司、魏二有侵犯专利权纠纷案*

本院审查查明，涉案专利权利要求1记载，涉案专利包含语音处理芯片、音乐芯片、放音部件。其说明书记载，语音系统可实时播报每次拳击的力度大小和伴奏音乐；语音系统由语音芯片、音乐芯片、音频功能输出极和喇叭构成，有由单片机输出的寻址指令控制器实时参量（出拳的力度）的即时播报，而伴奏乐曲的选择和播放则是单片机在预置时根据键盘输入指令，寻址选通音乐芯片的某一曲目播放。双方当事人认可，被诉侵权产品具有语音处理芯片和放音部件，具备语音提示功能。

涉案专利权利要求1记载"该训练器包含五个靶标"，说明书记载"在面板上有按头、胸、腹部位排列的五个靶位，在每个靶位内装有靶标"。被诉侵权产品对应的技术特征为九个靶标，依照其产品说明书记载分为"左头击打部位、右头击打部位、左臂击打部位、右臂击打部位、左肋击打部位、右肋击打部位、腹部击打部位、左胯击打部位、右跨击打部位"。

本院认为，本案的争议焦点是被诉侵权产品是否落入涉案专利权保护范围。

1. 关于被诉侵权产品增加了升降功能是否是不构成侵权的理由。根据《最高人民法院关于审理专利纠纷案件应用法律若干问题的解释》第七条的规定，专利侵权判定适用全面覆盖原则，因此在侵权判断时，被诉侵权技术方案与涉案专利相比是否增加了技术特征无需考虑。被诉侵权技术方案包含涉案专利权利要求记载的全部相同或等同技术特征，即构成侵权；被诉侵权技术方案缺少涉案专利一个以上技术特征或者有一个以上技术特征与涉案专利不相同也不等同，即不构成侵权。二审法院将被诉侵权产品增加了升降功能作为不构成侵权的理由之一，属于适用法律不当。

2. 关于音乐芯片问题。张强认可被诉侵权产品没有音乐芯片，但认为被诉侵权产品的语音处理芯片与音乐芯片等同。从涉案专利权利要求1和说明书的记载可以看出，涉案专利的语音功能是通过语音处理芯片和放音部件实现的，音乐芯片的功能是用于播放伴奏音乐。被诉侵权产品有语音处理芯片，能实现语音提示功能，但不能实现播放伴奏音乐的功能。因此，被诉侵权产品缺少涉案专利音乐芯片的技术特征，张强的申请再审理由不成立。

3. 关于步进电机和交流电机问题。本案中，涉案专利步进电机的功能是控制靶

---

* 最高人民法院民事裁定书（2012）民申字第137号。

标的位置和角度,而被诉侵权产品交流电机的功能是控制靶标的升降,使靶标调至适合训练者身高的高度,二者在功能效果上有所差别。但由于步进电机和交流电机都属于常规的驱动装置,仅在驱动方式和驱动精确度上有一定差别,步进电机的驱动控制比交流电机更为精确,且步进电机和交流电机的替换是本领域技术人员无需经过创造性劳动能够联想到的,因此本案中步进电机和交流电机是等同的。二审法院认为被诉侵权产品缺少了步进电机的技术特征属于适用法律不当。

4. 关于靶标问题。涉案专利和被诉侵权产品的靶标数量虽然不同,但是由于涉案专利的每一个靶标在击打时单独发挥作用,因此不能将五个靶标作为一个技术特征来考虑,应当将其分解为头部靶标、腹部靶标和腰部靶标来考虑。被诉侵权产品包含了头部靶标和腹部靶标,其胯部靶标与涉案专利的腰部靶标在功能效果上是等同的,因此应当认定被诉侵权技术方案包含涉案专利五个靶标的相同或等同技术特征。一审法院认为涉案专利"五个靶标"的技术特征与被诉侵权产品"九个靶标"的技术特征不等同属于适用法律错误,二审法院未予纠正亦属不当。

5. 关于外接键盘和按键问题。张强主张被诉侵权前期产品有外接PC机,后期产品有外接键盘,但未提供证据予以证明,一审法院现场勘验亦未发现上述部件。因此,张强不能证明被诉侵权产品有外接键盘,其关于被诉侵权产品的外接键盘相当于涉案专利遥控器和遥控接收器的主张不成立。根据《最高人民法院关于审理专利纠纷案件应用法律若干问题的解释》的相关规定,每一项权利要求都是一个完整的技术方案;《中华人民共和国专利法》第五十九条第一款规定的"权利要求"既包括"独立权利要求",也包括"从属权利要求"。根据上述司法解释第七条确定的侵权判定原则,被诉侵权产品缺少一个以上技术特征即不构成侵权,因此张强关于被诉侵权产品属于省略遥控器和遥控接收器以及步进电机等附加技术特征的变劣侵权主张不成立。

被诉侵权产品与涉案专利相比对,缺少音乐芯片和遥控器及遥控接收器的技术特征,被诉侵权产品未落入涉案专利权保护范围,不构成侵权,因此二审判决结果正确。按键与折叠键盘是否构成等同对本案的侵权判断不产生影响,因此对按键与折叠键盘是否构成等同不再给予评述。

思考与评论

对专利技术特征的划分,应当以本领域技术人员的角度,理解专利权利要求整体技术方案的发明目的和所能实现的技术效果,然后分割出实现整体技术效果的各个技术环节,这些技术环节则应当具有对于独立的功能所体现的作用,最后通过对被诉侵权技术方案的理解,科学地划分出技术特征。划分权利要求的技术特征时，一般应把能够实现一种相对独立的技术功能的技术单元作为一个技术特征，不宜把实现不同技术功能的多个技术单元划定为一个技术特征。技术特征的划分应该结合发明的整体技术方案，考虑能够相对独立地实现一定技术功能并产生相对独立的技术效果的较小技术单元。[①] 从现有的司法实践来看，技术特征的主要划分依据还是技术功能。也有人认为，划分技术特征应遵循"功能划分为主""技术手段为辅"，两者兼顾，不能忽略技术手段的选择的重要性。在"功能划分为主"基础上遵循将功能限定为相对独立的最小技术功能，最小技术功能特征可以有效地与发明人的发明手段相匹配，划清最小技术功能，使得每个最小技术功能均成为技术创新可以选择的技术元素，为公众下一步技术创新提供空间。你认为"五个靶标"是一个技术特征还是五个技术特征？不同的技术特征划分结果对侵权认定有何影响？

（二）多余指定原则

案例 9-2-2　青岛众和恒业蜂窝纸板制品有限公司诉青岛华盾纸制品有限公司、瑞安市应氏机械有限公司侵害专利权纠纷案[*]

山东省高级人民法院二审认为：本案双方当事人争议的焦点问题为被控侵权技术方案是否落入了涉案专利权的保护范围。对此作如下分析：

一、关于快速分开的技术特征

本案中，快速分开系众和公司主张的专利权利要求中第10个技术特征，该技术特征是将成品纸板快速与连续送出的板材分开，采用一套二组输送带，包括左端右端各一组输送带，左端的输送带比右端的输送带速度低，使被切断的成品纸板快速与连续送出的板材分开。被控侵权技术方案中没有输送带这一装置，众和公司对该事实无异议，并且被控侵权技术方案也没有其他装置实现快速分开的功能。所以，被控侵权技术方案缺少快速分开的技术特征。一审法院认为快速分开技术特征是在专利权利要求中不甚重要的技术特征，缺少该技术特征也不影响落入专利保护范围的认定实质上属于适用"多余指定"原则，而《最高人民法院关于审理侵犯专利权纠纷案件应用法律若干问题的解释》第七条明确规定，人民法院判定被诉侵

---

① 再审申请人刘宗贵与被申请人台州市丰利莱塑胶有限公司侵害实用新型专利权纠纷案，（2017）最高法民申3802号。

* 一审：山东省青岛市中级人民法院（2010）青民三初字第218号；二审：山东省高级人民法院（2011）鲁民三终字第117号。

权技术方案是否落入专利权的保护范围,应当审查权利人主张的权利要求所记载的全部技术特征。从而否定适用所谓的“多余指定”原则进行侵权判定。因此,由于被控侵权技术方案缺少快速分开的技术特征,所以其未落入涉案专利权的保护范围。

思考与评论

多余指定原则又称“排除非必要技术特征原则”,其基本含义是,在解释专利独立权利要求和确定专利权保护范围时,将记载在专利独立权利要求中的明显附加技术特征(多余特征)略去,仅以独立权利要求中的必要技术特征来确定专利权保护范围,判定被控侵权物(产品或方法)是否覆盖专利权保护范围的原则。如果被告的被控侵权物中不含有该项多余特征,仍可以认定被告侵权。周林诉北京奥美光机电联合开发公司等侵犯专利权纠纷案中,北京市高级人民法院认为,技术特征(7)虽被写入了第二独立权利要求,并且在85107113号专利的无效审理中被认为具有实质性特点,但结合该专利说明书中的阐述,就该专利整体技术方案的实质来看,技术特征(7)确不产生实质性的必不可少的功能和作用,显系申请人理解上的错误及撰写申请文件缺乏经验误写所致,故应视其为附加技术特征。2005年,在大连仁达新型墙体建材厂与大连新益建材有限公司侵犯专利权纠纷案提审案判决书中,最高人民法院写道:“应当认为,凡是专利权人写入独立权利要求的技术特征,都是必要技术特征,都不应当被忽略,而均应纳入技术特征对比之列。本院不赞成轻率地借鉴适用所谓的‘多余指定原则’。”通过这一判决,最高人民法院明确摒弃了多余指定原则。

(三)侵权产品包含更多的技术特征

案例9-2-3　京英特莱摩根热陶瓷纺织有限公司诉北京德源快捷门窗厂侵犯发明专利权纠纷案*

一审法院经审理查明:英特莱摩根公司是涉案专利的发明专利权人。2009年6月11日,经对第七届中国花卉博览会主场馆工程施工现场进行勘验,在4#馆首层安装有防火卷帘10个,在4#馆二层安装有防火卷帘4个,在4#馆三层至六层,安装有防火卷帘55个。其中,安装的防火卷帘双侧为蓝色,防火卷帘中包括金属板。在3#馆五层,除其中包括金属板的防火卷帘外,还安装有不包括金属板的防火卷帘4

* 北京市高级人民法院(2009)高民终字第4721号。

个,由耐火纤维布、纤维毯、钢丝绳、纤维毡、铝箔层和耐火纤维布组成。英特莱摩根公司主张以其经公证取证的防火卷帘样本及现场勘验的3#馆五层安装的不包括金属板的防火卷帘为比对对象。德源门窗厂提交了2005年4月22日发布的GB 14102—2005《防火卷帘》国家标准,以证明其根据该国家标准组装涉案防火卷帘产品。德源门窗厂主张其组装的涉案防火卷帘产品系在前述国家标准及总结公知技术基础上研发的新型产品,不构成侵权,并提交了9份在先专利文件,但均没有与涉案专利相同或等同的技术方案。

北京市高级人民法院认为,涉案专利的必要技术特征为:(1)一种防火隔热卷帘耐火纤维复合帘面;(2)帘面由多层耐火纤维制品复合缝制而成;(3)帘面包括中间植有增强用耐高温的不锈钢丝或不锈钢丝绳的耐火纤维毯夹芯;(4)由耐火纤维纱线织成的用于两面固定该夹芯的耐火纤维布;(5)位于固定夹芯的耐火纤维布中的金属铝箔层。经查,英特莱摩根公司自4#馆公证取得的样本包括:蓝色防火纤维布、纤维毡、纤维毯、铝箔层和白色防火纤维布。此外,一审法院在3#馆五层现场勘验的不包括金属板的防火卷帘由耐火纤维布、纤维毯、钢丝绳、纤维毡、铝箔层和耐火纤维布组成。涉案被控侵权防火卷帘产品的帘面与涉案专利相比,区别技术特征在于被控侵权产品的不锈钢钢丝绳在耐火纤维毯的一侧,而涉案专利的钢丝绳植在耐火纤维毯夹芯中间。但是,帘面中加入钢丝绳系起增强作用,其位置的改变不影响其技术效果的实现。因此,被控侵权产品的上述特征属于以基本相同的手段,实现基本相同的功能,达到基本相同的效果,并且本领域的普通技术人员无需经过创造性劳动就能够联想到的与涉案专利所记载的技术特征等同的特征。故被控侵权产品落入涉案专利保护范围,构成侵权。此外,尽管被控侵权产品比涉案专利权利要求1的技术方案多一层纤维毡,但涉案专利权利要求1的全部技术特征均体现在被控侵权产品上,故被控侵权产品依然落入涉案专利的保护范围。

思考与评论

专利权保护范围的大小是由权利要求所决定,而权利要求记载的是构成发明或实用新型的完整的、技术特征。由此可知,只要权利要求中记载的每一个技术特征都在被控侵权产品中得以体现,则被控侵权产品就落入涉案专利的保护范围,不论被控侵权产品是否存在一个或多个涉案专利所不存在的技术特征。

（四）侵权产品包含更少的技术特征

案例 9－2－4　北京中丽制机化纤工程技术有限公司诉欧瑞康纺织有限及两合公司等侵害发明专利权纠纷案*

本院认为，根据《中华人民共和国专利法》（2000 年修正）第五十六条第一款之规定，发明专利权的保护范围以其权利要求的内容为准，说明书及附图可以用于解释权利要求。而如何准确解读权利要求，从而合理、正确界定涉案专利权的保护范围，则是进行侵权比对的前提和关键。人民法院判定被诉侵权技术方案是否落入专利权的保护范围，应当审查权利人主张的权利要求所记载的全部技术特征。被诉侵权技术方案包含与权利要求记载的全部技术特征相同或者等同的技术特征的，人民法院应当认定其落入专利权的保护范围；被诉侵权技术方案的技术特征与权利要求记载的全部技术特征相比，缺少权利要求记载的一个以上的技术特征，或者有一个以上技术特征不相同也不等同的，人民法院应当认定其没有落入专利权的保护范围。

经庭审比对，中丽化纤公司和欧瑞康公司就被诉侵权产品是否具备涉案专利权利要求 1 所记载的“该转动传动装置包括一个带有传感器和转动控制装置的控制系统，传感器检测接触辊的行程动作，转动传动装置在该控制系统中可由这个反映接触辊的预定位置和实际位置的偏移量的传感器来控制，使接触辊的位置在一个络纱周期过程基本保持不变”这一技术特征存有以下争议：中丽化纤公司认为被诉侵权产品是通过预定程序来控制转动传动装置，接近开关仅起到保护作用并未参与控制转动传动装置，与涉案专利上述技术特征完全不同。欧瑞康公司则认为，被诉侵权产品的接近开关即为传感器，并且能够检测接触辊预定位置和实际位置的偏移量，涉案专利并未限定转动传动装置的控制方法，通过程序来控制转动传动装置仍应落入涉案专利权的保护范围。除前述争议外，中丽化纤公司和欧瑞康公司均认可被诉侵权产品具有涉案专利权利要求 1 记载的其他技术特征。

针对上述争议，本院认为，依据涉案专利权利要求 1 的记载及结合涉案专利说明书和附图可知，转动传动装置包括一个控制系统，该控制系统包括位移传感器和转动控制装置。在一个络纱周期中，位移传感器实时检测接触辊的位置变化，随着绕丝的进程，当与卷装圆周相接触的接触辊随着卷装直径不断增大被推离预定位

---

* 浙江省高级人民法院民事判决书（2012）浙知终字第 331 号。

置后，传感器检测接触辊位置的实际数值和预定数值之间达到设定偏差量时，控制转动传动装置，驱动盘式换筒器转动，以适当增加轴间距，使接触辊回复到预定位置进而保持其位置基本不变。因此涉案专利的位移传感器检测的对象是接触辊，并根据接触辊位置变化的偏差量来实时调控转动传动装置，传感器发挥的作用贯穿整个络纱周期的始终。

从二审现场勘验和源代码解读情况来看，被诉侵权产品的转动传动装置亦包括一个控制系统，该控制系统包括两组传感器和控制程序，一组传感器是接近开关，系位移传感器，一组传感器系检测速度的光电传感器。在络纱周期开始时，先由接近开关检测轴间距，达到预定初始值后启动控制程序，转由光电传感器检测线速度后，通过预定程序计算出卷装直径的数值，当卷装直径数值的变化量达到设定值后，控制转动传动装置，驱动盘式换筒器的转动，以适当增加轴间距，使接触辊回复到预定位置进而保持其位置基本不变。在上述过程中，接近开关启动控制程序后，其检测的数值并未参与控制程序对卷装直径的计算以及驱动盘式换筒器，仅检测接触辊的实际位置是否达到机器所允许的极限位置，当接触辊达到极限位置时，接近开关发出机器停车的信号。

因此被诉侵权产品虽然能达到涉案专利所记载的“使接触辊的位置在一个络纱周期过程基本保持不变”这一功能，但其实现的手段和效果与涉案专利相比存在显著差异。欧瑞康公司认为被诉侵权产品的接近开关检测接触辊预定位置和实际位置的偏移量，在涉案专利并未限定转动传动装置的控制方法的情况下，被诉侵权产品通过程序来控制转动传动装置仍应落入涉案专利权的保护范围。本院认为，第一，涉案专利实际已经限定转动传动装置的控制方法，即根据传感器直接检测的接触辊位置偏移量来控制；被诉侵权产品的转动传动装置则由光电传感器检测卷装线速度后通过计算出卷装直径的变化量来控制。第二，涉案专利由于要实现实时调控的效果，传感器对转动传动装置的作用在整个络纱周期中贯穿始终；被诉侵权产品的接近开关在控制程序启动时发挥作用，之后转由光电传感器对转动传动装置起作用，其不再参与控制传动传动装置，仅起到极限位置的保护作用。第三，涉案专利控制转动传动装置的传感器检测的是距离，被诉侵权产品控制转动传动装置的传感器检测的是线速度。故两者控制系统的工作方式、传感器检测的对象和发挥的作用均不相同，欧瑞康公司的主张难以成立。原审法院委托鉴定机构鉴定后出具的鉴定意见，由于未能完整揭示被诉侵权产品中传感器和控制系统的工作方式，本院不予采信。

因被诉侵权产品“传感器检测卷装线速度，控制程序通过线速度推算出卷装直径的变化量来控制转动传动装置”这一技术特征，与涉案专利权利要求1所限定的“传感器检测接触辊的行程动作，转动传动装置在该控制系统中可由这个反映接触辊的预定位置和实际位置的偏移量的传感器来控制”这一技术特征既不相同亦不等同，故被诉侵权产品不具备涉案专利权利要求1所限定的全部必要技术特征，不落入涉案专利权的保护范围，鉴于此，中丽化纤公司、中丽工程公司和翔盛公司的涉案被诉侵权行为不构成专利侵权。

思考与评论

如何准确解读权利要求，从而合理、正确界定涉案专利权的保护范围是进行侵权比对的前提和关键。人民法院判定被诉侵权技术方案是否落入专利权的保护范围，应当审查权利人主张的权利要求所记载的全部技术特征。被诉侵权技术方案包含与权利要求记载的全部技术特征相同或者等同的技术特征的，人民法院应当认定其落入专利权的保护范围；被诉侵权技术方案的技术特征与权利要求记载的全部技术特征相比，缺少权利要求记载的一个以上的技术特征，或者有一个以上技术特征不相同也不等同的，人民法院应当认定其没有落入专利权的保护范围。在被诉侵权技术方案缺少权利要求书中记载的一个以上技术特征的情况下，应当认定被诉侵权的技术方案没有落入专利权的保护范围。①

（五）封闭式权利要求的侵权判定

案例9-2-5 河北鑫宇焊业有限公司与宜昌猴王焊丝有限公司侵害发明专利权纠纷案*

本院认为，封闭式权利要求与开放式权利要求是一组相对应的权利要求类型，关于二者的规定主要体现于《专利审查指南》（2006年）第二部分第十章、《专利审查指南》（2010年）第二部分第二、十章等相关规定之中。之所以区分封闭式权利要求与开放式权利要求，在于允许专利申请人通过特定形式的措辞或者表达，表明除权利要求明确列举的组分、结构或者步骤等技术特征之外，专利技术方案是否还进一步涵盖未明确列举的其他技术特征。其中，封闭式权利要求通过“由……组成”“余量为……”等表达方式的限定，表明其排除权利要求明确记载的技术特征之外的其他组分、结构或者步骤。涉案专利权利要求1采用了“由……构成”“余量为铁

① 最高人民法院（2011）民申字第630号。

* 最高人民法院民事裁定书（2013）民申字第1201号。

及其不可避免的杂质构成”等措辞，表明权利人以明确的意思表示，对权利要求1请求保护的“高强度结构钢用气体保护焊丝”组分进行了穷尽式列举，权利要求1属于封闭式权利要求。

《最高人民法院关于审理侵犯专利权纠纷案件应用法律若干问题的解释》第七条系有关专利侵权判断中技术特征全面覆盖原则的规定。根据全面覆盖原则，专利侵权行为的成立，以被诉侵权技术方案包含与权利要求记载的全部技术特征相同或者等同的技术特征为充分条件。即使被诉侵权技术方案还附加有其他技术特征的，亦不影响侵权判断，仍应认定侵权行为成立。在适用全面覆盖原则时，应当首先确定权利要求的保护范围。封闭式权利要求是一种特殊类型的权利要求，封闭式权利要求以特定措辞或者表达，限定了权利要求的保护范围仅包括权利要求中明确记载的技术特征及其等同物，排除了其他组分、结构或者步骤。因此，对于封闭式权利要求，如果被诉侵权产品除了具备权利要求明确记载的技术特征之外，还具备其他特征，应当认定其未落入权利要求的保护范围。否则，会出现在授权确权程序中权利要求从严解释，权利人更容易避开现有技术获得授权；侵权诉讼中从宽解释，覆盖更宽保护范围，权利人两头得利，法律适用前后脱节的情形。

《专利审查指南》(2006年)、《专利审查指南》(2010年)中有关封闭式权利要求的规定，不存在与上位法相抵触的情形，并且已在专利审查实践中适用多年，形成了稳定的秩序和预期，已为业界所广泛认可和接受。因此，在侵权诉讼中可以参照适用。本案被诉侵权产品除具有权利要求1记载的全部组分之外，还含有铬、铜、镍三种组分，其中镍还是涉案专利说明书中明确指出需要排除的组分。因此，二审判决参照适用《专利审查指南》中有关封闭式权利要求的规定，认定被诉侵权产品未落入涉案专利权的保护范围正确。鑫宇公司有关二审判决认定事实错误、法律适用错误的申请再审理由不能成立。

思考与评论

《最高人民法院关于审理侵犯专利权纠纷案件应用法律若干问题的解释(二)》认为，被诉侵权技术方案在包含封闭式组合物权利要求全部技术特征的基础上增加其他技术特征的，人民法院应当认定被诉侵权技术方案未落入专利权的保护范围，但该增加的技术特征属于不可避免的常规数量杂质的除外。而这里的封闭式组合物权利要求，一般不包括中药组合物权利要求。对于封闭式权利要求，如果被诉侵权产品或者方法除具备权利要求明确记载的技术特征之外，还具备其他特征的，应当认定其未落入权利要求保护范围。

（六）改劣发明

案例 9-2-6　张建华与直连公司等专利侵权案*

人民法院在判断被控侵权技术方案是否落入专利权保护范围时，应当将被诉侵权技术方案的技术特征与专利权利要求记载的全部技术特征进行对比。如果被控侵权技术方案缺少权利要求记载的一个或者一个以上的技术特征，或者被控侵权技术方案有一个或者一个以上的技术特征与权利要求记载的相应技术特征不相同也不等同，人民法院应当认定被控侵权技术方案没有落入专利权的保护范围。被控侵权技术方案是否因缺少某专利技术特征而导致技术功能或效果的变劣，不应考虑。本案中，被控侵权技术方案缺少"高层建筑无水箱直连供暖的排气断流装置"专利中的"内设有环绕螺纹导向板的杯状水封罐"技术特征，也缺少"高层建筑无水箱直连供暖系统的阻旋器"专利中的"内设有成'十'字直排列的止旋板"技术特征。此外，被控侵权技术方案中的"上壳体上部设有逆止排气阀"与"高层建筑无水箱直连供暖的排气断流装置"专利中的"上壳体上边有方便可拆的呼吸室兼盖板"相比，在手段、功能、效果上不属于《最高人民法院关于审理专利纠纷案件适用法律问题的若干规定》第十七条规定的"基本相同"，不构成等同特征。因此，被控侵权技术方案没有落入专利权的保护范围。原二审判决认定张建华、高联公司构成专利侵权，适用法律有误，应予纠正。

思考

上述案例中的改劣发明为什么不构成侵权？这是否会鼓励第三方通过设计绕过规避侵权行为？

（七）非典型技术特征的相同判断

对于权利要求中以制备方法界定产品的技术特征，被诉侵权产品的制备方法与其不相同也不等同的，人民法院应当认定被诉侵权技术方案未落入专利权的保护范围。

方法权利要求未明确记载技术步骤的先后顺序，但本领域普通技术人员阅读权利要求书、说明书及附图后直接、明确地认为该技术步骤应当按照特定顺序实施的，人民法院应当认定该步骤顺序对于专利权的保护范围具有限定作用。

对于包含功能性特征的权利要求，与说明书及附图中所对应的为实现所述功

---

* 最高人民法院（2008）民提字第 83 号。

能、效果不可缺少的结构、步骤特征相比，被诉侵权技术方案的相应结构、步骤特征是以相同的手段，实现了相同的功能，产生了相同的效果，或者虽有区别，但是以基本相同的手段，实现了相同的功能，达到相同的效果，而且本领域普通技术人员在专利申请日时无需经过创造性劳动就能够联想到的，应当认定该相应结构、步骤特征与上述功能性特征相同。在判断上述结构、步骤特征是否构成相同特征时，应当将其作为一个技术特征，而不应将其区分为两个以上的技术特征。

在后获得专利权的发明或实用新型是对在先发明或实用新型专利的改进，在后专利的某项权利要求记载了在先专利某项权利要求中记载的全部技术特征，又增加了另外的技术特征的，在后专利属于从属专利。实施从属专利落入在先专利的保护范围。

下列情形属于从属专利：

（1）在包含了在先产品专利权利要求的全部技术特征的基础上，增加了新的技术特征；

（2）在原有产品专利权利要求的基础上，发现了原来未曾发现的新的用途；

（3）在原有方法专利权利要求的基础上，增加了新的技术特征。

二、等同侵权

（一）等同原则的基本原理

在专利侵权纠纷中，真正完全“依葫芦画瓢”的公然仿制行为越来越少见。大多数侵权人为了规避法律，逃避侵权责任，对他人的专利技术进行研究，以所属技术领域普通技术人员容易联想到的技术手段加以替换或变换，然而替换或变换后的技术特征与专利技术特征在手段、功能与效果仍基本一致。如果允许这种行为存在，将导致专利权价值大大减损。为了使专利权人的合法权利获得全面、真实的保护，专利侵权行为的等同原则应运而生。

在专利侵权判定中，等同原则是对专利权利要求字面保护范围的扩张，是对专利权字面侵权的适当补充，等同原则的适用为专利权人提供了切实有效的法律保护，鼓励了技术创新；另外，专利制度本身又要确保专利权的保护范围具有足够的法律确定性和可预见性，不因滥用等同原则致使专利权保护范围缺乏确定性而损害社会公众的利益。

案例 9－2－7　孙俊义与任丘市博成水暖器材有限公司、张泽辉等侵害实用新型专利权纠纷案*

本院认为，根据孙俊义的申请再审事由，博成公司、张泽辉的意见以及原审查明的事实，各方对被控侵权产品“一体式盖母进水套上表面为平面”，与涉案专利权利要求中“进水套的上表面呈锥面”这一技术特征不相同均无异议。本案争议焦点为：两者是否构成等同的技术特征，被诉侵权产品是否落入涉案专利权的保护范围。

《最高人民法院关于审理专利纠纷案件适用法律问题的若干规定》第十七条第二款规定：“等同特征，是指与所记载的技术特征以基本相同的手段，实现基本相同的功能，达到基本相同的效果，并且本领域普通技术人员在被诉侵权行为发生时无须经过创造性劳动就能够联想到的特征。”本院认为，本案中判断被诉侵权产品“一体式盖母上表面呈平面”与涉案专利“进水套上表面呈锥面”的技术特征是否为等同技术特征需考虑以下因素：首先，应考虑等同原则与专利权保护范围之间的关系，以及专利法律制度规定等同原则的必要性。一方面，在专利侵权判定中，等同原则是对专利权利要求字面保护范围的扩张，是对专利权字面侵权的适当补充，等同原则的适用为专利权人提供了切实有效的法律保护，鼓励了技术创新；另一方面，专利制度本身又要确保专利权的保护范围具有足够的法律确定性和可预见性，不因滥用等同原则致使专利权保护范围缺乏确定性而损害社会公众的利益。因此，等同原则既是专利权保护中一项不可或缺的重要原则和制度，但同时又必须对等同原则的适用施加必要限制，兼顾专利权人和社会公众的利益，既要保护专利权人在现有技术基础上作出的技术贡献，又要促进科学技术的进步。其次，等同原则的适用须考虑专利申请与专利侵权时技术的发展水平，防止对专利技术方案中某些技术特征以专利申请日后新出现的技术进行简单替换而规避侵权的情况，合理界定专利权的保护范围。本案中，涉案 ZL200320112523.2“防粘连自动排气阀”实用新型专利权利要求 1 和说明书均记载：进水套的上表面呈锥面。这表明，孙俊义在申请涉案专利时将其要求保护的技术方案限定为进水套的上表面呈锥面，不是平面，而锥面或平面均是涉案专利申请时，该领域普通技术人员普遍知晓的技术方案，因此，专利权人将权利要求中该技术特征限定为锥面是将平面排除在涉案专利权的保护范围之外。鉴此，在侵权判定时，不能将技术特征“锥面”扩张到“平面”予

---

* 最高人民法院民事裁定书(2015)民申字第 740 号。

以保护,否则将有损社会公众对专利权保护范围确定性和可预见性的信赖,从而损害社会公众的利益,动摇专利制度的基石。故本案中,被诉侵权产品的技术特征与涉案专利权利要求记载的技术特征相比,并未构成等同的技术特征,被诉侵权产品未落入涉案专利权保护范围。孙俊义该项申请再审理由不成立,本院不予支持。

关于张泽辉已经获得的实用新型专利是否影响本案专利侵权判断的问题。根据原审查明的事实,张泽辉于2012年3月19日申请,2012年10月3日获得ZL201220101743.4“一种长方形自动排气阀”实用新型专利权。张泽辉于2012年5月2日申请,2012年11月14日获得ZL201220190604.3“一种长方形偏嘴立式自动排气阀”实用新型专利权。上述专利的申请日均晚于涉案专利的申请日2003年10月10日和授权日2004年11月3日,且即便被诉侵权产品的技术特征与张泽辉的上述专利技术特征一致,但如果落入涉案专利权的保护范围,也构成专利侵权,因此张泽辉已经获得的实用新型专利并不影响本案专利侵权的判断。

关于孙俊义主张最高人民法院(2009)民申字第157号民事裁定已认定等同侵权的问题。本院认为,2001年6月22日发布的《最高人民法院关于审理专利纠纷案件适用法律问题的若干规定》确立了专利侵权判定中的等同原则。等同原则的适用克服了专利权利要求在表达上的局限性,弥补了字面侵权的不足,实现了对专利权人的保护,但在实践中出现了等同原则适用过宽的倾向,不适当地扩张了专利权保护范围。2009年12月28日发布的《最高人民法院关于审理侵犯专利权纠纷案件应用法律若干问题的解释》通过对捐献原则、禁止反悔原则以及全面覆盖原则的明确,结合等同原则的适用对专利权人的权利进行了一定程度的限制,使之与社会公众的利益之间形成了更好的平衡关系。同时,一方面,随着专利制度的进一步普及和发展,专利权人的专利文件撰写水平不断提高,专利行政部门对专利申请文件的撰写要求更为严格,等同原则对于撰写水平较低专利的保护作用在逐级减弱;另一方面,人民法院对等同原则的认识更为深刻,对等同原则的适用也更为严格和谨慎。故最高人民法院(2009)民申字第157号民事裁定对等同侵权的认定并不影响本案侵权是否成立的判定。

思考与评论

我国专利法没有等同原则的规定,等同原则是在专利司法实践中产生的原则。《最高人民法院关于审理专利纠纷案件适用法律问题的若干规定》第十七条第二款对等同原则作出了明确定义,“等同特征,是指与所记载的技术特征以基本相同的手段,实现基本相同的功能,达到基本相同的效果,并且本领域普通技术人员在被诉侵权行为发生时无须经过创造性劳动就能够联想到的特征”。该解释进一步明确人民法院判定被诉侵权技术方案是否落入专利权的保护范围,应当审查权利人主张的权利要求所记载的全部技术特征。基本相同的手段,是指被诉侵权技术方案中的技术特征与权利要求对应技术特征在技术内容上并无实质性差异。基本相同的功能,是指被诉侵权技术方案中的技术特征与权利要求对应技术特征在各自技术方案中所起的作用基本相同。被诉侵权技术方案中的技术特征与权利要求对应技术特征相比还有其他作用的,不予考虑。基本相同的效果,是指被诉侵权技术方案中的技术特征与权利要求对应技术特征在各自技术方案中所达到的技术效果基本相当。被诉侵权技术方案中的技术特征与权利要求对应技术特征相比还有其他技术效果的,不予考虑。无须经过创造性劳动就能够想到,是指对于本领域普通技术人员而言,被诉侵权技术方案中的技术特征与权利要求对应技术特征相互替换是容易想到的。在具体判断时可考虑以下因素:两技术特征是否属于同一或相近的技术类别;两技术特征所利用的工作原理是否相同;两技术特征之间是否存在简单的直接替换关系,即两技术特征之间的替换是否需对其他部分作出重新设计,但简单的尺寸和接口位置的调整不属于重新设计。

判定被诉侵权技术方案的技术特征与权利要求的技术特征是否等同的时间点,应当以被诉侵权行为发生时为界限。但在解释权利要求时,如果被诉侵权行为发生时技术术语已经产生其他含义的,应当采用专利申请日时的含义解释该技术术语,而不能通过等同的方式将申请日不存在的技术纳入权利人的保护范围。同时,有学者认为,等同原则不能囊括专利权人在申请专利时已经可以预见到并且应当将其涵盖在权利要求保护范围之中的技术方案。但也有人认为,此规则将专利权人置于左右为难的境地,一方面要求专利权人证明专利技术方案和被控侵权方案之间的差异是非实质性的,对于本领域技术人员来说不需要付出创造性劳动;另一方面又要求专利权人证明其在申请时无法预见这种差异,这两个方面是不可调和的,专利权人无论如何解释都会对自己产生不利影响。

被诉侵权技术方案包含与权利要求记载的全部技术特征相同或者等同的技术特征的,人民法院应当认定其落入专利权的保护范围。在是否构成等同特征的判断中,手段是技术特征本身的技术内容,功能和效果是技术特征的外部特性,技术特征的功能和效果取决于该技术特征的手段。

适用等同原则时需要注意以下几点:

(1)必要技术特征和附加技术特征都可能存在等同特征,从而可能构成等同侵权。

(2)等同不是从整体上比较被控侵权的技术方案与专利技术之间是否等同,而必须按照技术特征与技术特征一一比较是否等同。

(3)在等同判断时,应当以所属技术领域的普通技术人员所拥有的专业知识为准,不应当从专家或审查员的角度进行判定。

(4)等同判断首先进行“三要素”测试:被控技术特征是否与专利技术特征以基本相同的手段,实现基本相同的功能,达到基本相同的效果。经过“三要素”测试,判定技术特征的功能、方式与效果基本相同后,接下来需要考虑该领域的普通技术人员是否认为导致技术效果相同的替换是显而易见的。

(二)等同判断四要件之间的关系

在判断被诉侵权产品的技术特征与专利技术特征是否等同时,不仅要考虑被诉侵权产品的技术特征是否属于本领域的普通技术人员无须经过创造性劳动就能够联想到的技术特征,还要考虑被诉侵权产品的技术特征与专利技术特征相比,是否属于基本相同的技术手段,实现基本相同的功能,达到基本相同的效果,只有以上两个方面的条件同时具备,才能够认定二者属于等同的技术特征。也就是说,等同特征判断标准中的“基本相同的手段”“基本相同的功能”“基本相同的效果”以及“本领域技术人员在被诉侵权行为发生时无需创造性劳动就能联想到”(以下简称容易联想要件)这四个要件需同时满足,才能认定争议技术特征构成等同,如其中任一要件不成立,则不构成等同特征。而在上述等同特征四个要件中,手段是等同判断的基础和核心。在对技术手段进行相似性判断时,除考虑技术手段本身,还应考虑技术手段所解决的技术问题及其所利用的工作原理。[①] 虽然相关司法解释将容易联想要件作为等同判断要件之一予以单列,但在等同特征判断的审判实践中,容易联想的因素亦应当在手段的相似性判断中予以考量,具体为:一般情况下如两手段所利用的工作原理不同,则应认定不属于基本相同的手段,但如果该两手段之间的替换属于被诉侵权行为发生时本领域普通技术人员容易联想到的简单替换,则仍可以认定为基本相同的手段。而关于“容易联想”的认定,需要考量因素包括:争议技术特征项下的技术手段之间是否存在简单的直接替换关系;是否属于同一或相近的技术类别;是否均为常见且并列可选的技术手段;是否需对该技术手段之外的其他部分作出适应性的调整(简单的尺寸调整除外)和重新设计等。

(三)具体技术特征等同

等同特征,可以是权利要求中的若干技术特征对应于被诉侵权技术方案中的

---

① 常州君合科技有限公司诉常州瀛海防腐工程有限公司、崔竞牛侵害实用新型专利权纠纷案:(2015)苏知民终字第00065号。

一个技术特征,也可以是权利要求中的一个技术特征对应于被诉侵权技术方案中的若干技术特征的组合。等同特征的替换应当是具体的、对应的技术特征之间的替换,而不是完整技术方案之间的替换。等同特征替换,既包括对权利要求中区别技术特征的替换,也包括对权利要求前序部分中的技术特征的替换。权利要求与被诉侵权技术方案存在多个等同特征,如果该多个等同特征的叠加导致被诉侵权技术方案形成了与权利要求技术构思不同的技术方案,或者被诉侵权技术方案取得了预料不到的技术效果的,则一般不宜认定构成等同侵权。在判定是否构成等同侵权时,对手段、功能、效果以及是否需要创造性劳动应当依次进行判断,但手段、功能、效果的判断起主要作用。

案例 9-2-8 林坤明诉福建省知识产权局、第三人福建海源自动化机械股份有限公司等专利侵权行政处理纠纷案*

二审法院认为:上诉人林坤明的涉案专利是一产品发明专利,其独立权利要求前序部分的一般技术特征和特征部分的区别技术特征合在一起,构成该发明专利的全部必要技术特征,限定该发明专利权的最大保护范围。根据全面覆盖原则,涉案产品将涉案专利权利要求中记载技术方案的必要技术特征全部再现,涉案产品与涉案专利独立权利要求中记载的全部必要技术特征一一对应并相同或等同,则落入专利权的保护范围。就本案而言,将涉案产品的技术特征,与上诉人林坤明涉案专利的独立权利要求中记载的全部必要技术特征进行比对,可以看出,涉案产品不具有下列技术特征:下模座;用于下模座的运行轨道;芯杆座和导向杆;用于芯杆座的运行轨道;下模座外部两侧有对称的承力环;活动横梁与下模座的承力环套合或接合,并绕承力环转动;加压部件所提供的制坯压力由活动横梁两端传递给下模座的承力环,实施下模头作向上加压的动作;在填料工步时芯杆进行上、下运动,且实施对模框中的物料做盖模预压动作的工步。由此可见,涉案产品并未全部再现或全面覆盖涉案专利独立权利要求中明确记载的所有必要技术特征,二者的技术特征未一一对应。因此,被上诉人福建省知识产权局有关涉案产品的技术特征与涉案专利的必要技术特征不相同的认定是正确的,予以支持。上诉人林坤明的相关上诉理由缺乏事实依据,不予采纳。

上诉人林坤明还主张本案的侵权判定应当适用等同原则。对此,二审法院认

---

* 福建省高级人民法院(2008)闽行终字第20号。

为,根据《最高人民法院关于审理专利纠纷案件适用法律问题的若干规定》(以下简称《若干规定》)第十七条第二款的规定,等同必须具备两个条件:一是与权利要求中所记载的技术特征以基本相同的手段,实现基本相同的功能,达到基本相同的效果;二是专利所属领域的普通技术人员无需经过创造性劳动就能够联想到,也就是对专利所属领域普通技术人员来讲是显而易见的。同时,"等同原则"中的"等同",应当是技术方案中具体技术特征的技术功能、作用的等同,而不是被控侵权物和专利两个技术方案的整体等同。就本案而言,在涉案产品的技术特征没有全面覆盖涉案专利必要技术特征的前提下,不考虑适用等同原则。况且,林坤明没有具体指明其涉案专利权利要求书中哪项技术特征被对方用什么样的手段进行替换。因此,林坤明有关本案应适用等同原则的主张,事实和法律依据不足,不予采纳。

思考与评论

等同原则是在字面侵权不成立的情况下才采用的侵权判断方法。即对于被控侵权的产品或方法,其技术特征与专利技术特征相比,虽未在字面上落入该专利权利要求的范围之内,但系以基本相同的手段,实现基本相同的功能,达到基本相同的效果,并且是本领域的普通技术人员无需经过创造性劳动就能够联想到的特征,则根据等同原则,认定该产品或方法构成对专利技术的等同侵权。

等同原则要落实到权利要求的各项具体技术特征上,而不能适用于发明创造的整体比对。也就是说,等同物应当是指侵权物中替代专利权利要求中的技术特征,并非指整个侵权物将专利技术方案全部替换。因此,等同的判断方法仍然不能脱离"特征分析法"所采用的"逐一特征"对比的具体方式。等同原则要求被控侵权产品或方法的具体技术特征与专利权利要求中的具体技术特征之间的对应等同,而非两种整体技术方案的等同。①

(四)技术手段相反

被诉侵权技术方案的技术手段与权利要求明确限定的技术手段相反,技术效果亦相反,且不能实现发明目的的,不构成等同侵权。②

(五)改变方法专利的步骤顺序

方法专利的步骤顺序是否对专利权的保护范围起到限定作用,从而导致发生步骤顺序改变时限制等同原则的适用,关键在于所涉步骤是否必须以特定的顺序

---

① 一审:山东省淄博市中级人民法院(2011)淄民三初字第15号;二审:山东省高级人民法院(2012)鲁民三终字第87号。

② 再审申请人捷瑞特中心与被申请人金自天和公司等侵害实用新型专利权纠纷案:(2013)民申字第1146号。

实施以及这种顺序改变是否会带来技术功能或者技术效果的实质性差异。[①]

（六）封闭式权利要求

专利权人选择封闭式权利要求表明其明确将其他未被限定的结构组成部分或者方法步骤排除在专利权保护范围之外，不宜再通过适用等同原则将其重新纳入保护范围。[②]

（七）功能性特征等同

功能性特征，是指对于结构、组分、步骤、条件或其之间的关系等，通过其在发明创造中所起的功能或者效果进行限定的技术特征，但本领域普通技术人员仅通过阅读权利要求即可直接、明确地确定实现上述功能或者效果的具体实施方式的除外。

与说明书及附图记载的实现前款所称功能或者效果不可缺少的技术特征相比，被诉侵权技术方案的相应技术特征是以基本相同的手段，实现相同的功能，达到相同的效果，且本领域普通技术人员在被诉侵权行为发生时无需经过创造性劳动就能够联想到的，人民法院应当认定该相应技术特征与功能性特征相同或者等同。功能性特征等同是直接侵权而不是等同侵权。

值得注意的是，功能性特征的等同判断时间点是侵权行为发生时。如果两个功能性特征在申请时构成等同，此时一般会被认为是相同的功能特征。《专利侵权判定指南(2017)》规定，对于包含功能性特征的权利要求，与权利要求所保护的结构、步骤特征相比，被诉侵权技术方案的相应结构、步骤特征是以相同的手段，实现了相同的功能，产生了相同的效果，或者虽有区别，但是以基本相同的手段，实现了相同的功能，达到相同的效果，而且本领域普通技术人员在专利申请日时无须经过创造性劳动就能够联想到的，应当认定该相应结构、步骤特征与上述功能性特征相同。

在判断功能性结构、步骤特征是否构成等同特征时，应当将其作为一个技术特征，而不应将其区分为两个以上的技术特征。

---

① 再审申请人乐雪儿公司与被申请人陈顺弟等侵害发明专利权纠纷案：(2013)民提字第225号。

② 胡小泉“注射用三磷酸腺苷二钠氯化镁”专利侵权案：(2012)民提字第10号。

（八）捐献规则

案例 9－2－9 陈顺弟与浙江乐雪儿家居用品有限公司、何建华、温士丹侵害发明专利权纠纷提审案*

……

二、关于被诉侵权产品的加工方法是否落入涉案专利权的保护范围问题

乐雪儿公司与陈顺弟对于被诉侵权方法和涉案专利方法的争议主要集中在权利要求1第5、8、9步，第6、7步，第10、11步和保温层技术特征问题。

1. 关于第5、8、9步争议问题。乐雪儿公司主张被诉侵权产品的螺纹塞座、螺纹塞盖及垫片均是其提供样品委托案外人加工订购取得，乐雪儿公司没有义务对外购部件的加工方法承担举证责任，被诉侵权方法缺少涉案专利权利要求1的第5、8、9步。本院认为，乐雪儿公司认可外购部件的材质、结构与依照涉案专利权利要求1第5、8、9步的加工方法所直接获得的部件的材质、结构相同，并认可外购部件的加工工艺是注塑，且螺纹塞座也是二次注塑成型。由此，能够判定上述部件的加工方法与涉案专利权利要求1第5、8、9步的加工方法相同。虽然乐雪儿公司主张螺纹塞座绝大多数是在同一台机器上完成的，与涉案专利的加工方式不同，但涉案专利权利要求1的第5步并未限定二次注塑的加工方式，二次注塑是否在同一台机器上完成不构成对该步骤的限定条件，故乐雪儿公司的上述主张不能成立。据此，本争议的关键转为乐雪儿公司是否实施了第5、8、9步，即被诉侵权方法是否缺少第5、8、9步问题。本院认为，按照乐雪儿公司的陈述，上述部件虽不是其自行加工，但系其提供样品在案外人处定作的，也即这些部件是案外人按照乐雪儿公司的要求进行加工制作的，故乐雪儿公司对由此产生的法律后果应当承担相应的法律责任。因此，乐雪儿公司主张被诉侵权方法缺少第5、8、9步，没有事实和法律依据，本院不予支持。

2. 关于步骤互换是否构成等同侵权问题。方法发明专利的权利要求是包括有时间过程的活动，如制造方法、使用方法、通讯方法、处理方法等权利要求。涉及产品制造方法的发明专利通常是通过方法步骤的组合以及一定的步骤顺序来实现的。方法专利的步骤顺序是否对专利权的保护范围起到限定作用，从而导致在步骤互换中限制等同原则的适用，关键要看这些步骤是否必须以特定的顺序实施以

---

* 最高人民法院民事判决书（2013）民提字第225号。

及这种互换是否会带来技术功能或者技术效果上的实质性差异。具体到本案中，涉案专利权利要求 1 的第 6 步是对热水袋口部与螺纹塞座复合层进行热粘合的步骤；第 7 步是对热水袋袋体进行修边的步骤。被诉侵权方法采取的步骤是先对热水袋袋体进行修边，而后对热水袋口部与螺纹塞座复合层进行热粘合。乐雪儿公司主张按此步骤加工可以节省后续步骤中被加工产品所占用的空间，利于快速加工和提高加工精度，并能够使产品直接进入检测工序。本院认为，从被诉侵权方法此前的加工步骤来看，其已在第 4 步中对高频热粘合后的热水袋进行了裁剪，此时修边的主要目的是使热水袋好看，接近成品，其减少空间的作用非常有限，而且多余边角料的存在不会干扰塞座的粘合，对塞座粘合不会产生实质性影响，因而这两个步骤的实施不具有先后顺序的唯一对应性，先修边还是先进行热粘合对于整个技术方案的实现没有实质性影响，且这两个步骤的互换在技术功能和技术效果上也没有产生实质性的差异，故被诉侵权方法调换后的步骤与涉案专利权利要求 1 的第 6、7 步属于相等同的技术特征。

涉案专利权利要求 1 的第 10 步是将密封垫片和螺纹塞盖互相装配后旋入螺纹塞座中；第 11 步是充气试压检验。被诉侵权方法采用的是先充气试压检验，后将密封垫片和螺纹塞盖互相装配后旋入螺纹塞座的步骤。乐雪儿公司主张这种步骤互换所带来的效果是，不需要将螺纹塞座安装好后再取下来进行充气检测，因而可以节省时间，保证检测质量。本院认为，对热水袋进行充气试压检验，需要通过热水袋的口部进行。按照涉案专利权利要求 1 的第 10、11 步的步骤进行操作，在进行充气试压检验前，必须要从螺纹塞座中旋下螺纹塞盖后方能进行，与被诉侵权方法所采取的先试压检验后再装配螺纹塞盖的步骤相比，这种操作步骤实质上是增加了充气试压检验的操作环节，导致操作时间延长，效率降低。故将第 10、11 步的步骤调换后，确实产生了如乐雪儿公司主张的减少操作环节、节约时间、提高效率的技术效果，因此这种步骤互换所产生的技术效果上的差异是实质性的，调换后的步骤与涉案专利权利要求 1 的第 10、11 步不构成等同技术特征。

陈顺弟主张，涉案专利说明书已经记载了步骤 10、11 的顺序可以调换，权利要求 1 并未排除说明书中记载的这一技术方案，因此调换步骤的技术方案应当纳入涉案专利权的保护范围，对本案不应适用捐献原则。本院认为，准确确定专利权的保护范围不仅是为专利权人提供有效法律保护的需要，也是尊重权利要求的公示和划界作用，维护社会公众信赖利益的需要。在权利要求解释中确立捐献原则，就是对专利的保护功能和公示功能进行利益衡量的产物。该规则的含义是，对于在专利说明书中记载而未反映在权利要求中的技术方案，不能包括在权利要求的保护范围之内。对于在说明书中披露而未写入权利要求的技术方案，如果不适用捐献原则，虽然对专利权人的保护是较为充分的，但这一方面会给专利申请人规避对较宽范围的权利要求的审查提供便利，另一方面会降低权利要求的划界作用，使专利权保护范围的确定成为一件过于灵活和不确定的事情，增加了公众预测专利权保护范围的难度，不利于专利公示作用的发挥以及公众利益的维护。因此，《最高人民法院关于审理侵犯专利权纠纷案件应用法律若干问题的解释》在第五条中规定："对于仅在说明书或者附图中描述而在权利要求中未记载的技术方案，权利人在侵犯专利权纠纷案件中将其纳入专利权保护范围的，人民法院不予支持。"该司法解释从2010年1月1日起施行，本案被诉侵权行为发生在2010年9月，故该解释的上述规定能够适用于本案。按照上述条文的规定，如果本领域技术人员通过阅读说明书可以理解披露但未要求保护的技术方案是被专利权人作为权利要求中技术特征的另一种选择而被特定化，则这种技术方案就视为捐献给社会。本案中的情形正是如此。涉案专利说明书在第3页中明确记载了第10、11步的步骤可以调换，而这一调换后的步骤并未体现在权利要求中，因此调换后的步骤不能纳入涉案专利权的保护范围，乐雪儿公司关于第10、11步的步骤调换方案应适用捐献原则的主张依法有据，本院予以支持。

思考与评论

《最高人民法院关于审理侵犯专利权纠纷案件应用法律若干问题的解释》第五条明确规定了所谓"捐献原则"的适用，即对于仅在说明书或者附图中描述而在权利要求中未记载的技术方案，权利人在侵犯专利权纠纷案件中将其纳入专利权保护范围的，人民法院不予支持。对于说明书记载而权利要求未记载的技术方案，视为专利权人将其捐献给社会公众，不得在专利侵权诉讼中主张上述已捐献的内容属于等同特征所确定的范围。

另外，被诉侵权技术方案属于说明书中明确排除的技术方案，或者属于背景技术中的技术方案，权利人主张构成等同侵权的，不予支持。

对于发明权利要求中的非发明点技术特征、修改形成的技术特征或者实用新型权利要求中的技术特征，如果专利权人在专利申请或修改时明知或足以预见到存在替代性技术特征而未将其纳入专利权的保护范围，在侵权判定中，权利人以构成等同特征为由主张将该替代性技术方案纳入专利权的保护范围的，不予支持。

（九）禁止反悔

禁止反悔原则，是指专利申请人、专利权人在专利授权或者无效宣告程序中，通过对权利要求、说明书的修改或者意见陈述而放弃的技术方案,权利人在侵犯专利权纠纷案件中不得再主张将其纳入专利权保护范围。也就是说,专利申请时已经明确排除的技术方案,不能以技术特征等同为由在侵权判断时重新纳入专利权的保护范围。

禁止反悔原则旨在防止专利权人出尔反尔,将在专利审批过程中为了获得专利而对其保护范围所做的某种限制,或强调权利要求中某个技术特征对于确定其新颖性、创造性如何重要,到了侵权诉讼时又试图取消所做的限制,或强调该技术特征可有可无,试图扩大专利的保护范围。北京市高级人民法院认为,专利申请人或专利权人限制或者部分放弃的保护范围,应当是基于克服缺乏新颖性或创造性、缺少必要技术特征和权利要求得不到说明书的支持以及说明书未充分公开等不能获得授权的实质性缺陷的需要。权利人不能说明专利申请人或专利权人修改专利文件原因的,可以推定其修改是为克服不能获得授权的实质性缺陷。专利申请人或专利权人对权利要求保护范围所作的限缩性修改或者陈述必须是明示的,而且已经被记录在书面陈述、专利审查档案、生效的法律文书中。权利人能够证明专利申请人、专利权人在专利授权确权程序中对权利要求书、说明书及附图的限缩性修改或者陈述被明确否定的,应当认定该修改或者陈述未导致技术方案的放弃。但也有人认为,专利申请人、专利权人在专利授权或无效宣告程序中,通过对权利要求、说明书的修改或意见陈述而放弃的技术方案,均构成适用禁止反悔原则,而不应将禁止反悔原则的适用条件仅拘泥于专利的新颖性、创造性有关的狭隘的范围。专利申请人、专利权人在另一相关专利授权、确权程序中所作的客观事实方面的意见陈述,可以作为证明涉案专利所涉及的相关事实的证据,一般不构成禁止反悔,只有在特定情况下才有可能构成。

等同原则是专利侵权判定的重要原则,但等同原则的适用在某种程度上扩展了专利权的保护范围。随之而来的问题是某些专利权人在申请专利时为了避开现有技术和满足“三性”要求而放弃或限制权利要求以便顺利获得专利授权,但在侵权诉讼中其可能通过等同原则将放弃或限制的权利要求纳入保护范围。这显然违背基本的公平原则与诚信要求。而禁止反悔原则是对认定等同侵权的限制,是为了维护专利权人与社会公众之间的利益平衡。

在我国,专利法虽然没有明确规定禁止反悔原则,但《最高人民法院关于审理侵犯专利权纠纷案件应用法律若干问题的解释》中明确规定了禁止反悔原则。

在认定是否构成等同侵权时,即使被控侵权人没有主张适用禁止反悔原则,人民法院也可以根据业已查明的事实,主动适用禁止反悔原则对等同原则予以必要的限制，以合理确定专利权的保护范围。①

案例 9-2-10　中誉电子(上海)有限公司与上海九鹰电子科技有限公司侵犯实用新型专利权纠纷案*

本院提审认为，本案当事人争议的焦点问题有：(一)专利复审委员会决定在权利要求3的基础上维持涉案专利权有效，是否导致禁止反悔原则的适用。(二)九鹰公司的现有技术抗辩是否成立。

关于第一个焦点问题。首先，禁止反悔原则的法理基础。诚实信用原则作为民法基本原则之一，要求民事主体信守承诺，不得损害善意第三人对其的合理信赖或正当期待，以衡平权利的自由行使可能带来的利益失衡。在专利授权实践中，专利申请人往往通过对权利要求或说明书的限缩以便快速获得授权，但在侵权诉讼中又试图通过等同侵权将已放弃的技术方案重新纳入专利权的保护范围。为确保专利权保护范围的安定性，维护社会公众的信赖利益，专利制度通过禁止反悔原则防止专利权人上述“两头得利”情形的发生。故此，专利权人在专利授权或者无效宣告程序中，通过对权利要求、说明书的修改或者意见陈述而放弃的技术方案，权利人在侵犯专利权纠纷案件中又将其纳入专利权保护范围的，人民法院不应支持。

其次，禁止反悔原则的适用条件。一般情况下，只有权利要求、说明书修改或者意见陈述两种形式，才有可能产生技术方案的放弃，进而导致禁止反悔原则的适用。本案中，独立权利要求1及其从属权利要求2均被宣告无效，在权利要求2的从属权利要求3的基础上维持涉案专利有效。问题是，权利要求3是否仅仅因此构成对其所从属的权利要求1-2的限制性修改。独立权利要求被宣告无效，在其从属权利要求的基础上维持专利权有效，该从属权利要求即实际取代了原独立权利要求的地位。但是，该从属权利要求的内容或者所确定的保护范围并没有因为原独立权利要求的无效而改变。因为，每一项权利要求都是单独的、完整的技术方案，每一项权利要求都应准确、完整地概括申请人在原始申请中各自要求的保护范围，而不论其是否以独立权利要求的形式出现。基于此，每一项权利要求可以被单独地维持有效或宣告无效。每一项权利要求的效力应当被推定为独立于其他权利要求项的效力。即使从属权利要求所从属的权利要求被宣告无效，该从属权利要求

---

① 沈其衡与盛懋公司专利侵权案：(2009)民申字第239号。

* 最高人民法院(2011)民提字第306号；《最高人民法院公报》2012年第10期。

并不能因此被认为无效。所以,不应当以从属权利要求所从属的权利要求被宣告无效而简单地认为该从属权利要求所确定的保护范围即受到限制。本案原二审判决认为,从属权利要求3被维持有效的原因在于,在权利要求1中增加了从属权利要求2以及从属权利要求3记载的附加技术特征,这实质上就是修改权利要求1,该认定有所不当。

最后,放弃的认定标准。专利权保护范围是由权利要求包含的技术特征所限定的,故专利权保护范围的变化,亦体现为权利要求中技术特征的变化。在专利授权或无效宣告程序中,专利权人主动或应审查员的要求,可以通过增加技术特征对某权利要求所确定的保护范围进行限制,也可以通过意见陈述对某权利要求进行限缩性解释。禁止反悔原则适用于导致专利权保护范围缩小的修改或者陈述。亦即,由此所放弃的技术方案。该放弃,通常是专利权人通过修改或意见陈述进行的自我放弃。但是,若专利复审委员会认定独立权利要求无效、在其从属权利要求的基础上维持专利权有效,且专利权人未曾作上述自我放弃,则在判断是否构成禁止反悔原则中的"放弃"时,应充分注意专利权人未自我放弃的情形,严格把握放弃的认定条件。如果该从属权利要求中的附加技术特征未被该独立权利要求所概括,则因该附加技术特征没有原始的参照,故不能推定该附加技术特征之外的技术方案已被全部放弃。本案中,九鹰公司称,因为权利要求1-2被宣告无效,而权利要求3是对其进一步限定,故权利要求1-2与权利要求3之间的"领地"被推定为已放弃。本院认为,权利要求3中的"银膜"并没有被权利要求1-2所提及,而且,中誉公司在专利授权和无效宣告程序中没有修改权利要求和说明书,在意见陈述中也没有放弃除"银膜"外其他导电材料作为导流条的技术方案。因此,不应当基于权利要求1-2被宣告无效,而认为权利要求3的附加技术特征"银膜"不能再适用等同原则。

综上,专利复审委员会宣告涉案专利权利要求1-2、4-6无效,在权利要求3的基础上维持专利权有效,二审法院认为涉案专利权利要求3中的技术特征G实质是修改权利要求而增加的技术特征,该技术特征将导流条明确限定为银膜,应视为专利权人放弃了除"银膜"外其他导电材料作为导流条的技术方案,从而认定被诉侵权产品不构成等同侵权,存在错误,应予纠正。

思考与评论

禁止反悔原则适用于导致专利权保护范围缩小的修改或者陈述。亦即由此所放弃的技术方案不应再被纳入专利权的保护范围。该放弃,通常是专利权人通过修改或意见陈述进行的自我放弃。如为克服权利要求不能得到说明书的支持的缺陷而修改权利要求以及专利权人在授权确权程序中的意见陈述都可导致禁止反悔原则的适用。

但是,若独立权利要求被宣告无效而在其从属权利要求的基础上维持专利权有效,且专利权人未曾作上述自我放弃,则应充分注意专利权人未自我放弃的情形,严格把握放弃的认定条件,不宜仅因此即对该从属权利要求适用禁止反悔原则并限制等同侵权原则的适用。若该从属权利要求中的附加技术特征未被该独立权利要求所概括,则因该附加技术特征没有原始的参照,故不能推定该附加技术特征之外的技术方案已被全部放弃。

(十)现有技术进行优化选择而形成的专利技术方案

就现有技术进行优化选择而形成的专利技术方案而言,其适用等同的范围应当受到严格限制。

案例 9-2-11　湖南科力远新能源股份有限公司与爱蓝天高新技术材料(大连)有限公司等侵害发明专利权纠纷上诉案*

再审法院审理认为,涉案专利权利要求记载的本底真空度及工作真空度分别为(1.1~4.7)×10-3Pa、(2.7~4.7)×10-2Pa,而被控侵权技术方案中的本底真空度及工作真空度分别为2×10-2Pa、(2.0~2.5)×10-1Pa,两者相差一个数量级(10倍),在没有直接的证据表明此大约10倍的压力变化不会影响溅射效率的情况下,不应认定两者达到了基本相同的效果。涉案专利磁控溅射过程中所涉及的各种参数条件,虽然都是现有技术中曾经提到过或者是从现有技术大范围中选择出的小范围,但是,为了获得最终的期望溅射效果,这些工艺参数范围要在精心计算的基础上进行大量的具体实验才能确定,因此,这些参数已经由现有技术中供所有人员参考选择的公开属性转变为专用于某种特定对象的专有属性。而被控侵权技术方案中所采用的真空度参数则系本领域普通技术人员无须创造性劳动即可从现有技术中轻易得到的技术方案。因此不能轻易地以两者间可能存在简单联想来主张等同特征的适用。最后,涉案专利权利要求中真空度参数是有明确端点的数值范围,该范围是经过专利申请人概括选择之后确定的,应当严格控制等同原则的适用,不应将与该范围差异明显的数值纳入到等同技术特征的范围内。综上,被控侵权技术方案中的"本底真空度和工作真空度"特征与涉案专利权利要求中记载的

---

* 江苏省高级人民法院民事判决书(2011)苏知民再终字第1号。

“本底真空度和工作真空度”特征既不相同也不等同，被控侵权技术方案未落入涉案专利权的保护范围。据此判决驳回科力远公司的诉讼请求。

（十一）发明目的对等同的限制

等同原则一般考虑技术手段、功能与效果。发明目的是否是在判断等同时需要考虑的因素呢？

案例9－2－12 北京市捷瑞特弹性阻尼体技术研究中心与北京金自天和缓冲技术有限公司、王菡夏侵害实用新型专利权纠纷申请再审案*

本院经审查查明，涉案专利说明书记载：“本实用新型的目的在于提供一种当缓冲器受到冲击载荷后，可迅速缓冲能吸收大部分撞击能量，有效地保护了设备，然后缓慢稳定地回复，免予弹跳保护了设备，有效降低了噪声的一种快进慢出型弹性阻尼体缓冲器。”“为了实现上述目的，本实用新型是通过以下技术方案来实现的：……沿活塞（3）圆周部位设置有单向限流装置（32），压缩行程时单向限流装置（32）打开，回复行程时单向限流装置（32）关闭”。“由于采用了上述技术方案本实用新型具有以下优点和效果……2. 本实用新型能承受较大的冲击载荷，承撞头快进慢出，外载荷撤消后自动回复，无需增设回弹装置，有效地保护了设备和降低了噪声。”

本院认为：本案争议焦点是，被诉侵权产品是否系金自天和公司制造、销售；被诉侵权产品是否落入涉案专利权的保护范围；一审、二审法院是否履行了调查收集和审查认定证据的职责。

关于本案被诉侵权产品是否系金自天和公司制造、销售的问题。捷瑞特中心称其提交的被诉侵权产品实物是从齐齐哈尔轨道交通装备有限责任公司技术中心（以下简称齐齐哈尔公司技术中心）取得，其提交的《收条》载明其中一只已经由齐齐哈尔轨道交通装备有限责任公司拆解。在一审庭审时，捷瑞特中心称编号为1234的产品实物为其自行拆解后提交给一审法院。本院认为，捷瑞特中心的上述主张表明，其在取证过程中并未对其取得的被诉侵权产品实物进行封存，且自行进行了拆解，在金自天和公司不认可该产品实物系其制造的情况下，按照谁主张谁举证的原则，捷瑞特中心有责任通过申请被诉侵权产品实物提供方出庭作证等方式进一步举证证明该产品实物的来源及原始状态。由于捷瑞特中心并未履行相应的

---

* 最高人民法院民事裁定书（2013）民申字第1146号。

举证责任,导致本案现有证据尚不足以证明被诉侵权产品实物系由金自天和公司制造,此不利后果依法应由捷瑞特中心承担。综上,捷瑞特中心关于本案被诉侵权产品系金自天和公司制造的申请再审理由不能成立,本院不予支持。

关于被诉侵权产品是否落入涉案专利权的保护范围的问题。在一审庭审中,捷瑞特中心与金自天和公司共同确认被诉侵权产品没有涉案专利权利要求1中的套筒座和弹性阻尼体,被诉侵权产品的单向限流装置安装方式与涉案专利权利要求1的安装方式相反。在申请再审中,双方当事人的争议焦点在于被诉侵权产品与涉案专利权利要求1中的单向限流装置的安装方式是否构成等同。本院认为,从涉案专利说明书的记载来看,涉案专利的发明目的是提供一种快进慢出型的弹性阻尼体缓冲器。为实现这一发明目的,涉案专利在单向限流装置上采取了压缩行程时打开,回复行程时关闭的安装方式,以达到承撞头快进慢出的效果。对此,涉案专利权利要求1对单向限流装置的安装方式也作出了明确的限定。而本案被诉侵权产品在单向限流装置上采取的是压缩行程时关闭,回复行程时打开的安装方式,实现的是承撞头慢进快出的效果。因此,本案被诉侵权产品在单向限流装置的安装方式上与涉案专利权利要求1限定的安装方式既不相同,也不等同,没有落入涉案专利权的保护范围。捷瑞特中心关于二者构成等同的申请再审理由不能成立,本院不予支持。

(十二)等同特征的证明

根据《最高人民法院关于审理专利纠纷案件适用法律问题的若干规定》第十七条第二款的规定,等同特征是指与所记载的技术特征以基本相同的手段,实现基本相同的功能,达到基本相同的效果,并且本领域的普通技术人员无须经过创造性劳动就能够联想到的特征。因此,等同特征的判断是对案件事实(不相同技术特征)的法律评价。而鉴定结论作为证据的一种,仅能起到证明案件事实的作用,不具有对案件事实(不相同技术特征)进行法律评价的效能。在上海倍安实业有限公司与首安工业消防有限公司侵害实用新型专利权纠纷上诉案中,鉴定机构作出被控侵权产品的技术特征与本案专利所述的特征相同或等同的鉴定意见显然超越了鉴定机构仅应对技术特征等专门性问题进行司法鉴定的范围,对技术特征进行了非事实性的法律评价,其鉴定结论不应作为重庆市高级人民法院认定案件事实的依据。但是,《鉴定意见书》中关于被控侵权产品的构造、工作原理等鉴定分析内容与查明案件事实直接相关,在无相反证据的情况下,重庆市高级人民法院予以了采信。①

① 重庆市高级人民法院民事判决书(2012)渝高法民终字第00071号。

Chapter 10

第十章

外观设计专利侵权判定

案例 10－0－1　本田技研工业株式会社与石家庄双环汽车股份有限公司、石家庄双环汽车有限公司等侵害外观设计专利权纠纷案*

本院认为，本案的争议焦点为，被上诉人生产、销售的被诉侵权产品是否落入了上诉人涉案专利权的保护范围，是否应承担侵权责任。具体涉及如下问题：原审判决依据被诉侵权产品的照片与外观设计专利产品的图片进行二维比对，该对比方法是否错误；原审判决比对的被诉侵权产品是整体汽车的外观设计，比对对象是否错误；原审判决有关前、后保险杠部位的判定，与已经审结的侵害前、后保险杠外观设计专利权案件是否相冲突；原审判决没有采纳相关媒体评论和专家论证会对于外观设计专利侵权的结论，判断的主体是否错误；被诉侵权产品与涉案专利是否近似。

（一）关于比对方法是否错误

根据专利法的规定，外观设计专利权的保护范围以表示在图片或者照片中的该产品的外观设计为准。外观设计专利侵权的比对，应当以授权公告中表示该外观设计的图片或者照片与被诉侵权外观设计的实物进行对比，判断两者的外观设计是否相同或近似。当实物的照片真实反映了物体的客观情况，将照片中反映的外观设计与授权专利的图片或者照片中的外观设计进行比对，是授权确权或者侵权纠纷中，认定在先设计或者被诉侵权产品外观设计常用的操作方法。本案在原审审理过程中，法院所确定的对比客体是本田株式会社自行提交，并经双环股份公司认可的被诉侵权产品的照片，各方对提交的照片均无异议。被诉侵权产品是双环有限公司实际生产销售的产品。本田株式会社作为本案侵权之诉的原告，在提起本案诉讼时，亦未向原审法院提交实物。原审法院以本田株式会社提交的图片作为比对对象，审查是否与涉案专利相同或近似，并无不当之处。本田株式会社上诉称，其所提交的照片不能作为比对对象，照片是中心投影图，存在反映的产品外观与实际产品有“近大远小”的透视变形效应，导致了图片反映的外观设计已变形。二审庭审中，本院对被诉侵权产品进行了现场勘查。本田株式会社提交的照片反映的实物与现场勘验的结果对比，并不存在明显的视觉差异。本田株式会社上诉主张，原审法院比对对象存在错误的理由，本院不予支持。

（二）关于比对对象是否存在错误

外观设计专利侵权纠纷中用于对比判断的被诉侵权设计，是以生产、销售的被

---

* 最高人民法院民事判决书(2014)民三终字第8号。

诉侵权产品为载体,见诸一般消费者,为一般消费者所可视的外观设计。外观设计专利侵权判断采用的整体观察,综合判断的标准,也就是指在产品正常使用状态下的可视整体外观,不应当将产品整体予以拆分、改变原使用状态后,对产品的部分外观设计进行对比。本案被诉侵权产品的外观设计是销售商销售其产品时,产品所呈现给一般消费者整体可视的外观设计,是在产品正常使用状态下的外观设计。尽管涉案专利的侧视图没有装后备胎,但在涉案专利的后视图中汽车标示装有后备胎。因此,可以推定涉案专利的保护范围包括车尾部装有后备胎的情形。本田株式会社主张被诉侵权产品安装的前、后保险杠护板、行李架横杆、导流板等涉案专利图片中不涉及的部件均为选装件,应当拆除上述选装件后与涉案专利进行比对,不应当将这些额外的设计特征纳入到被诉侵权产品的外观设计中。本院认为,首先,本田株式会社并没有证据证明,销售的被诉侵权产品中不包括汽车顶部的行李架横杆,导流板,前、后保险杠护板等所谓的选装件。其次,对上述所谓选装件的拆除会影响产品性能的正常使用。将导流板拆除后,会直接破坏其上连接的高位刹车灯,影响车辆的安全行驶。因此,将上述所谓的选装件进行拆除,不仅会改变产品销售时的外观形态,而且,所呈现的外观不是一般消费者在购买后,正常使用下所观察到的外观设计,而是产品在组装时呈现的外观状态。在进行外观设计专利侵权认定的比对时,应当将实际生产销售的汽车产品的整体作为比对对象,不应当将行李架横杆,导流板及前、后保险杠护板等设计特征进行拆除分解后再进行比对。本田株式会社关于原审法院将销售的整车作为被诉侵权产品进行比对,比对对象存在错误的上诉理由,本院不予支持。

(三)关于前、后保险杠的认定是否与在先判决存在冲突

本田株式会社作为专利权人曾对双环股份公司提起侵害其 ZL01302610.0 号、ZL01302609.7 号保险杠外观设计专利之诉。北京市高级人民法院作出(2010)高民终字第 1746 号、(2010)高民终字第 2556 号民事判决确认,双环股份公司制造、销售的前、后保险杠产品落入 ZL01302610.0 号、ZL01302609.7 号专利权保护范围,因此承担侵权责任。本案中,本田株式会社是以整车的外观设计专利提起诉讼,进行侵权比对时,应以被诉侵权产品销售、使用时的整体外观设计为观察比对对象。如前所述,不应将被诉侵权产品整车销售时已存在的前、后保险杠护板拆下后,再进行产品外观设计的整体比对。汽车保险杠作为整车的部件,在被诉侵害保险杠外观设计专利权时,可以以零部件单独销售时的状态进行侵权比对,故与本案的比对方法及对象均不矛盾,本田株式会社相关的上诉理由,本院不予支持。

（四）关于判断主体的认定

侵害外观设计专利权纠纷中的近似性判断，应当基于一般消费者的知识水平和认知能力，根据外观设计的全部设计特征，以外观设计的整体视觉效果进行综合判断。一般消费者是指对授权外观设计的相关设计状况具有常识性了解，并且对不同外观设计之间在形状、图案、色彩上的差别具有分辨力的人，但其通常不会注意到形状、图案、色彩的微小变化。一般消费者是法律虚拟的一个概念，其所具有的“常识性了解”与一般的汽车发烧友并不一致，而且，就本田株式会社所述广州日报、羊城晚报、京华时报等媒体报道来看，均是以本田汽车产品作为评判参照物，而不是以涉案专利。原审法院未将本田株式会社提交的各类媒体刊登的文章、评论、《汽车发烧友》的评论以及《关于本田技研株式会社诉石家庄双环汽车股份有限公司外观设计侵犯专利权纠纷案专家论证意见》作为一般消费者的认知进行判断，并不存在不当之处。

（五）关于被诉侵权产品以及涉案专利是否近似

运动型休闲车已经成为近年来消费市场流行的车型，基本外观造型轮廓是轿车和越野车的混合设计。被诉侵权产品与涉案专利作为运动型休闲类汽车，两者相同的设计特点有：梯形挡风玻璃、发动机盖的基本形状和大小；前大灯、雾灯和倒车镜的位置布局；车身的上部和下部的圆滑过渡；产品侧面采用三窗、两门的设计；侧面三个车窗的中间车窗呈一边近似直角、另一边为折线的不规则梯形，后车窗呈不规则的四边形；两车窗之间具有宽柱；产品后部从腰线向上方向大致为梯形，向下方向略显倒梯形；后箱门把手为横拉式，在中央横向带有层差阶梯感，其下方部分具有车牌凹部。认定外观设计是否相同或者近似，应当根据授权外观设计、被诉侵权设计的设计特征，以外观设计的整体视觉效果进行综合判断。在以一般消费者的角度对两者进行比较后，判断确定的区别设计特征是否对整体视觉效果具有显著的影响时，产品使用时容易看到的部位的设计变化相对于不容易看到或者看不到的部位的设计变化，通常对整体视觉效果更具有显著影响。本案中，汽车的机仓、座仓以及货仓的布局、前、后保险杠以及汽车前脸、尾部和顶部均为容易被直接观察到的部位。对应涉案专利的相应部位，被诉侵权产品在机仓、座仓以及货仓的比例分配上存在区别。被诉侵权产品的后车门向后轮一侧含门把手位置，门线在后轮胎前侧。涉案专利相应的位置，后车门向后轮一侧含门把手位置，门线接近后轮胎中间。该区别在视觉上造成涉案专利的座仓、货仓集合在后车轮上部，三仓重心向后；而被诉侵权产品的座仓、货仓以后车轮为界，三仓重心分散。

本田株式会社在涉案专利权无效宣告请求审查程序中，其所主张并由最高人民法院(2010)行提字第3号行政判决所确认的,与对比设计存在显著外观差异的部位为:前大灯、雾灯、前护板、格栅、侧面车窗、后组合灯、后保险杠、车顶轮廓。正是基于上述设计特征,涉案专利在证据1基础上,对前大灯、雾灯、前护板、格栅、侧面车窗、后组合灯、后保险杠、车顶轮廓部位作出了新的设计,(2010)行提字第3号行政判决才权衡上述设计特征对整体视觉效果的影响,撤销了第8105号无效决定,维持了涉案专利权的有效性。根据《最高人民法院关于审理侵犯专利权纠纷案件应用法律若干问题的解释》第十一条第二款第二项的规定,授权外观设计区别于现有设计的设计特征相对于授权外观设计的其他设计特征,通常对外观设计的整体视觉效果更具有影响。因此,上述(2010)行提字第3号行政判决所认定存在显著的外观差异的部位在本案的侵权纠纷中亦应重点考虑。(1)在前大灯部位:被诉侵权产品前大灯呈细长单边三角形外部轮廓,两灯外边延至车身两侧边线,两灯内角成约45度角,中央部位呈透视可见圆形大灯设计;涉案专利呈粗短双边不规则四边形设计,两灯外边与车身两侧边线间相距约1/4灯宽的空间距离,两灯内角成约60度角,中央部位呈竖条半圆或椭圆图案设计。(2)在雾灯部位:被诉侵权产品的雾灯形状长宽呈橄榄球状,并加有黑宽边框似熊猫眼状,其配合中间加横条造型设计,两灯外边延至与两侧车身及前保险杠外侧边线重合后,转向侧后延伸。涉案专利的雾灯形状长宽呈长方形,无边框、中间无横条,两灯外边距两侧车身及前保险杠外侧边线存在约相同灯长的空间间距,整体造型较为短促。(3)在前后护板部位:对应涉案专利的相应位置的设计,尤其是前保险杠位置,被诉侵权产品安装了黑色的前、后保险杠护板,两者存在明显区别。被诉侵权产品相应位置两侧较宽,中间部位的设计为内部矩形的加强支撑防撞机构,前保险杠护板在保险杠位置,通过其两侧及下底线与前保险杠之间的自然衔接延伸,护板凸出于车头之外,间接延伸至车体侧边,护板的两个竖边明显粗于上下两个横边。内延与护板的下部水平垂直,配合中间方格形格栅,正面中部显著部位呈粗犷、立体突出。加之雾灯两侧无"L"形提升设计,导致被诉侵权产品在该部位的设计有厚重、粗犷感。涉案专利的相应部位的设计为下宽上窄,整体呈梯形,中间有横条格栅,雾灯两侧有"L"形提升设计。该部位的设计有纤细感。此外,被诉侵权产品比涉案专利的后保险杠短促。(4)在后组合灯部位:被诉侵权产品的相应位置呈圆弧状,内部的图案组成为可视的红白黄相间的圆形和椭圆,无区域分割,具有圆润感。涉案专利的相应位置呈方形菱柱状,并被数条横线分割成数个长方形和方形,有区域分割,具有机械感。(5)在车尾及其顶部:被诉侵权产品行李架后端处向外侧有导流板设计,增强了车体运动感。涉案专利自车顶至后窗为平滑过渡,无导流板设计。被诉侵权产品有高位刹车灯设计，涉案专利无此设计。(6)车顶轮廓：被诉侵权产品车顶有行李架并有两条横梁在中间部位横向连接；涉案专利车顶无行李架及横梁横向机构设计，而是呈四个竖条线图形；被诉侵权产品车顶整体长度明显长于涉案专利，整车修长和短促的差异明显。(7)前格栅：被诉侵权产品在前格栅位置的设计呈细微交叉斜线，构成菱形蜂窝状，中央醒目位置设计有两圆环交叉标志图案设计。涉案专利的前格栅，有两块横向放置的条板，中央醒目位置设计有方形边框包围的"H"形标志图案设计。

除了上述区别，被诉侵权产品与涉案专利还存在的区别点：机盖部位，被诉侵权产品中间有醒目凸起竖条加强筋设计，将机盖划分成左右对称两区域，具有坚硬、抗冲击感。涉案专利为单一梯形平面设计，具有简洁、明快感。发动机罩中央部位，被诉侵权产品有纵线加强筋，涉案专利不存在该特征。倒车镜与前轮胎连线大约中间的部位，被诉侵权产品有一个小侧灯，涉案专利无此特征。

综上所述，由于被诉侵权产品的设计特征与涉案专利的设计特征在汽车三仓的比例分配及前大灯、雾灯、前护板、格栅、车顶轮廓等部位存在的不同设计特征及其组合后形成的视觉差异，对两者的整体外观产生了显著影响，足以使一般消费者将两者区别开来。因此，原审判决认定被诉侵权产品未落入涉案专利权保护范围，并无不当。

思考与评论

本案最高人民法院确立了外观设计侵权判断的一些基本原则。请思考：外观设计判断主体的消费者与商标法的相关公众概念有何区别？外观设计侵权在进行整体观察、综合判断时是否需要考虑设计特征？外观设计侵权判断的对比方法与对比对象是什么？

另外，与发明和实用新型专利侵权判断采取全部技术特征原则不同，外观设计的侵权判断一般采取外观设计是否相同或近似的判断规则，判断方法是整体观察、综合判断。因而，外观设计侵权判断无所谓的等同侵权判断问题。

第一节　外观设计专利保护范围的确定

与发明和实用新型保护技术方案不同，外观设计是保护体现美术思想与产品相结合的设计。由于色彩、形状和图案等设计要素很难用语言文字准确表达，因此外观设计没有权利要求书。外观设计专利权的保护范围以表示在图片或者照片中的该产品的外观设计为准,简要说明可以用于解释图片或者照片所表示的该产品的外观设计。外观设计专利的简要说明记载了对确定外观设计的保护范围可能产生影响的一些因素,例如产品名称、产品用途、产品的设计要点等,必要时还可以写明请求保护色彩、省略视图等情况。因此,规定简要说明可以用于解释图片或照片所表示的该产品的外观设计,可以使外观设计专利保护范围的确定更为合理。虽然新修订的专利法允许简要说明解释外观设计,但是简要说明只能是参考,必须回归到图片与照片中。

在侵犯外观设计专利纠纷案件中,法院应当首先确定专利权的保护范围。外观设计专利权的保护范围以表示在图片或者照片中的该专利产品的外观设计为准,外观设计的简要说明及其设计要点、专利权人在无效程序及其诉讼程序中的意见陈述等,可以用于理解外观设计专利权的保护范围。当事人在诉讼中提供的专利产品实物可作为帮助理解外观设计的参考,但不能作为确定外观设计保护范围的依据。

应当注意的是,通过简要说明进行解释,既有可能扩大图片或照片所表示的范围,也有可能缩小图片或照片所表示的保护范围,而不是仅仅起到其中一种作用。这与说明书及其附图对发明和实用新型专利权的权利要求的内容进行解释所能产生的作用是类似的。①

一、设计特征与设计要点

设计特征,是指具有相对独立的视觉效果,具有完整性和可识别性的产品的形状、图案及其结合,以及色彩与形状、图案的结合,即产品的某一部分的设计。权利人可以提交书面材料说明外观设计专利的设计要点,说明外观设计的创新部位及其设计内容。简要说明中记载设计要点的,可用于参考。北京市高级人民法院《专利侵权判定指南(2017)》认为,设计要点是指外观设计区别于现有设计、能够对一般消费者产生显著视觉影响的设计特征。《专利审查指南》认为,设计要点是指与现有设计相区别的产品的形状、图案及其结合,或者色彩与形状、图案的结合,或者部位。2009 年 6 月 18 日《最高人民法院关于审理侵犯专利权纠纷案件应用法律若干问题的解释(征求意见稿)》第十二条第二款规定:“……被诉侵权设计不包含授权外观设计的设计要点的,应当认为被诉侵权设计与授权外观设计在整体视觉效果上不会造成相关公众混淆。”但该条最后并未纳入正

---

① 国家知识产权局条法司编:《〈专利法〉第三次修改导读》,知识产权出版社 2009 年版,第 73 页。

式的文本中。事实上,外观设计简要说明中设计要点所指设计并不必然对外观设计整体视觉效果具有显著影响,不必然导致涉案专利与现有设计相比具有明显区别。例如,对于汽车的外观设计,简要说明中指出其设计要点在于汽车底面,但汽车底面的设计对汽车的整体视觉效果并不具有显著影响。由此可见,专利文献中所记载的设计要点与设计特征不同,设计要点并不必然能够作为判断外观设计是否相同、相近似的依据。

案例 10-1-1　最高人民法院指导案例85号:浙江健龙卫浴有限公司、高仪股份公司与浙江健龙卫浴有限公司、高仪股份公司侵害外观设计专利权纠纷申请再审案*

本院认为,本案的争议焦点在于被诉侵权产品外观设计是否落入涉案外观设计专利权的保护范围。

《专利法》第五十九条第二款规定:"外观设计专利权的保护范围以表示在图片或者照片中的该产品的外观设计为准,简要说明可以用于解释图片或者照片所表示的该产品的外观设计。"《最高人民法院关于审理侵犯专利权纠纷案件应用法律若干问题的解释》第八条规定:"在与外观设计专利产品相同或者相近种类产品上,采用与授权外观设计相同或者近似的外观设计的,人民法院应当认定被诉侵权设计落入专利法第五十九条第二款规定的外观设计专利权的保护范围。"该司法解释第十条规定:"人民法院应当以外观设计专利产品的一般消费者的知识水平和认知能力,判断外观设计是否相同或者近似。"本案中,被诉侵权产品与涉案外观设计专利产品相同,均为淋浴喷头类产品,因此,本案的关键问题是对于一般消费者而言,被诉侵权产品外观设计与涉案授权外观设计是否相同或者近似,具体涉及以下四个问题:

一、关于涉案授权外观设计的设计特征

本院认为,外观设计专利制度的立法目的在于保护具有美感的创新性工业设计方案,一项外观设计应当具有区别于现有设计的可识别性创新设计才能获得专利授权,该创新设计即是授权外观设计的设计特征。通常情况下,外观设计的设计人都是以现有设计为基础进行创新。对于已有产品,获得专利权的外观设计一般会具有现有设计的部分内容,同时具有与现有设计不相同也不近似的设计内容,正

* 最高人民法院民事判决书(2015)民提字第23号。

是这部分设计内容使得该授权外观设计具有创新性,从而满足《专利法》第二十三条所规定的实质性授权条件:不属于现有设计也不存在抵触申请,并且与现有设计或者现有设计特征的组合相比具有明显区别。对于该部分设计内容的描述即构成授权外观设计的设计特征,其体现了授权外观设计不同于现有设计的创新内容,也体现了设计人对现有设计的创造性贡献。由于设计特征的存在,一般消费者容易将授权外观设计区别于现有设计,因此,其对外观设计产品的整体视觉效果具有显著影响,如果被诉侵权设计未包含授权外观设计区别于现有设计的全部设计特征,一般可以推定被诉侵权设计与授权外观设计不近似。

对于设计特征的认定,一般来说,专利权人可能将设计特征记载在简要说明中,也可能会在专利授权确权或者侵权程序中对设计特征作出相应陈述。根据"谁主张谁举证"的证据规则,专利权人应当对其所主张的设计特征进行举证。另外,授权确权程序的目的在于对外观设计是否具有专利性进行审查,因此,该过程中有关审查文档的相关记载对确定设计特征有着重要的参考意义。理想状态下,对外观设计专利的授权确权,应当是在对整个现有设计检索后的基础上确定对比设计来评判其专利性,但是,由于检索数据库的限制、无效宣告请求人检索能力的局限等原因,授权确权程序中有关审查文档所确定的设计特征可能不是在穷尽整个现有设计的检索基础上得出的,因此,无论是专利权人举证证明的设计特征,还是通过授权确权有关审查文档记载确定的设计特征,如果第三人提出异议,都应当允许其提供反证予以推翻。人民法院在听取各方当事人质证意见的基础上,对证据进行充分审查,依法确定授权外观设计的设计特征。

本案中,专利权人高仪公司主张跑道状的出水面为涉案授权外观设计的设计特征,健龙公司对此不予认可。对此,本院认为,首先,涉案授权外观设计没有简要说明记载其设计特征,高仪公司在二审诉讼中提交了12份淋浴喷头产品的外观设计专利文件,其中7份记载的公告日早于涉案专利的申请日,其所附图片表示的外观设计均未采用跑道状的出水面。在针对涉案授权外观设计的无效宣告请求审查程序中,专利复审委员会作出第17086号决定,认定涉案授权外观设计与最接近的对比设计证据1相比:"从整体形状上看,与在先公开的设计相比,本专利喷头及其各面过渡的形状、喷头正面出水区域的设计以及喷头宽度与手柄直径的比例具有较大差别,上述差别均是一般消费者容易关注的设计内容",即该决定认定喷头出水面形状的设计为涉案授权外观设计的设计特征之一。其次,健龙公司虽然不认可跑道状的出水面为涉案授权外观设计的设计特征,但是在本案一、二审诉讼中其均未提交相应证据证明跑道状的出水面为现有设计。本案再审审查阶段,健龙公司提交200630113512.5号淋浴喷头外观设计专利视图拟证明跑道状的出水面已被现有设计所公开，经审查，该外观设计专利公告日早于涉案授权外观设计申请日，可以作为涉案授权外观设计的现有设计，但是其主视图和使用状态参考图所显示的出水面两端呈矩形而非呈圆弧形，其出水面并非跑道状。因此，对于健龙公司关于跑道状出水面不是涉案授权外观设计的设计特征的再审申请理由，本院不予支持。

二、关于涉案授权外观设计产品正常使用时容易被直接观察到的部位

认定授权外观设计产品正常使用时容易被直接观察到的部位，应当以一般消费者的视角，根据产品用途，综合考虑产品的各种使用状态得出。本案中，首先，涉案授权外观设计是淋浴喷头产品外观设计，淋浴喷头产品由喷头、手柄构成，二者在整个产品结构中所占空间比例相差不大。淋浴喷头产品可以手持，也可以挂于墙上使用，在其正常使用状态下，对于一般消费者而言，喷头、手柄及其连接处均是容易被直接观察到的部位。其次，第17086号决定认定在先申请的设计证据2与涉案授权外观设计采用了同样的跑道状出水面，但是基于涉案授权外观设计的"喷头与手柄成一体，喷头及其与手柄连接的各面均为弧面且喷头前倾，此与在先申请的设计相比具有较大的差别，上述差别均是一般消费者容易关注的设计内容"，认定二者属于不相同且不相近似的外观设计。可见，淋浴喷头产品容易被直接观察到的部位并不仅限于其喷头头部出水面，在对淋浴喷头产品外观设计的整体视觉效果进行综合判断时，其喷头、手柄及其连接处均应作为容易被直接观察到的部位予以考虑。

三、关于涉案授权外观设计手柄上的推钮是否为功能性设计特征

本院认为，外观设计的功能性设计特征是指那些在外观设计产品的一般消费者看来，由产品所要实现的特定功能唯一决定而不考虑美学因素的特征。通常情况下，设计人在进行产品外观设计时，会同时考虑功能因素和美学因素。在实现产品功能的前提下，遵循人文规律和法则对产品外观进行改进，即产品必须首先实现其功能，其次还要在视觉上具有美感。具体到一项外观设计的某一特征，大多数情况下均兼具功能性和装饰性，设计者会在能够实现特定功能的多种设计中选择一种其认为最具美感的设计，而仅由特定功能唯一决定的设计只有在少数特殊情况下存在。因此，外观设计的功能性设计特征包括两种：一是实现特定功能的唯一设计；二是实现特定功能的多种设计之一，但是该设计仅由所要实现的特定功能决定而与美学因素的考虑无关。对功能性设计特征的认定，不在于该设计是否因功能或技术条件的限制而不具有可选择性，而在于外观设计产品的一般消费者看来该

设计是否仅仅由特定功能所决定,而不需要考虑该设计是否具有美感。一般而言,功能性设计特征对于外观设计的整体视觉效果不具有显著影响;而功能性与装饰性兼具的设计特征对整体视觉效果的影响需要考虑其装饰性的强弱,装饰性越强,对整体视觉效果的影响相对较大,反之则相对较小。

本案中,涉案授权外观设计与被诉侵权产品外观设计的区别之一在于后者缺乏前者在手柄位置上具有的一类跑道状推钮设计。推钮的功能是控制水流开关,是否设置推钮这一部件是由是否需要在淋浴喷头产品上实现控制水流开关的功能所决定的,但是,只要在淋浴喷头手柄位置设置推钮,该推钮的形状就可以有多种设计。当一般消费者看到淋浴喷头手柄上的推钮时,自然会关注其装饰性,考虑该推钮设计是否美观,而不是仅仅考虑该推钮是否能实现控制水流开关的功能。涉案授权外观设计的设计者选择将手柄位置的推钮设计为类跑道状,其目的也在于与其跑道状的出水面相协调,增加产品整体上的美感。因此,二审判决认定涉案授权外观设计中的推钮为功能性设计特征,适用法律错误,本院予以纠正。

四、关于被诉侵权产品外观设计与涉案授权外观设计是否构成相同或者近似

根据《最高人民法院关于审理侵犯专利权纠纷案件应用法律若干问题的解释》第十一条的规定,认定外观设计是否相同或者近似时,应当根据授权外观设计、被诉侵权设计的设计特征,以外观设计的整体视觉效果进行综合判断;对于主要由技术功能决定的设计特征,应当不予考虑。产品正常使用时容易被直接观察到的部位相对于其他部位、授权外观设计区别于现有设计的设计特征相对于授权外观设计的其他设计特征,通常对外观设计的整体视觉效果更具有影响。

本案中,被诉侵权产品外观设计与涉案授权外观设计相比,其出水孔分布在喷头正面跑道状的区域内,虽然出水孔的数量及其在出水面两端的分布与涉案授权外观设计存在些许差别,但是总体上,被诉侵权产品采用了与涉案授权外观设计高度近似的跑道状出水面设计。关于两者的区别设计特征,一审法院归纳了八个方面,对此双方当事人均无异议。对于这些区别设计特征,首先,如前所述,第17086号决定认定涉案外观设计专利的设计特征有三点:一是喷头及其各面过渡的形状,二是喷头出水面形状,三是喷头宽度与手柄直径的比例。除喷头出水面形状这一设计特征之外,喷头及其各面过渡的形状、喷头宽度与手柄直径的比例等设计特征也对产品整体视觉效果产生显著影响。虽然被诉侵权产品外观设计采用了与涉案授权外观设计高度近似的跑道状出水面,但是,在喷头及其各面过渡的形状这一设计特征上,涉案授权外观设计的喷头、手柄及其连接各面均呈圆弧过渡,而被诉侵权产品外观设计的喷头、手柄及其连接各面均为斜面过渡,从而使得二者在整体设

计风格上呈现明显差异。另外,对于非设计特征之外的被诉侵权产品外观设计与涉案授权外观设计相比的区别设计特征,只要其足以使两者在整体视觉效果上产生明显差异,也应予以考虑。其次,淋浴喷头产品的喷头、手柄及其连接处均为其正常使用时容易被直接观察到的部位,在对整体视觉效果进行综合判断时,在上述部位上的设计均应予以重点考察。具体而言,涉案授权外观设计的手柄上设置有一类跑道状推钮,而被诉侵权产品无此设计,因该推钮并非功能性设计特征,推钮的有无这一区别设计特征会对产品的整体视觉效果产生影响;涉案授权外观设计的喷头与手柄连接产生的斜角角度较小,而被诉侵权产品的喷头与手柄连接产生的斜角角度较大,从而使得两者在左视图上呈现明显差异。正是由于被诉侵权产品外观设计未包含涉案授权外观设计的全部设计特征,以及被诉侵权产品外观设计与涉案授权外观设计在手柄、喷头与手柄连接处的设计等区别设计特征,使得两者在整体视觉效果上呈现明显差异,两者既不相同也不近似,被诉侵权产品外观设计未落入涉案外观设计专利权的保护范围。二审判决仅重点考虑了涉案授权外观设计跑道状出水面的设计特征,而对于涉案授权外观设计的其他设计特征,以及淋浴喷头产品正常使用时其他容易被直接观察到的部位上被诉侵权产品外观设计与涉案授权外观设计专利的区别设计特征未予考虑,认定两者构成近似,属适用法律错误,本院予以纠正。

思考与评论

本案中,最高人民法院认为,设计特征对外观设计产品的整体视觉效果具有显著影响,如果被诉侵权设计未包含授权外观设计区别于现有设计的全部设计特征,一般可以推定被诉侵权设计与授权外观设计不近似。这是否与外观设计的整体观察、综合判断原则相违背?

二、功能性特征

由产品功能决定的设计特征,是指由功能有限或唯一决定、不考虑美学因素而形成的设计特征。技术标准规定的或者为了实现机械上的配合关系必须采用的不可选择的设计特征属于功能性设计特征。一项外观设计的某一特征大多数情况下均兼具功能性和装饰性,设计者会在能够实现特定功能的多种设计中选择一种其认为最具美感的设计,而仅由特定功能唯一决定的设计只有在少数特殊情况下存在。因此,外观设计的功能性设计特征包括两种:一是实现特定功能的唯一设计;二是实现特定功能的多种设计之一,但是该设计仅由所要实现的特定功能决定而与美学因素的考虑无关。对功能性设计特征的认定,不在于该设计是否因功能或技术条件的限制而不具有可选择性,而在于外观设计产品的一般消费者看来该设计是否仅仅由特定功能所决定,而不需要考虑该设计是否具有美感。不是由产品功能唯一决定的设计特征,应当在判断外观设计是否相同或相近似时予以考虑。① 对于主要由技术功能决定的设计特征以及对整体视觉效果不产生影响的产品的材料、内部结构等特征,应当不予考虑。

三、增加设计特征

案例 10-1-2 再审申请人长城公司与被申请人陈纯彬、原审被告民生公司侵害外观设计专利权纠纷案*

……

(二)关于被诉侵权产品的罐体有图案而涉案外观设计专利的图片没有图案对侵权判定是否构成影响的问题

《中华人民共和国专利法》第二条第四款规定:“外观设计,是指对产品的形状、图案或者其结合以及色彩与形状、图案的结合所作出的富有美感并适于工业应用的新设计。”第五十九条第二款规定:“外观设计专利权的保护范围以表示在图片或者照片中的该产品的外观设计为准,简要说明可以用于解释图片或者照片所表示的该产品的外观设计。”涉案专利图片表示的该产品的外观设计只有形状,没有图案。可见,涉案专利权的保护范围为产品形状设计,不包括图案设计。虽然被诉侵权产品的罐体有图案,涉案专利的罐体没有图案,但鉴于涉案专利权的保护范围为形状设计,且被诉侵权产品的罐体形状设计与涉案专利形状设计相近似,因此二审法院认定被诉侵权设计落入了涉案专利权的保护范围,并无不当。长城公司的再审申请理由不能成立,本院不予支持。

思考与评论

被诉侵权产品在采用与外观设计专利相同或者相近似的外观设计之余,还附加有其他图案、色彩设计要素的,如果这些附加的设计要素属于额外增加的设计要素,则对侵权判断一般不具有实质性影响。否则,他人即可通过在外观设计专利上简单增加图案、色彩等方式,轻易规避专利侵权。另外,如果涉案专利权的保护范围为形状设计,不包括图案设计,且被诉侵权产品形状设计与涉案专利形状设计相近

① 最高人民法院民事判决书(2014)民提字第193号。

* 最高人民法院(2014)民申字第438号。

似，此时被诉侵权设计落入涉案专利权的保护范围。添附的形状设计特征如果其对整体视觉效果产生了显著影响，使被诉侵权产品与授权外观设计在整体视觉效果上具有实质性差异，则其不构成侵权行为。

四、确定保护范围的具体规则

案例 10-1-3 马培德公司与阳江市邦立贸易有限公司，阳江市伊利达刀剪有限公司侵害外观设计专利权纠纷案*

本院认为，本案焦点在于：

1. 一审法院是否遗漏无图案、色彩的被诉侵权产品。

2. 被诉侵权产品是否落入涉案外观设计专利权的保护范围。

一、关于一审法院是否遗漏无图案、色彩的被诉侵权产品

本院审查查明，马培德公司在一审中并未主张阳江公司、伊利达公司生产、销售刀片上未带有花纹、图案的被诉侵权产品。根据一审庭审笔录以及马培德公司提交的书面意见，马培德公司在进行侵权比对时明确主张“两者不同点仅有铆钉的大小不同以及被诉侵权产品刀片上印有图案、颜色。……被诉侵权产品与涉案专利构成相近似”。因此，马培德公司有关一审法院遗漏被诉侵权产品的主张，缺乏事实依据，本院不予支持。

二、关于被诉侵权产品是否落入涉案外观设计专利权的保护范围

将被诉侵权产品与涉案外观设计专利相比较，二者均包括手柄、刀片以及设置于剪刀中部的铆钉三个主要部分。二者的共同点为，手柄、刀片的形状基本相同，手柄包括内、外两个明暗不同的同心圆环，并且在手柄中部均设置水滴状通孔。二者的主要区别在于：(1)被诉侵权产品的铆钉为分别设置于剪刀两侧的两个圆台状凸起，体积明显较大，其中心线上还设置有波浪状条纹；涉案专利的铆钉为金属铆钉，体积明显较小，且仅在一侧中部设置有直线槽(以下简称区别特征1)。(2)被诉侵权产品的剪刀片上还设置有彩色图案(以下简称区别特征2)。

关于区别特征1。对于涉案外观设计专利而言，刀片、铆钉的设计均为剪刀类产品中的常规设计，其设计特点主要体现于手柄之上，创新高度相对有限。虽然被诉侵权产品采用了与其基本相同的手柄设计，但由于二者铆钉的形状、大小差异明显，并且铆钉设置于产品中部，区别特征1容易被一般消费者观察到，足以导致二者

---

* 最高人民法院民事裁定书(2013)民申字第29号。

的整体视觉效果产生明显差异。

关于区别特征2。首先,正确界定外观设计专利权的保护范围,是进行外观设计专利侵权判断的基础。根据《中华人民共和国专利法》(2000年修正)第五十六条第二款的规定,“外观设计专利权的保护范围以表示在图片或者照片中的该外观设计专利产品为准”。形状、图案、色彩是构成产品外观设计的三项基本设计要素,因此,在确定外观设计专利权的保护范围以及侵权判断时,应当以图片或者照片中的形状、图案、色彩设计要素为基本依据。其次,色彩要素不能脱离形状、图案单独存在,必须依附于产品形状、图案存在,色彩变化本身也可形成图案。根据《中华人民共和国专利法实施细则》(2002年修订)第二十八条第二款的规定,“外观设计的简要说明应当写明使用该外观设计的产品的设计要点、请求保护色彩、省略视图等情况”。因此,简要说明中未明确请求保护色彩的,不应以图片、照片中的色彩限定外观设计专利权的保护范围,在侵权对比时应当不予考虑。但产品上明暗、深浅变化形成图案的,应当视为图案设计要素,不应将其归入色彩设计要素,涉案专利手柄上明暗不同的同心圆环属于图案设计要素,马培德公司有关涉案专利属于单纯形状的外观设计的主张,与事实不符。最后,在与外观设计专利产品相同或者相近种类产品上,采用与外观设计专利相同或者近似的外观设计的,人民法院应当认定被诉侵权产品落入《专利法》第五十九条第二款规定的外观设计专利权的保护范围。被诉侵权产品在采用与外观设计专利相同或者相近似的外观设计之余,还附加有其他图案、色彩设计要素的,如果这些附加的设计要素属于额外增加的设计要素,则对侵权判断一般不具有实质性影响。否则,他人即可通过在外观设计专利上简单增加图案、色彩等方式,轻易规避专利侵权。这无疑有悖于专利法鼓励发明创造,促进科技进步和创新的立法本意。涉案专利并未要求保护色彩,刀片上亦无图案设计,区别特征2属于被诉侵权产品上额外增加的设计要素,不应对侵权判断产生实质性影响。

综上所述,区别特征1对整体视觉效果具有显著影响,被诉侵权产品与涉案外观设计专利既不相同也不近似。二审判决以“在剪刀片上设计有彩色图案,通常对外观设计的整体视觉效果更具有影响”等为由,认定二者整体视觉效果具有实质性差异,适用法律错误,应予纠正。鉴于二审判决结论正确,故本院予以维持。

被诉侵权产品图片

涉案专利主视图

思考与评论

外观设计专利权的保护范围由在与外观设计专利产品相同或者相近种类产品上,采用与授权外观设计相同或者近似的外观设计来界定。也就是说,在与外观设计产品相同或者相近种类产品上,采用与授权外观设计相同或者相近似外观设计的,应当认定被诉侵权外观设计落入外观设计专利的保护范围。

在确定外观设计保护范围时,应当综合考虑授权公告中表示该外观设计的图片或者照片所显示的形状、图案、色彩等全部设计要素所构成的完整的设计内容,图片或者照片中每个视图所显示的所有设计特征均应予以考虑,不能仅考虑部分设计特征而忽略其他设计特征。对整体视觉效果不产生影响的产品的大小、材料、内部结构,应当排除在外观设计专利权的保护范围之外。下列情形,通常对外观设计的整体视觉效果更具有影响:

(1)产品正常使用时容易被直接观察到的部位相对于其他部位;

(2)授权外观设计区别于现有设计的设计特征相对于授权外观设计的其他设计特征。

相似外观设计专利的保护范围由各个独立的外观设计分别确定。基本设计与其他各项相似设计均可以作为确定各自外观设计专利保护范围的依据。

成套产品的整体外观设计与组成该成套产品的每一件外观设计均已显示在该外观设计专利文件的图片或者照片中的,其权利保护范围由组成该成套产品的每一件产品的外观设计分别确定。

图形用户界面外观设计的保护范围应结合设计要点由产品外观设计视图确定。对于静态图形用户界面外观设计,应当主要考虑产品的图形用户界面部分,兼顾其与产品其余部分的关系,如位置、比例、分布关系,与被诉侵权设计中对应的内容进行综合判断。被诉侵权产品的图形用户界面外观设计与专利设计相同或相近似,且与产品其余部分的关系对整体视觉效果不产生显著影响的,应认定被诉侵权设计落入专利权的保护范围。被诉侵权设计完整包含了静态图形用户界面外观设计,应认定被诉侵权设计落入专利权的保护范围。

动态图形用户界面外观设计的保护范围需结合简要说明对动态变化过程的描述,由能确定动态变化过程的产品外观设计视图共同确定。对于动态的图形用户界面外观设计,被诉侵权设计与动态的图形用户界面外观设计各视图均相同或者相近似的,应当认定被诉侵权设计落入专利权的保护范围。具体判断时也要考虑到图形用户界面部分与产品其余部分位置、大小、分布的关系。被诉侵权设计缺少部分状态的视图,导致无法体现出与专利设计一致的变化过程的,应当认定被诉侵权设计未落入专利权的保护范围,但仍能唯一确定与专利设计一致的变化过程的除外。被诉侵权设计使用了部分动态的图形用户界面外观设计或其关键帧,如果该部分或该关键帧属于图形用户界面外观设计的设计要点,则被诉侵权设计落入专利权的保护范围。但被诉侵权设计整体视觉效果与动态的图形用户界面外观设计不相同且不相近似的除外。

第二节 外观设计专利侵权的判定

对外观设计侵权的判定,除了进行外观设计相同或近似的比较外,还应结合外观设计应用的产品相比较。在具体判定上,应先做相同性比较,再做相似性比较。进行外观设计侵权判定,应当以授权公告中表示该外观设计的图片或者照片为依据进行比较,而不应以权利人提交的外观设计专利产品实物为依据。但是,该专利产品实物与表示在专利公告文件的图片或照片中的外观设计产品完全一致,并且各方当事人均无异议的除外。

一、产品种类相同或近似判断

由于外观设计是法定设计要素与指定产品相结合的产物,所以在进行侵权判断时,首先要确定被控侵权产品与外观设计指定的产品是否属于同类产品。图形用户界面外观设计产品种类的确定应以使用该图形用户界面的产品为准。外观设计侵权判定环节的相同和近似产品的认定标准,与新颖性审查环节的相同或近似种类产品的认定标准应该是一致的。在与外观设计专利产品相同或者相近种类产品上,采用与授权外观设计相同或者近似的外观设计的,应当认定被诉侵权设计落入外观设计专利权的保护范围。不属于同类产品,一般不构成侵权。用户图形界面侵权判断一个突出的问题是如果被告仅仅销售软件，而该软件在设备上运行的结果与所保护的用户图形界面一致，这种情况是否构成侵权呢？有法院认为，在此情况下，由于软件与用户图形界面不是近似产品，因而不构成直接侵权。[①] 值得考虑的问题是如果销售产生用户图形界面软件的行为不构成侵权，第三方就能轻易规避用户图形界面专利的保护范围，这将导致用户图形界面专利的价值大打折扣。

认定产品种类是否相同或者相近，应当以外观设计产品的功能、用途、使用环境为依据。确定产品的用途时，可以按照下列顺序参考相关因素综合确定：外观设计的简要说明、国际外观设计分类表、产品的功能以及产品销售、实际使用情况等因素。如果外观设计产品与被诉侵权外观设计产品的功能、用途、使用环境没有重叠，则外观设计产品与被诉侵权产品不属于相同或者相近类别产品。

二、比较对象

外观设计的侵权判断应将被控侵权产品与外观设计专利的图片或照片中所示产品的外观设计进行比较。如果两者的形状、图案或者其结合以及色彩与形状、图案的结合相同或近似，就构成侵权。外观设计的侵权判断不应以权利人提交的外观设计专利产品实物为依据。但是，该专利产品实物与表示在专利公告文件的图片或照片中的外观设计产品完全一致，并且各方当事人均无异议的除外。

外观设计侵权比对的要素是产品的美学设计而不是产品的功能性要素。在判断相同或相近似时，由产品功能决定的设计特征不予考虑。

外观设计专利权的保护范围以表示在图片或照片中的该外观设计专利产品为准。产品的大小、材料、内部构造、功能、技术性能以及产品图案中所适用的题材和文字含义等非外观设计要素的内容，不影响对被控侵权产品与专利的外观设计是否构成相同或者近似外观设计的判断。

外观设计侵权判断是设计要素的比对，应当通过一般消费者的视觉进行直接观察对比，不应通过放大镜、显微镜等其他工具进行比较。但是，如果表示在图片或者照片中的产品外观设计在申请专利时是经过放大的，则在侵权比对时也应将被诉侵权产品进行相应放大进行比对。

---

① 北京奇虎科技有限公司诉北京江民新科技术有限公司：北京知识产权法院（2016）京 73 民初 276 号。

三、侵权判断主体

人民法院应当以外观设计专利产品的一般消费者的知识水平和认知能力，判断外观设计是否相同或者近似。也就是说，判断外观设计是否相同或者相近似，应当以具有一般消费者知识水平和认知能力的判断主体的整体视觉效果为标准，而不应以该外观设计产品的一般设计人员，或产品实际购买者的观察能力为标准。

一般消费者应当对涉案专利申请日之前相同种类或者相近种类产品的外观设计及其常用设计手法具有常识性的了解；对外观设计产品之间在形状、图案以及色彩上的区别具有一定的分辨力，但不会注意到产品的形状、图案以及色彩的微小变化。一般消费者的知识水平和认知能力，即较之于普通社会公众对现有的设计状况有常识了解，可以对不同外观设计之间的形状等具有分辨力，但又区别于专业的设计人员，不会注意到形状等的微小变化。一般消费者，是一种假设的"人"，对其应当从知识水平和认知能力两方面进行界定，界定时应当考虑外观设计专利申请日时授权外观设计所属相同或者相近种类产品的设计空间。设计空间较大的，一般消费者通常不容易注意到不同设计之间的较小区别；设计空间较小的，一般消费者通常更容易注意到不同设计之间的较小区别。

设计空间是指设计者在创作特定产品外观设计时的自由度。设计空间受如下条件的限制：

(1)产品或其中零部件的技术功能；

(2)采用该类产品常见特征的必要性；

(3)现有设计的拥挤程度；

(4)其他可能对设计空间产生影响的因素，如经济因素(降低成本)等。

一般消费者的知识水平和认知能力取决于现有设计的状况。当事人应当依据现有设计的状况主张一般消费者的知识水平和认知能力。

不同种类的产品具有不同的消费者群体。作为某种类外观设计产品的一般消费者应当具备下列特点：

(1)对涉案专利申请日之前相同种类或者相近种类产品的外观设计及其常用设计手法具有常识性的了解。例如对于汽车，其一般消费者应当对市场上销售的汽车以及诸如大众媒体中常见的汽车广告中所披露的信息等有所了解。常用设计手法包括设计的转用、拼合、替换等类型。

(2)对外观设计产品之间在形状、图案以及色彩上的区别具有一定的分辨力，但不会注意到产品的形状、图案以及色彩的微小变化。

案例 10-2-1　苹果电脑贸易(上海)有限公司请求宣告深圳市伯利营销服务有限公司手机(100C)专利权无效申请*

证据 32、33 是请求人委托北京零点市场调查与分析公司(下称"零点公司")采用问卷调查的方式,通过在北京市的三个抽样地点对年龄在 18 周岁至 60 周岁、使用或购买过手机,且使用手机价位在 601 元及以上等条件的行人进行随机的问卷调查,并根据问卷调查结果汇总而成的两份《某手机外观设计认知情况调查报告》,其后附有调查问卷和整个过程的录音光盘,请求人当庭提交了证据 32 所附的调查问卷 AB 的原件,并表示录音光盘与调查报告纸件没有区别,就是对调查过程全程形成的一个记录。请求人认为:专利审查指南中规定的外观设计对比判断中的判断主体应当了解产品的现有设计状况,而现实生活中的一般消费者可能了解的不那么全面,如果调查报告中的被访一般消费者有 80% 以上根据自身经验通过施以一般注意力能够判断出涉案专利与对比设计没有明显区别,那么指南中规定的判断主体具有更多的知识,能够更加有效判断,认为涉案专利与对比设计没有明显区别的比例会更高。

对此,合议组认为:首先,从外观设计专利确权的判断主体来说,专利审查指南规定,作为判断主体的"一般消费者"应当对涉案专利申请日之前的相同或相近种类产品的外观设计及其常用设计手法具有常识性了解,并对外观设计产品在形状、图案以及色彩上的区别具有一定的分辨力,但不会注意到产品的形状、图案及色彩的微小变化,可见该判断主体与日常生活中的普通消费者不是同样的含义,而该调查报告中的采访对象是零点公司在街头随机选取的符合一定条件的路人,属于日常生活中的普通消费者,并不必然具有专利审查指南中规定的判断主体的相应知识和能力,对手机类产品的现有设计状况亦不具有较深的了解。其次,从判断客体来说,外观设计专利的保护范围范围应以图片或照片中的产品的外观设计为准,在比对判断时应以涉案专利的产品外观作为判断对象,考虑形状、图案和色彩产生的整体视觉效果,而调查报告的采访对象是街头路人,并不必然具备相应的读图能力,因而难以确认由此得到的判断结果的参考价值。综上,证据 32、33 的两份调查报告不具有当然充分的说服力和参考价值,不能作为定案依据,合议组不予采纳。

思考与评论

本案中,合议组认为"一般消费者"不是普通消费者。一般认为,外观设计保护

---

* 无效宣告请求审查决定(第 27878 号)。

的目的就是鼓励设计出符合消费者审美需求的产品外观。外观设计的一般消费者应该就是该产品的普通消费者。但该普通消费者不是指具体的个体,而是具有一定知识水平与认知能力的抽象主体。但一般消费者的判断不能完全脱离普通消费者的概念,否则会与外观设计的保护目标发生背离。

四、判断方式:整体观察、综合判断

判断外观设计是否相同或相近似时以全面观察设计特征、综合判断整体视觉效果为原则,即应当对授权外观设计、被诉侵权设计可视部分的全部设计特征进行逐个分析比对后,对能够影响产品外观设计整体视觉效果的所有因素进行综合考虑后作出判断。在比对时,可对外观设计和被诉侵权产品设计特征的异同点进行客观、全面的总结,逐一判断各异同点对整体视觉效果造成影响的显著程度,最终通过整体观察、综合判断进行认定。

人民法院认定外观设计是否相同或者近似时,应当根据授权外观设计、被诉侵权设计的设计特征,以外观设计的整体视觉效果进行综合判断;对于主要由技术功能决定的设计特征以及对整体视觉效果不产生影响的产品的材料、内部结构等特征,应当不予考虑。

对于外观设计整体效果更具有影响的包括:产品正常使用时容易被直接观察到的部位相对于其他部位,以及授权外观设计区别于现有设计的设计特征相对于授权外观设计的其他设计特征两个方面。

设计空间对于确定相关设计产品的一般消费者的知识水平和认知能力具有重要意义,对于设计空间极大的产品领域而言,一般消费者就更不容易注意到比较细小的设计差别,在设计空间受到很大限制的领域,一般消费者通常会注意到不同设计之间的较小区别。

某一设计特征对应的现有设计越多,对该特征设计空间挤占越显著,其设计空间越小,替代性设计方案越少,细微差异会对整体视觉效果产生较大的影响;反之,现有设计越少,对该特征设计空间挤占越轻微,其设计空间越大,替代性设计方案越多,细微差异不会对整体视觉效果产生明显的影响。

有证据证明现有设计具有与设计特征相同或基本相同的设计的,则该设计特征对产品整体视觉效果影响较小。现有设计状况是指在外观设计专利申请日之前在国内外为公众所知的相同或相近种类产品的外观设计的整体状况以及各设计特征的具体状况。

惯常设计对外观设计专利的整体视觉效果一般不具有显著影响,但惯常设计的组合能够带来独特视觉效果的除外。惯常设计是指现有设计中一般消费者所熟知的、只要提到产品名称就能想到的相应设计。在外观设计产品领域,各个相互独立的产品制造商均采用的设计特征一般属于惯常设计。

案例 10-2-2 吴华与金华好运来机电设备有限公司侵害外观设计专利权纠纷申请再审案*

人民法院认定外观设计是否相同或近似,应当以外观设计专利产品的一般消费者的知识水平和认知能力,根据授权外观设计、被诉侵权设计的设计特征,以外观设计的整体视觉效果进行综合判断。本案将被诉侵权设计与涉案外观设计相比较,二者均呈立柱状,由位于中部的圆环形花样设计和位于上下两端的圆柱轴共同构成,中部圆环沿内侧做藤蔓花设计。区别在于:(1)被诉侵权设计圆环中心呈花蕊状,与周围藤蔓通过下端带有两截短突起的中空"△"形规则相连;涉案外观设计呈实心八角形花心,与藤蔓直接相连,二者藤蔓末端式样和弯曲弧度也存在区别。(2)被诉侵权设计立柱与中间圆环的接头类似令牌状,表面饰有圆形花朵纹饰,边缘向两侧延伸并向内侧翻卷,与中间圆环留有一定间隙,形似古代案几面板;涉案外观设计该立柱接头整体呈扁平状,左右两侧略微向上勾起,表面无明显花纹。(3)被诉侵权设计上柱头末端为圆球形,涉案外观设计为圆锥形;被诉侵权设计与圆环接头相连的柱头为两端较粗中段凹进的圆柱状,表面饰有纵向规则花纹,涉案外观设计该柱头由粗到细逐渐过渡,表面较为光滑。本院认为,被诉侵权设计与涉案外观设计是否相同或近似,应综合考虑上述相同点和不同点对整体视觉效果的影响,在此基础上进行判断。关于相同点,二审法院认定对于护栏花类产品而言,整体由中间圆环形花样与上下立柱轴组成属于惯常设计,被诉侵权设计与涉案外观设计在上述方面的相同点不会对产品的整体视觉效果产生显著影响,吴华申请再审主张二审法院上述认定存在错误。对此,好运来公司提交了《铁艺设计图集》《楼梯扶手》和《铁艺》三份公开出版物,用以证明上述设计属于惯常设计,上述证据的真实性可以确认。三份出版物的出版时间均在涉案外观设计专利申请日之前,而且,从三份出版物公开的护栏花类产品的现有设计状况看,均有中间圆环形花样与上下立柱轴组成的相关设计,虽然圆环内花样有所不同,但是这种具体形状的设计可以认定为该类产品的惯常设计,对产品的整体视觉效果不产生显著影响,二审法

* 最高人民法院(2015)民申字第3304号。

院上述认定并无不当。因为上述设计属于惯常设计,所以对整体视觉效果更具有影响的是中间圆环内的图案、圆环与立柱的接头以及柱头形状的具体设计。如上所述,被诉侵权设计与涉案外观设计相比,其中部圆环内的装饰图案、立柱柱头以及与圆环的接头形状与涉案外观设计均存在不同,这些具体设计上的差别,足以对整体视觉效果产生显著影响。二审法院认定被诉侵权设计与涉案外观设计不相同也不近似,未落入涉案外观设计专利权的保护范围并无不当,吴华相关申请再审理由不能成立。

关于吴华主张二审法院违反外观设计侵权比对原则的问题。根据整体观察,综合判断的外观设计侵权判断比对原则,一般消费者对于外观设计专利与被诉侵权设计可视部分的相同点和区别点均会予以关注,并综合考虑各相同点、区别点对整体视觉效果的影响大小和程度进行判断。二审法院在考虑中间圆环内的图案、圆环与立柱的接头以及柱头形状的具体设计等区别对整体视觉效果的影响时,也对相同点对整体视觉效果的影响进行了评判,并未违反外观设计侵权比对的基本原则,吴华该申请再审理由不能成立。

思考与评论

外观设计侵权比对中一般都需要将外观设计与被控侵权设计的异同点进行分析,将被诉侵权设计与涉案外观设计的细节分离出来作对比。在这种情况下侵权嫌疑人会认为违背了整体观察,综合判断的原则。事实上,要把握好整体观察,综合判断规则需要从整体上考虑设计要素对整体视觉的影响。区分异同点的目的是确保设计特征在整体视角考量中的重要价值,将惯常设计,功能性设计等要素排除于整体视角影响的考量范围之外。

五、相同设计认定

被诉侵权设计与授权外观设计在整体视觉效果上无差异的,人民法院应当认定两者相同。

外观设计相同是指被控侵权专利与外观设计专利是相同种类产品的外观设计,并且被控侵权专利的全部外观设计要素与外观设计专利的相应设计要素相同,其中外观设计要素是指形状、图案以及色彩。

如果被控侵权专利与外观设计专利仅属于常用材料的替换,或者仅存在产品功能、内部结构、技术性能或者尺寸的不同,而未导致产品外观设计的变化,二者仍属于相同的外观设计。

六、近似设计认定

(一)近似设计的标准

被诉侵权设计与授权外观设计在整体视觉效果上无实质性差异的,应当认定两者近似。

如果一般消费者经过对涉案专利与对比设计的整体观察可以看出,二者的区别仅属于下列情形,则被控侵权专利与外观设计专利构成近似:

1. 其区别在于施以一般注意力不能察觉到的局部的细微差异,例如百叶窗的外观设计仅有具体叶片数不同。

2. 其区别在于使用时不容易看到或者看不到的部位,但有证据表明在不容易看到部位的特定设计对于一般消费者能够产生引人瞩目的视觉效果的情况除外。

3. 其区别在于将某一设计要素整体置换为该类产品的惯常设计的相应设计要素,例如,将带有图案和色彩的饼干桶的形状由正方体置换为长方体。

4. 其区别在于将对比设计作为设计单元按照该种类产品的常规排列方式作重复排列或者将其排列的数量作增减变化,例如将影院座椅成排重复排列或者将其成排座椅的数量作增减。

5. 其区别在于互为镜像对称。

案例10-2-3　再审申请人长城公司与被申请人陈纯彬、原审被告民生公司侵害外观设计专利权纠纷案*

(一)关于被诉侵权包装罐与涉案外观设计专利是否为相同或者近似设计的问题

被诉侵权包装罐与涉案外观设计专利的横截面形状均为近似椭圆形,且相应的对称内凹均使得二者的罐体轮廓呈现一定的波浪状。与涉案外观设计相比对,虽然被诉侵权包装罐增加的四个内凹使得其罐体轮廓在整体视觉上产生一定的变化,但是根据一般消费者的知识水平和认知能力,上述局部变化尚不构成实质性差异,亦不足以使被诉侵权产品的形状与涉案专利区分开来。由于被诉侵权产品和涉案专利的整体形状均是由横截面形状决定的,同时被诉侵权产品的罐盖和提手部分设计与涉案专利亦基本相同,故被诉侵权包装罐的形状与涉案外观设计专利

* 最高人民法院(2014)民申字第438号。

构成近似。

思考与评论

近似设计的认定并不存在统一的规则。其总体标准是两个设计是否在整体视角效果上不存在实质性差异。对于立体产品的外观设计，通常形状对整体视觉效果更具有影响，在进行相同、相近似判断时，应以形状为重点；但如果其形状属于惯常设计，则图案、色彩对整体视觉效果更具有影响。当非图形用户界面的设计特征为惯常设计时，则图形用户界面对整体视觉效果更具有显著影响。对于平面产品的外观设计，通常图案、色彩对整体视觉效果更具有影响，在进行相同、相近似判断时，应以图案、色彩为重点。有法院认为，具有图形用户界面的产品，其外观差异性应作为侵权诉讼中近似性比对的考量因素之一。①

涉案专利为相似外观设计或成套产品外观设计等包含多项独立的外观设计时，权利人应当明确其主张的外观设计。主张多项外观设计作为权利基础时，应当将被诉侵权产品的相关设计内容与其主张的各项外观设计分别单独进行对比。被诉侵权设计与相似外观设计或成套产品中一项外观设计相同或者相近似的，应当认定被诉侵权设计落入专利权的保护范围。

专利权人、被诉侵权人的外观设计专利申请均已被授权，且专利权人的外观设计专利的申请日早于被诉侵权人的外观设计专利的申请日，如果被诉侵权人的外观设计与专利权人的外观设计构成相同或相近似的，则可以认定被诉侵权人实施其外观设计专利的行为，侵犯了在先的外观设计专利。

对要求保护色彩的外观设计，应当先确定该外观设计是否属于惯常设计，如果是惯常设计，则应当仅对其图案、色彩作出判定；如果形状、图案、色彩均为新设计，则应当对形状、图案、色彩三者的结合作出判定。

将不透明材料替换为透明材料，或者将透明材料替换为不透明材料，且仅属于材料特征的变换，未导致产品外观设计发生明显变化的，在判断外观设计的相同相近似时，应不予考虑。但是，如果透明材料使该产品外观设计的美感发生了变化，导致一般消费者对该产品的整体视觉效果发生变化的，则应当予以考虑。被诉侵权产品系将不透明材料替换为透明材料，通过透明材料可以观察到的产品内部的形状、图案和色彩，应当视为该产品的外观设计的一部分。

---

① 广东必达保安系统有限公司诉广东力维智能锁业有限公司专利侵权案：广东省高级人民法院民事判决书（2016）粤民终1134号。

（二）变化状态产品的近似判断

对于变化状态产品的外观设计专利，其各种变化状态图均应纳入保护范围，被诉侵权设计与变化状态图所示的各种使用状态的外观设计均相同或者相近似的，应当认定被诉侵权设计落入专利权的保护范围。被诉侵权设计缺少部分使用状态的外观设计或者与其不相同也不相近似的，应当认定被诉侵权设计未落入专利权的保护范围。

参考图通常用于表明使用外观设计的产品的用途、使用方法或者使用场所等，不能用于确定变化状态产品外观设计专利的保护范围。

案例 10－2－4　奥飞娱乐股份有限公司与北京朝来万通农贸综合批发市场有限公司、蒲运连侵害外观设计专利权纠纷案*

……

二、涉案专利权保护范围的确定

《专利法》第五十九条第二款规定，外观设计专利权的保护范围以表示在图片或者照片中的该产品的外观设计为准。

被控侵权产品是否侵犯涉案专利专利权，应首先确定涉案专利专利权的保护范围。外观设计专利权的保护范围以表示在图片或者照片中的该产品的外观设计为准，外观设计的简要说明及其设计要点可以用于解释图片或者照片所表示的该产品的外观设计专利权保护范围。

在确定外观设计保护范围时，应当区分使用状态参考图与变化状态产品的使用状态视图。使用状态参考图通常是国务院专利行政部门在审查过程中对在简要说明中未写明外观设计产品使用方法、用途或功能的新开发的产品，或者在一些使用方法、用途或功能不明确的产品无法进行分类时，为了便于该产品正确分类而要求专利申请人提供的视图。变化状态产品的使用状态图，是基于变化产品在使用过程中呈现的不同状态而对产品六面视图的补充。变化状态产品的使用状态视图，应当作为确定外观设计保护范围的依据。

本案中，涉案专利授权文件中有主视图、俯视图、后视图、仰视图、左视图、右视图、立体图和使用状态图，由于奥飞公司在简要说明中列明了涉案专利产品的分类和用途，故涉案专利的使用状态图应属于变化状态产品的使用状态视图，可

* 北京知识产权法院(2016)京73民初219号。

以作为确定外观设计专利权保护范围的依据，与涉案专利授权文件中的主视图、俯视图、后视图、仰视图、左视图、右视图、立体图一同限定涉案专利的保护范围。

三、被控侵权产品是否落入涉案专利权的保护范围

《最高人民法院关于审理侵犯专利权纠纷案件应用法律若干问题的解释》第八条规定，在与外观设计专利产品相同或者相近种类产品上，采用与授权外观设计相同或者近似的外观设计的，应当认定被诉侵权设计落入《专利法》第五十九条第二款规定的外观设计专利权的保护范围。

《最高人民法院关于审理侵犯专利权纠纷案件应用法律若干问题的解释》第十一条规定，人民法院认定外观设计是否相同或者近似时，应当根据授权外观设计、被诉侵权设计的设计特征，以外观设计的整体视觉效果进行综合判断；对于主要由技术功能决定的设计特征以及对整体视觉效果不产生影响的产品的材料、内部结构等特征，应当不予考虑。

《最高人民法院关于审理侵犯专利权纠纷案件应用法律若干问题的解释（二）》第十七条规定，对于变化状态产品的外观设计专利，被诉侵权设计与变化状态图所示各种使用状态下的外观设计均相同或者近似的，人民法院应当认定被诉侵权设计落入专利权的保护范围；被诉侵权设计缺少其一种使用状态下的外观设计或者与之不相同也不近似的，人民法院应当认定被诉侵权设计未落入专利权的保护范围。

根据上述规定可知，如果被控侵权产品系在与涉案外观设计产品相同或者相近种类产品上，采用与涉案外观设计专利权相同或者相近似的外观设计，则应当认定为侵犯涉案外观设计专利权。判断外观设计是否构成相同或相近似时应遵循整体观察、综合判断的原则。

此外，对于变化状态产品的外观设计专利，其使用状态图可以限定其专利权保护范围。而其使用状态图与其他视图结合用于确定此类外观设计专利权的保护范围，实际上是对其保护范围进行了限缩，只有被控侵权产品与此类外观设计专利的各视图（包括使用状态图）均相同或相近似，才能认为被控侵权产品落入此类外观设计专利权保护范围。

本案中，被控侵权产品和涉案专利产品均为玩具类产品，属于相同种类的产品。涉案专利属于变化状态产品的外观设计专利，其专利权保护范围应当由各视图（包括使用状态图）共同限定，只有被控侵权产品与涉案专利的各视图（包括使用状态图）均相同或相近似，才能认为被控侵权产品落入涉案专利权保护范围。

涉案专利主视图、俯视图、后视图、仰视图、左视图、右视图与立体图为一武器刀

型设计，使用状态图为一类似手枪形设计。被控侵权产品是一武器刀形设计，其刀刃与刀身不可拆分，刀柄不可折叠，亦即其外观形态不可变化。被控侵权产品与涉案专利相对比，其与涉案专利使用状态图呈现的手枪型设计区别明显，并未构成相同或者相近似的设计。因此，至少被控侵权产品与涉案专利的使用状态图并不相同或相近似，因此，被控侵权产品并未落入涉案专利权的保护范围，并未侵害涉案专利权。故奥飞公司有关蒲运连应当承担侵权赔偿责任的主张缺乏事实和法律依据，本院不予支持。

主视图

左视图（放大2∶1）

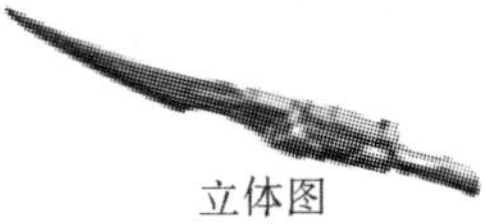
立体图

后视图

俯视图

右视图（放大2∶1）

使用状态图

仰视图

思考与评论

变化状态的产品是指在销售和使用时呈现不同状态的产品。产品的各种变化状态都应获得专利保护。变化状态产品的使用状态视图，应当作为确定外观设计保护范围的依据。变化状态产品的使用状态图，是基于变化产品在使用过程中呈现的不同状态而对产品六面视图的补充。在外观设计专利名称为“沙发床”的专利中，使用时具有沙发和床两种状态。显示床状态的图为仰视图、俯视图、左视图和主视图，而对于沙发状态，却采用“使用状态参考图1－3”的名称来标注各个视图。此时，参考图似乎具有限定权利要求保护范围的作用。

变化状态产品外观设计侵权判断必须以使用时的状态来判断是否构成相同或近似吗？如果两个产品静止状态构成近似，使用状态不构成近似是否侵犯外观设计专利权？

（三）组件产品的近似判断

组件产品，是指由多个构件相结合构成的一件产品。分为无组装关系、组装关系唯一或者组装关系不唯一的组件产品。对于组装关系唯一的组件产品，其保护范围应以其组合状态确定，而不保护具体构件的外观设计。无组装关系及组装关系不唯一的组件产品，应当以所有单个构件的外观设计确定其保护范围。

案例 10－2－5 汕头市澄海区南源玩具有限公司、叶祖威侵害外观设计专利权纠纷案*

至于澄海南源公司上诉提出的组装唯一的组件产品应当以组合状态下的整体外观设计为比对对象而非以所有单个构件的外观为比对对象的主张，因涉案授权外观设计的专利证书所附外观设计图片或照片包括了全部单个构件能够拼接并整合固定在一张长方形金属片材的平面主视图和后视图照片，以及拼装为立体状态的六面视图，故应认定授权外观设计虽为组装关系唯一的组件产品，但亦属于变化状态的产品，即在销售时呈现为平面而使用时呈现为立体的产品。《最高人民法院关于审理侵犯专利权纠纷案件应用法律若干问题的解释（二）》第十七条规定，对于变化状态产品的外观设计专利，被诉侵权设计与变化状态图所示各种使用状态下的外观设计相同或者近似的，人民法院应当认定被诉侵权设计落入专利权的保护范围，故涉案产品的平面和立体状态均属于判断是否构成相同或相近似的比对对象。澄海南源公司的上述主张缺乏理据，本院不予支持。原审法院虽未认定授权外观设计属于变化状态的产品，亦未明确将平面状态下的金属片材作为比对对象，但其最终处理结果并无不妥，依法可予维持。

案例 10－2－6 广州金睿公司与吴华外观设计专利纠纷案**

关于被诉侵权产品的外观设计与本案授权外观设计是否构成相同或相近似的问题。首先，是要确定本案外观设计专利的保护范围。本案专利门花系组件产品，即由多个组件相结合构成的一件产品。从本案门花产品的外观设计专利证书来看，该专利产品属于组装关系不唯一的组件产品，但同时其组装方式的其中一种也

---

* 广东省高级人民法院（2016）粤民终 782 号。

** 最高人民法院（2014）粤高法民三终字第 470 号。

获得了授权(“组合状态立体图”)。因此本案外观设计的保护范围应确定为组件1、组件2以及两个组件的“组合状态立体图”。

其次,是要确定本案外观设计的比对对象。对于组装关系不唯一的组件产品,一般消费者会对单个构件留下印象,所以应当以组件的所有单个构件的外观为比对对象;同时,由于本案组装方式的其中一种获得了授权,故这一种获得授权的组合状态即“组合状态立体图”也应纳入比对对象范围。

最后,关于相同相近似的判断原则。由于本案由组件1、组件2以及两个组件的“组合状态立体图”共同构成一个保护范围,同时对专利产品及被控产品进行比对时以单个构件和“组合状态立体图”作为比对对象,因而判断二者是否构成相同或相近似的原则是:先比对被控侵权产品与授权设计的全部单个组件以及“组合状态立体图”是否构成相同或者相近似,如果构成相同相近似的,则被控侵权产品落入授权设计的保护范围。如果被控侵权产品缺少授权设计的部分单个组件(含“组合状态立体图”)或者与后者不构成相同相近似的,而这部分缺少或不相同也不相近似的单个组件(含“组合状态立体图”)又对一般消费者的视觉效果产生显著影响的,则被控侵权产品不会落入授权设计的保护范围。

本案中被控侵权的门花使用了与授权设计组件1、组件2和“组合状态立体图”相对应的皇冠状小装饰件、环状装饰件,以及将小装饰件置于环状装饰件内部的组合状态。分别对比组件1和皇冠状小装饰件、组件2和环状装饰件、专利“组合状态立体图”和被控侵权产品的组合状态整体,可以判断:金睿公司所谓被控侵权产品的环状装饰件和组合状态系一个正的左右对称的设计,而专利的相应组件是一个倾斜状左右不对称的设计这一主张,实际是由于观察的角度不同带来的区别。金睿公司所主张的被控侵权产品环状装饰件的中部、上部、底部均存在镂空的小孔装饰,而专利组件2无镂空小孔装饰,以及两者的环状外圈的花纹纹路有微小差异,均属于对一般消费者的视觉效果不会产生显著影响的微小区别。综上,根据整体观察、综合判断的原则,被控侵权产品的所有组件和组件的组合状态,与授权设计的所有组件(含“组合状态立体图”)均构成相近似,落入本案外观设计专利的保护范围。

思考与评论

组件产品由数个构件组装而成,且组装关系包括唯一与不唯一两种类型。对于组装关系唯一的组件产品的外观设计专利,被诉侵权设计与该组件产品在组合状态下的整体外观设计相同或者近似的,应当认定被诉侵权设计落入专利权的保护范围。对于组装关系唯一的组件产品而言,基于涉案专利产品的一般消费者的知识水平和认知能力，在购买和使用这类产品时，一般消费者会对各构件组合后的整体外观设计留下印象，因此在进行比对判断时应当以此类产品的组合状态下的整体外观设计为对象，而不是以所有单个构件的外观为对象进行判断。对于各构件之间无组装关系或者组装关系不唯一的组件产品的外观设计专利，被诉侵权设计与其全部单个构件的外观设计均相同或者近似的，应当认定被诉侵权设计落入专利权的保护范围；被诉侵权设计缺少部分单个构件的外观设计或者与其不相同也不相近似的，应当认定被诉侵权设计未落入专利权的保护范围，但该部分单个构件的外观设计对于全部单个构件的外观设计整体视觉效果未产生显著影响的除外。

案例 10-2-7 秦某诉北京中农华轩生态农业科技有限公司、浙江淘宝网络有限公司侵害外观设计专利权纠纷案*

第一，涉案专利名称为“可移动组合式种植架”，其在简要说明中记载“本外观设计的设计要点在于整体形状，最能表明设计要点的图片或照片为立体图”。因此，根据涉案专利文件记载的视图和照片，涉案专利权的保护范围为立体图和全部单个构件的各个视图所确定的外观设计。第二，涉案专利产品是由多个组件相结合而构成的产品，其每一单个构件必须与其他组件配合使用，并且有不同的组合方式，故涉案专利产品为组装关系不唯一的组件产品。第三，本案中，被诉侵权产品与涉案专利产品均为种植架，属于相同产品。根据前述确定的涉案专利权的保护范围以及比对原则，将被诉侵权产品各构件的设计与涉案专利各构件的视图进行比对，存在以下区别：被诉侵权产品缺少与涉案专利构件 1 和构件 2 相对应的构件；被诉侵权产品与涉案专利构件 4 相对应的构件外侧的花纹与涉案专利不同；被诉侵权产品与涉案专利构件 6 相对应的构件缺少十字型凹槽；被诉侵权产品增加了涉案专利没有的过滤网构件。对此，首先，被诉侵权设计缺少一般消费者可以从产品外侧观察可视的与涉案专利产品构件 1 和构件 2 相对应的构件的设计；其次，被诉侵权设计与涉案专利构件 4 相对应的构件外侧的花纹与涉案专利不同，与涉案专利构件 6 相对应的构件缺少十字型凹槽，整体视觉效果不相同也不近似；最后，涉案专利单个构件组合后的外观设计整体应是由立体图并结合使用状态参考图所体现的一种多层组合式种植架的整体外观设计，被诉侵权设计全部构件组合后为一单个种植

* 浙江省高级人民法院(2014)浙知终字第 110 号。

框的外观设计，两者整体视觉效果明显不同。因此，被诉侵权设计与涉案专利不相同也不近似，未落入涉案专利权的保护范围。

（四）套件产品的近似判断

案例10－2－8　北京乐智林教育科技有限公司与北京七色花教育科技发展有限公司侵害外观设计专利权纠纷案*

成套产品是指由两件以上（含两件）属于同一大类、各自独立的产品组成，各产品的设计构思相同，其中每一件产品具有独立的使用价值，而各件产品组合在一起又能体现出其组合使用价值的产品，例如由咖啡杯、咖啡壶、牛奶壶和糖罐组成的咖啡器具。本案中，涉案外观设计虽然包括49个组件，但其中的49个组件并非各自独立的产品，而是需组合在一起才能发挥积木产品所具有的使用价值，因此，涉案外观设计并非成套产品的外观设计，而是由49个组件构成的组件产品的外观设计。原审判决关于涉案专利为成套产品的定性并不准确，本院予以纠正。

对于组件产品的外观设计专利权的保护，应当按照《专利法》第五十九条第二款的规定，以表示在图片或者照片中的该产品的外观设计为准确定保护范围。对于组装关系唯一的组件产品的外观设计专利，被诉侵权设计与该组件产品在组合状态下的整体外观设计相同或者近似的，应当认定被诉侵权设计落入专利权的保护范围。对于各构件之间无组装关系或者组装关系不唯一的组件产品的外观设计专利，被诉侵权设计与其全部单个构件的外观设计均相同或者近似的，应当认定被诉侵权设计落入专利权的保护范围；被诉侵权设计缺少部分单个构件的外观设计或者与其不相同也不近似的，应当认定被诉侵权外观设计未落入专利权的保护范围。

本案中，七色花公司的涉案外观设计专利，属于组装关系不唯一的组件产品外观设计专利，而乐智林公司生产、销售及许诺销售的被诉侵权产品大班主题积木、中班主题积木和小班主题积木中均全部包含与涉案外观设计专利49个组件相同的组件，已落入涉案外观设计专利的保护范围，构成对七色花公司涉案专利权的侵害，依法应当承担相应的民事责任。乐智林公司虽然提出了现有设计抗辩和在先使用抗辩的主张，但其未就此主张提出与涉案外观设计专利49个组件相对应的现有设计的证据材料予以证明，故乐智林公司的相关上诉理由缺乏事实依据，本院不予支持。

---

* 北京市高级人民法院（2015）高民（知）终字第3072号。

思考与评论

成套产品是指由两件以上(含两件)属于同一大类、各自独立的产品组成,各产品的设计构思相同,其中每一件产品具有独立的使用价值,而各件产品组合在一起又能体现出其组合使用价值的产品。"成套出售或者使用"为习惯上同时出售或者同时使用并具有组合使用价值。另外,成套产品中不应包含相似外观设计,成套产品外观设计专利申请中不应包含某一件或几件产品的相似外观设计。

组件产品中的每一个构件不能单独主张专利权,而套件产品中的每一件产品均可主张专利权。对于成套产品的外观设计专利,被诉侵权设计与其一项外观设计相同或者近似的,人民法院应当认定被诉侵权设计落入专利权的保护范围。

(五)混淆与近似

案例 10-2-9 富士宝家用电器有限公司诉家乐仕电器有限公司专利侵权及侵犯商业秘密纠纷二审案*

外观设计专利产品,以其主视图、左视图和右视图为重要部位。家乐仕公司生产、销售的 GD601、GD602 电热开水瓶与富士宝公司的专利产品对比,其接水盘、净化器出水开关、瓶盖、瓶体的正面形状、瓶体装饰图上和储水瓶前部"头盔"弧面两侧的对称部位有所不同,但这都属于局部的、次要部位的差异,且给人的视觉差别并不显著。对两个产品的重要部位进行对比和整体观察,二者的外观设计容易使普通消费者在视觉上产生混淆,应该被认定为相近似,家乐仕公司生产和销售的 GD601、GD602 电热开水瓶构成对富士宝公司专利的侵权。

思考与评论

判断近似是否考虑混淆因素一直以来是一个具有广泛争议的话题。本案中法院无疑采取了所谓的混淆模式来认定近似。然而,将混淆标准运用与外观设计近似判断模糊了商标法与专利法的边界,弱化了外观设计的保护力度。因而,近年来,各级法院逐渐放弃了混淆模式,以无实质性差异作为近似判断的标准。北京市高级人民法院就明确指出,判定是否侵犯外观设计专利,应当以是否相同或者相近似为标准,而不以是否构成商标法意义上的混淆、误认为标准。但也有法院仍坚持所谓混淆标准,认为判断外观设计专利是否侵权的原则和观察方式及标准是以整体

---

* 《中华人民共和国最高人民法院公报》1999 年第 2 期(总第 58 期)。

综合判断，以是否造成消费者的误认和混淆作为判定相同或相近似的原则，对所保护的外观设计专利产品的视觉要部与被诉侵权设计进行比对。[①]

另外，上述案例中近似判断的主体为普通消费者，你认为该标准是否存在问题？

① 浙江省杭州市中级人民法院(2014)浙杭知初字第120号。

Chapter 11

第十一章

专利间接侵权

第一节　共同侵权与间接侵权

一、共同侵权与间接侵权的区别

专利领域的共同侵权与间接侵权的边界一直以来都是具有广泛争议的话题。有学者认为,在中国专利法体系下并不存在所谓的间接侵权规则,英美法所规定的间接侵权规则完全可以纳入共同侵权的规则体系下。但也有学者认为间接侵权具有自己独立存在的价值,其具有与传统共同侵权规则不同的规则体系。

案例 11-1-1　西电捷通公司诉索尼中国公司侵害发明专利权纠纷案*

(1)关于原告主张的"数人分别实施的共同侵权"

《侵权责任法》第十二条规定:"二人以上分别实施侵权行为造成同一损害,能够确定责任大小的,各自承担相应的责任;难以确定责任大小的,平均承担赔偿责任。"该条款规范的是无意思联络的分别侵权行为,区别于侵权责任法第八条关于二人以上共同实施侵权行为对共同故意或者过失的要求。但是,需要注意的是,该条款解决的是数人侵权情形下的责任承担方式及内部责任的分摊问题。至于各侵权人的侵权责任是否成立,仍应依据侵权责任法或者相关部门法中的有关规定予以判定。而且,该条款中明确规定"分别实施侵权行为",也就是说,各侵权人的行为均应独立具备构成侵权行为的全部要件,无论是一般的侵权行为要件,还是特殊的侵权行为要件。

本案中,原告主张被控侵权产品作为 MT 单独一方,未经许可与 AP、AS 共同实施了涉案专利,构成共同侵权。专利侵权判断的具体规则为《最高人民法院关于审理侵犯专利权案件应用法律若干问题的解释》第七条规定的"全面覆盖原则"。经本院查明,涉案专利需要通过终端 MT、接入点 AP 和认证服务器 AS 三个物理实体方能实施,很显然被控侵权产品作为 MT 一方,与 AP、AS 各方的行为均未独立构成侵害涉案专利权。在此基础上,原告主张被告构成侵权责任法第十二条意义上的共同侵权行为不能成立。

---

* 北京知识产权法院民事判决书(2015)京知民初字第 1194 号。

思考与评论

专利法意义上的共同侵权行为包括不同主体共同实施了专利侵权行为以及多人分别实施侵权行为。不同主体共同实施了侵权专利权的行为表现在分步式制造以及对方法专利的分步式使用等方面。按照现今的司法裁判规则,一般认为这种分步式共同侵权行为各个主体之间必须存在着某种意义上的意思联络或某种控制与影响。如果各个主体之间不存在着所谓的意思联络或控制与影响,其一般不构成共同侵权行为,但可能构成间接侵权。两人或两人以上共谋实施或者相互分工协作实施侵犯专利权行为的,构成共同侵权。委托人明知他人实施的行为构成专利法第十一条规定的侵犯专利权行为,而委托他人制造或者在产品上标明"监制"等类似参与行为,委托人与受托人构成共同侵权。另外一种共同侵权行为就是所谓的多人分别实施的侵权行为,这也是本案讨论的问题。多人分别侵权主要处理的是责任承担问题,其前提是各个主体的行为本身独立构成侵犯专利权的行为。

间接侵权与共同侵权的区别在于共同侵权中行为人独自或一起实施了一个直接侵权专利权的行为,而间接侵权中行为人并没有直接实施直接侵犯专利权的行为。间接侵权在专利法领域的价值在于与传统的物权侵权的表现行为不同,专利侵权大多数是各方协作努力的结果。如果不对这种协作行为进行规范,专利的价值将大大减损,并进而损害专利法的基础。

二、直接参与式专利共同侵权行为

这里的"参与"应当限定为对每一类侵权行为的共同参与而不是各类侵权行为之间的分工合作。专利法意义上的真正共同侵权表现为不同主体分工合作制造专利产品与使用专利方法,具体而言,行为人共同完成了专利产品的制造或多人共同完成方法专利所界定的步骤。

案例 11-1-2 武汉晶源环境工程有限公司诉日本富士化水工业株式会社、华阳电业有限公司侵犯专利权案*

……

三、关于富士化水和华阳公司的民事责任承担问题

如前所述,被控侵权的脱硫方法和曝气装置落入专利权的保护范围,且富士化

* 最高人民法院(2008)民三终字第8号。

水和华阳公司的现有技术抗辩不能成立，因此，本案专利侵权成立。根据富士化水与华阳公司于1997年4月签订的05 LW033号“烟气脱硫系统”合同，本案被控侵权的1、2号机组的烟气脱硫系统是华阳公司从富士化水引进的，富士化水负责在施工现场对FCD装置的安装、试运行和性能测试进行监督。另外，上述两公司于1997年4月最终修订的97012号《说明书》约定，在“A”部分中指定的物品将由富士化水供应；在“B”部分中指定的物品将由华阳公司按富士化水的说明装备；在“C”部分中指定的物品将由华阳公司按富士化水的设计或图纸安装或建设。“A”部分包括“供应范围清单”中的“中段散水管”“MORETANA板”“MORETANA板支架及固定螺栓”“带清洗喷嘴的除烟器”“带监视器的控制台”“控制管理及应用软件”以及相关的图纸及文件。因此，可以认定富士化水、华阳公司共同实施了侵犯晶源公司专利权的行为，依法应承担连带责任。连带责任的承担并不妨碍华阳公司根据其与富士化水签订的“烟气脱硫系统”合同依法向富士化水行使追偿权，原审判决根据上述合同中的权利瑕疵担保条款免除华阳公司的赔偿责任，有所不当，本院予以纠正。

思考与评论

本案是典型的直接参与式共同侵权。其基本特征是两个主体共同完成了实施专利的行为。在共同侵权行为中，一方以合同的免责条款为由要求免除自己的专利侵权责任的规定对侵权判断没有约束力。但一方可以基于合同的规定要求对方承担相应的违约责任。另外，在直接参与式共同侵权中，一方不能以不知是侵权为由进行抗辩，只要各方共同实施了侵犯专利权的行为，不管各方是否对侵权行为具有认知都不影响侵权行为的认定。

三、数人分别实施的共同侵权

在此情况下，各个主体的行为都构成独立的专利侵权行为并需要承担相应的责任。如果此时各个主体之间并不存在所谓的意思联络，那么权利人只能要求各个主体各自承担责任。如果各个主体之间存在合作与分工，此时权利人可以要求各个主体共同承担侵权责任。

《最高人民法院关于审理侵犯专利权纠纷案件应用法律若干问题的解释》第十二条规定，将侵犯发明或者实用新型专利权的产品作为零部件，制造另一产品的，人民法院应当认定属于专利法第十一条规定的使用行为；销售该另一产品的，人民法院应当认定属于专利法第十一条规定的销售行为。

将侵犯外观设计专利权的产品作为零部件，制造另一产品并销售的，人民法院应当认定属于专利法第十一条规定的销售行为,但侵犯外观设计专利权的产品在该另一产品中仅具有技术功能的除外。

对于前两款规定的情形,被诉侵权人之间存在分工合作的,人民法院应当认定为共同侵权。

第二节 间接侵权的认定

一、以直接侵权存在为前提

案例 11-2-1 西电捷通公司诉索尼中国公司侵害发明专利权纠纷案[*]

《侵权责任法》第九条第一款规定:"教唆、帮助他人实施侵权行为的,应当与行为人承担连带责任。"明知有关产品系专门用于实施专利的材料、设备、零部件、中间物等,未经专利权人许可,为生产经营目的将该产品提供给他人,且他人实施了侵犯专利权的行为,该提供者的行为属于侵权责任法第九条规定的帮助他人实施侵权行为。一般而言,间接侵权行为应以直接侵权行为的存在为前提。但是,这并不意味着专利权人应该证明有另一主体实际实施了直接侵权行为,而仅需证明被控侵权产品的用户按照产品的预设方式使用产品将全面覆盖专利权的技术特征即可,至于该用户是否要承担侵权责任,与间接侵权行为的成立无关。之所以这样解释,是因为在一些使用方法专利中,实现"全面覆盖"涉案专利权利要求技术特征的主体多为用户,而用户因其"非生产经营目的"不构成专利侵权,此时如果机械适用"间接侵权行为应以直接侵权行为的存在为前提",将导致涉及用户的使用方法专利不能获得法律保护,有违专利法针对该类使用方法授予专利权的制度初衷。

思考与评论

间接侵权行为的认定是否需以直接侵权的存在为前提,各方存在不同的观点,美国最高法院基本认同没有直接侵权的存在不能认定构成间接侵权,而欧盟一些国家并没有坚持所谓的以直接侵权为前提的观点。本案中,法院认为,一般而言,间接侵权行为应以直接侵权行为的存在为前提。但是,这并不意味着专利权人应该证明有另一主体实际实施了直接侵权行为,而仅需证明被控侵权产品的用户按照

---

[*] 北京知识产权法院民事判决书(2015)京知民初字第1194号。

产品的预设方式使用产品将全面覆盖专利权的技术特征即可，至于该用户是否要承担侵权责任，与间接侵权行为的成立无关。本案的判断方法看起来似乎坚持了间接侵权行为应以直接侵权行为的存在为前提，但其实际上放弃了要求权利人证明直接侵权行为的存在，这无疑是变相将直接侵权前提要件放弃。这有利于专利权人利益的保护。但是在间接侵权行为认定中放弃直接侵权行为的认定无疑不正当扩张了专利权的保护范围，损害了专利法中追求的利益平衡。北京高院在《专利侵权判定指南》中也体现了这一观点。其规定，行为人明知有关产品系专门用于实施涉案专利技术方案的原材料、中间产品、零部件或设备等专用产品，未经专利权人许可，为生产经营目的向他人提供该专用产品，且他人实施了侵犯专利权行为的，行为人提供该专用产品的行为构成帮助他人实施侵犯专利权行为，但该他人属于为私人利用等非生产经营目的实施他人专利的或专利法第六十九条第(三)、(四)、(五)项规定之情形的，由该行为人承担民事责任。这无疑确定了在没有直接侵权行为存在的情况下给行为人施加了间接侵权的责任。

也有法院明确指出，间接侵权行为一般应以直接侵权的发生为前提条件，没有直接侵权行为发生的情况下，不存在间接侵权。①

二、诱导侵权

2015年《中华人民共和国专利法修订草案(送审稿)》规定，明知有关产品、方法属于专利产品或者专利方法，未经专利权人许可，为生产经营目的诱导他人实施了侵犯该专利权的行为的，应当与侵权人承担连带责任。诱导侵权是指故意引诱、唆使无权实施专利的人实施他人专利。

诱导侵权的成立须具备以下条件：

(1)诱导人实施了引诱、唆使无权实施专利的人实施专利的行为；

(2)诱导人系故意实施诱导行为，即明知他人对某个技术方案享有专利权，仍然唆使、引诱无权实施专利的人实施专利；

(3)诱导侵权的成立必须以被诱导人实施了他人专利为前提，即诱导侵权的成立以直接侵权的成立为前提。

明知有关产品、方法被授予专利权，未经专利权人许可，为生产经营目的积极诱导他人实施了侵犯专利权的行为，权利人主张该诱导者的行为属于侵权责任法

---

① 杭州路加罗布贸易有限公司与陈欢侵害外观设计专利权纠纷一审民事判决书：义乌市人民法院(2015)金义知民初字第536号。

第九条规定的教唆他人实施侵权行为的，人民法院应予支持。

未经专利权人许可，行为人以提供图纸、产品说明书、传授技术方案、进行产品演示等方式，为生产经营目的积极诱导他人实施特定技术方案，且他人实际实施了侵犯专利权行为的，行为人的诱导行为构成教唆他人实施侵犯专利权行为。

技术转让合同的受让人按照合同的约定受让技术并实施，侵犯他人专利权的，由受让人承担侵权责任。但转让人明知涉案技术侵犯他人专利权而予以转让的，可以认定转让人的转让行为构成教唆他人实施侵犯专利权行为。

案例 11-2-2 杭州路加罗布贸易有限公司与陈欢侵害外观设计专利权纠纷案*

依据《侵权责任法》第九条的规定，“教唆、帮助他人实施侵权行为的，应当与行为人承担连带责任”。上述规定与《专利法》中侵权判定的相关规定相结合成为判断被告是否构成专利间接侵权的法律依据。本院认为，本案系外观设计专利权侵权纠纷，故构成间接侵权成立应当有两个要件：一是被诉侵权人明知制造、许诺销售、销售、进口的产品系他人外观设计专利中特有的组成部分，该产品用途单一，或虽然被诉侵权人制造、许诺销售、销售、进口的产品不是他人外观设计专利中特有的组成部分，但侵权人具有积极诱导他人实施专利的行为，如提供图纸、方案，产品宣传时强调可以实施专利等。本案中，被告销售的配件可以与多种不同的底座搭配组成视觉效果不同的奖杯故而不具有单一性，因此不能直接认定被告具有教唆、引诱他人实施专利的故意。本案的被诉侵权产品可以用于实施本案专利，也可以与其他底座配合，组成另外一个产品，因此需要根据被告的行为进行判断其是否有积极诱导他人实施涉案专利的行为，本案的被告虽然在橱窗上展示了完整的奖杯，但是否实施了涉案专利相同的方案，无法辨别，故也不能认为被告有积极诱导他们实施涉案专利的行为。二是直接的专利侵权行为的存在。间接侵权行为一般应以直接侵权的发生为前提条件，没有直接侵权行为发生的情况下，不存在间接侵权。依据《专利法》第十一条的规定，“外观设计专利权被授予后，任何单位或者个人未经专利权人许可，都不得实施其专利，即不得为生产经营目的制造、许诺销售、销售、进口其外观设计专利产品”，如他人购买了被诉侵权产品后拼装成奖杯后使用的，并不侵害原告的专利权。本案中原告公证时购买了 5 件被诉侵权产品，该数量无法

---

* 义乌市人民法院(2015)金义知民初字第 536 号。

推定被告明知他人购买包饰件是为了生产、销售而仍然销售了被诉侵权产品，原告也没有提供证据证明专利侵权行为必然存在。故本院认定被告销售被诉侵权产品的行为亦不构成间接侵权。

思考与评论

诱导侵权不以行为人生产的产品为“专用”产品为前提。如果行为人既生产了“专用”产品，又有诱导行为，其行为既构成帮助侵权也可能构成引诱侵权。如果行为人生产的非“专用”产品，但其具有教唆、引诱的行为，其行为仍可能构成诱导侵权。另外，本案中，法院要求原告提供证据证明专利侵权行为必然存在。这与后面帮助侵权中许多法院并不要求证明直接侵权的存在似乎是不同的做法。你如何看待这种区别？这是否意味着诱导侵权比专用产品的帮助侵权的认定标准更为严格？

三、帮助侵权

2015年《中华人民共和国专利法修订草案（送审稿）》规定，明知有关产品系专门用于实施专利的原材料、中间物、零部件、设备，未经专利权人许可，为生产经营目的将该产品提供给他人实施了侵犯专利权的行为的，应当与侵权人承担连带责任。帮助侵权是指虽然没有直接实施他人专利，但制造、销售专门用于制造专利产品或使用专利方法的部件、设备或原材料以及其他帮助行为从而促使直接侵权发生的行为。明知有关产品系专门用于实施专利的材料、设备、零部件、中间物等，未经专利权人许可，为生产经营目的将该产品提供给他人实施了侵犯专利权的行为，权利人主张该提供者的行为属于侵权责任法第九条规定的帮助他人实施侵权行为的，人民法院应予支持。

（一）专用产品侵权

根据《最高人民法院关于审理侵犯专利权纠纷案件应用法律若干问题的解释（二）》第二十一条的规定，在被诉侵权产品生产者构成专利直接侵权情况下，被诉零部件的提供者侵权者构成帮助侵权，应符合两个要件：

一是有关产品系专门用于实施专利的材料、设备、零部件、中间物等，即生产被诉侵权产品是该零部件的唯一用途；

二是被诉零部件的提供者对被诉侵权产品生产者将该零部件用于实施权利人的专利是明知的。

关于第一个要件，是将帮助侵权的对象限定为提供专用零部件。北京市高级人民法院司法实践中也是明确将间接侵权的对象仅限于专用品，而非共用品。北京高院认为，行为人明知有关产品系专门用于实施涉案专利技术方案的原材料、中间产品、零部件或设备等专用产品，未经专利权人许可，为生产经营目的向他人提供该专用产品，且他人实施了侵犯专利权行为的，行为人提供该专用产品的行为构成帮助他人实施侵犯专利权行为，但该他人属于为私人利用等非生产经营目的实施他人专利的或专利法第六十九条第（三）、（四）、（五）项规定之情形的，由该行为人承担民事责任。

关于第二个要件，规定构成专利间接侵权的主观要件是明知。对于专利直接侵权行为适用无过错责任原则，即针对未经许可，为生产经营目的使用、许诺销售或者销售不知道是未经专利权人许可而制造并售出的专利侵权产品的，被诉侵权人即使主观上无过错也应承担包括赔偿在内的侵权责任，但能证明该产品合法来源的，不承担赔偿责任。而人民法院在认定专利间接侵权行为是否成立时，必须对行为人在主观上是否具有侵权故意进行谨慎、具体的分析，即被诉帮助侵权人对其提供的产品是被用于实施专利是明知的。由此可见，司法解释之所以将专利帮助侵权限定为“专门”用于生产被诉侵权产品及主观上明知，是在加大对专利权保护的同时，又在一定程度上防止对专利权的过度保护，以防止不适当地限制他人正常的经营活动，平衡专利权人和社会公众之间的利益关系。

案例 11-2-3 王业慈与圣龙机电制造有限责任公司、徐州溥龙泵业有限公司侵害发明专利权纠纷案*

……

三、圣龙公司在本案中不构成帮助侵权，无须承担民事责任

明知有关产品系专门用于实施专利的材料、设备、零部件、中间物等，未经专利权人许可，为生产经营目的将该产品提供给他人实施了侵犯专利权的行为，属于帮助他人实施侵权行为，应与侵权行为人承担连带责任。本案中，圣龙公司构成帮助侵权的前提是其明知销售给溥龙公司的机壳是其专用于实施侵犯涉案专利权的行为。根据圣龙公司二审勘验中提交的旧机壳，该机壳与被诉侵权潜水泵机壳结构相同，即机壳为圆钢管且下端环内孔设有卡簧槽。二审中，各方认可该机壳可以同时安装在不同型号潜水泵上，且该机壳铭牌上标注的生产时间为 2008 年 11 月，早于涉案专利申请日，可以认定圣龙公司在涉案专利申请日前即已生产与被诉侵权潜水泵机壳结构相同的机壳，且实际同时安装在与被诉产品型号不同的潜水泵上。

---

* 江苏省高级人民法院（2016）苏民终字 133 号。

由此可见,涉案机壳并非专门用于实施涉案专利的产品,其同时具有非侵权用途。

思考与评论

专用产品侵权的关键在于如何认定某一产品构成“专门”用于实施专利。“专用”产品,应当以原料、产品等是否对实现涉案专利所请求保护技术方案具备实质性意义且具有“实质性非侵权用途”为判断标准,即若相应的原料、产品等为实现涉案专利技术方案所不可或缺且除用于涉案专利所保护技术方案而无其他“实质性非侵权用途”,一般应当认定该原料或产品等为“专用”。有关产品是否属于“专用”,应由权利人举证证明。你认为本案的“机壳”是否属于专用产品?

案例 11-2-4　南京特能电子有限公司与南京西普尔科技实业有限公司侵害实用新型专利权纠纷案*

一审法院认为:

在适用全面覆盖原则进行专利侵权判定时,应当以专利权利要求记载的技术方案的全部技术特征,包括前序部分和特征部分写明的技术特征,与被控侵权产品的技术特征进行对比。经侵权对比,被诉产品是充电器,不包括蓄电池。根据涉案专利权利要求 1 中关于“一种电池充电器输出保护电路,包括蓄电池和充电器,还包括有电池启动电路和输出开关电路”的表述,“蓄电池”相对于其他部件而言具有相对独立的构造,属于涉案专利权利要求 1 前序部分写明的必要技术特征。同时,专利复审委员会在涉案专利的无效宣告请求审查决定中明确指出,虽然在电路领域中,可控硅通常和二极管、电阻、电容等元器件构成开关电路用于控制电路的通断,但是涉案专利中使用可控硅利用电容和触发二极管的组合连接,并和其他电路模块如电池启动电路、电池、充电器等配合共同工作,目前尚无证据证明其属于公知常识。由此可知,使用可控硅利用电容和触发二极管的组合连接,并和包括电池在内的其他电路模块配合共同工作是专利复审委员会认为涉案专利具备创造性的重要原因。因此,特能公司不能在申请专利时强调了“蓄电池”的存在,而在侵权对比时淡化“蓄电池”的概念,随意将专利权利要求中的必要技术特征予以忽略,由此扩大专利权的保护范围。综上,特能公司关于被诉产品落入涉案专利权保护范围的主张没有事实和法律依据,不予支持。被诉产品缺少涉案专利权利要求记载的“蓄电池”这一技术特征,其未落入涉案专利权的保护范围。鉴于被诉产品未落入

---

* 江苏省高级人民法院(2016)苏民终 168 号。

涉案专利权的保护范围，特能公司要求西普尔公司停止侵权并赔偿损失的诉讼请求，亦不能成立，不予支持；西普尔公司提出的现有技术抗辩等主张是否成立亦不再审查。

二审认为：

一、被诉产品在正常使用时落入涉案专利权的保护范围，符合认定专利间接侵权的法律规定

将被诉产品的技术特征与涉案专利权利要求1相比对，同时结合双方当事人在一、二审中的相关陈述，因被诉产品除无“与蓄电池相连”，以及在输出开关电路中增设一个电阻外，其他技术特征均与涉案专利相同，故本院在此仅就被诉产品与涉案专利的不同之处，对专利侵权判定结果的影响作出相关评判，详述如下：

首先，根据我国专利法的相关规定，专利侵权判定的基本原则是“全面覆盖原则”，即如果被诉产品包含了与涉案专利权利要求所记载的全部技术特征相同或等同的技术特征，则应认定其已落入该专利的保护范围。至于被诉产品是否具有超出该权利要求记载内容之外的其他技术特征，则在所不问。除非该较之专利权利要求多出的技术特征，导致了两者在整体上形成了完全不同的技术方案。本案中，根据双方均认可的被诉产品的电路图以及西普尔公司二审陈述，被诉产品较之涉案专利权利要求所多出来的一个电阻，其作用是为了保护可控硅不会被瞬间的高压击穿。但根据西普尔公司的陈述，瞬间高压并非必然产生，而是由于电网、电磁的干扰而可能产生。故在正常工况下，被诉产品有无电阻R60，都不影响其正常工作。被诉产品所增设的电阻R60属于在涉案专利技术方案基础上增加的技术特征，并不影响本案根据“全面覆盖原则”进行专利侵权判定。因此，应当认定被诉产品具备了涉案专利权利要求1中的区别技术特征。

其次，根据西普尔公司的自认以及被诉产品说明书的记载内容，被诉产品的唯一用途就是给蓄电池充电。当其为蓄电池充电时，必然具有“与蓄电池相连”这一技术特征。因此，被诉产品在正常使用时，即具备了涉案专利权利要求1的全部技术特征。

最后，《最高人民法院关于审理侵犯专利权纠纷案件应用法律若干问题的解释（二）》第二十一条规定，明知有关产品系专门用于实施专利的材料、设备、零部件、中间物等，未经专利权人许可，为生产经营目的将该产品提供给他人实施了侵犯专利权的行为，权利人主张该提供者的行为属于侵权责任法第九条规定的帮助他人实施侵权行为的，人民法院应予支持。本案中，虽然被诉产品本身并不具备涉案专利的全部技术特征，但该产品的唯一用途致使其一旦使用则必然落入涉案专利的

保护范围，而对此西普尔公司亦属明知。故西普尔公司的相应行为符合认定专利间接侵权的上述法律规定，一审法院以被诉产品缺少涉案专利权利要求记载的“蓄电池”这一技术特征，认定被诉产品未落入涉案专利权的保护范围从而不构成专利侵权的裁判理由有所不当，本院对此予以纠正。

思考与评论

本案中，一审法院认为不构成直接侵权，而二审法院认为，虽然被诉产品本身并不具备涉案专利的全部技术特征，但该产品的唯一用途致使其一旦使用则必然落入涉案专利的保护范围，而对此西普尔公司亦属明知，因而构成间接侵权。你认为本案对“专用”的认定是否恰当。本案中的“蓄电池”是实施专利的专用产品吗？另外，本案中法院也没有对直接侵权作出认定，其只提及该产品的唯一用途致使其一旦使用则必然落入涉案专利的保护范围，因而构成间接侵权。你认为这种推理方式合理吗？

（二）网络帮助侵权

案例 11-2-5　威海嘉易烤生活家电有限公司诉永康市金仕德工贸有限公司、浙江天猫网络有限公司侵害发明专利权纠纷案*

本案中，在确定嘉易烤公司的投诉行为合法有效之后，需要判断天猫公司在接受投诉材料之后的处理是否审慎、合理。该院认为，本案系侵害发明专利权纠纷。天猫公司作为电子商务网络服务平台的提供者，基于其公司对于发明专利侵权判断的主观能力、侵权投诉胜诉概率以及利益平衡等因素的考量，并不必然要求天猫公司在接受投诉后对被投诉商品立即采取删除和屏蔽措施，对被诉商品采取的必要措施应当秉承审慎、合理原则，以免损害被投诉人的合法权益。但是将有效的投诉通知材料转达被投诉人并通知被投诉人申辩当属天猫公司应当采取的必要措施之一。否则权利人投诉行为将失去任何意义，权利人的维权行为也将难以实现。网络服务平台提供者应该保证有效投诉信息传递的顺畅，而不应成为投诉信息的黑洞。被投诉人对于其或生产、或销售的商品是否侵权，以及是否应主动自行停止被投诉行为，自会作出相应的判断及应对。而天猫公司未履行上述基本义务的结果导致被投诉人未收到任何警示从而造成损害后果的扩大。至于天猫公司在嘉易烤公司起诉后即对被诉商品采取删除和屏蔽措施，当属审慎、合理。综上，天猫公司在

---

* 浙江省高级人民法院（2015）浙知终字第 186 号。

接到嘉易烤公司的通知后未及时采取必要措施，对损害的扩大部分应与金仕德公司承担连带责任。天猫公司就此提出的上诉理由不能成立。关于天猫公司所应承担责任的份额，一审法院综合考虑侵权持续的时间及天猫公司应当知道侵权事实的时间，确定天猫公司对金仕德公司赔偿数额的50,000元承担连带赔偿责任，并无不当。

思考与评论

网络著作权侵权责任的认定现今具有比较成熟的规则与做法。然而，利用网络侵犯专利的行为并未获得各方的重视。与网络著作权侵权不同，网络专利侵权主要表现为行为人通过网络的方式推销侵犯专利权的产品。现今对网络专利侵权的规制主要是通过侵权责任法等法律进行规范，同时在某种程度上也借鉴了网络著作权侵权判断的规则。

网络用户利用网络服务实施侵权行为，被侵权人依据侵权责任法向网络服务提供者所发出的要求其采取必要措施的通知，包含被侵权人身份情况、权属凭证、侵权人网络地址、侵权事实初步证据等内容的，即属有效通知。网络服务提供者自行设定的投诉规则，不得影响权利人依法维护其自身合法权利。《侵权责任法》第三十六条第二款所规定的网络服务提供者接到通知后所应采取的必要措施包括但并不限于删除、屏蔽、断开链接。“必要措施”应遵循审慎、合理的原则，根据所侵害权利的性质、侵权的具体情形和技术条件等来加以综合确定。《中华人民共和国专利法修订草案(送审稿)》规定，网络服务提供者知道或者应当知道网络用户利用其提供的网络服务侵犯专利权或者假冒专利，未及时采取删除、屏蔽、断开侵权产品链接等必要措施予以制止的，应当与该网络用户承担连带责任。专利权人或者利害关系人有证据证明网络用户利用网络服务侵犯其专利权或者假冒专利的，可以通知网络服务提供者采取前款所述必要措施予以制止。网络服务提供者接到合格有效的通知后未及时采取必要措施的，对损害的扩大部分与该网络用户承担连带责任。专利行政部门认定网络用户利用网络服务侵犯专利权或者假冒专利的，应当通知网络服务提供者采取本条必要措施予以制止，网络服务提供者未及时采取必要措施的，对损害的扩大部分与该网络用户承担连带责任。

(三)其他帮助行为

除了提供专门用于侵权的部件外，实践中还存在其他的帮助侵权发生的行为，如明知行为人实施侵犯他人专利权的行为而为该实施行为提供场所、仓储、运输等便利条件的，构成帮助他人实施侵犯专利权行为。

Chapter 12

第十二章

专利侵权抗辩

专利侵权抗辩以被控侵权人的行为构成侵权为前提,如果行为人的行为根本不构成侵权,则无抗辩规则适用的余地。有些人将不侵权抗辩纳入抗辩的范畴,这是对抗辩规则的误解。在现有规则体系下,中国专利法的主要抗辩规则有:私人实施、现有技术、权利穷竭、先用权、科研使用、波拉例外以及临时过境使用等。

第一节 非生产经营目的实施专利

中国专利法规定,为私人利用等非生产经营目的实施他人专利的,不构成侵犯专利权。

案例 12-1-1 昆明市万变窗墙有限责任公司诉被告普洱市移民开发局侵害实用新型专利权纠纷案*

被告辩称被告是非营利性的事业法人,不具备为生产经营目的实施原告专利的条件。

根据《专利法》第十一条第一款的规定,被告使用未经专利权人许可制造的侵权产品构成对专利权的侵害。至于被告提出其使用侵权产品系非生产经营目的,本院认为,专利法的立法目的是激励技术创新,授予专利权人对专利技术专有的实施权是实现此目的的重要手段,故除自然人为生活消费目的使用及《专利法》第六十九条规定的情形之外,任何主体实施他人专利均须得到权利人的许可。本案被告虽为事业法人,但其身份并不能决定实施专利的目的属性,其也并非为科学研究和实验使用侵权产品,故被告提出非生产经营目的的抗辩缺乏法律依据。

思考与评论

对于"非生产经营目的"抗辩主要的争议问题有二:一是谁可以主张"非生产经营目的"抗辩;而是如何理解"非生产经营目的"。有观点认为,只有自然人才能主张非生产经营目的的免责抗辩,其他主体无权主张该抗辩事由。而相反观点认为,专

---

* 昆明市中级人民法院(2014)昆知民初字第164号。

利法第十一条并未排除单位适用该法条，单位也符合非生产经营目的免责抗辩的主体条件。本案无疑支持了第一种观点。从专利法的立法目的来看，将“非生产经营目的”抗辩限于自然人无疑有利于鼓励创新。有人认为，单位纯粹为公共服务、公益事业和慈善事业等目的实施专利也可适用“非生产经营目的”抗辩。是否支持这一看法其实与如何认定非生产经营目的密切相关。如果将非生产经营目的界定为营利为目的，上述的观点可能具有一定的合理性。如果将其界定为私人实施行为，上述观点可能就存在一定的问题。最高人民法院在专利法司法解释草拟的过程中，有人提出如下观点：专利法第十一条、第七十条所称为生产经营目的，是指为工农业生产或者商业经营等目的，不限于以营利为目的，也不限于发明创造的实施与行为人的主营目的有直接关系。非生产经营目的抗辩的核心是让私人的非商业性实施专利的行为获得免责，其与行为人行为的营利性、公益性没有关联，其重点考察这种行为是否会对专利权人的合法收益带来不利影响，是否会对专利权人带来负面的激励。

第二节　现有技术抗辩

现行《专利法》在第六十二条规定：“在专利侵权纠纷中，被控侵权人有证据证明其实施的技术或者设计属于现有技术或者现有设计的，不构成侵犯专利权。”这就是所谓的现有技术抗辩。现有技术抗辩来源于司法实践，是将司法实践中的成熟经验上升到法律。事实上，北京市高级人民法院在1995年就已经运用现有技术抗辩原则审理专利侵权案件。① 北京市高级人民法院《专利侵权判定若干问题的意见（试行）》也对现有技术抗辩作出了明确规定。《最高人民法院关于审理侵犯专利权纠纷案件应用法律若干问题的解释》第十四条规定，被诉落入专利权保护范围的全部技术特征，与一项现有技术方案中的相应技术特征相同或者无实质性差异的，人民法院应当认定被诉侵权人实施的技术属于专利法第六十二条规定的现有技术。

现有技术抗辩使得被控侵权人无须启用无效宣告程序，而只须证明其所使用的技术为现有技术就可以免除侵权责任，从而可以尽快解决问题，同时现有技术抗辩也有利于法院及时处理专利权纠纷，避免无谓的重复诉讼。

知识产权法律制度旨在保护专利产品的创造性和新颖性，通过排他性的保护

---

① 李光诉首钢重型机械公司专利侵权纠纷上诉案，北京市高级人民法院（1995）高知终字第5号。

激励更多的人参与到专利发明中。因此,取得专利权保护的前提必须是具有创造性和新颖性。根据《专利法》的规定,新颖性指的是不属于现有技术,是一种全新的技术。现有技术,则是指申请日以前在国内外为公众所知的技术。这种众所周知的技术既可能是通过公开出版物进行发布,也可能是通过公开的制造或使用行为而发布。因此,被控专利侵权人提出证据证明其产品与另一产品的技术特征相同,而该另一产品在专利申请日前已经制作并销售的,由于该技术属于现有技术或者公知技术,属于法定免责情形,故被控侵权人不需要承担专利侵权责任。①

如何确定被控侵权技术属于现有技术呢?如果被诉技术方案落入专利权保护范围的全部技术特征,与一项现有技术方案中的相应技术特征相同或者无实质性差异的,人民法院就应当认定被诉侵权人实施的技术属于现有技术。审查现有技术抗辩是否成立,应当判断被诉落入专利权保护范围的技术特征与现有技术方案中的相应技术特征是否相同或等同,而不应将涉案专利与现有技术进行比对。

值得注意的是,现有技术抗辩的适用仅以被控侵权产品中被指控落入专利权保护范围的全部技术特征与已经公开的其他现有技术方案的相应技术特征是否相同或等同为必要,不能因为被控侵权产品与专利权人的专利相同而排除现有技术抗辩原则的适用,也就是说,现有技术抗辩既适用于相同专利侵权,也适用于等同专利侵权案件。

一、与现有技术相同抗辩

案例 12-2-1 盐城泽田机械有限公司与盐城市格瑞特机械有限公司侵犯实用新型专利权纠纷再审案*

关于格瑞特公司有关现有技术抗辩的主张能否成立。

在专利侵权诉讼中设立现有技术抗辩制度的根本原因,在于专利权的保护范围不应覆盖现有技术,以及相对于现有技术而言显而易见,构成等同的技术。除在无效程序中对专利权的法律效力进行审查外,通过在侵权诉讼中对被诉侵权人有关现有技术抗辩的主张进行审查,有利于及时化解纠纷,减少当事人诉累,实现公平与效率的统一。在审查现有技术抗辩时,比较方法应是将被诉侵权技术方案与现有技术进行对比,而不是将现有技术与专利技术方案进行对比。审查方式则是

---

① 浙江黄岩塑料机械厂、俞晟诉深圳市恒泰达实业有限公司侵犯实用新型专利权纠纷申请再审案:最高人民法院(2010)民申字第672号民事裁定书。

* 最高人民法院(2012)民申字第18号。

以专利权利要求为参照,确定被诉侵权技术方案中被指控落入专利权保护范围的技术特征,并判断现有技术中是否公开了相同或者等同的技术特征。现有技术抗辩的成立,并不要求被诉侵权技术方案与现有技术完全相同,毫无区别,对于被诉侵权产品中与专利权保护范围无关的技术特征,在判断现有技术抗辩能否成立时应不予考虑。被诉侵权技术方案与专利技术方案是否相同或者等同,与现有技术抗辩能否成立亦无必然关联。因此,即使在被诉侵权技术方案与专利技术方案完全相同,但与现有技术有所差异的情况下,亦有可能认定现有技术抗辩成立。

本案中,关于格瑞特公司的现有技术抗辩主张能否成立,双方当事人的争议主要在于:(1)被诉侵权产品中电磁阀与有杆活塞的连接方式是否被现有技术公开;(2)被诉侵权产品中电磁阀的具体结构是否被现有技术公开。根据涉案专利权利要求,其中限定了电磁阀的连接方式,即"电磁阀的出口直接与有杆活塞的外端相联接",但并未限定电磁阀的具体结构。因此,电磁阀的具体结构与涉案专利权的保护范围无关,亦与现有技术抗辩能否成立无关。由于被诉侵权产品中的电磁阀与有杆活塞亦采取同样的连接方式,因此,认定现有技术抗辩是否成立的关键,在于确定现有技术中是否公开了与上述连接方式相同或者等同的技术特征,而无须考虑被诉侵权产品中电磁阀的具体结构是否被现有技术公开。从本院查明的事实来看,尽管现有技术中公开的电磁阀包括三个部分,其具体结构与被诉侵权产品的电磁阀有着明显差异,但是现有技术中确已公开将电磁阀的出口与有杆活塞的外端直接相联接。因此,二审法院认定现有技术抗辩成立,并无不当。对于申请再审人有关被诉侵权产品的电磁阀具体结构与专利产品一致,与现有技术不一致,故现有技术抗辩不能成立的主张,本院不予支持。

无效程序与专利侵权诉讼中的现有技术抗辩制度各自独立,各自发挥其自身作用。二者相互协调、配合,有利于避免专利权的保护范围覆盖现有技术,侵入公共领域,从而更好地实现专利法保护和鼓励创新的立法目的。在无效程序中,系将专利技术方案与现有技术进行对比,审查现有技术是否公开了专利技术方案,即专利技术方案相对于现有技术是否具有新颖性、创造性。而在侵权诉讼中,现有技术抗辩的审查对象则在于被诉侵权技术方案与现有技术是否相同或等同,而不在于审查现有技术是否公开了专利技术方案。因此,二者的审查对象和法律适用均有差异。加之在本案中,格瑞特公司仅向专利复审委员会提交本案二审判决作为证据,并未将本案一、二审中的相关证据均提交给专利复审委员会。因此,专利复审委员会维持涉案两项专利权有效,与二审法院认定现有技术抗辩成立并不存在明显矛盾。对于泽田公司有关第 16612 号、17212 号决定维持涉案两项专利权有效，足以证明二审判决认定事实错误的主张，本院不予支持。

思考与评论

现有技术抗辩，是指被诉落入专利权保护范围的全部技术特征，与一项现有技术方案中的相应技术特征相同或者等同，或者所属技术领域的普通技术人员认为被诉侵权技术方案是一项现有技术与所属领域公知常识的简单组合的，应当认定被诉侵权人实施的技术属于现有技术，被诉侵权人的行为不构成侵犯专利权。

与现有技术相同抗辩是指被诉侵权技术方案与现有技术完全相同。与现有技术相同抗辩的前提是被控侵权技术与专利技术方案构成相同或等同，落入专利权的保护范围。在此前提下，将侵权技术与现有技术进行比对，比对的要素是受到专利保护的要素，也就是说，需要考虑被控侵权的技术要素是否被现有技术所公开。如果被控侵权的被专利所涵盖的技术被现有技术所公开，现有技术抗辩就应成立。与现有技术相同的判断标准应适用专利侵权判断中的字面侵权的判断标准，也就是说，被控侵权的被专利所涵盖的技术被现有技术所全面公开时，现有技术抗辩才能成立。这意味着，现有技术抗辩一般是对一项现有技术而不是几项现有技术结合起来与被控侵权技术进行对比、是对技术方案进行整体对而不是仅仅就技术特征进行对比。也就是说，判断被控侵权技术是否“属于”现有技术时，一般采用类似专利授权中的新颖性判断原则。首先，要适用新颖性的单独对比原则，不允许将几项现有技术结合起来比对。如果一项现有技术与被控侵权技术完全一致，则现有技术抗辩成立。一般认为，用现有技术进行抗辩时，该现有技术应当是一项在原告专利申请日前已有的、单独的技术方案，而不应该是多项技术方案的组合，因为，如果是对多项技术方案的组合，而这种组合是需要本领域的技术人员需要付出一定创造性劳动方可获得的，则构成专利的等同方案，亦落入专利权的保护范围。现有技术抗辩的适用仅以被诉侵权产品中被指控落入专利权保护范围的全部技术特征与已经公开的其他现有技术方案的相应技术特征是否相同或者等同为必要，不能因为被诉侵权产品与专利权人的专利相同而排除现有技术抗辩原则的适用。其次，如果被控侵权技术与现有技术存在差异，但差异仅仅是“惯用手段的直接置换（如螺栓换成螺钉）”或“所属技术领域的公知常识”等，也应认定现有技术抗辩成立。

公知技术抗辩的适用仅以被控侵权产品中被指控落入专利权保护范围的全部技术特征与已经公开的其他现有技术方案的相应技术特征是否相同或者等同为必要，不能因为被控侵权产品与专利权人的专利相同而排除公知技术抗辩原则的适用。① 利用公知技术进行不侵权抗辩，应满足两个条件，一是存在公知技术，二是被控侵权产品主要利用了公知技术，而不是证明对方的技术是公知技术。

二、与现有技术等同抗辩

如何判断被控侵权技术与现有技术"无实质性差异"，可谓众说纷纭。有人认为此处的"无实质性差异"标准就是"明显无创造性"标准；有人认为"无实质性差异"标准就是"无创造性"标准；还有人主张在出现专利技术、被控侵权技术、现有技术三者相互接近但均不相同的情形时，按照"更接近原则"进行判断：如果被控侵权技术更接近于专利技术，则构成侵权；如果被控侵权技术更接近于现有技术，则不构成侵权。笔者认为此处"无实质性差异"标准应理解为"明显无创造性"标准：在被控侵权技术与现有技术存在差异，但被控侵权技术相比现有技术"明显无创造性"时，应认定现有技术抗辩成立。②

将"无实质性差异"等同于创造性判断混淆了专利授权要件与侵权要件判断的差异。专利侵权判断的核心是考虑被控技术方案是否与专利技术相同或等同，而不是考虑其是否与专利技术之间存在创造性。即使具有创造性，如果被控技术方案与专利技术构成相同或等同，其仍然构成侵权行为。因而，在现有技术抗辩中，法院需要考虑的问题是被控技术方案是否与现有技术之间相同或存在无实质性差异。也就是说，法院需考虑被控技术是否利用了现有技术而无须考虑被控侵权技术与现有技术相比有无创造性。这里的无实质性差异应与等同含义相同，其基本判断方式与等同判断的方式无疑是一致的。

案例 12-2-2 施特里克斯有限公司诉宁波圣利达电器制造有限公司、华普超市有限公司侵犯发明专利权纠纷申请再审案*

关于理由(二)"正常煮水不致动"。从查明的事实看，被诉侵权产品为了防止水壶水煮干或在无水的过热情况下烧毁加热元件，设置了高于水沸点的双金属片

① 施特里克斯有限公司与宁波圣利达电器制造有限公司、华普超市有限公司侵犯专利权纠纷申请再审案：最高人民法院(2007)民三监字第51-1号。

② 载http://rmfyb.chinacourt.org/paper/html/2013-11/13/content_72734.htm? div=-1，最后访问日期：2017年10月27日。

* 最高人民法院(2007)民三监字第51-1号驳回再审申请通知。

致动温度，如140℃，因此在正常煮水时双金属片不致动。而920专利公开的温控器中双金属片设置的致动温度为98.3℃，与水的沸点相同，故在正常煮水时会致动。但被诉侵权产品与920专利公开的温控器之间的上述区别仅在于双金属片具体致动温度的选择上，对于本领域普通技术人员来说，选择致动温度是100℃的双金属片也好，还是选择致动温度是140℃的双金属片也好，完全可以根据需要在现有技术中选择，不需付出创造性的劳动，920专利公开的温控器和被诉侵权产品均采用了双金属片致动技术手段，并达到了防止发热元件烧毁的技术效果，二者并无实质性的区别。尽管被诉侵权产品的该技术特征与涉案专利的相应技术特征也相同，但将其与920专利公开的温控器相比，二者属于等同的技术特征，仍属于现有技术的范畴。

思考与评论

与现有技术等同抗辩意味着被控侵权的技术特征虽然与现有技术存在一定的差异，但技术手段、功能与效果基本相同，无需创造性劳动就能获得的技术特征。本案中法院采取的方法与等同侵权判断的方法基本相同。

三、参照现有技术抗辩

案例12-2-3　慈溪市博生塑料制品有限公司、陈剑与慈溪市博生塑料制品有限公司、陈剑侵害实用新型专利权纠纷申请再审案*

……

4.关于抵触申请抗辩的审查判断标准

关于被诉侵权人能否以其实施的技术属于抵触申请为由，主张不构成侵犯专利权，我国《专利法》及相关司法解释中并未明确规定。与之相关，我国《专利法》第六十二条规定："在专利侵权纠纷中，被控侵权人有证据证明其实施的技术或者设计属于现有技术或者现有设计的，不构成侵犯专利权。"《最高人民法院关于审理侵犯专利权纠纷案件应用法律若干问题的解释》第十四条规定："被诉落入专利权保护范围的全部技术特征，与一项现有技术方案中的相应技术特征相同或者无实质性差异的，人民法院应当认定被诉侵权人实施的技术属于《专利法》第六十二条规定的现有技术。"本院认为，《专利法》第六十二条规定现有技术抗辩的主要理由，在于专利权的保护范围不应覆盖现有技术，既包括被诉侵权技术方案与现有技术相同的情形，也包括被诉侵权技术方案相对于现有技术无实质性差异的情形。在这

---

* 最高人民法院民事裁定书(2015)民申字第188号。

两种情形下,被诉侵权技术方案相对于现有技术不具有新颖性或者创造性,不应被授予专利权,自然也不应被纳入涉案专利权的保护范围。由于抵触申请与现有技术均可以用于评价涉案专利的新颖性,因此,如果被诉侵权技术方案已被抵触申请公开,则相较于抵触申请亦不应被授予专利权,相应地也不应被纳入涉案专利权的保护范围。因此,被诉侵权人以其实施的技术属于抵触申请为由,主张未侵犯涉案专利权的,人民法院可以参照适用《专利法》第六十二条、《最高人民法院关于审理侵犯专利权纠纷案件应用法律若干问题的解释》第十四条等有关现有技术抗辩的规定,对抵触申请抗辩进行认定。

需要指出的是,由于抵触申请与现有技术的含义和性质存在一定差异,故抵触申请抗辩的审查判断标准应与抵触申请的性质相适应,与现有技术抗辩的审查判断标准存在一定差异。根据《专利法》第二十二条第二款的规定,抵触申请的公开时间在涉案专利的申请日之后,不构成涉案专利的现有技术,故仅可以与涉案专利单独对比,评价其新颖性。与之不同的是,根据《专利法》第二十二条第二款、第三款的规定,现有技术既可以评价涉案专利权的新颖性,也可以与其他现有技术或者公知常识结合,评价涉案专利权的创造性。综上,抵触申请仅仅可以被用来单独评价涉案专利权的新颖性,既不可以与现有技术或者公知常识结合,更不可以用于评价涉案专利权的创造性。因此,只有在被诉侵权技术方案的各项技术特征均已被抵触申请单独、完整地公开,相对于抵触申请不具有新颖性时,才可以认定抵触申请抗辩成立。如果被诉侵权的技术方案相较于抵触申请存在差异并具有新颖性,或者被诉侵权人主张将抵触申请与现有技术或者公知常识结合后进行抗辩的,抵触申请抗辩均不能成立。

思考与评论

抵触申请不属于现有技术,不能作为现有技术抗辩或现有设计抗辩的理由。被诉侵权人主张被诉侵权技术与抵触申请相同的,可以参照现有技术抗辩予以处理。被诉侵权人以其实施的技术方案属于抵触申请为由,主张不侵害专利权的,应当审查被诉侵权技术方案是否已被抵触申请完整公开。在该技术方案相对于抵触申请不具有新颖性时,抵触申请抗辩成立。

第三节　现有设计抗辩

现有设计抗辩,是指被诉侵权外观与一项现有设计相同或者相近似,或者被诉侵权产品的外观设计是一项现有外观设计与该产品的惯常设计的简单组合,则被诉侵权外观构成现有设计,被诉侵权人的行为不构成侵犯外观设计专利。现有设计是指申请日以前在国内外为公众所知的设计,包括在国内外以出版物形式公开和以使用等方式公开的设计。

审查现有设计抗辩是否成立,应当判断被诉侵权设计是否与现有设计相同或相近似,而不应将专利外观设计与现有设计比对。但是,当被诉侵权设计与专利外观设计相同或相近似,且被诉侵权设计与现有设计视觉差异较小的情况下,如果被诉侵权设计使用了专利外观设计的设计要点,则应当认定现有设计抗辩不能成立;否则,现有设计抗辩成立。

案例 12-3-1 株式会社普利司通与浙江杭廷顿公牛橡胶有限公司、北京邦立信轮胎有限公司侵害外观设计专利权纠纷申请再审案*

根据《专利法》第二十三条的规定,授予专利权的外观设计,应当同现有设计不相同和不相近似。这是现有设计抗辩权的法律依据。根据《专利法》第二十三条的规定,现有设计是指外观设计专利申请日以前在国内外出版物上公开发表过或者国内公开使用过的外观设计。法院在对当事人的现有设计抗辩进行审查时,应当遵守下述规则:(1)将被控侵权产品的设计与一项现有设计相对比,确定两者是否相同。若相同,则可以直接确定被控侵权人所实施的设计属于现有设计。(2)若不同,则应进一步判断两者是否无实质性差异。实质性差异的有无应以现有设计为坐标,将被控侵权产品设计、现有设计和外观设计专利三者分别进行对比,然后作出综合判断。

最高人民法院审理认为,当事人在申请再审中争议的法律问题在于:

(一)外观设计专利侵权判定中现有设计抗辩的审查判断方法

现有设计抗辩是专利侵权纠纷中被控侵权人有证据证明其实施的设计属于现有设计,因而不落入涉案外观设计专利权保护范围的一种抗辩事由。现有设计抗辩制度的正当性在于,根据《专利法》第二十三条的规定,授予专利权的外观设计,应当同现有设计不相同和不相近似,因而专利权人只能就其相对于现有设计的创新性贡献申请专利并获得保护,不能把已经进入公有领域或者属于他人的创新性贡献的部分纳入其保护范围。因此,如果被控侵权人能够证明其实施的设计属于涉案专利申请日前的现有设计,就意味着其实施行为未落入涉案外观设计专利权的保护范围。在我国现行法律实行专利有效性判定程序和专利侵权判定程序分别

* 最高人民法院(2010)民提字第189号。

独立进行的模式下,如果不允许被控侵权人在专利侵权民事诉讼中主张现有设计抗辩,在被控侵权产品属于现有设计的情况下依然认定构成侵犯涉案专利权,则会导致外观设计专利权的保护范围与专利权人的创新性贡献不相适应。因此,允许被控侵权人在外观设计专利侵权民事诉讼中提出现有设计抗辩,是我国专利法所规定的外观设计专利权授权条件及保护范围确定的应有之义。

根据《专利法》第二十三条的规定,现有设计是指外观设计专利申请日以前在国内外出版物上公开发表过或者国内公开使用过的外观设计。判断被控侵权人的现有设计抗辩是否成立,当然首先应将被控侵权产品的设计与一项现有设计相对比,确定两者是否相同或者无实质性差异。如果被控侵权产品的设计与一个现有设计相同,则可以直接确定被控侵权人所实施的设计属于现有设计,不落入涉案外观设计专利保护范围。如果被控侵权产品的设计与现有设计并非相同,则应进一步判断两者是否无实质性差异,或者说两者是否相近似。实质性差异的有无或者说近似性的判断是相对的,如果仅仅简单地进行被控侵权产品设计与现有设计的两者对比,可能会忽视二者之间的差异以及这些差异对二者整体视觉效果的影响,从而导致错误判断,出现被控侵权产品设计与现有设计和外观设计专利三者都相近似的情况。因此,在被控侵权产品设计与现有设计并非相同的情况下,为了保证对外观设计专利侵权判定作出准确的结论,应以现有设计为坐标,将被控侵权产品设计、现有设计和外观设计专利三者分别进行对比,然后作出综合判断。在这个过程中,既要注意被控侵权产品设计与现有设计的异同以及对整体视觉效果的影响,又要注意外观设计专利与现有设计的区别及其对整体视觉效果的影响力,考虑被控侵权产品的设计是否利用了外观设计专利与现有设计的区别点,在此基础上对被控侵权产品设计与现有设计是否无实质性差异作出判断。原审判决在被控侵权产品的设计与现有设计并不相同的情况下仅对二者进行对比即作出现有设计抗辩成立的结论,该侵权对比判断方法有所失当,应予纠正。申请再审人关于原审判决对现有设计抗辩的法律适用错误的申请再审理由成立,予以支持。

思考与评论

现有设计抗辩的核心是将被控侵权设计与现有设计进行比对,确定两者是否相同或者无实质性差异。判断现有设计抗辩是否成立,需要将现有设计与涉案专利设计以及被诉侵权设计分别进行比对,并在此基础上分析被诉侵权设计是否属于现有设计,现有设计抗辩是否成立。专利的区别设计特征,使得涉案专利设计在整体视觉效果上明显区别于现有设计,也即这些区别设计特征是涉案专利的创新之处,其相较于涉案专利设计的其他设计特征在外观设计相同或近似的整体视觉效果判断上更具有影响。因此，在被诉侵权设计采用了涉案专利设计与现有设计的主要区别设计特征情况下，被诉侵权设计在整体视觉效果上与涉案专利设计构成近似，与现有设计则存在实质性差异，二者既不相同也不近似，被诉侵权设计属于现有设计的主张不能成立。①

案例 12-3-2　李健开与黄泽凤侵害外观设计权纠纷上诉案*

本院认为，本案属侵害外观设计专利权纠纷。上诉人黄泽凤提出其使用的是在先设计，未侵害涉案外观设计专利权，并提供了三份对比文件，证明其行为不构成侵权。关于上诉人不侵权抗辩是否成立的问题。首先，上诉人黄泽凤提交的对比文件一和二，其外观设计专利公开日在涉案专利申请日之前，因此，可以作为本案现有设计抗辩的证据。将被诉侵权产品与对比文件一相比较，对比文件一的脚架在整体上使用的是方形钢管，与被诉侵权产品的圆形钢管不同；将本案被诉侵权产品与对比文件二相比，对比文件二因缺少立体图、使用状态和折叠状态参考图，不能看清其结构，因此不能确定其与被诉侵权产品外观设计是否相同或相近似。上诉人黄泽凤以上述证据作现有设计抗辩不侵权，本院不予支持。其次，上诉人黄泽凤提交的对比文件三为网板折叠圆桌，该外观设计专利的申请日在涉案专利申请日之前，上诉人可以援引该证据比照现有设计抗辩制度进行不侵权抗辩。将被诉侵权产品与对比文件三相比对，被诉侵权产品为脚架，对比文件三为网板折叠圆桌，被诉侵权产品为产品零部件，在此情况下，应当将对比文件中与被诉侵权产品相对应的零部件部分作为判断对象，其余部分不予考虑。将对比文件三与被诉侵权产品相对应的零部件部分作为判断对象，与被诉侵权产品相比较，两者均为整体上以圆形钢管组成的脚架，均由一长一短两组 H 形支架连接而成，打开状态下呈近似 X 形，较短的 H 形支架上以旋转式连接一 U 形支架，两者不存在实质差异，属于同样的外观设计。本案中，被诉侵权产品使用了申请在先的设计方案，并未侵害李健开的专利权，应当认定其不侵权抗辩成立，无须承担侵权责任。原审法院认定被诉侵权产品的外观设计与上诉人黄泽凤提供的三份对比文件的外观设计在整体视觉效果上存在差异，不能认定为相同或近似，并据此认定上诉人黄泽凤提出的现有

① 丹阳市盛美照明器材有限公司与被申请人童先平侵害外观设计专利权纠纷案：最高人民法院(2015)民申字第633号。

* 广东省高级人民法院民事判决书(2012)粤高法民三终字第298号。

设计抗辩不成立,该认定有误,本院予以纠正。黄泽凤的该项上诉请求成立,本院予以支持。对于黄泽凤提出的被诉侵权产品并未落入涉案专利保护范围以及一审判决赔偿数额过高的问题,由于黄泽凤不侵权抗辩成立,无须承担侵权责任,本院对上述问题不再予以审查。

思考与评论

本案是以在先申请比照现有设计抗辩制度作不侵权抗辩并予以认定的专利侵权案件。在《能动司法,服务大局,努力实现知识产权审判工作新发展》中,最高人民法院明确,被诉侵权人以实施抵触申请中的技术方案主张不构成专利侵权的,可以参照现有技术抗辩的审查标准予以评判。本案中,对比文件三实际上是涉案专利的抵触申请,但其申请在专利法2009年实施之前,而外观设计抵触申请在旧专利法中并未规定。抵触申请不属于现有设计,不能作为现有设计抗辩的理由。被诉侵权人主张被诉侵权设计与抵触申请相同的,可以参照现有设计抗辩的相关规定予以处理。

外观设计侵权诉讼中,除了先用设计抗辩外,在一些国家还存在着所谓"修理条款"例外,其主要是指如果被控设计构成某一复合产品设计的一部分,虽然该设计受到外观设计保护,但被控侵权人提供该部件主要是基于顾客修理与更换需要,此时的行为可能构成合法的行为。① 依据《欧盟外观设计法》规定,除非欧洲议会在这个议题上另有政策性的决议,否则,只要是(1)应用或实施该设计之产品是复合产品外观的零组件之一;(2)该设计与该复合产品的外观有相依附(dependency)的关系;(3)使用该设计之目的是要维修该复合产品,使其恢复原有的外观(restore its original appearance)的零组件(包含汽车零组件),在目前欧盟设计法中都不可能加以保护。

第四节 先用权抗辩

在专利申请日前已经制造相同产品、使用相同方法或者已经做好制造、使用的必要准备,并且仅在原有范围内继续制造、使用的,不视为侵犯专利权。使用、许诺销售、销售上述情形下制造的专利产品或者依照专利方法直接获得的产品的,也不视为侵犯专利权。

---

① *Acacia Srl v. Pneusgarda Srl, in insolvency, Audi AG*(*C* 397/16) *and Acacia Srl, Rolando D' Amato v. Dr. Ing. h. c. F. Porsche AG*(*C* 435/16), 20 December 2017.

一、先用权抗辩的主体

制造商在申请日前已经实施或已经为实施本案专利做好了技术或物质上的必要准备，且仅在原有范围内继续制造的，先用权抗辩成立。在制造商并非本案被告，但销售商能够证明被诉侵权产品的合法来源以及制造商享有先用权的情况下，销售商可以提出先用权抗辩。①

二、先用权的适用条件

（一）做好了制造、使用的必要准备

即已经完成实施发明创造所必需的主要技术图纸或者工艺文件，或者已经制造或者购买实施发明创造所必需的主要设备或者原材料。先用权抗辩是否成立的关键在于被诉侵权人在专利申请日前是否已经实施专利或者为实施专利做好了技术或者物质上的必要准备；药品生产批件是药品监管的行政审批事项，是否取得药品生产批件对先用权抗辩是否成立不产生影响。②

（二）仅在原有范围内继续制造、使用

"原有范围"包括：专利申请日前已有的生产规模以及利用已有的生产设备或者根据已有的生产准备可以达到的生产规模。

（三）以正当方式获得技术

在先制造产品或者在先使用的方法或设计，应是先用权人自己独立研究完成或者以合法手段从专利权人或其他独立研究完成者处取得的，而不是在专利申请日前抄袭、窃取或者以其他不正当手段获取的。被诉侵权人以非法获得的技术或者设计主张先用权抗辩的，不应予以支持。

（四）先用权技术一般不能转让

先用权人对于自己在先实施的技术不能转让，除非连同所属企业一并转让。即先用权人在专利申请日后将其已经实施或做好实施必要准备的技术或设计转让或者许可他人实施，被诉侵权人主张该实施行为属于在原有范围内继续实施的，不应予以支持，但该技术或设计与原有企业一并转让或者承继的除外。

---

① 北京英特莱技术公司与深圳蓝盾公司北京分公司、北京蓝盾创展门业有限公司侵害发明专利权纠纷案：最高人民法院（2015）民申字第1255号。

② 银涛公司与汉王公司、保赛公司侵犯专利权纠纷案：最高人民法院（2011）民申字第1490号。

第五节 临时保护期内实施抗辩

案例 12-5-1 深圳市斯瑞曼精细化工有限公司诉深圳市坑梓自来水有限公司、深圳市康泰蓝水处理设备有限公司侵害发明专利权纠纷案*

最高人民法院认为:斯瑞曼公司在本案中没有提出支付发明专利临时保护期使用费的诉讼请求,因此本案的主要争议焦点在于,坑梓自来水公司在涉案发明专利授权后使用其在涉案发明专利临时保护期内向康泰蓝公司购买的被诉专利侵权产品是否侵犯涉案发明专利权,康泰蓝公司在涉案发明专利授权后为坑梓自来水公司使用被诉专利侵权产品提供售后服务是否侵犯涉案发明专利权。

对于侵犯专利权行为的认定,应当全面综合考虑专利法的相关规定。根据本案被诉侵权行为时间,本案应当适用 2000 年修改的《中华人民共和国专利法》。2000 年《专利法》第十一条第一款规定:"发明和实用新型专利权被授予后,除本法另有规定的以外,任何单位或者个人未经专利权人许可,都不得实施其专利,即不得为生产经营目的制造、使用、许诺销售、销售、进口其专利产品,或者使用其专利方法以及使用、许诺销售、销售、进口依照该专利方法直接获得的产品。"第十三条规定:"发明专利申请公布后,申请人可以要求实施其发明的单位或者个人支付适当的费用。"第六十二条规定:"侵犯专利权的诉讼时效为二年,自专利权人或者利害关系人得知或者应当得知侵权行为之日起计算。发明专利申请公布后至专利权授予前使用该发明未支付适当使用费的,专利权人要求支付使用费的诉讼时效为二年,自专利权人得知或者应当得知他人使用其发明之日起计算,但是,专利权人于专利权授予之日前即已得知或者应当得知的,自专利权授予之日起计算。"综合考虑上述规定,专利法虽然规定了申请人可以要求在发明专利申请公布后至专利权授予之前(专利临时保护期内)实施其发明的单位或者个人支付适当的费用,即享有请求给付发明专利临时保护期使用费的权利,但对于专利临时保护期内实施其发明的行为并不享有请求停止实施的权利。因此,在发明专利临时保护期内实施相关发明的,不属于专利法禁止的行为。在专利临时保护期内制造、销售、进口被诉专利侵权产品不为专利法禁止的情况下,其后续的使用、许诺销售、销售该产品的

* 指导案例 20 号:最高人民法院(2011)民提字第 259 号。

行为，即使未经专利权人许可，也应当得到允许。也就是说，专利权人无权禁止他人对专利临时保护期内制造、销售、进口的被诉专利侵权产品的后续使用、许诺销售、销售。当然，这并不否定专利权人根据专利法第十三条规定行使要求实施其发明者支付适当费用的权利。对于在专利临时保护期内制造、销售、进口的被诉专利侵权产品，在销售者、使用者提供了合法来源的情况下，销售者、使用者不应承担支付适当费用的责任。

认定在发明专利授权后针对发明专利临时保护期内实施发明得到的产品的后续使用、许诺销售、销售等实施行为不构成侵权，符合专利法的立法宗旨。一方面，专利制度的设计初衷是“以公开换保护”，且是在授权之后才能请求予以保护。对于发明专利申请来说，在公开日之前实施相关发明，不构成侵权，在公开日后也应当允许此前实施发明得到的产品的后续实施行为；在公开日到授权日之间，为发明专利申请提供的是临时保护，在此期间实施相关发明，不为专利法所禁止，同样也应当允许实施发明得到的产品在此期间之后的后续实施行为，但申请人在获得专利权后有权要求在临时保护期内实施其发明者支付适当费用。由于专利法没有禁止发明专利授权前的实施行为，则专利授权前制造出来的产品的后续实施也不构成侵权。否则就违背了专利法的立法初衷，为尚未公开或者授权的技术方案提供了保护。另一方面，专利法规定了先用权，虽然仅规定了先用权人在原有范围内继续制造相同产品、使用相同方法不视为侵权，没有规定制造的相同产品或者使用相同方法制造的产品的后续实施行为是否构成侵权，但是不能因为专利法没有明确规定就认定上述后续实施行为构成侵权，否则，专利法规定的先用权没有任何意义。

本案中，康泰蓝公司销售被诉专利侵权产品是在涉案发明专利临时保护期内，该行为不为专利法所禁止。在此情况下，后续的坑梓自来水公司使用所购买的被诉专利侵权产品的行为也应当得到允许。因此，坑梓自来水公司后续的使用行为不侵犯涉案发明专利权。同理，康泰蓝公司在涉案发明专利授权后为坑梓自来水公司使用被诉专利侵权产品提供售后服务也不侵犯涉案发明专利权。

思考与评论

专利的临时保护是指专利公告到正式授权期间专利法给予专利权人的保护。由于在此期间，专利还未获得正式授权，他人的实施行为因而不构成专利侵权。发明专利申请公布后，申请人可以要求实施其发明的单位或者个人支付适当的费用。权利人依据专利法第十三条诉请在发明专利申请公布日至授权公告日期间实施该发明的单位或者个人支付适当费用的，人民法院可以参照有关专利许可使用费合理确定。权利人要求支付费用的前提是其专利最终获得授权,如果公告后的专利被驳回,申请人不能要求实施该技术方案的人支付相关费用。

发明专利申请公布时申请人请求保护的范围与发明专利公告授权时的专利权保护范围不一致,被诉技术方案均落入上述两种范围的,人民法院应当认定被告在专利公告到正式授权期间内实施了该发明;被诉技术方案仅落入其中一种范围的,人民法院应当认定被告在专利公告到正式授权期间内未实施该发明。发明专利公告授权后,未经专利权人许可,为生产经营目的使用、许诺销售、销售在专利公告到正式授权期间内已由他人制造、销售、进口的产品,且该他人已支付或者书面承诺支付专利法第十三条规定的适当费用的,对于权利人关于上述使用、许诺销售、销售行为侵犯专利权的主张,人民法院不予支持。

值得注意的是,专利法虽然规定了申请人可以要求在发明专利申请公布后至专利权授予之前(专利临时保护期内)实施其发明的单位或者个人支付适当的费用,即享有请求给付发明专利临时保护期使用费的权利,但对于专利临时保护期内实施其发明的行为并不享有请求停止实施的权利。因此,在发明专利临时保护期内实施相关发明的,不属于专利法禁止的行为。

另外,在销售者、使用者提供了合法来源的情况下,销售者、使用者不应承担支付适当费用的责任。

第六节　合法来源抗辩

为生产经营目的使用、许诺销售或者销售不知道是未经专利权人许可而制造并售出的专利侵权产品,且举证证明该产品合法来源的,对于权利人请求停止上述使用、许诺销售、销售行为的主张,人民法院应予支持,但被诉侵权产品的使用者举证证明其已支付该产品的合理对价的除外。

合法来源是指通过合法的销售渠道、通常的买卖合同等正常商业方式取得被诉侵权产品。对于合法来源的证明事项,被诉侵权产品的使用者、许诺销售者或销售者应当提供符合交易习惯的票据等作为证据,但权利人明确认可被诉侵权产品具有合法来源的除外。

案例 12-6-1　广东雅洁五金有限公司诉杨建忠等侵害外观设计专利权纠纷再审案*

本院认为，各方当事人对于被诉侵权产品落入涉案外观设计专利权的保护范围没有异议，争议焦点在于：杨建忠是否是侵权产品的制造者；卢炳仙主张的合法来源抗辩是否成立；杨建忠和卢炳仙应分别承担何种法律责任；二审法院未依雅洁公司的申请调查收集相关交易记录是否存在错误。

（一）关于杨建忠是否是侵权产品的制造者

本案中，侵权产品上标注有"吉固 + JIGU + 图"这一商标，杨建忠是该注册商标的专用权人；雅洁公司提供了初步证据证明杨建忠注册了"温州市鹿城区临江县昌隆五金加工厂"，证明杨建忠有制造侵权产品的能力。在已经确认侵权产品外包装上所标注商标的专用权人杨建忠有能力制造侵权产品，且没有其他证据表明存在他人冒用该商标、或者杨建忠曾将该商标许可给他人使用等证明侵权产品的实际制造者并非杨建忠本人的情况下，可以合理推定杨建忠是侵权产品的制造者。此外，卢炳仙提供的合法来源的初步证据也显示是从"温州市昌隆五金厂"购买的侵权产品，且卢炳仙将购买侵权产品的货款付给了杨建忠。而且，在本案一审、二审及再审诉讼过程中，杨建忠经法院多次合法传唤，拒绝签收传票和相关法律文书，拒不到庭，对其是否是"吉固 + JIGU + 图"这一注册商标的专用权人、是否注册有"温州市鹿城区临江县昌隆五金加工厂"、是否实际生产了侵权产品并销售给卢炳仙，没有提出任何异议，其应该承担相应的法律后果。综上，本院根据现有证据认定杨建忠系本案侵权产品的制造者。

（二）关于卢炳仙主张的合法来源抗辩是否成立

《专利法》第十一条第二款规定："外观设计专利权被授予后，任何单位或者个人未经专利权人许可，都不得实施其专利，即不得为生产经营目的制造、许诺销售、销售、进口其外观设计专利产品。"根据该规定，销售者销售了未经专利权人的许可而制造的侵权产品，其销售行为是一种侵权行为。对于侵犯了专利权的销售者，应根据权利人的请求，承担停止侵权的民事责任。这种停止侵犯专利权的民事责任，是一种严格责任，不以侵权人的主观过错为要件。即无论侵权人主观上故意还是过失，无论其是否知道或者应当知道专利权的存在，只要其实施了专利法规定的侵犯专利权的行为，即构成了侵犯专利权，就应当承担停止侵权的民事责任。至于侵

* 最高人民法院民事判决书(2013)民提字第 187 号。

犯了专利权的销售者是否应承担赔偿责任，鉴于《专利法》第七十条对于侵权产品的善意销售者提供了一种免于承担赔偿责任的抗辩权，即合法来源抗辩权，故需要根据案情判断是否符合该条规定之构成要件。

《专利法》第七十条规定："为生产经营目的使用、许诺销售或者销售不知道是未经专利权人许可而制造并售出的专利侵权产品，能证明产品合法来源的，不承担赔偿责任。"根据该条规定，合法来源抗辩需要同时满足两个成立要件：一是侵权产品使用者、销售者的主观善意，二是侵权产品有合法来源。对于主观善意的成立要件，需要侵权产品使用者、销售者证明其不知道使用、许诺销售或者销售的是侵权产品，这是一种消极事实，根据消极事实的证明规则，一般应由权利人来证明侵权者知道或者应当知道其所使用、许诺销售或者销售的是侵权产品，从而否定合法来源抗辩的成立；若权利人无法证明侵权者知道或者应当知道，则一般可以推定侵权者不知道其使用、许诺销售或者销售的是侵权产品，从而认定该侵权产品使用者、销售者是善意的，第一个要件成立。对于第二个要件，即侵权产品有合法来源，应该完全由侵权产品使用者、销售者进行举证，证明侵权产品是从正规合法渠道、以正常合理价格从其直接的供货方购进的事实。这是因为，合法来源抗辩制度在免除了侵权产品善意使用者、销售者赔偿责任的同时，还是要保护专利权人的合法权利。通过侵权产品使用者、销售者的举证，专利权人可以继续追究供货方的侵权责任，从而追本溯源地找到侵权产品的源头——制造者，以利于从根本上解决侵权问题。

侵权产品的使用者、销售者与制造者所需承担的法律责任是不同的，所负担的举证责任亦不同。侵权产品的使用者、销售者的这种举证责任，并不因为发现了真正的制造者而得以免除或减轻。这是因为侵权产品的制造行为通常比较隐蔽，难以发现，权利人往往是通过市场上侵权产品的销售与使用行为才得以发现侵权行为；加之很多侵权商品流通环节多，经营行为也不规范，在侵权产品的制造者和被诉的使用者、销售者中间，可能还存在其他的侵权产品销售者，通过合法来源抗辩制度，有利于把所有的侵权销售环节全部查清，有利于全面解决侵权问题，并使权利人获得全面赔偿。当侵权产品的使用者、销售者是从制造者处直接购买了侵权产品，而没有其他的中间销售环节，通过事实和法律的认定，可以确认制造者生产并销售了侵权产品，那么被诉的使用者、销售者是否可以就此免除或减轻合法来源抗辩的举证责任呢？本院认为，侵权产品的使用者、销售者不能因此免除或减轻合法来源抗辩的举证责任。首先，合法来源抗辩是法律赋予善意的侵权产品使用者、销售者的一种权利，根据"谁主张、谁举证"的一般举证责任分配原则，侵权产品的使用者、销售者在行使合法来源抗辩权时，应负担举证责任，其应该举出合法获取侵权产品的证据，如购货发票或收据，以及付款凭证等。其次，对于这种特殊情况下侵权产品使用者、销售者的举证责任，也应该与存在多个中间销售环节时侵权产品使用者、销售者的举证责任相一致。最后，这样分配举证责任，既可以规范流通环节的市场秩序，也可以防止侵权产品使用者、销售者与他人串通，以提供虚假的合法来源证据的方式逃避赔偿责任。因此，侵权产品使用者、销售者与制造者就各自的行为应分别承担责任，不能因查明或认定侵权产品的制造者就当然认为被诉的使用者、销售者合法来源抗辩成立，免除其赔偿责任；也不能因为制造者承担了侵权责任，就免除不符合合法来源抗辩要件的使用者、销售者的赔偿责任。

本院认为，对于侵权产品合法来源证据的审查应当从严把握，特别要注重对证据的真实性、证明力、与侵权产品的关联性、同一性的审查。本案中，卢炳仙主张其销售的侵权产品有合法来源，为此提供了发货清单和交通银行个人存款回单。但发货清单只是传真件，且其上没有任何主体签名或盖章，卢炳仙也未提交相应的购货合同予以佐证。交通银行个人存款回单不但没有显示付款人的姓名，且付款金额与发货清单上的金额也不相符。卢炳仙虽辩称该金额相对应的发货除了涉案发货清单上所列货品，还有其他的发货，但其并未就存在的其他货物及货款数额进行举证。因此，卢炳仙提供的证据并不能真实有效地证明其所销售的侵权产品的合法来源，其合法来源抗辩不成立。

思考与评论

合法来源抗辩需要同时满足两个成立要件：一是侵权产品使用者、销售者的主观善意，二是侵权产品有合法来源。合法来源抗辩只适用于为生产经营目的的使用、许诺销售或销售行为，不包括制造和进口行为。

为维护正常的市场经营秩序和鼓励打击侵权源头，《专利法》第七十条对销售者的合法来源抗辩作出了规定，即在侵权产品的销售者主观上没有过错并能提供产品合法来源的情况下，可以免除赔偿责任。主观善意意味着当事人不知道其销售或许诺销售的产品是侵权产品。不知道，是指实际不知道且不应当知道。但司法实践中对于判断销售者是否具有主观过错，存在事实认定上的困难。当事人援引《专利法》第七十条的规定主张“合法来源”抗辩时，如果专利权人能够证明，已经向销售商发出了明确记载有专利权和被诉侵权产品的基本情况、侵权比对结果及联系人等信息的警告函，且销售商已经收到该警告函的情况下，原则上可以推定销售商知道其销售的是专利侵权产品。①

---

① 孙俊义与被申请人郑宁侵害实用新型专利权纠纷案：最高人民法院（2014）民申字第1036号。

对于合法来源,使用者、许诺销售者或者销售者应当提供符合交易习惯的相关证据。产品合法来源并非指产品来源于专利权人或专利被许可人,而是指经合法渠道购买被控侵权产品。侵权产品使用者、销售者与制造者就各自的行为应分别承担责任,不能因查明或认定侵权产品的制造者就当然认为被诉的使用者、销售者合法来源抗辩成立,免除其赔偿责任;也不能因为制造者承担了侵权责任,就免除不符合合法来源抗辩要件的使用者、销售者的赔偿责任。

第七节　专利穷竭抗辩

知识产权适用权利穷竭原则,即知识产权所有人或经其授权的人制造的知识产权产品在第一次投放到市场后,权利人即丧失了对它的进一步控制权,权利人的权利即被认为用尽、穷竭了。凡是合法地取得该知识产权产品的人,均可以对该产品自由处分,只要不侵犯知识产权人的独占权。专利穷竭制度的价值在于避免权利人对其合法投入市场产品使用与流通的控制,使这些专利产品能发挥应有的作用,促进社会进步与福利的提升。

专利法规定,专利产品或者依照专利方法直接获得的产品,由专利权人或者经其许可的单位、个人售出后,使用、许诺销售、销售、进口该产品的,不视为侵犯专利权。这就是所谓的专利穷竭原则。北京高院认为,专利穷竭主要包括:

(1)专利权人或者其被许可人在中国境内售出其专利产品或者依照专利方法直接获得的产品后,购买者在中国境内使用、许诺销售、销售该产品;

(2)专利权人或者其被许可人在中国境外售出其专利产品或者依照专利方法直接获得的产品后,购买者将该产品进口到中国境内以及随后在中国境内使用、许诺销售、销售该产品;

(3)专利权人或者其被许可人售出其专利产品的专用部件后,使用、许诺销售、销售该部件或将其组装制造专利产品;

(4)方法专利的专利权人或者其被许可人售出专门用于实施其专利方法的设备后,使用该设备实施该方法专利。

一、产品专利穷竭

专利法对“制造”行为提供绝对保护,任何情况下未经许可的制造行为都构成专利侵权行为。专利法下产品专利穷竭的行为是对合法销售的专利产品的后续利用行为,主要包括使用、许诺销售、销售以及进口行为。产品专利穷竭的前提是该专利产品是经过专利权人许可投放市场的,侵权产品不存在权利穷竭问题。

案例 12-7-1　田辉明与湖北永方矿产品有限公司专利权权属纠纷案*

原告田辉明按照被告永方公司的要求进行设计,提供设计方案供被告永方公司施工从而收取费用,本质上可以认定为一种销售行为。从专利权权利用尽制度的目的进行分析,提供工程设计服务收取对价也应视为销售。委托设计合同中,受托人向委托人直接交付设计方案,受托人本负有智力产品瑕疵担保责任,即应该保证设计方案不侵犯他人的知识产权及其他权利。如果设计方案产生了技术成果,技术成果无论归属于谁,委托人都无需因使用设计方案再行支付技术成果使用费用。如果设计方案并不产生新的成果,在本案中,只是对专利方案的具体实施,那么设计方案就是依据专利生产的产品。委托人购买的产品本身也是一种技术方案,技术方案只是对专利的具体化,与专利方案相比并没有任何实质性的创造性,如果因为交付的技术方案包含专利,委托人还需支付专利许可使用费,那就相当于获取一个技术方案需要支付两次费用,这显然不符合等价有偿的市场规则,也对委托人极不公平。对于受托人而言,其依据专利技术方案进行设计,或设计方案部分包含其专利,就与专利技术方案相同部分,他并没有付出更多的智力劳动,他也只能获取一次对价。委托人获取设计是为了使用,在本案中就是指必须转化为酸洗装置才具有意义,如果委托人获得设计方案支付对价而不能实际使用,其委托设计的目的就无法实现。因此,被告在工程设计服务合同中支付的对价已经包含了使用专利的对价,发生了专利权权利用尽的法律效果。

专利法规定专利权权利用尽的法律后果是对专利侵权的限制,也即专利产品的合法购买人使用专利产品不视为专利侵权,专利权人是否有权依据合同主张专利许可费并没有规定。如前所述,销售产品所获取的对价已经包含了专利使用所应获得的对价,但在产品销售价款没有支付的情况下,当事人是否可以另行主张专利许可费则会成为问题。专利权人专利的对价可以通过销售产品得以实现,这实际上也表明如果销售的产品或设计的工程包含专利权,专利权的对价已为产品的价格所吸收、所包含。这本质上是合同效力范围问题与合同的默示成立存在本质区别。在已有明确合同约定规制专利许可事宜的情形下,没有任何依据去推定双

* 武汉市中级人民法院(2015)鄂武汉中知初字第01017号。

方当事人成就独立的专利许可合同。其次,从实践层面看,一些产品包含多个专利,除专利价值之外产品的销售价格还包括体力劳动,将单个专利从销售合同中分离,难以准确界定专利的合同价格,同时这也有违专利权权利用尽设立的经济便利的初衷。就本案而言,虽然设计事项与专利方案有非常强的关联性,但设计事项并不完全等同于专利方案,设计事项更为具体,也必然会包含配套设施的设计,从合同约定看,还含了业务培训内容,要对设计价格进行准确分割也存在困难。再者,从庭审过程看,原告一直强调工程设计之外还另需收取专利许可费,而原告又以工程服务设计合同为基础主张专利许可费,这显然存在矛盾。故原告提起专利许可费支付之诉缺乏法律依据,应驳回原告田辉明的诉讼请求。

思考与评论

本案中,法院认为原告的专利技术因为《工程设计服务合同》的履行而被穷竭。本案中工程设计服务合同的标的物是10万吨酸洗石英(砂)粉生产线,与原告主张权利的专利高纯度石英砂提纯酸洗装置发明专利有很强的关联性。你认为本案原告的专利是否穷竭?原告是否因为按照专利技术设计相关的方案导致其相关装置的专利穷竭?

一般而言,专利穷竭的产品是受专利保护的产品。但若某一产品并不是专利产品,而其唯一价值与作用就在于制造专利产品,如果此时专利权人制造该专用产品,会导致专利权人的权利穷竭吗?一般认为,此种情况下,也会导致专利权人的权利穷竭。因为,第三方购买该专产品的目的就是实施专利,权利人也明知第三方购买此专用产品的目的,这在某种程度意味着权利人默示许可第三方可以实施其专利,否则,没有任何人会购买该专用产品。

二、方法专利穷竭

案例12-7-2 西电捷通公司诉索尼中国公司侵害发明专利权纠纷案*

……

(三)被告主张的抗辩事由是否成立

1. 原告销售检测设备的行为是否导致其权利用尽

被告主张其用于WAPI测试的AP和AS设备(IWN A2410)系实现涉案专利的专用设备,且由原告合法销售,故涉案专利已经权利用尽。原告认可IWN A2410设备由

* 北京知识产权法院民事判决书(2015)京知民初字第1194号。

其销售,但认为 IWN A2410 设备并非实施 WAPI 技术的专用设备,故涉案专利不存在权利用尽的问题。

对此,本院认为,根据《专利法》第六十九条第一款第(一)项的规定,专利产品或者依照专利方法直接获得的产品,由专利权人或者经其许可的单位、个人售出后,使用、许诺销售、销售、进口该产品的,不视为侵犯专利权。据此,在我国现行法律框架下,方法专利的权利用尽仅适用于“依照专利方法直接获得的产品”的情形,即“制造方法专利”,单纯的“使用方法专利”不存在权利用尽的问题。此外,《专利法》第十一条规定:“发明和实用新型专利权被授予后,除本法另有规定的以外,任何单位或者个人未经专利权人许可,都不得实施其专利,即不得为生产经营目的制造、使用、许诺销售、销售、进口其专利产品,或者使用其专利方法以及使用、许诺销售、销售、进口依照该专利方法直接获得的产品。”可见,《专利法》第十一条对于方法专利的权利范围明确规定为“使用其专利方法以及使用、许诺销售、销售、进口依照该专利方法直接获得的产品”,而“使用其专利方法”的表述却未被规定在《专利法》第六十九条第一款第(一)项中。这也进一步说明,在立法者看来,“使用方法专利”不存在权利用尽的问题或者没有规定权利用尽的必要,故“使用方法专利”不属于我国专利法规定的权利用尽的范畴。本案中,涉案专利为使用方法专利,而非制造方法专利,据此,被告主张的 IWN A2410 设备为实现涉案专利的专用设备、由原告合法销售进而原告专利权用尽等理由均缺乏适用的法律基础,故原告销售检测设备的行为并不会导致其权利用尽。

2. 被告主张的被控侵权产品中实现 WAPI 功能的芯片由芯片厂商提供、导致原告专利权用尽的抗辩事由是否成立

正如本院已经指出的,在我国现行法律框架下,方法专利的权利用尽仅适用于“依照专利方法直接获得的产品”的情形,对于单纯的“使用方法专利”,并不存在权利用尽的问题。而涉案专利为使用方法专利,而非制造方法专利,故涉案专利不存在权利用尽的问题。此外,根据高通公司针对我院《协助调查取证通知书》作出的书面回函,高通公司及其子公司未获得涉案专利的许可,双方当事人对此也不持异议,故被告关于原告专利权用尽的抗辩主张亦缺乏事实依据。

思考与评论

方法专利本身是否存在用尽问题各方存在不同的看法。本案中级人民法院认为,方法专利的权利用尽仅适用于“依照专利方法直接获得的产品”的情形,即“制造方法专利”,单纯的“使用方法专利”不存在权利用尽的问题。在 Quanta Computer, Inc. v. LG Electronics, Inc 案中,LG 认为权利穷竭原则并不适用于方法专利,方

法专利是与过程而不是有形物体相连,因而,其不可能通过销售而被穷竭。而美国最高法院认为,方法专利虽不能以产品或装置同样的方式进行销售而用尽,但是方法可以具体化于产品中,方法专利可以通过体现该方法的产品销售而用尽。此外,排除用尽原则对方法专利的适用,将严重破坏该制度本身。因为专利权人只需简单地将权利要求描述为方法而不是装置,即可避免专利权用尽原则的适用。若依据LG的观点,虽然其授权Intel销售含有LG专利的计算机系统,但是该系统的任何购买者都可能需要对专利侵权负责,这显然违背了专利权用尽原则的宗旨。美国最高法院认为,实际上,产品专利和方法专利本来就具有相当的关联性,专利权用尽原则不能适用于方法专利的观点是毫无根据的:

(1)产品专利和方法专利可以分别使用方法和产品进行限定,它们"相互可以非常接近,以至于从产品的功能中区分方法是相当困难的";

(2)某些发明,如用途发明,称其为产品专利或方法专利均可;

(3)在电子通信领域,方法专利通常描述为产品功能的实现过程,实质上这只是产品专利的另一种描述方式,在技术层上两者并无本质区别。

对方法专利权利穷竭不同理论的解读在本案之前,美国司法界主流观点认为专利穷竭原则只适用于产品专利,而方法专利的功能主要在于使用该方法,其不能以产品同样的方式进行销售而穷竭。美国最高法院虽然将专利穷竭原则扩展至方法专利,但是该制度的运行还是需要以有形产品的销售为前提。美国最高法院并没有解决方法专利是如何通过有形产品的销售而穷竭,是否权利人或授权人销售的产品必须是专利权所覆盖的,如果销售的组件并未专利权所覆盖是否构成侵权等。

本案中,法院认为"使用方法专利"在任何未经许可的情况下都构成专利侵权。你认为存在"使用方法专利"穷竭的情况吗?

本案中,法院还认为,被告主张的IWN A2410设备为实现涉案专利的专用设备、由原告合法销售进而原告专利权用尽等理由均缺乏适用的法律基础,故原告销售检测设备的行为并不会导致其权利用尽。这似乎与北京市高级人民法院的相关观点存在冲突。北京市高级人民法院在其《专利侵权判定指南(2017)》规定,方法专利的专利权人或者其被许可人售出专门用于实施其专利方法的设备后,使用该设备实施该方法专利不构成侵权行为。

三、专利国际穷竭与国内穷竭

根据《专利法》第六十九条第一款的规定,我国在专利穷竭问题上采取了国际穷竭原则，即只要是专利权人或其许可人售出的专利产品，其他任何第三人合法取得以后，再将其进口到国内的行为，均不视为侵犯专利权的行为。

从专利法的立法本意来讲，对专利产品或依照专利方法直接获得的产品的售出范围，不但包括专利权人或其许可人在我国境内的销售行为，也包括专利权或许可人在我国境外的销售行为。这意味着在我国专利产品的平行进口行为是合法行为。

第八节　滥用专利权抗辩

一、恶意取得专利权

被诉侵权人提供证据证明涉案专利为专利权人恶意取得的，可以判决驳回原告的诉讼请求。

在侵犯专利权诉讼中，专利权被宣告无效的，不宜轻易认定为滥用专利权。

恶意取得专利权，是指将明知不应当获得专利保护的发明创造申请专利并获得了专利权的行为，包括下述情形：

(1)将申请日前专利权人明确知悉的国家标准、行业标准等技术标准中的技术方案申请专利并取得专利权的；

(2)国家标准、行业标准等技术标准的制定参与人，将在上述标准的起草、制定等过程中明确知悉的他人技术方案申请专利并取得专利权的；

(3)将明知为某一地区广为制造或使用的产品申请专利并取得专利权的；

(4)采用编造实验数据、虚构技术效果等手段使涉案专利满足专利法的授权条件并取得专利权的；

(5)将域外公开的专利申请文件所披露的技术方案在中国申请并获得专利权的。

二、滥用标准必要专利抗辩

标准必要专利，是指为实施技术标准而必须使用的专利。推荐性国家、行业或者地方标准明示所涉标准必要专利案件中，被诉侵权人经与专利权人协商该专利的实施许可事项，但由于专利权人故意违反其在标准制定中承诺的公平、合理、无歧视的许可义务，导致无法达成专利实施许可合同，且被诉侵权人在协商中无明显过错的，对于专利权人请求停止标准实施行为的主张一般不予支持。虽非推荐性国家、行业或者地方标准，但属于国际标准组织或其他标准制定组织制定的标准，且专利权人按照该标准组织章程明示且作出了公平、合理、无歧视的许可义务承诺的标准必要专利，亦做同样处理。

对明示的判断应依照上述标准制定组织的相关政策规定，结合行业惯例进行。

北京市高级人民法院《专利侵权判定指南(2017)》认为，有下列情况之一，可以认定专利权人故意违反公平、合理、无歧视的许可义务：

(1)未以书面形式通知被诉侵权人侵犯专利权，且未列明侵犯专利权的范围和具体侵权方式；

(2)在被诉侵权人明确表达接受专利许可协商的意愿后，未按商业惯例和交易习惯以书面形式向被诉侵权人提供专利信息或提供具体许可条件的；

(3)未向被诉侵权人提出符合商业惯例和交易习惯的答复期限；

(4)在协商实施许可条件过程中，无合理理由而阻碍或中断许可协商；

(5)在协商实施许可过程中主张明显不合理的条件，导致无法达成专利实施许可合同；

(6)专利权人在许可协商中有其他明显过错行为的。

专利权人未履行公平、合理和无歧视的许可义务，但被诉侵权人在协商中也存在明显过错的，应在分析双方当事人的过错程度，并判断许可协商中断的承担主要责任的一方之后，再确定是否应支持专利权人请求停止标准实施行为的主张。

有下列行为之一的，可以认定被诉侵权人在标准必要专利许可协商过程中存在明显过错：

(1)收到专利权人的书面侵权通知后，未在合理时间内积极答复的；

(2)收到专利权人的书面许可条件后，未在合理时间内积极回复是否接受专利权人提出的许可条件，或在拒绝接受专利权人提出的许可条件时未提出新的许可条件建议的；

(3)无合理理由而阻碍、拖延或拒绝参与许可协商的；

(4)在协商实施许可条件过程中主张明显不合理的条件，导致无法达成专利实施许可合同；

(5)被诉侵权人在许可协商中有其他明显过错行为的。

案例 12-8-1 华为技术有限公司与 IDC 公司标准必要专利使用费纠纷上诉案*

华为技术有限公司(以下简称华为公司)与 IDC 公司就标准必要专利许可费或者费率问题进行了多次谈判,谈判期间,IDC 公司向美国法院提起诉讼,同时请求美国国际贸易委员会对华为公司等相关产品启动 337 调查并发布全面禁止进口令、暂停及停止销售令。华为公司遂向广东省深圳市中级人民法院提起诉讼,要求法院判令 IDC 公司按照公平、合理、无歧视(FRAND)的原则确定标准专利许可费率。广东省深圳市中级人民法院一审认为,根据"公平、合理、无歧视"原则,标准必要专利许可使用费率应确定为 0.019%。IDC 公司不服一审判决,向广东省高级人民法院提起上诉。广东省高级人民法院二审认为,无论是从字面上理解,还是根据欧洲电信标准化协会和美国电信工业协会中的知识产权政策和中国法律的相关规定,"FRAND"义务的含义均应理解为"公平、合理、无歧视"许可义务,对于愿意支付合理使用费的善意的标准使用者,标准必要专利权人不得径直拒绝许可,既要保证专利权人能够从技术创新中获得足够的回报,同时也避免标准必要专利权利人借助标准所形成的强势地位索取高额许可费率或附加不合理条件。"FRAND"义务的核心在于合理、无歧视的许可费或者许可费率的确定。华为公司和 IDC 公司均是欧洲电信标准化协会的成员,IDC 公司负有许可华为公司实施其标准必要专利的义务。关于使用费或者使用费率的问题,双方应当按照公平、合理和无歧视条款,即"FRAND"条款进行协商,协商不能时,可以请求人民法院裁决。人民法院根据标准必要专利的特点,考虑实施该专利或类似专利所获利润及其在被许可人相关产品销售利润或销售收入中所占比例、专利许可使用费不应超过产品利润一定比例范围等若干因素,综合考虑各个公司之间专利许可实际情况的差别,以及华为公司如果使用 IDC 公司在中国之外的标准必要专利还要另行支付使用费的情况,合理确定本案的专利许可使用费。

思考与评论

有法院认为,涉案专利纳入国家强制标准且原告已作出 FRAND 许可声明不能作为被告不侵权的抗辩事由。在辽宁省高级人民法院关于朝阳兴诺公司按照建设部颁发的行业标准《复合载体夯扩桩设计规程》设计、施工而实施标准中专利的行为是否构成侵犯专利权问题请示案中,最高人民法院(2008)民三他字第 4 号答复

---

* 广东省高级人民法院(2013)粤高法民三终字第 305 号民事判决书。

函认为，鉴于目前我国标准制定机关尚未建立有关标准中专利信息的公开披露及使用制度的实际情况，专利权人参与了标准的制定或者经其同意，将专利纳入国家、行业或者地方标准的，视为专利权人许可他人在实施标准的同时实施该专利，他人的有关实施行为不属于《专利法》第十一条所规定的侵犯专利权的行为；专利权人可以要求实施人支付一定的使用费，但支付的数额应明显低于正常的许可使用费；专利权人承诺放弃专利使用费的，依其承诺处理。

标准必要专利权人对标准实施者以及潜在的实施者负有以符合公平、合理、无歧视(FRAND)条件许可的义务。广东省高级人民法院《关于审理标准必要专利纠纷案件的工作指引(试行)》指出，判断标准必要专利权人是否滥用市场支配地位以不公平的高价进行许可，应审查标准必要专利权人是否无合理理由明显不公平地索要过高的许可使用费，从而造成排除、限制竞争的后果。在个案中，可综合考虑标准必要专利权人历史许可协议的签订情况、许可费偏离正常市场价格情况、相关谈判过程及相关产品所承担的整体许可费情况等，以判断相关行为对市场竞争的影响。标准必要专利权人无权拒绝善意相对人实施其必要专利，善意的标准必要专利实施人享有停止侵权豁免的权利。标准必要专利使用费纠纷具有民事司法的可诉性。FRAND 费率的确定，既包括许可使用费本身合理，也包括许可使用费相比较的合理。

专利权人对纳入推荐性标准的专利技术履行了披露义务，他人在实施该标准时，应当取得专利权人的许可，并支付许可使用费。未经许可实施包含专利技术的推荐性标准，或拒绝支付许可使用费的，构成侵害标准所含专利权的行为。[①]

三、强制许可抗辩

如果行为人实施专利的行为是基于强制许可的要求，其实施专利的行为具有正当性，在满足相关条件下，其行为不构成专利侵权行为。强制许可，是指国务院专利行政部门依照专利法规定，不经专利权人同意，直接允许其他单位或个人实施其发明创造的一种许可方式，又称非自愿许可。《巴黎公约》以及《与贸易有关的知识产权协议》都明确规定了强制许可制度。

强制许可制度的目的是防止专利权人滥用权力，避免垄断，保护国家和社会公众利益，促进发明创造的实施和推广应用。现行专利法关于强制许可的类型主要有：

---

① 张晶廷与衡水子牙河建筑工程有限公司侵害发明专利权纠纷申请案：最高人民法院民事判决书(2012)民提字第 125 号。

(一)不实施专利的强制许可

专利权人自专利权被授予之日起满三年,且自提出专利申请之日起满四年,无正当理由未实施或者未充分实施其专利的,国务院专利行政部门根据具备实施条件的单位或者个人的申请,可以给予实施发明专利或者实用新型专利的强制许可。不实施的强制许可制度的主要目的是促使专利权人尽快实施专利,如果专利权人自己不实施相关专利,同时又禁止他人实施,这将妨碍的技术的推广,损害社会公众利益,违背专利制度激励发明创造的目的。但不实施的强制许可有着严格的适用条件:

1. 主体。必须是具备实施条件的单位或者个人。申请强制许可的主体必须证明其具备实施该专利技术的物质与技术条件。

2. 对象。只能是发明和实用新型专利,外观设计专利不能获得这种强制许可。

3. 前置条件。必须以合理的条件请求专利权人许可其实施专利,但未能在合理的时间内获得许可。合理的条件是指商业上的条件。

4. 时间条件。必须是自专利权被授予之日起满三年,且自提出专利申请之日起满四年后才能给予强制许可。

5. 实质要求。必须是专利权人无正当理由未实施或者未充分实施其专利。未充分实施其专利,是指专利权人及其被许可人实施其专利的方式或者规模不能满足国内对专利产品或者专利方法的需求。

6. 程序条件。强制许可必须是应他人请求而颁发,行政部门不能主动颁发。

同时,此种强制许可的实施应当主要为了供应国内市场。

(二)作为垄断救济的强制许可

对于垄断行为的救济包括剥离部分资产或业务等结构性条件、经营者开放其网络或平台等基础设施、许可关键技术等。中国专利法规定,专利权人行使专利权的行为被依法认定为垄断行为,为消除或者减少该行为对竞争产生的不利影响的,国务院专利行政部门根据具备实施条件的单位或者个人的申请,可以给予实施发明专利或者实用新型专利的强制许可。

作为垄断救济的强制许可与前述的不实施专利的强制许可的主体、对象以及程序要件一致,但其没有时间的限制。二者最主要的区别是实质条件的不同。作为垄断救济的强制许可的前提必须是专利权人行使专利权的行为被依法认定为垄断行为。垄断行为的认定需参考《反垄断法》的相关规定。

(三)基于公共利益的强制许可

在国家出现紧急状态或者非常情况时,或者为了公共利益,国务院专利行政部门可以给予实施发明专利或者实用新型专利的强制许可。只有当国家出现紧急状况、非常情况，或者为了公共利益这三种情况下，才可以颁发强制许可。适用对象仅限于发明与实用新型专利。这种强制许可的颁发没有时间限制，也不需要当事人的申请。同时，此种强制许可的实施应当主要为了供应国内市场。值得注意的是强制许可涉及的发明创造为半导体技术的，其实施限于公共利益的目的和作为垄断救济的强制许可，其他情况下不能对半导体技术进行强制许可。

（四）基于公共健康的强制许可

为了公共健康目的，对取得专利权的药品，国务院专利行政部门可以给予制造并将其出口到符合中华人民共和国参加的有关国际条约规定的国家或者地区的强制许可。取得专利权的药品，是指解决公共健康问题所需的医药领域中的任何专利产品或者依照专利方法直接获得的产品，包括取得专利权的制造该产品所需的活性成分以及使用该产品所需的诊断用品。

《与贸易有关的知识产权协议》第31条允许成员国通过强制许可解决本国公共健康危机，但由于该项下的强制许可药品只能主要供应本国市场，且实施成本、实施条件高，又极易招致专利权人及所属国家的抵制。所以，实践中强制许可并不能得以顺利实施。此外，没有制药能力也无能力实施强制许可生产仿制药的发展中成员、最不发达成员也无法从其他实施强制许可的成员进口急需药品。2005年12月，世界贸易组织各成员一致通过了修改《与贸易有关的知识产权协议》有关强制许可条款的决定。该决定附属的《修改〈与贸易有关的知识产权协议〉的议定书》规定，在符合有关条件的前提下，世界贸易组织成员可以授予其国内企业生产并出口特定专利药品的强制许可，不再局限于供应国内市场。此项修订为发展中成员和最不发达成员解决公共健康问题提供了一个重要途径。中国的上述关于公共健康的强制许可正是基于上述《修改〈与贸易有关的知识产权协议〉的议定书》规定。

（五）从属专利的强制许可

《专利法》第五十一条规定："一项取得专利权的发明或者实用新型比前已经取得专利权的发明或者实用新型具有显著经济意义的重大技术进步，其实施又有赖于前一发明或者实用新型的实施的，国务院专利行政部门根据后一专利权人的申请，可以给予实施前一发明或者实用新型的强制许可。

在依照前款规定给予实施强制许可的情形下，国务院专利行政部门根据前一专利权人的申请，也可以给予实施后一发明或者实用新型的强制许可。"

这就是所谓的从属专利的强制许可，其构成必须满足以下条件：

1. 前后两项专利必须有从属关系。即在后专利的权利要求记载的技术方案落入了在先专利的保护范围,在后专利成为在先专利的从属专利,使得在后专利的实施必须依赖于在先专利的实施。

2. 在后专利比在先专利具有显著经济意义的重大技术进步。也就是说,在后专利与在先专利相比,技术上有重大进步,同时这种重大的技术进步产生了巨大的经济效益。

3. 前置条件。申请强制许可的单位或者个人应当提供证据,证明其以合理的条件请求专利权人许可其实施专利,但未能在合理的时间内获得许可。

4. 程序条件。由相关权利人向国务院专利行政部门提出申请。

5. 只适用于发明和实用新型。

同时,本类型的强制许可的实施应当主要为了供应国内市场。另外,值得注意的是,在先专利权人也可以要求给予其实施在后专利的强制许可,但前提是在后专利权人已经获得了实施在先专利的强制许可。

国务院专利行政部门作出的给予实施强制许可的决定,应当及时通知专利权人,并予以登记和公告。给予实施强制许可的决定,应当根据强制许可的理由规定实施的范围和时间。强制许可的理由消除并不再发生时,国务院专利行政部门应当根据专利权人的请求,经审查后作出终止实施强制许可的决定。

取得实施强制许可的单位或者个人不享有独占的实施权,并且无权允许他人实施,并应当给付专利权人合理的使用费,或者依照中华人民共和国参加的有关国际条约的规定处理使用费问题。给付使用费的,其数额由双方协商;双方不能达成协议的,由国务院专利行政部门裁决。

专利权人对国务院专利行政部门关于实施强制许可的决定不服的,专利权人和取得实施强制许可的单位或者个人对国务院专利行政部门关于实施强制许可的使用费的裁决不服的,可以自收到通知之日起三个月内向人民法院起诉。

四、反垄断法的限制

根据《中华人民共和国反垄断法》第五十五条的规定,经营者依照有关知识产权的法律、行政法规规定行使知识产权的行为,不适用本法;但是,经营者滥用知识产权,排除、限制竞争的行为,适用本法。

反垄断法限制专利权人对专利权的滥用,促使专利权人在法律规定的范围内实施其专利。否则,可能导致专利资产的剥离或被强制许可或其专利权不可执行。

第九节 其他抗辩措施

一、指定实施

国有企业事业单位的发明专利，对国家利益或者公共利益具有重大意义的，国务院有关主管部门和省、自治区、直辖市人民政府报经国务院批准，可以决定在批准的范围内推广应用，允许指定的单位实施，由实施单位按照国家规定向专利权人支付使用费。

指定实施的构成条件为：

1. 适用对象。只适用于对国家利益或者公共利益具有重大意义的国有企业事业单位的发明专利。实用新型和外观设计不在此列。非国有事业单位的发明专利不能成为指定实施的对象。

2. 审批的主体。由国务院有关主管部门和省、自治区、直辖市人民政府作出决定，报经国务院批准。

3. 支付使用费。实施单位应按照国家规定向专利权人支付使用费。

二、外国运输工具临时过境的使用

临时通过中国领陆、领水、领空的外国运输工具，依照其所属国同中国签订的协议或者共同参加的国际条约，或者依照互惠原则，为运输工具自身需要而在其装置和设备中使用有关专利的，不视为侵权专利权。但是临时过境不包括用交通运输工具对专利产品的“转运”，即从一个交通运输工具转到另一个交通运输工具的行为。这一规定的目的在于便利国际交通运输。这意味着如果外国运输工具临时进入我国，其所有人不需要为了避免对我国专利权的侵权而专门获得该项专利的许可。

在适用该限制规则时，需要满足如下条件：

1. 适用对象仅限于临时通过中国境内的外国运输工具。

2. 适用范围仅限于为交通运输工具自身的需要而在其装置或设备中使用有关专利。

3. 适用的条约依据限于外国运输工具所属国中国签订的协议或者共同参加的国际条约，或者依照互惠原则。

三、专为科学研究和实验的使用

专为科学研究和实验而使用有关专利的，不视为侵犯专利权。

科学研究和实验的使用，是指以研究、验证、改进他人专利技术为目的，使用的结果是在已有专利技术的基础上产生新的技术成果。科学研究和实验是指专门针对专利技术本身进行的科学研究和实验，而不是泛指一般的科学研究和实验。使用有关专利是指为了上述目的按照公布的专利文件，制造专利产品或使用专利方法，对专利技术进行分析、考察，而不是利用专利技术作为手段进行其他的科学研究和实验。因而，不是针对获得专利的技术本身，而是对实施该技术的商业前景进行研究实验的行为构成专利侵权行为。

使用有关专利的行为，包括该研究实验者自行制造、使用、进口有关专利产品或使用专利方法的行为，也包括他人为该研究试验者制造、进口有关专利产品的行为。

四、波拉例外

为提供行政审批所需要的信息，制造、使用、进口专利药品或者专利医疗器械的，以及专门为其制造、进口专利药品或者专利医疗器械的，不视为专利侵权。这就是所谓的“波拉”例外规则。该例外的基本含义是仅为获得和提供药品或医疗器械行政审批所需要的信息而以特定方式实施专利时，不构成专利侵权。该例外源自于罗氏公司诉波拉医药公司一案的判决，故又称波拉例外。

规定波拉例外原则的目的是促使公众在专利权届满之后及时获得价格较低的仿制药或医疗器械。因为药品和医疗器械的上市需要履行严格的审批手续，而为审批需要，申请者必须提供相关的实验数据和资料，以证明产品符合规定的要求。如果对享有专利权的药品和医疗器械进行仿制，那么正常情况下需要等到专利权届满之后，这样就势必影响仿制药品和医疗器械的上市。而波拉例外可以使相关方在专利届满前制造、使用、进口专利药品或者专利医疗器械，以及专门为其制造、进口专利药品或者专利医疗器械，这可以促进仿制药品和医疗器械的尽快上市。

行政审批所需要的信息，是指《中华人民共和国药品管理法》《中华人民共和国药品管理法实施条例》以及《药品注册管理办法》等相关药品管理法律法规、部门规章等规定的实验资料、研究报告、科技文献等相关材料。

Chapter 13

第十三章

专利侵权诉讼

第一节　专利诉讼的困境与解决

与传统民事权利相比,知识产权只具有相对稳定性。实用新型与外观设计专利都未进行过实质审查,权利的稳定性较差;发明专利虽然经过实质审查,但也无法避免授权瑕疵。因而,经常出现原告以被告侵犯专利权为由诉至法院,但被告却向专利复审委员会请求宣告该专利无效的情况。这就带来民事诉讼与行政诉讼的交叉。如何处理这种诉讼交叉,已成为专利诉讼的困境。

有的国家将专利权无效作为抗辩手段,由法院直接在诉讼中一并审理,不会出现上述的诉讼困境。而中国专利法明确规定专利无效宣告由专利复审委员会负责,人民法院不能对专利权的效力作出判决。因此,当被告向复审委员会提出无效宣告请求后,人民法院为保证其所作判决的稳定性,避免与复审委员会的审查决定相冲突,一般会中止侵权诉讼的审理。然而,由于无效宣告的审查需要一定的时间,而且对复审委员会的决定不服还可以提起行政诉讼,待专利权的效力确定时,可能已消耗了大量的时间、精力与财力,原告可能最后成为"虚假的胜利者"。因而,有必要限制当事方滥用诉讼中止程序。

一、中止诉讼

在专利侵权案件中,许多被告会对专利有效性提出质疑,但由于中国法院不能对专利有效性作出认定,因而合乎逻辑的做法是等待专利复审委员会对专利有效性作出认定后才进行侵权案件的审理。然而,如果所有案件都作出中止审理的裁定,许多被告可能会滥用这一制度,故意延长侵权案件的审理期限,使得专利权人的利益不能获得及时保护。因为在专利复审委员会作出决定之后一方或者双方当事人如果不服又可以起诉到北京市知识产权法院、上诉到北京市高级人民法院。经过这样一个程序,如果涉案的专利权宣告无效,则原审法院驳回原告的主张。如果涉案的专利权维持有效,则原审法院恢复审理作出是否侵权的裁定。如果一方或者双方当事人对于法院的判决不服,还可以提起上诉。按照这样一个过程,一个专利的维权案件需要三年到五年的时间。因而必须限制被告滥用中止诉讼程序,及时有效保护专利权人的利益。《最高人民法院关于审理专利纠纷案件适用法律问题的若干规定》对专利纠纷案件适用中止诉讼的条件和要求作出了规定。

对申请日在2009年10月1日前(不含该日)的实用新型专利提起侵犯专利权

诉讼,原告可以出具由国务院专利行政部门作出的检索报告;对申请日在2009年10月1日以后的实用新型或者外观设计专利提起侵犯专利权诉讼,原告可以出具由国务院专利行政部门作出的专利权评价报告。根据案件审理需要,人民法院可以要求原告提交检索报告或者专利权评价报告。原告无正当理由不提交的,人民法院可以裁定中止诉讼或者判令原告承担可能的不利后果。

专利权评价报告是人民法院审理实用新型专利、外观设计专利侵权民事案件时是否中止案件审理的参考依据而非立案依据,专利权人或利害关系人不能提供评价报告的,也应当予以立案。在专利无效行政纠纷案件的审理中,人民法院依据事实和法律独立认定专利权的创造性或授权条件,专利权评价报告对于专利权创造性或授权条件的确认不具有法律效力;为了保证专利权评价报告的权威性和确保公众利益,国务院专利行政部门仅能作出一份评价报告且允许公众查阅和复制。

侵犯实用新型、外观设计专利权纠纷案件的被告请求中止诉讼的,应当在答辩期内对原告的专利权提出宣告无效的请求。人民法院受理的侵犯实用新型、外观设计专利权纠纷案件,被告在答辩期间内请求宣告该项专利权无效的,人民法院应当中止诉讼,但在某些情况可以不中止诉讼。

人民法院决定中止诉讼,专利权人或者利害关系人请求责令被告停止有关行为或者采取其他制止侵权损害继续扩大的措施并提供了担保,人民法院经审查符合有关法律规定的,可以在裁定中止诉讼的同时一并作出有关裁定。

案例13-1-1 坦萨土工合成材料(中国)有限公司诉泰安现代塑料有限公司与泰安市瑞号建材有限公司专利侵权再审申请案*

本院认为,本案的争议焦点为,二审法院依据专利复审委员会作出的无效决定,撤销一审判决、驳回专利权人起诉,适用法律是否存在错误。

经审查,本案请求保护的是涉案专利权利要求7和权利要求18。专利复审委员会于2015年7月21日作出第26580号审查决定,宣告涉案专利的权利要求1-5、7-9、11-24无效,在权利要求10、25-27的基础上继续维持该专利有效。坦萨科技有限公司不服该无效决定。向北京知识产权法院提起行政诉讼,目前该案件尚在一审审理中。

* 最高人民法院民事裁定书(2016)最高法民申633号。

专利复审委员会作出专利无效宣告请求审查决定后，当事人在三个月内不向人民法院起诉或者起诉后生效的行政裁判未撤销该无效决定的，该决定才发生法律效力。二审判决关于当事人提起相应诉讼不影响该决定书的既定效力的认定，存在错误，本院予以纠正。

本案一审判决后，专利复审委员会作出的第26580号审查决定宣告涉案专利权部分无效，被宣告无效的权利要求包括专利权人请求保护的权利要求7和18，二审法院据此作出了裁定，驳回专利权人的起诉，该裁定仅是从程序上裁定驳回起诉，并非从实体上判决驳回诉讼请求，其处理结果并未影响专利权人的利益。如果涉案的第26580号审查决定被人民法院的行政裁判推翻，在涉案专利权的权利基础存在的情况下，专利权人仍然可以通过另行起诉的方式进行维权。

坦萨中国公司申请再审关于二审法院应当将本案中止审理的主张，本院认为，在专利侵权纠纷的审理中，如果涉案专利权被宣告全部无效或部分无效的无效宣告审查决定一经作出，即令侵权法院必须中止民事诉讼以等待无效宣告审查决定的司法审查结果，无助于提高专利侵权诉讼的审理效率。为尽可能缓解审理周期较长的负面影响，权利人在专利侵权诉讼中主张的权利要求被专利复审委员会宣告无效的，审理侵犯专利权纠纷案件的人民法院是可以裁定驳回权利人基于该无效权利要求的起诉的。但是否裁定驳回起诉，应当根据具体案情决定。

二审法院考虑到涉案专利在无效决定作出后，尚需要进行司法审查，涉案专利的确权程序较长，同时也考虑到如坦萨中国公司申请再审人所称，专利确权行政诉讼改变专利复审委员会决定的比例较低，二审法院采取在专利复审委员会作出宣告专利权无效的决定后，裁定"驳回起诉"的方式处理本案，并无明显不当。本院认为，在专利权人另行起诉时，诉讼时效的期间应当从其知道或者应当知道专利权恢复有效之日，即以行政判决书送达之日起计算，并不存在坦萨中国公司申请再审时所称的，裁定驳回起诉的处理方式不合理地导致超过诉讼时效的情形。

思考与评论

人民法院裁定中止诉讼后，需要等待专利有效性确定后才能继续案件的审理。而有效性的确定可能需要专利复审委员会决定以及可能存在的法院一审与二审，这无疑又延长了案件的审理期间。为解决这一问题，2015年《中华人民共和国专利法修改草案(征求意见稿)》规定，宣告专利权无效或者维持专利权的决定作出后，国务院专利行政部门应当及时予以登记和公告。该决定自公告之日起生效。宣告专利权无效或者维持专利权的决定生效后管理专利工作的部门和人民法院应当根据该决定及时处理、审理专利侵权纠纷。本案的裁决与上述征求意见稿的规定基本一致。如果专利权被专利复审委员会宣告无效后，经过司法审查法院认定专利复审委员会的决定错误，有证据证明专利复审委员会宣告上述权利要求无效的决定被生效的行政判决撤销的，权利人可以另行起诉。权利人另行起诉的，诉讼时效期间从行政判决书送达之日起计算。有证据证明在行政诉讼期间被诉侵权行为一直在持续的，权利人另行起诉时可以就此主张权利。也就是说，在专利被宣告无效后到再次被认定为有效这一期间，第三方实施专利的行为也构成专利侵权行为。但如果专利最终被确定为无效，按照专利法规定，如果相关判决、裁定已经执行，不具有追溯力。但是因专利权人的恶意给他人造成的损失，应当给予赔偿。

当事人不服一审判决向二审法院提起上诉，在终审判决作出前，一审判决所依据的权利要求被专利复审委员会宣告无效的，一般应当撤销一审判决，裁定驳回权利人基于该被宣告无效的权利要求的起诉。但是，有证据证明专利权人在法定期限内针对无效决定提起行政诉讼，在综合考虑在案证据、涉案专利技术难度、被告抗辩理由等因素的情况下，根据当事人的申请，可以裁定中止二审案件的审理。有证据证明专利复审委员会宣告上述权利要求无效的决定被生效的行政判决撤销，权利人可以另行起诉。如果权利人另行起诉时没有新的事实出现的情况下，法院应当参照原一审判决认定的事实和证据作出判决。权利人在专利侵权诉讼中主张的权利要求被专利复审委员会宣告无效的，审理侵犯专利权纠纷案件的人民法院可以裁定驳回权利人基于该无效权利要求的起诉。

二、不中止诉讼

人民法院受理的侵犯实用新型、外观设计专利权纠纷案件，被告在答辩期间届满后请求宣告该项专利权无效的，人民法院不应当中止诉讼，但经审查认为有必要中止诉讼的除外。

人民法院受理的侵犯实用新型、外观设计专利权纠纷案件，被告在答辩期间内请求宣告该项专利权无效的，具备下列情形之一的，人民法院可以不中止诉讼：

(1)原告出具的检索报告或专利权评价报告未发现导致实用新型或外观设计专利权无效的事由的；

(2)被告提供的证据足以证明其使用的技术已经公知的；

(3)被告请求宣告该项专利权无效所提供的证据或者依据的理由明显不充分的；

(4)人民法院认为不应当中止诉讼的其他情形。

专利案件不中止诉讼虽然有利于及时解决侵权纠纷，但也可能存在一定的风险。主要的问题是在侵权裁判作出后,专利复审委员会改变了专利有效性的决定,使得法院据以裁判的基础发生了改变,而这势必影响各方当事人的权益。不中止诉讼面临的主要问题是据以裁判依据的专利被无效后先前的生效裁判如何处理。如果是已经执行,不具有追溯力,被控侵权人不得要求原告退还相关费用。如果还未执行,应该终止执行。

第二节　主张权利的依据选择

在专利诉讼中,权利人必须选择据以主张权利的权利要求。人民法院应当根据权利人主张的权利要求,依据《专利法》第五十九条第一款的规定确定专利权的保护范围。权利人在一审法庭辩论终结前变更其主张的权利要求的,人民法院应当准许。

权利人主张以从属权利要求确定专利权保护范围的,人民法院应当以该从属权利要求记载的附加技术特征及其引用的权利要求记载的技术特征,确定专利权的保护范围。

权利要求书有两项以上权利要求的,权利人应当在起诉状中载明具体的权利要求。起诉状对此未记载或者记载不明的,应当要求权利人明确;经释明,权利人在一审法庭辩论终结前不予明确的,可以裁定驳回起诉。

在一审判决作出前,权利人所主张的权利要求被专利复审委员会宣告无效,权利人没有及时变更主张的权利要求的,可以裁定驳回权利人基于该被宣告无效的权利要求的起诉。

案例 13-2-1　广州中威日用品企业有限公司等与好孩子儿童用品有限公司侵犯发明专利权纠纷再审案*

最高人民法院经审查认为,专利权利要求书所记载的每一个权利要求都系一种相对独立的、完整的技术方案,具有各自独立的保护范围,应当分别受到保护。在专利侵权之诉中,当事人可以选择其认为适当的权利要求主张权利,其选择的每一个权利要求都构成独立的诉讼理由。当事人在一审法庭辩论终结前变更其选择的

---

* 最高人民法院(2010)民申字第 978 号。

权利要求的，应属诉的理由的变更。与诉讼请求的变更相比，诉的理由变更通常更可能涉及新的事实或者新的证据，更容易打乱对方当事人的诉讼防御安排，影响诉讼程序的稳定。因此，在诉的理由变更的情况下，一审法院可以参照诉讼请求变更的处理原则，根据案件具体情况考虑给予对方当事人以适当的答辩期并重新指定举证期限。本案中，好孩子公司在一审法院第四次庭审中当庭将其据以主张权利的专利权利要求1变更为权利要求7，构成诉的理由变更。一审法院没有考虑重新指定举证期限而继续开庭审理，有失妥当；二审法院关于专利权人变更其主张保护的权利要求范围属于据以主张的承担具体民事责任方式的事实和理由的变化，不导致新的答辩期和举证期的认定，适用法律亦有不当，在此予以纠正。但是本案中，一审法院针对好孩子公司变更后的诉讼理由即本案专利权利要求7进行了审理，已经给予了出庭被告以答辩机会。在本次庭审结束前，一审法院也再次告知出庭被告给予其7天的提供书面意见的答辩时间。出庭被告中威公司不仅在该次庭审中拒绝对权利要求7发表答辩意见，在一审法院指定的期间内亦未提交书面答辩意见，甚至在该次庭审结束直至一审判决作出长达一个月的时间里亦未向一审法院提交任何证据或者书面答辩意见，实际上放弃了答辩机会。一审法院在好孩子公司变更诉的理由后没有考虑重新指定举证期限而继续开庭审理虽有不当，但其已经给予了出庭被告较为充分的答辩机会，当事人的基本程序利益已经能够得到保障。申请再审人关于一审法院没有给予其法律规定的诉讼权利的申请再审理由不能成立。尽管一审法院在上述部分程序问题的处理上有失当或者不规范之处，二审法院关于上述程序问题的认定也有部分失当之处，但是实际并未剥夺申请再审人的辩论权，也未影响本案的公正审理。申请再审人关于一审判决违反法律规定剥夺其辩论权的主张不能成立，不予支持。基于上述理由，最高人民法院裁定驳回中威公司和上威公司的再审申请。

思考与评论

本案中，最高人民法院明确，在专利案件中，专利权人可以变更主张权利的权利要求。专利权利要求书由多个独立的权利要求构成，所记载的每一个权利要求都系一种相对独立的、完整的技术方案，具有各自独立的保护范围，应当分别受到保护。因此，专利权人在庭审中变更专利权利要求的行为，由于完全变更了请求法院保护的客体，故构成诉的理由的变更。诉的理由的变更，由于会涉及新的事实和新的证据，故法院应根据案件具体情况考虑给予对方当事人适当的答辩期并重新指定举证期限。专利权人在庭审中变更专利权利要求后，虽然法院未重新指定举证期限而继续开庭审理，但只要法院给予被控侵权人一定的答辩机会，就应当认为当事人的基本程序利益已经能够得到保障,故被控侵权人不能以此申请再审。

第三节　诉前临时禁令与诉前保全

诉前临时禁令,诉前财产与证据保全的规则与要求也同样适用于诉中禁令与诉中的财产与证据保全措施。

一、诉前临时禁令

所谓诉前临时禁令,是指专利权人或者利害关系人有证据证明他人正在实施或者即将实施侵犯专利权的行为,如不及时制止将会使其合法权益受到难以弥补的损害的,可以在起诉前向人民法院申请采取责令停止有关行为的措施。诉前临时禁令属于专利权人在其权利受到侵害时有权获得的一项临时救济措施。

通过诉前临时禁令,专利权人可以避免等到判决后才能制止的侵权行为,而那时专利权人的合法权益已经受到了难以弥补的损害。同时,为了公平合理地保障被申请人的合法权益,不致于因为错误的禁令申请而导致被申请人的利益无法获得充分补偿,现行法律对诉前临时禁令的适用规定了以下的条件:

(一)申请主体:专利权人和利害关系人

专利权人或者利害关系人可以向人民法院提出诉前责令被申请人停止侵犯专利权行为的申请。提出申请的利害关系人,包括专利实施许可合同的被许可人、专利财产权利的合法继承人等。专利实施许可合同被许可人中,独占实施许可合同的被许可人可以单独向人民法院提出申请;排他实施许可合同的被许可人在专利权人不申请的情况下,可以提出申请。

(二)形式要件——书面申请状

专利权人或者利害关系人向人民法院提出申请,应当递交书面申请状;申请状应当载明当事人及其基本情况、申请的具体内容、范围和理由等事项。申请的理由包括有关行为如不及时制止会使申请人合法权益受到难以弥补的损害的具体说明。

(三)证据

1. 专利权人应当提交证明其专利权真实有效的文件。提出的申请涉及实用新型专利的,申请人应当提交国务院专利行政部门出具的专利评价报告。

2. 利害关系人应当提供有关专利实施许可合同及其在国务院专利行政部门备

案的证明材料,未经备案的应当提交专利权人的证明,或者证明其享有权利的其他证据。排他实施许可合同的被许可人单独提出申请的,应当提交专利权人放弃申请的证明材料。专利财产权利的继承人应当提交已经继承或者正在继承的证据材料。

3. 提交证明被申请人正在实施或者即将实施侵犯其专利权的行为的证据,包括被控侵权产品以及专利技术与被控侵权产品技术特征对比材料等。

4. 提交证明如果不制止相关侵权行为将会使其合法权益受到难以弥补的损害的相关证据。

(四)审查

人民法院根据申请人提供的申请书、必要证据和被申请人提供的必要证据对保全申请进行审查。人民法院应当综合考虑以下因素,判断是否有必要采取保全措施:

1. 申请人在本案中是否有胜诉可能性,包括作为申请人的知识产权权利人或者利害关系人拥有的权益是否有效、稳定;

2. 因被申请人一方的行为或者其他原因是否可能造成将来的判决难以执行或者造成申请人其他损害,或者使申请人的合法权益受到难以弥补的损害。

《最高人民法院关于审查知识产权与竞争纠纷行为保全案件适用法律若干问题的解释(征求意见稿)》认为,有下列情形之一的,一般认为属于给申请人造成难以弥补的损害:

(1)被申请保全行为的发生或者持续,将抢占申请人的市场份额或者迫使申请人采取不可逆转的低价从事经营,从而严重削弱申请人的竞争优势的;

(2)被申请保全行为的发生或者持续,将会导致后续侵权行为的难以控制,将显著增加给申请人造成的损害的;

(3)被申请保全行为的发生,将会侵犯申请人享有的人身性质的权利的;

(4)被申请人无力赔偿的;

(5)给申请人造成其他难以弥补的损害的。

有下列情形之一的,一般认为不属于给申请人造成难以弥补的损害:

(1)申请人明知或者应知被申请保全行为的存在而不合理地迟延寻求司法救济;

(2)知识产权权利人作为申请人无合理理由未使用或者实施相关知识产权且未计划使用或者实施的;

(3)被申请保全行为给申请人造成的损害比较容易通过金钱计算的;

(4)其他不会给申请人造成难以弥补的损害的。

对于造成将来的判决难以执行或者造成申请人其他损害的认定,人民法院可以参照对于难以弥补的损害的认定。

(1)采取保全措施对被申请人造成的损害明显超过不采取保全措施给申请人带来的损害;

(2)采取保全措施会损害社会公共利益。

(五)担保

人民法院应当根据《民事诉讼法》第一百条、第一百零一条的规定,确定当事人提供的担保合法有效。人民法院应当根据申请人、被申请人的主张和必要证据确定合理的担保金额,以能够弥补被申请人因申请保全错误而遭受的损失为限,但申请人无法预见的损失除外。人民法院确定的担保金额,可以作为确定申请人申请有错误而承担的赔偿数额的参考依据。申请人有恶意的,可以超出担保金额确定申请有错误的赔偿数额。在执行保全裁定过程中,被申请人主张并能够证明其可能或已经因被采取该项保全措施造成更大损失的,人民法院可以责令申请人追加相应的担保。申请人不追加担保的,变更或者解除部分保全措施;因客观原因无法变更或者解除部分保全措施的,解除保全措施。根据保全裁定所采取的保全措施,一般不因被申请人提供担保而解除,但是申请人同意、申请人的保全请求能够通过金钱给付而达到目的、被申请人的合法权益将因保全措施而受到难以弥补的重大损害等特殊情况除外。

(六)裁定时限与复议

人民法院接受申请后,对情况紧急的,必须在四十八小时内作出裁定;裁定采取保全措施的,应当立即开始执行。《民事诉讼法》第一百条和第一百零一条规定的情况紧急一般是指,由于被申请保全行为的性质或者特定市场条件等原因不立即采取保全措施将会使申请人受到难以弥补的损害的。裁定责令停止有关行为的,应当立即执行。当事人对裁定不服的,可以申请复议一次;复议期间不停止裁定的执行。

(七)解除禁令

申请人自人民法院采取责令停止有关行为的措施之日起 15 日内不起诉的,人民法院应当解除该措施。值得注意的是,新的《最高人民法院关于审查知识产权与竞争纠纷行为保全案件适用法律若干问题的解释(征求意见稿)》规定,申请人在采取诉前行为保全措施后三十日内不依法提起诉讼或者申请仲裁的,裁定采取诉前行为保全措施的人民法院应当依申请或者依职权裁定解除保全措施。人民法院裁定不予受理申请人的起诉或者以驳回起诉、撤诉等方式裁定终结本案审理的，应当在上述相关裁定生效时，裁定解除保全措施。被申请人于上述相关裁定作出后、生效前申请解除保全的，人民法院经审查认为确有必要的，可以裁定解除保全措施。申请有错误的，申请人应当赔偿被申请人因停止有关行为所遭受的损失。下列情形，属于《民事诉讼法》第一百零五条规定的申请有错误：

(1)因申请人不依法提起诉讼、申请仲裁而被裁定解除保全措施；

(2)保全措施因自始不当而被裁定解除，自始不当包括申请人缺乏申请行为保全的权利依据、不具备保全必要性等；

(3)申请人在本案生效裁判中败诉(另一方案：申请人在本案生效裁判中与行为保全有关的请求未得到支持)；

(4)其他属于申请有错误的情形。

案例 13-3-1 雅培贸易(上海)有限公司申请台州市黄岩亿隆塑业有限公司等申请诉前停止侵害专利权案*

本院认为：

《中华人民共和国专利法》(以下简称《专利法》)第六十六条第一款规定："专利权人或者利害关系人有证据证明他人正在实施或者即将实施侵犯专利权的行为，如不及时制止将会使其合法权益受到难以弥补的损害的，可以在起诉前向人民法院申请采取责令停止有关行为的措施。"《中华人民共和国民事诉讼法》(以下简称《民事诉讼法》)第一百零一条第一款规定，利害关系人因情况紧急，不立即申请保全将会使其合法权益受到难以弥补的损害的，可以在提起诉讼或者申请仲裁前向被保全财产所在地、被申请人住所地或者对案件有管辖权的人民法院申请采取保全措施。申请人应当提供担保，不提供担保的，裁定驳回申请。

审查是否应当责令停止侵害专利权行为，应当考虑以下因素：申请人是否是专利权人或利害关系人；被申请人行为构成侵害专利权的可能性；不采取有关措施，是否会给申请人合法权益造成难以弥补的损害；不责令被申请人停止有关行为对申请人造成的损害是否大于责令被申请人停止有关行为对被申请人造成的损害；责令被申请人停止有关行为是否损害社会公共利益；申请人是否提供了相应的担保。

---

* 北京市第三中级人民法院(2013)三中民保字第01933号。

一、关于申请人是否是利害关系人

本案中,雅培贸易公司是涉案专利权的被许可人,经涉案专利权人雅培制药公司的授权,有权以自己的名义提起诉讼,申请临时或永久禁令,并有权要求全部赔偿数额。因此,雅培贸易公司属于《专利法》第六十六条第一款、《民事诉讼法》第一百零一条第一款规定的利害关系人,有权提出本案申请。

二、关于被申请人行为构成侵害专利权的可能性

《专利法》第十一条第二款规定,外观设计专利权被授予后,任何单位或者个人未经专利权人许可,都不得实施其专利,即不得为生产经营目的制造、许诺销售、销售、进口其外观设计专利产品。第五十九条第二款规定,外观设计专利权的保护范围以表示在图片或者照片中的该产品的外观设计为准,简要说明可以用于解释图片或者照片所表示的该产品的外观设计。

《最高人民法院关于审理侵犯专利权纠纷案件应用法律若干问题的解释》第八条规定,在与外观设计专利产品相同或者相近种类产品上,采用与授权外观设计相同或者近似的外观设计的,人民法院应当认定被诉侵权设计落入专利法第五十九条第二款规定的外观设计专利权的保护范围。第十一条规定,人民法院认定外观设计是否相同或者近似时,应当根据授权外观设计、被诉侵权设计的设计特征,以外观设计的整体视觉效果进行综合判断;对于主要由技术功能决定的设计特征以及对整体视觉效果不产生影响的产品的材料、内部结构等特征,应当不予考虑。下列情形,通常对外观设计的整体视觉效果更具有影响:(一)产品正常使用时容易被直接观察到的部位相对于其他部位;(二)授权外观设计区别于现有设计的设计特征相对于授权外观设计的其他设计特征。被诉侵权设计与授权外观设计在整体视觉效果上无差异的,人民法院应当认定两者相同;在整体视觉效果上无实质性差异的,应当认定两者近似。

本案中,涉案专利为包装容器上的外观设计专利,被控侵权产品为"YL－650A""YL－750A""YL－1000A"奶粉罐,属于相同种类的产品。将第17981号公证书中公证购买的被控侵权产品照片、第22316号公证书中经公证的"YL－650A""YL－750A""YL－1000A"奶粉罐图片与涉案专利的外观分别对比:从主视图看,罐体和罐盖基本相同,罐体左部有一向内倾斜的耳形轮廓,内有一圆形凹陷,在后视图相对应的位置也有对应的形状;罐盖基本相同,其区别仅在于涉案专利外观的罐盖扣手处有三个小圆形凸起,扣手两侧分别有一个小圆形凸起,被控侵权产品则无圆形凸起;部分被控侵权产品的高度与宽度之间的比例与涉案专利外观相比略有不同;从仰视图看,被控侵权产品罐体底部与涉案专利外观有所不同。罐体底部

在正常使用过程中不容易被观察到，涉案专利外观扣手处的圆形凸起、高度与宽度之间的比例对整体视觉效果影响较小。综上，被控侵权产品的设计落入涉案专利的保护范围可能性较大。亿隆公司未经许可生产、销售、许诺销售被控侵权产品，溢炀杰公司未经许可销售被控侵权产品侵犯雅培贸易有限公司涉案专利权的可能性较大。

三、不采取有关措施，是否会给申请人合法权益造成难以弥补的损害

本案中，被控侵权产品系奶粉罐，可以预计的是，亿隆公司和溢炀杰公司主要向奶粉生产企业批发销售被控侵权产品，被控侵权产品将与奶粉一并销售给最终用户，每一个销售环节都很有可能构成对涉案专利权的侵权。而每增加一个销售环节，都会造成损失扩大，侵权行为人增多，雅培贸易公司维权成本增加，维权难度加大。如果不责令亿隆公司和溢炀杰公司立即停止被控侵权行为，即便通过诉讼最终法院支持雅培贸易公司的请求，也很难制止奶粉生产企业、奶粉销售商对于被控侵权产品的销售，由此造成的损失难以计算。同时，涉案专利权系容器的外观设计专利，有效期仅十年，容器的外观设计更新换代快，如不责令亿隆公司和溢炀杰公司立即停止被控侵权行为，将会极大地影响到雅培贸易公司对涉案专利权的行使。因此，如不责令亿隆公司和溢炀杰公司立即停止被控侵权行为，将会对雅培贸易公司合法权益造成难以弥补的损失。

四、不责令被申请人停止有关行为对申请人造成的损害是否大于责令被申请人停止有关行为对被申请人造成的损害

责令亿隆公司和溢炀杰公司停止被控侵权行为对其造成的损害在于其无法通过被控侵权行为谋取利益，损失数额是可以预见的。不责令亿隆公司和溢炀杰公司停止被控侵权行为，被控侵权产品一旦流入市场，对雅培贸易公司造成的损失难以计算，维权成本过高，雅培贸易公司也难以在涉案专利权有效期内正常行使权利。因此，不责令亿隆公司和溢炀杰公司停止被控侵权行为对雅培贸易公司造成的损害大于责令亿隆公司和溢炀杰公司停止被控侵权行为对其造成的损害。

五、责令被申请人停止有关行为是否损害社会公共利益以及申请人是否提供了相应的担保

责令亿隆公司和溢炀杰公司停止被控侵权行为仅涉及亿隆公司和溢炀杰公司的经济利益，没有证据证明将会损害社会公共利益。雅培贸易公司已经向本院提供了400万元的现金担保。结合被控侵权产品的价格、该行业的平均利润率等情节，本院认为雅培贸易公司提供的担保金额大于或者等于责令亿隆公司和溢炀杰公司停止被控侵权行为给亿隆公司和溢炀杰公司可能造成的损失。同时，根据《最

高人民法院关于对诉前停止侵犯专利权行为适用法律问题的若干规定》第七条的规定，在执行本裁定的过程中，如有证据证明亿隆公司和溢炀杰公司因停止被控侵权行为造成更大损失的，本院将责令雅培贸易公司追加相应的担保。雅培贸易公司不追加担保的，本院将解除有关停止措施。

综上，本院认为，雅培贸易公司的申请符合法律规定，依照《中华人民共和国专利法》第十一条第二款、第五十九条第二款、第六十六条第一款、《最高人民法院关于审理侵犯专利权纠纷案件应用法律若干问题的解释》第八条、第十一条、《最高人民法院关于对诉前停止侵犯专利权行为适用法律问题的若干规定》第一条、第四条、第七条、第九条、《中华人民共和国民事诉讼法》第一百零一条、第一百零八条之规定，本院裁定如下：

裁判结果：

一、台州市黄岩亿隆塑业有限公司立即停止生产、销售、许诺销售侵犯ZL200730158176.0号名称为"容器"的外观设计专利权的产品；

二、北京溢炀杰商贸有限公司立即停止销售侵犯ZL200730158176.0号名称为"容器"的外观设计专利权的产品。

雅培贸易（上海）有限公司应当在本裁定送达之日起三十日内起诉，逾期不起诉的，本院将解除本裁定采取的措施。

本裁定送达后立即执行。

思考与评论

诉前行为保全申请人是否具有权利或权益基础，是判断胜诉可能性的重要考虑因素。《民事诉讼法》第一百零一条所规定的利害关系人在提起诉讼或者申请仲裁前可以向法院申请采取保全措施，实质上是一种程序救济性权利。采取保全措施，是基于对胜诉可能性、实施的紧迫性、损害平衡性以及是否损害公共利益等诸多因素综合考量后而采取的程序上的临时措施，与诉讼案件实体审理具有本质区别。而所谓胜诉可能性，是法院根据现有证据，并结合程序性临时措施的特点所作出的可能性判断，这显然有别于实体审理后的确定性认定。因此，在诉前行为保全申请审查阶段，胜诉可能性并不必然排除保全申请人败诉或者保全被申请人胜诉的可能性。

对担保金额及形式的确定，需要综合考虑采取诉前行为保全措施的各判断因素以及该保全措施可能会对被保全人造成的损失进行判断。被申请人是否适用以反担保形式解除保全的问题。有法院认为，首先，适用反担保将可能有违利害关系人提出诉前行为保全申请的目的。采取诉前行为保全措施，是以利害关系人的合法权益将会受到难以弥补的损害为基础。因此,除非利害关系人同意,否则反担保的适用将会使利害关系人提起诉前行为保全申请的目的落空。其次,反担保在行为保全中的适用也不符合相关法律原则。我国《民事诉讼法》第一百零四条明确规定了财产纠纷案件,被申请人提供担保的,人民法院应当裁定解除保全,但其中并未明确规定行为保全的反担保问题。实践中对于行为保全措施通常也不接受以反担保解除保全,且在知识产权部门法相关司法解释中已有原则性规定,《最高人民法院关于对诉前停止侵犯专利权行为适用法律问题的若干规定》第八条规定:“停止侵犯专利权行为裁定所采取的措施,不因被申请人提出反担保而解除。”

二、诉前财产保全

中国2000年《专利法》明确规定了诉前财产保全措施。修订后的现行《专利法》没有规定诉前财产保全措施。但显然专利权人或利害关系人仍然有权依照我国《民事诉讼法》的相关规定申请诉前财产保全。《民事诉讼法》第一百零一条规定:“利害关系人因情况紧急,不立即申请保全将会使其合法权益受到难以弥补的损害的,可以在提起诉讼或者申请仲裁前向被保全财产所在地、被申请人住所地或者对案件有管辖权的人民法院申请采取保全措施。申请人应当提供担保,不提供担保的,裁定驳回申请。人民法院接受申请后,必须在四十八小时内作出裁定;裁定采取保全措施的,应当立即开始执行。申请人在人民法院采取保全措施后三十日内不依法提起诉讼或者申请仲裁的,人民法院应当解除保全。”

案例13-3-2 江苏拜特进出口贸易有限公司、江苏省淮安市康拜特地毯有限公司诉许赞有因申请临时措施损害赔偿纠纷案*

南京市中级人民法院一审认为:

一、关于第一个争议焦点

被告许赞有申请了财产保全。财产保全主要是为了保证人民法院作出的判决能够得到有效执行,但因为该措施是一种强制性保全措施,如果滥用,可能会造成被申请人的财产损失。为了防止财产保全被滥用,民事诉讼法一方面规定了财产保全应当具备的条件、范围等,规定法院可以责令申请人提供担保,另一方面也规定了申请不当的法律后果。如2007年《民事诉讼法》第九十六条规定:“申请有错

---

* 《中华人民共和国最高人民法院公报》2009年第4期(总第150期)。

误的,申请人应当赔偿被申请人因财产保全所遭受的损失。”

在案件审理的过程中,被告许赞有还申请了“先行责令被告立即停止侵犯专利权行为”。该申请属于诉讼中临时措施的申请,在人民法院尚未对被控侵权人确属侵权作出生效判决前先行实施临时措施,主要是为了避免被控侵权人继续侵权导致专利权人损失进一步扩大或者造成无法挽回的损失,是对专利权人合法权益的保护,但是,该保护措施也不能滥用。

本案中,被告许赞有申请财产保全的目的是为了保证人民法院作出的判决能够得到有效执行,这一点的前提和基础是被告的诉讼请求得到了法院的支持,如果被告的诉讼请求没有获得支持,则关于财产保全的申请即失去其应有的基础。民事诉讼法对申请错误的法律后果作出了明确规定,规定当事人申请财产保全需提供担保,目的在于使被申请人可能因申请错误而遭受的损失切实得到赔偿。按照权利与义务相适应原则,申请人享有相关民事强制措施利益的同时,也应承担可能面临的风险责任。被告的诉讼请求能否被人民法院支持,在其申请财产保全时无法通过法院的程序性审查予以认定,只有通过实体审理并在作出最终生效判决后才能予以确认。因此,被告在申请财产保全时,不仅要对其诉讼请求能否得到法院支持这一诉讼风险进行判断,还要权衡可能因申请错误所承担的法律责任,慎重地决定是否有必要申请财产保全。一旦申请错误,并由此给被申请人造成损害的,理应承担相应的赔偿责任。

被告许赞有在诉讼中还向人民法院提出了先行停止侵犯专利权行为的申请,在人民法院尚未对被控侵权人确属侵权作出生效判决前先行实施临时措施,是保护专利权人合法利益的需要。但在二审期间,被告的涉案专利被宣告无效。《专利法》第四十七条第一款规定:“宣告无效的专利权视为自始即不存在。”被告不享有涉案专利权,被告所提出的先行停止侵犯专利权行为申请的基础丧失,其诉讼请求最终被二审法院驳回。被告的行为属于申请错误,对被申请人由此造成的财产损失应予赔偿。

根据《专利法》第四十七条第二款的规定,宣告专利权无效的决定,对在宣告专利权无效前人民法院作出并已执行的专利侵权的判决、裁定,不具有追溯力。但是,因专利权人的恶意给他人造成的损失,应当给予赔偿。被告许赞有根据该规定,主张自己因没有主观恶意,故对于其错误的财产保全以及“先行责令被告立即停止侵犯专利权行为”的申请不应承担任何赔偿责任。法院认为,《专利法》第四十七条第二款规定中的“判决、裁定”,是指人民法院对于相关的专利侵权案件经过审理后作出的涉及专利侵权的“判决、裁定”,而人民法院因当事人提起财产保全以及“先行责令被告立即停止侵犯专利权行为”申请作出的裁定，主要是为了保证人民作出的判决能够得到有效执行，避免被控侵权人继续侵权导致专利权人损失进一步扩大，其内容并不含有关于被控侵权人的行为是否侵犯他人专利权的评价。因此，涉案财产保全以及“先行责令被告立即停止侵犯专利权行为”的裁定不属于《专利法》第四十七条第二款规定中的“判决、裁定”，申请人是否存在恶意，不影响其因申请错误给他人造成损失应承担赔偿的义务。故许赞有的该项主张没有法律依据。

二审法院认为：

上诉人许赞有主张，依据《专利法》第四十七条第二款的精神，许赞有不应当承担赔偿责任。法院认为，一审判决对《专利法》第四十七条第二款规定的“判决、裁定”的含义进行了阐述，论述得当，二审予以支持。许赞有还主张，在本案审理前，涉案专利权曾两次被申请宣告无效，均被维持有效，许赞有没有也不可能预见到会败诉。法院认为，首先，外观设计专利的稳定性具有一定的相对性，专利权存在被宣告无效的可能。一项专利在提起诉讼时有效，并不意味着专利权诉讼最终必然胜诉。其次，财产保全和先行责令被告立即停止侵犯专利权是在认定侵权成立的判决作出之前对被申请人的权利采取的限制措施，如果被申请人实际并未侵权，会给被申请人造成相应的的损失。因此，法律并未将申请财产保全和先行责令被控侵权人立即停止侵犯专利权规定为申请人维护自身权利必须要采取的措施，是否提出申请由申请人自行决定。最后，为了有效弥补错误申请给被申请人造成的损失，法律还规定申请人在申请财产保全和先行责令被控侵权人立即停止侵犯专利权的同时提供相应的担保，就是为了在申请人申请错误的情形下，更好地承担相应的赔偿义务。因此，许赞有在其申请财产保全和先行责令上诉人拜特公司、康拜特公司立即停止侵犯专利权时，应充分意识到其提出该申请的风险，并应承担该风险带来的法律后果。故许赞有称不应承担相应赔偿责任的主张没有法律依据，不予支持。

思考与评论

本案中法院明确申请有错误的，申请人行为与财产保全错误应当赔偿被申请人因保全所遭受的损失。《专利法》第四十七条第二款规定中的“判决、裁定”，是指人民法院对于相关的专利侵权案件经过审理后作出的涉及专利侵权的“判决、裁定”，与保全措施无关。

三、诉前证据保全

在专利诉讼中，专利权人为了实现自己的诉讼主张，有必要提供充分的证据。

但在很多情况下,存在证据可能灭失或以后难以取得的危险。为此,需要通过诉前证据保全手段,使权利人充分、及时收集到必要的证据。这必须通过诉前证据保全制度予以实现。《专利法》第六十七条规定了证据保全制度:“为了制止专利侵权行为,在证据可能灭失或者以后难以取得的情况下,专利权人或者利害关系人可以在起诉前向人民法院申请保全证据。人民法院采取保全措施,可以责令申请人提供担保;申请人不提供担保的,驳回申请。人民法院应当自接受申请之时起四十八小时内作出裁定;裁定采取保全措施的,应当立即执行。申请人自人民法院采取保全措施之日起十五日内不起诉的,人民法院应当解除该措施。”

第四节 确认不侵权制度

在专利领域,常常出现专利权人频繁地向竞争对手、销售商等发出律师函或警告信,对他人进行侵权威胁或指控,但其却在相当长的一段时间内不向管辖法院起诉。而被控侵权方,其一方面难以确定自己行为是否合法;另一方面也无从知晓权利人是否会起诉以及何时起诉,这种权利的不确定状态无疑会对被控侵权方可能的合法权利造成损害。为此,需要设计一种制度确保在专利权利人不起诉时被控侵权人能及时获得救济,这就是所谓的“确认不侵权”制度。该制度在中国《专利法》中无明确规定。

但最高人民法院在其司法实践中建立了“确认不侵权”制度。最高人民法院在2001年针对苏州龙宝生物工程实业公司与苏州朗力福保健品有限公司请求确认不侵犯专利权纠纷案做出的批复①中,从最高司法审判机关的角度确定了“确认不侵权”诉讼的合法性。《最高人民法院关于审理侵犯专利权纠纷案件应用法律若干问题的解释》第十八条对如何适用“确认不侵权”作出了规定:“权利人向他人发出侵犯专利权的警告,被警告人或者利害关系人经书面催告权利人行使诉权,自权利人收到该书面催告之日起一个月内或者自书面催告发出之日起二个月内,权利人不撤回警告也不提起诉讼,被警告人或者利害关系人向人民法院提起请求确认其行为不侵犯专利权的诉讼的,人民法院应当受理。”另外,正在实施或者准备实施投资建厂等经营活动的当事人,受到知识产权权利人以其他方式实施的有关侵犯专利权等的警告或威胁,主动请求该权利人确认其行为不构成侵权,且以合理的方式提

① 最高人民法院(2001)民三他字第4号。

供了确认所需的资料和信息,该权利人在合理期限内未作答复或者拒绝确认的,也可以提起确认不侵权诉讼。

案例 13-4-1 昆山山桥机械科技有限公司与天珩机械股份有限公司确认不侵害专利权纠纷上诉案*

本院认为:

知识产权确认不侵权之诉的作用在于给予被警告人在遭受侵权警告、而权利人怠于行使诉权使得被警告人长期处于不安状态情形下的一种司法救济途径,其根本目的是规制权利人滥发侵权警告的行为,维护稳定的市场经营秩序。《最高人民法院关于审理侵犯专利权纠纷案件应用法律若干问题的解释》对被警告人提起确认不侵害专利权诉讼的条件作出了具体规定,该解释第十八条规定:"权利人向他人发出侵犯专利权的警告,被警告人或者利害关系人经书面催告权利人行使诉权,自权利人收到该书面催告之日起一个月内或者自书面催告发出之日起二个月内,权利人不撤回警告也不提起诉讼,被警告人或者利害关系人向人民法院提起请求确认其行为不侵犯专利权的诉讼的,人民法院应当受理。"需注意的是,该条设置书面催告起诉义务旨在防止被警告人动辄提起确认不侵权之诉,并尽量引导被警告人通过侵权之诉解决争议。因此,司法解释规定只有在权利人发出警告之后既不撤回警告、又怠于行使诉权的情形下,也即权利人处于既无明确表示又未以行为表明不愿意结束这种令被警告人不安的状态,为使当事人之间的法律关系趋于稳定,被警告人才能提起确认不侵权之诉。而这正是司法解释设置书面催告起诉义务的立法目的,同时也为被警告人举证权利人怠于行使诉权提供了程序保障。

本案中,虽然天珩公司在(2014)苏中知民初字第00187号案件中撤回起诉、在本案二审中表示愿意撤回对山桥公司及其销售客户的警告,但天珩公司在撤回前诉和撤回警告时,仍然作出了保留侵权指控的意思表示,且在本案二审回应山桥公司的询问时,天珩公司未明确其将于何时再次提起侵权诉讼,其并不具有及时结束山桥公司侵权状态不明的意愿,可见这种有所保留的撤诉和撤回警告,不足以完全消除其发出侵权警告的消极影响,事实上山桥公司仍明显处于天珩公司侵权警告威胁的不安之中。因此,机械地要求山桥公司再向天珩公司发送书面催告起诉函已无必要,也不符合司法解释设置催告起诉义务的立法目的,事实上只能徒增无意

---

* 江苏省高级人民法院(2016)苏民终610号。

义的程序空转。

思考与评论

本案中确立了在权利人撤回侵权警告后，如果行为人仍处于侵权警告威胁的不安状态下时，仍有提出确认不侵权之诉的权利。

案例 13-4-2 怀化正好制药有限公司与湖南方盛制药股份有限公司确认不侵害专利权纠纷上诉案*

怀化正好制药有限公司（以下简称正好公司）于2005年7月1日向国家知识产权局提出名称为“一种药物金刚藤微丸及其制备方法”的发明专利申请，并于2009年6月17日获得授权，专利号为ZL200510080293.X。湖南方盛制药股份有限公司（以下简称方盛公司）就药品名称为“金刚藤分散片”的片剂药品向湖南省食品药品监督管理局（以下简称湖南省药监局）提出新药申请，湖南省药监局于2005年10月19日对该申请予以受理。2008年12月25日，国家食品药品监督管理局药品审评中心（以下简称审评中心）向方盛公司致函称，在该公司的“金刚藤分散片”注册过程中，正好公司向审评中心反映该申报药品涉及专利问题。审评中心通知方盛公司对此出具答复意见。2009年1月9日，方盛公司向审评中心出具了对上述问题的答复意见，认为“金刚藤分散片”的药品注册申请未与正好公司的专利权形成冲突。方盛公司于2011年9月13日向正好公司致函，督促其行使诉权或者向国家药监局撤回异议。后正好制药公司既未提起诉讼，亦未撤回异议。方盛公司向湖南省长沙市中级人民法院提起确认不侵害专利权之诉。一审法院判决确认方盛公司的“金刚藤分散片”不侵犯正好公司的专利权。正好公司不服，提起上诉。湖南省高级人民法院二审判决驳回上诉、维持原判。

思考与评论

权利人发出侵权警告函是确认不侵权之诉成立的行为要件之一。司法实践中，以律师函等形式体现的警告函的发送对象通常是涉嫌侵权的生产经营者本人。本案的意义在于扩展了侵权警告函的形式和对象的范围，即本案中的侵权警告是以正好公司针对方盛公司的新药申请而向国家有关部门提出的权利异议的方式体现。虽然它有别于权利人与涉嫌侵权人之间直接建立的侵权警告关系，但由于正好公司提出的该种异议已经直接影响到了方盛公司的生产经营活动，从而在实质

* 湖南省高级人民法院（2014）湘高法民三终字第51号民事判决书。

上起到了直接向方盛公司发送警告函相同的作用和后果，考虑到市场经营活动中已经越来越多地出现了这种当事人借助合法形式，拖延或干扰他人正常的生产经营活动的行为，从尽快稳定法律关系和恢复市场秩序的角度出发，法院在本案中对侵权警告函的形式和对象作出的灵活处理和解释，符合法律设置确认不侵权之诉的立法本义。

第五节　管辖、时效与举证

一、管辖

受理法院对案件有管辖权是审理案件的前提，当确定诉讼主体与确定管辖权发生冲突时，受理法院应当首先就管辖权问题作出裁定。《最高人民法院关于审理专利纠纷案件适用法律问题的若干规定》第二条规定，专利纠纷第一审案件，由各省、自治区、直辖市人民政府所在地的中级人民法院和最高人民法院指定的中级人民法院管辖。该规定旨在将专利纠纷第一审案件的最低审级确定为中级人民法院，并未排除高级人民法院依法对专利纠纷第一审案件行使管辖权。

因侵犯专利权行为提起的诉讼，由侵权行为地或者被告住所地人民法院管辖。侵权行为地包括：被控侵犯发明、实用新型专利权的产品的制造、使用、许诺销售、销售、进口等行为的实施地；专利方法使用行为的实施地，依照该专利方法直接获得的产品的使用、许诺销售、销售、进口等行为的实施地；外观设计专利产品的制造、许诺销售、销售、进口等行为的实施地；假冒他人专利的行为实施地；上述侵权行为的侵权结果发生地。原告仅对侵权产品制造者提起诉讼，未起诉销售者，侵权产品制造地与销售地不一致的，制造地人民法院有管辖权；以制造者与销售者为共同被告起诉的，销售地人民法院有管辖权。销售者是制造者分支机构，原告在销售地起诉侵权产品制造者制造、销售行为的，销售地人民法院有管辖权。通过 FOB 和 CIF 价格条件出口销售被诉依照专利方法直接获得的产品，该产品的装船交货地属于销售行为实施地。①

不同法院受理的涉及同一事实的确认不侵犯专利权诉讼和专利侵权诉讼应当移送管辖合并审理；移送过程中，如涉及地域管辖，应按照立案时间的先后顺序，由后立

① 凯赛材料公司与瀚霖技术公司等侵犯发明专利权纠纷管辖权异议案：最高人民法院（2011）民申字第 1049 号。

案受理的法院将案件移送到先立案受理的法院审理；如涉及级别管辖，一般按“就高不就低”的原则由级别低的法院将其立案受理的案件移送到级别高的法院审理。①

根据《最高人民法院关于北京、上海、广州知识产权法院案件管辖的规定》，知识产权法院管辖所在市辖区内的下列第一审案件：

（1）专利、植物新品种、集成电路布图设计、技术秘密、计算机软件民事和行政案件；

（2）对国务院部门或者县级以上地方人民政府所作的涉及著作权、商标、不正当竞争等行政行为提起诉讼的行政案件；

（3）涉及驰名商标认定的民事案件。

广州知识产权法院对广东省内专利、植物新品种、集成电路布图设计、技术秘密、计算机软件民事和行政案件以及涉及驰名商标认定的民事案件实行跨区域管辖。北京市、上海市各中级人民法院和广州市中级人民法院不再受理知识产权民事和行政案件。

下列第一审行政案件由北京知识产权法院专属管辖：

（1）不服国务院部门作出的有关专利、商标、植物新品种、集成电路布图设计等知识产权的授权确权裁定或者决定的；

（2）不服国务院部门作出的有关专利、植物新品种、集成电路布图设计的强制许可决定以及强制许可使用费或者报酬的裁决的；

（3）不服国务院部门作出的涉及知识产权授权确权的其他行政行为的。

当事人对知识产权法院所在市的基层人民法院作出的第一审著作权、商标、技术合同、不正当竞争等知识产权民事和行政判决、裁定提起的上诉案件，由知识产权法院审理。

二、时效

现行专利法规定，侵犯专利权的诉讼时效为 2 年，自专利权人或者利害关系人得知或者应当得知侵权行为之日起计算。发明专利申请公布后至专利权授予前使用该发明未支付适当使用费的，专利权人要求支付使用费的诉讼时效为 2 年，自专利权人得知或者应当得知他人使用其发明之日起计算，但是专利权人于专利权授予之日前即已得知或者应当得知的，自专利权授予之日起计算。

---

① 本田株式会社与双环公司侵犯外观设计专利权纠纷管辖权异议案：最高人民法院（2012）民三终字第 1 号。

权利人超过 2 年起诉的,如果侵权行为在起诉时仍在继续,在该项专利权有效期内,人民法院应当判决被告停止侵权行为,侵权损害赔偿数额应当自权利人向人民法院起诉之日起向前推算 2 年计算。

北京市高级人民法院认为,《民法总则》第一百八十八条规定:法律对于诉讼时效期间另有规定的,依照其规定。《民法总则》有关诉讼时效期间的规定与民事单行法中有关诉讼时效期间的规定属于一般法与特别法的关系,按照特别法优于一般法的原则,在《民法总则》施行后仍应优先适用民事单行法中有关诉讼时效期间的规定。但 2017 年 9 月 30 日之前(本意见中"之前""之后"均包括本日)施行的民事单行法中规定的诉讼时效为二年的,其性质与《民法通则》规定的二年普通诉讼时效无异,故根据新法优于旧法的原则,在《民法总则》施行后应适用三年的诉讼时效期间。

三、举证

在专利侵权诉讼中,原告举证范围主要包括:专利权有效的证明、证明被控侵权的事实根据以及损失的证据。而被告通常需要证明不构成侵权的理由和事实以及没有给被告造成损失的证据和理由。人民法院为了审查核实当事人提供证据的真实性而收集必要的证据,属于行使民事诉讼法赋予的职权,不违反法定程序。另外,作为司法辅助人员技术调查官,不具有审判权,但是可以出庭协助法官查明技术事实,并就案件涉及的技术问题撰写技术审查意见供法官认定技术事实时参考。

专利侵权纠纷涉及实用新型专利或者外观设计专利的,人民法院或者管理专利工作的部门可以要求专利权人或者利害关系人出具由国务院专利行政部门对相关实用新型或者外观设计进行检索、分析和评价后作出的专利权评价报告,作为审理、处理专利侵权纠纷的证据。2015 年公布的《中华人民共和国专利法修订草案(送审稿)》规定,人民法院认定侵犯专利权行为成立后,为确定赔偿数额,在权利人已经尽力举证,而与侵权行为相关的账簿、资料主要由被控侵权人掌握的情况下,可以责令被控侵权人提供与侵权行为相关的账簿、资料;被控侵权人不提供或者提供虚假的账簿、资料的,人民法院可以参考权利人的主张和提供的证据判定赔偿数额。《最高人民法院关于审理侵犯专利权纠纷案件应用法律若干问题的解释(二)》第二十七条规定,权利人因被侵权所受到的实际损失难以确定的,人民法院应当依照专利法第六十五条第一款的规定,要求权利人对侵权人因侵权所获得的利益进行举证;在权利人已经提供侵权人所获利益的初步证据,而与专利侵权行为相关的账簿、资料主要由侵权人掌握的情况下,人民法院可以责令侵权人提供该账簿、资料;侵权人无正当理由拒不提供或者提供虚假的账簿、资料的,人民法院可以根据权利人的主张和提供的证据认定侵权人因侵权所获得的利益。

（一）新证据

举证期限届满后,因诉争焦点发生变化,当事人为支持其主张而补充提交关键性证据,不审理该证据可能导致裁判明显不公的,应认定该证据属于“新的证据”。①

审判监督程序中,申请人提交的下列证据之一属于足以推翻原判决、裁定,启动再审程序的“新的证据”:原审庭审结束前已客观存在庭审结束后新发现的证据;原审庭审结束前已经发现,但因客观原因无法取得或在规定的期限内不能提供的证据;原审庭审结束后原作出鉴定结论、勘验笔录者重新鉴定、勘验,推翻原结论的证据。当事人在原审中提供的主要证据,原审未予质证、认证,但足以推翻原判决、裁定的,应当视为新的证据。

（二）鉴定结论

在涉及具有复杂技术内容专利案件的事实查明机制中,应正确处理当事人主义和法院职权主义的关系,在当事人申请鉴定的情况下,原则上应同意当事人申请,在当事人未申请鉴定的情况下,为了查明事实需要,法院也可以依职权主动进行鉴定。同时,为了避免委托鉴定时混淆“事实问题”与“法律问题”,应先在比对中确定双方技术争议的焦点,可以采用与确定案件争议焦点类似的方式由双方当事人确定具体的技术争议焦点,且焦点宜细不宜粗。

依据未经双方当事人质证或者核对的证据材料所作出的鉴定结论,不是合法有效的证据,不能作为认定案件事实的依据。

（三）新产品的制造方法

当专利侵权纠纷涉及的是新产品制造方法时,我国专利法规定举证责任由被告承担。现行《专利法》第六十一条第一款规定:“专利侵权纠纷涉及新产品制造方法的发明专利的,制造同样产品的单位或者个人应当提供其产品制造方法不同于专利方法的证明。”“新产品”是指在国内外第一次生产出的产品,该产品与专利申请日之前已有的同类产品相比,在产品的组份、结构或者其质量、性能、功能方面有明显区别。产品或者制造产品的技术方案在专利申请日以前为国内外公众所知的,应当认定该产品不属于专利法规定的新产品。是否属于新产品,应由权利人举证证明。权利人提交证据初步证明该产品属于专利法规定的新产品的,视其尽到

① 安斯泰来制药株式会社与被申请人力思特公司等侵害发明专利权纠纷案:最高人民法院(2013)民申字第261号。

举证责任。《专利法》第六十一条规定的同样产品,是指被诉侵权产品与实施新产品制造方法直接得到的原始产品的形状、结构或成分等无实质性差异。是否属于同样产品,应由权利人举证证明。

根据《专利法》第六十一条第一款的规定,在新产品制造方法专利侵权纠纷中,由被诉侵权人承担证明其产品制造方法不同于专利方法的举证责任,需满足一定的前提条件,即权利人能够证明依照专利方法制造的产品属于新产品,并且被诉侵权人制造的产品与依照专利方法制造的产品属于同样的产品;在认定一项方法专利是否属于新产品制造方法专利时,应当以依照该专利方法直接获得的产品为依据;所谓"依照专利方法直接获得的产品",是指使用专利方法获得的原始产品,而不包括对该原始产品作进一步处理后获得的后续产品。如果专利权人已经证明涉案专利产品为新产品,则应由被告举证证明被控侵权产品制造方法不同于专利方法。在专利权人能够证明被诉侵权人制造了同样产品,经合理努力仍无法证明被诉侵权人确实使用了该专利方法的情况下,根据案件具体情况,结合已知事实及日常生活经验,能够认定该同样产品经由专利方法制造的可能性很大,被诉侵权人拒不配合法院调查收集证据或者保全证据的,可以推定被诉侵权人使用了该专利方法。①

药品制备方法专利侵权纠纷中,在无其他相反证据情形下,应当推定被诉侵权药品在药监部门的备案工艺为其实际制备工艺;有证据证明被诉侵权药品备案工艺不真实的,应当充分审查被诉侵权药品的技术来源、生产规程、批生产记录、备案文件等证据,依法确定被诉侵权药品的实际制备工艺。

---

① 宜宾长毅浆粕有限责任公司与潍坊恒联浆纸有限公司、成都鑫瑞鑫塑料有限公司侵害发明专利权纠纷申请再审案:最高人民法院民事裁定书(2013)民申字第309号。

Chapter 14

第十四章

专利侵权民事责任

专利权是一种财产权。对于专利权人而言，通过民事救济使侵权人承担相应的民事责任是实现权利的基本途径。专利侵权的民事责任是侵权责任，既包括财产责任也包括非财产责任。

第一节　停止侵权

停止侵权是指行为人停止实施侵犯专利权的行为。停止侵权是专利权利的权利效力中禁止权能的直接体现。通过让行为人承担停止侵权责任，实现禁止他人未经许可实施专利，从而保护专利权人的合法权利。在绝大多数案件中，法院都会要求当事人停止实施侵权行为。

如果停止有关行为会造成当事人之间的重大利益失衡，或者有悖社会公共利益，或者实际上无法执行，可以根据案件具体情况进行利益衡量，不判决停止侵权行为，而采取更充分的赔偿或者经济补偿等替代性措施了断纠纷。《最高人民法院关于审理侵犯专利权纠纷案件应用法律若干问题的解释（二）》第二十六条规定，被告构成对专利权的侵犯，权利人请求判令其停止侵权行为的，人民法院应予支持，但基于国家利益、公共利益的考量，人民法院可以不判令被告停止被诉行为，而判令其支付相应的合理费用。

人民法院可以根据当事人的诉讼请求、案件的具体情况和停止侵害的实际需要，可以明确责令当事人销毁制造侵权产品的专用材料、工具等，但采取销毁措施应当以确有必要为前提，与侵权行为的严重程度相当，且不能造成不必要的损失。权利人长期放任侵权、怠于维权，在其请求停止侵害时，倘若责令停止有关行为会在当事人之间造成较大的利益不平衡，可以审慎地考虑不再责令停止侵权行为，但不影响依法给予合理的赔偿。

案例 14－1－1　深圳万向泰富环保科技有限公司与武汉绿茵园林景观工程有限公司、中铁十八局集团有限公司侵害发明专利权纠纷案*

本案中，经审查两被上诉人的侵权行为已经构成，依法应当立即停止侵权。但2016年4月1日新实施的《最高人民法院关于审理侵犯专利权纠纷案件应用法律若干问题的解释（二）》第二十六条规定："被告构成对专利权的侵犯，权利人请求停止侵权的，人民法院应予支持，但基于国家利益、公共利益的考量，人民法院可以不判令被告停止被诉行为，而判令其支付相应的合理费用。"本案中，两被上诉人的侵权已经构成，应依法停止侵权，但是由于本案的特殊性，涉案的工程为铁路基础设施建设工程，强行拆除已经实际使用的涉案侵权产品将会造成公共利益受损。同时，基于上诉人的一审请求，对于已经安装的部分只要求赔偿不要求拆除，应予以尊重。故本院认为，两被上诉人就涉案工程中未安装的应停止安装，已经安装好的部分无需拆除。

同时，依据《专利法》第七十条的规定，合法来源抗辩成立的，不承担赔偿责任。本案中两被上诉人的合法来源抗辩均成立，本不应承担赔偿责任。但依据2016年4月1日实施的《最高人民法院关于审理侵犯专利权纠纷案件应用法律若干问题的解释（二）》第二十六条规定应支付相应的合理费用。此处规定的侵权人不停止使用时要支付的合理费用与侵权人对其侵权行为要承担的损害赔偿的性质并不相同。因此，本案中，两被上诉人的合法来源抗辩成立，不承担赔偿责任，但仍应就其不停止侵权部分支付合理费用。在双方未提供充分的证据证明涉案专利的合理费用的情况下，本院综合考虑涉案专利的类型、专利产品的特性、侵权产品的销售价格、使用情况以及权利人为制止侵权行为所支付的合理开支等因素酌情确定两被上诉人向上诉人支付合理费用和维权的合理开支人民币50,000元。

思考与评论

美国联邦最高法院认为，专利侵权成立与否不直接导致永久性禁令的发布，而是要依据四要素的衡平原则来决定，包括：(1)原告已经遭受不可挽回的损害；(2)法律上的救济方式无法适当地补偿此损害；(3)在考虑原被告双方的利益得失比较下，此项衡平法的救济方式是有正当理由的；(4)公共利益不会因禁令的发布而遭受损害。[①] 中国《最高人民法院关于审理侵犯专利权纠纷案件应用法律若干问

---

* 云南省高级人民法院(2016)云民终214号。

① *EBAY INC. v. MERCEXCHANGE*,547 U.S.388(2006).

题的解释(二)》第一次在规则层面确立了专利案件中不停止侵权的规则。但何为国家利益与公共利益法律却没有明确的界定。从我国既有的司法判决来看,国家利益与公共利益主要涉及机场、电厂、铁路等提供公共服务的机构。北京市高级人民法院认为,以下情形可以认定为有损国家利益或公共利益:

(1)有损于我国政治、经济、军事等安全的;

(2)可能导致公共安全事件发生的;

(3)可能危及公共卫生的;

(4)可能造成重大环境保护事件的;

(5)可能导致社会资源严重浪费等利益严重失衡的其他情形。

有法院认为,涉案侵权防火卷帘产品,具有合法来源,仅应承担停止侵权的法律责任。鉴于停止侵权意味着凯丹公司应停止使用被控侵权产品,而凯丹广场早在2010年7月经相关机构消防验收合格,投入商业运营,拆除被控侵权产品将造成资源浪费、公益受损,为保障各方合法权益,故决定凯丹公司应以向原告支付一定费用替代停止侵权的民事责任方式。① 你认为停止使用侵权防火卷帘产品会损害公共利益吗?

在专利合理使用费用确定方面,应主要考虑以下因素:首先应当确定侵权人应当支付合理使用费的时间为裁判之日起至专利终止。在这期间,如果侵权人已经自愿停止使用,则不应要求其继续支付合理费用;其次,对于合理使用费数额的界定应当低于前侵权行为所判定的赔偿数额;为了达到维护双方当事人权益的目的,在司法实践中,应当主张当事人通过自主协商确定侵权赔偿数额,而非法院判定。②

本案中,法院明确侵权人不停止使用时要支付的合理费用与侵权人对其侵权行为要承担的损害赔偿的性质并不相同。一般而言,如果行为人实施专利的行为存在合法来源抗辩,其行为仍构成侵权行为,只不过不需要承担赔偿责任。本案中,法院判定被告的行为构成侵权,在此情况下,如果存在合法来源抗辩,法院会要求被告停止侵权。然而,基于本案的情况,法院不能判定被告停止侵权,因而,法院要求被告支付合理的费用。这个合理费用应该是不停止侵权的费用而不是判决生效之前被告负担的损害赔偿费用。如果本案被告不存在合法来源抗辩,其是否需要合理费用与损害赔偿的费用呢? 另外,如果使用者实际不知道且不应知道其使用

① 北京英特莱摩根公司诉北京金钢公司、凯丹公司侵犯发明专利权纠纷案:成都中院(2012)成民初字第10号。

② http://www.sipo.gov.cn/zlssbgs/zlyj/201701/t20170112_1307783.html.

的产品是未经专利权人许可而制造并售出,能够证明其产品合法来源且能够举证证明其已支付该产品的合理对价的,对于权利人请求停止使用行为的主张,不予支持。

对于标准专利权人是否能要求实施专利的第三方停止实施该标准专利,北京市高级人民法院《专利侵权指南(2017)》认为,推荐性国家、行业或者地方标准明示所涉标准必要专利案件中,被诉侵权人经与专利权人协商该专利的实施许可事项,但由于专利权人故意违反其在标准制定中承诺的公平、合理、无歧视的许可义务,导致无法达成专利实施许可合同,且被诉侵权人在协商中无明显过错的,对于专利权人请求停止标准实施行为的主张一般不予支持。虽非推荐性国家、行业或者地方标准,但属于国际标准组织或其他标准制定组织制定的标准,且专利权人按照该标准组织章程明示且作出了公平、合理、无歧视的许可义务承诺的标准必要专利,亦做同样处理。

第二节　赔 偿 损 失

在目前的专利诉讼中,法院所奉行的是"填平原则",即权利人获得的赔偿数额是用来补偿其实际损失的,不应当超出其实际损失。《专利法》第六十五条明确规定:"侵犯专利权的赔偿数额按照权利人因被侵权所受到的实际损失确定;实际损失难以确定的,可以按照侵权人因侵权所获得的利益确定。权利人的损失或者侵权人获得的利益难以确定的,参照该专利许可使用费的倍数合理确定。赔偿数额还应当包括权利人为制止侵权行为所支付的合理开支。权利人的损失、侵权人获得的利益和专利许可使用费均难以确定的,人民法院可以根据专利权的类型、侵权行为的性质和情节等因素,确定给予一万元以上一百万元以下的赔偿。"依据专利法的规定,专利侵权损失赔偿的计算标准按以下顺序依次适用:权利人因被侵权所受到的实际损失;侵权人因侵权所获得的利益;合理的许可使用费的倍数;法定赔偿等。

在确定损害赔偿时要善用证据规则,全面、客观地审核计算赔偿数额的证据,充分运用逻辑推理和日常生活经验,对有关证据的真实性、合法性和证明力进行综合审查判断,采取优势证据标准认定损害赔偿事实。

侵犯发明、实用新型专利权的产品系另一产品的零部件的,人民法院应当根据该零部件本身的价值及其在实现成品利润中的作用等因素合理确定赔偿数额。侵犯外观设计专利权的产品为包装物的，人民法院应当按照包装物本身的价值及其在实现被包装产品利润中的作用等因素合理确定赔偿数额。

一、实际损失

权利人因被侵权所受到的实际损失可以根据专利权人的专利产品因侵权所造成销售量减少的总数乘以每件专利产品的合理利润所得之积计算。权利人销售量减少的总数难以确定的，侵权产品在市场上销售的总数乘以每件专利产品的合理利润所得之积可以视为权利人因被侵权所受到的实际损失。

以这种方法计算损害赔偿，只适用于专利权人已经实施或许可他人实施了该专利技术的情况。在计算损害赔偿时，通常考虑的因素包括：侵权人挤占销售市场后，导致专利产品滞销或被迫降价销售所造成的损失；销售量下降造成的利润减少以及侵权诉讼的相关费用。

案例 14－2－1　房树磊、珠海矽微电子科技有限公司侵害技术秘密纠纷案*

《最高人民法院关于审理专利纠纷案件适用法律问题的若干规定》第二十条第一款规定："专利法第六十五条规定的权利人因被侵权所受到的实际损失可以根据专利权人的专利产品因侵权所造成销售量减少的总数乘以每件专利产品的合理利润所得之积计算。权利人销售量减少的总数难以确定的，侵权产品在市场上销售的总数乘以每件专利产品的合理利润所得之积可以视为权利人因被侵权所受到的实际损失。"据此，本院确定本案损害赔偿数额的计算方式为欧比特公司因侵权所造成的相关产品销售数量减少的总数乘以欧比特公司相关产品的合理利润。因欧比特公司因侵权所造成的相关产品销售量减少的总数无法查清，而矽微公司利用欧比特公司的1553BIP核技术生产、销售的相关产品的数量可以确定，故矽微公司生产、销售的产品数量可以作为欧比特公司因侵权导致销售量减少的总数。据此，欧比特公司因侵权所受到的损失为矽微公司利用1553BIP核技术生产、销售产品的总数乘以欧比特公司相关产品的合理利润所得之积。

……

（二）关于计算标准的问题

房树磊、矽微公司上诉主张，其生产、销售的相关产品的价值分为硬件价值、软

---

* 广东省高级人民法院（2016）粤民终770号。

件价值和售后服务三部分，硬件部分增加了6个差错注入功能，这与涉案的1553BIP核并无任何关系，而软件和售后服务更与涉案的1553BIP核无关，依照《最高人民法院关于审理侵犯专利权纠纷案件应用法律若干问题的解释》第十六条第一款“人民法院依据专利法第六十五条第一款的规定确定侵权人因侵权所获得的利益，应当限于侵权人因侵犯专利权行为所获得的利益；因其他权利所产生的利益，应当合理扣除”的规定，应将矽微公司生产、销售的相关产品中上述价值予以合理扣除。同时，房树磊、矽微公司主张根据上述司法解释第十六条第二款“侵犯发明、实用新型专利权的产品系另一产品的零部件的，人民法院应当根据该零部件本身的价值及其在实现成品利润中的作用等因素合理确定赔偿数额”的规定，因涉案1553BIP核可以烧录到一块独立的FPGA芯片中，该芯片硬件在市场上可以独立销售和购买，作为零部件，应以不超过2万元/片的该芯片的价值来计算和确定赔偿数额。对此本院作如下分析：

首先，《最高人民法院关于审理侵犯专利权纠纷案件应用法律若干问题的解释》第十六条第一款“人民法院依据专利法第六十五条第一款的规定确定侵权人因侵权所获得的利益，应当限于侵权人因侵犯专利权行为所获得的利益；因其他权利所产生的利益，应当合理扣除”中的“因其他权利所产生的利益，应当合理扣除”，针对的是依据侵权获利确定赔偿数额的情形。但本案系基于欧比特公司的主张以实际损失计算赔偿数额，并非以矽微公司侵权获利计算赔偿数额，故该司法解释不适用于本案。而且，房树磊、矽微公司对于“因其他权利所产生的利益，应当合理扣除”的理解有误，该规定应指侵权产品除侵犯了涉案专利权之外，其自身还存在其他的专利权或者商标权等知识产权的情形。

其次，根据举证责任分配原则，关于涉案1553BIP核技术在欧比特公司生产的1553B测试设备中对整体利润的价值贡献这一事实问题，首先应由权利人即欧比特公司进行初步举证，房树磊、矽微公司作为抗辩，亦应提交证据证明其主张。欧比特公司以粤知司鉴所[2013]鉴字第17号《鉴定意见书》证明其1553BIP核技术是相关产品中不可或缺的核心技术，对产品整体利润的价值贡献起到关键作用，因此应以相关产品的成品利润来计算赔偿数额。经查，上述鉴定意见中明确认定“1553BIP核技术是1553B总线电缆测试系统不可或缺的重要核心技术，只有利用1553BIP核，才能生产出1553B总线电缆测试系统”，而且，1553B总线电缆测试系统必须符合GJB 5186.5—2004要求，其中，“波形畸变测试包括的三项测试都对波形的激励信号有严格要求，由于1553BIP核技术具有很强的灵活性，它的功能模块可以根据测试系统的要求进行剪裁或添加，故可通过修改1553BIP核内部的编码并配合调节外围信号调理电路,方可达到对以上信号参数的控制,使其符合GJB 5186.5—2004的要求,这是目前唯一的实现方法”,该鉴定意见表明生产1553B测试设备只能采用1553BIP核技术,别无替代。据此,欧比特公司主张以相关产品的成品利润来计算赔偿数额,已经完成其举证证明责任。房树磊、矽微公司则主张1553BIP核技术在相关产品中对实现成品利润的价值贡献极低,但不能提供证据证明1553BIP核技术对于1553B总线电缆测试系统的技术贡献比例。同时,房树磊、矽微公司还主张可依据烧录有1553BIP核的FPGA芯片销售价格予以计算。经查,根据粤知司鉴所[2013]鉴字第17号《鉴定意见书》的认定,涉案的1553BIP核技术并非欧比特公司生产的1553B测试设备的零部件,相反,1553BIP核是1553B制作电缆测试系统设备的核心技术,1553B总线标准的技术核心是可以实现三个工作模式(BC、RT、BM)的“1553B控制器”,该控制器通常有三种形态存在:源代码形式;基于1553BIP核的专用芯片(ASIC芯片,利用1553BIP核流片);基于1553BIP核的FPGA芯片(通过软件编译器将1553BIP核烧制到大容量可编程门阵列芯片上)。本案中,房树磊、矽微公司的侵权行为是生产、销售了侵害欧比特公司商业秘密的1553B测试设备,房树磊、矽微公司并无证据证明欧比特公司的1553B测试设备中承载1553BIP核的FPGA芯片能够单独销售,欧比特公司法定代表人颜军在公安机关侦查阶段的陈述亦未承认FPGA芯片能够单独销售,且本案并无证据证明颜军所述的能够单独销售的芯片与1553B测试设备中承载1553BIP核的FPGA芯片为同一种芯片。因此,虽然颜军陈述中确称对外销售的芯片为2000元至20,000元不等,但并不能以此得出1553B测试设备中承载1553BIP核的FPGA芯片价值至多20,000元的结论,更不能以20,000元作为单价计算欧比特公司的实际损失。综合上述分析,房树磊、矽微公司缺乏证据证明其上述主张,应承担举证不能的法律后果。本案应以欧比特公司生产、销售的1553B测试设备的整体价值来计算赔偿数额。

(三)关于以欧比特公司相关产品毛利润来计算赔偿数额是否合理的问题

房树磊、矽微公司上诉主张根据《最高人民法院关于审理专利纠纷案件适用法律问题的若干规定》第二十条第二款的规定,应以“营业利润”作为合理利润来计算赔偿数额。但欧比特公司则主张应以“毛利润”作为合理利润来计算才能合理反映其实际损失。对此本院分析如下:

首先,上述司法解释第二十条第二款规定:“专利法第六十五条规定的侵权人因侵权所获得的利益可以根据该侵权产品在市场上销售的总数乘以每件侵权产品的合理利润所得之积计算。侵权人因侵权所获得的利益一般按照侵权人的营业利润计算,对于完全以侵权为业的侵权人,可以按照销售利润计算。”该规定针对的是依据侵权获利确定赔偿数额的情形,本案并不适用。而且,营业利润与毛利润的计算差别在于是否扣除财务费用、管理费用和营业费用这三大费用。本案中,欧比特公司是一家上市公司,而矽微公司是一家有限责任公司,两者在公司规模、管理人员和销售人员的规模、非经营性固定资产的规模、融资规模以及费用结构等方面存在很大差异,所受到的监管和规范要求也不同,欧比特公司在财务费用、管理费用和营业费用方面的支出与矽微公司在三大费用的支出相比,相去甚远。如果还要扣除欧比特公司正常经营中分摊到1553B测试设备上的三大费用部分,对于受害方欧比特公司而言是不合理的。况且,根据一审查明的事实,房树磊在尚未从欧比特公司离职之时,其妻子就成立了与欧比特公司经营范围相同的矽微公司,房树磊从欧比特公司离职后随即入职矽微公司并担任法定代表人。从2009年开始矽微公司就以自身名义生产和销售侵犯了欧比特公司商业秘密的1553B系列测试设备并以此为主营业务和主营收入来源,可见矽微公司侵权恶意明显,故本案以欧比特公司的毛利润计算赔偿数额,并不存在不合理之处。

其次,对商业秘密的保护,既包括对权利人经济利益的保护,也包括对由商业秘密形成的竞争优势的合理保护,具体量化到对权利人经济利益的保护时,不应机械局限于权利人已经损失的经济利益。权利人商业秘密被侵害时,其竞争优势有所减损,客户资源可能被侵权人低价抢占,不得不采取降低售价以促成交易,并因此可能增加其他成本。在此情形下,权利人的营业利润必然有所折损,不能充分反映其实际损失。故本案若以欧比特公司的营业利润计算赔偿数额,对欧比特公司并不公平。

综上,欧比特公司主张以欧比特公司生产、销售的相关产品的毛利润计算赔偿数额,该主张合理,亦符合我国加大知识产权司法保护力度、保护企业自主创新发展的司法政策,一审法院予以支持并无不当,本院予以维持。

(四)关于欧比特公司实际损失的具体计算

根据上述分析,本院根据欧比特公司的请求,确定以欧比特公司生产、销售1553BIP核测试设备的平均单位毛利润乘以矽微公司生产、销售1553BIP核测试设备的总数来计算赔偿数额。

根据广东永安达司法会计鉴定所[2013]司法审字第002号《专项审计报告》对欧比特公司2009年度至2013年3月止生产、销售OBT1553B-CTS-P型、OBT1553B-CTS-V型1553B测试系统两种产品的平均单位毛利润进行审计的结论来看,欧比特公司在2010年生产、销售的上述“P”型产品的平均单位毛利润为

183,862.91元,上述"V"型产品的平均单位毛利润为1,115,733.85元;2011年生产、销售的上述"P"型产品的平均单位毛利润为330,104.17元,上述"V"型产品的平均单位毛利润为1,115,886.14元;2012年生产、销售的上述"P"型产品的平均单位毛利润为215,545.59元,上述"V"型产品的平均单位毛利润为787,467.34元。针对欧比特公司在2009年和2013年生产、销售的相关产品未予审计的情况,欧比特公司主张以2010年的毛利率76.83%作为确定2009年的毛利率的依据,以2012年的毛利率79.81%作为确定2013年毛利率的依据,系权利人对自身权益的合法处分,本院予以支持,即确定2009年生产、销售"P"型产品的平均单位毛利润为183,862.91元,2011年生产、销售"P"型产品的平均单位毛利润为330,104.17元,2012年生产、销售"P"型产品的平均单位毛利润为215,545.59元、2013年生产、销售"P"型产品的平均单位毛利润为215,545.59元。

根据与本案相关的刑事案件中已经认定的事实,依照欧比特公司2010、2011、2012年度销售1553B测试系统"P"型产品毛利润乘以矽微公司生产、销售的相关产品的数量,矽微公司在2010年至2012年期间给欧比特公司造成经济损失2,568,539.14元。本案另查明矽微公司除刑事生效裁定认定的上述侵权数量和经济损失外,另在2009年生产、销售相关产品共计5台(套),2011年生产、销售相关产品1台(套),2012年生产、销售相关产品5台(套),2013年生产、销售相关产品1台(套),以上共计12台(套),该12台(套)侵权产品造成欧比特公司的实际损失应与上述刑事程序中已为终审裁定所认定的经济损失一并作为房树磊、矽微公司应赔偿的具体数额。

关于欧比特公司实际损失,本院具体计算如下:

2009年为183,862.91元×5台(套)=919,314.55元;

2011年为330,104.17元×1台(套)=330,104.17元;

2012年为215,545.59元×5台(套)=1,077,727.95元;

2013年为215,545.59元×1台(套)=215,545.59元。

上述数额共计2,542,692.26元,加上刑事案件中认定的2,568,539.14元,总计5,111,231.4元。据此,房树磊擅自披露、使用和允许他人使用其掌握的欧比特公司的1553BIP核技术,以矽微公司名义生产、销售1553B测试设备,共同侵害了欧比特公司的商业秘密,应当连带赔偿欧比特公司的实际损失5,111,231.4元。欧比特公司本案主张的超出上述赔偿数额的部分,本院不予支持。一审法院虽然明确了以权利人欧比特公司三个年度销售"P"型产品的平均售价乘以毛利率(两者之积为毛利润)再乘以侵权人侵权销售台数的计算方式来计算本案损失,该计算方式正确,但实际采用的却是矽微公司在相应年度生产、销售1553B测试设备的合同总金额乘以欧比特公司在相应年度生产、销售1553B测试设备的平均单位毛利润来计算本案损失,与其所确定的计算方式不符,本院对此予以纠正。至于合理维权开支的计算,各方当事人二审均未提出异议,本院维持一审法院的处理结果。

思考与评论

实际损失=销售量减少的总数×每件专利产品的合理利润或侵权产品在市场上销售的总数×每件专利产品的合理利润。本案中,法院明确"因其他权利所产生的利益,应当合理扣除",针对的是依据侵权获利确定赔偿数额的情形,并不适用于以实际损失作为赔偿依据的情况。另外,在产品合理利润的计算方面,本案法院坚持用毛利润作为基础。你认为上述做法合理吗?判定损害赔偿的最基本问题在于判断如果没有侵权行为,权利人将处于何种经济上的地位。计算权利人损失的本质是衡量上述假设情况下权利人享有的利益与其现实中享有的利益的差额。因此,"若非(but for)"就成为判定损失的重要概念。因而,在确定权利人的实际损失时,需要考虑若没有侵权行为的发生,其实际获利的情况。实际获利显然不能包含其必须支持的相关费用,因而将净利润作为判断实际损失的依据似乎更合适。

二、侵权获益

有的情况下,很难证实专利权人的损失,这时就只能推定侵权人的侵权利润作为专利损失赔偿额。

侵权人因侵权所获得的利益可以根据该侵权产品在市场上销售的总数乘以每件侵权产品的合理利润所得之积计算。侵权人因侵权所获得的利益一般按照侵权人的营业利润计算,对于完全以侵权为业的侵权人,可以按照销售利润计算。

确定侵权人因侵权所获得的利益,应当限于侵权人因侵犯专利权行为所获得的利益;因其他权利所产生的利益,应当合理扣除。

案例14-2-2 赵维珂与张维红侵犯外观设计专利权纠纷案*

一审法院认为,虽然被控侵权产品的外观设计与涉案外观设计专利存在三点不同,但整体设计特征相似,不足以使得相关消费者施以一般注意力加以区分,故被控侵权产品的外观设计与涉案外观设计专利相近似。张维红未经赵维珂许可,

* 最高人民法院(2009)民申字第523号。

生产、销售被控侵权产品构成侵权，依法应当承担相应的民事法律责任。对于赵维珂所主张的赔偿经济损失300,000元及为制止侵权行为而发生的诉讼费、律师费、调查取证费、差旅费、误工费等共计20,000元的问题，因赵维珂提供的证据无法确定其因张维红的侵权行为所受到的损失或张维红因侵权而获得的利润，一审法院将结合涉案外观设计专利的技术含量及对产品价值的影响、被告的生产、销售规模和原告为制止侵权行为而支出的必要费用等因素，依法综合酌定赔偿数额。专利权为财产性权利，一般不承担赔礼道歉的民事责任，因此，赵维珂要求张维红在《齐鲁晚报》《鲁中晨报》上刊登致歉声明的诉讼请求不符合法律规定，不予支持。

一审法院判决：

1. 张维红于本判决生效之日起十日内赔偿原告赵维珂经济损失40,000元。

2. 驳回赵维珂的其他诉讼请求。案件受理费7310元，由赵维珂负担2450元，张维红负担4860元。

赵维珂不服一审判决，向山东省高级人民法院（以下简称二审法院）提起上诉，称：(1)根据张维红的产品目录销售单显示，其因涉案专利侵权产品XF－1000型除铁器年销售量为35台，每台售价60,000元，因此2004年和2005年应按35台/年的销售量来计算涉案侵权产品的销售总量。(2)侵权人因侵权所获得的利益可以根据该侵权产品在市场上销售的总数乘以每件侵权产品的合理利润所得之积计算。张维红曾以36,000元的价格销售了一台涉案专利侵权产品，因而张维红生产销售每台涉案专利侵权产品的各种成本总额不会高于36,000元。所以张维红每生产销售一台涉案专利侵权产品的合理利润至少为24,000元，因侵权所获得的非法利润至少为1,680,000元。300,000元经济赔偿金的请求仅占利润损失的17.85%。(3)张维红和赵维珂处于同一城市，且企业规模基本相同，因而赵维珂每生产销售一台涉案专利产品的原材料成本和人工成本应与张维红基本相同。张维红销售涉案专利侵权产品的价格为36,000元，即使将此售价视为赵维珂的生产销售成本，根据赵维珂的销售价格75,000元计算，赵维珂的合理利润至少为39,000元。按照张维红因侵权减少的销售数量70台计算，由于张维红侵权而导致的利润损失为2,730,000元。(4)赵维珂为了维护合法权益而付出的必要支出应由张维红承担。故请求二审法院改判支持赵维珂的诉讼请求。

二审法院认为，由于一审判决后，仅有赵维珂针对一审法院确定的侵权赔偿数额提出上诉，其他当事人均未在法定期限内提出上诉。故二审法院主要对一审法院确定的侵权赔偿数额进行审理。

根据2002年《中华人民共和国专利法》第六十条、2001年《最高人民法院关于审理专利纠纷案件适用法律问题的若干规定》第二十条、第二十一条的规定,对于专利侵权赔偿数额的确定,可依次依据专利权人因侵权所受到的损失,侵权人因侵权所获利益,参照专利许可费或由法院根据侵权情节适用法定赔偿。在二审中,权利人主张按侵权人因侵权所获利益确定赔偿数额,即由销售量与产品利润之乘积。对于该项侵权赔偿的确定应由权利人向法院提供相关证据。但诉讼中,权利人赵维珂并未就该产品的利润提供客观、充分的证据。并且,法院在确定赔偿数额时亦应充分考虑到涉案专利为外观设计这一情况,被控侵权产品的利润也不应直接作为赔偿依据。涉案专利为外观设计,该种专利的授权价值在于对产品作出的富有美感并适于工业应用的新设计,该种专利性质不同于发明或实用新型专利。因此,在考虑侵权赔偿时应区分上述专利价值在被控侵权产品价值中所占份额,不能简单以被控侵权产品的销售利润及销售额作为损失依据,而赵维珂未对此提供证据加以支持。故,一审法院在权利人不能提供被侵权人因侵权所受损失及侵权人所获利的情况下,考虑了涉案专利性质、技术含量等因素酌定赔偿数额并无不当。一审判决认定事实清楚,适用法律正确,应予支持。赵维珂的上诉主张,缺乏事实证据与法律依据,二审法院予以驳回。

本院认为,2000 年《专利法》第六十条规定:“侵犯专利权的赔偿数额,按照权利人因被侵权所受到的损失或者侵权人因侵权所获得的利益确定。”因此,在采用“侵权人因侵权所获得的利益”方法确定赔偿数额时,应当考虑专利本身对产品利润的贡献。就本案来说,涉案外观设计专利为工业用除铁机的外观设计,除铁机主要用于除去陶瓷土泥浆中的铁屑,用户购买除铁机时更注重的是除铁机的除铁功能而非除铁机的外观设计,即除铁机的外观设计对产品利润的贡献并不显著。原审法院在考虑了涉案专利权性质、技术含量等因素后酌定判决赔偿 40,000 元并无明显不当。

思考与评论

被告侵权获益 = 侵权产品在市场上销售的总数 × 每件侵权产品的合理利润。值得注意的是,这里的合理利润是侵权产品的合理利润而不是专利权人所生产产品的合理利润。本案中,最高法院明确,合理利润的计算需专利本身对产品利润的贡献,将因其他权利所产生的利益,应当合理扣除。侵权人因侵权产品所获得的利润并不一定就是权利人的实际损失,确定侵权赔偿额时考虑受侵害的权利客体对整个产品市场利润的贡献度更加合理,也就是要全面考虑专利的贡献度。另外,这里产品的合理利润应是营业利润而不是净利润。

三、合理的许可使用费的倍数

被侵权人的损失或者侵权人获得的利益难以确定,有专利许可使用费可以参照的,人民法院可以根据专利权的类型、侵权行为的性质和情节、专利许可的性质、范围、时间等因素,参照该专利许可使用费的倍数合理确定赔偿数额;没有专利许可使用费可以参照或者专利许可使用费明显不合理的,人民法院可以根据专利权的类型、侵权行为的性质和情节等因素,依照《专利法》第六十五条第二款的规定确定赔偿数额。

案例 14-2-3　东莞市鑫辉源机械有限公司与浙江欣炜机械有限公司侵害发明专利权纠纷案*

……

三、关于原判决确定的赔偿数额是否过高的问题

本案中,鑫辉源公司实施了制造、许诺销售被诉侵权产品的行为,没有实施销售被诉侵权产品的行为,因此,欣炜公司因被侵权所受到的实际损失、侵权人鑫辉源公司因侵权所获得的利益均难以确定。

涉案专利权人薛迪虎与欣炜公司于 2013 年 12 月 15 日签订《专利权实施许可合同》,约定薛迪虎以独占许可的方式许可欣炜公司实施该专利,期限至 2018 年 12 月 15 日,许可费共计人民币 100,000 元。鑫辉源公司据此认为即使认定其侵犯了涉案专利权,但也应参照该许可使用费来确定赔偿数额。本院对此认为,薛迪虎既是涉案专利的权利人,又是欣炜公司的法定代表人,二者属于利益共同体,因此,该《专利权实施许可合同》约定的许可使用费并不一定能真实反映涉案专利的实际价值,而且鑫辉源公司在一审开庭审理时以及庭后提供的《代理词》中均对该《专利权实施许可合同》的真实性不予确认。此外,《最高人民法院关于审理专利纠纷案件适用法律问题的若干规定》第二十一条也只是规定在确定赔偿数额时,人民法院可以参照该专利许可使用费的倍数合理确定赔偿数额,并没有规定必须按照该专利许可使用费的倍数确定赔偿数额。因此,原审法院没有直接按照《专利权实施许可合同》约定的专利许可使用费确定鑫辉源公司的赔偿数额,并无不当,本院予以维持。

原审法院综合考虑:(1)涉案专利为发明专利,创造性较高,实施专利所能带来

* 广东省高级人民法院(2015)粤高法民三终字第 181 号。

经济利益较大;(2)鑫辉源公司侵权类型为制造、许诺销售;(3)涉案侵犯专利权的产品只是被诉侵权产品整个机器设备中的一部分,价值在30,000~40,000元;(4)涉案专利的许可费为每年20,000元,5年总计100,000元。原审法院在综合考虑上述因素后,确定鑫辉源公司应赔偿欣炜公司经济损失人民币200,000元,并无不当,本院予以维持。鑫辉源公司上诉认为原判决确定的赔偿数额过高,理由不成立,本院不予支持。

思考与评论

专利侵权一旦成立,法院应严格按赔偿标准依序进行,即权利人损失、侵权获利、专利实施许可使费倍数及法定赔偿。

有法院认为,《专利法》第六十五条中使用了"参照"表述,即意味着法律适用的非强制性,在无法查明权利人损失与侵权获利的情况下,即便专利实施许可使用费证据确凿,法院亦可直接适用法定赔偿。[①] 我们认为,在存在可以参照的合理许可费标准情况下,宜适用许可费倍数确定损害赔偿标准而不宜适用法定赔偿的方式。因为专利法明确规定,权利人的损失、侵权人获得的利益和专利许可使用费均难以确定的,人民法院可以根据专利权的类型、侵权行为的性质和情节等因素,确定给予1万元以上100万元以下的赔偿。只有专利许可费难以确定的才可以适用法定赔偿。另外,许多法院以无专利实施许可使用费支付凭证、专利实施许可合同双方具有利害关系等理由拒绝参考许可费标准。

四、法定赔偿

权利人的损失、侵权人获得的利益和专利许可使用费均难以确定的,人民法院可以根据专利权的类型、侵权行为的性质和情节等因素,确定给予1万元以上100万元以下的赔偿。法定赔偿,又称酌定赔偿或定额赔偿,是指在法定条件下,法官在预先规定的额度内综合法定参考因素合理确定赔偿数额的损害赔偿计算方式。法定赔偿的目标应定位于对专利权人的"消极损失"提供具有"保底性"的利益救济。而在具体适用过程中,法定赔偿的重心应在于如何结合专利的商业价值和侵权情节为权利人确定公允、合理的使用对价。法定赔偿是现今中国专利侵权赔偿的主要方式。

---

① 湖南省高级人民法院(2005)湘高法民三终字第57号。

案例 14－2－4　广东美的制冷设备有限公司、珠海格力电器股份有限公司、珠海市泰锋电业有限公司侵犯发明专利权纠纷案*

……

（四）关于原审判赔标准和数额是否合法有据的问题

《中华人民共和国专利法》第六十五条规定："侵犯专利权的赔偿数额按照权利人因被侵权所受到的实际损失确定；实际损失难以确定的，可以按照侵权人因侵权所获得的利益确定。权利人的损失或者侵权人获得的利益难以确定的，参照该专利许可使用费的倍数合理确定。赔偿数额还应当包括权利人为制止侵权行为所支付的合理开支。权利人的损失、侵权人获得的利益和专利许可使用费均难以确定的，人民法院可以根据专利权的类型、侵权行为的性质和情节等因素，确定给予一万元以上一百万元以下的赔偿。"本案，格力公司提交了《资产评估书》和销量下滑的数据，而这两份证据均为格力公司单方委托评估或单方制作的，无法确定相关评估标准和数据的真实性、准确性以及合理性，故不能据此确定格力公司的实际损失，亦不能据此确定专利许可使用费。

关于美的公司的侵权获利数额，可以依据四款侵权空调的销售数量、售价和利润等情况计算得出，而上述情况应当由美的公司掌握，在美的公司没有对外披露的情况下，格力公司很难查知，故美的公司负有证据披露的义务，据此原审法院责令美的公司提交相关证据。但美的公司没有提交除 KFR－26GW/DY－V2（E2）外的三款空调器的相关数据，且没有正当理由，没有完整地履行证据披露义务，因此，依据《最高人民法院关于民事诉讼证据的若干规定》第七十五条的规定，美的公司应承担相应的举证妨碍的法律后果。原审法院在美的公司持有证据而无正当理由拒不提供的情况下，参照 KFR－26GW/DY－V2（E2）的利润，推定另外三款空调器的利润均不少于 477,000 元，合法有据。然而，美的公司的侵权获利具体数额仍无法最终确定。鉴于本案格力公司的实际损失、美的公司的侵权获利以及专利许可使用费的具体数额均不能确定，故不能支持格力公司提出的赔偿数额。

对于难以证明侵权受损或侵权获利的具体数额，但有证据证明前述数额明显超过法定赔偿最高限额的，应当综合全案的证据情况，在法定最高限额以上合理确定赔偿额。除法律另有规定外，在适用法定赔偿时，合理的维权成本应另行计赔。如此，侵权赔偿才能尽量弥补被侵权人的损失，体现侵权赔偿的填平原则。本案推

---

* 广东省高级人民法院（2011）粤高法民三终字第 326 号。

定除 KFR－26GW/DY－V2(E2)外的三款空调器的利润均不少于477,000元,有证据证明侵权损失或侵权获利明显超过法定赔偿1,000,000元的最高限额,应当综合全案证据,在法定最高限额以上合理确定赔偿数额,并包括合理的维权费用。原审法院判令美的公司赔偿格力公司包括为制止侵权的合理开支在内的经济损失2,000,000元,已综合考虑了涉案专利的类型、市场价值、侵权主观过错程度、侵权情节、参考利润、维权成本等因素,于法有据且合理适当,本院予以维持。

思考与评论

一般而言,法定赔偿应根据侵权行为的情节、类别、影响和维权的合理支出,酌情确定赔偿额,不能超过法定的上限规定。《浙江省高级人民法院关于审理侵犯专利权纠纷案件适用法定赔偿方法的若干意见》认为,适用法定赔偿方法确定赔偿数额时,应当综合考虑以下因素:

(1)权利人因被侵权可能遭受的损失,或侵权人因侵权可能获得的利益;

(2)专利权的种类、创新程度;

(3)专利权的商业或市场价值;

(4)专利产品的价值、所占的市场份额;

(5)侵权行为的性质、持续时间、范围、后果以及侵权产品的广告宣传情况等;

(6)侵权人的主观过错程度;

(7)侵权人的注册资本、生产经营规模;

(8)工商等知识产权行政管理部门做出的行政处罚决定书中认定的侵权产品生产、经营情况;

(9)作为部件的专利产品在整个产品中所起的作用;

(10)专利权实施情况以及剩余保护期限;

(11)同类专利的合理转让费、许可使用费;

(12)其他可能影响确定赔偿数额的因素。

一般而言,法定赔偿一般只能在限额内进行赔偿,而本案2,000,000元赔偿金额显然超过法定赔偿额上限。我们认为,这种无法律根据的赔偿方式不应支持。如果本案法院明确知道侵权损失或侵权获利明显超过法定赔偿1,000,000元的最高限额就应该依据可以确定的损失或利润进行计算而不是超越法律规定的法定赔偿上限确定损害赔偿。

五、惩罚性赔偿

现行专利法没有惩罚性赔偿的规定。《中华人民共和国专利法修改草案(送审稿)》规定,对于故意侵犯专利权的行为,人民法院可以根据侵权行为的情节、规模、损害后果等因素,在按照上述方法确定数额的一倍以上三倍以下确定赔偿数额。赔偿数额还应当包括权利人为制止侵权行为所支付的合理开支。

专利侵权惩罚性赔偿的主要目的在于惩罚专利侵权人,在按照补偿性赔偿计算出来的赔偿数额的基础上,由法院根据案件具体情况提高赔偿数额。

六、约定赔偿

权利人、侵权人依法约定专利侵权的赔偿数额或者赔偿计算方法,并在专利侵权诉讼中主张依据该约定确定赔偿数额的,人民法院应予支持。

案例 14－2－5　中山市隆成日用制品有限公司与湖北童霸儿童用品有限公司侵害实用新型专利权纠纷案*

……

(三)如何确定童霸公司的赔偿责任

1. 关于双方在前案中达成的调解协议的效力

由于调解协议系双方自愿达成,其内容仅涉及私权处分,不涉及社会公共利益、第三人利益,也不存在法律规定的其他无效情形,且湖北省高级人民法院对调解协议进行审查确认后制作了民事调解书,故双方在前案中达成的调解协议合法有效。

2. 关于本案能否适用双方在调解协议中约定的赔偿数额确定方法

首先,本院认为,本案中童霸公司应承担的民事责任,不属于侵权责任与违约责任竞合之情形。《合同法》第一百二十二条所规定的侵权与违约责任的竞合,其法律要件是“因当事人一方的违约行为,侵害对方人身、财产权益”。就该规定来看,违约责任与侵权责任发生竞合的前提是当事人双方之间存在一种基础的交易合同关系。基于该交易合同关系,一方当事人违反合同约定的义务,该违约行为侵害了对方权益而产生侵权责任。因此,该规定中的违约行为应当是指对基础交易合同约定义务的违反,且该违约行为同时侵害了对方权益,而不是指对侵权行为发生之后当事人就如何承担赔偿责任所作约定的违反。《合同法》第一百二十二条中的违约行为与侵权行为是同一法律行为,而一方的侵权行为与侵权行为发生后双方对赔偿责任计算方式和数额的约定则是两个法律行为。就调解协议的内容来

* 最高人民法院民事判决书(2013)民提字第116号。

看,该协议并非隆成公司与童霸公司之间的基础交易合同,而是对侵权行为发生后如何承担侵权赔偿责任(包括计算方法和数额)的约定。因此,本案中童霸公司应承担的民事责任,不属于《合同法》第一百二十二条规定的侵权责任与违约责任竞合的情形。

其次,应当明确,本案中童霸公司应承担的民事责任系侵权责任。一方面,前已述及,隆成公司与童霸公司之间并不存在基础合同关系;另一方面,调解协议的法律意义与效果,不在于对童霸公司的合同交易义务作出约定,而在于对侵权责任如何承担作出约定。即使没有调解协议,童霸公司基于法律规定也同样负有不侵权的义务。当事人双方将童霸公司将来侵权行为发生后的具体赔偿方法和数额写进调解协议,只是为了便于进一步约定当童霸公司再次侵权时其侵权责任应如何承担。

最后,《中华人民共和国侵权责任法》《中华人民共和国专利法》等法律,并未禁止被侵权人与侵权人就侵权责任的方式、侵权赔偿数额等预先作出约定;这种约定的法律属性,可认定为双方就未来发生侵权时权利人因被侵权所受到的损失或者侵权人因侵权所获得的利益,预先达成的一种简便的计算和确定方法。本院认为,基于举证困难、诉讼耗时费力不经济等因素的考虑,双方当事人在私法自治的范畴内完全可以对侵权赔偿数额作出约定,这种约定既包括侵权行为发生后的事后约定,也包括侵权行为发生前的事先约定。因此,本案适用调解协议中双方约定的赔偿数额确定方法,与《专利法》第六十五条的有关规定并不冲突。值得注意的是,根据《最高人民法院关于审理著作权民事纠纷案件适用法律若干问题的解释》第二十五条第三款的规定,双方当事人基于权利人的实际损失或者侵权人的违法所得,就赔偿数额达成协议的,法院应当准许。该规定即为法院对当事人就涉案侵权责任赔偿数额作出的"事后约定"的认可。

综上,本案可以适用隆成公司与童霸公司在调解协议中约定的赔偿数额确定方法。

3. 关于本案如何适用双方在调解协议中约定的赔偿数额确定方法

本案具体如何适用调解协议中约定的赔偿数额确定方法,取决于对调解协议中"如发现一起侵犯隆成公司实用新型专利权的行为,童霸公司自愿赔偿人民币100万元"这一约定内容的解释。根据本院查明的事实,(2009)鄂民三终字第41号民事调解书与(2009)鄂民三终字第42号民事调解书所涉案件均为侵害实用新型专利权案,但在调解协议中却同时包含童霸公司不得再侵害隆成公司外观设计与实用新型专利权的内容,结合隆成公司与童霸公司之间曾发生多起侵害专利权纠纷案件,以及本院庭审中双方当事人就这一问题发表的意见等相关情况,可以认定调解协议中关于童霸公司不得再实施侵权行为以及相应赔偿数额的约定为"一揽子”约定，即第一，上述约定中的“一起侵权行为”，不限于前案中所涉特定型号的侵权婴儿车；第二，上述约定中的“一起侵权行为”，不限于前案中所涉的专利权；第三，上述约定中的“一起侵权行为”，是指侵害隆成公司一项专利权的行为。因此，童霸公司在本案中应当赔偿隆成公司100万元。隆成公司该项申请再审理由成立，应予支持。二审法院就童霸公司的赔偿责任如何确定这一问题适用法律错误，应予纠正。

思考与评论

在侵害知识产权案件中，权利人往往难以证明其损失及侵权人的获利，导致其赔偿损失的诉请不能全部得到法院的支持。赔偿数额低与举证困难，是制约加强知识产权保护、制裁侵权行为的重要因素。权利人与侵权人就侵权损害赔偿数额作出的事先约定合法有效，这种约定的法律属性，是双方就未来发生侵权时权利人因被侵权所受到的损失或者侵权人因侵权所获得的利益，预先达成的一种简便的计算和确定方法。前述关于侵权损害赔偿数额的约定，不构成权利人与侵权人之间的交易合同，故侵权人应承担的民事责任仅为侵权责任，不属于《合同法》第一百二十二条规定的侵权责任与违约责任竞合的情形。另外，法院可直接以权利人与侵权人的事先约定作为确定侵权损害赔偿数额的依据。本案对于探索采取各种合法有效措施，适当减轻权利人的举证负担，完善损害赔偿计算方法，加大损害赔偿力度具有一定的指导意义。

七、和解协议

诉讼和解协议是案件当事人为终止争议或者防止争议再次发生，通过相互让步形成的合意，和解协议的内容不限于当事人的诉讼请求事项。当事人在和解协议上签字同意并收取了对方当事人按照和解协议支付的款项，此后又以调解违背其真实意愿为由申请再审的，其再审申请不符合《中华人民共和国民事诉讼法》第二百零一条规定的情形，应予驳回。

第三节　其他救济措施

一、消除影响

虽然我国专利法对专利侵权的民事责任并无消除影响的规定，但是《民法通则》第一百一十八条规定：“公民、法人的著作权（版权），专利权、商标专用权、发现权、发明权和其他科技成果权受到剽窃、篡改、假冒等侵害的，有权要求停止侵害，消除影响,赔偿损失。”《侵权责任法》第十五条第(八)项也规定了消除影响的侵权责任承担方式。专利权中,财产权属性占主要地位,所以在侵犯专利权案件中,一般不适用赔礼道歉、消除影响的民事责任。

二、销毁侵权工具

销毁侵权产品与专用制造工具应当以确有必要为前提,与侵权行为的严重程度相当,不能造成不必要的损失。①

案例 14-3-1 王鸿建、兴化东方工具有限公司(以下简称东方公司)、兴化市中兴电动工具厂(以下简称中兴工具厂)侵犯专利权纠纷案*

关于王鸿建、东方公司要求中兴工具厂销毁生产侵权切割锯片的模具的诉请。一审法院认为,王鸿建、东方公司未提交相关证据,证明生产切割锯片的模具是专用模具,且王鸿建当庭陈述,用于生产所涉锯片的模具除生产涉案专利产品外,也能生产非专利产品,故予以销毁将会影响中兴工具厂生产非侵权切割锯片。对此诉请,不予支持。

思考与评论

人民法院在确定是否支持权利人销毁侵权产品及侵权工具的诉请时,既要着眼于防止侵权物的再扩散给权利人造成进一步损害,又要考虑侵权物品的处置对侵权人和社会公共利益的影响,避免给侵权人特别是无过错侵权人造成过度的损失或造成社会资源的浪费。

---

① 山东省高级人民法院(2008)鲁民三终字第 158 号。

* 江苏省南京市中级人民法院(2008)宁民三初字第 167 号民事判决。

Chapter 15

第十五章

专利侵权与假冒的行政与刑事责任

第一节　专利侵权与假冒的行政责任

一、专利侵权的行政处理

管理专利工作的部门有权处理专利侵权纠纷、调解专利纠纷以及查处假冒专利行为。专利权可以通过行政法律程序获得保护。专利管理机关在处理侵权纠纷时,有权责令停止侵权行为,并赔偿损失。

未经专利权人许可,实施其专利,即侵犯其专利权,引起纠纷的,由当事人协商解决;不愿协商或者协商不成的,专利权人或者利害关系人可以向人民法院起诉,也可以请求管理专利工作的部门处理。管理专利工作的部门处理时,认定侵权行为成立的,可以责令侵权人立即停止侵权行为,当事人不服的,可以自收到处理通知之日起 15 日内向人民法院起诉;侵权人期满不起诉又不停止侵权行为的,管理专利工作的部门可以申请人民法院强制执行。进行处理的管理专利工作的部门应当事人的请求,可以就侵犯专利权的赔偿数额进行调解;调解不成的,当事人可以向人民法院起诉。2015 年《中华人民共和国专利法修改草案(送审稿)》规定,处理专利侵权纠纷的专利行政部门,应当事人的请求,可以就侵犯专利权的赔偿数额进行调解;调解不成的,当事人可以依照《中华人民共和国民事诉讼法》向人民法院起诉。调解协议达成后,一方当事人拒绝履行或者未全部履行的,对方当事人可以申请人民法院确认并强制执行。对群体侵权、重复侵权等扰乱市场秩序的故意侵犯专利权行为,专利行政部门可以依法查处,责令侵权人立即停止侵权行为,并可以没收侵权产品、专门用于制造侵权产品或者使用侵权方法的零部件、工具、模具、设备等。对重复侵犯专利权的行为,专利行政部门可以处以罚款,非法经营额五万元以上的,可以处非法经营额一倍以上五倍以下的罚款;没有非法经营额或者非法经营额五万元以下的,可以处二十五万元以下的罚款。

宣告专利权无效或者维持专利权的决定生效后,管理专利工作的部门和人民法院应当根据该决定及时处理、审理专利侵权纠纷。

案例 15-1-1 上海全能科贸有限公司诉上海市知识产权局专利侵权纠纷处理决定案*

上海市高级人民法院二审认为：

2000年8月25日修正的《专利法》第五十七条第一款规定："未经专利权人许可，实施其专利，即侵犯其专利权，引起纠纷的，由当事人协商解决；不愿协商或者协商不成的，专利权人或者利害关系人可以向人民法院起诉，也可以请求管理专利工作的部门处理。管理专利工作的部门处理时，认定侵权行为成立的，可以责令侵权人立即停止侵权行为，当事人不服的，可以自收到处理通知之日起十五日内依照《中华人民共和国行政诉讼法》向人民法院起诉；侵权人期满不起诉又不停止侵权行为的，管理专利工作的部门可以申请人民法院强制执行……"第三人佳动力公司通过与专利权人签订独占实施许可合同而成为涉案发明专利权的独占被许可人，享有相应权益。因此，第三人认为上诉人全能科贸公司制造、销售涉嫌侵权产品侵犯其受保护的相应权益而申请被上诉人市知产局作出责令停止侵权决定，并对赔偿事宜进行调解。被上诉人受理该申请后进行口头审理，听取了第三人和上诉人的陈述、申辩后，在双方就有关赔偿事宜无法达成调解协议的情况下作出被诉处理决定，具有相应的职权依据，执法程序亦符合上述法律规定，并无不当。上诉人提出本案可能涉及其专利的废止而应由国家知识产权局处理的主张，系对上述法律规定和被上诉人所作处理事项的错误理解，明显不能成立，不予采纳。

《专利法》第十一条第一款规定："发明和实用新型专利权被授予后，除本法另有规定的以外，任何单位或者个人未经专利权人许可，都不得实施其专利，即不得为生产经营目的制造、使用、许诺销售、销售、进口其专利产品，或者使用其专利方法以及使用、许诺销售、销售、进口依照该专利方法直接获得的产品。"第五十六条第一款规定："发明或者实用新型专利权的保护范围以其权利要求的内容为准，说明书及附图可以用于解释权利要求。"因此，本案涉嫌侵权产品的技术特征是否全面覆盖了涉案发明专利权利要求记载的全部技术特征决定了上诉人全能科贸公司是否构成对第三人佳动力公司专利权的侵犯。上诉人主张其产品亦取得了专利权故不构成侵权，因佳动力公司的涉案发明专利的申请日先于全能科贸公司所主张的实用新型专利和外观设计专利，根据专利法规定的先申请原则，应当依据申请在先的第三人的专利权保护范围，审查上诉人的涉嫌侵权产品是否构成侵权。

---

* 《中华人民共和国最高人民法院公报》2011年第1期(总第171期)。

上诉人所主张的申请日在后的实用新型专利和外观设计专利与上诉人生产、销售的涉嫌侵权产品是否构成对涉案发明专利的侵犯无关。所以,上诉人的这一主张不能成立。

经庭审查明,涉案专利发明的权利要求是:“一种分体式空调器用节能雾化装置,该分体式空调器由室内机和室外机组成,其特征在于,所述雾化装置加装于空调器的室外机,该雾化装置产生的雾化液体,喷洒到冷凝器表面,以形成蒸发冷却,从而降低冷凝器的冷凝温度,该雾化装置是由微型电机和安装在电机主轴上的雾化盘组成,所述雾化盘为圆盘状,所述雾化盘的雾化表面设有致密的放射状或螺旋状排列的凹凸槽或凸点。”根据上诉人全能科贸公司的涉嫌侵权产品实物及说明书可以看出,涉嫌侵权产品涉及一种分体式空调器用节能雾化装置,该分体式空调器由室内机和室外机组成;雾化装置加装于空调器的室外机,雾化装置产生的雾化液体喷洒到冷凝器的表面,形成蒸发冷却从而降低冷凝器的冷凝温度;雾化装置由一个微型电机和安装在电机主轴上的雾化盘组成;雾化盘为圆盘状,表面设有致密的放射状凹凸槽。可见,被诉处理决定认定涉嫌侵权产品已全面覆盖了涉案专利发明权利要求记载的全部技术特征,故上诉人对第三人佳动力公司构成侵权,具有相应的事实和法律依据,并无不当。上诉人提出其产品与第三人产品名称不同且技术更高级故不构成侵权的上诉理由,缺乏法律依据,不予采纳。

上诉人全能科贸公司在行政处理程序和原审诉讼程序中均主张第三人佳动力公司的涉案发明专利系根据“现有技术”而取得的、上诉人的产品也是根据“现有技术”生产的,以此作为其不构成侵权的抗辩理由。上诉人在行政处理程序和原审诉讼程序中分别提供了44份和23份专利说明书或摘录,用以证明其主张。通过对说明书的分析即可看出,这些专利或涉及农业喷洒领域,与涉案发明专利及涉嫌侵权产品不属同一技术领域,上诉人也未证明该技术可直接用于分体式空调器的室外机;或虽涉及空调器技术,但有的公开日晚于涉案发明专利申请日,有的未公开雾化盘的结构,有的结构工作原理与涉案发明专利及涉嫌侵权产品不同。对此,全能科贸公司应当承担举证不能的不利后果,其提出的“现有技术”抗辩理由,不予采信。

综上所述,上诉人全能科贸公司为生产经营目的制造、销售的涉嫌侵权产品落入了第三人佳动力公司享有的涉案发明专利权的保护范围,构成侵权。被上诉人市知产局根据第三人的申请,经审理听取双方当事人的陈述和申辩后,在双方当事人就有关赔偿事宜无法达成调解协议的情况下作出被诉处理决定,责令上诉人立即停止侵权行为,认定事实清楚,适用法律正确,执法程序合法。

思考与评论

对专利侵权纠纷进行行政查处涉及对专利侵权的认定问题。事实上,由专利行政管理机构来认定侵权行为并不太合适,主要理由是专利侵权判断需要非常专业的技术认定与法律适用,一般的专利行政管理机构并不具有这样的人员配备。另外,专利侵权的行政查处与一般的行政行为不同,其本质上还是居中裁判。因而,在行政诉讼中,其对专利局查处行为的审查范围与一般行政行为并不相同,基本是对事实与法律认定进行重新审理。这在某种程度上是一种资源的浪费。

相关请求人已经就针对同一专利的相同或者相关联的侵权纠纷向人民法院提起诉讼,无论当事人是否完全相同,只要可能存在处理结果冲突,管理专利工作的部门即不能受理相关专利侵权纠纷处理请求。

二、假冒专利行为的行政处理

除了上述的专利侵权纠纷的调处外,专利管理机关还有权处理假冒专利[①]的行为。下列行为属于《专利法》第六十三条规定的假冒专利的行为:

(1)在未被授予专利权的产品或者其包装上标注专利标识,专利权被宣告无效后或者终止后继续在产品或者其包装上标注专利标识,或者未经许可在产品或者产品包装上标注他人的专利号。

(2)销售第1项所述产品。

(3)在产品说明书等材料中将未被授予专利权的技术或者设计称为专利技术或者专利设计,将专利申请称为专利,或者未经许可使用他人的专利号,使公众将所涉及的技术或者设计误认为是专利技术或者专利设计。

(4)伪造或者变造专利证书、专利文件或者专利申请文件。

(5)其他使公众混淆,将未被授予专利权的技术或者设计误认为是专利技术或者专利设计的行为。

专利权终止前依法在专利产品、依照专利方法直接获得的产品或者其包装上标注专利标识,在专利权终止后许诺销售、销售该产品的,不属于假冒专利行为。

销售不知道是假冒专利的产品,并且能够证明该产品合法来源的,由管理专利工作的部门责令停止销售,但免除罚款。

---

① 中国《专利法》取消了冒充专利和假冒他人专利的区别,将二者通称为"假冒专利"。值得注意的是,假冒专利的行为一定是没有实施有效专利的行为。冒充专利的行为人没有涉及一项有效的专利,因而其不会侵犯专利权人的权利,而假冒他人专利行为可能侵犯专利权人的标记权。

假冒专利的，除依法承担民事责任外，由管理专利工作的部门责令改正并予公告，没收违法所得，可以并处违法所得 4 倍以下的罚款；没有违法所得的，可以处 20 万元以下的罚款。管理专利工作的部门根据已经取得的证据，对涉嫌假冒专利行为进行查处时，可以询问有关当事人，调查与涉嫌违法行为有关的情况；对当事人涉嫌违法行为的场所实施现场检查；查阅、复制与涉嫌违法行为有关的合同、发票、账簿以及其他有关资料；检查与涉嫌违法行为有关的产品，对有证据证明是假冒专利的产品，可以查封或者扣押。《中华人民共和国专利法修改草案（送审稿）》规定，假冒专利的，除依法承担民事责任外，由专利行政部门责令改正并予公告。非法经营额五万元以上的，可以处非法经营额一倍以上五倍以下的罚款；没有非法经营额或者非法经营额五万元以下的，可以处二十五万元以下的罚款；构成犯罪的，依法追究刑事责任。

第二节　假冒专利的刑事责任

《刑法》第二百一十六条规定："假冒他人专利，情节严重的，处三年以下有期徒刑或者拘役，并处或者单处罚金。"这条规定了假冒专利罪，假冒专利罪是指未经专利权人许可，假冒他人专利，这和民事上的专利侵权是有区别的。民事上的专利侵权是指未经专利权人许可，实施了他人的专利技术；而在产品上使用他人的专利号，情节严重的就要构成假冒专利罪。

根据《最高人民法院、最高人民检察院关于办理侵犯知识产权刑事案件具体应用法律若干问题的解释》第十条的规定，有下列行为之一即构成假冒他人专利的行为：

（1）未经许可，在其制造或者销售的产品、产品的包装上标注他人专利号的。

（2）未经许可，在广告或者其他宣传材料中使用他人的专利号，使人将所涉及的技术误认为是他人专利技术的。

（3）未经许可，在合同中使用他人的专利号，使人将合同涉及的技术误认为是他人专利技术的。

（4）伪造或者变造他人的专利证书、专利文件或者专利申请文件的。

假冒他人专利，具有下列情形之一的，属于《刑法》第二百一十六条规定的"情节严重"：

（1）非法经营数额在 20 万元以上或者违法所得数额在 10 万元以上的。

(2)给专利权人造成直接经济损失50万元以上的。

(3)假冒两项以上他人专利,非法经营数额在10万元以上或者违法所得数额在5万元以上的。

(4)其他情节严重的情形。

假冒专利罪的量刑是3年以下的有期徒刑或者拘役,并处或单处罚金。

图书在版编目(CIP)数据

专利实务指南与司法审查／曹阳著. -- 北京 ：法律出版社，2019
ISBN 978 -7 -5197 -2653 -9

Ⅰ. ①专… Ⅱ. ①曹… Ⅲ. ①专利权法－研究－中国 Ⅳ. ①D923.424

中国版本图书馆 CIP 数据核字(2018)第 203427 号

专利实务指南与司法审查
ZHUANLI SHIWU ZHINAN YU SIFA SHENCHA

曹 阳 著

策划编辑 冯雨春 李沂蔚
责任编辑 李沂蔚
装帧设计 李 瞻

出版 法律出版社
总发行 中国法律图书有限公司
经销 新华书店
印刷 三河市龙大印装有限公司
责任校对 李景美
责任印制 吕亚莉

编辑统筹 法律应用·大众读物出版第二分社
开本 710 毫米×1000 毫米 1/16
印张 42
字数 730 千
版本 2019 年 1 月第 1 版
印次 2019 年 1 月第 1 次印刷

法律出版社／北京市丰台区莲花池西里 7 号(100073)
网址／www. lawpress. com. cn
投稿邮箱／info@ lawpress. com. cn
举报维权邮箱／jbwq@ lawpress. com. cn
销售热线／010 -83938336
咨询电话／010 -63939796

中国法律图书有限公司／北京市丰台区莲花池西里 7 号(100073)
全国各地中法图分、子公司销售电话：
统一销售客服／400 -660 -6393
第一法律书店／010 -83938334/8335
西安分公司／029 -85330678
重庆分公司／023 -67453036
上海分公司／021 -62071639/1636
深圳分公司／0755 -83072995

书号：ISBN 978 -7 -5197 -2653 -9
定价：128.00 元
(如有缺页或倒装，中国法律图书有限公司负责退换)